論學叢稿

上

呂思勉全集

11

前　言

　　本書收録吕先生各類文稿共二百六十六篇，其中部分屬於史學、哲學、社會、經濟、文學、文獻、文字等偏重學術性的文稿，另一部分則屬於時論性的文章。吕先生是一位純正的學者，一生未參與實際的政治活動，但對社會發展、民衆生計等現實問題極爲關心，其立言行事多爲社會民衆著想，常以一個歷史學者的立場參與一些社會問題的討論，發表自己的看法。故先生的學術論文，帶有强烈的現實感；而討論社會的現實問題，又以史事、學理爲立論依據，不失學者的本色。文稿中還有一些序跋、自述、遊記的散文等，也多是歷史學家的角度和眼光，都與學術、現狀密切關聯。故本書對收録的各類文稿不加分别，均按出版或撰寫年代的先後排列，個别寫作和出版年代不詳的，則編入內容相關的篇目裹。

　　本書收録的各類文稿，部分曾刊登於早年的報章雜誌，①部分是未刊的手稿。其一部分，曾先後收入《論學集林》（上海教育出版社一九八七年十二月出版，有删節）、《吕思勉遺文集》（華東師範大學出版社一九九七年九月出版，有删節）、《吕思勉論學叢稿》（上海古籍出版社“吕思勉文集”二〇〇六年十二月出版）、《吕思勉詩文叢稿》（上海古籍出版社“吕思勉文集”二〇一一年十月版）和《吕思勉先生年譜長編》（上海古籍出版社二〇一二年十二月出版）等。此次將先生的各類文稿匯於一編，題爲《論學叢稿》，所録文稿均按手稿或油印稿等整理校對，原注文現一律改爲文中夾注，編者按語均作頁下注，其他如行文遣句、概念術語等，均按原稿刊印而不作改動。

李永圻　張耕華

二〇一四年七月

---

　　①　本册所收文稿的刊印情況，詳見《吕思勉全集》之《吕思勉先生編年事輯》附録二《吕思勉先生著述繫年》的記録。

目　　録

全國初等小學均宜改用
通俗文以統一國語議

　　一國之民，所以能結合爲一國家者，果何故乎？曰：種族相同也，宗教相同也，風俗相同也，語言文字相同也。而結合之力，尤以語言文字爲最大。蓋語言文字相同，則國民之感情因之而親洽，一國之文化，緣此而獲調和。雖種族、宗族、風俗，或有不同，而其結果，自能泯合於無形也。我國數千年來，言種族則并包滿、蒙、回、藏之殊，言宗教則極之釋、老、回、耶之異；言風俗則東西南北山川原隰各自有其特殊之習慣，然嘗統合爲一大國，而無分裂之憂者，則以語言文字統一之故耳。

　　我國文字統一，蓋遠在三代以前。故古人以書同文與車同軌行同倫併稱，雖然斯時之文字，固猶隨各地方之方言而有小異也。及秦併天下，考校列國之文字，罷其不與己合者，益收文字統一之效。自是以降，雖或有他種之文字，流行於國中，然其細已甚矣。語言雖不統一，然由方音變轉之差而然，而其根本上初無大差異。又歷代政府皆極獎勵文化，而民間亦極崇尚之，故文字統一之力，又嘗足以彌語言不統一之闕，數千年以來，有以調和特異之種族宗教風俗，而使之無礙於國家之統一，職是故也。

　　雖然，所貴乎語言文字之統一者，非僅爲消極的而實爲積極的。何謂消極的？其力足以抑制種族、宗教、風俗之不同，而使之不害國家之統一者是已。何謂積極的？其力足以增進國民情意之團結，促文化之進步，而使國家同臻於盛强者是已。我國數千年來，文字雖統一，然使用之者，僅少數上層社會之人，而多數下層社會之人，不啻不能使用公共之言語，故國民之情意不能相團結，而文化亦不能進步也。

　　近年以來，感外界風潮之刺激，知非國民團結之力加厚，不足以禦外侮也，又因政體之變更，發見國民參與政務之必要，而非國民之知識進步，又不足以舉參與政治之實也。於是教育普及與國語統一之兩大問題，同時發生。

1

雖然,此兩問題者,果真分爲兩事而兼營并進者耶? 抑宜併爲一事,而舉一即以致二者耶? 則不可不研究之。今試設爲兩問題如下:

一、國語統一,可無待於教育乎? 抑有待於教育乎? 果有待於教育者,當由國家強迫之乎? 抑可聽國民之自由乎?

二、設有待於強迫者,當以何者爲之機關乎?

就此兩問題而研究之,則發見一不易之辦法焉,曰:統一國語之機關,當與強迫教育之機關合而爲一是也。何者? 今欲使一國之人皆能操通行之國語,則其事不能無待於教育,固不俟論,而欲舉全國之民而教育之,則其事不能不出之以強迫,又無待言也。雖然強迫就學之事,施之於兒童猶易,而欲施之於成年之人,則其事殆不可能。且成年之人,學習語言,恒不如童蒙之易。苟使一國之兒童,皆能操通行之國語,則成年之人,亦將漸漬而自化,其用力較省,而其收效甚宏也。否則惟有聽國民自由學習之一法耳,而其結果,能操國語者,必即爲向者能使用文字之人,如官吏士人等。其收效至薄矣。

統一國語之機關,既與普及教育之機關,合而爲一矣,而其辦法又有二,一則於全國之初等小學,皆別設國語一科,使學生於國文之外,更學習官話;一則將全國初等小學之國文悉改爲官話是也。二說之中,吾則主張第二說。何則? 強迫教育期限之長短,視國民之生計程度以爲衡,我國之民生計窘蹙,大多數人能受教育之期限實不過三年耳。以三年之短時間,而欲其既通國文,又精國語,此必不可得之數也。二者既不能并精,而徒貪兼營并進之美名,其結果,必至國文既不能通,而國語又不精熟,兩俱無所用之,尚不如專精其一之爲愈矣。欲專精其一,則通國語,事實較易於國文,而其有益於實際,則遠過之,以甫及學齡之兒童,受三五年間之教育,而欲其能精通中國之國文,實爲必不可得之事,與其徒鶩美名,無益實際,尚不如論卑而易行者之爲得也。

此非謂一國之學齡兒童,遂可以不習文字也。查一國之文字,本可分爲三種:一古文,如先秦兩漢之書,唐宋八家之文是也。其名詞句法,皆與近今之語言絕殊,純然爲一種古代之言語。一爲普通文,如近今通行之公牘書劄及報章紀事之文是也。其爲文介於古與今之間,蓋承古代之語言而漸變者。一通俗文,如向來通行之白話小說及近人所刊之白話書報是也。其名詞句法無一不與今日之語言吻合,直不啻取通行之語言而記載之以一種符號而已。夫人之情,就其所已知之語言,而習一種符號以記載之則易,習其素所未見之語言,而并習其記載之之符號也則難。此習外國文者,所以較難於習本國文也。習全國通行之語言而可與全國人相交接，其獲益必至宏。習一部分人所通行之語言，則僅能與一部分人相交接，其獲益必較狹。吾國向者當學童入學之初，輒使之習古人之語言，曰與古人相晤對；即能工之，亦不過能與全國之通古語者相交接耳，而其教之又不以其法，漸摩之又不能及其時，卒之今與古皆不能通，而學生入學數年，遂等於徒勞而無益，亦可謂天下之至愚矣。

今試臚陳國語統一與教育普及同時并進之辦法如下：

一、全國初等小學國文科，宜正其名曰國語，其課本即用普通之官話演成，其他一切課本亦莫不然。

一、由學部編輯官話字典，用簡字拼音，注官音於字旁。

一、於京師及各省省會設立國語傳習所，招致文理明通、署知科學之士入校肄習國語，以備充當各府、廳、州、縣初級師範學校及國語傳習所之國語教員。

一、於全國府、廳、州、縣設立初級師範學校，以國語為注重科目，凡卒業於此學校者，國語必能純熟，方為合格，否則無論科學如何高深，教授管理如何合法，均不准給與卒業文憑。其地方實係貧瘠不能設立師範學校者，亦宜限立國語傳習所，招致文理明通署知科學之士入校肄習國語，至卒業期限，由提學使司考核，國語果能純熟者，一體給與文憑，准充初等小學教員，其已經設立之初級師範學校及師範傳習所，亦限於某年月日起，一律添設國語一科，若私家所立之校，不肯照辦者，提學使司不得給以卒業文憑，該校卒業生，各官立公立之初等小學仍不准聘用。

一、檢定教員亦以國語為必要之科目。

一、從前已經卒業之初級師範生及已經檢定之教員，定於某年月日補行國語檢定。

如此辦法苟能行之以實心，持之以實力，則寬其期以計之，三年而京師及各省會之國語傳習所，可以畢業，十年而各府、廳、州、縣精通國語之人才，可以畢出，至教育普及之時，即為國語統一之日矣。請舉其利益如下：

一、國民教育之程度，可以增高也。所貴乎國民教育者，為其能增進國民之智識道德，使之足以自立於世界也。夫文字者，求智識道德之媒介，而非即智識道德也。今舉扶牀入塾之兒童，而遽授之以艱深之國文，師與徒皆敝敝焉，耗其精神日力，以從事於此，而無暇復以其餘力從事於智識道德，則國民教育之程度，必不能高矣。不寧惟是，國文者，猶之一種語言也，凡習一種語言者，必能深通其意，且能運用之，然後可以獲其益。今以中國文字之艱深，而欲使扶牀入塾之子，於極短之歲月間，遽能深通其意，而運用之，此必不可得之數也。夫如是，則學生卒業之後，必不能更以文字為媒介求智識道德，以附益向者之所不足，而初等教育之收效益微矣。今若改用通俗文，則師教徒授，皆易於為力，疲精勞神以求通國文之時間少，則博求智識道德之時間自多，而學生卒業以後，亦可讀書閱報，以補學校教育之所不逮。轉移間國民教育之期限不必增長，而其收效則倍而不止矣。

一、能充初等小學教員者衆，而師資易求也。中國教育之所以不能普及者，非徒由於經費之竭蹶，民俗之錮蔽，而亦由於師資之難求，師資難求，則教育之成效不著，貧民彌不肯送其子弟入學。富人亦不肯捐資以助學。而師資之難求，尤以國文為最。蓋中國普通文字，其原皆道於古文，不通古文，則無由深知其奧突，而欲以古文教授兒童，則其事斷不可能，故非深通文學，且又明於兒童心理，長於教授之法者，必不能循循善誘，盡因材施教之妙。夫欲求此等人以充教員，則戛戛乎其難之矣。然其收效猶至寡也。若改用通俗文，則名字句法，悉與今日之語言相同，無教授文法之困難，但能通曉國文者，於教授之法畧加研究，即能勝小學教員之任，而師資不可勝用矣。

一、國民之感情親洽，而團結之力可以加厚也。中國之民，素以一盤散沙貽誚於外人，推厥由來，未始非言語不通階之屬也。蓋言語不通，則感情不能親洽，自不能互相聯絡，互相團結，以共謀一事，而地方界限之惡習以生。國語既相統一，則不啻道向之情睽意隔者，以相見於一堂，向者之論鄉誼，今者之分省界，其惡習不期其除而自除。無論政治界、學術界、實業界無不將驟添活氣。國民活動之力，可以大增矣。

一、可以聯絡藩部之感情，且開化其人民也。滿蒙回藏之危，人人知之，籌所以保之之策，則曰築路練兵改設行省而已，雖然，此非治本之謀也。治本之策，必使滿蒙回藏之民程度日高，足以自立於世界，且日與漢人相接近而後可。蓋必如是，然後不至事事仰賴政府之保護，而其開化自亦較易也。然欲求如是，捨國語統一外，復有何法？欲求統一國語，捨即以初等小學為之機關外，更有何法？彼滿蒙回藏之民，豈能於強迫教育之外，更受國語之教育耶？抑其學齡兒童，能於三數年間，即通國文，復精國語耶？則吾說之不可易，彌可見矣。

一、可以堅僑民內向之心，擴張吾國之勢力於海外也。中國之民，天性長於移殖，不待政府之保護獎勵，而足跡已遍於五洲。今者美洲及南洋羣島，吾民之流寓者,動以萬計,苟能善用之而有以堅其内向之心,實於吾國國力之擴充,大有關係。然吾民愛國之心雖摯,日受外人之壓迫及籠絡,而政府初無術以保護之,社會又無策以聯絡之,久之亦必化爲外國之民而後已。今欲便僑民回面内向,始終不忘祖國,不爲外人所同化,則惟有使之明習本國之文字,以增進其智識,通曉本國之國語,以團結其感情耳。而欲行此策,亦非改初等小學之普通文爲通俗文,使言文一致不能。

一、中國之國語,有可爲世界語之希望也。挽近世界交通,日益親密,感言語不通之困難亦愈甚。於是汲汲於創造世界語,此事之成,當在百年以内耳。夫世界語之創造,必不能無所因。吾謂各國之國語有爲世界語之希望者,必備有三種之資格:(一)原來爲世界最多數人所使用;(二)其國本有高深之文化;(三)其國人長於殖民,足跡遍於五洲者是也。而此三種資格,我國之國語咸具備之。苟於最近之數十年間,能奏統一之效,則其勢力必凌駕英語而有以奪愛斯勃蘭特(Esperanto)之席,可斷言也。雖然,此爲最近數十年間吾國國語能統一者言之耳,否則齊、楚、閩、粵方言,各自不同,通行於國内,尚且不能,遑論其於國外哉?數百年以後,吾國之國語縱能統一,而世界語之席,已爲他國所奪矣。事有遲之數十百年,而國家之損失,遂不可復者,此類是也。

或謂一國之文字,爲一國國粹之所寄,今若此,是舉一國之人,皆僅通淺近之俗語,而無一人能知高深之文字者,是不啻文字亡,文字亡即國粹亡,國粹亡國亦無以自立矣。此戇言也。夫强迫教育者,國民所受教育之初階,而非國民所受教育之止境也。彼僅受初等小學之教育而止者,皆農工商之子弟,向不讀書者耳。若號爲士族之人,其子弟所受之教育,必不以初等小學爲止境,自此以上,入高等小學及中學,即可肄習普通文,入高等學堂及大學堂,並可肄習上古文矣。且人惟不受教育,則其程度愈低,程度愈低,則愈不知受教育之當亟,今若舉全國之農工商而皆能通知通俗文,則其智識必漸高,智識漸高,則送其子弟入高等小學以上之學堂肄業者必日益多。是如吾之所云,特變向者不識字之人爲通通俗文之人,更引而進之,使通普通文與古文耳。非舉向者通古文與普通文之人,而强抑制之,使僅通通俗文而止也,而何國粹亡失之足慮乎?或又謂中國文字素號艱深,童而習之,已苦不易,今於學人就傅之初,即詔之以淺近率易之通俗文,將來更習普通文與古文,其心思將格不能入,又安望其能真通國文乎?不知通俗文者,猶取今日之語言而記載之以一種符號耳。古文者,記載古人語言之符號,吾人辨識其符號,考求其用法,將由是以通古人之語言耳。習記今人之語言之符號，何以遂不能通古人之語言？此其理，當亦難者之所不能解也。若謂古文難治，不宜以治通俗文，更分其日力耶？則吾又將有以袪其惑。夫謂古文高深於通俗文者，非謂古人之語言，有以高深於今人之語言也。特數千年以來，學士大夫之思想，皆習以古文達之，故古文遂變爲一種專門用語，而通俗文則爲普通人所使用之語言耳。今若使一國僅通通俗文之人，其思想學識皆日漸增高，而亦積以通俗文達之，則通俗文之意義，亦必日漸精深，浸假而亦可以爲國粹之所寄矣。此非謂有通俗文而古文遂可廢也。特由此可見古文之所以高深者，不在乎其語言，而在乎其所載之事物理想耳。古文之所以高深者，即在乎其所載之事物理想，則其心理之發達，尚不足以語此理想事物之人，雖授之以古文，亦奚益哉！此吾國向者讀書之人，當發蒙之初，所以日受四書五經，了無益於知識道德，而轉以窒酷其性靈也。由此觀之，則授童蒙以古文，非徒無益，抑且有損，待其稍長而施之，不徒無時過後學之弊，抑且有事半功倍之效，斤斤以國粹廢絕爲憂者，其亦可以思矣。

或又謂中國文字筆畫繁多，書寫不便，主形不主聲，認識較難，欲其爲盡人所能曉，非廢棄之而另創一種諧聲之簡字不可也，此又惑之甚者也。夫中國文字，書寫之所以繁難者，由於純用正楷而不用行草，而非由於筆劃之繁多；通曉之所以不易者，由於其與語言相分離，而非由於造字者之兼用象形會意。夫獨體謂之文，合體謂之字。獨體者，筆畫必簡，合體者，筆畫必繁，若求有簡而無繁，勢須有文而無字，揆諸事理，夫豈可行？今若取西洋之文字，而一一書之以正楷，則其繁難正與我等耳。且彼有一字累十數母者，而我至多三四母而止，且不常見。即有之，亦多減省其筆畫，以便書寫，是我轉簡便於彼矣。若論形聲，則我國之字，亦何嘗不主諧聲哉？六書以諧聲爲最多，此稍通小學者所能知也，特音聲轉變，迄今日已失諧聲之用耳。雖然，今日言統一國語，是欲藉文字以齊一國之語言，而非使文字之聲音，隨之方音而變轉也。若求發音之悉與方言合，則惟有使南人用南音，北人用北音，各用一種之字母，以教之耳，而如閩粵及滿蒙回藏，又將各造一種之簡字以教之，國語統一之謂何？若強各地方之人，使皆習官話，則其發音之不能沿用土音亦等耳，而何惡乎向者之文字乎？且簡字合聲之說尚有其不可行者，請得而詳言之。一國文字之沿用，非盡出於人爲，實亦半由於天演。古者封泰山禪梁父者七十二家，讀其文，孔子不能盡識，則我國古代通行之文字之多可知。而迄於今日，惟此一種存，則此一種之文字，其適宜於我國之民性可知。徒以企慕歐風,猝求創造,歷事既淺,必無以善其後,其不可一也。主張合聲簡字者,謂因形可以得聲,學習較易耳。不知文字之應用,貴乎習熟,必能一望而知其義,然後可用以讀書,用以閱報,用以記事而達意。若必字字拼而讀之,以求其義,則其事至難而不適於用,人亦將厭苦而棄之矣。合聲簡字若使字字拼而讀之,則較諸舊日之文字,誠可省認識之勞,若亦求其習熟,則與舊日之文字等耳,徒事紛更,無益實際,其不可二也。我國文字自創造以來,雖篆隸分楷,書寫之法,時有變更,而實不得謂之改作。以文明開化最早之國,而一種文字沿用迄於五千年,取精用宏,真可謂之國粹所寄矣。通俗文與古文異流同源,通通俗文者更求通古文,既省識字之繁難,且獲文法之印證,可謂事半功倍,故初等小學教授通俗文,不徒於將來求通古文無礙,抑且有益。且初等小學所以必須教授通俗文者,一則因其卒業之年限校短,必不能通古文與普通文,一則藉以統一國語耳。數十年後國語既已統一,國民之生計日益寬裕,強迫教育之年限可以加長,於斯時也,初等小學仍可改授普通文,若用諧聲簡字,則一國之中,不啻驟有兩種文字通行,不特僅受初等教育者不識固有之文字,即入高等小學者,欲更求通固有之文字,其事亦至難。數十百年之後,國語雖已統一,更欲廢棄簡字純用舊日之文字,勢亦積重難返矣。是使我國固有之文字,勢力大為減殺,國粹真將由此而亡失也。其不可三也。凡事因則易為功,創則難為力,我國之民,通文字者雖少,然農夫野老居肆負販之徒,以及婦人孺子,其畧知文義能識字者,固亦不乏,因而授之以通俗文,其事甚易,必欲強之以捨所素習,而更習一種之諧聲簡字,彼必將以為無用而棄之矣。此不徒年長之人為然也。即以此施之小學,彼學生之保護人亦必有以為無用而不願送其子弟入學者,是為興學又添一重阻力也。且通通俗文之人,固不能古文與普通文,而通古文與普通文之人,則無不能通通俗文者,人而苟通通俗文,即可與全國之通文字者相交接,若通簡字,則止能與全國之通簡字者相交接耳。此與僅通方言不通國語者何以異?其不可四也。所以欲強迫一國之民,使皆習文字者,為欲增進其智識道德也。夫文字為求智識道德之媒介,而非即智識道德,吾前既已言之矣。今欲一國之民智識道德增進,則必引而進之,則教之以通文字,實最良之法也。通俗文與古文及普通文異流同源,通古文與普通文之人,無不能通通俗文者,今若使一國之平民皆能通知通俗文,則全國之士大夫,亦必以開化教育為己任,著書撰報,以啓發愚蒙者,必日益多,而全國之民智,可以大開矣。若盡使之習簡字,則彼所能讀者,簡字之書報耳,而全國有高等智識之人,必不樂更習簡字,其智識即無由灌輸於平民,於開化之前途，實大有阻礙，其不可五也。有此五不可，則不徒施簡字於初等小學，其事爲不可行，即以之教年長失學之人，亦不如徑教之以通俗文之爲有益矣，今之主張簡字者，蓋一思之。

一九一〇年寫於常州府中學堂

禁止遏糴以舒農困議

　　吾國近年以來，內亂之現象，日益顯著。揭竿斬木，焚掠慘殺之事，日有所聞。論者輒歸咎於愚民之未曾受教育，無政治思想，故地方創辦自治，則起而反抗，設立學堂，則又肆其焚毀也。其立論較深者，則歸咎於內外官吏，地方紳士，借憲政之美名，演誅求之實禍；致民窮無告，激而爲變而已。雖然，曾亦思亂非一人之所能爲也，物必有腐而後蟲生之，苟使天下晏然無思亂之人，彼一二莠民其將誰煽，即能煽而爲亂，其勢亦將不久而自平。吾國之民戢戢於專制政體之下久矣，苟衣食裁足，事畜有資，又孰肯因政治之不合己意，而起而反抗哉？然則今日天下之大勢，其非安固而不搖也，亦可知矣。

　　昔人有言，天下大器也。置之安處則安，置之危處則危。吾亦曰：天下者，天下人之天下也。舉一國之人，而皆延頸以望治，斯治至矣。舉一國之人，而皆疾首蹙額以思亂，則亂至矣。斯固非一二賢君良相之所能撫綏，抑亦非一二亂臣賊子之所能遽挑動也。蓋其亂之原，醞釀之者既久，而其亂之機，所伏者亦至廣，故一旦猝發，如千鈞之弩，猝然奔迸；如百丈之堤，忽然崩潰。雖有賢者，無以善其後矣。然則亂之機，果何自伏乎？曰：民之好生，其性然也。苟有足以戕害其生命者，則必起以抗之，以謀杯一日之死，此事理之必然者也。今也舉天下之人，而皆無以遂其生，而皆欲憑藉腕力以延一日之生命，國家之情形，其尚可問哉？隴畔輟耕，東門倚嘯，一夫恣睢，毒痛四海，夫固非一夫之所能爲也。

　　然則治亂之原，其可知已矣。舉一國大多數之人而皆望治則治，舉一國大多數之人而皆思亂則亂，此殆萬古不易之常軌矣。吾國以農立國，故農民實居一國之最大多數，歷代之治亂恒視農民生計之舒蹙以爲衡，此徵諸歷史而可知者也。漢文帝輕徭薄賦，重農貴粟，普免天下之田租至十有三年，而天下大治。武帝東征西討，北摧強胡，南收勁越，又恣意於土木，侈心於神仙，核其所爲，去亡秦蓋無幾耳。而"潢池盜弄"，轉瞬敉平，昭宣蒙業，漢遂以安，則以孔僅、桑弘羊爲之理財，多其途以取之，而未嘗盡責之農民也。至王莽變法，使田爲王田，一洗漢代豪强侵陵，分田劫假之弊，又更幣制，以禁逐利之習。設六筦以權徵幸之民，其用心豈不賢於桑孔萬萬。王莽變法全是社會主義，暇當別著專篇論之，非此篇所能詳也。然而平林、新市烏合搶攘，率以亡新，則以其變法之結果惡，影響及於舉國之農民也。嗣是以降，漢有黃巾之亂，而州牧肆其割據，其極卒分爲三國，晉有王彌、劉靈之徒之肆擾，而劉石逞其兇啖，北方遂淪於五胡。唐代藩鎭擅權，宦官竊柄，威靈不振極矣。然無黃巢之奮臂一呼，則沙陀無所藉以逞其志，而五代十國之禍不遽見，而後此燕雲十六州亦不至淪滅於契丹，是唐室不亡於藩鎭，不亡於宦官而亡於流寇也。宋代北見屈於契丹，西受侮於元昊，國威陵替極矣，然無徽宗之淫侈，蔡京之聚斂，則國脈尚厚，而北狩南遷之禍或不遽見。於是時而後，此江浙京湖群盜幾遍，亦幸而宗翰、撻懶暮氣已深，蓄意言和，不復南下，而宋得乘其閒暇之時，從容戡定耳。否則胡馬窺江，舉國皆李成、孔彥舟之徒。時事尚可問哉？是則宋室亦不亡於兵力之弱，不亡於財政之艱窘，而亡於大多數貧民之擾亂也。有宋以後，元室之亡於群盜盡人能言之，而明以屢次加賦，舉國思亂，而張李之徒遂不可收拾。我朝善觀世變，加釐金以充軍餉，轉移其負擔於商人。雖至今日舉國訾爲秕政，然在當時，卒藉以鎭遏思亂之人心，而洪楊之大難，遂以削平，則尤其彰明校著者矣。詩不云乎？殷鑒不遠，在夏後之世。處茲民窮財盡，舉國思亂之日，宜何如優惠農民，以祈天而永命也哉？

　　吾國農民操業至勤，而獲報至觳，有史迄今，如出一轍，而每逢叔季，則其困苦尤甚。蓋暴政繁興，日事朘削，一也。一代開國之初，每當大亂之後，兵燹誅夷，死亡過半，民窮則反本，皆棄末作而務本業，故室家殷富，比戶可封。一再傳後，習於淫侈，稍黠點者，咸欲享阡陌之奉，而莫不憚耕獲之勞，故多舍南畝而趨末業，其點者則日事分利之業，其强者則攫人之所有以自肥，其懦者亦日習於遊惰而不自振。生齒日盛，而一國之中，胼手胝足以從事於生業者，仍惟此少數之農民，則生計漸困，生計困而服食居處，一切之所以給其求而養其欲者，已非復前日之可比也，則愈困，愈困而點者愈思朘人之所有以自潤，强者愈將攫人之所有以自肥，懦者睹事生產之民之勤勞而無所獲也，則彌習於遊惰，而此一二願恪勤苦之民，乃適當舉國上下敲剝朘削之中堅，雖甚自苦，亦假至不能自立而後已。則舉天下無一事本業之民，而大亂作矣。嗚呼！此吾國歷史上所以生齒繁殖，常爲大亂之原，而每閱數十百年，必經一次之大亂，無能倖免也。此其二也。夫生齒歲增，則食料之需求亦愈衆，苟能善從事於保護獎勵，則斯時之農獲利必愈厚，而民之轉而緣南畝者，亦將日益多，而無如當斯之時，敲骨吸髓之政必且繁興，恒使農民之所獲不足亦償其所失。不但此也，農民資本微薄，今歲薄有所獲，則將恃以爲來年播種之需，又其業之贏絀，半聽諸天時，豐年苟有贏餘，不得不儲爲凶年之豫備，苟誅求竭其所有，則田荒不治，餓莩載道之現象，必將日甚，匪特事農業者不能緣之而增多，且將因之而見少。夫至於生齒日繁，而事生利事業者轉益少，一國生計界之情形，尚待問哉？而斯時之敲剝胺削者，顧尚於少數之農民求之，則農民之困苦可知矣。此其三也。凡此皆歷代叔季之世，所以致四海困窮之原因，而亦即其所以召侮速亡，至於大亂而不可救之道也。嗚呼！往者閉關獨立之時代猶如此。況在今日瀛海大通，生計競爭日益劇烈，外人日挾其資本技巧，以與我競爭，我農民之副業，且半爲所奪者哉。

語亦有之，因者易爲功，創者難爲力。吾國農業國民習慣既數千年，若商工，則固皆在幼稚時代也。今日欲增殖國富，獎勵商工業，其事必較難於農，此盡人所能知也。不寧惟是，凡事之進行，必有一定之秩序，以吾國今日之情形論之，斷無能一躍而遽進於工商國之理。又自地理上之關係論之，吾國爲天然之農國，即在他日，亦斷無舍農而專恃工商以立國之道也。顧今之論者，日汲汲皇皇，一若但獎勵工商業，即足以與外人競爭者，而於農業則淡焉忘之。夫工商業則寧可不事。雖然，中國數千年來既爲農國，今日全國大多數之民既爲農民，則在今日欲圖多數國民之樂利必不可不於農民加之意，且中國今日之生計界，亦決非擴張其勢力於國外之時代也。舉一國多數之民，若枯魚之困涸轍，望涓滴之水以延生命，不此之急，而日惟粉飾獎勵工商業之外觀，置多數農民於不顧，不其俱歟？使一國大多數之民，皆轉於溝壑，雖振興一部分之商工業，豈足以救之？而況乎今日之所謂振興商工業者，又徒事外觀，不求實際者哉！

曷言乎中國今日置多數之農民於不顧也。乃者朝廷亦嘗改商部爲農工商部矣。朝野有識之士，亦日汲汲言興農學、阜農財、勸農工矣。夫欲興農業，誠不外乎興農學、阜農財、勸農工三者。蓋知識既高，則石田可爲腴壤，資本既厚，則用力少而成功多。趨事者勤，則生者衆而食者寡，三者果克收其效，中國之農業，誠不患無蒸蒸日上之情形也。雖然若今之所爲，則又陳膏粱於病夫之前，侈羅穀於寒凍之際，雖美而弗適於實者類也。何以言之，今欲興農學，則必曰設農業學堂矣，設農業試驗場矣，然而果能遍設耶？即能遍設之，彼負耒之子，南畝之夫，豈其肯輟業而來觀，即來觀亦徒哆口而結舌耳。有一二明悉農學者，方且高自位置，自居於士大夫之林，四體不勤而猶以爲

11

苦,其肯胼手胝足,與勞農共朝夕乎?欲言阜農財,則必曰設農業銀行也,固
也。然以今日之情形,資本果能集耶?即能集之,孰能任其事?以今日中國
商家之道德,而與言銀行,而與言農業銀行,其不倚勢以敲剝農民者幾希矣。
以今日之農民而與言農業銀行,其不藉資以資飲博者幾何矣。彼謹愨者,則
固視銀行與我無與,終歲不過問也。以言乎勸農工,則今日部臣所恃以獎勵
實業者,唯虛榮耳。雖然此豈農民之所慕者耶?慕虛榮者,豈可復爲農民邪?
夫以事理之常論之,興一利恒不如其除一弊,何則?弊不可得而除,則利終不
可得而興,不能除弊,則所謂興利者,皆虛言也。且以今日中國之情形論之,
則行政之官吏與社會上挺身任事之人,十之九皆生息於弊之中者也。夫以財
政學上之原則論之,則天下誠無不欲作弊之人,特貴有箝制之法耳。而今日
之中國,則箝制之法,最不完備者也。職是故,無論如何興利之事,鮮有不變
而爲弊藪者。與其言興利,莫若言除弊。蓋興利多,積極的易緣以爲奸,除弊
多,消極的欲藉以作弊較難也。

　　居今日而言除弊以蘇農,則莫若絕遏糴之政。夫遏糴,事之至愚者也。
春秋之時,列國並列,即懸爲厲禁。夫列國並立,鄰之厚,我之薄也。然而猶
戒之,誠見其害,未見其利也。今者海內一家,普天之下,莫非王土,率土之
濱,莫非王臣,顧乃行此右手操刀以戕左手之政策,豈不謬哉?請言其弊:物
貴流通,生計學者有言,任物自競,其價必趨於平,猶內湖之水,與外湖相通,
欲其水面之有低昂不可得也。今也或省而界,或府而界,或縣而界,乃至鄉而
亦界,村而亦界,多所壅則多所滯,物之價乃大不平,而闕乏之禍大著矣。其
害一也。果使凶荒宜合全國之民,以謀節減食料,而欲收此效,其機恒握諸商
人。今使湖南米貴,湖北米賤,則米商將運湖北之米,以入於湖南,而湖北之
米價貴矣。湖北之米價貴,則湖北之人,將省其糇餌粉饆之費,以供飯食,又
不給,則捨飯食而饘粥焉。而湖南之饑者粥矣,粥者飯矣。今也不然,盡湖以
北爲鴻溝,而曰自此以往,其米不得輸入湖南也。則湖北之人或厭糇餌粉饆,
而湖南之人有米粟不飽者矣,豈理也哉?此物之所以惡夫壅也。其害二也。
昔人有言,糴甚貴傷民,甚賤傷農,故有耕九餘三之策,豐年則倉而藏之,以爲
凶荒之備,此在古者,交通不便之時,一山一水之隔,其民即不相往來,此區之
粟賤,固無由糴之他區,此區之粟乏,亦無望他區之輸入,故不得不行此實物
儲藏之拙策也。今也不然,通商之區域廣矣,河內凶可資河北之轉漕,河北
凶,且仰河東之輸挽,但使商旅之蹤跡常通,居民之資材不乏,合舉國之豐凶
以相濟,何患無致粟之途,而行此不救災不恤鄰之惡政哉?夫所貴乎通商者,

爲其能濟甲乙兩地之有無，而各給其求，養其慾耳。今也設浙江豐而江蘇歉，則江蘇之民所蘄者粟耳，而浙江之民所蘄者財，有商人以溝通之，則得粟得財，各如其願，而江蘇之民，不致轉於溝壑，來年可更從事於生利之途，浙江之民亦以得財，故而益恢其業，來年之生產將大盛矣。使行古者常平義倉之策，浙江之民窖粟而藏之，凶荒則有備矣。然自豐年藏粟之日，迄凶年發粟之時，其間所儲之粟，皆絕對的不能生利者也。夫所貴於資本者，爲其能藉之以生利也。今也窖而藏之，使不生利，則何貴於此資本哉？雖日曰凶荒有備，然使當豐年而售此粟，以其所得之財，更恢其業，豈慮凶荒之無備乎？不此之務而窖而藏之，一時若不傷農也，而不知居民喪食賤粟之利，商人喪轉輸之利，其弊亦終必有中於農民者矣。而況乎今之所謂遏糴者，非備荒於豐年，皆當鄰境餓饉，汲汲待振之時而遏之糴乎！夫如是，是徒使本境之民，因價賤而妄耗其食料，商人失轉輸之利而農病糴賤耳，可謂有百害而無一利者也。夫古者通商之區域狹，民食無以相調劑，然猶慮農末之或傷，而行是斂散之策以救之也。今也通商之區域既廣矣，民食有天然調劑之方，而農末皆不虞其或病矣。而其所以務求病農末而壅絕民食也，顧若此可不謂之大惑哉？其害三也。遏糴之說，其初僅欲使毋出洋，此已背於生計學上之原則矣，然其惑猶可恕也。雖然禁米出洋之說亦久矣，迄於今，果能禁乎？果使大弛其禁，吾敢決言出洋之米，亦不過此數，或且不及此數也。何則？物價之相劑而趨於平，此生計學上之原則，未有能背之者也。今也使腹地米貴而沿海之區米賤，使從沿海之米入腹地，則沿海之米價貴將與外洋等矣，否則亦相去無幾耳。價等則販者無利而自止，相去無幾則販者勢不能多，今也壅而絕之，則沿海之米價與外洋相去絕殊，而販者必滔滔不可止。彼行遏糴之政策者，固自謂能禁之也。然觀諸十年來之成效，則亦曷嘗見其能禁邪？夫沿海之民果饒於米，則輸諸外洋與輸諸腹地，其獲利誠亦無別。雖然果使聽其輸諸腹地，則腹地之民，緣是而獲食矣，而國際貿易亦一變而爲內國貿易，凡一切緣於貿易所得之利潤，亦皆內國人享之矣。吾不知今之行遏糴政策者，果何惡於中國之民，而必欲多設禁令，使內國貿易一變而爲外國貿易，而饑民且緣之乏食也，其害四也。客歲湖南荒歉，湖北遏之糴而湖北亦乏食，江西又遏之糴，鄂督乃招商購米於南洋，頌之者曰是能購外洋之米食以接濟內地也。雖然使湘鄂贛三省有無相通，更不足則全國更與之相通，亦豈必慮其不足者，果使不足，則外洋之米亦必能輸入以爲之接濟，而何事於汲汲招商購運爲也。今使湘不足，則濟之以鄂，鄂不足，則濟之以贛，贛不足，則濟之以他省，他省不足，則更濟之以外洋，與運外洋之米以接濟湘鄂贛者，果有何殊異，而多此紛擾爲也。吾敢斷言之曰：此等政策，皆獎勵外國農產物之輸入者耳，其害五也。旱地不可以栽稻，或可以植麥，水田不可栽麥，而或可以植稻，即使水旱遍災，稻麥俱不能植，或猶可以藝雜糧。雖然民必有資本以購種子，事樹藝又必有資財，以飽煖其身，然後可從事於力作。今也一省饑荒，鄰境務遏之糶，則其地之民不獲食賤米之利，必不能更樹藝以圖收穫，將散而之四方，而南畝荒矣。豐收之地之民，又不獲高價以糶其粟，則資本不增，不能更拓張其業，而自四方來之饑民，又將從而擾之，而業亦壞矣。易兩利以兩害，愚未有甚於此者也。古訓有之，生之者衆，食之者寡，爲之者疾，用之者舒，則財恒足。故曰：一夫不耕，或受之饑；一女不織，或受之寒。蓋天生民而使自勞苦，其心思勤，動其手足，以自求其衣食。苟其違之，未或不匱者也。髮捻平定以來，海內無大兵革，生齒既日繁矣。生齒日繁則食料之消耗亦彌廣，使南畝之子，皆輟業以嬉，國未有不匱者也。今也行是種種戾農之政策，必使農人無利可圖，雖日言勸農，庸有濟乎？循是不變，是使天下之人皆怠於耕，而舉國皆入饑寒之途也。民困既甚，內亂將作，其害六也。國際貿易，年爲負差，吸精吮髓，將無以立救貧之策。必大獎勵貿易輸出，使超過輸入而後可，雖然，此非可以空言致也。必內國之貨物，確有足以供外國市場之需要者而後可，此其事欲獎戾工商業，使一蹴以幾則甚難，惟農業則以我國土地之膏腴，人民之勤苦，稍加獎勵，可以不勞而致。今也不然，行是種種妨農之政策，則吾國之貿易長不得興盛，而對於外國將永處於債務之地位，賠款外債，既已不堪負擔矣。況益之以貿易之負差？農困不舒，亦既足以兆亂矣。況更益之以外人之朘削？雙軌並進，亂機益亟，其害七也。生活程度，民各不齊，今使甲地之民力能致精鑿之粟而不足以食之，則將糶其精鑿之粟而更購粗糲者以供食用，此猶織錦之女，鬻錦而衣布，而更以其餘錢購粟也。今也遏絕之，使不得通，是使織錦者必衣錦，而不得鬻錦衣布，更以其餘錢購粟，以求一飽也。夫以吾國民之生活程度實低於外國人，此亦豈可爲諱，抑亦寧足爲諱，向使無運米出洋之禁，則十年以來，吾國之民以其食料之精美者售諸外國人而已，則食其較次者，一轉移間，獲利不知幾許矣。百物之相灌輸，猶水銀之瀉地，苟其地之民，以其地所產食料之精者，轉售於他方，而更求其次者，亦豈慮其無途以輸入。而今也必行操刀殆斫之政，慮其所不必慮者，而不慮其所當慮者，此等保民之政策，惡在其爲保民也，其害八也。吾國之農業多爲小農制，蓋吾國之民長於勞力以自謀，而拙於鳩資以營業，此無可爲諱者也。抑向者水耕火耨，皆沿用舊法之時代，固亦無事於鳩資購器,求廣大之耕地也。今也求廣大之耕地,集雄厚之資本,以利用文明之新器,固可以獲大利矣。雖然,此其事,我國今日能行之乎?且弗論老農,即今之號爲振興實業者,亦未必有此資本,有此能力也。抑豈特中國,彼西人之論大農制者,固亦歆其利而不能掩其弊矣。故以中國而望行大農制,此其事必在百年以後,而在今日則全國最大多數之民,號爲國家所托命者,固此散在全國之小農也。夫小農之資本大率微薄,苟一遭意外之變,則即無以爲耕耨之資,而南畝將荒,故保護小農最難,而其事亦最亟。今者遏糴之政策,其厲農既如此矣。以魄力微小之小農,當之未有不宛轉憔悴,即於溝壑者也。其害九也。濟貧之策,本非可以常行,以其長僥幸而阻人自立之念也。今也遏糴之策與濟貧之政何異?雖然,直接以濟貧,此猶不過公家糜無益之帑項,以養成不事生產之民云爾。其於勤事生產之民,其害固猶爲間接也。今也遏糴之政行,則是直接厲事生產之民以養遊手好閒之人也。其爲博禍,寧可思議?其害十也。嗚呼!有此十害,而猶自謂其足以恤民,是何異謂飲鴆之足以引年,挖肉之足以補瘡哉!而舉國士夫一唱百和,行政官吏從而殉之。詩曰:其何能淑,載胥及溺。又曰:如彼泉流,無論胥以敗。此則可爲痛哭流涕者也。

今者欲舒農民之困,則其事首在禁止遏糴,非謂恤民生而固國本,事遂止於此也。雖然,他事行之,皆須歷時日,惟此事則可沛然行之於崇朝,而其效之大而普,又非設一農業學堂,辟一農事試驗場,開一農業銀行,支支節節而爲之者可比也。今宜請於農工商部或資政院,專折具奏,請特降諭旨施行,能並出洋之禁而弛之,上也。否則亦宜全弛內國遏糴之禁,自今以往,全國無論何省府廳州縣,不論若何荒歉,止準設法振濟,不準提及遏糴一字,有創議者,以違旨論,從重治罪。如此,則一國中,此疆彼界之葛藤,倏爲消除,民生既抒,農業自振,行之數年,更弛出洋之禁,輿論翕然矣。可與樂成,難以慮始,此之謂也。或曰食爲民天,故米穀之爲物,不能與他種貨物,一例視之,一朝闕乏,饑民必將激而生變,彼各地方之遏糴以自衛者,非好爲之,亦有所不得已也。今子執一成不變之法,謂無論如何決不準提起遏糴一字,則各地方當凶荒之前,無以預爲之備,一旦饑饉,必至室如懸磬,野無青稊,鋌而走險,貽害將不堪設想矣。不知向者之饑饉,所以易於成災者,由於各地方皆遏糴以自衛,饑鄉無所仰,以資轉輸,故一朝不幸,遂至餓莩載道也。今各地方均不準遏糴,則依凡物自競,必趨於平之公例,自無甚豐甚歉之鄉,又何致因饑以釀變哉?難者又曰:各地方之民生計程度,乃有不齊,即如江蘇之米,常貴於湖南,客歲湖南因米貴,故抗官焚衙,幾釀大變,核其米價與江蘇,固不甚懸殊也。我國疆域廣大,五方風氣不齊,全國不乏僻瘠之區,子策苟行,瘠區之米將滔滔輸入於鄰境,且將源源運出於外洋,而瘠區之米價將倏與富庶之區等,民其何以堪之哉?應之曰:所謂荒歉者,非乏米之謂,而民貧之謂也。吾國之人,向來昧於此觀念,故一聞某地方荒歉,則必曰此某地乃因水旱之故,而米穀歉收,因米穀歉收之故,而民無以為食也。殊不知乃因歉收之故而民貧,因民貧而衣食不能自給,且今試設譬以明之,有一家於此,兄弟十人,皆以農為業,其九人捨農之外,皆不能他有所事,惟季弟一人,除耕田之外,兼能為縫工,則一旦歲歉,其兄九人必皆衣食不週,而季弟則可執縫業以為養,日有所入,以糊其口,雖與未嘗荒歉時等焉可也。是可見饑荒非能直接使民無食,民之無食,由於以耕為業,饑荒則足以喪其業之所入耳。此猶錢業倒閉,則各都市之商家必大起恐慌,又如有大工廠虧折停罷,則工廠附近之細民,必因失業而滋擾,其事雖殊,其理則一。特吾國向者無大工業,又無大商家,故其情狀不顯著耳。西國工廠每逢工人同盟罷工,必大起恐慌,竭力鎮壓,此其理正與吾國之慮饑民聚而滋事等也。明乎此則救濟之之法,亦可以瞭如矣。失業之民必能使之得業,然後其困可紓,徒與之以廉價之食料無益也。何則?其所需者,固不僅米穀也。苟使此邑之民,除食料以外,凡百資生之需皆充軔有餘,而惟闕米穀以為食,則嗷嗷者流,豈不能持貨以易穀,而商人嗜利如命,亦豈其不能輸入米穀以與之為市也?則可見一地方之民食所以缺乏者,非由其地農田之歉收,實由該地方之民貧困已極,無所持以與人為易,故商人之販運米穀者,亦裹足不出於其途耳。然則當斯時也,而欲振濟之,惟有二策,一則與之以足以養生之資財,使之持以市場,否則舉凡該邑之民資生所須之物,皆輦而致之而畀之耳。雖然,此其事皆不可以久者也。則欲振其困,仍惟有使之能執一業以自養之一法。夫欲使民有業可執以自養,則當如吾之說,使粟之流通日廣,農之獲利日厚乎?抑當如今遏糶者之策,使饒於粟之農不獲高價以為糶,缺於財之民不獲購廉價之食料,民日貧而農業日以萎縮乎?斯固不竢煩言而解矣。且夫瘠區之米運出於富庶之鄉,非富庶之鄉之民挾其臂而奪之也,亦必有所持以易之,彼富鄉之民喪所持而獲粟,瘠鄉之民喪其粟而獲所易,其得失適相均也。一旦瘠鄉之民缺於粟,則更可以向者糶粟所得之財,轉而購粟於鄰境,而何乏食之足患?且一人之身而百工之所為備,養慾給求非徒有粟而遂足。今必使有餘粟者窖而藏之於家,否則以廉價售之於當地,而不許其致之遠方以牟優厚之利。此瘠區之所以終於瘠也。難者曰:瘠區之民不皆恃農以爲生也。如子言，農民則得矣，事他種生業之民若之何？應之曰，此則吾向者所謂直接屬生產之民，以養游手之民之説也。譬有一邑於此，饒於粟，聽其轉輸於他邑，則粟石價將十千，不則六千而已。秉斯邑之政者慮之曰：粟石十千，民將弗堪，乃遏之不使售出於鄰境，於是粟石保其六千之價，夫如是，不啻對於農民課以每粟一石納税四千文之負擔，而於不事農業之人，則每食粟一石，助以錢四千也。徒取諸彼以與此，有是理乎？果使農民獲利豐厚，必更斥其所得之資以營他業，而四民皆沿其利潤矣。難者曰：斯固然矣，其如他日之利潤不能待，而當前之米貴不能支何？應之曰：是則有救濟之法，度一邑最貧之民所能食之穀價，立以爲限，逾於此限，則由官籌款購米，照此價平糴，使至貧之民得食之，至米價復於此限則止，如是，則農民可自由糴其米以獲利，而貧民仍不至乏食，一舉兩得矣。難者曰：如是與遏糴何異？應之曰：是大不同。遏糴之法，强使本境之米價賤，人人得食之，雖陶朱弗能禁也。行吾之策，則得食廉價之粟者，惟至貧之民耳。一則捨富而恤貧，一則刻貧以優富，此其所以爲不同也。且子知遏糴之政與恤貧之政無以異，則易言矣。彼恤貧之政，固非可以常行者也。

原爲一九一一年三月應《東方雜誌》社的徵文，未刊草稿

常州謠辭四首

丁 丁 頭

丁丁頭，起高樓。高樓上，織絲紬。絲紬織得三丈八，送去哥哥做雙襪。哥哥自有黃金帶，嫂嫂自有復羅裙。復羅裙上一對鶴，鶴來鶴去鶴到丈母家。丈母床上紅綾被，阿姨床上牡丹花。

凡十二句，亦有下更續以數句者，不如此之善。

一二喻所居之高潔，三四言自修之勤。絲綢織得三丈八，僅以供織襪之用，言卑以自牧也。七八言讒謟之蔽明，九十喻權姦也。《禮》曰：諸侯非問疾弔喪，而入諸臣之家，是爲君臣爲謔。

如此說詩，或以爲鑿，然詩有作義，有誦義。何謂作義？如《毛詩》說《關睢》爲美文王后妃之德是也。何謂誦義，如三家說，此詩爲刺康王晏起是也。凡詩皆起於里巷歌謠之屬，本不知作者爲誰。一詩亦非必一時一人所作，縱有作者，發於情之不自已，自然矢之於口，亦不能自言其所以然。故凡詩作義，有時非所重。世多信毛詩而疑三家者，以求之古籍，毛多合而三家多牴牾耳。庸詎知三家之學，所以確有所受之者，正在於此。彼毛氏則檢查古書而爲之說者耳。夫檢查古書而爲之說，豈三家所不能爲哉！

摇 大 船

摇大船，打大鼓，鑼鼓船上客人多，爲底弗搭我？

可謂婉而多諷矣，歌魚同韵，亦足見此詩之古。

合 梳 頭

南山脚下一缸油，姊妹兩個合梳頭，阿姊梳個盤龍髻，妹子梳個羊爛頭。

此詩蘇州人所歌者，姊妹作姑嫂，阿姊作姑娘，妹子作嫂嫂。
設想措詞皆甚奇，非文人所能爲。

明 月 彎 彎

明月彎彎照九州，幾家歡樂幾家愁。幾家夫婦同羅帳，幾個飄零在
外頭。

起句意境確係謠辭，下三句非盡不識字者所爲。蓋此等謠辭，口口相傳。
恒有改易，吾故謂謠辭作者，非必一人也。夫作者非必一人，尚何作義之可
求，更何作義之足泥哉？（以上缺佚）異也，然則聽樂於廟堂，不啻聞歌於里
巷，故其安樂怨怒哀思之情，可以畢見，故欲觀民風者必於斯。故曰：聞其樂
而知其治。故曰：聲音之道與政通矣。

夫詩則未有不本於謠者也。太白歌行，卓絶千古，人皆賞其樸質有奇趣
若古歌謠，謂非太白不能爲。吾謂是時歌行之體初創，去其爲謠諺時未遠。
太白之詩，固非必自爲，或亦採民間歌謠，點竄而成之者耳。此亦非特歌行，
凡一切詩詞之屬，語其原始，蓋莫不如此。及其後，文人學士相率而爲之。其
意境日以辟，其藻採日以紛繁，其變化愈多，則其去本來之面目愈遠。此事物
演進之公例，所謂始簡易而後雜糅者也。夫文人學士之詩非不美也，然其天
然之趣終不及里巷謠諺若。今之人，惡夫文人學士所爲之詩去其固所憑藉者
日遠，乃欲自率其意，創造一體，謂之新詩，亦惑矣。文人學士所爲之詩，全本
於天然之歌謠，變之以漸，猶不免喪失天趣，況徒自率其意，前無所因，而欲喻
諸人人乎？（下缺）

附：景易謠辭

讀吾友駕牛君所輯常州歌謠四則，因憶昔年鄭君旭旦《天籟集》搜羅里巷歌
謠頗富，惜乎未見印行，茲特爲錄出，以廣流傳，當亦提倡白話詩歌者同贊許耳。

歌一

墙頭上一株草，風吹兩邊倒（活現，此如詩之興體），今日有客來舍子好
（舍子，方言也，即何字之義），鯽魚好，鯽魚肚裏緊愀愀（趣），爲舍子不殺牛
（陡然翻起），牛說道（奇），耕田犁地都是我，爲舍子不殺馬，馬說道，接官送官
都是我，爲舍子不殺羊，羊說道，角兒灣灣朝北斗（扯談得妙），爲舍子不殺狗，

狗説道,看家守舍都是我,爲舍子不殺猪,猪説道,没得説(説道没,就奇妙。截然五段,亦整齊,亦變化,章法之妙如此),没得説,一把尖刀戳出血(奇快至此)。

評一:此古來第一奇文,章法句法字法無一不奇,然亦只魚肉請客,家常(下缺)

歌二

月亮光光(折之有四層,合來只是一字,妙!妙!)女兒來望娘,娘道心頭肉(懇至),爺道百花香(奇妙解不得),哥道親姊妹(没奈何),嫂嫂道攬家王(奇妙),我又不吃哥哥飯(怒嫂嫂而並及哥哥奇情至理),我又不穿嫂嫂嫁時衣(三字甚毒),開娘箱,着娘衣,開米櫃,吃爺的。

(評)天下妙人只是會意。天下妙文,只是寫意,善會意者不必有言,而意即是言,善寫意者不必着意,而言即是意,讀此等文可以開悟。

歌三

青萍兒紫背兒(精細),娘叫我織帶兒(媚),帶兒帶兒幾丈長,(搖曳生姿)把爹看(賣弄寫盡女兒),好女兒(如脱於口),把娘看,一枝花(奇妙),把哥哥看,賠錢貨(奇妙),把嫂嫂看,活冤家(奇奇妙妙),我又不吃哥哥飯,我又不着嫂嫂衣(此時不應有嫁時二字,試思之),開娘盆兒搽娘粉,開娘箱子着娘衣(聲口香媚之極)。

(評)人所自負於天下者,惟才與能,有才能而見用於世則喜,有才能而不見用於世則悲,見用於世而爲世所稱道則又喜,見用於世而不爲世所稱道則又悲,豈惟悲焉,而又繼之以怒,於是感憤雜來,終日無復自得之日矣。抑思天生我才,必非無用,世之毀譽,何足重輕,若必譽爲幸而毀爲不幸也,安所得千百知己而爲馳譽四方哉?即以織帶之好女兒言之,非不才且能也,乃一家之中,父母之言如此,兄嫂之言如彼,又況推而遠之哉?雖此女無借於兄嫂而倚母爲重,然豈不辜其始之向兄嫂以示美之意乎!吾願世之君子勿輕自表見,舍己從人至於所如不合,然後退而以道德爲重也,亦無及矣。

歌四

石榴花,花簇簇(細),三個姐兒同床宿(如畫),那個姐兒長(眼),中間姐兒長(如畫),留下中間姐兒伴爹娘(奇情),伴得爹娘頭髮白(慘),三對籠,四對箱(着此二句,委曲有致),嫁與三村田舍郎,咸魚臘肉不見面,苦珠藘荳當乾糧,一封書,上覆娘,一封破書(四字下得怨毒之極),上覆媒婆老花娘,長竹槍,槍槍起,槍凸媒婆脚板底,短竹槍,槍槍出,槍拆媒婆背脊骨(句句怨毒到二十四分,妙不可言。)

(評一)長者定應先嫁而反遲,此中竟有老大怨苦,然天下似此者多矣,奈何奈何!

(評二)吾讀此不禁涕泗橫流也,天下才思敏捷者,知名於人世最早,而收功於一己偏遲,遲猶幸也,又至於無成,而憒憒終老夫,至既老而回首年來,萬千荼毒,皆其自取,有不恨功名為速死之媒哉?向使同類並處,無所見長,何致錯誤一生,青眉轉而白髮,固知天壤間缺陷頗多,當不知泪盈解也。

歌五

高田水低田流(便含正意,亦復如畫,此如詩之比體),叔姆伯姆當曙上高樓,高樓上,好望江(六字曠甚),望見江心渡麗娘(妙句),麗娘頭上金釵十八對,腳下花鞋十五雙,金漆箱(四句寫妝奩),青絲帶,藕絲裳(此句寫裝束),問鴛鴦(排命擇配也,此句本當在上,而反接在此,筆端超忽,絕不猶人),團團排一轉,排着臘痢郎,只圖臘痢生得好,不圖臘痢藏珍寶。

(評一)以麗娘而嫁臘痢,猶冀其生得好(下缺)

原署名:駑牛、景易,原刊一九一一年常州報刊

論文官考試之宜嚴

共和告成，亦既半歲矣。而朝野上下，猶僬然若不可終日者，寧不曰：新經破壞之後，秩序尚未全復乎？夫欲恢復秩序，固貴有寬裕之財政，縝密之計劃，而尤貴有運用此財政，實行此計劃之人。若是乎，今後之行政官吏，其關係於國家之治亂安危者，殆非淺鮮也。

國家之行政，所以能敏活周密者，一由其有適當之機關，一由其有司此機關之人也。語曰："徒善不足以為政，徒法不能以自行"，蓋謂此矣。中國數千年來，吏治之所以腐敗，而國家一切政務，皆墮壞於冥漠之中者，固由無適當之機關，亦由無司此機關之人也。今者破壞之事既終，建設之事方始，凡舊弊之宜除者，不知其凡幾也；新猷之當舉者，不知其凡幾也；因此次革命而破壞之秩序，當計其回覆者，又不知其凡幾也。夫如是，則今後之行政，非極敏活周密，殆不足以措國家於奠安，而躋之於盛強之域，而國家之所以求得此等行政之才者，亦不可不思矣。

孟子之告齊宣王曰："今有璞玉於此，雖萬鎰，必使玉人雕琢之；至於治國家，則曰姑捨汝所學而從我。"子產之告子太叔曰："吾聞學而後入政，未聞以政學者也。"中國向者之治制，其謬萬端，而其尤甚，則未有若任用行政官吏而不問其人之有無此項學識與否者也。為學校，為科舉，則學非所用，用非所學；為選舉，為徵辟，則有名無實，上下相蒙，甚至明目張膽，開捐納之例以斂財；故有身任要職，並普通文義，亦不能解者，而知識無論也。夫人必有欲善其事之心，而後有能舉其事之實；亦必先知其所事者為何事，而後有欲善其事之心。今也舉一國之官吏，而皆不知所仕者為何職，所當事者為何事，則其人除飲食男女以外無所知，聲色貨利以外無所好，禽息獸處以外無所能，亦無怪其然矣。語曰：哀莫大於心死。向者之官吏，皆心先死而後其行事乃隨之腐敗者也。而其所以心死之由，則任用之始，不問其人之有無學識實致之。嗚乎，痛哉！

中國數千年來，有一謬論，謂人才由於天之篤生，而非可以養成。用人之得當與否，由於君相之有無知人之明，而非可設一定之格以求之。蘇軾之學校貢舉狀，即代表此等謬論者也。其言曰："得人之道，在於知人；知人之法，在於責實。使君相均有知人之才，朝廷有責實之政，則胥吏皂隸，未嘗無人，況學校貢舉乎？雖用今之法，臣以爲有餘；使君相無知人之才，朝廷無責實之政，則公卿侍從，常患無人，況學校貢舉乎？雖復古之制，臣以爲不足矣。"又曰："以文章而言之，則策論爲有用，詩賦爲無益。自政事言之，則詩賦策論，均爲無用矣。雖知其無用，然自祖宗以來莫之廢者，以爲設法取士，不過如此也。"此其言，幾於明目張膽主張探籌取士之論矣。殊不知不可養而成者，爲非常之才；可養而成者，爲通常之才；國家之任用高等官吏也，初不必設一定之格以拘之；而其任用普通官吏也，則必不可無一定之法。何則？高等官吏者，決定一國之大計，而籌劃其措施之方針者也，此其事固有待於學識，然非必人人所可學而能；故其任用之也，初無待於試驗。若夫普通之官吏，則其所執行者，上官之命令也，其所措施者，通常之政務也，其職務既有一定之範圍，則其任用之也，即當以其人有無此項學識爲斷，從未聞有不問其學識之有無，而遽貿然任用之者也，亦未聞有一定範圍之職務，不學而能者也。縱謂國家之官吏，除智識外又必有其才能與道德心，智識可以試驗而知，才能與道德心非可以試驗而得；然必其人先有一定之智識也，而後其才能有可用，而其道德心亦有所藉以自效；否則雖有才能，適足爲害，而其道德心，亦虛存其願而已。語曰："勤於求賢，逸於任人。"如蘇軾之論，則爲國家者，初不必容心於求賢，但於任用之後，察其善惡能否而已。而不知國家之事，所敗壞者已多矣，況乎以少數高等官吏之力，察多數普通官吏之善惡能否，欲其讅悉靡遺，又爲至難之事哉？

專制之世，不論擁如何龐大之土地，臨蒞如何多數之人民，所以防察監制一國之官吏者，皆爲君主一人。自君主以外，皆欲詐欺君主，以營私舞弊者也。此語驟聆之，似甚可駭，然自事實上言之，雖未必盡然；自理論上言之實如是。法家之立說，即全部皆以此爲精神者也。善讀《韓非》者自知，且即自事實上言之，亦十八九然矣。故其時之行政，只能以清靜不擾爲主義；否則利必不勝其弊，漢文帝宋仁宗，皆以此獲美名於後世者也；新皇帝、王荆公，皆以此獲惡名於後世者也。今者五洲大通，萬國林立，爲國家者，日生存於競爭之中，斷不能僅如向者之清靜不擾，以求苟安；又別有監督機關，以防止官吏之濫用其權力。則自今以後，國家之行政，當爲積極的進行，而不當爲消極的防弊，蓋可知矣。夫欲爲積極的進行，則如向者之官吏，但能機械地倚幕友胥吏以奉行故事者，必不足以集事。而其任用之初，必不能不考求其有此相當之學識與否，又可知矣。

凡一事也，所以能綱舉目張者，必由其有多數之人才，萃處其中，爲之籌劃，爲之執行也。中國今日行政事務之繁重，不待言矣，而又當法律未大定之際，人民自治之能力，未甚發達之時，處處須藉行政官吏之力，爲之活用，爲之助長，非有至敏活周密之才，斷不足以善其事者也。然一事也，所以招致人才者，亦必有其道，鷗鴉集而鳳凰舉，稂莠去而嘉穀植，使羣不才者萃處其中，則有才者必將高蹈遠引，羞與爲伍；即不然，而羣不才者亦將排而去之；亦必將牽掣迫脅，使之不能善其事而後已。此歷代叔季之秋，山林所以多隱逸之士，而《循吏傳》中乃寂焉無一二人物也。前清末造之仕途，可謂下流衆惡之所歸，使不能嚴加淘汰，則有才者必將以入仕途爲恥，否亦不能安於其位，雖渙汗大號以求賢，而賢人亦卒不可得也。及其風氣之既成，而思所以變之，則難矣。故當民國肇造之時，不可不慎也。

本文寫於一九一二年

小　説　叢　話

今試游五都之市、十室之邑，觀其書肆，其所陳列者，十之六七，皆小説矣。又試接負耒之農、運斤之工、操奇計贏之商，聆其言論，觀其行事，十之八九，皆小説思想所充塞矣。不獨農工商也，即號爲知識最高之士人，其思想，其行事，亦未嘗不受小説之感化。若是乎，小説之勢力，彌漫漸漬於社會之中。吾國今日之社會，其強半，直可謂小説所造成也。小説之勢力亦大矣！

小説之勢力，所以能若是其盛者，其故何歟？曰：小説者，近世的文學，而非古代的文學也。此小説所以有勢力之總原因，而其他皆其分原因也。何謂近世文學？近世文學者，近世人之美術思想，而又以近世之語言達之者也。凡人類莫不有愛美之思想，即莫不有愛文學之思想。然古今人之好尚不同，古人所以爲美者，未必今人皆以爲美也；即以爲美矣，而因所操之言語不同，古人所懷抱之美感，無由傳之今人，則不得不以今文學承其乏。今文學則小説其代表也，且其位置之全部，幾爲小説所獨占。吾國向以白話著書者，小説外，殆無之。即有之，亦非美術，性質不得稱爲文學。全國之中，有能通小説而不能讀他種書籍者，無能讀他種書籍而不能讀小説者。其大多數不識字不能讀書之人，則其性質亦與近世文學爲近，語之以小説則易入，語之以他種書籍則難明，此小説勢力彌漫社會之所由也。

近世文學之特質有三：一曰切近。古代文學之所述，多古人之感想，與今人之感想，或格格不相入。近世文學，則所述者多今人之感想，切近而易明。傳所謂法後王，爲其近古而俗變相類，論卑而易行也。一曰詳悉。凡言語愈進化則愈詳明，故古文必簡，今文必繁。小説者，極端之近世文學也，故其叙事之精詳，議論之明爽，迥非他種書籍所及。一曰皆事實而非空言。此非謂近世文學不可以載理想也，特習慣上，凡空漠之理想，均以古文達之耳。以今文載理想，誠有不如古文之處。此由古文爲思想高尚之人所使用，今文則爲一般普通人所使用也。此其理甚長，當別論。凡讀書者，求事實則易明，論空理則難曉，此又盡人之所同矣。凡此三者，皆近世文學之特質，而惟小説實備具之。此其所以風行社會，其勢力殆如水銀瀉地，無孔不入也。

小説勢力之盛大，既如此矣。其與社會之關係果若何？近今論之者甚多，吾以爲亦皆枝葉之談，而非根本之論也。欲知小説與社會之關係，必先審小説之性質。明於小説之性質，然後其所謂與社會之關係，乃真爲小説之所獨，而非小説與他種文學之所同也。

小説之性質，果何如邪？爲之説者曰："小説者，社會現象之反映也。"曰："人間生活狀態之描寫也。"此其説固未嘗不含一面之真理；然一考諸文學之性質，而有以知其説之不完也。何則？凡號稱美術者，決無專以摹擬爲能事者也。專以摹擬爲能事者，極其技，不過能與實物等耳。世界上亦既有實物矣，而何取乎更造爲？即真能肖之，尚不足取，況摹造者之決不能果肖原物乎？如蠟人之於人是已。亦有一種美術專以摹擬肖物爲能者，如宋人之刻楮葉是也。此別是一理。夫美術者，人類之美的性質之表現於實際者也。美的性質之表現於實際者，謂之美的製作。凡一美的製作，必經四種階級而後成。所謂四種階級者，一曰模仿。模仿者，見物之美而思效其美之謂也。凡人皆能有辨美惡之性。物接於我，而以吾之感情辨其妍媸。其所謂美者，則思效之；其所謂不美者，則思去之。美不美爲相對之現象，效其美即所以去其不美也。醜若無鹽，亦欲效西施之顰笑；生居僻陋，偏好襲上國之衣冠，其適例也。二曰選擇。選擇者，去物之不美之點而存其美點之謂也。接於目者不止一色，接於耳者不止一音。色與色相較而優劣見焉，音與音相較而高下殊焉。美者存之，惡者去之，此選擇之説也。能模仿矣，能選擇矣，則能進而爲想化。想化者不必與實物相觸接，而吾腦海中自能浮現一美的現象之謂也。艷質云遙，閉目猶存遐想；八音既戢，傾耳若有餘音：皆離乎實物之想象也。人既能離乎實物而爲想象，則亦能綜錯增刪實物而爲想象。姝麗當前，四支百體，盡態極妍。惟稍嫌其長，則吾能減之一分；稍病其短，則吾能增之一寸。凡此既經增減之美人，浮現於腦海之際者，已非復原有之美人，而爲吾所綜錯增刪之美人矣。此所謂想化也。能想化矣，而又能以吾腦海中之所想象者，表現之於實際，則所謂創造也。合是四者，而美的製作乃成。故美的製作者，非摹擬外物之謂，而表現吾人所想象之美之謂也。吾人所想象之美的現象之表現，則吾人之美的性質之表現也。蓋人之欲無窮，而又生而有能辨別妍媸之性。惟生而有能辨別妍媸之性也，故遇物輒有一美不美之觀念存乎其間；惟其欲無窮也，故遇一美的現象，輒思求其更美者，而想化之力生焉。想化既極，而創造之能出焉。如徒以摹擬而已，則是人類能想象物之美，而不能離乎物而爲想象也，非人之性也。

美術之性質既明，則小説之性質，亦於焉可識已。小説者，第二人間之創造也。第二人間之創造者，人類能離乎現社會之外而爲想象，因能以想化之力，造出第二之社會之謂也。明乎此，而小説與社會之關係，亦從可知矣。

凡人類之所爲營營逐逐者，其果以現社會爲滿足邪？抑將於現社會之外，別求一更上之境邪？此不待言而可知也。夫人類既不能以現社會爲滿足，而將別求一更上之境，則其所作爲，必有超出乎現社會之外而爲活動者，此社會變動不居之所由也。此等作爲，必非無意識之舉動，必有其所蘄向之目的。而其所蘄向之目的，必有爲之左右者，則感情是。能左右感情者，則文學是。夫人類之所謂善惡者，果以何標準而定之？曰：感情而已矣。感情之好者善也，感情之所惡者惡也。雖或有時指感情之所惡者爲善，好者爲惡，此特一時之所好，有害將來之所好，或個體之所好，有害於群體之所好，因而名之。究其極，仍不外以好惡爲善惡之標準也。然則人類之活動，亦就其所好、違其所惡而已矣。人類之好惡，不能一成而不變。其變也，導之以情易，喻之以理難。能感人之情者，文學也。小説者，文學之一種，以其具備近世文學之特質，故在中國社會中，最爲廣行者也。則其有誘導社會，使之改變之力，使中國今日之社會，幾若爲小説所鑄造也，不亦宜乎！

小説之分類，可自種種方面觀察之。第一從文學上觀察，可分爲如左之區分：

凡文學，有以目治者，有以耳治者，有界乎二者之間者。以耳治者，如歌謠是。徒歌曰謠，謂不必與樂器相聯合也。必聆其聲，然後能領略其美者也。如近世所歌之崑曲，詞句已多鄙俚，京調無論矣，近人所撰俚俗無味之風琴歌，更無論矣。然而人好聽之者，其所謂美，固在耳而不在目也。設使此等歌詞，均不能播之弦管，而徒使人讀之，恐除一二著名之曲本外，人皆棄之如土苴矣。此所謂文之美以耳治者也。以目治者，凡無韻之文皆屬之，不論其爲文言與俗語也。小説中如《聊齋志異》，如《閱微草堂筆記》，則文言也；如《水滸》，如《紅樓夢》，則俗語也；而皆屬於文學中散文之一類，即皆屬於目治之一類。蓋不必領略其文字之聲音，但目存而心識之，即可以領略其美者也。兼以耳目治之者,則爲有韵之文,如詩歌,如詞曲,如小説中之彈詞,皆是也。此等文字之美,兼在其意義及聲音。故必目觀之,心識之,以知其意義之美;亦必口誦之,耳聽之,而後能知文字相次之間,有音調協和之義存焉。二者缺其一,必不能窺其美之全也。此所謂兼以耳目治之者也。此種文學,所以異於純以耳治之文學者:彼則以聲音爲主,文詞爲附,所謂按譜填詞,必求協律,雖去其詞,其律固在,而徒誦其詞,必不能知其聲音之美;此則聲調之美,即存乎文字之中,誦其詞,即可得其音,去其詞,而其聲音之妙,亦無復存焉者矣。蓋一則先有聲音之美,而後附益之以文詞;一則爲文詞之中之一種爾。凡文,必別有律以歌之而後能見其美者,在西文謂之 Declamation,日本人譯曰朗讀。但如其文字之音誦之,而即可見其美者,在西文曰 Recitation,日本人譯爲吟誦。其不需歌誦,但目識而心會之,即可知其美者,在西文曰 Reading,日本人譯曰讀解。

　　小説之美,在於意義,而不在於聲音,故以有韵、無韵二體較之,寧以無韵爲正格。而小説者,近世的文學也。蓋小説之主旨,爲第二人生之創造。人之意造一世界也,必不能無所據而云然,必先有物焉以供其想化。而吾人之所能想化者,則皆近世之事物也。近世之事物,惟近世之言語,乃能建之,古代之言語,必不足用矣。文字之所以歷世漸變,今必不能與古同者,理亦同此。故以文言、俗語二體比較之,又無寧以俗語爲正格。吾國小説之勢力,所以彌漫於社會者,皆此種小説之爲之也。若去此體,則小説殆無勢力可言矣。

　　小説自其所叙事實之繁簡觀察之,可分爲:

複雜小説

單獨小説

二者。複雜小説,即西文之 Novel。單獨小説,即西文之 Romance 也。

　　單獨小説,以描寫一人一事爲主;複雜小説則反之。單獨小説,可用自叙式;複雜小説,多用他叙式。蓋一則祇須述一方面之感情理想,一則須兼包多方面之感情理想也。複雜小説,篇幅多長;單獨小説,篇幅多短。複雜小説,同時叙述多方面之情形,而又須設法,使此各個獨立之事實,互相聯結,成一大事,故材料須弘富,組織須精密,撰著較難;單獨小説,祇述一人一事,偶有所觸,便可振筆疾書。其措語,祇一方面之情形須詳,若他方面,則多以簡括出之。即於實際之情形,不甚瞭瞭,亦不至不能成篇。二者撰述之難易,實有天淵之隔也。

　　單獨小説,宜於文言。複雜小説,宜於俗語。蓋文言之性質爲簡括的,俗語之性質爲繁複的也。觀複雜小説與單獨小説撰述之難易，而文言與俗語，在小説中位置之高下可知矣。

今更舉複雜小説與單獨小説明切之區別如下：

單獨小説者，書中惟有一主人翁，其餘之人物，皆副人物也。副人物之情形，其有關於主人翁者，則叙述之，其無關於主人翁者，則不叙也。故副人物者，爲主人翁而設焉者也。雖有此人物，而其意並不在描寫此人物，仍在於描寫主人翁也。故單獨小説者，以描寫一人一事爲主義者也。凡西洋小説，多爲單獨小説，若《茶花女》、《魯濱孫漂流記》等，其適例也。中國之短篇小説，亦多屬此類，如《聊齋志異》，其適例也。

複雜小説者，自結構上言之，雖亦有一主人翁，然特因作者欲組織許多獨立之事實，使合成一事，故借此人以爲之綫索耳。其立意，則不在單描寫此一人也。故其主人翁，一書中可有許多。如《紅樓夢》十二金釵，皆主人翁也。柳三郎、尤小妹，亦主人翁也。即劉老老、焦大，亦爲主人翁。斷不能指寶玉或黛玉爲主人翁，而其餘之人，皆爲副人物也。何也？以著書者於此等人物，固皆各各獨立加以描寫，而未嘗單描寫其關於主人翁之一方面也。欲明此例，以《儒林外史》證之，最爲適切。讀此書者，雖或强指虞博士或杜少卿爲主人翁，然其非顯而易見矣。蓋作者之意，固在於一書中描寫多種人物也。

要之單獨小説，主人翁祇有一個；複雜小説，則同時可有許多。而欲判別書中之人物，孰爲主人翁，孰非主人翁，則以著書者於其人物，曾否加以獨立之描寫爲斷。蓋一則爲撰述主義上之主要人物，一則爲其結構綫索上之主要人物也。

然則複雜小説之不得不用俗語，單獨小説之不得不用文言，其故可不煩言而解矣。蓋複雜小説，同時須描寫多方面之情形，其主義在詳，詳則非俗語不能達。單獨小説，其主義祇在描寫一個人物，端緒既簡，文體自易簡潔，於文言較爲相宜也。而複雜小説之多爲長篇，單獨小説之多爲短篇，其故又可知矣。蓋一則内容之繁簡使然，一則文體之繁簡使然也。

複雜小説，感人之深，百倍於單獨小説，蓋凡事愈複雜則愈妙，美的方面類然，固不獨文學，亦不獨小説也。即以知的方面論，人亦恒爲求知之心所左右，如遇奇異之事，常好探究其底蘊是也。所以好探究其底蘊者，以欲窺見此事物之全面，而不欲囿於一部分耳。應於人類此兩種欲望，而求所以滿足之，則複雜小説，實較單獨小説爲適當。何者？複雜小説，自知的方面論之，則能描寫一事實之全體，複雜小説其主意雖在描寫各個獨立之事實，於一書中備載各方面之情形，然於文字組織上，必將各種事實，聯結穿貫，恰如合衆小事成一大事者然。故自其目的上言之，可謂爲同時描寫各方面之情形；自其文字組織上言之，又可謂備寫一事之全體也。使人類如觀一事而備見其裏面、側面者然。如寫一惡人，多方設計，以陷害善人，在複雜小說，則可自善人、惡人兩面兼寫之，使此二人之性情行爲，歷歷如繪。單獨小說，則祇能寫惡人陷害善人時之行爲，而其背後種種圖謀設計之情形，不能備舉矣。如兼寫之，便成複雜小說。是不啻觀一事，但見其正面，而未見其反面、側面也。其不足饜人求知之心，無俟言矣。至情的方面，則愈複雜而愈見其美，單獨之不如複雜，更無待論也。

歐美小說，較之中國小說，多爲單獨的，此其所以不如中國小說之受人歡迎也。

小說之叙事，有主、客觀之殊。主觀的者，書中所叙之事，均作爲主人翁所述，著書者即書中之主人翁；或雖係旁觀，而特爲此書中之主人翁作記錄者也。西洋小說，多屬此種。近年譯出之小說，亦大半屬於此種。客觀的者，主人翁置身書外，從旁觀察書中人之行爲，而加之以記述者也。中國小說，多屬此種。要之主觀的，著書之人，恒在書中；客觀的，則著書之人，恒在書外，故亦可謂之自叙式（Auto — biographic）及他叙式（Biograpbic）也。

自叙式小說，宜於抒情，宜於說理。他叙式小說，則宜於叙事。小說以創造一境界爲目的，以叙事爲主，故他叙式勝於自叙式。又他叙式小說，多爲複雜的，自叙式多爲單獨的，其理由前文已詳，茲不贅。

小說自其所載事迹之虛實言之，可別爲寫實主義及理想主義二者。寫實主義者，事本實有，不借虛構，筆之於書，以傳其真，或略加以潤飾考訂，遂成絶妙之小說者也。小說爲美的製作，義主創造，不尚傳述。然所謂製作云者，不過以天然之美的現象，未能盡符吾人之美的欲望，因而選擇之，變化之，去其不美之部分，而增益之以他之美點，以成一純美之物耳。夫天然之物，盡合乎吾人之美感者，固屬甚鮮，然亦不能謂爲絶無，且有時轉爲意造之境所不能到者。苟有此等現象，則吾人但能記述鈔録之，而亦足成其爲美的製作矣。此寫實主義之由來也。此種著録，以其事出天然，竟可作歷史讀，較之意造之小說，實更爲可貴。但必實有其事而後可作，不能強爲耳。如近人所作短篇記事小說甚多，往往隨手拈來，絶無小說的之文學組織，讀之亦絶無趣味，此直是一篇記事文耳，何小說之云！此即無此材料而妄欲作記實小說之弊也。又有事出臆造，或十之八九，出於緣飾者，亦妄稱實事小說以欺人，此則造作事實，以亂歷史也。要之，小說者，文學也。天然事實，在文學上，有小說之價值者,即可記述之而成小説。此種雖非正宗,恰如周鼎商彝,殊堪寶貴。若無此材料,即不必妄作也。

小説發達之次序,本寫實先而理想後,此文學進化之序也。大抵理想小説始於唐,自唐以前,無純結撰事實爲小説者。古之所謂小説者,若《穆天子傳》,若《吳越春秋》,正取其事之恢奇,而爲史氏記錄之所不及者耳。若寓言,則反不以之爲小説也。吾謂今之小説,實即古之寓言;今所謂野史雜史者,乃古小説耳。然則今有記實小説,竟以之作野史讀可矣。其可寶貴爲何如!然此非純文學也。自文學上論之,終以理想小説爲正格。

記實小説,多爲短篇,以天然事實,有可爲小説之價值者,<small>從文學上論。</small>往往限於一部分故也。即其事不限於一部分,而已非著者觀察之力所及,祇得以概括出之矣,此實事之無可如何者也。

又有一種小説,合乎理想與寫實之間者,如《儒林外史》是。《儒林外史》中之人物,皆實有其人,但作者不便揭出其姓名,則別撰一姓名以代之;書中所載之事實,不必悉與其人之行事相符,然實足以代表其人之性行者也。要之此種小説,不徒以叙述我理想中所創造之境界爲目的,而兼以描寫一時代社會上之情狀爲目的,不啻爲某時代之社會作寫真。然其人物之名,皆出於虚造;其事實,亦不必與原有之實事相符。正如畫工繪物,遺貌取神,欲謂爲某物而不得,欲謂非某物而又不得也。此種小説,既可藉以考見某時代社會上之情狀,有記實小説之長,而其文學上之價值,亦較記實小説爲優,實最可寶貴者也。今之所謂社會小説者,多屬此種。但作者須有道德心,且須有識力。必有道德心,有識力,然後其所指爲社會上之污點者,方確爲社會上之污點,足資讀者之鑒戒,而貽後人以考鏡之資。非如世之妄作社會小説者,絶無悲天憫人之衷,亦無憂深慮遠之識,隨意拈着社會上一種現象,輒以嬉笑怒罵施之,貽社會以惡名,博一己之名利,所言皆無責任之言,無病之呻,絶未知社會之病根何在,既不能使聞者有戒警恐懼之益,復不能貽來者以研求考鏡之資也。

《儒林外史》,篇幅雖長,其中所包含之事實雖多,然其事實,殆於個個獨立,並無結構之可言。<small>非合衆小事成一大事。</small>與向來通行之長篇小説,體例不合,實仍短篇小説之體裁耳。此亦足以證吾記事小説多爲短篇之説矣。

凡小説,必有其所根據之材料。其材料,必非能臆造者,特取天然之事實,而加之以選擇變化耳。取天然之事物,而加之以選擇變化,而別造成一新物,斯謂之創造矣。然其所謂選擇變化者,又非如以鹽投水,一經化合,遂泯然盡亡其迹象也。往往有一部分，仍與原來之形質狀態，絲毫無異者，特去其他部分，而別取他一體之他部分，或臆造一部分以配之耳。質而言之，則混合物，而非化合物也。夫如是，故無論何種小說，皆有幾分寫實之主義存。特其宗旨，不在描寫當時之社會現狀，而在發表自己所創造之境界者，皆當認之爲理想小說。由此界說觀之，則見今所有之小說中，百分之九十九，皆理想小說也。此無足怪，蓋自文學上論之，此體本小說中之正格也。

西人論戲劇，分喜劇與悲劇二種。吾謂小說亦可作此分類。而二者之中，又各可分爲純粹的與不純粹的二者。試分論之如下：

絕對的悲情小說，書中所述之事實，以缺憾終者也。"缺憾"二字，爲悲情小說之特質。凡事之絕無缺憾者，皆無哀情小說之價值者也。特事之缺憾，有絕對的與非絕對的之分。何謂絕對的？其事不能於其本人之生前解決之者是也。如《三國演義》所寫之"隕大星漢丞相歸天"，《紅樓夢》所寫之"焚遺稿黛玉斷痴情"，其適例也。此等事實，其特質，在其人所遭之缺憾，不能彌補之於生前，而徒以訴之於後世之人。要而言之，則屈於勢，伸於理，阨於當日之命運，而伸於後日之人心而已。直不啻告人以強權之不可恃，公理之不可蔑棄，從舉世滔滔，競尚爭鬥之際，而引起其反省之良心也。故其感人爲最深，而於世道人心，爲最有益也。

相對的悲情小說，絕對的悲情小說，善矣。然讀此等小說太多，易使人之氣鬱而不舒，其心怫逆而不平，故亦有害。論戲劇者，謂絕對的悲壯之劇，不宜多演，職是故也。欲調劑於是而使適其宜，則莫如相對的悲情小說矣。相對的悲情小說者，雖亦有多少之缺憾，而其結果，大抵以圓滿終者也。此等戲劇，西人謂之 Reconeiliation（譯言和解）。我中國之《西廂記》，若但觀其原文，則爲絕對的悲情小說。若合《續西廂》觀之，則相對的悲情小說也。《紅樓夢》與《後紅樓夢》亦此例。彈詞中之《來生福》，尤其顯焉者也。人生世界中，奮微力以與運命抵抗，與惡社會宣戰，果其無所爲而爲之者，能有幾人？其大多數，皆希望今世之成功者也。若一國中之小說，而皆爲絕對的悲情小說。是不啻詔人以成功之終不可期，現世之終無可望也，其不因而灰頹失望者寡矣。故必有相對的悲情小說以救之，告以現世非不可期，而必先冒險犯難，而後可期目的之達，成功非無可望，亦必先歷盡艱苦，而後知成功之樂，則其所以鼓勵人之勇氣，而堅其自信之力者，其功大矣。"十年窗下無人問，一舉成名天下知。"此窮儒之所以蹭蹬場屋，歷數十年，而終不肯棄其青氈也。"但教心似金鈿堅，天上人間會相見。"此痴兒怨女，所以明知所望之必無成理，而海枯石爛，矢志不渝也。然則此種小説，其於詔人以純守公理不計利害，固不如絶對的悲情小説之優，而於激人勇往之氣，開人希望之途，則其功之偉，亦不可沒矣。

絶對的喜情小説，悲情小説與喜情小説之最大區別，則悲情小説，訴之於情的方面，而喜情小説，則訴之於知的方面也。何謂訴之於知的方面？則其事自感情一方面言之，本無所謂滿足與缺憾，毫不足以動喜怒哀樂之情；特自知的方面觀之，則其事甚爲可笑而有趣，因以引動其愉快之情耳。如《齊諧》志怪之書，本於人生無何等之關係，讀之殊不足以動人喜怒哀樂之情；但其事自知的方面言之，甚爲恢奇，故足以厭人好奇之心，而人亦喜讀之。如《封神傳》、《西遊記》等，皆此類也。《封神傳》、《西遊記》，或謂作者別有用意，然讀此二書之人，其所以激賞之者，皆在知的方面也。又有其事自知的方面論之，甚爲可笑者，亦足以引起人之興味，如近譯之《啞旅行》，其適例也。此種小説，專以供人娛樂爲目的，無甚深意，然其通行頗廣，而其爲事亦不可廢。蓋自社會之活動論之，娛樂固亦其一方面也。

凡小説，無純屬於情的方面者，亦無純屬於知的方面者。蓋純屬於知的方面，則其書太淺薄而不足觀，故亦必有所以激刺人感情之處。如《封神傳》，人之激賞之，以其事之恢奇也，知的方面也；而其寫“費仲計廢姜皇后”一段，極寫皇后之忠貞英烈，費仲、褒姒等設計之慘毒，讀之使人泪涔涔下，則爲悲情，而屬於情的方面矣。又如《西遊記》，人之好之，亦以其事之恢奇也，知的方面也；然其寫“聖僧恨逐美猴王”一段，極寫孫行者之惓惓忠愛，豬八戒之進讒，唐僧之固執偏聽，讀之使人感慨欷歔，不能自已，則爲哀情，而屬於情的方面矣。若純屬於情的方面，則其事實之全體，固足以哀頑感艷，而其情節，絶不能離奇變幻，引人入勝，則缺文學上之組織，而不成其爲小説矣。故凡悲情小説，其宗旨雖在感人之情，而其事實，亦無有曲折入妙，使人讀之而不能自已者。此則凡小説皆如此，欲擧其例，實不勝枚擧也。然則悲情小説與喜情小説，孰從而判別之乎？曰：此則當觀其全書之宗旨。全書之宗旨，在動人之感情者，悲情小説也；以供人娛樂爲目的者，則喜情小説也。

相對的喜情小説，此種小説，在知的方面，見爲可笑；而在情的方面，又見爲可哀。如《水滸傳》中之武大，其絶無所知，一任潘金蓮之播弄，則可笑；及觀其爲潘金蓮、西門慶所謀斃，則可哀。又如《紅樓夢》中之迎春，其漫無分曉時可笑；及觀其爲孫紹祖所凌虐，則可哀。賈政，其漫無分曉時可笑；及觀其查抄家産後，幾乎家破人亡，束手無可爲計，亦可哀。又如近今戲劇中之《戲迷傳》、《算學迷》等，亦此例也。此種小説，恰與相對的悲情小説相對。蓋一則於悲苦已極，無可發泄之時，而忽與之以滿足之境，使之破涕爲笑；一則於言笑方酣之際，微動之以可悲之情，不啻詔人以樂不可極、極之而衰之理，實熱鬧場中一服清凉散也，故其有益於人亦頗大。

今試更舉此四種小説，對於心理上之作用如次：

一、使人苦者：絶對的悲情小説。

二、使人樂者：絶對的喜情小説。

三、使人先苦而後樂者：相對的悲情小説。

四、使人先樂而後苦者：相對的喜情小説。

大抵樂極則苦，苦極則樂，苦樂之情，相爲循環。故讀悲情小説者，其愉快之情，恒在終卷之後；讀喜情小説者，其厭倦之情亦然。觀悲劇者，能存留胸中數日；而觀喜劇者，往往過目即忘，亦此故也。而悲劇及悲情小説，感人較深，喜劇及喜情小説，感人較淺，亦由此。

小説有有主義與無主義之殊。有主義之小説，或欲借此以牖啓人之道德，或欲借此以輸入智識，除美的方面外，又有特殊之目的者也，故亦可謂之雜文學的小説。無主義之小説，專以表現著者之美的意象爲宗旨，爲美的製作物，而除此以外，別無目的者也，故亦可謂之純文學的小説。純文學的小説，專感人以情；雜文學的小説，則兼訴之知一方面。中國舊時之小説，大抵爲純文學的小説。如《鏡花緣》之廣搜異聞，如《西遊記》之暗譚醫理，似可謂之雜文學的小説矣。然其宗旨以供人娛樂爲目的，則仍純文學的小説也。近頃競言通俗教育，始有欲藉小説、戲劇等，爲開通風氣、輸入智識之資者。於是雜文學的小説，要求之聲大高，社會上亦幾視此種小説，爲貴於純文學小説矣。夫文學與智識，自心理上言之，各別其途；即其爲物也，亦各殊其用。開通風氣，貫輸知識，誠要務矣，何必牽入於文學之問題？必欲以二者相牽混，是於知識一方面未收其功，而於文學一方面，先被破壞也。近今有一等人，於文學及智識之本質，全未明曉，而專好創開通風氣、輸入智識等空論。於是論小説，則必主張科學小説、家庭小説，而排斥神怪小説、寫情小説等；言戲劇，則必崇尚新劇，而排斥舊時之歌劇。而一考其所著之小説，所編之戲劇，則支離滅裂，乾燥無味，毫無文學上之價值，非唯不美，惡又甚焉。此等戲劇，此等小説，即使著者自觀之，亦必如魏文侯之聽古樂，爲睡魔所纏擾也。而必竭力提倡之，吾無以名之，名之曰頭巾氣，曰煞風景而已矣。而猶有人從而附和之，吾無以名之，名之曰好惡拂人之性而已矣。

　　有主義與無主義小説之優劣,吾請舉一適切之例爲證:《蕩寇志》,有主義之小説也;《水滸》,無主義之小説也。請問讀者,一書之優劣若何? 對於社會上,勢力孰大? 是亦足以見好惡之同矣。

　　吾請更舉一事,以資讀者諸君之一笑。吾嘗於一日間並觀新舊二劇。其舊劇,則《牡丹亭》中之《游園》也。夫《游園》,以道德主義論之,則淫劇也。開場時,旦脚所誦者爲:"夢回鶯囀,亂煞年光遍,人立小庭深院。炷盡沈烟,抛殘綉綫,怎今春關情似去年!"撫時序之遷流,念芳春之不再,而因以動摽梅迨吉之思,正與下文之"可知我一生兒愛好是天然,恰三春好處無人見"同意,爲"没亂裏春情難遣,驀地裏懷人幽怨。祇爲俺生小娟嬋,揀名門一例一例的神仙眷,甚良緣,把青春抛的遠"作引子,《紅樓夢》所謂意淫者也。從智識一方面論之,則此等戲劇,徒使青年男女觀之,誘起其卑劣之感情耳。然吾觀是劇竟,祇覺有高尚優美之感情,而絶無劣情發生焉。及觀新劇,係以一家庭小説編成者。劇中之主要人物,爲一小旦,至高尚純潔之女道德家也。而其出場也,高領、濃妝、墮馬髻、窄袖短衣,口操蘇白錫眉倦眼而言曰:"今朝天氣熱來西。""來西",甚之詞,猶北語言"熱得狠"。反使吾覺其人格不甚高尚純潔,而劣情幾乎發生也。夫小説、戲劇,皆欲以動人也,使人觀之而其胸中之感情,適與作者所期望者相反,又何取乎其爲之? 而其功效又何在也?

　　純文學的小説,與不純文學的小説,其優劣之原,果何自判乎? 曰:一訴之於情的方面,而一訴之於知的方面也。子曰:"法語之言,能無入乎! 巽語之言,能無説乎!"法語之言,智的方面之事也,非文學的也;巽語之言,情的方面之事也,文學的也。夫孰謂智的方面之不當牗啓者? 然徑以法語之言牗啓之可矣。必於情的方面之中,行智的方面之教育,牽文學的與非文學的爲一問題,是俳優而忽欲效大臣之直諫也,其不見疏於其君,鮮矣! 夫欲牗啓人之道德者,與告以事之不可爲,寧使之自羞惡焉而不肯爲。知其不可爲而不爲,是猶利害問題也,一旦利勝於害,則悍然爲之矣。自羞惡焉而不肯爲,則雖動之以千馱之利,怵之以殺身之禍,而或不肯爲也。然則即以道德論,不純文學小説與純文學小説之功,其相去亦不知其道裏也!

　　如上所述,皆自理論上爲抽象的分類者也。而今人所錫小説種種名目,則皆按其書所述之事實,而一一爲之定名者。質而言之,則因材料之異同,而爲具體的分類也。此種分類,名目甚多,而其界説甚難確定,往往有一種小説,所包含之材料甚多,歸入此類既可,歸入他種,亦無不可者。自理論上言之,實不完全之分類法也。然人之愛讀小説者,其嗜好亦往往因其材料而殊。

是則按其所載之事實，而錫之以特殊之名稱，於理論上雖無足取，而於實際亦殊不容已也。今試更就通俗習見之名，一論列之如下。此種名目，既無理論上一定之根樣，删並增設，無所不可，不佞不過就通俗習見之名，陳述意見而已。掛一漏萬之譏，知所不免，亦非謂此等名目，必能成立也。讀者諒之。

一、武事小説　此種小説，可稱爲英雄的。"英雄"二字，固爲不詞，然欲代表中國小説之舊思想，則惟此二字較確。除此之外，幾欲求一較切之名詞而不得矣。"武事"二字，亦殊不安也。兒女英雄，爲小説之二大原素，實亦人類天生性質之正負二面也。此種小説，其最著者爲《水滸傳》。此外則《七俠五義》等，亦當屬之，然無宗旨，無條理，自鄶不足論矣。凡歷史小説，如《三國演義》、《東周列國志》等，其大部分亦帶此種性質。蓋歷史上之事實，自文學一方面言之，有小説的價值者頗少，欲求動目，不得不偏重於此也。

此種小説，可以振起國人强健尚武之風。中國今日之風氣，柔靡已極。一部分人尚武之性質，尚未盡銷亡者，未始非此等小説維持之也。然其缺點亦有二：一曰蠻橫不講理，而專恃武力。下流社會之人，任遇何事，皆有一前打後商量之氣概，其明證也。一曰不適切於時勢。如持槍刀弓箭，而欲以禦槍砲；談奇門遁甲，則群詫爲兵謀；其明證也。此由誤以《水滸傳》之魯智深、李逵，《三國演義》之諸葛孔明等爲模範而失之者也。

凡英雄的小説，雖不必盡符合乎公理，而其性質，必有幾分與正義相連。盜亦有道，其明證也。此等處暗中維持人心風俗之功，亦不可没。但此後之作小説者，當存其質而變其形，移而用之於有益之方面耳。如改忠君爲愛國，移獎勵私鬥者以激勸公戰者是也。但此等思想，爲社會所本無，冀其相投合甚難，故欲作此等小説者，其文字不可不極高尚也。質而言之，則目的雖在致用，而仍不失其文學上之價值而已。

二、寫情小説　此種小説，亦可謂之兒女的，與英雄的小説，同占小説中最大多數。人類正負兩面性質之代表，固應如是也。此種小説，其劣者足以傷風敗俗，導人沉溺於肉慾，而無復高尚之感情，害莫大焉；然其佳者，却有涵養人德性之功，能使之日入於高尚，日趨於敦厚，其功亦決不可没。此非吾之懸言也。養成人之德性者，不在教而在感。教者利害的關係也。而人之德性，實與利害的關係不相容，利害愈明，德性愈薄。惟善感之以情，則使讀者如身入書中，而躬歷其悲愉欣戚之境。覩其事之善者，則歡喜欣慕而效爲之；覩其事之不善者，則深惡痛絕，雖劫之以威，誘之以利，而不肯爲焉。讀此等小説愈多，則此等觀念，養之愈深厚，而其人格遂日入於高尚，所謂讀書變化氣質也。今試問此等作用，有過於寫情小説者乎？又善與美常相一致，愛美即愛善也。以善誘人,恒不如以美誘人之易。及其歡喜欣愛於美,則亦固結不解於善矣。而以美誘人者,亦莫寫情小説若也。

一孔之士,每病寫情小説爲誨淫,謂青年子弟,不宜閲看,此真拘墟之論也。予謂青年子弟,不惟不必禁閲寫情小説,並宜有高尚之寫情小説以牖之。何也?男女之愛,人性自然。及其年,則自知之,奚待於誨知?慕少艾矣,而無高尚純潔之寫情小説以牖之,則易流爲卑陋之肉慾之奴隸耳。高尚之寫情小説,正可以救正此弊,其力非父詔兄勉之所能及也。深明心理之士,或不以予言爲河漢乎!

中國舊有之寫情小説,卑劣者十居八九,無益有損,亟宜改良。其卑劣之點云何?曰寫男女之愛慕,往往與世俗富貴利達聲色貨利等卑陋之嗜好相聯帶也;曰一夫多妻也。凡此皆其最大之劣點也。蓋寫情小説,非欲詔人以男女相戀愛之事也,以欲作人溫柔敦厚之性。而使之日進於慈良,則不可不有以牖啓其仁愛篤厚之性。而欲牖人仁愛篤厚之性,則藉資於男女之相戀愛,爲最易矣。故以是爲達其目的之一手段也。惟其然也,故其感情不可以不高尚。純潔斯高尚矣。男女純潔之愛情,中間決不容雜以他物。一夫多妻,富貴利祿,皆有害於純潔之甚者也。

三、神怪小説 英雄兒女之外,當推神怪爲小説之第三原素。蓋人莫不有好奇之性,他種奇異之事,其奇異皆爲限界的,惟神怪則爲超絶的;而屬人好奇之性,則超絶的恒勝於限界的故也。此等小説,似與人事不相近,並無涵養性情之功,祇有增益迷信之害。然能引人之心思,使入於恢奇之域。恢奇亦一種之美也。美即善也。人之心思,苦其日囿於卑近耳。苟能高瞻千古,遠矚八方,許多卑劣凡近之行爲,亦必消滅於無形矣。則此種小説,亦不能謂其絶無功效也。

此種小説之美惡,與他種小説,恰成一反比例。他種小説,愈近情理愈妙;此種小説,則愈遠於情理愈妙。蓋愈遠於情理,則愈恢奇,愈恢奇則愈善,且不致道人以迷信也。

中國社會之迷信,強半與小説相關,人遂謂迷信爲此種小説所造,此亦過苛之論也。小説者,社會之產物也。謂有此種小説,而社會上此種勢力,乃愈深厚,則有之矣;徑謂社會爲此種小説所造,則不可也。張角、孫恩,徒黨半天下,其時小説安在?最近如洪、楊,亦藉迷信以惑人,然中國小説中,亦豈嘗有天父天兄之説乎?

四、傳奇小説 此種小説,亦以屬人好奇之心爲主。所以異於神怪小説者，彼所述奇異之事，爲超絕的，而此則限界的也。此等小説，不必紀實。凡杜撰之事，屬於恢奇，而其事又爲情理中所可有者，皆屬之。如寫武人則極其武，寫美人則極其美是也。其大多數常以傳一特別有趣味之事爲主，如《西廂記》其適例也。

五、社會小説　此種小説，以描寫社會上腐敗情形爲主，使人讀之而知所警戒，於趣味之中，兼具教訓之目的。如《儒林外史》及近出之《官場現形記》等，其適例也。近出之小説，屬於此類者頗多。此種小説，自其主義上論之，誠爲有利無弊。但其佳否，當以（一）作者道德心及觀察力之高低；（二）有無文學上之價值爲斷。説俱見前，茲不贅。

六、歷史小説　如《東周列國志》、《三國演義》等，全部皆根據於歷史者是也。此種小説，謂可當歷史讀，增益智識耶？則語多荒誕，不惟不足以增長智識，反足以疑誤下等社會之人，使誤認小説爲歷史也。謂足饜人好奇之心，感動人情耶？則其文學上之價值，何如經想化而後創作者。實兩無足取也。質而言之，作此等小説者，直是無主義而已矣。

此種小説中，惟有一種爲可貴，則吾前所舉之寫實主義是也。作歷史小説者，若能廣搜某時代之遺聞軼事，而以小説之體裁組織之，寓考訂論議之意，於怡情適性之中，雖不能稱爲純文學，在雜文學中，自不失爲杰構也。然殊不易爲矣。

七、科學小説　此爲近年之新産物，借小説以輸進科學智識，亦雜文學也。較之純文學，趣味誠少；然較之讀科學書，則趣味濃深多矣。亦未始非輸入智識之一種趣味教育也。惜國人科學程度太低，自著者甚少。

八、冒險小説　此種小説，中國向來無之，西人則甚好讀之。如《魯濱孫飄流記》等，其適例也。此種小説，所以西有而中無者，自緣西人注意於航海，而中國人則否。故一則感其趣味，一則不感其趣味也。今既出現於譯界，可藉以鼓勵國民勇往之性質，而引起其世界之觀念，自雜文學之目的上論之，未爲無益。而此等小説，所載事實，大都恢奇，頗足饜人好奇之念，自純文學上論之，亦頗合於傳奇主義也。

九、偵探小説　此種小説，亦中國所無，近年始出現於譯界者也。中國人之著述，有一大病焉，曰：凡事皆凌虛，而不能征實。如《水滸傳》，寫武鬆打虎，乃按虎於地而打之。夫虎爲軟骨動物，如貓同，豈有按之於地，爪足遂不能動，祇能掘地成坎之理？諸如此類，不合情理之事，殆於無書不然，欲舉之，亦不勝枚舉也。夫文學之美，誠在創造而不在描寫，然天然之美，足供吾人之記述者亦多矣，不能細心觀察，則眼前所失之好資料已多，況於事物之本體尚不能明，又烏足以言想化乎！此真中國小說之大病也。欲藥此病，莫如進之以偵察小說。蓋偵察小說，事事須着實，處處須周密，斷不容向壁虛造也。如述暗殺案，兇手如何殺人，屍體情形如何，皆須合乎情理，不能向壁虛造。偵探後來破獲此案，亦須專恃人事，不能如《西遊記》到無可如何時，即請出如來觀音來解難也。此等小說，事多恢奇，亦以屬人好奇之性爲目的。

　　如上所述，不過舉見今最流行之名目，略一評論之而已。若欲悉舉之，則誠有所不暇，且亦可以不必也。昔有人謂小說可分爲英雄、兒女、鬼神三大類，此說吾極贊成之。蓋從心理上具體的分之，不過如此。英雄一類，所以描寫人之壯志；兒女一類，所以描寫人之柔情，屬於情的方面；鬼神一類，所以屬人好奇之性，屬於智的方面。其餘子目雖多，皆可隸屬於此三類中也。

　　小說之篇幅，有長短之殊，人因分之爲長篇小說、短篇小說。然究竟滿若干字，則可爲長篇？在若干字以下，則當爲短篇乎？苦難得其標準也。但此種形式的分類，殊非必要，竟從俗稱之可矣。自實際言之，則長篇小說，趣味較深，感人之力亦較大，短篇小說則反是，由一爲單純小說，一爲複雜小說故也。

　　小說所描寫之社會，校之實際之社會，其差有二：一曰小，一曰深。何爲小？謂凡描寫一種人物，必取其淺而易見者爲代表；描寫一種事實，必取其小而易明者爲代表也。如寫壯健俠烈之氣，則寫三軍之帥可也，寫匹夫之勇亦可也。而在小說，則寧取匹夫之勇。寫纏綿悱惻之情，則寫忠臣義士、憂國愛君如屈靈均、賈長沙之徒可也；寫兒女生死相愛戀，如賈寶玉、林黛玉亦可也。而在小說，則寧寫一賈寶玉或林黛玉。何者？前者事大而難見，後者事小而易明；前者或令人難於想象，後者則多屬於直觀的故也。何謂深？凡寫一事實，描一人物，必較實際加重數層是也。如寫善人，則必極其善；寫惡人，則必極其惡；寫壯健俠烈之英雄，則必一於壯健俠烈，而無復絲毫之柔情焉；寫纏綿悱惻之兒女，則必極其纏綿悱惻，而無復他念以爲之雜焉。要之小說所寫之人物恒單純，實際社會之人物恒複雜。惟單純也，對於他種事項皆一不錯意，然後對於其特所注意之事項，其力量乃宏。如釀酒然，水分愈少，則力愈厚。此則社會上之人物，本來如是，而小說特其尤甚焉其也，特能使此種人物現於實焉者也。嘗謂天下事惟不平者可以描寫，平者必不能寫。英雄、兒女，皆情有所偏至者也，不平者也，故可描寫之而成妙文。聖人，情之至中正者也，最平者也，故無論如何善作小說之人，必不能以小說體裁，爲聖人作傳記，亦必不能於小說中臆撰一聖人也。此猶山川可畫，而絕無草木之平原不可畫；日月雲雨皆可畫，而單繪一幅無片雲之青天，必不成其爲畫也。夫何以不平者可爲文，而平者不能成文？此則人之心理使然。蓋至平則純爲一物，與他物無以爲別，而人之心思，亦無從想象矣。古人云：錯畫謂之文。夫必交錯而後成文，不交錯則不成文，此即不平者成文，平者即不成文之說也。不平者成文，而平者不成文，此即複雜者成文，單純者不成文之說也。益有無生於同異，人之能知天下之物也，以其異也。若盈天下之物而皆同，則其所以爲別者亡，而人亦無從知其有矣。此則凡事皆如此，而文學亦不能外也。小說亦文學之一，故亦不能外此公例也。

小說所描寫之人物，有以複雜而愈見其單純者。如寫一赤心愛國之人，彼其心惟知有國耳，固不必雜以兒女之情。然設此人因愛國故，備嘗艱苦，而忽有一女子，憐而撫之，則此人之柔情，必爲所牽引矣。終之則此兩人者，或相將盡力國事，國事既定，此二人亦結婚爲夫婦焉；或遭運迍蹇，國終不可得救，而此二人者，亦憔悴困阨以死焉；或國雖遇救，而此二人者，竟喪其一，公私不能兩盡，爲人世間留一缺憾焉。凡此皆小說中所數見不鮮之事實也。又如寫情小說，寫一纏綿悱惻之兒女，則一於纏綿悱惻可矣，似無所用其武健俠烈之風矣。然或有勇俠少年，慷慨仗義，冒萬苦，排萬難，拯救一弱女子，而出之於險焉。或貞姬烈女，矢節不移，百死不顧，卒全其貞，其慷慨俠烈，雖烈丈夫視之，猶有愧色焉。此又小說中所數見不鮮之事實也。夫此似與單純之主義相背矣，然惟其複雜，正所以成其爲單純也。蓋男女因互相敬爲愛國之人故而相愛，則其愛國之深可知。貞姬烈女，以抗强暴佛逆故而寧殺其身，則其於所親愛者，其情之深可知。事以反觀而益明。無培塿，不知太山之高；無溝澮，不知江河之廣，寫燈之明，愈見夜之黑；寫虹之見，即知雨之霽。凡此皆畫家所謂烘託法也。若專從正面寫之，則天下尚有何事可寫者乎？

凡文學，必經選擇及想化二階段。小說所舉之代表人物，必縮小其範圍者，以小則便於想象，大則不便於想象，作者讀者，皆如此也。所以必加重幾層者，則基於選擇之作用。蓋有所加重於此，必有所割棄於彼，正所謂去其不美之點，而存其美點也。觀此益知吾前說之確矣。

小說所描寫之事實在小，非小也，欲人之即小以見大也。小說之描寫之事實貴深，非故甚其詞也，以深則易入，欲人之觀念先明確於一事，而因以例其餘也。然則小說所假設之事實，所描寫之人物，可謂之代表主義而已，其本意固不徒在此也。欲證吾說之確實，請舉《紅樓夢》以明之。

《紅樓夢》之爲書，可謂爲消極主義之小說，可謂爲厭世主義之小說，而亦可謂爲積極的樂觀的之小說。蓋天下無純粹之積極主義，亦無純粹之消極主義。積極之甚者，表十分之滿足於此，必有所深惡痛絕於彼；消極之甚者，表極端之厭惡於此，即有所欣喜歡愛於彼。自一端言之，主義固有積極、消極之分；合全局而觀之，猶此好惡，猶此欣厭，祇有於此於彼之別，斷無忽消忽長之事也。明乎此，乃可以讀《紅樓夢》。

《紅樓夢》中之人物，爲十二金釵。所謂十二金釵者，乃作者取以代表世界上十二種人物者也；十二金釵所受之苦痛，則此十二種人物在世界上所受之苦痛也。此其旨，具於第五回之《紅樓夢曲》。此曲之第一節，爲總合諸種之苦痛而釋其原因；其末一節，述其解免之方法；其中十二節則歷述諸種人物所受之苦痛，亦即吾人生於世界上所受之種種苦痛也。今試釋其旨如下：

開闢鴻濛，誰爲情種？都祇爲風月情濃。奈何天，傷懷日，寂寥時，試遣愚衷：因此上演出這悲金悼玉的《紅樓夢》。

此第一節，述種種苦痛之原因也。《紅樓夢》一書，以歷舉人世種種苦痛，研究其原因，而求其解免之方法爲宗旨。而全書大意，悉包括於此十四折《紅樓夢曲》之中，實不啻全書之概論也。此折又爲十四折曲之總冒，述人世總總苦痛之總原因，兼自述作書之意也。

人生世上，總總苦痛，其總原因果何在乎？作《紅樓夢》者，以爲此原於人有知苦樂之性故也。蓋境無苦樂，固有甲所處之境，甲以爲苦，易一人以處之，則覺其樂者矣。又有今日所處之境，在今日視之以爲苦，而明日視之則以爲樂者矣。同一事也，在此遇之則爲苦，而在彼遇之則爲樂矣。足見苦樂非實境，所謂苦樂者，實人心所自造也。然則所謂種種苦痛者，吾人身受之，不能視爲四周環境之罪，而當自歸咎於其心矣。此折曲爲本書開宗明義第一章，爲下十三折曲之總冒，實不啻全書之總冒，故特揭明其義也。曰“情種”，“缺憾”二字之代表也；曰“風月情濃”之“情”字，人心之代表也。言自有世界以來，人生在世，何以有此種種之苦痛乎？皆由人有知苦樂之性故也。“奈何天，傷懷日，寂寥時”九字，代表作者所處之境界。言作者身處此世界，亦有其所遭遇種種之缺憾，亦有其求免缺憾之情，並欲求凡具此缺憾者，同免其缺憾，因作此書也。自“奈何天”以下凡二十七字，爲作者自述著書本旨之言。

《紅樓夢》第一回云：“女媧氏煉石補天之時，於大荒山無稽崖煉成高十二丈、方二十四丈頑石三萬六千五百零一塊，衹用了三萬六千五百塊，剩下一塊未用，棄之青埂山下。誰知此石，自經鍛煉，靈性已通，因見衆石具得補天，獨己無材，不堪入選，遂自怨自嘆，日夜悲啼慚愧。一日，正當嗟悼之際，有一僧一道，遠遠而來，至石下，席地而坐。見一塊鮮明瑩潔美玉，且又縮成扇墜大小，可佩可拿。那僧托於掌上，笑道：'形體到也是個寶物了，還衹沒有實在好處。須得再鑴上數字，使人一見，便知是奇物方妙。然後好携你到隆盛昌明之邦，詩禮簪纓之族，花柳繁華之地，温柔富貴之鄉，去安身樂業。'石頭聽了，喜之不盡，問道：'不知賜了弟子那幾件奇處，又不知携了弟子到何地方，望乞明示。'那僧笑道：'你且莫問，日後自然明白的。説着，便袖籠了這石，同那道人飄然而去。"又云："西方靈河岸上，三生石畔，有絳珠草一株，赤瑕宫神瑛使者，日以甘露灌溉，始得久延歲月。後來既受天地精華，復得雨露滋養，遂脱草胎木質，得换人形，僅成女體，終日游於離恨天外，饑則食蜜青果爲膳，渴則飲灌愁海水爲湯。衹因尚未酬報灌溉之德，故其五内，便鬱結成一段纏綿不舒之意，常説我無此水還他，他若下世爲人，我也同去走一遭，但把我一生所有的眼泪還他，也償還的過了。"此兩段文字，與此折曲同意。女媧氏，乃開闢以來之代表，曰女媧氏所造石，言人性原於自然，與有生以俱來也。曰"自怨自嘆，日夜悲啼慚愧"，言人之生，係自願入世使然，設不願入世，本無人得而强之也。一僧一道，父母之喻。佛説人之生也，由本身業力，與父母業力，相合而成。靈石之自怨自嘆，日夜悲啼慚愧，則自造之業力也；僧與道忽欲鑴以數字，携之入世，則父母所造之業力也。自造之業力與父母所造之業力相合而後成人，二者缺一，即不能成其爲人。如此石不自怨自艾，人孰得而携之？抑此僧道，不忽動其携之之心，此石雖日日自怨自嘆，亦焉得而入世哉？此爲推究吾人之所自來，實不啻讀一則精妙之原人論也。絳珠草，喻人，絳紅色。珠爲泪之代名詞，絳珠，猶言紅泪也。神瑛使者，喻地，亦即以爲世界之代表。絳珠草藉神瑛使者之灌溉而後長成，言人藉世界而後能生存，無世界則無人也。還泪，言人既居於此世界之上，則有種種之情慾，種種之苦痛，不能漠然無情。夫絳珠草之泪，何自來乎？即神瑛使者所灌溉之水也。水也，泪也，一而二、二而一者也。人之情何自來乎？世界之培養使之也。設無世界，則無人；無人則亦無情矣。猶之無神瑛使者之培養，則無絳珠草；無絳珠草，則無泪也。然而泪也，即甘露也；人情，即苦痛也。欲去泪，除非去甘露而後可；欲去苦痛，亦除非除去其愛戀之情而後可。設絳珠能以所受於神瑛之甘露反還之，則亦無泪；人能視世界上種種之快樂如無物，則亦無所謂苦痛矣。

此言苦樂同原，欲去苦當先去樂也，所謂大解脫，於後十四折再説之。

> 都道是金玉良緣，俺祇念木石前盟。空對着山中高士晶瑩雪，終不忘世外仙姝寂寞林。嘆人間，美中不足今方信：雖然是，齊眉舉案，到底意難平。

此節言入世之苦，終不如出世之樂也。金玉良緣，喻入世；木石前盟，喻出世。山中世外。幾於顯言其意；嘆人間美中不足，情見乎詞矣。

此節言人與人群之苦也。人生於世，不能離群而獨立，近之則有父母兄弟妻子朋友，遠之則有社會上直接間接與接爲構之人。要而言之，人生於世，無論何人，皆不能與人無關係，而世界之上又無論何人皆與我有關係者也。然而此等與我有關係之人，必不能盡如吾意可知。豈但不能盡如我意，必一一皆有不如我意之處可知也。然則吾人與之並處，復何法以解免苦痛哉？夫使人之相處也，祇有彼此相順悦之情，而絶無互相拂逆之意，豈不大樂？世界又豈不大善？而無知其不能也。而其所以不能然者，又非出於人爲，而實出於天然，與人之有生以俱來，欲解除之而不得者也。然則不能解脱，復何法以免除苦痛乎？夫人與人相處之不能純然相顧欲也，此實世界上一切苦之總根原也，故此章首言之。夫婦爲人倫之始，故藉以爲喻。“嘆人間美中不足今方信，縱然是，齊眉舉案，到底意難平”，言人既入世，則其與人相處也，必不能純乎彼此相顧樂，實無可如何之事也。

> 一個是閬苑仙葩，一個是美玉無瑕。若説沒奇緣，今生偏又遇着他；若説有奇緣，如何心事終虛話？一個枉自嗟呀，一個空勞牽掛。一個是水中月，一個是鏡中花。想眼中能有多少淚珠兒，怎禁得秋流到冬，春流到夏。

此言人生世界，所處之境，不能滿足，亦出於天然，而無可如何也。人生環境，可分爲二：一爲有情的，彼亦有知識情感如吾者也；一爲無情的，我有知而彼無知，我有情而彼無情，如草木土石，風雲雨露是也。有情的之環境，不能盡如吾意，上節既言之；此節則言無情的之環境，亦不能盡如吾意也。

閬苑仙葩，即絳珠草，喻人；美玉，即神瑛使者，喻地，亦以喻一切無情之環境也。人生世上，四圍無情之物，若天地，若日月，若風雲雨露，若土石草木，與我相遇，不爲無緣，其如終不能盡如吾意何！所謂天地之大，人猶有所憾也，故曰，“若説沒奇緣，今生偏又遇着他；若説有奇緣，如何心事終虛話”也。“枉自嗟呀”，“空勞牽掛”，言徒感苦痛，終無補於事。“水中月，鏡中花”，言無論如何，吾所希望於四周之環境者，其目的必不能達也。"眼中能有多少淚珠兒，怎禁得秋流到冬，春流到夏"，言人生在世，受此種種之苦痛，其何以堪乎？此即言人生在世，對於四周之無情物，必不能盡如吾意之苦痛。男女爲愛情中之最綿密者，故藉以爲喻也。本書寫寶玉、黛玉，處處難合易離，亦即此意。

本折下云："寶玉聽了此曲，散漫無稽，不見得好處。"言此二折爲指人生在世，對於一般之苦楚而言之，非專指一人一事也。

　　　　喜榮華正好，恨無常又到。眼睁睁把萬事全抛，蕩悠悠芳魂消耗。望家鄉路遠山高，故此向爺娘夢裏相尋告：兒命已入黄泉，天倫呵，須要退步抽身早。

第四折，悼人命之不常也。人生在世，有生必有死，人人好生而惡死，而人人不得不死，此實事之無可如何者也。人生在世，有種種樂事，死則隨之以俱盡矣。本書寫榮國府一切繁華富貴，及元妃死，則一敗涂地，漸滅以盡，喻此意也。榮國府一切繁華富貴，即人生在世種種樂事之代表，此曲之所謂"天倫"也，凡人生在世，一切樂境，不能久長之苦，亦俱包括於内。

　　　　一帆風雨路三千，把骨肉家園，齊來抛閃。恐哭損殘年，告爺娘休把兒懸念：自古窮通皆有命，離合豈無緣？從今分兩地，各自保平安。奴去也，莫牽連。

第五折，悼生離之苦也。人生在世，莫不有愛戀之情。爲愛戀之情之反對者，則分離也。分離有二種：一爲生離，一爲死別。生離之苦，去死別一間耳。上章言死別之苦，此章則言生離之苦也。"窮通皆有命，離合豈無緣"，言其事出於自然而無如何。曰"命"，曰"緣"，皆事之本體之代表也。

愛戀之情，不獨對於有情物有之，即對於無情物亦有之。曰"骨肉"，有情物之代表也。曰"家園"，無情物之代表也。

　　　　襁褓中父母嘆雙亡，縱居那綺羅中，誰知嬌養？幸生來英豪闊大寬宏量，從來將兒女私情，略縈心上。好一似霽月光風耀玉堂，厮配得才貌仙郎，博得個地久天長，準折得幼年時坎坷情狀。終久是雲散高唐，水涸湘江；這是塵寰中消長數應當，何必枉悲傷！

第六折，言人生在世，自然與苦痛以俱來，除大解脱，決無解免之方，破養生達觀之論也。人之持達觀養生之論者，謂人生在世，一切境界，惟吾所名，吾名之爲苦則苦，名之爲樂則樂，彼憔悴憂傷以自殘其生者，實不善尋樂耳。信如是，則人之生也，不必與憂患以俱來，而除大解脫外，亦可有解除憂患之法矣。然實不然也。故本書特寫一湘雲，與黛玉境遇相同，而其所以自處者不同，然其結果，亦卒無不同，以曉之。夫黛玉之所以自殘其生者，以其無“英豪闊大寬宏量”也，以其“兒女私情縈於心上”也。設其所以自處者，一如湘雲，則雖處逆境，固亦可以求福而免禍矣。謂黛玉所處之境遇，不如湘雲，因而不能自解免耶？則湘雲所處之境，固亦與黛玉同也，所謂“襁褓中父母嘆雙亡，縱居那綺羅中，誰知嬌養”也，而一則憔悴憂傷以死，一則“廝配得才貌仙郎，博得個地久天長，準折得幼年時坎坷情狀”，寧非一則有“英豪闊大寬宏量”，而一則無之之故乎！然則若湘雲者，可謂自求多福；若黛玉，是自求禍也。此持達觀養生之論者之說也。然其說果然乎？使湘雲而果得福，黛玉而果得禍，則其說誠然矣。今觀湘雲，雖“廝配得才貌仙郎”，而終久是“雲散高唐，水涸湘江”，“地久天長”，仍未“博”得，“幼年時坎坷”，亦未必“折”得也。然則若黛玉者，亦未必爲求禍之道，而若湘雲者，亦未必爲求福之道也。要之人生在世，一切憂患，實與有生而俱來，欲解免之，除大解脫外，決無他法。若恃一切彌縫補苴之術以救之，則除却此方面之憂患，而他方面之憂患又來矣，所謂“塵寰中銷長數應當”也。蓋既在塵寰之中，則必不能免於此禍也。

　　氣質美如蘭，才華馥比仙。天生成孤僻人皆罕。你道是啖肉食腥膻，視綺羅俗厭；却不知太高人愈妒，過潔世同嫌。堪嘆那青燈古殿人將老，孤負了紅粉朱樓春色闌。到頭來依舊是風塵骯髒違心願，好一似無瑕白璧遭泥陷，又何須王孫公子嘆無緣。

　　第七節，嘆正直之不容也。民生而有欲；欲者，亂之源也。然使人人共知縱慾爲致亂之源，而特立一法以預防之；法既立，則謹守而莫之違，則雖不能去亂之源，而亦未始不可以弭亂之迹。而無如人之性，往往好逞一己之欲，雖因此而召大亂，貽害於人，貽害於天下後世，勿恤也。盈天下之人皆如此，而忽有一人焉，知縱慾爲致亂之道，特倡一救亂之法，躬行之，而欲率天下之人以共由焉，豈惟不爲人所歡迎，反將以爲此人之所爲，於我之縱慾之行，實大不便，舉天下而皆如是人之所爲，則我之欲，將無復可以縱恣之機會也，必排斥之，毀謗之，戮辱之，使之無地自容而後已。此從古以來，聖賢豪杰，所以苦心救世，而世卒莫之諒也。孔子之伐檀削迹，耶穌之釘死於十字架，摩訶末之遁逃奔走，不得安其居，皆是道也。“盜憎主人，民怨其上”，其謂此矣。此開闢以來，賢聖雖多，迄於今日，天下卒不治也。然而此等賢聖之人，則真可悲矣，立妙玉爲之寫照也。

肉食綺羅，縱慾之代表也。盈天下之人皆好縱慾，然亦有秉性獨厚，知此等事爲致亂之道，而深惡之者。男女居室，人之大欲存焉，而佛説視橫陳時味同嚼蠟，蓋爲此也。使天下此等人日多，人人慕而效之，天下寧不大治？而無如其不能。豈惟不能，又必排斥之，毀謗之，戮辱之，使之無地自容而後已。夫人生於世，但使無害於人，其好與人從同，抑好與人立異，此本屬於各人之自由。雖使其所好者果爲誤謬焉，而彼亦一是非，此亦一是非，尚不便以我之所謂是者，强彼以爲是，我之所謂非者，强彼以爲非也。況明知彼之所爲者爲善，我之所爲者爲惡，特以其不便於我故，必欲强彼與我從同，否則排斥之，毀謗之，戮辱之，使之不能自立，此真豺虎之所不爲，而人獨爲之者也。然茫茫世界，此等人實居多數，賢人君子，復何地以自處哉？“太高人愈妒，過潔世同嫌”十字，蓋深悲之也。

仁人君子，既不能行其道以救世，並欲獨善其身而亦不可得，其可悲爲何如！而以前之修己立行，備嘗諸苦，果何爲也哉？寧非徒勞，徒自苦乎？説到此，不免聯想而及於厭世主義，故曰：“堪嘆那青燈古殿人將老，孤負了紅粉朱樓春色闌。到頭來依舊是風塵骯髒違心願，好一似無瑕白璧遭泥陷，又何須王孫公子嘆無緣。”言早知在此等惡濁社會中，終無賢人君子獨善其身之地步，則前此之立名砥行，備嘗諸苦，割棄諸樂，又何爲乎？尚不如及時行樂之爲得計也，所謂早知如此何必如此。其意悲矣！

此節言凡修入世之法者，欲率其道以救天下，而卒無補於事，徒苦其身，以見欲救天下者，非修出世法，盡除衆苦之根源不可也。由此意觀之，則堯舜湯武與盜跖同耳，莊周所由有《齊物》之論也。

中山狼，無情獸，全不念當日根由。一味的驕奢淫逸貪歡媾，覷着那侯門艷質同蒲柳，作踐的公府千金似下流。嘆芳魂艷魄，一載蕩悠悠。

第八節，傷弱肉强食也。欲爲亂源，然徒有欲而無力以濟之，天下猶未至於亂也。而無如天之生人也，既賦之以好亂之性，復畀之以濟亂之力，而又不能使人人所有之力皆相等，於是强者可凌暴弱者，以逞其欲，弱者則哀號宛轉而無可如何，此實天下最不平之事也。本書的寫一迎春，以爲之代表也。

“驕奢淫逸貪歡媾”，言强者之縱慾也。其下二句，言强者之蹂躪弱者也；末二句，嘆弱者之無所依恃也。“中山狼，無情獸”，痛詆强者之詞。蓋此等人，實爲召亂之罪魁。夫人之所以異於禽獸者，以其知有禮義也。徒縱慾而殺人，試問與禽獸何異？則雖稱之爲獸，亦不爲過也。"全不念當日根由"者，從舉世昏蒙無識之中，而特提醒其本性之詞。蓋恃强凌弱，實爲致亂之道。天下亂，强者亦有不利焉，而苦於其徒縱目前之欲，莫肯念亂也。使知深觀治亂之源，稍計遠大之利，則必知吾之所爲者爲召亂之道，害人即所以自害，而戢其欲矣。而苦於其莫肯遠觀深計也，此則本性之昧使之然也，故特提醒之。

> 將那三春看破，桃紅柳綠待如何？把這韶華打滅，覓那清淡天和。說甚麽天上夭桃盛，雲中杏蕊多？到頭來誰見把秋捱過？祇見那白楊樹里人嗚咽，青楓林下鬼吟哦。更兼的連天衰草遮墳墓，這的是昨貧今富人勞碌，春榮秋謝花折磨。似這般生關死劫誰能躲？聞說道西方寶樹喚婆娑，上結着長生果。

第九折，傷有知識者之苦，而破自謂深識者之謬也。一切現象，皆由心造，無所謂有，亦無所謂無，無所謂苦，亦無所謂樂。自執著者言之，以無爲有，然後有所謂苦樂矣，其執著不同者，其所謂苦樂亦不同，而其不離苦樂之見，則一也。夫既不離苦樂之見，而又不能以衆人之所苦者爲苦，所樂者爲樂，則他人之處世也，爲一甘苦哀樂更起迭陳之境，而是人則無所往而不苦耳。何則？是人之知識，既高出於衆人，則衆所見爲樂者，彼未必能見爲樂。然既未能跳出於苦樂之境，則人之見爲苦者，彼仍不能不以爲苦也。是有苦而無樂也。古今來憂深慮遠之賢君相，傷時感遇之文人，多血多泪之畸士，多愁多怨之少女，皆屬此類。本書特寫一惜春，以爲之代表也。

此等人之誤謬，在誤認世界一切現象爲實有，與衆人同；而其觀察此現象也，則衆人所見在此面者，彼之所見，必適在彼面。如見一花也，人方賞其春榮，彼則預傷其秋謝；見一人也，人方欣其昨貧今富，而彼則但傷其勞碌。夫見爲春榮，而秋謝在即，則春榮固非真；然凡世間秋謝之物，無一不經春榮而來，春榮既非真，秋謝又安知非假？昨貧今富誠爲可欣。勞碌亦誠可傷，與勞碌以求富，毋寧不富也，是富無可欣也；然富無可欣，勞碌又何可傷乎？凡此皆所謂以子之矛陷子之盾者也。要之此等人之所見，實亦與衆不同，不過一在此面，一在彼面耳。以此而笑衆人，真所謂以五十步笑百步也。

此曲全文，皆比較此等人所見與衆人之異同，末二句則指出此等人之誤謬。蓋衆人惟誤認世界爲實有，故有所謂苦樂，此等人亦誤認世界爲實有，故亦有所謂苦樂；特衆人所謂苦樂者，皆在世界之中，而此等人則認世界爲苦，而欲求樂於世界之外耳。猶之一則厭昨貧而求今富,惡秋謝而樂春榮;一則視貧富榮謝,皆爲苦境,而別歆西方之長生寶樹也。

機關算盡太聰明,反算了卿卿性命! 生前心已碎,死後性空靈。家富人寧,終有個家亡人散各奔騰。枉費了意懸懸半世心,好一似蕩悠悠三更夢。忽喇喇似大廈傾,昏慘慘似燈將燼。一場歡喜忽悲辛,嘆人世終難定。

第十折,嘆權力執著之苦也。人之執著,有種種之不同,而權力亦爲執著之一,質而言之,則好勝而已矣。《史記·律書》:"自含血戴角之獸,見犯則校,而況於人。懷好惡喜怒之氣,喜則愛心生,怒則毒螫加,情性之理也。"實能道出權力執著之起原。蓋人之好爭鬥好勝,樂爲優強者,實亦出於天性也。此等性質,所以與爭奪相攘有別者,彼則因有其所欲之物,不與人爭奪,則不能得,故與人爭。爭奪其手段也,所爭奪之物,則其目的也。此則並無所求之目的物,不過欲顯我之權力,優強於人,使人服從於我而已。蓋一爲物質上之欲望,一爲精神上之欲望也。此等欲望,不徒對於人有之,對於物亦有焉;不徒對於有知之物有之,對於無知之物亦有焉。如吾人對於自然之花木竹石,輒好移易其位置,變更其形狀是也。質而言之,則欲使吾身以外之物,服從於吾之意思而已,所謂權力執著也。此等執著,人人有之,而其大小,則相去不可以道裏計。欲爲聖賢豪杰,傳其名於後世,爲萬人所欽仰,權力執著之最大者也;次之則欲爲帝王將相,伸權力於一時,使天下之事,事事皆如吾意以處置之,若亞力山大、成吉思、拿破侖,其最著也;又次之,則凡欲炫榮名於一時,張權勢於一方,睚眦殺人,蓄謀報怨,亦皆是也;下至匹夫匹婦,無才無德,猶欲閉門自豪,雄長婢僕焉。嗟乎! 權力執著之害大矣。人而無此執著,則苟有菽粟如水火,含哺而嬉,鼓腹而游,未始不可致極隆盛之治也。而無如人於物質的欲望之外,又有其精神的權力之欲望,既遂生存,又求發達,而其所謂發達者,即包含一"我爲優強者,欲使人服從於我之條件"於其中。夫我欲爲優強者,誰甘爲劣弱者? 我欲使人服從於我,人亦欲使我服從於彼,而爭奪起矣。雖有聖人,能給人之求,養人之欲,使人人物質上之欲望,無不滿足,而天下亦無太平之望矣。此真無可如何之事也。然此等人,日執著於權力,終其身唯權力之趨,而究其歸宿,何所得乎? 試問權力加於人,使我身外之物,無不服從於我之意思,究亦何所得乎? 試一反詰之,未有不啞然自笑者也。此等人,於己一無所得,而徒放任其性,以蘊釀天下之亂源,不亦愚乎! 本書特寫一王熙鳳，以爲之代表也。曰"機關算盡太聰明，反算了卿卿性命"，深閔其愚，而反復戒警之也。

權力執著之人，不徒欲伸張自己之權力也，亦有時執著於事，謂此事必如此則可，如彼則否，因出全力以爭之，必欲使之如此。而夷考其實，則此事如此本與如彼同，或反不及如彼之善，又或如此雖善於如彼，而因吾出强力以使之如此故，如此即變爲不善，而如彼反變爲善者有之矣，而當其執著於事，不暇計及也。此等性質，其最小而易見者，即吾人好移花木竹石等之位置，而變更其形狀，足以代表之矣；其大者，若聖賢豪杰之必欲治國平天下，亦此執著之性之誤之也。本文云："家富人寧，終有個家亡人散各奔騰。枉費了意懸懸半世心，好一似蕩悠悠三更夢。"言事之如彼如此，初無所別，執著焉而必欲使之如此者，其目的必不能達也。

執著於事之人，其人格不可謂之不高尚。設使天下之人，皆漫無主張，事如此則聽之，如彼則聽之，則凡事皆無改良進步之希望，而人生之痛苦，將永不能除矣。惟有此等人，强指事實之此面爲善，彼面爲不善，硬將此一面之不善，移之於彼一面，其究也，雖於其不善之本體，毫無所損，而人類究亦因之以抒一時之苦痛焉，或避大害而趨小害焉。如醫者睹人痛苦至極時，則以麻醉劑施之。麻醉劑於病之本體，毫無所損也，然而人類因此而得以輕減其痛苦之負擔，以徐俟病之恢復，亦不啻增長其對於病之抵抗力也。但此等療法，視爲對證療法則可，徑視爲原因療法則誤矣。彼執著於事者，睹國政之苛暴，則欲易之以和平，傷風俗之頹敝，則欲矯之以廉隅，其所圖亦何嘗不是！然以是爲一時之計則可，以是爲永久之圖則誤也。蓋苛暴有苛暴之弊，和平有和平之弊，頹靡有頹靡之弊，廉隅亦有廉隅之弊。以和平與廉隅爲矯正苛暴頹靡之手段可也；必謂和平與廉隅爲絕對之善，苛暴與頹靡爲絕對之惡，不可也。此所謂執著也。有此執著，故凡能治國安民之人，同時亦必有其所及於社會之惡影響，猶藥物之能治病者，同時亦必有其對於身體之惡影響也。其故由執著於事，不知事實之本相，而誤以其一端爲至善，一端爲至惡故也。此由未知大道故也。故本文結筆，特爲之明揭其旨以曉之，曰"嘆人世終難定"者，言人世無絕對之善，亦無絕對之惡。既言世法，則祇有補偏救弊之方，決無止於至善之道。執著於一端，而傾全力以赴之者，其目的必不能達；即達之，亦必有意外之惡結果，爲吾人所不及料者，來相侵襲也。

留餘慶，留餘慶，忽遇恩人；幸娘親，幸娘親，積得陰功。勸人生濟困扶窮，休似俺那愛銀錢忘骨肉的狠舅奸兄。真是乘除加減，上有蒼穹。

第十一支,嘆福善禍淫之説之不足恃也。因果之理,最爲精深,顧其説與世俗福善禍淫之説,絶不相同。福善禍淫之説,謂人之善不善,天必報之於其身,或於其子孫,或於其來生,顧其事不能與人以共見也。夫造善因,得善果,造惡因,得惡果,毫髮不爽,如響應聲,其理豈容或忒! 顧其理太深,非人人所能共喻。仁人君子,欲藉是以防民之爲非,而苦於其理之深而難曉也,則稍變其説,以期人人之共曉,是即世俗所傳福善禍淫之説也。顧其説既變,即其理實非真,而其事遂不能盡驗。世之桀黠者,以其無有左證,知其説之出於僞託也,遂悍然決破其藩籬,而仁人君子恃以防民爲非之術又窮矣。夫使天然因果之理,能如世俗所造福善禍淫之説,一一實見於眼前,使人有所畏而不敢爲非,其事豈不甚善! 而無如天然因果之理,又不能如此。使仁人君子,欲利用之而且窮於術也,此又事之無可如何者也。本節即慨嘆世俗福善禍淫之説之不驗,而仁人君子防民之術之窮,通篇皆反言以明之。曰“乘除加減,上有蒼穹”,正是嘆實際之世界,不能有一蒼穹,監臨其上,爲之乘除加減耳! 故巧姐之名曰“巧”,言此等事可偶一遇之而不能視爲常然,欲以是爲救世之術,冀免除人生之苦痛,終不能也。

　　鏡裏恩情,更那堪夢裏功名! 那美韶華去之何迅,再休提綉帳鴛衾。祇這戴珠冠,披鳳襖,也抵不了無常性命。雖説是人生莫受老來貧,也須要陰騭積兒孫。氣昂昂頭戴簪纓,光粲粲胸懸金印,威赫赫爵禄高登,昏慘慘黃泉路近。問古來將相可還存? 也祇是虛名兒,與後人欽敬。

第十二支,嘆執著於富貴利禄者之苦也。人之執著不一端,而執著於富貴利禄,凡人世之所謂快樂者,爲最多數。夫富貴利禄,則何快樂之有? 然而耳好淫聲,目迷美色,身體樂放佚,而心思即惛淫,凡世俗之所謂快樂者,非富貴利達,則不能得之也,此人之所以惟富貴利禄之求也。且求富貴利禄者,豈特謂是爲快樂之所在,吾欲快樂,故求之云耳,甚且視爲人生之本務焉。如彼讀書之人,窮年矻矻,以應科舉,豈特歆其“食前方丈,侍妾數百,堂高數仞,榱題數尺”之樂,亦謂苟因科舉,博得一官,則可以耀祖榮宗,封妻蔭子,爲宗族交遊光寵,人生之本務,固當如是也。此則欲望的執著,與道德的執著,合而爲一,執著之上,又加執著矣。其執著愈深,其迷而不復,乃愈甚也,若李紈則其人也。夫人之所以有此執著者何也? 究其原,亦曰以心靈爲肉體之殉而已矣。夫使舉心靈以徇肉體,而其結果,果可以得快樂焉,亦復何惜? 而無如其終不能也。其不能若之何,則此曲之本文言之矣。曰“祇這戴珠冠,披鳳襖,也抵不了無常性命"，言肉體之所謂快樂者多端，舉心靈以徇之，竭全力以赴之，終不能盡得也。夫使得其一端，而其餘之苦痛，即可以因之而銷弭焉，則亦何嘗非計？而無如其不能也。得其一端，則又有他種之快樂，誘吾於前焉，吾更竭全力以赴之，而未能必得也；即得之，而他種快樂之誘吾於前者又如故，則是竭吾生之力以求快樂，而終無盡得之日也。快樂終無盡得之日，即苦痛終無盡免之時，而罄吾之全力以求之，反忘當下可得之快樂，不亦愚乎！曰"氣昂昂頭戴簪纓，光粲粲胸懸金印，威赫赫爵祿高登，昏慘慘黃泉路近"，言無論何種快樂，皆有苦痛乘乎其後。夫有苦痛乘乎其後，則非真快樂也，而傾全力以求之，不尤愚乎！曰"問古來將相可還存？也祇是虛名兒，與後人欽敬"，言此等快樂，絕非實體，罄全力以求之，到頭來必一無所得，勸其不知來，視諸往也。曰"雖說是人生莫受老來貧，也須要陰騭積兒孫"，言吾人之靈魂爲永久之體，軀殼特暫時寄頓之所，舉靈魂以徇軀殼，實爲不值。曰"老來貧"，軀殼之所謂苦痛之代表也；曰"兒孫"，永久之靈魂之代表也。本節憫世人沉溺於肉體之所謂快樂，而舉靈魂以徇之，久之且忘靈魂與俗體之別，大聲疾呼，以警醒之也。

　　　　畫梁春盡落香塵。擅風情，秉月貌，便是敗家的根本。箕裘頹墮皆從敬，家事銷亡首罪寧。宿孽總因情。

　　第十三折，破世俗是非之論，齊物之意也。人世上之事，無所謂善，亦無所謂惡。如殺人，惡也，殺殺人之人，則謂之善矣；淫，惡也，淫而施之於夫婦，則爲善矣。然殺人與殺殺人之人，不得不同謂之殺也；淫於外與淫於夫婦之間，不得不同謂之淫也。今禁殺人，而特設士師以殺殺人之人，則殺人之本性猶未去也；禁人淫，特防遏之，使但行於夫婦之間耳，則淫之本性亦未除也。殺人之本性未去，則亦可移之以殺法律所保護之人，淫之本性未除，則亦可移而行之於夫婦之外。謂殺殺人之人，較善於殺非殺人之人，則可矣，徑謂殺人爲善，則不可也；謂淫於夫婦之間，較善於淫於夫婦之外，則可矣，徑謂淫於夫婦之間爲善，則不可也。且殺殺人之人之性，與殺人之性同原，則殺人惡，殺殺人之人亦惡也；淫於夫婦之間之性，與淫於夫婦之外之性同原，則淫於夫婦之外惡，淫於夫婦之間亦惡也。而世俗必指其一爲善，其一爲惡，則執著焉，而其性之本體彌不去矣。其性之本體不去，則有時用之於此一端，有時必用之於彼一端矣。故殺人之禍，士師召之也；淫風之盛，婚姻之制爲之也。果有一邦焉，無殺人之禍，則其邦亦必無士師矣；孩提之童，不知淫於夫婦之外，又寧知淫於夫婦之間乎？及其既知淫於夫婦之間，又寧能禁之，使不知淫於夫婦之外乎？故曰"聖人不死，大盜不止"，"剖斗執衡，而民不爭"也。世俗必指其一端爲善，一端爲惡，而不知兩端之同因中心而得名，是猶謂刀爲善，而謂其殺人爲惡也，是保存其物之體，而欲其作用之不顯也，是置水於日光之下，而欲其毋化汽也，其可得乎？故本節深曉之也。曰"畫梁春盡落香塵"，喻自然；"春風香塵落"，物理之自然，非人之所能爲也。曰"風情"，曰"月貌"，曰"情"，皆人性之代表也。曰"敗家"，曰"箕裘頹墮"，曰"家事銷亡"，皆世俗所指爲罪惡之代表也。曰"宿孽"，人之所以爲惡之原因也。言人之所以爲惡者，其原因亦出於本性。欲拔除爲惡之根原，非空諸所有，得大解脫不可；否則爲惡之本體尚存，雖能移而用之於他一端，於其本體實無絲毫之損，不得謂之真善也。

> 爲官的家業凋零，富貴的金銀散盡，有恩的死裏逃生，無情的分明報應，欠命的命已還，欠淚的淚已盡，冤冤相報豈非輕。分離聚合皆前定。欲知命短問前生，老來富貴也真僥幸。看破的遁入空門，痴迷的枉送了性命。好一似食盡鳥投林，落了片白茫茫大地真乾淨。

第十四節，總結，教人以免除苦痛之法也。因果之理，如響應聲，毫髮不爽，故本節極言之。"爲官的家業凋零，富貴的金銀散盡"，言人與軀殼，關係甚暫，終有脱離之時。"有恩的死裏逃生，無情的分明報應"，"冤冤相報豈非輕，分離聚合皆前定。欲知命短問前生，老來富貴也真僥幸"，極言因果之不爽。"老來富貴也真僥幸"，言人有以因果之理論之，應得惡果，而忽得善果者，此非真果，尚有惡果在其後。蓋因果之來，恒爲曲綫而非直綫，故人不能覺其驗，而因果之毫髮不爽，亦正於此見之。蓋世人所謂某人應得善果，某人應得惡果者，往往非精確之論；使因果而悉如人意以予之，則不足以昭其正當矣。曰"欠命的命已還，欠淚的淚已盡"，言以前所造之因，終有歷盡其果之日，但當慎造今後之因也。曰"看破的遁入空門，痴迷的枉送了性命"，言能大解脫者，即能免除一切苦痛；而不然者，徒造惡因，自受其惡果爾。曰"好一似食盡鳥投林，落了片白茫茫大地真乾淨"，言萬法皆空，勸人之勿有所執著也。

《紅樓夢》一書，幾於無人不讀，亦幾於無人不知其美者，顧特知其美耳，未必能知其所以美也。不知其所以美，而必强爲之説，此謬論之所由日出也。以前評《紅樓夢》者甚多，予認爲無一能解《紅樓夢》者，而又自信爲深知《紅樓夢》之人，故借論小説所撰之人物爲代表主義，一詮釋之。深明哲理之君子，必不以予言爲穿鑿也。

或謂："子之説《紅樓夢》則然矣。然《紅樓夢》，爲最高尚之書，書中自無一無謂之語，其所撰之人物，皆有所代表，宜也；彼庸惡陋劣之小説，安能與《紅樓夢》相提並論，即安得謂其所撰之人物皆有所代表乎？"曰："否。其所代表之人物有善惡，其主義有高低，則有之矣；謂其非代表主義則不可也。如戲劇然，飾一最高尚之人，固爲代表主義，飾一最卑陋之人，亦爲代表主義也。"

然則必欲考《紅樓夢》所隱者爲何事，其書中之人物爲何人，寧非笨伯乎！豈惟《紅樓夢》，一切小説皆如此矣。

或問曰："小説所描寫之人物，爲代表主義，而其妙處，則在小在深，既聞命矣。然盈天下皆事實也，任何一種事實，皆足以爲一種理想之代表者也。吾人苟懷抱一種理想，將從何處捉一事實來，以爲之代表，且焉知此種事實，實爲此種理想最適之代表乎？得毋選擇事實，亦自有法，而其適否，即爲小説之良否所由判乎？"應之曰："凡人之悟道，恒從小處入，恒從深處入。如吾前言，《紅樓夢》之寫一林黛玉、一賈寶玉，所以代表人生世間，無論何事，不能滿意也。故其言曰，'嘆人間美中不足今方信'，情見乎詞矣。夫人生世上，不能滿足，實凡事皆然，不獨男女之際也。然終不若男女之際，其情爲人人所共喻，且沉摯足以感人。故選擇一賈寶玉、一林黛玉以爲之代表，實此種理想最適之代表也。然必謂作《紅樓夢》者，遊心四表，縱目八荒，於諸種現象，博觀而審取之，然後得此一現象以爲之代表，則亦斷非事實。夫人之情，不甚相遠也。大抵讀書者以爲易明之事，著書者亦以爲易明；讀書者對之易受感觸之事，著書者對之亦易受感觸。所異者，情感有厚薄，智力有淺深。常人知其一不知其二，賢知之人，則能因此而推之彼，合衆現象而觀其會通耳，此所謂悟道也。然其後，雖於各種現象，無所不通，而其初固亦自事之小而易見者、感人最深者悟入，則欲舉此種理想以詔人，而求一事實焉以爲之代表，固無待於他求，即舉吾向所從悟入之事實，以爲之材料可矣。此其理並通於詩。作詩者因物生感，即咏物以志其感，初不聞於所感之物之外，又別求一物焉，以代表其感想也。故吾嘗謂善讀小説者，初不必如今之人，屑屑效考據家之所爲，探索書中之某人即爲某人，某事即隱某事，以其所重者本不在此也。即如《紅樓夢》，今之考據之者亦多矣，其探索書中之某人即爲某人，某事即爲某事，亦云勤矣。究之其所説者，仍在若明若昧之間。予於此書，僅讀一過，亦絶未嘗加以考據，然敢斷言："所謂十二金釵者，必實有其人；且其人，必與書中所描寫者，不甚相遠。"何也？使十二金釵而無其人，則是無事實也。無事實，雖文學家,何所資以生其想象? 無想象,則選擇變化,皆無所施,而美的製作,又曷由成哉? 使其真人物而與書中所述之人物大相遠也,則是著者於所從悟入之事實之外,又別求一事實,以爲其理想之代表也,此亦決無之事也。然則小説所載之事實,謂爲真亦可,謂爲偽亦可。何也? 以其雖爲事實,而無一不經作者之想象變化;雖經作者之想象變化,而仍無一不以事實爲之基也。然則屑屑考據某人之爲某人、某事之爲某事何爲? 彼未經作者選擇變化以前之某人某事,皆世間一事實而已矣。世間一事實,何處不可逢之,而必於小説中求之乎? 是見雀炙而求彈、聞雞之時夜而求卵也,可謂智乎?

孔子曰:"我欲託之空言,不如見之行事之深切著明也。"斯言也,可爲小説作一佳賛。何也? 小説固不離乎事實者也。夫文學有主客觀之分。主觀主抒情,客觀主叙事。抒情者,抒發我胸中所有之感情也。叙事者,叙述我所從感觸之事物也。以二者比較之,則客觀的文學,較主觀的文學爲高尚。何也? 主觀的文學,易流於直率;而客觀的則多婉曲。如睹物思人,對月思家,直述其思人及思家之情,主觀的文學也;但叙述其物及吾所睹月下之形狀景色,客觀的文學也。二者一直一曲。曲者婉而直者彰。而感人之情,直率恒不如婉曲。文學爲情的方面之物,故以婉曲爲貴也。主觀的文學,每失之簡單;而客觀的則多複雜也。前論複雜小説、簡單小説之説,可以參觀。複雜者美於簡單。文學者,美的製作也,故貴複雜。然偏於客觀,亦易流於乾燥無味之弊,使人讀之,一若天然之事實,未經作者之想象變化者然。故其最妙者,莫如合主、客觀而一之,使人讀之,既有以知自然繁複之事實,而又有以知著者對之之感情,且著者對此事物之感情,恰可爲此等事物天然之綫索,而免於散無條理之誚,真文學中之最精妙者矣。然他種文學,僅能於客觀一方面之事物,詳加叙述,而於主觀一方面,則不能不發爲空言,惟小説與戲劇,則以其體例之特殊故,乃能將主觀一方面之理想,亦化之爲事實。凡小説與戲劇,必有主人翁。此主人翁所以代表著者之感想者也,主觀的也。其餘之人物,皆謂之副人物,所以代表此主人翁四周之事物者也,客觀的也。夫如是,故小説與戲劇,可謂客觀其形式,而主客觀其精神。持是以與他種文學較,則他種文學,可謂爲主觀的形式之主客觀文學;而小説與戲劇,則可謂爲客觀的形式之主客觀之學也。此真複雜之中又複雜,婉曲之中又婉曲者也。小説戲劇之勢力,駕他種文學而上之,誰曰不宜? 小説戲劇之特質,在以事實發表理想,故凡大發議論以及非自叙式之小説,而著者忽跳入書中,又或當演劇之時忽作置身劇外之語,均非所宜。

或問曰:"小説但能使事實表現於精神界耳,而戲劇,則兼能使之表現於空間。如是,則戲劇不更優於小説乎?"應之曰:"人之樂與美的現象相接觸也。其接觸之途本有二：一爲訴之於官能者，一爲訴之於空想者。物之但表現於時間者，其訴之空想者也；其兼表現於空間者，其訴之官能者也。人之官能與空想，各有其美的欲望，即各思所以滿足之。二者本不可偏廢，即無從軒輊也。且戲劇能使美的現象實現於空間，固非小説所能逮，然戲劇正以受此制限故，而其盡善盡美之處，遂有不能盡如小説者。此戲劇與小説，所以並行不悖也。"試陳其事如下。

一、爲場所所限制。小説不占空間的位置，故其書中所叙述之事實，所占之地位，可以大至無限。戲劇則爲劇場所限制，劇場之幅員，爲人之視力所限制，能同時活動於舞臺上者，至多不過三四十人而已。如數十萬人大戰於廣野，小説能叙述之，戲劇不能演之也。此戲劇之不如小説者一也。

一、爲時間所限制。小説但訴之於空想，故其經過也速；戲劇兼訴之於官能，故其經過也遲。惟經過速也，故能於僅少之時間，叙述多數之事實，經過遲者不能也。今設有小説一册，三時間之内，可以讀畢。試以此小説中之所載者，一一搬演之而成戲劇，恐非三十時間不能畢事矣。然則是讀小説者，於同一時間之内，所感觸之美的現象，十倍於戲劇也。是小説複雜，而戲劇單純也。複雜則美矣。此戲劇之不如小説者二也。

一、爲實物所限制。客觀的文學之特質，在其能叙述事物，使一切美的現象，浮現於人之腦際，使人接觸之而若以爲真也。此等作用，時曰象真。象真之作用，訴之於人之精神較易，而訴之於人之官能則難，蓋空想之轉換速，官能之移易遲也。如叙述一地方之風景也，忽而嚴冬，忽而盛夏；叙述一人之形貌也，忽而翩翩年少，忽而衰老龍鍾；在小説隨筆轉移，讀者初不覺其痕迹，在戲劇則無論布景如何美妙，藝員表情之術如何高尚，尚不能令人泯然無疑也。如《紅樓夢》中巧姐暴長，讀者初不覺爲疵累，若演之戲劇，則觀者必大駭矣。此戲劇之不如小説者三也。

然則戲劇其可廢乎？曰：不可。夫戲劇與小説，固各有所長者也。何以謂之各有所長也？曰：吾固言之矣，小説者，專訴之於人之空想；而戲劇者，兼訴之於人之官能者也。今試列表以明之：

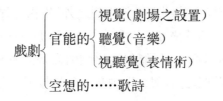

　　夫人之欲望無窮,空想與官能,既各有其欲,往往同時並思所以滿之。瞑想江南之佳麗,輒思選色於花叢;遐思燕趙之悲歌,便欲聽音於酒後,其實例也。惟其如是也,故其事苟可以官能與空想,同時觸接之者,則必不肯以想象其美爲已足,而更欲觸接之以官能,此演劇之所由昉也。不寧惟是,人有所感於中,必有以發表之於外。其所以發表之者,則一爲動作,而一爲音聲。發之於音聲則爲歌,動之於形體則爲舞,故曰"喜斯陶,陶斯咏;咏斯猶,猶斯舞;愠斯戚,戚斯嘆;嘆斯辟,辟斯踊"矣。

　　戲劇者,不惟能以角本造出第二之人間,而同時又能以歌、舞二技,刺激人之感官,以發揮其感情,而消耗其有餘勢力者也。惟其然也,故戲劇於象真之點,不及小說,於同一時間之內,所能演之事實,不若小說之多,其所演之事實,範圍亦不及小說之廣,然其刺激人感情之力,却較小說爲强;蓋一專訴之於空想,而一兼訴之於感官也。惟其然也,故戲劇可謂有小說及歌舞兩元素。其以劇本造出第二之人間,則小說的元素也;其歌詞、表白、做工,別成爲一種語言動作,與人類實際之語言動作,終不能無多少之差殊,則歌舞的元素也。此不徒舊劇然,即新劇亦然。如戲中說白,較通常之語言發聲不得不較高,音調不得不較緩是也。惟其然也,故歌劇在戲劇中爲本支,而演劇則反在測生旁挺之列。今人之彼此易置者,實未知戲劇之性質者也。歌詩,以言乎音節,則足以刺戟人之聽官,而滿足其美感,以言乎所載之事實,則能以作者之理想,造出第二之人生,其作用與小說同。而其訴諸人之理想界者,又有一種偉力,爲小說之所不能及,則文詞之美是也。蓋歌詞實語言中之至美者也,如"欲乘秦風共翱翔,又恐巫山還是夢鄉",翻成白話衹可云:"我狠想同你結婚,不知能否如願?"成何語言乎? 又如京調,人孰不知其鄙俚,然如"走青山望白雲家鄉何在",其意義,亦豈能以表白代之乎? 吾嘗謂中國人本有兩種語言,同時並行於國中:一爲高等人所使用,文言是也;一爲普通人所使用,俗語是也。文言多沿襲古代,有不能曲達今世人之感想之憾,故白話乘之而興。小說利用之,能曲達今世人之感想,以饜足社會上愛美之欲望,遂於著述界中蔚爲大國焉。然以其爲普通人所用之語言,故較之高等人所用之語言,思想恒覺其簡單,意義亦嫌於淺薄。吾人所懷高等之感想,往往有能以文言達之,而不能以俗語達之者,如右所舉二例是也。職是故,戲劇遂能於小說之外,別樹一幟。蓋以其所叙之事實,雖較小說爲簡單,其於描寫現今社會之情狀,亦不如小說之適切,然其所用之語言,却較小說爲高尚,故能叙述比較的高等之感想,以饜人愛美之心也。即戲劇於同一時間之內,與人以刺激之分量較少,而其刺激之力却强也。

然則戲劇所以能獨立於小説之外者，其故可知，而歌舞劇之當爲正宗，純粹科白之劇之實爲旁支，亦可見矣。

吾論小説至此，已累三萬言，可以休矣。今請略論作小説之法。以結此小説叢話之局。

第一理想要高尚。小説者，以理想造出第二之人間者也。惟其然也，故作者之理想，必不可以不高尚。使作者之理想而不高尚，則其所造出之第二人間，必無足觀，而人亦不樂觀之矣。《蕩寇志》組織之精密，材料之豐富，何遂遜於《水滸》？或且過之；然其價直終不逮者，理想之高尚不逮也。中國舊小説，汗牛充棟，然除著名之十數種外，率無足觀者，缺於此條件故也，理想者，小説之質也。質不立，猶人而無骨干，全體皆無所附麗矣。然則理想如何而能高尚乎？曰是則視人之道德爲進退。凡人之道德心富者，理想亦必高；道德心缺乏者，理想亦必低。所謂善與美相一致也。稽古説《詩》，曰"不得已"，豈必雅頌，皆由窮愁。不得已者，有其悲天閔人之衷，自有其移易天下之志；有其移易天下之志，自有其芳芬悱惻不能自言之情；發之咏歌，遂能獨絶千古。惟其真也，惟其善也，惟其美也，作小説亦猶是也。無悲天閔人之衷，決不能作《紅樓夢》；無憤世嫉俗之心，決不能作《水滸傳》。胸無所有，而漫然爲之，無論形式如何佳妙，而精神不存焉，猶泥塑之神，決不足以威人；木雕之美女，終不能以動人之情也。此作小説之根本條件也。

第二材料要豐富。理想高尚矣，然無材料以敷佐之，猶無益也。蓋小説者，以其體例之特殊故，凡理想皆須以事實達之，故不能作一空語。又以其爲近世的文學故，其書中所述之事物，皆須爲現社會之所有。而非如作古文者，以嚴潔不用三代兩漢以後語爲貴；又非如作駢文者，但臚列典故，以爲證佐，可求之於類書而已足。故作者於現社會之情形必不可以不知，而其知之又不可不極廣。蓋小説爲美的製作，貴乎複雜，而不貴乎簡單；既貴乎複雜，則其所描寫之事實，當兼賅乎各方面，而決不能偏乎一方面故也。如作《紅樓夢》者，但能描寫賈母、賈政而不能描寫劉老老、焦大，即無味矣。然則他種文學，其材料皆可於紙上求之，獨小説則其材料，當於空間求之。如《水滸》爲元人所作，其時社會之情形即多與今日不同，設作一小説以描寫今日之社會，而其所述之情形多與《水滸》相類，即成笑柄矣。此作者之閱歷，所以不可不極廣也。此亦作小説最要之條件也。

第三組織要精密。所謂組織精密者有二義：第一事實要聯貫。組織許多複雜之事實而成一大事實，其中須有一綫索，不能有互相衝突之處。如兩人在書中初見時爲同年，至後文決不能其一尚在中年，其一已迫暮景也。此等處看似極易，然其實極難，作長篇複雜小說者，往往有束濕不及之處，遂爲全體之累。如《蕩寇志》與《水滸》相銜接者也，書中之事實，即不能有與《水滸》相衝突之處。然扈三娘在《水滸傳》中，僅與林沖戰二十合，即爲沖所擒，至《蕩寇志》中，陳麗卿之武藝，與林沖相等，而扈三娘忽能與之大戰至數百合無勝負。又如《三國演義》，關公斬顏良時，徐晃與顏良戰二十合，即敗回本陣，及關公敗走麥城之時，徐晃忽能與關公戰八十合，無勝負。諸如此類，雖云小節，究之自相矛盾，未免有欠精密矣。一主從要分明。書中之人物，孰爲主人翁，代表作者之理想，孰爲副人物，代表四周之境遇，不可不極爲明確，使人一望而知，然後讀者知作者主意之所在，乃能讀之，而有所感動。若模糊影響，無當也。《儒林外史》所描寫之人物，極爲複雜，而組織上不能指出孰爲主人翁，事實亦首尾不完具，不能合衆小事爲一大事，究屬欠點。

　　如上所述，寥寥三項，然小說之佳否，自理論上判決之，不過此三者而已。三者兼具，未有不爲良小說者；具其一二項，則美猶有憾；若三者皆不具，未有不爲惡小說者也。中國向者視小說爲無足重輕之業，皆毫無學識之人爲之，於此三條件，往往皆付闕如，故小說雖多，而惡者殆居百分之九十九。今風氣一變，知小說爲文學上最高等之製作，且爲輔世長民之利器，文人學士，皆將殫精竭慮而爲之，自茲以往，良小說或日出不窮，惡小說將居於天然淘汰之列乎？予日望之已。

　　或問譯述之小說與自著之小說孰良，曰："小說者，美的製作也。美之觀念，因民俗而有殊。異國人所感其美者，未必我國人亦感其美也。以言乎感人，譯本小說之力，自不若著者之偉大。然文學貴取精用宏，吸收異己者之所長，益足以增加其固有之美，則譯本小說，亦不可偏廢也。"

原署名：成、成之。原刊一九一四年《中華小說界》
第三至第八期

古代人性論十家五派

古代思想家論人性，説頗紛紜。王仲任著《論衡本性篇》，曾有評論，大體可分爲以下十家：

（一）世碩等　《本性篇》："周人世碩，以爲人性有善有惡，舉人之善性，養而致之，則善長；惡性，養而致之，則惡長。如此，則性各有陰陽善惡，在所養焉。故世子作《養書》一篇。密子賤、漆雕開、公孫尼子之徒，亦論性情，與世子相出入，皆言性有善有惡。"

（二）孟子　孟子主性善，其書今存。仲任評之曰："……若孟子之言，人幼小之時，無有不善也。……紂之惡，在孩子之時，食我之亂，見始生之聲，孩子始生，未與物接，誰令悖者。……唐虞之時，可比屋而封，所與接者，必多善矣。……然而丹朱傲，商均虐。……且孟子相人以眸子。……心清而眸子瞭，心濁而眸子眊。人生目輒眊瞭。……非幼小之時瞭，長大與人接，乃更眊也。……孟子之言情性，未爲實也。……"

（三）告子　告子之説，今見孟子書。仲任評之曰："……無分於善惡，可推移者，謂中人也。……故孔子曰：中人以上，可以語上也；中人以下，不可以語上也。告子之以決水喻者，徒謂中人，不指極善極惡也。孔子曰：性相近，習相遠也。夫中人之性，在所習焉。習善而爲善，習惡而爲惡也。至於極善極惡，非復在習。故孔子曰：惟上智與下愚不移。性有善不善，聖化賢教，不能復移易也。孔子道德之祖，諸子之中最卓者也，而曰上智下愚不移，故知告子之言，未得實也。……"

（四）孫卿　孫卿主性惡，書亦今存。仲任駁之曰："……若孫卿之言，人幼小無有善也，稷爲兒，以種樹爲戲，孔子能行，以俎豆爲弄。……禀善氣，長大就成。……孫卿之言，未得爲實。……劉子政非曰：如此，則天無氣也，陰陽善惡不相當，則人之爲善安從生。"

（五）陸賈　《本性篇》："陸賈曰：天地生人也，以禮義之性，人能察己所以受命則順,順之謂道。……性善者不待察而自善,性惡者,雖能察之,猶背禮畔義。……故貪者能言廉,亂者能言治,盜跖非人之竊也,莊蹻刺人之濫也,明能察己,口能論賢,性惡不爲,何益於善,陸賈之言,未能得實。”

　　(六)董仲舒　董子論性,見《繁露·深察名號》及《實性》兩篇。《深察名號篇》曰:“……性之名非生與,如其生之自然之資謂之性,性者,質也。詰性之質於善之名,能中之與,既不能中矣,而尚謂之質善,何哉?……袟衆惡於內,弗使得發於外者,心也。……天兩有陰陽之施,身亦兩有貪仁之性。……陰之行不得乾春夏,而月之魄常厭於日光,乍全乍傷,天之禁陰如此,安得不損其欲而輟其情以應天,天所禁而身禁之。……禁天所禁,非禁天也。必知天性不乘於教,終不能袟,察實以爲名,無教之時,性何遽若是。案此言深有理致,原人之狀態,實非吾曹所知也。故性比於禾,善比於米,米出禾中,而禾未可全爲米也。善出性中,而性未可全爲善也。善與米,人之所繼天而成於外,非在天所爲之内也。天之所爲,有所至而止,止之内謂之天性,止之外謂之人事。《實性篇》止之内謂之天,止之外謂之王教。……性有似目,目臥幽而瞑,待覺而後見,當其未覺時,可謂有見質,而不可謂見。今萬民之性,有其質而未覺,譬如瞑者待覺,教之然後善,當其未覺,可謂有質,而不可謂善。《實性篇》“以繭爲絲,以米爲飯,以性爲善,此皆聖人所繼天而進也,非性情質樸之所能至也。”又曰:“善,教誨之所然也,非質樸之所能至也。”又曰:“性者,天質之樸也,善者,王教之化也。無其質,則王教不能化,無其王教,則質樸不能善。”所謂質樸,意與質同。荀子謂性者本始材樸,老子謂樸散而謂器,即今俗語所謂胚也。……性而知同瞑之未覺,天所爲也。效天所爲,爲之起號,故謂之民,民之爲言,固猶瞑也。……天地之所生,謂之性情,性情相與爲一,瞑情亦性也,謂性已善,奈其情何?……身之有性情也,若天之有陰陽也。言人之質而無其情,猶言天之陽而無其陰也。……名性不以上,不以下,以其中名之。……天生民性,有善質而未能善,於是爲之立王以善之,此天意也。民受未能善之性於天,而退受成性之教於王,王承天意,以成民之性爲任者也。……春秋之辭,内事之待外者,從外言之,今萬民之性,待外教然後能善,善當與教,不當與性,與性……非春秋爲辭之術也。……或曰:性有善端,心有善質,尚安非善,應之曰:……繭有絲而繭非絲也,卵有雛而卵非雛也。……或曰:性也善。或曰:性未善,則所謂善者,各異意也,性有善端。……善於禽獸則謂之善,此孟子之言,循三綱五紀,通八端之理,忠信而博愛,敦厚而好禮,乃可謂善,此聖人之善也。……夫善於禽獸之未得爲善也,猶知於草木而不得名知。……聖人之所命,天下以爲正。……孟子下質於禽獸之所爲,故曰性已善,吾上質於聖人之所善,故謂性未善。……"《實性篇》大畧相同,而曰:"善,教誨之所然也,非質樸之所能至也,故不謂性,性者……無所待而起,生而所自有也。"意尤顯豁。仲任評之曰:"董仲舒……曰:天之大經,一陰一陽,人之大經,一情一性,性生於陽,情生於陰,陰氣鄙,陽氣仁,曰性善者,是見其陽也;謂惡者,是見其陰者也。若仲舒之言,謂孟子見其陽,孫卿見其陰也,處二家各有見可也,不處人情性,……情性同生於陰陽,其生於陰陽,有渥有泊,玉生於石,有純有駁。……"

（七）劉向 《本性篇》:"劉子政曰:性生而然者也,在於身而不發,情接於物而然者也。出形於外,形外則謂之陽,不發者則謂之陰。"仲任評之曰:"……子政之言……不據本所生起,苟以形出與不發見定陰陽也,必以形出爲陽,性亦與物接,造次必於是,顛沛必於是,惻隱不忍,不忍,仁之氣也;卑謙辭讓,性之發也,有與接會,故惻隱卑謙,形出於外,謂性在內,不與物接,恐非其實。不論性之善惡,徒議外內陰陽,理難以知。且從子政之言,以性爲陰,情爲陽,夫人禀情,竟有善惡否也。"案:劉向之説,又見荀悦《申鑒》。《申鑒雜言下》述向之説曰:"性情相應,性不獨善,情不獨惡。"而其答或人之難曰:"好惡者,性之取捨也,實見於外,故謂之情爾,必本乎性矣。"悦論性主向,其釋性情,亦當祖述向説,則向所謂性情者,原是一物,從兩面言之。仲任之難,似失向意也。

（八）揚雄 揚子論性之説,見《法言修身篇》曰:"人之性也,善惡混,修其善則爲善人,修其惡則爲惡人。氣也者,所以適善惡之馬也歟?"

（九）王充 《本性篇》:"自孟子以下至劉子政,……論性情竟無定是。惟世碩、公孫尼子之徒,頗得其正。……實者,人性有善有惡,猶人才有高有下也。高不可下,下不可高,謂性無善惡,是謂人才無高下也。禀性受命,同一實也。命有貴賤,性有善惡,謂性無善惡,是謂人命無貴賤也。九州田土之性,善惡不均,故有黃赤黑之別,上中下之差;水潦不同,故有清濁之流,東西南北之趨。人禀天地之性,懷五常之氣,或仁或義,性術乖也;動作趨翔,或重或輕,性識詭也;面色或白或黑,身形或長或短,至老極死,不可變易,天性然也。余固以孟軻言人性善者,中人以上者也;孫卿言人性惡者,中人以下者也;揚雄言人性善惡混者,中人也。若反經合道,則可以爲教,盡性之理,則未也。"

（十）荀悦 荀悦論性之語,見《申鑒雜言下》篇:"或問性命,曰:生之謂性也,形神是也,所以立生終生者之謂命也,吉凶是也。""或問天命人事,曰:

有三品焉，上下不移，其中，則人事存焉爾。……孟子稱性善；荀卿稱性惡；公孫子曰，性無善惡；揚雄曰，人之性，善惡混；劉向曰，性情相應，性不獨善，情不獨惡；曰：問其理，曰：性善則無四凶，性惡則無三仁。人無善惡，文王之教一也，則無周公、管、蔡，性善情惡，是桀、紂無性，而堯、舜無情也。性善惡皆渾，是上智懷惠，而下愚挾善也，理也未究矣，惟向言爲然。""或曰：仁義性也，好惡情也，仁義常善，而好惡或有惡，故有情惡也。曰：不然，好惡者，性之取捨，實見於外，故謂之情爾，必本乎性矣。仁義者，善之誠者也，何嫌其常善，好惡者，善惡未有所分也，何怪其有惡，凡言神者，莫近於氣，有氣斯有形、有神，斯有好惡喜怒之情矣。故人有情，由氣之有形也，氣有白黑，神有善惡，形與白黑偕，情與善惡偕。故氣黑非形之咎，情惡非情之罪也。或曰：人之於利，見而好之，能以仁義爲節者，是性割其情。性少情多，性不能割其情，則情獨行爲惡矣。曰：不然，是善惡有多少也，非情也。有人於此，嗜酒嗜肉，肉勝則肉食焉，酒勝則飲焉，此二者相與爭，勝者行矣，非情欲得酒，性欲得肉也。有人於此，好利好義，義勝則義取焉，利勝則利取焉，此二者相與爭，勝者行矣，非情欲得利，性欲得義也。……""或曰：請折於經。曰：《易》稱乾道變化，各正性命，是言萬物各有性也，觀其所感，而天地萬物之情可見矣，是言情者，應感而動者也。昆蟲草木，皆有性焉，不盡善也；天地聖人，皆稱情焉，不主惡也。又曰：爻象以情，言亦如之，凡情意心志者，皆性動之別名也。情見乎辭，是稱情也；言不盡意，是稱意也；中心好之，是稱心也；以制其志，是稱志也，惟所宜名稱其名而已，情何主惡之有。故曰：必也正名。""或曰：善惡皆性也，則法教何施。曰：性雖善，待教而成；性雖惡，待法而消，唯上智下愚不移，其次善惡交爭，於是教扶其善，法抑其惡。……""或曰：法教得則治，法教失則亂，若無得無失，縱民之情，則治亂其中乎？曰：凡陽性升，陰性降，升難而降易，善，陽也；惡，陰也。故善難而惡易。縱民之情，使自由之，則降於下者多矣。曰：中焉在？曰：法教不純，有得有失，則治亂其中矣。純德無慝，其上善也；伏而不動，其次也；動而不行，行而不遠，遠而能復，又其次也；其下者，遠而不近也。凡此皆人性也，制之者則心也。……"

以上十家，可分下列五派：

（一）無善無不善説　告子主之。孟子載告子之言曰："生之謂性。"又曰："性無善無不善也。"又曰："性猶湍水也，決諸東方則東流，決諸西方則西流，人性之無分於善不善也，猶水之無分於東西也。"凡事皆因緣際會所成，離開一切因緣，即無是物，又何從評論，人性因行爲而見，行爲必有外緣，除去外緣,行爲便毀,性又何從而見。然因行爲而論性,則業已加入外緣。故捨行爲而論性,只在理論上可以假設,在實際上,人不能感覺是境。夫性猶水也,行爲猶流也,決則行爲之外緣也,東西則善惡也。水之流,不能無方向;人之行,不能無善惡。然既有方向,則必已加入一決之原因;既有善惡,則必已有外緣。問無決之原因時,水之流向如何? 全無外緣之時,人之行爲善惡如何?固無以爲答也。必欲答之,只可曰:是時之水,有流性而無方向之可言;是時之性,有行爲之可能,而無善惡之可言而已矣。佛家所謂無明生行也,更增一詞,即成贅語,告子之説,極穩實也。孟子駁之曰:"水信無分於東西,無分於上下乎? 人性之善也,就水之就下也,人無有不善,水無有不下。今夫水,搏而躍之,可使過顙;激而行之,可使在山,是豈水之性哉? 其勢則然也。人之可使爲不善,其性亦猶是也。"誤矣。水之過顙在山,固由搏激而然,然不搏不激之時,亦自有其所處之地勢,此亦告子之所謂決也。禹疏九河,瀹、濟、漯而注之海,決汝、漢,排淮、泗而注之江,固決也。亞洲中央之帕米爾高原,地勢獨高於四方,對於四面之水,亦具決之作用也。月球吸引,能使水上升;地球吸引,能使水下降,皆告子之所謂決也。設想既無地球,亦無月球,而獨存今日地面之水,試問此水,將就何方,孟子能言之乎? 故孟子之難,不中理也。

(二)性有善有惡説 世子等主之,董子謂天兩有陰陽之施,人亦兩有貪仁之性,蓋即是説。孟子載公都子述或人之言,謂:"性可以爲善,可以爲不善。"蓋亦是説。其謂"文、武興,則民好善;幽、厲興,則民好惡。"即世子養其善性,則善長;養其惡性,則惡長之説也。揚子善惡混之説,實祖述之。此説必得董子之言,乃爲完備。蓋善惡乃因其所施之事而見,或爲比較上程度問題,實非性質問題。謂善惡有性質之異,而人性之中,含是絶不相同之二物,於理固不可通也。董子説性之善惡,本諸陰陽,而其論陰陽也,則謂爲一物而二面,譬諸上下、左右、前後、表裏。見《春秋繁露·基義篇》。則舉此固不能無彼,而二元對立之弊免,抑偏主性善性惡之説,亦不待攻而自破矣。夫一物而有兩面,謂爲有此面而無彼面固不可,謂爲有彼面而無此面亦不可。彼此相消而適等於無,則仍是無善無不善耳。故董子之説,與告子不相背也。故董子亦曰:如其生之自然之資謂之性。蓋告子之説,就本體界立言,董子之説,則就現象界立言也。夫就本體方面言之,性之善惡,實無可説,告子之言,最爲如實矣。就現象界言之,則(一) 有善,(二) 有惡,(三) 人皆有求善去惡之心,實爲無對不爭之事實。夫既有善,又有惡,又有求善去惡之心,則人之性,果善邪? 果不善邪? 就其有求善去惡之心而言之,而謂之善,則孟子之説是也。就其惡必待去,善必待求,不能本來無惡言之,而謂之惡,則荀子之説是也。謂善惡爲絶對不同之物,人之性中,或則含善之原素,或則含惡之原素(有性善、有性不善説),此爲極幼稚之論,謂一人之性,兼含善惡兩原素,其幼稚亦與此同。謂善惡實一物而兩面,則人性雖兼有善惡,乃吾人就人性而被以二名,而非一人之身,含有善惡不同之兩性。矛盾之譏,可以免矣。然此説亦有難於自解者,蓋既曰人性有善有惡,而其所謂善惡者,又係一物而兩面,則有善有惡,即係無善無惡;既曰無善無惡,何以人人皆有去惡求善之心邪? 董子則曰:人之去惡求善之心,與其有善有惡之性,同出於天然而無可説者也。若欲説入實體界,則將成告子之言;若就現象界立言,則但能云人性有善有惡,又皆有去惡求善之心,同爲現象界之事實;吾人只能就此事實,加以描寫,不能爲之説明也。於是董子描寫人性之有善有惡曰:天兩有陰陽之施,人亦兩有貪仁之性,描寫人之有求善去惡之心,則曰:天道禁陰,人之道、損欲輟情。損欲輟情,亦爲生來固有之性,非由外鑠。故曰:禁天所禁,非禁天也。即謂禁性所禁,非禁性也。世每有以爲惡爲率性者,觀此可以憬然悟矣,蓋不能無惡,因人之性,欲去惡就善,亦人之性也。夫謂天兩有陰陽之施,人亦兩有陰陽之性,此以一心而開真如生滅兩門也。謂人生來有去惡就善之性質,此則真如之所以能重習無明也。“告子曰:性猶杞柳也,義猶杯桊也,以人性爲仁義,猶以杞柳爲杯桊。孟子曰:子能順杞柳之性,而以爲杯桊乎? 將戕賊杞柳,而後以爲杯桊也。如將戕賊杞柳而以爲杯桊,則亦將戕賊人以爲仁義與? 率天下之人而禍仁義者,必子之言夫。”斯難也,以去惡務善,亦出於人之本性之義告之,則難解矣。杞柳杯桊之喻,不如董子繭絲卵雛之善,故來孟子之難也。

　　(三)性善説　孟子主之。孟子之所謂性善,與荀子之所謂性惡,與性無善無不善説,及性有善有不善説,實不相背,前已言之。孟子曰:“乃若其情,則可以謂善矣,乃所謂善也。若夫爲不善,非才之罪也。惻隱之心,人皆有之;羞惡之心,人皆有之;恭敬之心,人皆有之;是非之心,人皆有之。惻隱之心,仁也;羞惡之心,義也;恭敬之心,禮也;是非之心,智也。仁義禮智,非由外鑠我也,我固有之也,弗思耳矣。故曰:求則得之,捨則失之。或相倍蓰而無算者,不能盡其才者也。”孟子之所謂才,即董子之所謂質樸,荀子之所謂材樸,此即告子之所謂性,本無善惡可言,而孟子稱爲善者,以其情可以爲善也。孟子之所謂情,就四端言之,即董子所謂損欲輟情,人生來所有去惡就善之性也。求則得之,捨則失之,則董子待教而後善之説也。就其知求善則謂之善,此孟子之説;就其必待求而後善,而謂其本非善,則荀之説也。陸賈謂天生人以禮義之性，即四端固有之説，謂人能察己所以受命則順，即求則得之之説，與孟子合。"察"該行爲言，仲任之難，不中理也。

（四）性惡説　荀子主之。觀前文可明，不更贅説。

（五）有性善有性不善説　《孟子》"公都子曰：……或曰：有性善，有性不善。是故以堯爲君而有象，以瞽瞍爲父而有舜，以紂爲兄之子，且以爲君，而有微子啓、王子比干。"王仲任係主此説者。仲任之見解爲唯物的，其視精神現象，皆原於生理，故謂性之善惡，猶才有高下，命有貴賤。仲任所謂命，乃就我可以得富貴、貧賤、壽夭之資格而言之，與世俗所謂命者異。其視先天的原因，重於後天的原因，故謂高不可下，下不可高。譬諸面色白黑，身形長短之至老極死，不可變易。荀悦之論，亦屬此派。此派就常識言之，亦可通；就哲學上論，則不可通，以善惡並非異物，亦難定界限也。此派之意，蓋尊重先天的勢力者也。

本文寫於一九一四年前後

敬告中等以上學生

凡一社會，必有其中堅焉，若人體之有心君，若三軍之有將帥。全社會之方針，悉其所指導；全社會之動作，悉其所統率。此一部分人而良也，則全社會蒙其庥；此一部分人而不良也，則全社會受其禍。若是乎，此一部分人之善惡之隱現，其關係於社會者，若此其大也。

負此指導統率之責任者誰乎？則英人之所謂 Gentleman，而吾國人之所謂士君子也。吾國社會，向以士農工商四種人組織而成。農與工商，皆僅自安其生，不與國家社會事。所恃為全社會之中堅者，則士耳。所謂士者，三代以前，出於世卿；兩漢而下，出於選舉；隋唐以降，則大都由於科目。今科舉之制既廢，學校之制代興。自今以後，代向者八股八韻之士，而負指導統率全社會之責任者，當然屬於今日中等程度以上之學生，無可疑也。

夫吾國之言興學，亦既二十年矣。學校之數，校諸今日文明各國，誠十不及一。中等以上之教育，尤為闕乏，此誠無可諱言。然以校諸向者科舉時代，則其所培植之人才，初未見其少也。顧今日社會舉事，乃彌有乏才之歎。何也？豈今之肄業於學校者，俱不足為人才耶？然其能刻苦自律學有所成者，固亦不乏；而抱千金屠龍之歎者，尤往往而有。則非無才也，有才而不能用之之為患也。

凡一社會，當其蒸蒸向上之時，必有凡事皆有一定之秩序。其用人也，亦若有一定之規則。此不必有法律之規定，資格之限制也。而有才有能、有功有勞者，自獲循序而進用。其無才無能、無功無勞者，自不容濫竽於其間。士之生斯時者，苟有所長，固可以平流而進，不必亟亟乎求自用其才也。獨至社會之空氣，既已腐敗，其用人也，非由賄賂，即由情面。其進身也，非藉結納，即藉攀援。方其未進用也，既以夤緣奔走，為倖進之門。及其既進用也，又以傾軋排擠為固位之具。此等事，有才者不徒校諸無才者而不見其長也，且適形其短。則士之生於斯世，有所挾持，而欲自效於社會國家者，舍奮起焉以自用其才，無他道矣。我國今日之學生，所以抱千金屠龍之歎者，得無于自用其才之道,猶有所未盡乎!

自用其才之道,奈何?曰奮鬥而已矣。天下之事業,與夫吾人之命運,本惟不斷之奮鬥為能開拓之。而在社會風氣腐敗時,實為猶亟。質而言之,則學有所就者,不當望人之用我之學,而當思所以自用其學也。如習法政者,不空望國家之用我為官吏,而當自思所以灌輸其法政智識于平民;習教育者,不必望學校之延我為教師,而當思自設一學校以振興教育;習實業者,不必望他人之延我為工程師或總理,而當思自組織一公司以振興實業是也。此其為事,誠不能謂非甚難,然必誠求之,亦不能謂為必不可致,畏其難而苟安焉,則是不能自用其才之證據也。不能自用其才,而又生當此不能用才之社會,則其所以自處者,不出二途。非懷寶而迷邦,則入焉而與之俱化而已。入而與之俱化,固非為學者所忍言,即懷寶迷邦,亦豈學人之初意耶!

吾國學生其大多數,均有刻苦向學,不厭不倦之美風,頗為異邦人士所稱道。即吾觀諸今日中等以上之學校,而亦不容妄自菲薄也。顧其與自用其才,則實為太短,此其故。全由於社會之習尚養成之。蓋當專制時代,視天下為一人所私有。士之效力於國家者,人之視之,不以為效力於國家也,而以為盡忠於一人;不以為熱心於公務也,而以為縈情於爵祿。此等思想,自政治上波及於社會上,有好言興作者,率目為自私自利之徒,而仕事者之氣短矣,此其一也。科舉時代士之為學,非果志於學也,志於科弟而已矣。而科弟之為物也,非可以必得。其得之,特由於僥倖,又不幸其為技也。除弋取科弟外,一無所用。不幸而不得科弟,遂至無一技可以自活。故人而一應科舉,則其終身之命運,遂悉墜入於茫昧之中。今科舉雖廢,而科舉時代之積習猶存,父兄之使其子弟入學校肄業也,非望其自此遂可以自立也,姑使之肄業焉而已。子弟之承其父兄之命入學校肄業也,亦非謂自此遂可以自立也,承父兄之命姑肄業焉而已。學堂有獎勵之時,其所望者為獎勵,此與望弋取科弟等耳。今獎勵既廢,求學者當以自立為鵠矣。然大多數人於此觀念終屬茫昧也。蓋猶歧學問與自立為二事也。夫當其求學之時,既未望其所學之必有用,則當其學成之後,又安望其能自用其學乎?此其二也。社會習俗如此,則學生之不能自用其才,良亦不能盡為學生咎。然正惟社會習俗如此,而學生之不可不自用其才乃愈亟也。

程子曰:“一命之士,苟心存於利物,於物必有所濟。”斯言也,不獨為吾人所以自效於社會之道,實亦為吾人求所以自立之方。今之學生頗有慮所學之無用，而自甘頹廢者，今之社會，又有以學問為不足自立，而欲別求他途者，吾為此懼，故敢進此忠告。

　　　　　　原署名：輕根。原刊《中華學生界》第一卷第九期，
　　　　　　　　　　一九一五年九月二十五日出版

蒙古種族考

蒙古自成吉思汗崛起，至忽必烈汗滅宋，先後僅七十年，聲威所加，歐亞二洲，無與抗顏行者。當時南北亞美利加尚未發見，非洲則在草昧榛狉之域，蒙古人之勢力，幾於混一歐亞，即幾於混一世界矣，此誠前古所未有也。然蒙古種族所自始，史籍闕焉不詳，一翻閱元史，直從太祖敘起，於先世事跡，一語不及，令人茫然不知蒙古部族之所由來，非特不及《北史》特列世紀之精詳，即較之《遼史》，於契丹部族原始，尚於《營衛志》中加以考證者，亦覺疏密之相去，不可以道里計矣。是誠讀史者之一大缺憾也。

蒙古二字，自宋以前，史無聞焉。《秘史》爲元人自作之書，號稱最可信據，然亦但自稱其種族曰忙豁勒，而不詳其所由來。惟《松漠紀聞》云：盲骨子，契丹事跡謂之朦古國，即唐書所紀之蒙兀部，溯源爲最遠矣。案《舊唐書》云："室韋，契丹之別類也。其北大山之北，有大室韋，傍望建河，源出突厥東北界俱輪泊，屈曲東流，經西室韋界，又東，經大室韋界，又東，經蒙兀室韋之北，落俎室韋之南，又東流，與那河忽汗河合，又東，經南黑水靺鞨之北，北黑水靺鞨之南，東流注於海。"洪文卿侍郎云：《唐書·地理志》：回鶻有延侹伽水，一曰特延勒泊，泊東北千餘里，有俱輪泊，泊之四面皆室韋。所謂北大山，必是大興安嶺，俱輪泊當即呼倫淖爾，爲黑龍江南源。《水道提綱》稱曰枯輪泊，此外湖泊，更無同音。又以唐時回鶻地望證之，故知是也。據此以考元之先世，在黑龍江南，即所謂望建河。唐後，西南從克魯倫河斡難河。蒙兀《新唐書》作蒙瓦，尤與《秘史》忙豁音類。蒙兀、忙豁二音，一斂一縱，《秘史》於忙豁字旁皆注"中"字，明宜斂音口中，不宜縱音口外。忙豁斂音，即蒙兀矣。元時西域人拉施特而哀丁奉敕修史，亦稱蒙兀勒，不稱蒙古勒，謂蒙兀人自言部族得名，由來已久，與《松漠紀聞》之說，不謀而合。至今波斯人仍稱蒙古爲蒙兀兒。明時波斯書稱天山以北曰蒙兀里斯單。嘗面詢波斯使臣，詳審語音，實非古字。《瀛環志畧》云："明嘉靖間，撒馬兒罕別莫卧爾，攻取中印度立國，勢張甚。謂莫卧兒即蒙古，實即蒙兀兒。萃中外之見聞以相印證，其爲蒙兀而不當作蒙古明甚。”案侍郎此説，考證蒙古之即蒙兀室韋，可謂精確詳盡，且猶有一至堅之證據，室韋出於鮮卑，鮮卑與靺鞨同族，靺鞨即滿洲人之祖也。今滿蒙語言固多相同者。此又可爲蒙古出於室韋之確證矣。然獨何以解於蒙古人自著之書？案《元秘史》云：“當初元朝人的祖，是天生一個蒼色的狼，與一個慘白色的鹿相配了，同渡過騰吉思名字的水，來到斡難名字的河源頭，不兒罕名字的山前住著，産了一個人，名字唤作巴塔赤罕。”狼鹿生人，語近荒誕，然玩其語氣，既指其播遷之所自，復詳其奠居之山川，此豈指獸類語耶。及一翻蒙文《秘史》原本，乃知所謂蒼色狼者，當譯音曰孛兒帖赤那，所謂慘白色鹿者，當譯音曰豁埃馬闌勒，蓋皆人名非畜類也。北人以狼爲猛獸，故以名男，鹿性馴，故以名女，猶中國人之以虎爲名矣。其開卷數語，當譯云“自天而生之孛兒帖赤那，及其妻豁埃馬闌勒，渡騰吉思海，營於斡難河之源不而罕山”。則合矣。所謂自天而生者，猶中國古以天子爲感天而生也。明人之譯《秘史》，意在藉此考證蒙古語言，而不在於考其史事。別有考。故於人姓地名之旁，往往附釋其語意，傳寫者不察，遂誤以人名爲狼鹿耳。據此，則蒙古先世，當以孛兒帖赤那爲始祖，而其種族，實來自騰吉思海地方。所謂騰吉思海者，果何地乎？案《蒙古源流考》云：“土伯特智固木贊博汗，爲姦臣隆納木纂弑，其三子皆出亡。第三子布爾納齊諾，逃往恭博地方，即娶恭博地方之女。地方人衆，尊爲君長，生子必塔赤罕。”布爾納齊諾即孛兒帖赤那，必塔赤罕亦即巴塔赤罕也。然則蒙古先世，爲吐蕃王室之裔，所謂騰吉思海子者，即今西藏拉薩西北之騰吉里池，不而罕山即今外蒙古車臣土謝圖汗境上之布爾罕哈勒那都嶺。孛兒帖赤那蓋即吐蕃可汗之季子，因遭家國之變，自拉薩出奔，越騰吉里池而至今外蒙古地方者也。

　　夫蒙古先世出於吐蕃王室之説，據蒙古人所自述，章章如此，而其出於室韋分部之説，按之中國載籍，又確鑿如彼，果孰爲是而孰爲非耶。曰：皆是也。按蒙文《秘史》云：“巴塔赤罕生塔馬察，塔馬察生豁里察兒蔑兒干，豁里察兒蔑兒干生阿兀站孛羅，阿兀站孛羅生撒里合察兀，撒里合察兀生也客爾敦，也客爾敦生掃鎖赤，掃鎖赤生合兒出，合兒出生孛兒只吉歹蔑兒干。孛兒只吉歹蔑兒干妻曰忙豁勒真豁阿。”忙豁勒即蒙古二字之正譯，已見前。忙豁勒真，猶言蒙古部人。豁阿，蒙古語美女之稱，忙豁勒真豁阿，猶言蒙古部之美女，蓋遊牧人種男統未立，得姓之由，多從女系，孛兒只吉歹蔑兒干始娶蒙古部女，故其子孫皆以蒙古爲姓，猶金始祖函普娶靺鞨完顔部女，而其子孫遂以完顔爲姓也。

此外漢人記録，又有謂蒙古先世，出自韃靼者。宋黄震《古今紀要逸編》云：“韃靼與女真同種，皆靺鞨之後，其居混同江者曰女真，居陰山北者曰韃靼，韃靼之近漢者曰熟韃靼，遠漢者曰生韃靼。韃靼有二，曰黑曰白，皆事女真。黑韃靼至忒没真叛之，自稱成吉思皇帝。又有蒙古國者，在女真東北，我嘉定四年，韃靼始并其名，號稱大蒙古國。”孟琪《蒙韃備録》云：“韃靼始起，地處契丹西北，族出於沙陀别種，故歷代無聞。其種有三，曰黑，曰白，曰生。所謂白韃靼者，顔貌稍細，所謂生韃靼者，甚貧且拙，且無能爲。今成吉思皇帝及將相大臣，皆黑韃靼也。”案此二書，俱以爲韃靼有黑白二種。生熟乃近塞之稱，非種族之别，猶女真係遼籍者稱熟，不係遼籍者稱生也。《蒙韃備録》與黑白并列爲三種，誤。而成吉思汗則出於黑韃靼，特一以韃靼爲女真同族，一以爲沙陀别種，一則但言成吉思汗出於韃靼，而不更言蒙古，一似韃靼即蒙古，一則謂蒙古别爲女真東北之一國，成吉思汗特并其名以自號，一若毫無血統上之關係者然，爲相異耳。果如《古今紀要》之説，則蒙古與韃靼渺不相涉，成吉思汗何緣忽以其名自號？況循覽《秘史》，紀載蒙古先世事跡甚詳，曾未有於成吉思汗一族之外，别有所謂蒙古國者，至嘉定四年乃并其名以自號之説乎，此其説之謬誤，殆無俟辨。案帖木真稱成吉思汗號事在宋開禧二年，黄氏蓋誤以稱汗爲改定國號而又誤後五年也。特所謂韃靼者，不特孟琪、黄震皆以爲蒙古所自出，即蒙古人亦恒以之自稱，《秘史》中所謂達達者是也。然則韃靼之與蒙古，亦必有種族上之關係可知矣。案《唐書》云，韃靼者，靺鞨别部之居陰山者也。李克用叛唐，兵敗，奔其部。及討黄巢，乃將韃靼萬餘人南。又《蒙韃備録》云：“韃人在本國時，金虜大定間，燕京及契丹地有謠言云，韃靼去，趕得官家没處去。葛酋雍宛轉聞之，驚曰：必是韃人爲我國患，乃下令，極於窮荒，出兵剿之。每三歲，遣兵向北剿殺，謂之減丁。迄今中原盡能記之。韃人逃遁漠北，怨入骨髓，至僞章宗立，明昌年間，不令殺戮，以此韃人稍稍還本國云。”據此參稽，則韃靼之所由來，又可瞭然矣。韃靼者，本靺鞨别部，自唐中葉後，始徙居陰山者也。故孟琪云歷代無聞。其時西突厥别部沙陀，亦適以遭吐蕃之難，來居是土，因所處之地相近，二種人遂相親交，故李克用兵敗，得往依之，及討黄巢，且能用其人。夫二種族既相親交，則昏姻互通，遂生新種，所謂白韃靼也。其距塞較遠之韃靼，不與沙陀通昏媾者，則仍爲單純之血系，所謂黑韃靼也。生熟韃靼，史雖不言其孰爲黑白，然大抵近塞者多白，遠塞者多黑，此可推測而知矣。韃靼種人，本處漠南，無由與室韋分部之蒙兀相接，孟琪所謂韃人在本國時也。自金人下減丁之令，歲歲出兵，向北剿殺，此種人遁逃奔走，不得安其居，乃有播遷漠北，與蒙兀相遇者。種族既同，聯結自易，故迄於金之季世，蒙古人復以達達自號也。蓋至此而蒙兀之與韃靼，亦已不復可分析矣。然則宋時之所謂蒙兀者，尚非單純之室韋種人也。

又按《秘史》載元世系，始於孛兒帖赤那，而拉施特所作《蒙古史》，則所紀載尚在其前，其言曰："相傳古時，蒙兀與他族戰，全軍覆没，僅遺男女各二人，遁入一山，斗絶險巇，惟一逕通出入。而山中壤地寬平，水草茂美，乃携牲畜輜重往居，名其山曰阿兒格乃兖。二男，一名腦古，一名乞顔。乞顔義爲奔瀑急流，以其膂力邁衆，一往無前，故以稱名。乞顔後裔繁盛，稱之曰乞要特。乞顔變音爲乞要，曰特者，統類之詞也。後世地狹人稠，乃謀出山，而舊逕蕪塞，且苦艱險，繼得鐵礦，洞穴深邃，爰伐木熾炭，簇火穴中，宰七十牛，剖革爲筒，鼓風助火，鐵石盡熔，衢路遂闢。後裔於元旦鍛鐵於爐，君與宗親，次第捶之，著爲典禮。"《元史譯文證補》一。化鐵成路，語涉不經，然拉施特身仕宗藩之朝，親見捶鐵之典，其所記載，斷不能指爲虛誣。且乞要特即元史之奇渥溫。拉施特所載，實爲有元帝室得氏之由，更不能指爲無據。然《秘史》爲元人自述先世事跡，最可信據之書，初無此一段文字，而《蒙古源流考》且明言布爾納齊諾爲吐蕃可汗之子，此何故歟？豈此一段事實，固智固木贊博汗先世之事耶？非也。案《隋書・突厥傳》云："其先國於西海之上，爲鄰國所滅，男女無少長盡殺之。有一兒，年且十歲，以其小，不忍殺。刖足斷臂，棄大澤中。有牝狼每銜肉至其所，此兒固得不死。其後遂與狼交，狼有孕焉。負至於西海之東，止於山上。其山在高昌西北，有洞，牝狼入其中，遇得平壤茂草，地方二百餘里。後狼生十男，其後各爲一姓，阿史那其一也。子孫蕃育，漸至數百家，經數代，相與穴處，而臣於蠕蠕。"案此所傳，與拉施特所紀蒙古事，語殊相類。洪侍郎因謂蒙古襲突厥語以叙先德，又謂《秘史》謂狼鹿生人爲蒙古鼻祖，亦顯拾突厥唾餘。夫蒙古當拉施特作史時，正聲威昌熾之際，突厥雖大族，在蒙人視之，亦奔亡之餘，藩屬之列耳。竊其傳説，豈足自重？況拉施特修史時，西域宗王，盡出先時卷牘，資其考核，復命蒙古大臣諳掌故者，襄理其事，視之何等慎重，而肯剽竊異族荒誕無稽之説，以自亂其史實乎？且吐蕃贊普，固亦泱泱大國之君，蒙古先世果其胄裔，秉筆直書，豈尚不足爲榮，而自托於敗亡俘虜之餘耶？然此二事，實絶相類，雖欲不指爲一事之傳訛而不得也。此又何故乎？吾知之矣。此蓋由蒙古部族與韃靼混合而生也。韃靼種族與沙陀相混淆。其説既具於前矣。沙陀者，其先本名處月，爲西突厥別部，處月異譯,則爲朱邪。西突厥亡,是族人居金娑山之陽,蒲類海之陰,地有大磧曰沙陀,因號爲沙陀突厥。見《唐書》。蒲類海今巴里坤湖也。所謂沙陀者,以地望稱之,非其種族之名,其種族則固突厥也。惟其爲突厥也,故其先世之事跡,部族中必有能記之者,觀於元旦捶鐵之著爲典禮可知矣。此種傳說,此種典禮,當沙陀突厥與陰山以北之轄戞混合時,尚能守之,及其既與轄戞混合爲白轄戞,再與蒙古種族混合後,尚相承而勿替,故蒙兀人亦遂視爲本族之古史也。且成吉思汗一族,既同爲奇渥溫氏,則亦不能謂其血統與沙陀突厥無關係,而拉施特列此一段事實於蒙古全史之首,正不能誚其謂他人父矣。洪氏不知蒙兀與轄戞之關係,故讀此一段歷史,而輾轉生疑,既疑拉施特爲襲人成說以自叙先德,並疑《秘史》爲拾人唾餘,而不知茫昧傳說之古史,雖或難明,斷無虛構,苟能精心讀之,正見其字字皆實也。

又案成吉思汗之興,得力於汪古部之協助者不少。當禮木合王罕先後敗亡時,漠南北部族,足與蒙古抗者,惟一乃蠻。乃蠻部長太陽罕,使約汪古部長阿剌忽失的吉惕忽里名見《秘史》,即《元史》之阿剌兀思剔吉忽里,本紀作白達達部主。伐蒙古,阿剌忽失的吉惕忽里以告,成吉思因得先舉滅乃蠻,乃蠻亡而漠南北盡平,乃得專力以圖中原。嘉定四年,誓師伐金,四月,至大水濼。今察哈爾正藍旗牧地之大水淖爾。是夏,休士衆於汪古部。及秋,乃進兵。阿剌忽失的吉惕忽里親爲之向導,盡得邊地險要形勝,而金事遂不可支矣。夫金所恃以爲險者,外堡也。所謂外堡者,金大定間所築,東起長春達里帶石堡子,今嫩江西岸布特哈境。西抵鶴五河,在科爾沁右翼中旗北二百里,見《蒙古遊牧記》。屬東北路招討司。起鶴五河堡子,西南至撒里乃,《金史·地理志》臨潢路下總管府有撒里乃之地,有行宮。臨潢故城在今巴林旗博羅和屯,撒里乃當在其北。屬臨潢路總管府。又西起坦舌,山西武川廳北,有塔集呼都克塔集,即坦舌異文,呼都克井也。東至胡烈么,即《元史·太祖紀》之烏月營地,在撫州北。幾六百里,屬西北招討司。至明昌間,塞外之防益急,先後遣使繕加女墻副堤,以上皆見《金史·地理志》及《獨吉思忠傳》。而淨州斗入天山,當外堡西頭,爲北族進路,形勢尤要。汪古部以一軍守其衝,淨州今歸化城北。其責任不可謂不重。使阿剌忽失的吉惕忽里知蒙古之強,入告金廷,豫爲戒備,則章宗一代,於北方經畧,未嘗懈怠,固可豫爲之計,何至如後此之倉卒防秋?即當成吉思汗南伐時,汪古部長若不假以水草,恣其休牧,且躬爲之向導,以入長城,則蒙古兵遠來疲敵,且主客異形,亦安能得志若是之易?拉施特以汪古部歸順爲金亡之由,可謂有識矣。夫蒙古部族雖強,然當成吉思汗滅塔塔兒時,猶受金廷札兀忽里之職,見《秘史》。而金當承安泰和之際,亦尚席中原全盛之餘,必謂逆料蒙古之可以滅金，恐無論何人，無此先識也。然則阿剌忽失的吉惕忽里之傾心於成吉思汗，果何爲哉？蓋汪古亦白韃靼部族，蒙兀部衆，既與北徙之韃靼混合，則二者有種族之親焉，較之乃蠻之天各一方者，其疏戚自不可同日而語，而滅丁之令，汪古部雖力不能報，未嘗不心焉痛之，故亟思假手於成吉思汗，以復同種被戮之仇也。然則燕京大定之謠，卒非滅丁剿殺所能解免，而適以啓諸部族仇視之心，亦可見殺戮之不足以弭患矣。然蒙古與韃靼關係之密，則於此而益可見也。

　　如上所述，則蒙古蓋室韋、突厥、吐蕃三種人相混合之種族也。室韋出於鮮卑，鮮卑出於東胡，其入據中夏者，有慕容氏，有跖跋氏，有耶律氏，即女真、滿洲、高麗、日本，亦皆與鮮卑同族。女真、滿洲皆出靺鞨，靺鞨在兩漢時曰挹婁，周以前曰肅慎。高麗出於夫餘，夫餘出於濊。日本人自稱其種族曰大和，蓋亦自亞洲大陸東北方播遷而入三島者。今滿蒙、朝鮮、日本語系概相同，可爲種族相同之鐵證。東洋史上，善模效漢族之文明者莫此族人若也。如匈奴、突厥皆與漢族交涉甚多，然沐浴其文明較少。突厥與回紇同種。回紇爲鐵勒十五部之一，鐵勒，亦曰敕勒，乃漢時丁令二字之音轉，爲東洋史上最强武之種族。突厥之强，遠在匈奴、契丹之上，女真、滿洲無論矣，餘別有説。吐蕃，《唐書》以爲禿髮氏之後，則亦出於鮮卑，然據今西藏學家之言，則此説殊爲無據。今西藏學家言，藏人種族之由來，當以其古代經典所自述者，爲最可信據。據此，則藏人實印度阿利安人之分支，自希馬拉雅山之隘入藏者也。夫印度人，固亦世界史上之優等人種也，蒙人混合此三者之血統而一之，而別生新種，其爲優强，固無俟言矣。然今竟何如哉！一追懷成吉思汗之偉烈，而感不絶於予心也。

原署名：輕根，原刊《大中華》第一卷第十一期，
一九一五年十一月二十日中華書局出版

記黃韌之先生考察美國
教育演詞並志所感

十月初二日,黃韌之先生開演講會於江蘇教育總會,演述考察美國教育情形,語語皆足為我國教育界之針砭、之借鑒。不佞學識譾陋,對於教育實證尤淺,其安能復贊一詞。顧先生撝謙為懷,尚殷殷以共同研究詔聽眾。不揣檮昧,輒述所聞,並志所感,以質當世之君子焉。

美國教育,最重實用。其制度,以省自為政,故殊不一律。有用普通式,小學八年,中學四年者;亦有用舊式,小學九年,中學四年者。其教育家所主張,且駸駸為各邦所採用者,則為小學、中學各六年,或小學六年,中學四年,而於其間別設二年之一級以調和之。問其理由,則主張小學六年者,以修學年限太長,于急須謀生之人不便也。其反對之者,則以欲謀生,必有相當之智識技能,修業時間太淺,恐不足於用也。其主張別設二年一級者,則以八年之時限,誠或太長,六年之時限,亦恐太短,故別設此一級,專授以謀生時種種實用之事項也。今各邦已有實行之者,其所授之課程,切於實用無論矣。即仍沿舊制者,至小學末二年,所授者亦無一非謀生應用之事。試舉一事,可以為證。歐美人最好潔,故其家中所用水管最多,而裝設水管,遂為社會上一種普通之職業。美國小學校,往往於末二年授之。其所授,絕非但講理論,或口說方法而已,必一一教之為實際之裝置。故其學生,一出學校,於裝設水管之事,即與曾任其職者無異。其他各事,罔不類此。故卒業於美國小學校者,出而謀生,謂其尚有待於學習,決無之理也。至其中學,則無不分科者。其分科,又非如清季所行之制,但分文、實二科而已,必酌度地方情形,分設為三四科。有分設農工科者,有分設農工商科者,亦有並設文科者。學生之入校也,必詳察其自己之志願,與其父兄之所希望,而後使入何科。各科中之科目,增損詳略,各有不同,絕非如吾國中學,一入其中,即十數門功課同時並進,問以何者最為注重,則教者學者皆茫然不能置對也。其在校時,所製作之物,無一不售之於市。其定價,恒較市上所售者為低廉,故銷售極廣,學校不徒出校後可以謀生,即在校時,往往有已能賺錢者。增學生之興味,利一也;堅父兄之信用,利二也。惟如是,故學校所製作,決無與社會之所用相背馳之理,且能時出其理想,以改良固有之物品,則其利之尤大者矣。

　　教授方法,純主自動。吾國今日,專恃講演,偏於注入之教程,殆美人所未嘗□□①也。一入其教室,往往四周皆黑板,問其何用,則其學生之製作,如繪圖、演算等,往往不用紙筆,而俱就黑板發表之也。其所授事項,能令其自修者,必令其自修,甚有全令其自修,而教員但為之輔助訂正者。如作文,必以眼前事物命題,且一教室中,所命必不止一題。有一校,畜鳥甚多,皆置教室中,作文時,教員即以鳥命題,然非使之泛論天空中之飛鳥,亦非使之渾說一教室中所養之鳥也,使各就其觀察所及之鳥,而說明其形體、構造、特點、美點,及我對之之感想焉。其教授歷史,往往用實演之法,又非教員一一為之支配,使某生扮何人,作何语也。於未授課前,先使自行研究本課所授之事實,一一了然於胸中,及授課時,乃隨其才性之所長而支配之,其聲音笑貌,酣暢淋漓,雖老於演劇者,亦無此天機活潑也。又各女學校,必有房屋數間,備學生練習家政之用,謂之模範家庭。每一星期,輪學生四人值之,使各以己意佈置,臥室陳列,宜用何品,客堂裝飾,宜作何式,一一悉出學生之意,教員但為之指示改正,批評其優劣而已。其習烹調也,所烹調之物,必即可供食,時或教師自為賓客,而使學生為主人,又或教師為主人,而使學生為賓客,以習享燕之禮焉。一言以蔽之,可以實驗之,無不實驗,可使學生自為之事,教員決不起而代之。彼其教員非不勞也,然其所以勞其心力者,正自有在,而決非操刀代斫,越俎代庖之為也。

　　學問本存於空間,不存於紙上,教育亦然。吾國學問之發達,蓋自周之衰,王官之學散在四方始,下距戰國,不過數百年耳。而諸子百家,旁午蠭起,如崇山峻嶺,各具高深。自秦以降訖於今,二千餘年,歲月既深,復得昔人之所發明者,以為之憑藉。其進步宜益不可思議,顧反日有退步者,一求之空間,一求之紙上也。歐美學問之所以日新月異者,即由於此。他勿具論,舉其所謂寫生圖案畫者,足以為徵。夫寫生畫與圖案畫,

---

① 原件字迹不清。

皆吾人所熟知也。今乃合二者而一之，先用寫生法，寫取天然物之形態，但求其畢肖而已。既成，乃加以種種之變化，使成為規則的圖案畫焉。黃君指示畫圖一幅，其文理奇妙，不可思議，而溯其原，則從龜背之文理變化而出者也。其既成也，但見其組織之精妙，幾不審人之心思，何以至此？及一觀其逐次變化之跡，則文理采色，無一不有蛛絲馬跡之可尋。針痕線跡分明在，請把鴛鴦仔細看。至奇也，實至庸耳。此法初發明於德國，三年前，美人赴德觀博覽會，始知之，即派人赴德國學習。今既成，自施之於學校中矣。其轉相倣效，力求進步，亦誠可驚歎也。

美國學校，費用最為節省。今試游美，驟觀其學校之外表，無不驚其費用之大者。何則？吾國學校，出於特建者甚鮮。即有之，亦多以費用不足，因陋就簡，求其建築得如交通部工業專門學校者，亦足以自豪矣。然在美國，特學校建築之最簡單者耳。夫美國學校建築之壯麗如此，以吾人度之，其他種費用亦必比例而加增矣。夷考其實，乃殊不然。即以儀器一項論，非必不可闕者，未嘗購置，既購置，則必時使用之。如吾國學校，以數百千元購儀器，而終年閣置，未嘗一用，即用之，亦年僅一二次者，決無之事也。又如縫紉所用之材料，率由學生自攜，其所裁制亦多為有用之品。如吾國女學，由校中購備材料，以資試用者，又所未聞也。舉此二事，其餘可以類推。

以上皆黃先生演詞。以下乃進述吾之所感想：

凡事必先正其根本，根本既正，則枝葉不期而自理。本實先拔，而日培養其枝葉，無當也。如上所述，吾國教育界之情形，較之美國，能無自愧？試問其致弊之原，果何在乎？亦曰不切於實用而已。惟其不切於實用也，故其所授，不必求合於天然，而但須取材於紙上。亦惟其不切於實用也，故其教授，不必求學生之有得，而但恃教師之講演。而區區經費之耗省，又其末焉者矣。然則吾國之教育界，不求致用之弊，其原又何在乎？謂全國之教育者，皆只自為衣食計，甘心誤人子弟耶？此絕無之理。今即讓一步，謂全國之教育家，皆甘心誤人子弟之流矣。彼無數學生之父兄，豈非皆甘令自己之子弟，為人所誤，而亦絕不聞有責難之聲，則何也？然則其不求實用者，非不求實用也，特不知教育之當求實用耳。夫人之於學，莫不欲其有用，所謂幼而學之，壯而欲行之者也。今乃至舉國之教育家，暨被教育者之父兄，無一知求實用之人，寧不可駭？曰：此其所由來者遠矣。蓋吾國向者，以學問為士之所專有事，而其所謂學問者，則止於讀書，惟其所謂學問止於讀書也，故其所謂教育者，亦專以求其能讀書為的，而其他皆非所問。亦惟其以讀書為士之所專有事也，故全國中，絕無教育士以外人之法。他種人之送其子弟入學者，不過望其略識數字，聊勝於目不識丁，而初未嘗期其於本人之生活有益。此全國之教育家所以皆不知求實用，而學生之父兄亦不聞有非難之聲也。蓋教育之與生活，歧而為二久矣。

　　夫士以外人所受之教育，則既如此矣。而士所受之教育，則又無用之教育也。蓋向者之所謂教育，期以應科舉而已，而科舉之所試，皆無用之學也。幸而得科舉，則可以安富尊榮，殊絕於儕輩；不幸而不得科舉，則其人已無復一技可以自活。在理本當入於淘汰之列，所以猶不至此者，則以國家懸科舉以取士，天下希望應科舉之人甚多，其人雖不得科舉，而于應科舉之術，固研之有素，猶可出其所學以傳授他人也。然此在科舉未廢之時則可耳，科舉既廢，則其人所懷抱之學，因科舉而始見為有用者，又已變為無用之物，在理又不得不入於寒餓之途，於是潰溢橫決而四出焉。今日一入京師，則見求官者之多；一入於都會，則見待餐于人之讀書人之多；一行於鄉曲，則見寒餓而無以自存之老師宿儒之多，其原皆以此也。然吾國人受此等弊害雖深，而其習焉者則已久，故相安而不知其非。在今日送其子弟入學肄業者，不復敢希望其於本人之生活有益，坐擁皋比者，亦不復知其教育當於他人之生活有所裨益矣。此非吾之讕言也，可舉實事以為證。

　　吾嘗執教鞭於師範學校矣。夫既曰師範，則來學者，必人人求備有師範之資格也。乃夷考其實，則殊不然。其大多數，皆屬態度不明，不自知其宗旨之何在；其少數，則有思專研一二種科目者；亦有以學校中科目完備，來此肄習，可望於各種科學，得有門徑者。其真思委身於教育事業者，乃百不得一也。又嘗承乏于某實業學校矣。夫既曰實業，則來學者，必皆思委身于此項實業者也。乃夷考其實，又殊不然。其大多數，仍屬宗旨不明；其少數，則有思鑽研科學，於學校中謀充教員者；有思修習國文，出外承辦筆墨之事者；亦有專攻英文，於學校中謀充教員，或出外充當翻譯者。求其真有志于此項實業者，又百無一二也。故在今日，不徒學者，欲求一實施實用主義之學校而入之之難也，即教者欲求一學校，以實施其實用主義之教育亦難。蓋有在師範學校中，講授教育學，而學生以為多事，欲減少之，而增加歷史地理科之鐘點。在商業學校中，講授商業算術簿記，而學生嫌其無用，欲停止之，而代以英文讀本者矣。何則？彼之所欲學，與學校之所授，其宗旨本不相同也。往者某縣某業商人，嘗集資設一乙種商業學校，問於予，予曰：“可不必辦也。”其人曰："何故?"予曰："辦之必無成效。"故其人謂予輕彼,怫然而去。已而辦理三年,果絕無成績,學生則時來時去。教員極其熱心,于國文則教以商業應用文字,于算術則授以商業應用算術,而學生意殊不屬。學生之父兄亦不謂然,謂不如普通高等小學之有益。某君乃更問於予,予曰："凡事必先謀其基礎,今子辦商業學校,而其基礎先未建於商業之上,此其所以無成效也。"彼曰:"何謂也?"予曰:"設立商業學校,有一先決問題焉,曰:來學者必皆有志於商業。今試問子所設立之商業學校,能如是乎?有志於商業者,皆循向者之習慣,送其子弟,入商店作學徒矣。其來入校者,皆願入普通高等小學之流也。安望其專心致志,以肆習商業學校之功課?即能專心致志焉,於其人亦奚益哉?使當設立商業學校之初,不循普通學校招生之手續,逕集已入商店之學徒而教之,吾知其辦理即或不善,猶必於其人將來之生活上有所裨益也。夫豈徒商校,即農校工校,亦可以此類推矣。"其人乃恍然而去。

如上所述,可見今日實施生活教育之難,其咎初不盡在教育家,然吾終不能為教育家寬其責。蓋普通人民不知教育之目的,猶可說也;教育家而不知教育之目的,不可說也。且正惟普通人民皆不知教育之目的為何物,而教育家所以啟發而誘掖之者,乃愈不容已耳。然以吾國社會,受科舉之毒如是之深,其積習如是之久,欲改變之,正非易事也。

以上皆述鄙人之感想也。末後黃先生又舉二語,謂此為吾國人與美國人思想之異點,當與國人研究其從違。其一則吾國人凡事皆好整齊,而美國人則否;其一則吾國人以耐苦為尚,求樂為戒,而美國人則亦否是也。今試一入美國人之室,則見其室中所有之器物,及其陳列之方法,各各不同,決無千家一律者。入吾國人之室,則自廳室以至臥室,所有之器物,陳列之方法,必皆略同。又試觀吾國人之冠,在夏日,習用一種草帽,則彼此皆此種草帽也;在冬日,習用六合帽(即瓜皮小帽),則大多數人,所用皆六合帽也。而美國則殊不然。此吾國人貴整齊,而美國人則否之明證也。在吾國,如昌言以求樂為主義,如吾今日力致若干金錢,以為後日行樂之預備焉,則人皆笑之,必曰:"吾乃迫於衣食,不得已而出此者也。"若在美國,則謂人以求富而勞勤,初非不當之動機,而既富而求行樂,亦屬正常之享用,決無以此為諱者。此吾國人戒行樂,而美國人則否之明徵也。以上皆黃先生語。吾謂此二者,不徒為中國人與美國人之異點,實亦東洋與西洋,黃人與白人思想上根本之異點矣。以吾觀之,中國人重刻苦而戒行樂,較之西人,自有一日之長。蓋人性本求行樂,猶經濟最終之目的,必在消費,不待勸勉而能,日以刻苦屬行為戒,猶慮不逮,況昌言行樂乎? 此孟子所謂苟為後義而先利,不奪不饜。太史公所謂夫子罕言利、常防其漸者也。西洋今日現世主義之流行,個人主義之發展,未必不由於此。引為殷鑒之不暇,而況可效之乎? _{論者每謂中國之貧,由其習俗之賤貧而貴富,不如西人之甚,此皮相之論也,暇當正之。}至其崇尚整齊,則初無可取,此直是不進步耳,別無他種思想也。在淺者論之,必目此中國人統一數千年使然也,必曰:"此中國地形平衍,為一大平原,而歐洲則華離破碎使然也。"殊不知天下之事有貴整齊者,有不貴整齊者;有必劃一形式,而後謂之整齊者,有不必劃一形式,而始成為整齊者。車同軌,書同文,行同倫,此貴於整齊者也,此必劃一其形式,而後成其為整齊者也。若夫器用之末,居處之安,萬有不齊,正所以各適其適,安得強而一之乎? 即以桌椅論,一入美洲之肆,則其所陳列者,必有種種之大小,種種之式樣,雜然並陳,而其工人,猶日以研究改良為事。_{此亦黃先生所述。}入中國之肆,則無有也。所謂桌椅者,其式樣,其大小高低,必恒相等,房屋之廣狹,人體之長短,不問也,此而可以謂之整齊乎? 則一天下之履,而削人足以適之,亦何責焉? 此直當製造桌椅時,並未一念及房屋之廣狹,人體之長短與桌椅有何等之關係? 且未知桌椅之欲求適用,當有種種之式樣耳。_{此非吾過激之譚,試一考察今日工人之思想便知。}吾故曰此直是不進步,並非有何等之思想也。

原署名:輕根。原刊《中華教育界》第四卷第十二期,
一九一五年十二月二十五日出版

國體問題學理上之研究

　　民國成立，於今四年，而國體問題，忽喧豗於一部分人之口。於是全國上下，紛紛論議。有就法律上立論，謂在共和國體之下，而倡言君位之宜復，實無殊於革命者。有就事實上立論，謂倡導此問題之人，實別有用心者。此等論議，吾亦誠不能爲倡導此說者辯其誣，然彼其所以號召天下者，則固明明曰研究學理也。夫天下事之是非，不徒存於勢之強弱，固不能以其勢之強也，而遽媚爲是。亦豈能以其勢之非弱也，而即斥爲非。今彼以研究學理號召天下，而吾斥之曰無殊革命，目之曰別有用心，豈徒不足以服其心，抑亦非所以昭示我國民好事研究之至意也。無已，則亦姑與之爲學理上之研究。

　　抑吾爲此文，而先有一言，欲爲讀者諸君告者，則凡事皆貴有研究是也。夫人之所以異於動物者，以其有理性耳。理性者，研究之謂也。惟其有理性也，故其作事，能深思遠慮，而不爲目前之利害所制。我國民向者之失敗，則亦曰：無研究而已矣。不知專制政體與立憲政體之別，果何在也，而侈言憲政，又不知民主國體與君主國體之異，果何若也，而侈言共和，一哄而浮慕其名，而莫或深知其實，羣起而欲達其目的，而未嘗一考其手段，故其結果，其所得者，悉不如其所預期；不徒不如其所預期也，而意外之變故，且百出而未有已，是則無研究之害也。故今者有人而提倡研究主義也，勿論其所主張者是非如何？抑其提倡此問題也，果別有用心與否？而吾固甚歡迎之。今者國體問題贊成之者，固以爲勢在必行，反對之者，亦幾以爲無庸置議，而吾猶斤斤焉，欲與之爲學理上之研究者，職是故也。

　　夫今之主張君主立憲者，則豈不曰：一國自有一國之國情，他國之已事，非吾所能效法乎哉？夫吾則亦最贊成此論者也。雖然，諸君既發此論，則其於中國之國情研究自必甚深，顧何以一讀其所論，則膚淺浮薄，一若於中國之歷史，毫無所知者，則又何也。君憲之論，發於美儒古德諾氏，其最要之點，則曰：總統選舉之際，不免爭亂耳。然中國選舉總統，方止一次，何以知其將來必有爭亂，則其所取鑒者，美洲諸國之歷史,而非我國之歷史也。既曰,須適切於我國之國情,而又盡捨其歷史而取證於他人之歷史,甚可怪也。夫民族之演進有一公例焉,曰:其所取之道,爲紆而非徑。故當其進行之時,波譎雲詭,危險萬狀。在他人視之,幾以爲求福而得禍,即其人自視,亦幾於不敢自必,而及其後也,卒能以夷化險,撥雲霧而見青天,此老氏禍福倚伏之論之所以爲至也。中國之革君主而行民主,自表面而觀之,誠若求福而得禍者,然一考其實,則自有其種種之積弊,與君主之制爲緣。欲去此等積弊,勢不得不先去君主,而此等積弊既去,則君主之制,亦無自而存。且民主之制,初非由歐美之外鑠,我自有至深厚之根柢,磅礴鬱積,蓄之既兩千餘年,至今日乃起而實行之者也。謂予不信,請舉歷史以爲證。

　　欲知我國人共和思想蓄積之深,則不可不先知我國人對於君主之思想。夫我國人對於君主之思想,蓋嘗經一大變矣。其始之視天子也,非如後世之思想,謂其事天如父,而天亦視之如子云爾,蓋誠以爲天之子孫也。中國古代君主之名稱甚多,而惟天子及帝皇用諸共主。以此帝上束下也。上指天神而言,又諦也,天神去人民遠,必審諦而後知之也。皇,大也,始也。惟天爲大,又萬物之所自始也,即物本乎天之義。欲究此説,則不得不溯源於古代之宗教。蓋吾國古代,有兩大宗教焉。一曰八卦,一曰五行。五行起源於燕齊之間,而八卦盛張於秦隴之際。五行之説,與道家有密切之關係,道家托始於黃帝,而黃帝邑於涿鹿之阿。其後齊景公謂晏子,古而不死,其樂如何? 亦即道家之説。蓋此教在燕齊之間,綿延勿絶也。伏羲始畫八卦,文王推而演之。二君所居,皆在秦隴,又啓罪有扈氏以威侮五行,則有扈氏必信奉八卦教者,地亦在今陝西也。而兩者之得勢力於中原也,則五行教實爲尤古。唐虞夏殷四代,並不見有八卦之説,蓋皆信奉五行者也。自周有天下,然後八卦教盛行,五行教復避處於燕齊之間。據其説,則世界萬物,一切皆本於天神。天神之最神者曰耀魄寶,居北辰,而衆星拱之,所謂昊天上帝也。此外別有五方帝,分主四時之化育,居東方者曰青帝靈威仰,蒼龍七宿也,下準此。主春生。居南方者曰赤帝赤熛怒,主夏長。居中央者曰黃帝含樞紐,主季夏萬物盛大。居西方者曰白帝白招拒,主秋成。居北方者曰黑帝葉光紀,主冬藏。惟昊天上帝則無所司,我國古代,政尚無爲。以此,蓋神權最盛之時,君主但司宗教,不理民事,猶今西藏之達賴也。物非春不生,非夏不長,非季夏不盛大,非秋不成,非冬不藏,非閉藏則無以爲生。四時之運行,萬物之所由化育也。而五帝實主之,五帝又同隸於上帝,則上帝者,萬物之父也。此猶基督教謂世界萬物,皆天主所造矣。故曰物本乎天。夫世界萬物,既一切托始於天神,則統治萬物之權,自亦惟天神有之。然其所謂統治者,非必褻其尊而躬降臨焉,以臨莅下民也。於是有感生之説,謂子萬民而有天下者,其先悉天帝之子孫。天命玄鳥,降而生商,及履帝武敏歆之詩是也。簡狄、姜嫄,皆帝嚳妃。然殷周并祖契稷而不祖帝嚳者,以二人皆感天而生。簡狄、姜嫄，自爲契、稷母，而帝嚳則非契稷父也，祭天必以始祖配，與神不歆非類，正是一義。五帝之德，既不能獨成萬物，則一姓之後，自亦不能終有天下，於是有五德迭代之說。周爲木德，故代殷，秦謂周得火德，從所不勝，欲以水德代之，則爲閏位，而正統必有待於炎漢矣。孔子感北方玄冥之精而生，黑不代蒼，故僅爲素王。此等思想，當時蓋甚普及於社會，故漢高可以斬白帝子愚惑其民，即張角猶訛言黃天當立也。一姓受命之初，所以必斤斤於改正朔服色者以此。而舉其說從根柢摧破之者，則實爲孔門之教義。孔子曠觀千古，知小康時代之不可不立君也，而又知君權之不可以無限也。於是倡爲主權在民之說。曰：民爲貴，社稷次之，君爲輕。又曰：得乎邱民爲天子，此其陳義可謂獨有千古矣。然當時社會，沈溺於舊說者既久，驟進以此等新說，云胡能信。則不得不委曲其詞，將天與民打成一橛。曰：立君所以爲民，而其主權則仍出於天，特其所以立之廢之者，皆一以民意爲歸耳。故曰：天視自我民視，天聽自我民聽，又慮其無徵不信也，則又文致堯舜禪讓之事以實之。曰：古之人既有如此者矣。堯舜三代之事，爲儒家所文致，康南海論之最詳。然不必南海，劉知幾已疑之矣。彼其所疑者爲情實，蓋堯者，耄荒無能爲，中央之權，皆操於舜。而經營四方之事，則禹實爲之。舜在中央，其勢切近，故先篡，然實力究不敵禹，故復爲禹所逐，而走死於蒼梧之野。至禹則王室權力，業已鞏固，不復可動搖，故益遂爲啓所殺矣。然則師錫有鯀，直無異暴民之迫脅，而九男事之外，更加以二女女焉。則更甚於朱全忠之囚唐諸王矣。一年成聚，二年成邑，三年成都，亦可想見當時勢力之大也。此其學說之組織，至爲辛苦，而其壁壘，則亦至爲堅固。有詰之者曰：堯舜禹皆聖人也，聖人之所傳者，必爲聖人，既文致堯舜爲聖人，即不得不承認禹爲聖人矣。何以禹不傳賢而傳子，則曰：天與賢，則與賢，天與子，則與子也，故曰：唐虞禪，夏後殷周繼，其義一也。其在啓固然矣。自啓以後，有夏繼世之主，不必皆如啓之賢也，而何以天下不之廢，則曰：繼世而有天下者，天之所廢，必若桀紂者也。觀此知桀紂之惡，亦爲孔門所文致。故曰：紂之不善，不如是之甚也。夫人民之心理，於其時主，必不能無所缺望，而同時亦必有其所欲奉戴之人。藉曰：天之愛民果如是其甚也，何以我所欲去之人，不爲我去之，而我所欲樹之人，又不爲我樹之也。於此而無以爲答，則人民之感情，將時時與吾之教義相衝突，而吾之說可以立破。於是又巧借舊說以自解，曰：匹夫而有天下者，德必若舜禹，而又有天子薦之也。此其立說之完密，幾如常山蛇陣，首尾相應矣。既不顯然與舊說相反對，而又能利用舊說以藏身，故不轉瞬而其說遂風行於天下。符讖之說，魏晉而降，遂以式微，此則我孔子創製設教之力也。自是以後，我國之國體，雖仍爲君主，而民主之思想，則實已確立。其奉戴君主也，常挾一有德之條件，以爲之附隨，苟即其義而演繹之。則曰：君主而有德也，爲臣民者，固當服從。而不然者，則亦可廢黜。君主之繼嗣而賢也，爲臣民者，固有擁立之義，而不然者，則亦有更易之權。此等思想，固存之於人人之心中，特未嘗實行之耳。而此次之改君主爲民主，則其實行之第一次也。孔子之教義存於經，而其刪剩之義，則存於緯，經與緯原相輔而行，後人譏鄭君以緯説經，非也。且如郊禘等古義，非得緯説，何以解之，亦將如王肅等之向壁虛造乎。

　　然則我國民何以發明此教義兩千餘年，迄未之實行，而今乃忽起而實行之也。曰：世變爲之也。世變之起也，莫知其然而然，而徵諸前史，固有歷歷不爽者，以我國之歷史觀之，每兩千年必一大變，自秦以降，迄於今，二千餘年，而自戰國上溯之，至於有信史之時代，五帝也。太史公作《史記》，始於五帝，蓋皆藏之金匱石室者，可稱信史，此外則所謂言不雅馴，薦紳先生難言之也。亦兩千年，自此以往，更上溯之。至於有傳疑之史之時，其紀年雖不可據，然以世界歷史開闢之年歲參校之，則亦當在兩千年左右，無可疑也。埃及開化，在今六千年前，吾國開化最早，當與埃及相伯仲。夫治化之遞嬗，一質一文而已。自五帝迄秦，實爲我國治化，由質入文之時，自秦迄今，則爲由文反質之日，而自今以往，則復將由質而入於文，社會之治制，息息相關，蓋未有一現象焉，能離他現象而獨立者；國體問題，關係雖大，則亦諸種現象中之一現象而已。謂其獨能離他現象而孤行，未之聞也。觀於由文返質之日，君主之制之長存，則知由質入文之時，君主之制之必廢。謂予不信，請舉自秦以降，吾國治化之由文返質，及其與君主國體之關係以明之。

　　吾國自秦以降，治化之由文返質，可以兩事徵之，一曰國內之有停滯而無進化，一曰對外之主保守而不進取。

　　曷言乎對外之主保守而不進取也，吾國今日，巍然以一大國聞於世界，然其疆域，則皆自秦以前所確定，而自秦以後，則曾未能增益尺寸之土也。在吾國今日，本部而外，又擁有滿、蒙、回、藏數萬方里之土地，此等地方，自秦以前，不特未隸版圖，或且未通聲氣，顧謂我國之疆域，悉確定於秦以前，毋乃近誣，雖然，諸君勿徒狃於目前之現象也。試以自秦以降兩千年之歷史通觀之，其始終團結不解者，則內地十八省耳。而內地十八省，則固自秦以前所確定者也。此其故何哉？若欲窮源竟委而論之，則將累萬言而不能盡，夫固非此篇之所許，無已，則姑舉自秦以前與自秦以後之兵力一比較之。夫我國自秦以前，則衆國分建，如歐洲中古時代之俄羅斯、德意志耳。更進而上之，則部落錯居，若森林中之日耳曼，北海濱之諾曼耳。然而兵力强盛，橫絶亞東，雜居內地之夷蠻戎狄，無一不爲我所征服。自秦以降，版圖式郭，户口殷闐，巍然爲一大國矣。而兵力之盛，轉遠不如前。塞外强悍之種族，真爲我所征服者，不過一匈奴，此外如後魏之服柔然，則固鮮卑人種之强，而非我漢族之强也。拓跋氏是時，尚未同化於中國，遼金元清亦然，一同化於中國，遂無能爲矣。有唐威烈，與漢并稱，然其所征服之大國，不過一突厥。此外皆小國耳。而其服突厥也，實乘頡利之失政，部落之分攜，而非必盡由於兵力，一遇吐蕃回紇，遂進退失據矣。漢之服匈奴，與唐之服突厥大異，漢之服匈奴，服之於方張之日者也，其時匈奴尚未衰亂，自失漠南後，即欲遠走漠北，使漢兵深入，罷極而取之，亦未必爲失計。然漢以衛、霍等出自椒房之親，不恤士卒之將，橫絶大漠而攻之，猶能累致克捷。而李陵且能以步卒五千，絶漠深入，爲古今中外所無有焉。至唐之攻突厥，則兵不過至陰山口耳。薛延陀之敗，突厥之再亡，雖亦嘗至漠北，然皆乘其衰亂，且多雜用蕃兵，彼自攜離，非我之果强盛也。五代以後，屈辱之歷史，可以勿論，此何故哉？蓋秦漢時代，承戰國以前競爭劇烈之餘，舉國皆兵之制猶存，而斯民尚武之風氣亦最盛，一朝有警，賈人贅婿，弛刑閭左，咸可從軍，而其民一聞徵調，亦皆荷戈而趨，樂於效死，故能用之所向無敵。自秦以後，民兵之制既廢，所謂兵者，純恃市井招募之徒，而此等人則名雖爲兵，而實不可謂之兵，康南海謂中國之兵，特異於齊民，別爲一種人耳。其性質與各國可驅以任戰之兵大異，説最精確。見所著《歐洲十一國遊記》。則雖謂舉國無一兵可也。夫至舉國無一兵，而猶欲開疆拓土，以發揚國威，有是理乎？且國土之展拓，初非徒恃乎兵力。而必恃社會之活動，有以爲之後勁。吾國自秦之前，社會活動之風最盛，故每征服一地，即能進而同化之。如春秋時代之於長江流域，吳楚之進化。戰國時代之於南嶺以南是也。莊蹻始通滇，秦署取南越地。自漢以降，社會活動之風大減，故雖一度以兵力征服之地，不轉瞬，即復爲他人所有，漠南屢空，而今猶旰食於蒙匪。朝鮮越南，久列郡縣，今反爲他人據之，以爲我患，其明徵矣。此何故哉？社會之活動與停滯爲之也。此其對外主保守而不思進取之鐵證也。

　　曷言乎內治之有停滯而無進化也，試一觀我國戰國以前社會之情狀與今日之歐洲諸國，有以異乎？無以異乎？以言乎教育，則黨庠術序，遍於鄉閭，與歐洲今日之教育普及者，無以異也。以言乎政治，則狗彘雞豚，纖悉必及，與歐洲今日綜理微密之治，無以異也。以言乎法律，則象刑之治，易爲刑書，五刑遞衍，乃至三千。與歐美今日日趨繁重之法，無以異也。自漢以來，論治者率尚德化，法律雖繁，而及於社會上之效力甚鮮。自實際言之，蓋反視前簡矣。治化之由文反質，由此可以類推。以言乎宗教，篤信者則奉爲天經地義，而少數之有思想者，則從而反對之。與歐洲今日宗教哲學之爭，無以異也。以言乎學術，則王官之學，散在四方，諸子百家，互相騰躍，與歐洲今者分科并進之風，無以異也。以言乎機械，則輪攻墨守，各炫新奇，機事機心，日出無已，與歐洲今日之日有發明者，無以異也。以言乎文學美術，則先進後進，文質迥殊。小説九百，肇自虞初。里巷歌謡，採於王府。與歐美今日文藝之盛，無以異也。建章之宫，千門萬户，驪山之葬，下涸三泉。與歐美今日建築之術，無以異也。魑魅魍魎，象於禹鼎，三年刻楮，可以亂真。與歐美今日雕刻之技，無以異也。凡若此者，枚舉之而不可窮，使因此而强爲附會，謂歐美今日之所有者，悉爲吾國所已有焉。斯固吾之所最不取，然以言乎社會之情形，則雖欲謂之不相類而不可得矣。乃自秦以後，所行者遂翩其反而，不特未能增所本無，抑且至於喪其固有，是何也？則社會動静之殊也。蓋天下之理，不外乎陰陽二者之相對待，而其見諸人事者，則爲動静。静則翕以合其質，動則辟以出其力，張而不弛，固非勢之所能，弛而不張，亦非理之所許。卧者思起，勞者思息，其事雖異，其理實同。吾國自五帝以降，迄於戰國，曰由質而趨於文，皆爲辟以出力之時代，社會之疲弊已甚，不得不有此清静寧一者，以大休息之。他且不論，即以人民之負擔論，什一之征，既三倍於後世三十取一之税，而此外，則又有布縷之征焉，有力役之征焉，又當以田賦出兵焉。其負擔之重，已遠非後世所及。然此猶平世則然。及乎戰國，則暴君汙吏，慢其經界，其時宫廷之衰侈，外交使命之頻數，遊士食客之繁多，國家之費用，蓋又十倍於古昔，不於民取之，將焉取之。而且一有大戰役，死亡動輒十數萬或數十萬，壯者死於兵革，存者皆其遺孤，屢見於當時人之言論。則能事生産之民，又垂垂盡矣。孟子之言水深火熱，言猶解倒懸，非故甚其詞，實當時之情實也。此等社會，安得不一切厭棄，視聲明文物如芻狗，而惟思休息。自今以降，世變既殊，而我眠珠已久之驪龍，亦將揚鰭鼓鬣，軒然起大波於海上矣。然其所由來，則皆前此之清静寧一，有以畜其力也，此其内治有停滯而無進化之鐵證也。

吾言至此，而吾國自秦以降，迄於今日，社會之情狀，畧可明矣。而此其爲事，莫不與君主專制，有甚深微妙之關係。蓋君主專制，常視天下爲一人一家所私有，惟其視天下爲一人一家所私有也，則嘗利民之弱而不利民之强，利民之愚而不利民之智，惟利民之弱而不利民之强也，則不得不盡去其兵，而其勢遂無由以進取。惟利民之愚，而不利民之智也，則不得不因陋就簡，而治化遂無由以日隆。且君主專制，以一身而任天下之重，運用既有所難周，監察尤有所不及，大權旁落，既深尾大不掉之憂，利器假人，尤有倒戈相向之懼，則不得不一切放下，但求一日之苟安。吾國自秦以降，其治化之由文返質，政體使之然也。而此種政體之久持而不變，則亦惟由文返質政體使之然也。而此種政體之久持而不變，則亦惟由文返質之社會爲能容之。蓋全國之民，既皆厭棄政治，莫或願與聞其事，則一人一家之據爲私有者，自得以久假而不歸也。外人譬我國人爲睡獅，殆信然矣。歷代四裔之禍，真所謂睡獅不如吠犬。君主之制與由文返質之治，其關係之密若此，今後治化，復將由質而入於文，而謂其能久存乎？凡共和國之國，常忌兵權之集中，君主之國則否，故強弱迥殊，此亦君憲論者所持爲口實也。然吾國之情勢，則適得其反，國情之不易言如此。且不徒觀諸國內而見爲然也。即觀諸世界而亦知其無不然，吾謂吾國今後之治化，將由質而入於文，而歐洲之治化，則將由文而複返於質，此非吾之讕言也。在淺識之士聞此，必且駭然曰：世界之運，只有進化，更無循環，以歐洲今日之文明，安得謂其將復返於質，雖然彼未嘗觀於歷史也。語曰：不知來，視諸往，日暈而風，礎潤而雨，理有必至，勢有固然。惟沈幾觀變之士，乃能深鑒於未形，而不爲目前之富貴氣象所懾。夫人情不甚相遠也，即結合而成國家社會，亦何獨不然。吾蓋觀於歐洲今日之國爭，而知其與我國春秋戰國之間，極相類也。昔顧亭林嘗論之矣，曰："春秋時猶尊禮重信，而七國則絕不言禮與信矣。春秋時猶宗周王，而七國則絕不言王矣。春秋時猶嚴祭祀，重聘享，而七國則無其事矣。春秋時猶論宗姓氏族，而七國時則無一言及之矣。春秋時猶宴會賦詩，而七國則不聞矣。春秋時猶有赴告策書，而七國則無有矣。邦無定交，士無定主，皆變於此一百三十三年之間。"《左傳》之終至顯王三十五年也，此等變遷，昔嘗莫明其故。觀於此次歐洲之戰役而怳然矣。蓋自德破比之中立以攻法，而公法爲不足守矣。自意背同盟以攻德奧，而盟約爲不足恃矣；彼豈好爲之哉？世變迫之也。春秋戰國之變遷，亦如是乎。世變之亟，不亦重可畏哉？夫歐洲諸國，前此之地丑德齊，莫能相尚，敦槃玉帛，貌守平和，則春秋時代齊晉秦楚之相持也。自今以後，國際競爭，日益劇烈，二等以下之國，咸將無以自存，而號稱世界最強之國，亦將更起迭僕而終併於一，則猶由春秋以入戰國，魯衛陳蔡宋鄭先亡，而六國亦終不能自立也。春秋時代之戰爭，兵數尚不甚衆，且皆如蘇軾所云，犯其偏師，獵其遊卒而已。至戰國，則出兵動數十萬，坑降斬級，動以萬計，無一非互賭其國命之戰矣。此其原因固甚多，而諸小國之先亡，而無爲之緩其衝，其大者也。歐洲今後之情形，亦正類此。而或反望此次之戰爭，爲最後之兵褐，寧非夢囈。夫以歐洲今日之勢均力敵，而莫能相勝，在吾人觀之，誠不能知其鹿死誰手，然其結局，終必歸於統一，此則歷史之成例，天演之至理，質諸鬼神而無疑，百世以竢聖人而不惑者也。聞者猶疑吾言乎？世變之起，恒兆於至微，而其後遂沛乎莫之能御，掀天動地之事業，其動也，雖夸父不能挽，其靜也，雖萬牛莫能移。而其始則皆起於人心之至微而已矣。人心之由文而入於質也，其微兆多端，而其最彰明校著者，則莫如厭倦，向之所深嗜篤好，執著之爲必不可無者，及其既厭倦也，則皆將棄之，惟恐不速。尺腹既果，視珍饌如糟糠，血氣既衰，對彼姝如灰土，皆是道矣。請更以吾身歷之事證之。往者吾嘗晝夜孜孜，以從事於鈔書矣。祁寒盛暑，罔敢或輟，即有小病，亦嘗不肯自休也。自乙巳迄於今，所手鈔者蓋亦百數十册。謂爲無用,是誠無用。然以言乎蠹魚之業,亦未必遂一無足取,且亦十年來辛苦所存也。自他人視之,宜若何千金享之者。乃吾今夏家居,董理書籍,睹其叢雜而不可理也,且自悼其糜精神日力於此而無所用也,則舉其大部分而拉雜摧燒之,今所存者,蓋不及其半耳。雖一時未忍棄擲,然更閱十年或數十年,自覺其勞精神日力而無所成,即成之而亦無所用也。更甚於今日,則終亦必盡舉而拉雜摧燒之,一如今日,可預決也。即使竭畢生之精力,著成一書,藏之名山,傳之其人,其結果終亦相等耳。何也? 我不自燒,人將燒之也。秦政姑勿論,自漢以後,書籍之亡失者,已不知凡幾矣。豈其書盡無足取哉? 社會之心理,羣趨於厭倦,一人之力,固無如何也。此何故哉? 心理厭倦爲之也。天下雖大,一人之積也,社會之變故雖繁頤,無數人之心理所合成也。而所深嗜篤爲,執著之以爲必不可無者,及其既經厭倦,蓋有拉雜摧燒之,一如吾今日之於手鈔之册者矣。此吾國春秋戰國之治,所由復返於文景,而亦今後之歐洲所必有之情狀也。夫今日之宰制世界者,則黃人與白人耳。白人之厭倦既甚,其好靜不好動,一如吾國秦漢以來,而吾適以由質入文之治承之,則斯時吾國盛强,可以橫絶於天下。

　　問者曰: 如子言,子其有侵畧歐洲,統一世界之野心乎? 應之曰: 非然也。侵畧人國,乃野蠻人之所好。吾中華人,文明進化,既四千載,而何至如此。若云統一世界,則爲期尚遠,白人固未必有此能力,黃人亦何敢作此夢想。吾但以世運觀之,而知其必然耳。抑吾觀諸世界之已事,而知中國治化,苟由質而入於文者,則其盛强,必將橫絶於天下,無可疑也。夫策國之興盛者,必曰富强。以今歐洲諸國一隅之地,而其富强至於如此。中國擁有二萬萬方里之土地,四萬萬之人民,而其富强轉達不逮者,何哉? 豈大固不可以敵小,衆固不可以敵寡乎? 非也。大而不能用其大,則失其所以爲大。衆而不能用其衆,則失其所以爲衆也。大小衆寡,不專以形論。如德國今者之戰,出兵千萬,而吾舉國之兵不及百萬,則與德戰,必不能勝,是非衆不勝寡,乃數十萬人不勝千萬人耳。吾國今後,苟能由質入文,其所以治理其國者,一如今日之歐洲,則以吾之一省,即可以敵彼之一國。以今日之德意志一國之力,可敵全歐,吾則可以力戰世界而不懼。以今日之歐洲諸國,作戰期年,國內曾無疲困之相者,吾則可以十倍之而不疲矣。其盛强安得不橫絶於天下。蘇軾欲捐全秦以委夏,使如戰國時之秦,若未嘗有中國之援者,正是此意。然謂吾爲此語,爲有蹂躪世界之野心,則殊不然。蓋國家之興盛,與以兵力蹂躪他人,絶非同一之問題耳。然而吾國今後之所以自處者,則從可知矣。

　　或曰,君主國體之可反對,誠如子説矣。然凡事不惟其名而惟其實。君主國體之可反對，亦以其實權存焉。而爲國家進步之障耳。苟其實行憲政，則一國的實權，將不存於君主而存於內閣與議會，雖有君主，一如今者英國日本之徒擁虛名矣，而可以避選舉時之紛爭，又何爲而不善。應之曰，是誠然也，然中國苟有君主，果能如英國日本，亦成爲守府之主乎？是不可不深察也。大抵名實二者，交相爲用，實之所在，固不必復爭其名，而名之所存，亦足以坐致其實。彼日本英國之君主，所以能成爲守府之主者，亦以其君權本不甚尊焉耳。若如我國，則尊君之義，盛行固已兩千餘年，天澤之分大明，黼座之尊無對，一言及君主，即儼然有大權獨攬之思。雖或失德之主，流毒萬民，而臣下猶爭爲之盡力，此豈能如英國日本之君主，政由寧氏，祭則寡人者哉？非謂我國之君主，必人人懷抱野心也。社會之情勢，固將迫之使然。今者國體雖曰共和，而內閣制卒易爲總統制，其明徵矣。不然，既獲厚實，復享美名，彼王莽、曹操、司馬懿、劉裕、蕭道成、蕭衍、陳霸先、高歡、宇文泰、楊堅、李淵、朱溫、石敬瑭、劉知遠、郭威、趙匡胤之倫，其知豈盡出日本幕府下哉？且今之主張君憲者，曰，可以避選舉時之紛爭也。彼固自以爲深察國情也，而以吾觀之，則又不察國情之甚。吾請歷舉自秦以後，開國之主繼承之際之往事以折之。秦始皇長子扶蘇，爲李斯所殺，而二世亦死於趙高之手。漢高死後，呂后專權，讀史者多謂少帝非惠帝子，賴平勃之力，劉氏危而復安。然史明言此說出於漢大臣之陰謀，則其果爲呂氏子之見誅，抑劉氏子之被賊，究疑莫能明矣。而要其繼承之際，不能無亂，則一也。新莽篡漢，不恤自殺其子。光武於開國諸君中，最稱令主，猶替郭后，立陰麗華，廢太子彊而立明帝，亦幸而海內初定，人心厭亂，東海又懷退讓之節，故未有變耳。魏武欲立陳思而不果，致其後帝室藩王，互相猜忌，名爲分封，實同幽禁，求爲匹夫而不可得。而吳大帝亦廢其太子和，又殺其弟霸。晉武帝時，齊王盛植私黨，覬覦儲位。以惠帝親武帝子故，不遂所欲，然其後諸王喋血京師，卒釀成五胡亂華之禍。宋武帝子少帝，爲徐羨之、傅亮、謝誨所弒，齊武帝與高帝，并起艱難，實亦可稱爲劫造之主，故無恙。及其子，即見篡於蕭鸞。梁武帝身爲侯景所逼，餓死臺城，諸子坐視莫救，而日事擁兵相屠。岳陽王詧，至召異族以屠戮其兄，爲千古未有之慘禍焉。陳武帝無子，主兄子臨江王蒨。北魏道武帝，始入中國，身見弒於其妾。齊文宣始篡魏，子殷，見屠於孝昭。周孝閔始篡西魏，爲宇文護所弒。隋高祖偏信獨孤后，廢太子勇，立煬帝，以亂天下，而身亦不得其死。李淵雖爲唐高祖，而創業實出太宗，二人可并稱開國之主，太宗登位，既由玄武門之變，其太子承乾，性質絕類隋太子勇，而承乾既廢，魏王亦誅，其事又絕類吳大帝之於和與霸。然大帝之立會稽，猶出己意，而太宗之立高宗，則實爲長孫無忌牽鼻，明知其柔懦，不能易也。武氏之禍，實肇於此，而愛子及婿，且以此並不得其死焉。《唐書·吳王恪傳》云：帝初以晉王爲太子，又欲立恪，長孫無忌固争。帝曰：公豈以非己甥耶？且兒英果類我，若保護舅氏未可知。無忌曰：晉王仁孝，守文之良主，且舉棋不定，則敗。況儲位乎？帝乃止。然猶謂無忌曰：公勸我立雉奴，雉奴仁懦，得毋爲宗社憂。故無忌常惡恪。永徽中，房遺愛謀反，因遂誅恪，以絶天下望。臨刑呼曰：社稷有靈，無忌且族滅。其事可謂慘矣。即遺愛之罪，初亦僅誣其遺直，遣無忌鞫治，乃得其與主謀反狀。亦疑獄也。無忌之誅吳王恪，史曰：以絶天下望。又太宗臨崩，謂無忌曰：朕佳兒佳婦，非有大故，不可廢也。此時武后尚未入宫，焉知王后之將替，其言非爲佳婦，爲佳兒發也。無忌與吳王遺愛，曲直不知其誰屬，然當時繼承之際之危狀，則可想見矣。梁太祖身見弑於其子友珪，友珪又見殺於末帝。後唐莊宗子繼岌，爲明宗所殺，明宗子閔帝，見殺於李從珂，從珂身見弑於石敬瑭，敬瑭無子，大臣立其侄重貴，太反其生平之外交主義，以取滅亡。後漢高帝子隱帝，爲後周太祖所篡，太祖亦僅有養子，一傳而見篡於宋，宋太祖太宗相及之可疑，人皆知之，無待言。而秦及德昭，皆不得其死。遼金元三朝，皆起塞外，事體自與中國異，然遼太祖長子東丹王，被逼奔後唐，卒以强死。金太宗之立，尚定於世祖之世。熙宗之立，即非太宗意。致宗翰撻懶等，羣懷異志，使微宗弼，金之内亂，亦不旋踵耳，而其後即有海陵世宗二世之難。蒙古大汗之立，由忽烈而台推戴，本無所謂繼承法。然成吉思汗長子术赤，則既爲蒙兀泰伯，其後太宗拖雷子孫，植黨互争，卒成大帝國瓦解之禍。有明太祖，封建諸子，以爲屏藩，身殁而有靖難之變。清世祖之升遐，至今猶多異説，世宗之所以立，與其即位後之屠戮同氣，則尤彰彰在人耳目者矣。曠觀秦漢以後，列朝開國之初，繼嗣之際，未起變亂者，獨一劉先主，則固承東西都之遺緒，而非稱爲真創業也。然則謂君主之制，足以弭繼承之際之争亂者，實僅存乎一二政客之理想，而徵諸史實，固有不盡然者矣。即有之，亦必在奕葉相繼，民志既定，君臣之義既已大明之日，而非可期諸天造革昧建侯不寧之時也。是亦不足易中南美諸國，數十百年之歷史乎，而今之自號爲深通國情者，則何其遠也。

　　或曰，如子言，則必如今之迷信共和者流，事事效法歐美，然後爲快邪？應之曰：惡是何言，夫事事效法歐美，吾之所最不取也。而創法立制，必審國情，又吾夙所主張也。但吾之所謂審察國情者，必仰觀前古，俯鑒來兹，不能如今之持論者，拾外國博士一二語，讀世界歷史一二册，便自詡爲深通國情耳。吾謂中國今日，而欲謀定國體也，則莫如行總統終身制，而以金匱書名之法輔之。蓋此固我孔子兩千年前所創之法也。其與舊日君主之制，不同之

點，全在乎世襲與否。蓋君主制之大弊，本惟在此也。夫一姓之子孫，本無奕
世皆賢之理，而爲君主者，其所處之地位，又易以使之不賢，故凡生而取得君
主之資格者，其人若爲上智，則不過爲中人，若爲中人，則不免爲下駟矣。試
觀歷史，開國之主，必賢於繼統之君，自外入繼之宗藩，必賢於生長深宮之太
子，其明徵也。至與今歐美各國共和制之異點，則在於總統之爲任期及終身
任期之制。本歐美歷史上之理由，而非論理上必然之結果。且元首更易太
繁，則國家之政策，將不能一貫。因我國現在，不能不行總統制故也。事機緊急之際，
尤易貽國家以危機，而國中果有野心之徒，其得機會，亦自必較易。即使無
之，而每屆選舉之期，使全國人心惶惶，捨其恒業，以屬目於此一事，既已不勝
其弊矣，況有不止於此者乎。是則歐美現行之制，亦不如我孔子所創之法之
完善也。主一法於兩千年以前，而猶爲兩千年以後，舉世界之人所不能逮，嗚
乎！此其所以爲聖乎。

此篇所論，皆舉我國歷史爲證，而未嘗有一語及於異國，以國體問題與政
體異常，視歷史上異常之趨勢，而非人力所可強爲，實爲兩方持論者所共識，
而吾亦甚贊同其說也。其所論多高瞻遠矚，爲吾國異時發達之計，而無一語
及於目前救亡已亂之圖。以吾素持樂觀主義，深信吾國將來必能雄飛世界，
目前區區之屯蹇，曾不足爲大虞也。國體問題之起也，本以研究學理，號召國
人，今則從事實上立論者多，從學理上立論者少，此亦事實使然。然返諸初度
之宣言，則籌安會諸君子之志荒矣。不辭迂遠之誚，進商榷之言，或亦關心時
事者所樂聞乎？

本文寫於一九一五年

本　論

一、共　和　上

　　天下事蓄之久者，其發之也必烈；而發之烈者，其成之也又必甚迂。若大河然，千里一曲，方其伏流，人莫知其爲四瀆之長也。及其逾積石，包龍門，下九州，乃沛乎莫之能禦矣。中國之於共和也，行之雖未及五稔，而蓄之則既二千年；其蹶起而圖之也，雖若傚法他邦，而實則行吾之所固有。此非吾之漫言也，請徵諸古。蓋聞古者稱有天下者之號曰天子，亦曰帝皇。帝，諦也。天神去下土遠，必審諦然後知之。皇，大也，惟天爲大。又始也，物之所自始也。記曰：物本乎天，人本乎祖，則此義也。然則帝與皇皆天神之稱，而人主以之自號。

　　……（缺，下同）

　　然天神之統治下民，初非必褻其尊焉，而躬降監之也。於是有感生之説。五帝之德，既不能獨成萬物，則一姓之後，自亦不能終有天下，於是有五德終始之説。然則古之所謂天子者，豈徒曰事天如父，而天亦視之如子云乎哉！此等説，自今日視之，誠不過讖緯之習、杳渺之談，然在古昔，蓋深入於人人之心。故漢高起義，可以殺白帝子愚其民，雖張角，猶僞言“蒼天已死，黃天當立”。而一姓受命之初，必斤斤於改正朔，易服色，亦以此也。古有天下者，既皆上帝之苗裔，則其等級自與庶民殊絶。篳門圭竇之徒，自無覬覦非分之想。故三代以上，有叛國而無叛民，而自黃帝以降，迄於秦，有天下者，皆一姓之子孫也。然此等説，自魏晉而後，遂以式微，而“撫我則后，虐我則讎”之義，顧日以昌大，何哉？曰：此則出於孔門之教義。蓋君主世襲之制，實政治壞亂之原，我孔子知其制之不可行，而又苦於小康之世之終無術以去之也，於是創一説以救之，曰：治國者不妨立君，而立君者必求有德。然以受命於天之主，而謂可由人民自推擇有德者爲之，又非當時之民所能信也。則又得一説以爲之調停焉，曰：立君之權出於天，而天之所以廢興之者，則由於民。故曰：天生民而立之君，所以爲民也。又曰：天之愛民也甚矣，豈其使一人肆於民上。又曰：天視自我民視，天聽自我民聽。又曰：得乎恤民爲天子，得乎天子爲諸侯，慮其無徵不信也。則又文致堯舜禪讓之事以實之。曰：古之人既有如此者矣，此其救世之苦衷至委曲也，而其立説又至周密。有詰之者曰：堯舜禹皆聖人也，聖人之所傳者，必爲聖人，既文致堯舜爲聖人，即不得謂禹非里人矣。何以禹不傳賢而傳子？則曰：舜禹益相去久近，其子之賢不肖異也，其在啓固然矣。自啓以後，有夏繼世之主，不必皆如啓之賢也，何以天不之廢？則曰：繼世而有天下者，天之所廢，必若桀紂者也。夫民之心，終不能無望於其君，而於其並世之人，亦終不能無所忻慕。此等虛譽隆洽之人，未必可以治國，聽其養望林泉，亦足以振式末俗，必欲舉便當路，則有折足覆餗之譏矣。所謂誤天下蒼生者，亦蒼生誤之也。使東晉時推擇國務總理，有不舉殷浩者乎？東漢末選舉總統，有不舉袁紹劉表者乎？魏武奄宦養子，豈足與比，率之戡亂之才，果誰屬也？天而果甚愛我也，何以我之所欲替者，不爲我替之，我之所欲立者，不爲我立之，於此而無以爲解。則教義又將爲民所疑，而無以自立，則又釋之曰：匹夫而有天下者，德必若舜禹，而又有天子薦之也。不必顯與舊説立異，而古代"時日曷喪"，"我生不有命在天"之説，已一舉而拔其本根。亦會春秋戰國之際，民智日開，篤信感生受命，諸説之心日以益澹。而自漢以降，孔教又盛行，其説遂深入於人人之心，而有以爲舊説之代。自是以後，君主世襲猶是也。而人民之視其君，則其意既已大變，常以爲是爲我而立。其有德也，則奉戴之；其無德也，則可以鋤而去之。一朝鼎革之際起於草野者，其初率蒙叛逆之名，及其遷舊朝，平群寇，而行事有當於民心，則亦相率而安之，以此也。其不然者，終亦不能安於其位，秦、隋是也。夫一姓之子孫，本無奕世皆賢之理，而爲君主者，其所處之地位，又易以使之不賢。試觀歷代開國之主，必賢於繼世之君，自外入繼之宗藩，必賢於生長深宮之太子可知。非必其資性昏愚，所處之地位則然也。故曰：君主世襲之制，實政治壞亂之原也。立君而知以有德爲歸，則選君之義已立，其未能蹶起而行之者，以勢未可耳。吾故曰：共和爲我所固有，非由外鑠我也。

　　（附説）孔門教義，異於現行民主之制者，不過總統任期，一爲終身，一有年限耳。二制孰善，今猶未能遽定，未可遂執今以非古也。

二、共　和　下

　　……（上缺）秦以後，兵力之盛，莫如漢唐，然漢唐之威服四夷也同，而其所以威服四夷也則異。漢世強敵，無逾匈奴，匈奴之衰亂，蓋自神爵、五鳳之間。方武帝時，匈奴未有亂也，其人衆雖不漢若，然語其長技，固足與中國相當。讀晁錯論事疏可見。朔方既失，益北走絕漠，思徼漢兵疲極而取之，於策亦未爲失。然漢以衛、霍椒房之親，不恤士卒之將，猶能封狼居胥，禪姑衍，登臨翰海，建曠古未有之盛烈焉。唐世所亡大敵，獨一突厥，猶承其自亂，兵不越陰山之口。此外所摧破者，多天山南北諸小國。一遇吐蕃、回紇，遂無以爲計矣。此何故哉？漢去戰國之世近，斯民之餘烈蓄怒未衰，以言乎拓地，則有唐蒙、張騫等高掌遠蹠之才；以言乎奉使，則有傅介子、馮奉世等出疆利國之士；以言乎將帥，則有李陵、班超等智勇兼濟之臣；李陵以步卒絕漠，班超以三十六人定西域，皆前所未有，後亦未聞。以言乎士卒，則賈人贅婿，弛刑閭左，不待訓練，咸可從軍，舉國皆武健俠烈之風，故能用之所向有功也。唐則去封建之世遠，民習於寬政既久，不復樂爲國死。故塞外諸役，率多用蕃兵，天寶稍事征討，而杜陵兵車之行作矣。

　　（注）後世法律，誠較古人爲完備，然皆徒有其名，而實不奉行。儒吏侈言德化，而不知躬蹈違法之咎，論者或轉以爲美談，俗吏則任意出入，衆益熟視，無如之何。民間爭訟，自行了結者十八九，亦各以習俗爲斷，非知法律也。叔向誚子產之作刑書也，曰：“民知爭端矣，將棄禮而徵於書。錐刀之末，將盡爭之。”今法律之繁，奚翅鄭刑書者，然爭及錐刀之末者誰乎？是知法律雖繁，其實有關係於民者轉簡，文質之異，所以惟其實不惟其名也。

……

大小衆寡，不以形論也。今德意志之地，不過中國二十之一，其民不過七之一，顧能以一國之力，力戰全歐。以中國之大，顧不免於蓄縮受侮，何哉？德能出兵千萬，我則並百萬而不能，德舉國須用之物，在戰時猶能自謀，我則平時尚仰給於外，是大者反小，衆者反寡也。宋蘇軾有言，欲取靈武，莫如捐秦以委之，使秦人斷然如處戰國之世，不待中國之援，而中國亦若未嘗有秦者。此最精之論也。

……

君主世襲之制，恒利民之弱，而不利民之强；利民之愚，不利民之智。蓋必舉國皆弱，而後一人可以擅其權；亦必舉國皆愚，而後一人可以享其利。故君主專制之世，最忌有强兵，亦最忌民能自治。吾國自三代以後，民兵之制，率不能行，而地方自治之制，亦日以廢壞，論者徒咎後世政治之苟簡，而孰知其理，實與國體政體，息息相通哉！南海康氏有言，中國之兵，特異於齊民，別爲一種人耳，與他國可驅以任戰之兵,性質大異,其説最精。地方自治之制,秦漢最近古,則最詳。魏晉猶存遺意,至隋廢鄉官,而蕩焉盡矣。唐宋役法之弊,即由盡廢自治,舉向者民所自爲之事,而悉以官督之也。凡共和之國,恒忌陸軍之太强,君主之國則否,故强弱迴殊。此亦主立君者之口實也。然吾國之情形,則適得其反,國情之不易言如此。今欲强中國之兵,使能與各國爭利,以方今爭戰之烈,非能出兵千萬不可。若此者,固不能不用民兵。而欲一切政治,亦如他國之完密,又非官吏之所能爲,而不得不有待於民之自治。此二者,皆君主世襲之世所深忌也。使此二者而遂行也,則今後必不容有君主據其位以傳諸子孫。使今後猶有君主能據其位以傳諸子孫也,則此二者必不能行。故今日君主世襲之制,與由質入文之治,實兩不相容也。

　　(附論)治化之由文反質,每爲持進化論者所不信,雖然,彼未嘗通觀古今也。善夫餘杭章氏之論曰:"或言往古小康,則有變復,今世遠西之政,一往而不可亂,此寧有圖書保存之邪? 十世之事,誰可以胸臆度者? 上觀皇漢,智慧已劣於晚周,比魏晉乃稍復;遠西中世,民之齊敏,愈不逮大秦。時越千載,然後反始,著校之節,亦甚遠矣。局促於十世之内,以爲後必愈前,亦短於視聽者也。"章氏之論,猶徒以史事證其必然,吾請更推其所以然。蓋由文反質之機,實起於人心之厭倦,而所深嗜篤好,執著之爲必不可無者,及其一經厭倦,則皆將土苴視之矣。然則厭倦之情何自起? 曰:起於民生之凋敝,此觀諸戰國之世而可知也。古者十一之徵,既三倍於後世三十取一之税,而此外則又有布縷之徵焉,有力役之徵焉,又嘗以田賦出兵焉,民之力,既遠不若後世之紓矣。然此猶爲平世,至戰國,則暴君汙吏,漫其經界,民且無田可耕,而以其時宫廷巨室之侈,會朝使命之繁,遊士食客之衆,國家之用,蓋又十倍於古昔,不於民取之,將焉取之? 而且有一大戰,死者輒數萬或數十萬,壯者死於兵革,存者皆其遺孤,則能事生産之民,又垂垂盡矣。孟子言"水深火熱",言"猶解倒懸",豈好爲危苦之詞哉? 當時之情形,實如是也。然則民生其間者,安得不一切厭棄,視聲明文物如芻狗,而惟思休息哉! 今後歐洲之情形,則何以異此。夫世變不可禦也。

　　……

　　(附論)世襲之制不獨非國家之利也,亦非君主之利。徵諸往史,自秦以後,開國之主,無一能父子相傳,無有變故者,請得而歷數之。秦始皇長子扶蘇,爲李斯所殺,二世亦死於趙高之手。漢高死後,吕后專權,讀史者每謂少帝非惠帝子,賴平、勃之力,劉氏危而復安。然史明言此説出於漢大臣之陰謀，則果爲呂氏子之見誅，抑劉氏子之被賊，究疑莫能明矣。而要其傳世之際，不能無亂則一也。新莽篡漢，不恤自殺其子。光武於開國諸君中，最稱令主，猶且替郭后，立陰麗華，黜太子彊而立明帝，幸而東海懷退讓之節，故未有變了。魏武欲立陳思而不果，致其後帝室藩王，互相猜忌，名爲分封，實同幽禁，求爲匹夫而不得。而吳大帝亦廢其太子和，又殺其弟霸。晉武帝時，齊王盛植私黨，欲覆太子，以惠帝親武帝子故，不遂所欲，然其後諸王喋血京師，卒釀成五胡亂華之禍。宋武帝子少帝，爲徐羨之等所弒。齊武帝與高帝，並起艱難，實亦可稱創造之主，故無恙。及其子，即見篡於蕭鸞。梁武帝身爲侯景所逼，餓死臺城，諸子坐視不救，而日擁兵相屠。岳陽王詧，至召異族以戮同姓，爲千古未有之奇變。陳武帝無子，立兄子臨江王蒨。北魏道武帝，始入中國，身其弒於其妾。齊文宣始篡魏，子殷見屠於孝昭。周孝閔始篡西魏，爲宇文護所弒。隋高祖偏信獨孤，廢勇立廣，以亂天下，而身亦不得其死。李淵雖爲唐高祖，創業實出太宗，二帝亦可並稱開國之主。太宗登位，既由玄武門之變。其太子承乾，性行絕類隋太子勇；而承乾既廢，魏王亦誅，其事又絕類吳大帝之於和與霸。然大帝之立會稽，猶出己意；太宗之立晉王，則實爲長孫無忌牽鼻，明知其柔懦，不能易也。武氏之禍，實肇於此。而愛子及婿，且以此並罹慘禍焉。《唐書·吳王恪傳》。帝初以晉王爲太子，又欲立恪，長孫無忌固爭，帝曰：公豈以非己甥邪？且兒英果類我，若保護舅氏未可知。無忌曰：晉王仁孝，守文之良主，且舉棋不定則敗，況儲位乎？帝乃止。然猶謂無忌曰：公勸我立雉奴，雉奴仁懦，得毋爲宗社憂。故無忌常惡恪。永徽中，房遺愛謀反，因遂誅恪，以絕天下望。臨刑呼曰：社稷有靈，無忌且族滅。其事可謂慘矣。即遺愛之罪，初亦僅詆其兄遺直，遣無忌鞫治，乃得其與主謀反狀，亦疑獄也。太宗之慮高宗，則曰恐爲宗社憂，無忌之誣吳王，則曰以絕天下之望。又太宗臨崩，謂無忌曰：朕佳兒佳婦，非有大故，不可廢也。此時武后尚未入宮，焉知王后之將廢，其言非爲佳婦，爲佳兒發也。然則太宗高宗傳世之際，亦必有隱曲難明之故矣。梁太祖身見弒於其子友珪，友珪復見弒於末帝。後唐莊宗子繼岌，爲明宗所殺；明宗子閔帝，見殺於李從珂；從珂見殺於石敬瑭，敬瑭無子，立其侄重貴，太反其生平所爲，以取滅亡。後漢高帝子隱帝，爲後周太祖所篡，太祖亦僅有養子，一傳而見篡於宋。宋太祖太宗相及之可疑，人皆知之，無待論；而秦王及德昭，並不得良死。遼金元三朝，皆起塞外，事體自與中國異，然遼太祖長子東丹王，被逼奔後唐，卒以強死。金太宗之立，尚定於世祖之世。熙宗之立，即非太宗意，致宗翰撻懶等，群懷異志，使徽宗弒，金之亂，亦不旋踵了，而其後卒有海陵世宗二世之難。蒙兀有大汗而無皇帝，大汗之立，由忽烈而台推戴，本無世及之法。《元史》載元先世事跡不詳。觀《元秘史》及《元史譯文證補》所載成吉思以前諸汗，及太宗憲宗之立，海都之叛可知也。然成吉思長子术赤，則既爲蒙兀泰伯，其後太宗拖雷子孫，植黨互爭，曠古未有之版圖，遂致瓦解。明太祖封建諸子，以爲屏藩，身殁而有靖難之禍。清世祖之升遐，至今猶多異説。世宗之所以立，與其即位後之屠戮同氣，則尤彰彰在人耳目者矣。曠觀秦漢以後，列朝開創之初，繼嗣之際，未有亂者，獨蜀漢先後主，則固承東西都之遺緒，非真勤業也。嗟呼！使其事僅一二見也，猶可委爲偶然。今也，二千數百年來，無論正統偏安之君，無不如此者，猶得冀幸其不然乎！黄梨洲之論君也，曰淫樂止其身，血肉之崩潰在其子孫。夫有國家者之終不免於滅亡，雖開國之主，寧不知之。夫固曰，及吾身可以自姿焉，且可以傳諸子孫焉；至於雲礽，則固不知誰何之人了。庸詎知禍即中於其身，及於其子，且不能待諸再傳之後乎？然則據南面而稱一人者，亦奚樂焉，而惜乎其不使本初父子聞之也。世襲之制，禍君主者不止此，以往歲主立君者，多以繼嗣之際，可免爭亂爲言，故獨舉此以折之耳。夫論事必有徵驗，彼輩動言國情，言史實，顧於史事之明白如此者，熟視若無睹焉。乃曰：總統選舉之際，必爲爭亂之階，吾不知中國選舉總統，方止兩次，何以知其後必有亂，得毋所據者爲墨西哥之史乎？夫共和之國，豈惟墨西哥，且既據墨西哥之史，則又何國情之云。

二、教　　育

吾國之言振興教育，亦既二十餘年矣。而教育之效，茫如捕風，社會之漠視教育，且益甚。是誰之咎與？

吾聞昔之反對教育者矣！其稱學校也曰洋學堂，教員曰洋教習，學生曰洋學生，校中所讀之書，概曰洋書。是以外國之學校目我國之學校也。亦有以慕獎勵而入學者，是以科舉目學校也。又有迷信一通西文，即可得噉飯地，遣其子弟入校肄業，乃專爲習外國文起見者。是以上海今日之英文夜館目學校也。其反對學校固宜，而亦不足爲學校病。至今日則不然矣！社會之訾議學校，有以其管理訓練之未合者，有以其教授之未能得當者，雖不敢謂其所言之皆是，然校諸向者，固有天淵之隔。是固我國之教育家，所當反躬自省者也。

然則我國教育家之闕點，果安在邪？其方法之未善邪？曰："非也。"吾國初設學校時，無一人焉能知學校之真相者。其所謂學校，非科舉之變相，即古代學校之遺蛻耳。科舉無論矣，即古代之所謂學校，亦皆以造就官材爲宗旨，與今日之國民教育，固相去萬里者也。今則教育原理，既已畧明，教育方法，亦畧加研究。以理論，吾國之教育，當蒸蒸日上，而實際乃殊不然者。何哉？吾知之矣：天下事非昧於方法之爲患，而缺於真誠之爲患。真誠苟具，則雖於其方法茫無所知，亦未嘗不可以研求而得。否則，無論方法如何完善，亦終無望其實施，而其並方法而昧之者，無論也。《康誥》曰："若保赤子，心誠求之。雖不中，不遠矣。"今人亦有言："人當以學問爲目的，不當以學問爲手段。"吾國今日之教育家，惟皆以教育爲手段，而缺於保赤之真誠。故其昧於教育之方法者，不能研求而得，即深明教育之法，亦終無望其實施也。嘗見一西醫爲人診疾，法當灌腸而謬以瀉藥與之，問其故，曰："我非不知也，但灌腸頗爲煩雜，不如與以瀉藥之簡便耳。"此明於其法而不能實施之證也。夫使天下之任事者，皆不明於指置之法猶可言也，明於其法而不肯實施則真無如何矣。王荆公之論保甲也，曰："當使人民利在於爲保甲，而不利於不爲保甲。"此政家之所以不能廢督責也。然教育之事係屬軟性，非可以督責收效，故非身任其事者激發熱誠不爲功。

語有之："人存政舉，人亡政息。"使全國之教育家，皆不以教育爲身心性命之業，則教育決無振興之望，固不竢言矣。然欲舉全國之教育家，一舉而振作其熱誠，其術果安在？曰：凡事必有其本，本立則末自舉焉。吾謂今日全國教育之命脈，在於師範學校生徒；而師範學校之命脈，在於師範學校之教師。蓋嘗觀諸吾國之歷史矣：凡教育興盛之際，必有一大儒焉，本其熱誠，躬行實踐，以爲之倡，而必不專恃夫國家及社會之扶助。以言乎國立學校，有如胡安定者以主其事，則人才輩出，成效卓著。否則，博士倚席不講，生徒視同傳舍矣。以言乎私家教育，得人師如程、朱，經師如馬、鄭，以爲之魁，則流風餘韻沾溉數百年而未已。否則，風流歇絕矣。蓋凡事之振興，皆恃精神而不恃形式；而精神之振起，則必恃有人焉，躬行實踐，以爲之倡也。有墨子之形勞不休，自苦爲極，則其徒可使之赴湯蹈火者百八十人。有耶穌之愛人如己，視敵如友，則其徒之捨身衛道者踵相接。一夫敢射百決拾，此曾滌生《原才》之論所由作也。此其責，固不論何人，皆可負之。然以所處之地位論，則師範學校之教師負之實最易矣。

西儒有言："人類之行爲，非能日出新意也，不過取已往之陳迹而反復之已矣。"信如是也。觀諸吾國之歷史，全國師範學校之教師，其不可不深自勉也。

原署名：輕根。原刊《中華教育界》一九一六年第五卷第一期

三、選　舉

……人人之所知也。往者九品中正之制，操進退等第之權者，皆地方之華族，非有所懾於其所選之人，又非迫寒餓，待賂遺以自活也，猶且上品無寒門，下品無貴族。況乎今操舉之權者，多鄉里細民，苞苴饋贈，固非所羞，土豪廢官，又所夙畏者乎？夫選舉者，寄其權於人人，而監督不可遍及。人莫不有戚里往還之誼，有鄉黨相愛護之情，雖使俗美化行，比戶皆三代之直，猶慮其弊之不能盡絕也，況於今日風俗大敝之時乎？夫風俗之敝，各有所偏，或則近名，或則近利。近名者雖多客氣，顧猶重名節，矜聞望，極其弊，則士釋實而修聲，民採虛譽而遺悃愊之士而已。至於近利，則有不忍言者。夫固曰：爭求選舉之事，未嘗禁賢人君子使不得與也。然其爭之勝負，果何如哉？從來干譽求衆，忠正本不敵奸邪，況乎中國之俗以干進爲可羞，以恬退爲美德。賢人君子，其必逡巡退讓，不能與土豪廢官競，審矣。且人之爲國家謀，孰與其自爲謀之切；見義而爲，孰與其見利而趨之勇？賢人君子之爭選舉，所以爲義也，所以謀國也。而土豪廢官之爭選舉，則所以利其身，二者之爭果孰力？又況逆賢人君子者無後患，逆土豪廢官者患且不可測乎？若曰：議員雖不必盡善，然身由民選，必能代達民意，稍抑政府之專橫，吾又知其必不可得。何者？求牧與芻，非徒恃督責之嚴，抑亦恃靖獻之力。議員之當盡其職，與官吏一也。曠觀往昔，每當世衰俗敝之會，輒多寒蟬仗馬之臣。今日中國方直學絕道衰，氣節掃地之時，而望侃侃直節者之能安其位乎？往者袁氏之始爲假總統，而終以即真聞也，蓋非兩院議員之所甚願，非所願而終舉之者，則曰，袁氏陳兵力以脅之也。夫陳師旅以脅議員，則誠有罪矣。獨不解爲議員者，何以競爲所脅。今之言議院者，固猶斥斥然曰：當設於莫或脅之地，果必莫或脅之，然後能盡其職也。則刀鋸在前，鼎鑊在後，何由有犯顏敢諫之臣；旌旗靡天，鋒刃接地，何由有仗節死綏之士乎？使漢之甘陵，明之東林之徒處此，其所以自表見者當何如？夫富貴不淫，威武不屈，誠非可責諸人人，然觀諸往史，固亦吾國士君子之庸行矣，豈必好以苛論繩人，特恐不得士君子，國終無由爲治耳。夫世惟善以利誘威脅人者，亦易爲利所誘，威所脅，今中（下缺）

四、砭　宋

有宋一代，有二賢相。其在汴京，曰王安石；其在臨安，曰秦檜。安石之相也，直宋真、仁二代，紀綱廢弛之餘，養兵百萬而不能戰，郊祀冗祿之費，至數千萬緡。宋兵數，開寶時爲三十七萬八千，至道時六十六萬六千，天禧時九十一萬二千，慶曆時百二十五萬九千,治平時,百十六萬二千。養兵郊祀,與宗室吏員冗祿,號稱財政三大蠹。郊祀之費,至道末五百萬緡,景德時七百萬緡,仁宗時千二百萬緡。宗室吏員冗祿,真宗時九百七十八萬五千緡,仁宗時千五百四十四萬三千緡,治平視皇佑增十之三,元祐則一倍皇佑,四倍景德矣。租賦之重,當晏然無患之日,即已至於無可復加。蘇軾語。而兵士給賜,小不如意,輒又慮其鼓躁而爲變。歐陽修語。雖欲稍裁減之,以紓民力,莫敢發也。安石秉政七年,汰冗兵,史不言其數,但云所汰者甚寡。飭軍紀,開利源,節妄費。迫於元豐,保甲技藝,或勝諸軍,而將兵無論矣。各州餘蓄,皆可支一二年,而三司無論矣。循是行之,竭天下之財以養奸悍無賴之徒之弊可除,而富強可漸致也。其封樁軍餉,以充上供,致以陝西多兵之區,靖康勤王,僅得萬五千人者,蔡京之所爲,非安石也。諱言理財,不事鉤考,督責不加,散失不問,以元豐之蓄積,至紹聖初,不惟蕩焉以盡,且復有窮乏之患者,元祐諸臣之所爲,非安石也。以上皆見《宋史·食貨志》、《兵志》。安石之功,固不僅在理財、練兵,然此二者,實當時最急之務,宋所恃以救亡也。當安石時,宋之財政軍政,視治平以前何如？元祐以後何如？《宋史》雖極詆毀安石,不能誣也。至其罪狀安石之語,則均無可徵驗。然而世之論者,則曰北宋之亡,安石實肇之。檜之相也,直宋北都既陷,杭越革創之際,虜騎迫於江南,乘輿越於海嶠,永嘉奔亡,其不爲徽欽之續者亦幸耳。當時韓、岳、張、劉,皆號稱名將。然光世之驕蹇不用命,《宋史》本傳,已具言之。浚終始任專閫,然一敗於富平,而關陝以亡；再敗於符離,而恢復之業遂無可望。四川之全,吳玠兄弟及劉子羽之功,非浚力也。最不可解者,當宗弼渡江,使阿里蒲盧渾追高宗時,韓世忠、岳飛之軍,皆近在江南,是時宗弼之衆,不過數萬,且皆久戰疲憊,合而踔之,不難也。顧世忠則退駐江陰,飛則逗留廣德、溧陽,不敢越獨松關一步,轉不如世所詆爲大奸之張俊,尚能背城少抗,俾高宗得乘間入海也。建炎四年,給事中汪藻奏：劉光世、韓世忠、張俊、王瓊之徒,身爲大將,論其官,則兼兩鎮之重,視執政之班,有韓琦、文彥博所不敢當者；論其家,則金帛充盈,錦衣肉食,輿臺廝養,皆以功賞補官。至一軍之中,使臣反多,卒伍反少；平時飛揚跋扈,不循朝廷法度；所至驅掠,甚於夷狄,陛下不得而問。正以防秋之時,責其死力耳。張俊明州僅能少抗。奈何敵未退數里間,而引兵先遁,是殺明州一城生靈,而陛下再有館頭之行者,張俊使之也。臣痛念自去秋以來,陛下爲宗社大計,以建康、京口、九江,皆要害之地,故杜充守建康,韓世忠守京口,劉光世守九江,而以王瓊隸杜充,其措置非不善也。而世忠八九月間,已掃鎮江所儲之資,盡裝海船,焚其城郭,爲逃遁之計,洎杜充力戰於前,世忠、王瓊卒不爲用,光世亦晏然坐視,不出一兵,方與韓相朝夕飲宴,賊至數十里間而不知,則朝廷失建康,虜犯兩浙,乘輿震驚者,韓世忠、王瓊使之也。失豫章而太母播越,六宮流離者,劉光世使之也。嗚呼！諸將之負國家,罪惡如此,而俊自明引兵至溫,道路一空,民皆逃奔山谷,世忠逗留秀州,放軍四掠,至執縛縣宰,以取錢糧,雖陛下親御宸翰,召之三四而不來,元夕取民間子女,張燈高會,君父在難而不恤也。瓊自信入閩,所遇邀索千計,公然移文曰："無使枉害生靈。"其意果何在哉？臣觀今日諸將,律以古法皆當誅云云。於南渡諸將之驕橫跋扈，暨高宗播遷，確由羣帥之不能盡力，可謂抉摘無遺。世忠與金遇以來，可稱戰捷者，惟黃天蕩、大儀二役，黃天蕩之役，扼人歸師，且乘北人不善使船，猶終於敗衂。世忠之敗，由大舟無風不能動。蓋其所用，即隔歲用以裝載鎮江所儲之資，爲逃遁計者也。自八九月至明年四月，爲時已越半載，果使豫定江中邀擊之謀，何至並小舟亦不能造。大儀之役，則太宗凶問適至，金帥自欲解歸耳。飛與金人遇以來，可稱克捷者，惟郾城一役，他皆無可徵驗。飛本傳所載戰功，多誕妄不中情實，且即如所言，亦十之九在平內寇耳。其尤誕者，謂以兵八百破孔彥舟等五十萬衆，而清水亭之戰，至於橫屍十五里。當時羣盜嘯聚，正以兵燹之後，無所得食耳。屯聚多兵，必須口實，而謂其能合五十萬衆以攻汴乎？宗弼渡江，衆本不過數萬，分掠常鎮者，至多不過數千人，一戰而橫屍十五里，則金軍盡矣。諸此類者，皆不待深求，而知其不可信者也。然是役也，實以二萬餘人攻萬五千人，力戰半日，僅乃克之。與史所稱善以寡擊衆者適得相反。《飛傳》兀朮有勁軍號拐子馬，是役以萬五千騎，一若萬五千騎外尚別有大軍者，然據本集所載捷狀，則金兵是役共不過萬五千人耳。十二金字牌之召，本傳稱磁、相、開、德、澤、潞、汾、隰、晉、絳，皆期日與官軍會。自燕以南，金人號令不行，惜其以十年之功，廢於一旦。然據高宗本紀所言，則返旆未幾，諸軍皆潰矣。此等兵，而可恃之以謀恢復乎？況是時諸軍之食，皆由將帥自製，無復承統。"廩稍惟其所賦，功勳惟其所奏。將版之祿，多於兵卒之數。朝廷以轉運使主饋餉，隨意誅求，無復顧惜。"葉適語。兵驕於外，財匱於內，何以爲國。馬端臨謂宋用屈己講和之下策，由韓、岳、張、劉之徒，一遇女眞，非敗即遁，縱有小勝，不能補過。葉適謂諸將之兵不收，不特北方不可取，南方亦未易定，及其或殺或廢，愓息俟命，而後江左得以少安，豈虛語哉！而論者則曰：南宋之不振，檜實爲之。覬子曰：輿論之不可恃也久矣。輿論之不可恃，自有朋黨始，有朋黨，則有意氣而無是非，此黨之所是者，彼黨必力詆之，雖明知其是，弗恤也。彼黨之所非者，此黨必力贊之，雖明知其非，弗顧也。始以爲可行者，及異黨之人贊之，則忽以爲不可行。始以爲宜廢者，聞異黨之人詆之，則更以爲不宜廢。此不必徵諸遠也，就吾曹所身歷之事觀之可知矣。三四年前，立會結黨之風大熾，一時異軍蒼頭特起者，蓋亦十數，而某某二黨，相非爲尤甚。問諸此黨，則彼黨之人，盡鬼蜮也；問諸彼黨，則此黨之人，盡虎狼也。其實世固有不在黨內之人，自黨外之人觀之，此黨之人，果盡虎狼乎？彼黨之人，果盡鬼蜮乎？即不必黨外，雖黨中人，平旦之際，撫心自思，固亦有啞然失笑者矣。然當其張脈僨興時，則何暇及此，即及此，亦有迫於勢，劫於衆，欲自返焉而未由者矣。嗟乎，輿論之不可恃也久矣。自今日觀之，北宋之爲新爲舊，南宋之主戰主和，其是非得失，皆若無難定也。庸詎其在當日，彼亦一是非，此亦一是非，一如吾曹之親歷者乎？今使三四年前之史，而修諸此黨人之手，則此黨之人，有不爲北宋之王安石，修諸彼黨人之手，則此黨之人，有不爲南宋之秦檜者哉？晉王羲之有言，後之視今，亦猶今之視昔。唐杜牧亦有言，秦人不暇自哀，而後人哀之；後人哀之而不鑒之，亦使後人復哀後人。嗚呼，何其言之痛也。雖然是非之不明，其在後世，猶無傷也。何則，所謂古之人者，其骨則已腐朽矣，雖譽桀紂以堯舜，何益？雖毀伯夷以盜跖，庸何傷！獨恨其在當世，使事之是者無由行，非者無由止；士之善者無以自見，惡者無所畏憚。數十百人，謀之帷幕之內，而百千萬人爲之奔走先後，若狗之受發蹤指示於人，方自以爲爲國，而不知其皆爲人謀私利也。嗚呼，痛哉！孔子曰：君子矜而不爭，群而不黨，有以也夫。論者曰：黨有善有不善，其不善者不可有，其善者不可無。吾亦云然。獨不解何以得其善者。神州之士，矜名而好利，蓋承專制之治既久，自貴近以至疏遠，莫不欲爲奸弊以自取利，所以督責之者，惟恃君主一人，其勢固不可遍及。風習隨法制而變，待人以誠信，人亦以誠信報之；待人以欺詐，人亦以欺詐報之；專制之治，專防人爲奸弊，故奸弊卒不可免。孔子曰：君使臣以禮，臣事君以忠。孟子：君之視臣如土芥，則臣視君如寇讎，即此理。韓非論八奸，至於同床父兄，皆不可信，非故刻深，理實如此。則不得不尊之以名，而冀其自矜尚。孟德斯鳩所謂君主之治，其本在於寵榮。而堂陛等級之説，深入於人心，士大夫之自視，恒允異於庶民，積之久，遂成爲性，不獨其於細民然也。即士大夫相遇，亦矜冀不肯相下，有尚之者，雖枉道，必復之。故既有黨爭，即必不能循正道。又自秦漢以降，世祿之制既廢，而士大夫猶以官爲家，其飲食衣服宮室車馬，恒美於人。語曰：位不期驕，祿不相侈。亦惟驕者愈思競進，侈則益以患貧。侈恒患貧，理甚易見。驕思競進，道亦同之。益驕則恒思上人，思上人，則恒欲然自覺其勢位之不足也。朝廷雖有代耕之制，固不能饜其無涯之欲。即如清世末秩，祿誠傷薄，位高者初亦不然，然仍貪求無藝者，所謂侈則益以患貧也，必執厚祿以養廉之説。祿愈厚，侈愈甚，侈愈甚，祿亦愈厚，相爲無窮，豈國家所能給。固知簠簋不飭，實由風俗之敝，官方之不肅，非徒厚祿所能挽回矣。於是號爲士大夫者，其貪求往往過於庶民。惟其貪求出於迴不得已也。則利之所在，不得不奮起而圖之，一人之力不足，則不得不藉助於徒黨。歐陽修有言，君子與君子，以同道爲朋；小人與小人，以同利爲朋。以同道爲朋者，吾見亦罕矣。黨中魁碩，未必志在圖利，如宋之王安石、司馬光。無論謂其孰是孰非，指爲圖利，必皆不可也。然一二魁碩，雖不以圖利爲心，而千百景從之者，實皆以圖利爲主。安石變法誠是，其所用，誠亦非盡小人。然謂其必無一小人，無一行新法以擾民、借新法以謀利者，則必不然。舊黨以用小人詆新黨矣，然其所用，亦何嘗是君子。果多君子者，何至以熙豐餘積，督責不加，散失不問，數年間，即皆蕩焉以盡乎？且如今之爲黨者，其黨中一二俊彥，非以圖利爲心，亦豈不皎然與天下共見哉。一人雖善，無如衆何，君子所以必愼所合也。以同利爲朋者，則自古以來，未嘗絶也。特其關係有大有小，其關係大者，人咸指目，其關係小者，則弈世之後，人或忘之，而其徒，亦有時以黨自名，有時不以黨自名耳。大抵立黨必借美名，其時有名可藉者，則以黨自名。否則不以黨自名，今之黨亦多矣，獨世所指爲某係某係者，初未嘗有黨之號，其明證也。亦惟其矜愼尙氣，習而成性也。故結黨之始，雖以利合，及其爭而求勝，則並其所爭之利而亦忘之。私利且猶忘之，而況於公事乎？此數千年來，所以一有黨人，政治即敗壞不可收拾，論者雖或指一黨爲君子，亦卒於國事無裨也。語曰：狐埋之而狐搰之，是以無成功。西人亦有言，惡政雖不如善政，猶愈於無政。今使國無黨禍，而執政者不得其人，其所行誠不能善，然猶不失爲惡政也。獨至有黨，則門戶相持，更起迭仆。此黨得政，則彼黨之所行者悉廢；彼黨得政，則此黨之所行者亦如之。如行路然，今日西行百里，明日復東行百里。如繪圖然，左手畫圓，同時右手又欲畫方。自黨人言之，固皆持之有故，言之成理也。自國家言之，則亦已所行者，悉自廢之。已所廢者，旋復行之耳，是無政也。即強謂之有政，則亦舉棋不定之政耳。舉棋不定之政，則政之最不善者也。請更以近事證之，吾國之有黨議，蓋始於戊戌，其在今日，固無以“維新”、“守舊”名其黨者矣。然其始，固起於新舊之不相容。戊戌變法，未及百日，即有瀛臺之禍。極之於庚子，庚子以後，則有辛丑之貌行新政，行新政者特其貌而已，則有辛亥革命之役繼之，即辛亥之革命，則又有癸丑以後務復淸之法，有癸丑以後務復淸之法，則又有今茲西南之役繼之，其口實雖各有在，究其實，則仍一新一舊之迭爲起仆耳。試問其果何所成乎？向使戊戌以後，新政遂行，德意志、日本變法之效，固未嘗不可幾。即至戊戌之變法，一切皆守甲午以前之舊，其敗壞，亦決不至若是其甚。何則？無戊戌則無庚子，拳匪之亂，可以不作也。無庚子，則無辛丑以後之貌行新政，詐言立憲，人民之怨怒未深，辛亥革命，或猶可緩也。無辛亥則無癸丑，同室操戈之禍無自而生也。無癸丑，則無去歲之勸進。今茲西南之戰禍，又無由而起也。凡此諸役，主持之者，固莫不自謂有益於國，孰知其輾轉遷變，皆利不及見，而害已隨之乎！今日誠不自覺，奕世之後視之，亦何以異於宋之忽以母改子、忽以子紹父者哉？黨之善者，吾亦知其不可無，亦非敢謂今後之黨，必不能善，然吾觀諸既往，則吾不自知其涕泗之何從也，嗚呼！

五、哀　隋

　　粵稽史乘,有天下二世而亡者,曰秦與隋。秦政淫虐,隋文則恭儉之主也,史稱其躬節儉,平徭賦,倉廩實,法令行。君子樂其生,小人安其業,強無陵弱,衆不暴寡,人物殷阜,朝野歡娛,二十年間,天下無事。蓋自秦以來,國計之富,莫過於隋。馬端臨曰:古今稱國計之富者,莫如隋。然考之史傳,則未見其有以爲富國之術也。蓋周之時,酒有榷,鹽池鹽井有禁,入市有稅,至開皇三年而並罷之。夫酒榷鹽鐵市征,乃後世以爲關於邦財之大者,而隋一無所取,則所仰者賦稅而已。然開皇三年,調絹一匹,減爲二丈,役丁十二番者,減爲三十日,則行蘇威之言也。繼而開皇九年,以江表初平,給復十年,自餘諸州,並免當年租稅。十年,以宇內無事,益寬徭賦,百姓年五十者,輸庸停放。十二年,詔河北河東今年田租,三分減一,兵減半,功調全免,則其於賦稅,復闊略如此。然文帝受禪之初,即營新都,徙居之,繼而平陳,又繼而討江南嶺表之反側者,此則十餘年間,營繕征伐,未嘗廢也。史稱帝於賞賜有功,並無所愛,平陳凱旋,因行慶賞,自門外夾道,列布帛之積,達於南郭,以次頒給,所費三百餘萬段,則又未嘗嗇於用財也。夫既非苛賦斂以取財,且時有徵役以縻財,而賞賜復不吝財,則宜用度之空匱也。而何以殷富如此,史求其說而不可得,則以爲帝躬履儉約,六宮服浣濯之衣,乘輿供御,有故敝者,隨令補用,非燕享不過一肉,有司嘗以布袋貯乾薑,以氈袋進香,皆以爲費用,大加譴責。嗚呼! 夫然後知大易所謂節以制度,不傷財,不害民。孟子所謂賢君必恭儉禮下,取於民有制者,信利國之良規,而非迂闊之談也。雖曰用法嚴峻,然所持者國家之刑章,未嘗殘民以逞其私慾,以視秦政起阿房之宮、營驪山之壙、極三邊之戍、陳五族之刑者何如哉? 然其興亡乃以不異,何也? 觀子曰:吾讀《隋書》劉昉、鄭譯、柳裘、皇甫績、盧賁傳,然後知隋之亡,宜也,非不幸也。何者? 國於天地,必有與立,所與立者,非徒高垣墉,修甲兵,而曰我有以爲強,充倉廩,實府庫,而曰我有以爲富而已。蓋必有與之圖治理者焉,亦必有與之共危難者焉。聞之,人有上中下三品,上焉者,先天下之憂而憂,後天下之樂而樂;中焉者,雖不能損己以益人,亦不至賊人以利己;其下焉者,則憂人之樂,而樂人之憂。享之以五鼎,弗飽也,必紾臂而奪人食。裸之以三女勿安也,必殺人而竊其妻。若是者,一人樂其生,則天下無以安其生,一人遂其欲,則天下無以養其欲,雖彼亦不自知其所以然也。一言以蔽之,則好亂而已矣。好亂之性,不必介冑之夫也,雖縉紳之士亦有之。隋文帝之論劉昉等曰:微昉等,吾不及此,然此等皆反覆子也。當周宣帝時,以無賴得幸,及帝大漸,顏之儀等請以宗王輔政,此輩行詐,顧命於我,我將爲治,又欲亂之。可謂洞燭其心矣。夫與治同道罔不興,與亂同道罔不亡,今欲圖治而所與謀者皆好亂之人,幾何不南轅而北轍也。一代開國之初,必有鳥盡弓藏之禍。微特韓信、彭越也，即裴寂、劉文靜輩，亦卒不得免，豈無故哉？雖然，其在武臣，則除之易，在文臣，則除之難。何則？武臣之所長者，戰伐而已。當開國之初，群雄既略以芟夷，即萑苻亦俱滅息，爲武臣者，勢必釋兵權，奉朝請。髀肉既生，部曲離散，雖欲爲亂，勢固有所不能，縱或不然，而動干戈於扶傷救死之年，疲轉餉於十室九空之際，固非厭亂之人心所欲，故因而除之易也。至於文臣，其能交通私室，覷立公朝，盜竊魁柄，潛移至步者，其才智必有以大過於人。當開國之初，固不能捨是輩不用，而得國之主，不由徵誅而由禪讓者，其性情又大率猜忌，視舊朝之士，往往舉不可信，而士之忠亮死節者，亦或高蹈山林，羞與爲伍，則捨是輩，固無可用之人。夫一朝開國之初，所以能獲數十百年之治安者，以其能舉第一等人，與之共治，斥第三等人，使伏匿不敢出，而衆多之中人，有以安其生也。今若是，則有革政之名，無革政之實。入其廟，則鐘鐻遷移矣。而所與圖治者，仍無非亡國之大夫，是與亂同道也。高熲之在周也，文帝實召之，熲欣然承旨曰：縱令公事不成，熲亦不辭滅族。其險陂僥幸之心如見矣。以險陂僥幸之心來，則亦以陰陂僥幸之心去。有隋一代，所稱開國名臣，無若熲與楊素、蘇威者。素內比獨孤，外交通晉王，卒危儲君，以覆國本，文帝之強死，素且躬與其謀。威以仍世老臣，僕僕亟拜於宇文化及、李密、王世充之間，而無所愧。豈真文帝之待其臣，大失其道，而其臣視之，若路人寇讎哉？其心，皆熲之心也，亦即劉昉、鄭譯、柳裘、皇甫績、盧賁之心也。無與共立，誰與共斃。史論之曰：在人欲其悅己，在己欲其罵人，諒哉！然則隋之亡，宜也，非不幸也。昔者魏武帝，雄略之主也，其得天下，實由躬擐甲胄，四征不庭，非真如石勒所言，欺人孤兒寡婦，狐媚以取之也。徒以當國之時，好獎進不忠不孝辱名賤行之士，奕世之後，亦未能引用忠亮死節之臣，而孫資、劉放等，遂得因以爲資，其事與隋最相類，然則欲圖治者，其亦思除舊佈新之義，慎所與共治之人，無至於無與共斃時而後悔哉！

六、生　　計

魚之肆久矣，且所爲議行生利之政者，以養胼手胝足，能勤勞以自活之民；非以養乘馬縱徒，安坐而食之士；尤非以美名畀駔儈，俾便詐欺。今地方亦有以閑民無所歸，而設習藝之所，立因利之局以消納之者，然多以號稱薦紳者主其事，簿書廩祿之費，浮於經營擘畫之勞，是設局所以養遊士，非以養閑民也。至於人民自營之業，藉口於挽回利權者，大抵取股份有限公司之制，集財既多，而每一股東，所出甚少。其聚集又甚難，固無從施其監察，則主其事者，往往不免於詐諼。蓋有立一公司，經營數年，所營之業，一事未舉，而股本則蕩焉以盡者矣，是使富人益不敢出其資，而貧民益無以爲生也。股份公司之利，最大者，在能聚散資。使無此公司，則此資本，皆棄置焉，不能生利者也。即生利，亦必不能如是之大。又大事業，獲利不可必，或甚緩者，非十數人數十人之力所克任，則亦不得不用股份公司。然必主其事者，能守信義，且有經營之才而後可，否則徒使便詐欺，以股份公……（中缺）終至流爲盜寇。吾生三十年，見有棄南畝而事他業者矣，未見有既事他業，而復返於農者也。生計學家言，任物自竞，必趨於平，故求過於供，則民自趨之，供過於求，則民自棄其業，此以言商業則可。今人或並欲以論農業，則大謬。數見棄農業而事他業者，至於困頓失所，土田猶在，然卒莫肯歸耕，以此知道返本之難也。夫民之治生，豈待獎勸，然古先聖王，必於民事特加之意者，豈無故哉？或曰：子之言則然矣。如經費不易何？應之曰：縣各自測量其荒田而圖籍之，所費不多。非編測一縣之田也。地方自治，當能舉之，至貸民以籽種耕具，則可勸富人出資，設立農業銀行，以主其事。即或瘠省僻縣，銀行不能遽設，必有待於政費，亦仍可取其息而責其償。有所貸，無所費也。從古未有民逋官債致不償者，即或有之，土田猶在，固可賣諸富人也。若慮吏胥肆虐，則地方自治，可以監察之，況此事本可由地方自爲之，不必假手於官也。且即謂有損經費，吾猶謂當緩他政而舉之，何則？凡百興利之事，往往至於養遊士，便駔儈，獨至於農業則不然。言農業而立學校，設農場，猶或不免以養遊士。至於招民墾荒，而以銀行貸貣之法，假之籽種耕具，則任事者無所施其奸，即或不免，亦必較他事，奸弊爲獨少也。今日國家之政，莫急於養民，相生養之道，固當使民自爲謀，然其勢緩急不相及，則不得不有待於國家。今即言地方自治，主其事者，亦仍地方之士紳，其人仍與官相近，不能與官治大異。而以行政之官，主興利之事，又必不能善而適以滋弊，則其道兩窮。無已，則擇其事簡而易行，弊之著而難掩，效之有實跡可睹，而不能以空言塞責者爲之。其委曲繁重者，則待民之自謀焉。其庶有豸乎？言農業，特以發其凡，凡言生利之政者，皆可以此理推也。

七、察　　吏

……（上缺）習，則不得不望有賢令長，以督責而輔翼之。蓋中國自治之廢，既千餘年矣。秦漢而後，日益廢墜，至隋唐而蕩焉。其故則由於民能自治，與君主專制不相容也。參看《共和中》。民間利害切己之事，雖多出於自謀。特由政治疏闊，官不爲謀，無可如何而然，非法之所許也。惟其非法之所許也，則人民於自治之權，失之已久，一旦授之，未必遂能自有。又向之自治，出於人民之自謀，則必其智之所及，智及之，力自足以監察之。且其所舉至簡，則亦無利可圖，而事非法之所許，則又無權力可藉，故雖不能興大利，尚不至轉蒙其害也。今者事體既與昔異，則土豪勢家，刁紳劣監，必有群起而攘其權，以自利者。以向者堂陛等級之説之盛，官民相去之遠也，雖其退處鄉里，或徒讀書應科舉，尚未入官者，其權力猶與庶民殊絶。今又益以法律，爲之保障，其名又甚美，而謂良懦之徒，能與之抗乎？不幸如是，則名爲自治，實乃自亂也。而其害之所及，將窮鄉僻壤無弗遍，米鹽瑣屑罔或遺，不肖官吏之威，所萬不能違者，今則舉不得免焉。是驟增數百千萬之貪官酷吏也，其庸有幸乎！他事且弗論，即如税捐，便可多立名目，任意收取，名曰徵諸地方者，仍用諸地方，人民之自利，至切近也。實則用諸何處，莫可究詰，即誠用諸有益之事，而事亦有名無實，何處可控訴乎？今者沿江沿海，民智較開之地，此等事猶不免時有所聞，而況僻陋之區乎？其爲患可勝言哉！惟得賢令以督責而輔翼之，持法嚴則豪暴自威，彰癉明則群情自奮，有守有爲之士，皆願自靖獻於地方。夫然後何利當興，何弊當革，可得而知，既知之，即能興革之也。夫治國之道，猶築室然，雖有高明，基礎必起自地。故必民之力足以出税，而後上有可理之財；必民之心願欲效忠，而後上有可經之武；必民有望治之意，而後上能與之爲安；必民無轉死之尤，而後上能施其所教。故國家所行之政，欲以策富强者，必民生粗裕，然後可行，否則適以滋弊。如言理財適資中飽，言練兵適釀亂源之類。而利民之政，亦必有地方自治，然後能行，否則徒有其名。而地方自治之善否，胥於親民之官繫之。則親民之官之在今日，所繫之重，豈特漢宣帝時比哉？且物之能爲利者，則亦必能爲害；其爲利愈大者，則其爲害亦愈大，此等之無可如何者也。親民之官，其能利民既如此，則不得其人，其爲害亦必特甚。曠觀歷代亡國之禍，未有不由中朝失政，地方官吏，皆不得其人，然後毒痛於四海者。向使處郡縣者，皆公正廉潔之士，則立朝庭者，固無與成其奸。勝朝末造之弊，即由於察吏太寬，而馭民轉嚴。吏有違法者置勿聞，而民之顛連困苦，則日以加。有赴訴者，則遏抑之使不得伸，故民生愈蹙，民情愈憤，而革命之禍遂不可免。《詩》曰：“殷鑒不遠，在夏后之世。”是誠我民國之鑒也。然則若之何而可得良吏也。曰：其道有三，在嚴其選，在久其任，在明其賞罰。蓋人必有欲善其事之心，而後有能善其事之實，亦必先知其所事者爲何事，而後有欲善其事之心。今之官吏，饑食而渴飲，醉生而夢死，其於國家之何以設是官，而吾既居是官，當有何責，且茫乎其莫之知也，而安望其能舉其職。今夫人之有才識者，誠未必皆有德行；然才識優者，其德行終易於善。何則？其所見者廣，則其所欲者大也。今有人焉，學問精博若顧亭林，高自期許若黃梨洲,而謂其一行作吏,猶且畫諾坐嘯,但以適己;抑或苞苴饋贈,僅知自肥,有是理乎?故儒者誠不必皆吏才也,而名儒往往作循吏。今之論者,懲於有才識之人,德行未必盡善也,因之於官吏登庸之切,謂並其才識,亦可不試,亦惑矣。往者文官考試之初行,吾即極言所以取之者當極嚴,瘏口曉音,曾莫之聽。至今日,而彈冠相慶者,又以羊頭羊胃聞矣。循此以往,雖有嚴法以繼其後,猶施駑馬以鞭箠也,故今日而不欲爲治則已,苟欲爲治,必舉現在之官吏,一切甄別之,才識不稱者在所必汰,雖叢衆怨,猶不可以已也。此嚴其選者,事之始也;古之言久任者多矣,莫切於王安石。其言曰:人之才德,各有所宜;久於其職,則上狃習而知其事,下服馴而安其教,賢者則其功可以至於成,不肖者則其罪可以至於著;故久其任而待之以考績之法,則知能才力之士,得盡其力以赴其功,而偷懶苟且之人,雖欲取容於一時,而顧僇辱在其後,不敢不勉。夫中國向者之官,不任事者也。蓋承數千載苟簡之治,凡事皆但求敷衍目前,既但求敷衍目前,則無所謂興利,無所謂除弊,苟能循例而行,即已無忝厥職,而循例而行之事,固人之所能爲。論者謂中國之官,但有衙署,指吏胥幕友等也。人人可作,蓋謂此也。今者國命之絕續,胥於政事之善否繫之,而政事之善否,則其關鍵,悉繫於親民之官之身。安得如向者之爲,得一人焉以處其位,而遂謂爲已足?其所以責之者既艱且巨,則其所以任之者,自必既專且久,而後可以責其成功,此不易之理也。故久其任者,事之中也。亦既擇其可用之人而後用之矣,又嘗畀之以可爲之資而後使之爲之矣。夫然後責其成功,而隨之以賞罰,賞之則必使之可欲,罰之則必使之足畏,則所謂明其賞罰者,事之終也。語曰:爲治不在多言,顧力行何如耳。今之論者,非高談憲法,即侈語民權,而不計法之何以行,民之權何以輔翼之而使之自有也。吾爲之懼,作《察吏》。

八、議　　兵

《老子》曰:抗兵相加,哀者勝矣。斯言也,實兵家之精義也。自古亡國敗家者,其兵罔不驕;成師克敵者,其兵罔不哀。何以言之?曰:兵者,所以求戰也。戰於外者必肅於內。故常勝之兵,觀其紀律之精嚴,而知其志之哀也。亡國之兵,忍於賊其民,而果於逃其敵,其將帥不恤屈膝於敵,而不肯受命於朝。蓋不待其敗績失據也,觀其兵之不可使戰,而知其志之驕矣。世之論者恒曰:唐藩鎮之權重,故其兵強,雖有分裂之禍,而夷狄卒不敢侮。及宋削藩鎮之權，歸之朝廷，而北狩南渡之禍作矣。此訾謺之論也。自古夷狄之侮中國者，不徒由中國之弱，而亦由夷狄之强。遊牧之衆，居帳幕，逐水草，食甘潼酪，衣便旃裘。終日以挽强射堅，騎乘馳逐爲事。堪飢渴而耐寒暑，好戰鬥而果殺戮。以是爲兵，固非事耕稼愛室家之民所能敵。不獨中國有遼、金、元、清之禍也，希臘之不敵馬其頓，羅馬之不敵日爾曼，皆此之由。今西人每以遼、金、元、清之禍，譏中國之不武，此知二五而不知十也。惟其法制之所以維繫其衆者，不如中國之謹嚴，故有雄鷙之主，能用其衆，則數十百萬人，可以立集。今人每好言某某爲某國之中心人物，遊牧之群，則真恃一人以爲結合之具者也。而不然者，則其離邊也亦忽焉。昔者匈奴，散處北方，無大君長，歷春秋戰國之世，常爲中國弱。及冒頓起，東擊破東胡，西走月氏，南并白羊、樓煩二王。控弦之士數十萬，則南與諸夏爲敵國矣。昔者鮮卑，其衆常爲匈奴所破，南走保中國塞，部落雖衆，亦寂寂無所表見。及檀石槐起，諸部悉臣，南抄緣邊，北掠丁零，東卻夫餘，西擊烏孫，則北邊爲之旰食矣。是何也，合則强，分則弱，物之理固然。方唐之初，北方號爲桀强者，惟一突厥。然既即衰亂，骨肉內攜，酋豪外叛，唐因而亡之。薛延陀欲繼突厥之業，未成，爲唐所摧破。回紇之衆，始處甘涼間，則比漢保塞鮮卑耳。及安史之亂，然後還北庭，號令諸夷，則其衆亦既濡染華風，浸流於弱矣。故終唐之世，漠南北之地，未有能用其衆，以與中國抗者也。假其有之，便橋之役，安知不爲澶淵之盟；陝州之幸，安知不爲土木之狩？此非過甚之詞，熟讀《唐書》，考其兵力，自見。且後來李從珂、石重貴之衆，百戰而不敵契丹者，非唐藩鎮之遺乎？方安祿山、劉仁恭時，固嘗屢出塞，斬刈俘馘，燒絶野草，以窘其衆矣，是何其勇於前而怯於後也？宋南渡之初，岳飛、韓世忠、劉光世之兵，分駐江淮，不可號令，不減唐之藩鎮。顧何以所謂戰功，僅能剿除內寇，一遇女真，非敗即遁。馬端臨語。見《兵考》，此當時實錄也。《宋史》諸帥傳，鋪張戰功，均不足信。而西川一路，軍馬賦稅，朝廷始終未嘗遙制，迨元兵一至，東西兩川，不匝月而陷，曾不能據土以自完乎？今中國之兵，驕悍不可制馭也，而一臨之以外人，則戢戢聽命，焚掠淫殺，陳簿書而誰何。而下一令曰，汝其毋佩刀帶劍入租界，則梲甲投戈而後敢入矣。其爲將者，內自恣而外托於樸誠，朝命不能行，輿論非所恤。而一旦令之曰：汝其詣外人謝罪。則負荆踵門，有忍辱負重之風；銜杯勸酬，若緩帶輕裘之度矣。嗚呼！吾所謂忍於賊其民，果於逃其敵，不恥屈膝於敵，而不肯聽命於朝者，既肇其端矣。自今以還，政令日益夷，則將士日益驕，將士日益驕，則政令亦日益夷，其何能淑？載胥及溺，尤爲季漢晚唐之不暇，而何暇言强？日羈縻悍將，撫循驕卒之不暇，而何暇言治。觀子曰：居今日而欲言治，其必自去驕兵始矣。夫今之兵雖驕，實政令不立，有以致之，非真有力，能與政府抗也。欲去之固易，然國不可以無兵也。今之驕兵雖去，而後之爲兵者，其驕如故，則若之何？是不可不求其本矣。今日本，常勝之國也。其所行，民兵之制也。然覘國者則曰：日本今後而欲用其衆，其惟北土之民乎？若東西兩京之民，憊矣，是何也？富則樂其生，智則重其死，人情固然，無如何也。今中國疆域廣遠，五方之風氣不齊，僻壤之民，猶有樸僿若太古之世者，以言乎知識之廣，資生之豐，誠不能與今日號稱文明之民比，然其用諸戰陳，則其强毅而敢死，質樸而聽令，蓋有非號稱文明之民所能逮者矣。《老子》曰：禍兮福所倚，福兮禍所伏。管子曰治，亦貴因禍而爲福，轉敗而爲功，斯固未嘗非中國之福也。論者不察，往見歐西諸邦，皆行兵民合一之制，謂舉國丁男，皆有執於戈衛社稷之義，欲放而行之，劃區而征，不擇地而施。吾見來者，悉市井浮浪之徒，而聽令敢死之民，乃無一與焉者也。故練兵者必擇地。昔斯巴達人，以敢戰聞於歐洲者也，史稱其軍人出征，其母戒曰：吾祝汝負盾而歸，不則使盾負汝而歸。日俄之戰，吾友有客日本者，親見日人從軍，其父敕之曰：敗歸，毋相見也。夫人之好名，或重於其生，而其惡辱，或甚於其死。今使結髮而從軍，逃敵而歸，則父母不以之爲子，妻不以爲夫，鄉里恥道其人，而友朋羞與爲伍，驅幹倖存，生趣都盡。其人安得不昂首求敵，死不旋踵？今也不然，出軍之時，父母或涕泣詔之，戒以勿盡忠而傷孝；其敗歸也，親戚故舊，或又置酒而招之，慶其蹈死地而生還。有生之樂，無死之心，其人安得不見敵而逃，三戰三北？中國向者，狃於“好人不當兵”之諺，非流盪無室家者，咸以執兵爲羞。故兵與士判然兩途，爲兵者雖獷悍，恰無士大夫之氣習。自變法以來，始曰：兵不可以無知識，又不可以無身家，於是設爲學校以教之。言徵兵，則庠序之士、貴游之子弟皆入焉。夫中國人人視學校，本與其視科舉無殊，其視海陸軍學校，又與其視他種學校無異，然則其習海陸軍，亦應科舉而已矣。至於貴遊子弟，飛鷹走馬，本其所長。其從軍也，則亦以是爲遨遊，率其輕俠自熹之性耳。近十餘年來，始以士大夫之氣習，羼入於行伍之中。武官之惜死，益之文官之愛錢；軍人之獷悍，文之以士大夫之巧僞。非無知識也，然其所謂知識者，知仗義而死，不如蒙垢以生。非無身家也，然其所謂身家者，知身後孤兒寡婦之可悲，而在今日澆漓之俗，決無感念其戰死而恤其妻子之人而已矣。此真所謂富則樂其生，智則重其死者也。嗟乎！兵，凶器也；戰，危事也。三軍之士，皆揮涕奮臂，爭欲效死，猶懼不濟，日討國人而申儆之，猶懼其不可用，況以舉國執干戈之士，而無一人焉有欲戰之心者乎？故練兵者必擇人。

知此二義，而兵其可爲也。猶有言者，國家之練兵，所以禦外侮也，非徒以防內亂也。自清之季，始有"練兵以防家賊"之言，嗣後民之囂然非其上者日益烈，而上之所以防其民者，亦日益嚴，練兵之意，乃十之九在防內亂。今既曰共和，當無事此矣。則練兵當注意於邊境，不當注意於內地。古之言廟算者，守在四裔，今縱未能，亦宜守在四境。譬有賊，則拒之於門戶耳，毋拒於堂奧也。果若此者，滿蒙回藏數萬里之地，其民或去遊牧之世未遠，或猶未知稼事，雖怠惰不能事生產，其質樸勇敢之風猶在，練以爲兵，吾知其必勝富厚巧僞之匹矣。用兵之道，最貴形格勢禁。今者歐洲蹀血，吾國乃受池魚之災。向使天山南北路，有精兵三十萬，近控波斯，遠引突厥，其形勢，豈弟猛虎在山之比哉！或曰果如是，如外重何應之？曰：治國者貴以道得民，次亦有術，不聞以兵。果其有道術也，兵雖強，固能使之致死於敵，何外重之足尤。苟其不然，則蕭墻之內，皆敵讎矣。自辛亥迄今之擾擾者，寧滿蒙回藏之爲之邪？且吾非謂內地可去兵也。事固有緩急先後，今欲練兵，滿蒙回藏與內地果孰急？固不待繁詞以明之矣。

九、學　校

客有問於予者曰：今之言治者，果有以異於昔之所云乎？予曰：有之，其惟教育乎？蓋昔之言治者，常恃夫在上者一二人之聖；而今之言治者，則恃夫在下者億兆人之賢。夫一二人之聖，難得而易失也，雖以堯舜，天下爲公，而禪讓之制，猶易世而廢，豈必曰至於禹而德率衰，抑王佐不接跡，而霸才不比肩，爲天下得人，固非易事也。至於億兆人之賢，則其勢衆而可恃。是以鑽燧既啓，民不易且孰而飯腥；蠶織既興，民不釋布帛而卉服。何則？知其事者既衆矣，則一人不可以售其奸；欲善其事者既衆矣，則一人不容以肆其惡。故言治而至於人人皆能與政，則必一治而不可復亂也。何以致此，其惟教育乎？昔之言治者，常以爲國有君子小人之別。無君子，莫治小人；無小人，莫養君子。今之言治者，則知四民之職雖殊，其爲邦本則一。制治清濁之原，必在斯民智德之優劣。故教育所及，無間之民，循是以往，人人皆能與政之盛，可以漸幾，則一治一亂之象可不復見也。故曰：教育者，今昔治術同異之原也。客聞之，啞然而笑曰：子之言則然矣。然吾聞之，見彈者不求雀炙，見卵者不求時夜。何則？爲其太早計也。畫地爲餅，不可以充饑；刻木爲馬，不可以致千里，何也？爲有其名而無其實。今子知教育之善也，而不知中國今日之教育之必不能善，亦何以異於見彈而求雀炙、刻木求馬而欲以致千里者乎？予曰：何謂也？客曰：凡政治之道，必不能廢督責，今之論者則曰教育者，民之所自爲謀也，非政事也。從事於教育之人，則皆熱心於改進群治之人，非猶夫從政之人也。然以吾觀之，則初不知其何以異，何則？政事與非政事，必有其所由異焉。今爲之説曰：凡事之仰給於國家若地方之政費者，必爲政治，從事於其事而受祿焉者，必爲從政之人，度亦持論者所不能異也。今之學校則何如？曰國民學校，曰高等小學校，曰乙種實業學校，則以縣與市鄉之經費設之者也。曰中學校，曰師範學校，曰甲種實業學校，則以省之經費設之者也。曰大學校，曰專門學校，曰高等師範學校，則以國家之經費設之者也。從事於其事者，則受祿於國家，或於省或於縣與市鄉者也。此而得謂之非政事乎？其人，得謂之非從政之人乎？其事既爲政治矣，其人既爲從政之人矣。則督責之道，固必不可費。然今之從事於學校者，則吾不知其所以督責之之道，果何在也？夫督責之道，在辨其善惡，而嚴其賞罰，今之司教育之政者，固曰：吾善惡未嘗無辨，而賞罰未嘗無章也。然以吾觀之，則又不知其善惡之何從辨，而賞罰之何所據而施。何則？凡察事之善惡者，必於其既成之後，而勿於其方爲之時。察之於既成之後，則是非顯著，功罪分明。察之於方爲之時，則責任不專，徒滋掣肘。夫學生成績之善否，此司教育之政者，所恃以督責辦理學校之人不二之術也。今於此，初若未嘗注意者，顧於其辦理之時，諰諰焉派員考察之，謂之視學。姑無論視學之員，多出本籍，與辦理學校者，恒有親故相知之雅，能否秉公，未可必也。即皆能秉公矣，彼辦理學校者，縱極廢弛，安肯於視學之員蒞校之日，悉暴露其狀乎？至於畢業之時，則考試學業，核計分數，轉一任諸辦學者之自爲，司教育之政者，縱有駁詰，則駁詰其所試之科目，及其核算之方法，與部定章程合否而已。其試卷誠爲學生所自作與否？其分數，果與平時之學業相符與否？皆不問也。如是，則其學生之成績，焉有不善，而辦理學校者，焉有不勝其任者乎？今使唱一議曰：凡學校學生之畢業者，必由官另派員考試，平時辦理學校之人，皆不得與，則必大爲輿論所攻擊。曰：考試之事，不合於教育之理，於學生之智德體力，皆有所損也。而不知有此一試，則學生成績之善否無可虛飾，教員任事之勤惰，即無從遁匿，其任事不得不勤，教授勤，則學生之興會多，約束嚴，則學生之放心少，自無從放恣淫逸，以自戕其生，其於身體，不徒無損，抑又有益也。學校之有考試，所以督責教員，而非以困苦學生也。即以學生論，其畢業於學校者，國家亦既與之以畢業生之名矣，名之曰某某學校畢業生，是不啻告人曰：某之於某種學問，已有某種程度也。則當其與以此名之時，固不容不切實考校其名實是否相副！不然，是國家所設之學校，爲妄語以欺人也。夫使今日風俗，事事核實，凡畢業於學校而無其實者，皆屛勿用。而辦理此學校者，因之爲公論所輕，則國家雖不加以督責，固亦無害於事。而無如今之從事於學校者，率以作官之技處之，不畏公論之譏評，而惟憚官司之督責。苟使督責我者而無異詞也，則畢業該校者，縱盡樗櫟庸才，無一見用於世，其人固仍安居其位，且亦未嘗爲公論所唾棄，則亦何憚而不坐嘯臥治，雍容以自適也哉？即或自號於衆曰：吾之教育，實切實用，畢業於吾校之學生，皆有才力，能自立，試觀其所就之職可知也，猶不足信。何則？今日之用人，固多以干謁請託，而少視其才能，但使爲校長者而出入於衙署之間，則其學生，紛紛皆吏才矣。又使爲教育者，而翶翔乎闠闤之際，則其學生又紛紛皆商才矣。風俗之善否，誠爲制治淸濁之原，及其極弊，又不得不望政治之力，有以爲之補救，以此也。今之自教授於家，或受延聘於人者，謂之私塾，論者所極詆也。然其設教於家也，不能強人之必來，其受聘於人也，又不能無緣而自往，則國家雖未嘗施以督責，其於學生之父兄，固不容不任其責也。今之主持學校者，皆受職於公家，學生之父兄，固無權過問其善否，而公家之所以督責之者又如此，則人亦何幸而得爲學校教習，何不幸而爲私塾之師哉？吾非敢謂今之從事於學校者，皆濫竽苟祿，貽誤後進之徒也。然爲政之道，不恃人之不溺職，而必恃我有道焉，以使之不溺職。故使今日之學校，而悉爲私立也，則可，苟其不然，則雖從事於此者，悉熱心教育之徒，吾猶謂督責之術不可廢也，況其未必然乎？予曰：此今之從政者之通病，子何獨於教育家責之嚴也？客曰：予非獨爲教育家責，子言教育，則亦藉教育之事發其凡耳。今之日號於衆曰吾欲云云者，其所云云，寧必不善。然行之而效終難見，弊適以滋者，得毋皆有類於吾之所云乎？予不能對，書之，以質當世之教育家，及有行政之責者。

十、宗　教

古無宗教之說也，契敷五教，至周，其職猶在司徒。蓋隆古之世，政教常一，《內則》一篇，瑣瑣道家人婦子事，猶塚宰以王命行之，若今國務院之有院令矣。世衰道微，官失其序，則長民輔世之職，降在師儒，其位雖殊，其道一也。去古彌遠，民畏神服教之念益衰。於是政與教始分，而巧僞日滋，敦樸云謝，束縛人之形骸者，不復能檢攝其心思。於是宗教與教育又分，蓋至後世，國家之所以維繫其民者，亦多術矣。然中國士大夫，狃於古者政教合一之治，猶以是爲郅治之隆。以爲宗教之繫民，特由司徒之不能舉其職，師儒之不能布其化，苟使政教修明，復於三代之舊，異説固將不攻而自止，即或不然，亦由其説與吾不畔，故可並存，而非化民成俗之必有待於此也。蓋至清世，士大夫之見，猶多如此。近數十年，士夫稍稍讀西籍，始知宗教之爲用，固與政治教育殊科，而欲化民成俗，則宗教亦正不可闕，始多議傳播經典，保護寺院，牖啓僧衆者。繼今以往，宗教之義既明，其化道所及，必日益廣，可預決也。然則其浸昌浸熾者，果何教乎？覼子曰：其必於佛矣。今之言宗教者，多能推本教義，謂佛之道，實出諸宗教上，故將來必盛行。夫教義之勝劣，非吾之所欲言也，抑非吾之所能言。請以史事徵之。蓋吾國之有宗教舊矣，其在古昔，行於秦隴之際者，時曰八卦；起於燕齊之間者，時曰五行。道家託始黃帝，黃帝邑於涿鹿之阿，固燕地也。八卦之畫，始於伏羲，衍於文王，伏羲居成紀，文王居豐，皆秦地也。啓征有扈氏，以威侮五行爲口實。有扈氏，蓋亦信八卦教者。後世之言教者，率以儒道與佛並稱，八卦則儒教所自出，而道教則五行之支流餘裔也。何以言之，孔子言性與天道，必推本《周易》。《周易》，八卦之書也。此其事甚明白，無待陳説。至道家之出於五行，則世罕知者，請舉二事以爲徵，秦漢之間，傳道教者，其人稱方士，黃帝，道家之所託始也。世所傳《黃帝内經》，固戰國時書，然其説必傳之自古，書中載岐伯對黃帝問，屢引方士之言。而後世道家，亦多以符呪爲人治病，以金石之藥餌人主，其徵一矣。五行之説，以爲天有五帝，分主四時之化育，而又有昊天上帝，於天神爲最尊。漢武帝時，亳人繆忌奏祠太一方，亦曰：天神貴者太一，太一佐者五帝，其所謂太一，即古昊天上帝也。所謂五帝，即古郊諦祀靈威仰、赤熛怒、含樞紐、白招拒、葉光紀之神也，其徵二矣。蓋自殷以前，山東率奉五行教，八卦之説，惟行於自陝之西。及周起豐鎬，勘定東諸侯，而八卦之教，始隨之而盛。箕子陳疇，終不見用，東走出塞，於是五行之説遂亡。古代學術，存於王官，洪範九疇，雖見訪於武王，然終不見用，故無世官職之。而孔子欲觀夏殷之禮，必之杞宋也。《東事古記》稱箕子既陳洪範，東走，殷民從之者五千，詩書禮樂陰陽卜筮及百工之技藝皆具。殷代文獻，當有存於朝鮮者，惜經衞滿之亂，亦盡亡失，遂無可徵。今世所傳五行之説多誕妄，然使《易》無繫辭文言，亦何可解。使殷禮足征，安知五行之説，不亦有精深博大如《周易》哉？《東事古記》，爲新羅僧無極所撰。朝鮮古籍盡亡失，僅存者獨賴此書。然其支流餘裔，固綿延弗絶。《左氏傳》載齊景公之言曰：古而不死，其樂如何？古無爲不死之説者，有之者惟道家。又朝鮮所傳《東事古記》，亦載箕子十九世孫天老王孝，惑於方士伯一清，服其丹藥，毒發而薨，其子修道王襄復然，襄子徽襄王邁，始誅之。其事與魏道武、唐憲宗，若出一轍。可知燕齊之間，本道教肇興之地，故怪迂阿諛苟合之士爲獨多也。而周之東遷，其說並及於河隴。秦自襄公以後，所作西畤、鄜畤、密畤、吳陽上下畤、畦畤，則皆五行之說也。秦始皇漢武帝，皆一世雄主，並惑於方士之言，勞民傷財，以求神仙，爲後世笑，豈真慮出於百王之上，而知不足以燭一夫之奸哉？尊信之者既衆且久，雖明哲不能無惑也。然是時之方士，既多不學無術，不能因古教義，推闡玄理，若儒家之於《周易》，而徒以長生不死之說，熒惑人主，其道固不可以久。蓋至漢武帝歎曰“世安有神仙”，而怪迂之士，阿諛苟合之技窮矣。然其在民間，尊信之者固自若，故張角一呼，而青、徐、幽、冀、荊、揚、兗、豫八州之民，並起從之。孫恩區區，幾覆晉室，至於事敗蹈海，民猶以爲仙去不死，爭赴水從之，以視後世韓林兒、劉之協之徒何如哉？此以北方言之也。至於南方，則亦有極駁雜之宗教。蓋大江之濱，山澤險阻沮洳，民之相往來甚難，而其地土沃而時和。土沃則其所以資生者豐，時和則其民之長成也夙，資生者豐，則多閑暇，多閑暇，則多思慮。長成也夙，則多智慧，多智慧，則多感觸。多思慮，多感觸，則多所畏，多所畏，則多所祈。而相往來難，則其風氣不盡一，故自少昊之衰，九黎亂德，史即稱其家爲巫史，民瀆齊盟。而漢光武時，焚長沙淫祠，猶五十萬也。觀子曰：今之論者，多怵於西人爭教之禍，基督之徒，與摩軻末之徒爭。同時基督之徒也，新教與舊教又爭，至於伏屍百萬，流血千里，竊幸吾國之無之。向使道教之在我國，一如張角之於漢，孫恩之於晉，而南方諸雜教，亦一如漢光武時，則吾民爭教之禍，豈得一日安哉？然而終不爾者，何也？則佛教之爲之也。蓋佛之爲道也廣大，其於他教，不必顯與之立異，而常有以相容而並包之。故一入中國，而他種宗教，遂悉爲所化，聽其言，則駁雜不可究詰也。而語其實，則無一非佛。今中國人民之所敬禮者亦衆矣，語其實，果有以確然異於佛者乎？果有敬禮他神，謂其嚴威尚在佛之上，或足與佛抗者乎？唐時論者，常嫉道教之徒，歆於僧尼之獲利，乃舉其所謂追薦懺悔等事，一切放效之，至儀文之末無弗肖，則唐時道教之化於佛而亡其實也久矣。夫以漢晉時道教之盛，而不三百年，即已化於佛而亡其實，而況於他諸小宗教乎？然則中國今日之宗教，名爲駁雜，實惟一佛，名爲各教並行，實則佛教一統也。語曰：不知來，視諸往；又曰：物競天擇，適者生存。觀於佛教之既往，而其將來之可知也。夫論教義之勝劣者，或不免有出主入奴之見存。至以史爲徵，則事跡昭著，不可誣也。吾謂佛教之必盛，豈虛語言哉？今之論者，或怵於西人之將以教奪吾民，欲敬禮孔子若基督，以與之抗；或又謂遠西國勢之強，實由民德之厚，民德之厚繫惟宗教之功。欲興中國，必崇基督，此皆不察之論也。佛教之入中國，其憑藉非有以異於他教也。然而風行草偃，自天子以至於庶人，莫不歡喜讚歎，頂禮膜拜之，此豈人力之所能爲哉？凡他教，士大夫之信者皆少，惟佛教不然，此亦佛教之所以盛。然士大夫之信，非可倖致也。佛以外，異國之教，未嘗無入中國者也。然摩軻末之教，其在今日，信之者，卒惟敕勒遺族。此外祆神之祠，摩尼之寺，亦嘗一入中國，即大秦景教，亦嘗流行中國矣。然至今日，果何往哉？今基督教之在中國，吾不知其何以異於昔之景教也。神州之民，生齒至繁，而相養之道未備，故有利藪，則爭趨之。今基督教會，固猶雄於財，教徒之爲其教盡力者，皆有常餼。猶釋道二教足以養閑民也。民之趨之，一矣。通商傳教，並載約章，吾國之於教士，祇有保護之責，而無管束之權。約章所載，固曰教士不得於詞訟也。然官吏之骨鯁持法者少，而教士之賢者，或亦謂同教之徒，義當急難，民之託跡教會者，錐刀之末，或有利焉。民之趨之，二矣。假令今日中國之自視，一如五口通商以前，而基督士之來東者，亦與唐時景教之徒無異，吾不知民之信之者，視今日果奚若也。今基督之徒，則歲披其籍曰：今歲，信吾教者增若干人矣。明歲，則又曰：信吾教者增若干人矣。而吾民乃以詐諼應之。悲夫，強者固不易知弱者之情哉！或曰：如子言，則五口通商以前，信基督教者，何以亦甚多？應之曰：此時基督教士，守規律不甚嚴，入教者雖拜他神，亦非所禁，民之視之，與他教未嘗甚不相容也。利瑪竇等之傳教於中國，皆如此。清康熙時，異宗教士，訴之羅馬教皇，教皇使使如中國，欲整肅教規，聖祖召入京，使與廷臣辯論，使不屈，聖祖怒，逐其人歸國，詔不守利瑪竇遺法者，皆去，毋得留。此政如吾説，與佛教異者，雖亡其實，猶存其名耳，不足爲難也。或又曰：向者吾民排基督教教徒頗甚，實非排其教也，疑若排其教者然。今之世，信教宜聽人自由，是謂文明。疑若排其教，則疑若不聽人自由者然，疑若不文明。今子策佛教將大行，基督教在中國，不過昔景教者，亦非排其教也，亦疑若排其教者然，是有不文明之嫌。雖士大夫心然子説者，口猶不敢言，懼蹈不文明之誚，則將譏子頑固。應之曰，避嫌之事，賢者不爲，況立言者，將以先知先覺自任乎？抑徒諂諛佞媚，懼於勢，遂並理之誠者，事之信者，不敢言乎？今之人，固有疑歐洲諸國之保護教士，非誠欲行其教，特欲以是柔愚蒙之民，使歸心，激忿疾之民，使啓釁者，此非中國人不文明者之言也。雖瀛洲之士，猶疑之，夫使其傳教之意，果別有在也。則能行其策斯可矣。豈顧一夫之毀譽，若誠欲行其教也，則彼教之在中國，情實如何，宜所樂聞，非徒好諂諛佞媚之言而止也。語曰：美疢不如惡石。

十一、原　亂

　　亂之原何自起乎？曰：起於隱微之間，常智之不及察也。法盧梭氏論國所由建也，曰：由於民之所同欲，若立事者之有質劑然。其說詭矣，求之於史，無可徵也，然其理則不可易。今使立一國焉，其所行之政，大怫乎庶民之心，民相率而去之，則若之何？昔者《春秋》嘗書梁亡矣，俄人某遊於新疆，見一蒙旗之長，甚暴虐，其下則相結而去，使衛兵追之，則縱之，而以無及告。然則梁亡之事，不必春秋，即今日亦可見之矣。縱不能去，而若田橫之五百人，同日而自殺；伯夷叔齊，寧死於首陽，不食周粟；若魯仲連，有蹈東海而死，而不忍爲秦民，則若之何？覬子曰：舉一國之民，一旦而自殺者，惟田橫之五百人能之，人逾衆，則弗能也。舉一國之民，一昔而盡去之者，若春秋時之梁則能之，土逾廣，人逾衆，則弗能也。然其跡雖不可見，而其實恒陰行乎其間。往者淮南之民，有與吾比鄰而居者，父子皆好博，其妻則好酒，子娶婦，不之宜也。舅姑與夫，皆從而虐之，一夕飲鴆死。死之日，猶爲其夫家灌園也。吾聞立憲國民，最重納稅，有能納稅多者，則相與歎美之，曰：是能盡國民之責也。其或不然，則相與譴訶之，曰：是群之蠹也。今若是淮南人者，身好博，子亦好博，妻則沈湎於酒，終歲遊惰。不事家人生產作業，曾無絲粟之賦，入於公家，而其子婦，則晨興而執炊，日出則織布縷，日晡而灌園，夜秉燭，則紉緶事補綴，雖被箠楚，至手足創痛，猶弗敢息也。計是一家，有維正之供，入於府庠者，繄此婦人是賴，而遭遇強暴，無所控訴，迫而引決，與鬼爲伍。戚黨莫之問，里正不能舉，仁人君子過其廬者，歎息而已，終莫能致諸司敗，以釋其無涯之痛也。予竊惑焉，將世之善良者，終不免見陵於豪暴，雖有家國，曾莫之拯邪？今之言政者則曰：此勢之無可如何者也。推國家之意，豈不欲大庇其民，使無一夫一婦，不獲其所，然其勢固不可得。今若中國，宗法之制，嚴之既數千年，妻與子，固若爲其父與夫之所有也。今若是淮南人者，殺其子婦，庸衆熟視之，弗之異也。仁人君子，過其廬者，歎息而已。若有良吏，哀矜不辜，執而戮之，以狗於衆，解以心辟，誠詳刑也。然而庸衆或從而詫之，曰：殺其子婦，亦須抵罪，不從輕者，則天理絶矣。且使弱無能爲者，見虐所控訴，飲泣自戕。國家之所失者，一人而已。必欲伸天理之公，復匹婦之仇，則將布偵騎於閭閻，獎人民之糾舉，其究也，利或不足以償其弊。爲國家計，所損滋多，故弗爲也。予又惑焉，爲國家者，將秉正道，循公義，以平人間之不平者邪？抑將如商賈然，屑屑計較利害，苟可以自利者，則雖棄其民，所不恤邪？聞之，匹夫匹婦，怨毒所積，上足以干天地之和，故東海殺一孝婦，天爲之不雨三年。此其説，固非今之任人事重徵斂者所樂聞，吾亦不謂强死者之鬼能爲厲而謀於社宮也。雖然，一國之民，其勤事生産者，皆見陵於豪暴，而飲恨以死，而恃塞飲酒者，則雖橫殺人而莫之或禁，其果可以治邪？今之恃塞飲酒者，固日以多，勤事家人生産者，固日以少，國既以是不國矣。推其原，安知非有冤而莫理，有罪而莫懲者，有以漸致之乎？然則爲政而屑屑計較於利害之間。曰：與伸公理而傷多人者，寧屈不辜而殺一人，彼一人者，固以枉矣。爲國家計，庸獨利乎？善夫，班生之言曰：滿堂而飲酒，一人向隅而飲泣，則四坐爲之不樂。嗚呼！何其惻然仁者之言也，故盛王之政莫大於燭幽隱而哀無告。

十二、政　俗

有善政而後有善俗乎？有善俗而後有善政乎？此不可以一言蔽之也。今之言政治者，恒謂政治之所能爲者有限，而人之所以責望於政治者太奢。若謂政治一善，即百事皆隨之而善。實則群治之事，千條萬緒，政治之所當爲者，特千百之一二而已。其好言群治者，亦謂凡百政事，待人而舉，俗不善，則無由得善治之人，故政治亦必不能善。此其言皆持之有故，而亦皆有所蔽。政之善，誠不能無待於俗；俗之善，亦不能徒藉政治。然政治終爲善俗之一道，不可不察也。何則？中人之性，不能無所勸而爲善，亦不能無所懲而不爲惡，天下之上智少而中人多，故勸懲之道不明，即群人於惡焉而不自覺，俗之敝也。天下不善善而惡惡，積之久，遂至於無善惡，無善惡之既久，乃至善者反惡，而惡者反善。夫至於善者反惡，而惡者反善，則是爲惡者得勸，而爲善者得懲也。其相率而入於惡焉，固無足怪。夫中人之性，非有所樂於惡而爲之，特以其行之而得勸，非有所惡於善而不爲，特以其行之而得懲。今苟有道焉，使所懲者在此，而所勸者在彼，則其去惡而就善，固未嘗不可以漸致，而欲藉勸懲之力，以移易善惡，其道固莫捷於政治，故曰，政治終爲善俗之一道也。何以言其然也？人之性，好生而惡死，去苦而就樂。好生而惡死，則必求所以自存；去苦而就樂，則必求所以自遂。求所以自存，其道在於尚武；求所以自遂，其道在於殖産。世之由衰而盛也，其民所處之境，恒極困苦窘蹙，非尚武即無以自存，非殖産即無以自遂，於是舉其民而悉趨於尚武殖産之途。其不然者，則將爲其群之所不容，夫如是，則於所以求自存求自遂之道得焉。其浮焉以興固宜，及其既興盛也，其所處之境既寬裕，不必尚武，亦或可以自存，不必殖產，亦或可以自遂。夫人之尚武，其意固在於求安，而其殖產，其意固在於求樂，至於不尚武而亦可以自存，不殖產而亦可以自遂，則雖有委靡淫佚者，將不復爲世之所非，久之遂習爲當然，又久之，遂至以不如是者爲恥。至於是，則將舉一世而趨於柔靡淫佚之途，於所以求自存求自遂之道去之遠矣。其靡靡大亂也亦宜。夫世之所以群趨於柔靡淫佚者，以如是，則可以得樂也。今有道焉，使其如是，則不能得樂，而反以得苦，而其能尚武殖產者，則反是，則民固將去此而就彼，所去就者既變，則其所是非善惡者，亦隨之而變矣。故曰藉勸懲之力以移易善惡，道莫捷於政治也。請更就實事立論以明之。自徵兵之制行，農夫頗樂釋耒耜而執干戈，其所以如此者，以無耕耘收穫之苦，而其爲兵，又未嘗有森嚴之紀律以束縛之，又明知今日之情勢，國家必不能驅之使出戰，即驅之使出戰，則譁潰焉而劫掠以歸，法亦不能問也。今使軍紀森嚴，從軍者皆不容執兵以嬉，而既從軍，即不能倖免於戰，既出戰，即不能臨陣而逃，有逃者，法必及，不可逭。則世之利釀糈而不以履行陳爲意者，不敢冒昧而爲兵，而兵可以強。近十年來，俗始於道德學問，一無所尊，而惟知貪求富貴，所以如此者，以國家綱紀廢弛，所進者皆苟且請託之徒，而非道德學問之士也。使一旦翻然改圖，所進者在此，而所退者在彼，風行草偃，大法小廉，則苟且請託之士，將無以取容，道德學問之士，將降而彌衆。苟食祿者，皆能有利於國家，朝無素餐之士，野無詐諼之民，則生利者多，而國可以富。凡若此者，固非甚難致之業也。道在肅紀綱，明賞罰，使善惡惡善之論，不得行焉而已。而今之政治，乃爲此輩所劫持，彼則躬造善惡惡善之論，以變亂是非，敗壞風俗，而國家悉如其意以行之，又非特爲所劫持，不得已也。且誠以爲如彼所論則治，不如彼所論則亂。語曰：盜憎主人。今則爲主人者，或躬自爲盜焉，或認賊作子焉，而家人婦子，乃於焉託命，不亦悲乎？昔之言治者，未嘗曰有君子無小人，而但言進君子退小人，豈不知有君子無小人之善，知其非旦暮可致也。今乃曰進君子退小人，非政治之責，不則曰，非有君子無小人，則小人必不可得而退，君子必不可得而進，其果然乎？抑行進君子退小人之政，於彼有不利者在邪？其無所爲而言之也，其愚可憫，其有所爲而言之也，其心可誅。

本文約寫於一九一六年，未刊稿

今後學術之趨勢及學生之責任

殘冬既去，陽春又來，萬物熙熙，皆有向榮之象。吾其何以為學生諸君祝乎？曰：吾曠觀歷史，而知今後強國救民之責，在於諸君。敢以是為諸君祝，亦以是為諸君勉。

夫學術無用之物也，懷鉛握槧，坐談一室，曾不能致絲粟之利，責以有形之效，其不如曲藝微長遠矣。然伊古以來，言利國福民者，終必以學術為首務。何也？曰：學術者，外觀雖若無用，然語其極，則足以開物成務，闢百年之大利。且足以陶鑄人心，轉移風俗，於社會之精神物質兩方面，所關皆至巨焉。夫國家之盛衰強弱，恒必視社會之良否以為衡。而社會之良否，則固合精神物質兩方面而後定者也。曠觀中外學術興盛之國必富且強，學術衰落之國必貧且弱，而或且隨以亡，豈偶然哉！管子曰："十年之計樹木，百年之計樹人。"其謂是乎！

吾國自周以前，其強盛蓋橫絕東亞。方是時，與我並立於赤縣神州者，蓋亦十數，而無一不為我所征服所同化。秦漢時代，席其餘烈，以成外攘之業，遂巍然為一大國，立於世界。魏晉以降，土宇猶是也，人民猶是也，而國勢之強弱，遂乃翻其反而。一亂於五胡，再敗於遼金，而終且見盜於元清。此何故哉？曰：其原因雖多，吾則謂學術之升降，必其大者矣。

夫學術之用，非有他也，宇宙至廣，品匯至繁，吾人以貌焉之躬，寄居其間，其為力蓄至微耳，四周天然之力，其足以迫害吾人者何限？吾人既欲求保其生存，克遂其發達，則必求所以制伏之，且利用之。而欲有以制伏或利用天然之力，則非深察其現象、洞明其原理者不能。此學術之所為可貴也。吾國自周以前，承學之士，勞心焦思，以考察宇宙之現象，而探索其原理者，蓋亦二三千年，至於戰國之際，而其術大備，使後之人能承其餘緒，更加探討焉。事物之經驗既宏，原理之鉤求愈審，吾國學術之發達，早已五光十色，不可思議矣。而無如自漢以降，遂日入於晦盲否塞之域也。

自漢而降，學術之遷變，略可分為四期。兩漢之初，諸子百家之學初替，而一於儒。朝野經師，皆硜硜焉惟抱殘守闕是務。此一時期也。典午之際，老學盛行，佛學承而入之。士鶩清談，家傳玄學。此又一時期也。自魏之三祖，崇尚文詞，社會向風，扇而成習。及隋煬帝，復以詩賦取士，於是詞章之學大盛，文學一科幾盡奪他科之席。此又一時期也。清譚詩賦之習既窮，思一變而為有用。於是上之取士者，易而以經義論策設科，下之講肄者，群鶩於性與天道之學。此又一時期也。綜其變化，蓋亦多端，然可一言以蔽之，曰：無用。夫學術之職，非有他求。求以深察宇宙之現象，洞明其原理而已。今試問自漢以後，承學之士，所兀兀致力者，果能若是乎？漢儒治經，曰以致用，然考其所謂致用者，不過曰《禹貢》治河，《洪範》察變，《春秋》折獄，《詩》三百篇當諫書而已。夫今古異時，斯措施異尚，執三代之成法，而欲施之於後世，已非所聞矣。況學以參稽互證而益明，不知矛之所以攻，焉知盾之所以禦？此不易之理也。今姝姝焉，暖暖焉，惟儒家之學是尊，而置諸子百家之學於不問，則諸子百家之學廢，而儒家之學亦因之而晦矣。此兩漢儒者，所以雖自號為通經致用，而其說卒迂疏不可行也。佛學非真寂滅之譚，老學亦非真以虛無為尚。稍治二氏之學者，類能言之，然魏晉南北朝之際，人之所以競趨於是者，則以兩漢諸儒日言制禮作樂，迂濶而不周於務，煩苛而無益於時，人心有所厭棄。且其時禮教之說，束縛人太甚，激而思變使然。以束縛操切之餘，為裂冠毀冕之舉，自不得不入於寂滅，流於虛無矣。袞袞臺省，誰執鄙吝之人；悠悠江河，空下新亭之淚。虜騎已陵城下，猶忍死以待君；匕鬯將薦新朝，乃委心而任運。神州陸沈，王夷甫輩誠不得不任其責矣。詩賦詞章之無用，人所共知，宋儒性理之學，非不精微也，然以之淑身則有餘，以之濟世則不足。故顏習齋譏其著述講論之功多，實學實習之力少，兵農錢穀之不曉，工虞水火之不知。君相不得其用，天下不被其澤，則其無用，亦與佛老之學等矣。至經義策論之與詩賦帖拓，名異而實同，尤不竢論也。綜觀二千年來，只有古代已發明之學術，至是而放失者，諸子百家之學至漢而亡，儒家之學，實亦不能全曉，至魏晉乃並亡之矣。絕無古代未發明之學術，至是而發明者。中間雖一采取他國之學術，終以孤行無助，偏而不全，未能見諸實用，以利烝民，豈不哀哉！事物之原理，既已不明，自不能更求所以制服之、利用之之術。社會之痏痀，國勢之積弱，亦無怪其然矣。

剝極則復，貞下起元，於是清代復古之學出焉。清代之學，所以勝於唐以後人者，以其能與古人直接，而不為漢以後之成說所囿。所以並勝於漢儒者，以其能以己意推求其所以然，而非如漢儒之專作留聲機器及寫字機器。蓋學問本存於空間，不存於紙上。周以前之學術，皆求之空間，故實而有用；漢以後之學術，則求之紙上，故虛而無用也。自惠、戴、王、段之學盛，而東京之遺籍始復明。自莊、劉、龔、魏之說興，而西京墜緒亦可覩，中間復有出其餘力，以治百家諸子者，而九流之遺教，亦略可觀矣。故吾國古代有用之學，實湮晦二千載，至清代而復明者也。然終有憾焉者，一則時異勢殊，縱能盡明古代之學術，亦必不周於用；一則古今社會，相去太遠。社會之相去既遠，斯民之思想自殊，學者用力雖勤，於古人之學說終亦不能盡曉也。自歐西之學輸入，而學術界之情形，乃又一大變。

今日之為學，所以異於往昔者，其犖犖大端蓋有三事。昔時崇古之念太深，凡一學說，為古人所創者，不獨以為不當輕議也，且以為不當置議。夫至以古人之學說為不容置議，則其耳目心思皆有所窒，而不能盡其用，而真理晦矣。今則畏神服教之念除，自由研究之風盛，知古人之學說，所為江河不廢者，正以研究焉而彌見其可貴，而非不研究焉遂出於盲徒。一也。發明學術，雖藉靈明，而探索推求，必資事物。神州大陸，統一既二千年，盛衰治亂，常若循環，事變鮮更，承學者之心思，亦為所錮蔽。今則瀛海大通，學術為一，有異國數千年之歷史，以資參證；有環球億萬里之事物，以廣見聞。耳目既恢，靈明亦因之日出，且歐非美澳，進化皆後於神州。彼其事實，頗有足與吾國古籍相證明者，則不獨新義環生，而舊說亦因之復活矣。二也。陰陽剛柔，相互為用，形上形下，本如鳥之雙翼、車之兩輪，自漢以降，儒者多薄為曲藝而弗為，考工遺規，漸歸廢墜；制器尚象，日以啙窳；強國富民，皆慮其弗周於用。今得遠西之學，引其端緒，備物致用，復當方駕古初，不特有利烝民，亦且小道微言，因物質之闡明而愈顯。三也。綜是三者，則今人之聰明才力，雖未必遠過古人，而其所遭逢，則實為古人所不逮，其所成就，亦必突過古人矣。英雄造時勢，時勢亦造英雄，我學生諸君，其勉之哉。

抑吾猶有一言，欲為學生諸君告者：則為學之事與利祿之念最不相容是也。今試問吾國，自漢以後，何以諸子百家之學盡廢，而一於儒？曰：利祿為之也。儒家之學，何以不旋踵，復為異說所竄亂？曰：利祿為之也。隋唐而後，何以士於凡百有用之學一無所知，而惟詩賦帖拓經義論策之知？曰：利祿為之也。其間豈無一二瑰偉絕特之士，思欲探求事物而揚真理者？然舉世滔滔，方沈溺於利祿，而競趨於俗學，欲以一人之力，獨挽狂瀾，夫固知其難矣。故雖偶有發明，卒不能發輝光大，且不旋踵而廢墜也。今者科舉之制既廢，在上者不復懸利祿之途，驅誘學子，叔孫勝人之誚，桓公稽古之榮，吾知免矣。然舉世滔滔，方顛倒於拜金主義，其為學問害固與科舉等，或且甚焉也。吾為此懼，敢又以是為學生諸君告。吾從事教育十餘年，凡及門之士，克自樹立者，必其以學問為目的，不以之為手段者也。否則始雖以為手段，終且以為目的者也。其惟作官謀館是務者，終必不能有成。閱人者多矣，非虛言也。

原署名：輕根。原刊《中華學生界》第二卷第一期，
一九一六年一月二十五日出版

修習國文之簡易法

　　近數年來，學校學生，國文之成績，日益退步。此非誹毀學校者之私言，凡從事學校事業者，咸莫能為之諱也。夫國文成績之不善，其弊有三：

　　一不能高尚其感情，無以為進德之助也。近人有言：宋儒之言道德，校之漢儒純粹，奚翅倍蓰。然漢世，所在猶多至行，而學宋儒者，多不免為鄉愿，是何也？曰：進德以情不以智，漢世所傳經籍，多文章爾雅，便於諷誦，學者日尋省焉，則身入其中，與之俱化而不自知。宋儒理學之書，則無此效力也。此其言深有契于善美合一之旨，實為言進德者所不能外。然則欲高尚其感情，以純潔其道德者，舍厭飫乎詩書之林，游心乎仁義之源，復何道之從哉？然國文程度不足者，則無從達此目的也。

　　二不能通知國粹，無以為中國之人。國必有其國性，則為國民者，亦必有其國民性焉。必如何而後可稱為中國之士君子，此其道不一端，而通知國粹，其最要者矣。吾非謂通知國粹，遂可排斥世界之新學問也。不通知世界之新學問者，其於國粹，亦必不能瞭解，此何待言。然既為中國之人，則必不可不通知中國之國粹；苟不通知中國之國粹，則於世界之新學問，亦必不能深造。即能深造焉，而亦必不能成其為中國之士君子，此則有識者所同認矣。而欲通知國粹，則又非國文程度不足者，所能有事也。

　　三無以磨練智力，各種學問，皆不能深造也。聞之訓練兵士者言，識字之兵，校之不識字之兵成績之善必倍，管理工廠者之於工人亦云然。夫兵士及工人，其所讀之書，亦至有限耳，豈真隨時隨地皆能得其用哉？非也。吾人之言語，本有普通及高等之殊，通常所使用之言語，普通言語也，文字則高等言語也。僅通口語之人，猶之僅通普通語，僅克與農夫野老相周旋，能通文字之人，則猶之能通高等語，日與學士大夫相晉接，其識解論議不期其進步而自然進步矣。學校學生，國文成績優長者，他種科學之成績亦必較優長，職此之由。

　　國文一科，關係之重大如此。然今之學生，其國文之成績，顧日見退步，此豈良現象哉。然則其原因果何在乎？曰：亦未得其修習之法而已。

夫文字猶語言也。心有感想，發之於口，則為語言；筆之於書，則成文字。是文字之與語言，本一而二，二而一者也。若是，則能通語言者，宜即為能通文字之人。但多一識字之勞耳。然今顧不能然者，則以語言文字遷變殊途，迄今日已不能合一也。然二者其流雖異，其源則同。故修習文字之法，究與修習語言無異。今試問修習語言，舍多聽多試譚外，尚有他策否？則修習文字，舍多讀多看多作外，亦決無他策，審矣。而三者之中，多讀多看，實為尤要，讀與看，所以代聽也。作，所以代試談也。人於言語，苟能多聽，自不患其不能談話。而不然者，雖日事試談，無益也。今之學生，或汲汲於研究文法，或孜孜焉擇題試作，而於多讀多看二者，卒莫肯措意。此其所以肄習雖勤，進步卒尠也。

或曰：今茲學校，科目繁多，安能如昔日之私塾，捨棄科學，日夕呫嗶，以從事於國文？是誠然也。雖然，欲求國文之進步，果須如昔日之私塾，捨棄各種科學，以日夕從事於呫嗶乎？不能無疑。吾則謂今日學生，誠未能於多讀多看二者加之意。苟其能之，亦進銳退速，未能持之以恒耳。不然，其國文未有不進步者也。今試就高等小學及中學，為之料簡其程如下：

	高等小學			中　　學				
	第一年	第二年	第三年	第一年	第二年	第三年	第四年	
每星期熟讀字數	150	200	300	300	300	400	500	合計 86 000
全年合計（四十星期）	6 000	8 000	12 000	12 000	12 000	16 000	20 000	
每日閱看字數	1 000	2 000	3 000	4 000	4 000	5 000	5 000	合計 36 000 000
全年合計（同上）	240 000	480 000	720 000	960 000	960 000	1 200 000	1 200 000	

如上所定，每星期熟誦及每日閱看之字數，無論功課若何繁冗，決非不能辦到。然日計不足，月計有餘，合七年之光陰計之，所熟讀者，固已八萬餘言，所寓目者，則三千餘萬言矣。能如是，而國文猶不進步，有是理乎？試問今之學生，能如是者，有幾人乎？不自咎其修習之不力，而顧歸咎於吾國文字之難

通,不亦慎乎?

　　往嘗恨我國文字選本雖多,然適合於中小學生自修之用者絕鮮。嘗欲發憤評選一編,其體例,取其(一) 按年遞進,適合於中小學生之程度,而其分量亦適合;(二) 其文字,不病其艱深,然足以指示我國文學之源流及門徑,而不嫌其陋;(三) 評注精詳,俾讀者得了然于文字之義法,且無於實質方面不能索解之苦。以卒卒寡暇,未為也。若深通文字而又洞明教育原理之士,有能就此一編者,於學生文學之進步,所關必非淺鮮,可預決也。然天下事貴乎力行,賴人之指導尚在其次。今之學生,苟能如吾向者所述之法以修習國文,則任何選本取而讀之,固均無不可耳。

　　　　原署名:輕根。原刊《中華學生界》第二卷第二期,

　　　　　　　　　　一九一六年二月二十五日出版

新教育與舊教育

　　吾國舊日之學塾，無所謂教育也，期以應科舉而已。束髮受書，則使之誦四子五經，非謂四子五經，爲古先聖哲至德要道之所存，而因使之童而習之也，期以應科舉而已。稍長，則使之習爲八股試帖，又非謂八股試帖，有益於人之身心性命，或有裨於其持身涉世，而因使之專力藝之也，亦以應科舉而已。一言以蔽之，則凡應科舉所需用之事，皆在所必習；而不然者，則在所必棄。故以應科舉故，而教之以卑鄙齷齪之行爲，以敗壞其道德弗恤也。以應科舉故，而教之以腐敗無用之文字，以敗壞其智識弗恤也。以應科舉故，而使之終日伏案對卷呻唔，以敗壞其體力弗恤也。若是者，可以名之爲應試之預備所，可以名之爲干祿之製造廠，而決不容稱之曰教育。自甲午以後，變法之論起。海內之士，始有言教育當注重實用者。然其意，猶但爲培養人才計，而未嘗爲普通之國民計也。自是以後，請求教育者日益多，教育之原理，亦日益明。始知所謂教育者，不徒養成少數之人才，而實當思所以養成多數之國民。於是教育之宗旨，與其教育之方法，乃無一焉而不丕變矣。顧時至今日，猶有反對學校教育，謂不如昔日之私塾者。其果爲是論者，皆出於愚蒙無識邪？抑今日之學校教育，固猶有未能盡善者，而不免授人以口實邪？予謂舊日之私塾，斷不容畀以教育之名稱。然今日之學校教育，確亦未能盡善。以新舊二者衡量之，則舊日私塾，於無意中所得之利益，尚有爲今日之學校所不能逮者。非謂舊日之私塾爲可法，然今日之學校，固不容不引以自鑑也。請分道德、智識、體力三方面論之。

　　以道德方面言：則舊教育之專務研究古書，尚足以養成其自得於己之精神，而新教育則不能也。語曰：“德者，得也。”自得於己之謂也。凡道德之事，非由外鑠，必自中出。故曰：“中心藏之，何日忘之。”又曰：“如惡惡臭，如好好色。”質而言之，則人之遵奉道德也，不由於其智識，而必於其感情而已。而感情之所從違，則實視其習慣以爲斷。今試問人於少時游釣之地，何以嘗戀愛焉而不能忘？無他，習焉而已。又試問人於平時服用之具，何以雖敝壞焉，猶以爲美？無他，亦習焉而已。物無良惡，習焉則雖惡亦良；事無是非，習焉則以非爲是。故人之於道德，亦必其浸淫漸漬，習之既久，而後能望其遵行。而欲其浸淫漸漬，習之甚久也，則必其所以教之之道德，有以深人於人心，而後當造次顛沛之際，常有以刺衝焉而使之從，於尋常日用之間，亦常能相隨焉而爲之宰。而此種作用，則惟宗教實有之，普通之道德倫理，決不能望其有此能力也。是何也？宗教之爲物，自感情方面入，而普通之道德倫理，則自智識方面入焉者也。今世界之哲學家、科學家，其智識豈不高於宗教家數倍哉？然其奉行道德，轉不如宗教家之篤，則信乎知識之與實行，固常爲二事也。今之論者，多謂孔子之教，不具祈禱崇拜諸儀式，不得稱爲宗教。吾國之上流社會，但崇拜孔子者，祇可稱爲無宗教之民。此言實大誤。所謂宗教非宗教者，不以其祈禱信仰形式之有無爲斷，而以其宰制人心之力爲斷。所謂有宗教之民無宗教之民者，亦不以其崇拜祈禱儀式之有無爲斷，而當以其心之所信仰，是否有所專主爲斷。今吾國章甫逢掖之士，其於孔教，視爲聖神，而奉爲帝天久矣。以言乎是非，至於聖人，則無異議。以言乎踐履，至於名教，則莫敢背。其教義既普徧全國，其系統復綿歷久遠，此而猶謂其無宗教之力哉，則試問歐人之於基督，印度人之於婆羅門，大食人之於摩訶末，其信仰之程度，果何以尚茲矣。_{基督教之能統一歐人思想，殊不若孔教之能統一東洋人思想。}夫向者私塾之崇拜孔子，而使扶牀入塾之子盡誦習四書五經也，固非知孔子之爲大聖，而思以是範圍斯民也。然恰於無意之中，得此利益焉。蓋其童時所習，既皆屬四書五經，則其耳目心思，習於此者既久，積久焉，遂莫之敢叛。其上焉者，固能直接受高義，深明性與天道之學；其下焉者，亦能循誦粗淺之教條，而持之以淑身。吾國數千年來，所以人勵節義廉恥之風，家承孝弟忠信之行。君權無限制，而堂廉之上猶知愛民；官吏不親民，而閭閻之間能自保乂，皆賴是也。今新教育之所謂德育者則不然。朝示以一豪傑焉，曰：此愛國，汝宜效之。夕示以一聖賢焉，曰：此愛群，汝宜效之。下至威儀動作之微，日用行習之末，莫不著一論焉以爲之範，舉一事焉以樹之型，而於其寤寐之間，隱微之地，所以養成其"如惡惡臭，如好好色"之誠者，則闕焉。彼於其師之所是者，未嘗不亦以爲是也。顧是焉，而不能不竊以爲苦。於其師之所非者，未嘗不亦以爲非也。顧非焉，而不能不竊有所慕。人欲如水，豈能恃空言爲堤坊，而潰決泛濫之禍作矣。教育家有言："修身之要義，不在其作法，而在其精神。"蓋謂此也。況乎年齡日長，則嗜欲日開；接觸日多，則念慮愈雜。於其師之所謂是非者，又終不能無叛焉乎！今世之持論者，無不太息痛恨於吾國上流社會道德之墮落。吾亦誠不能爲之曲諱。抑知此口伯夷而行盜跖，公然決道德之大防者，僅一部分所謂名士者則然。而大多數之讀書人，固不爾乎。質而言之，學問程度愈高者，則道德程度愈低。通儒碩學之自淑其身，決不如鄉曲學究而已。今之學校學生，其智識程度，視向之鄉曲學究，奚翅倍蓰。然以言乎道德，吾固未知其孰爲梃而孰爲楹？即同以學校學生論，亦覺二十年來，有江河日下之慨。向猶有放言高論，真以救國救民爲懷者。<small>此非謂其真能救國救民也，然其志自不可没。日本遠籐隆吉云：「孔教最足以養成規模宏遠，志節高尚之人物。」信然。</small>今則舉世滔滔，隨衣食消遣二大主義之潮流以俱去。<small>參觀《大中華雜誌》第二卷第一期《論現今國民之心理及中流社會之責任》。</small>習軍事者，志爲軍官，以得餉糈，而戰事之利鈍非所知。習師範者，望爲教員，以糜廩祿，而學風之良否非所問。適東瀛者，聞考試録用而顏開；習西語者，見買辦通譯而生慕。今聞廣譽不足歆也，而惟膏粱文繡之求；哲理科學不足湛也，而惟小說戲劇之好。濁世之紛華靡麗，既足以喪其本心；婦人之一嚬一笑，尤足以制其死命。吾非謂全國之學生皆如此，然凡通都大邑，中等程度以上之學生，果有此現象否邪？請全國之教育家捫心自問之。嗚呼！通都大邑，四方之所具瞻也，而今如此，則窮鄉僻壤之觀法於是者，危矣。中等程度以上之學生，社會所恃爲中堅者也，而今如此，則中等以下之學生，入焉而與之俱化者，危矣。《易》曰履霜堅冰至，非一朝一夕之故也，其所由來者漸矣。中等程度以上之學風之不善，又寧獨中等以上教育之咎邪？<small>凡道德之事，與利害觀念最不相容。利害觀念愈明，道德愈薄。今之言教育者，雖亦日詔人以道德倫理，然其根本觀念，終不脱利害關係。故日言維護道德，而道德愈益澆漓也。言道德而與利害關係不相屬，居今之世已非宗教不爲功。故吾謂中國今日苟不能建立一種宗教，使全國信仰有一中心，則萬事皆不可爲，教育其一端耳。（參觀《大中華雜誌》第二卷第二期《宗教救國論》）而論者必曰：建立宗教，則必有祈禱崇拜諸儀式，是導人以迷信。嗚呼！宗教之所以繫民者，果徒在其儀式，而無儀式，遂不足稱宗教矣乎？又：一國之民，必有其根本思想，以示異於他國民，所謂國性也。而此種思想，常自歷史上得之。今日之學生，非無卓然成材者，然於舊社會情形，輒不甚了了。與舊社會中人，亦格格不相入。留學外洋者尤甚。以闕於此種思想也。今之昧者，猶欲於學校中添設讀經一科，此固大背於教育之原理。（無論其必不能解也，即能之，而國民之根本思想，亦非專籍讀經所能養成。）然必如何而後能使凡受教育者，均具有我國民之固有的普徧的根本思想。此方法，中等以上之教育，似不可不研究，及之必如是，然後凡受教育者，皆爲深通中國社會情形之人，惟能深通社會之情形，然後能入而改良之也。</small>

從知識方面言：則舊教育之機械的誦習，猶足以養成努力之習慣，而新教育則不能也。語曰：「小時了了，大未必佳。」又曰：「大器晚成。」斯言何謂也。曰：凡事之成功，由於其立志之遠大；而欲有遠大之成就，則必有奮鬬之精神以赴之；欲養成奮鬬之精神，則習慣於努力，其首務矣。故曰：「精神愈用則愈出，陽氣愈提則愈盛。"曾文正語。若委靡闒茸，過自愛惜，必至如機械然，鏽澀敝壞，而不適於用，終至於一事無成而後已，故曰："民生在勤。"又曰："流水不腐，戶樞不蠹。"蓋謂此也。以言乎進德，理誠有之；言教育，亦不外此義。故曰："不憤不啟，不悱不發，舉一隅，不以三隅反，則不復也。"今之教育家，常思以趣味二字，引學生入於學問之範圍。其意，欲使學生於不識不知之間，率由乎道德，而獲得乎智識。其用意，誠甚善。然其流失，則與養成努力之習慣之主義，最不相容。故今各國，亦有盛唱硬教育之善，而斥現行之頓教育爲不當者。夫以各國今日之教育，研究有素，施設有方，其教授管理，皆有其精確之原理，而後舉而措之，非苟爲放任而已，而議之者猶如此。況吾國教育事業，方始萌芽，一切皆稗販他人之學説者乎？吾非謂舊日之機械的誦讀爲可復也。舊日之機械的誦讀，大不適於教育之原理，而有害於兒童身體之發育，其流弊，亦誰不知之。然今日之新教育，則太缺於自動，而於養成努力之習慣，實最不合。其專施注入教授者無論矣，即稍知注意於啟發者，或又矯枉過正，取淺近易解之事物，日反復焉。而於理之稍難解，事之稍困苦者，悉置諸不論不議之列。故有入學七八年，而其知議能力，實無以異於常人者。不特知識能力，初無所異也，以言乎耐煩劇，堪困苦，校諸常人或不逮焉。何則？日習於淺近易解之事物，則於理之稍難解者，事之稍困苦者，輒望而生畏，不復措意，如病者之胃，習慣於雞卵與牛乳，投以稍堅硬之食物，即不能消化矣。孔子曰："譬如爲山，雖覆一簣，進吾往也。"孟子曰："掘並九仞，而不及泉，猶爲棄井。"夫人之行路，終必恃其足力之強健，而非可藉他人掖之而行，審矣。舊日私塾之教育，但責人以苦口誦讀，而不復爲之指示其所以然。是猶導行者，但使人孤行冥進，而不爲之指示其途逕也。今日之學校教育，日取淺近易解之事物，爲之反復陳説，而於理之稍難解，事之稍困難者，輒置諸不論不議之列。是猶導行者，終日爲人臨流喚渡，閉門造車，而終無首途之日也。旁皇於驚沙積雪之地，固不免於喪其居，裴回於絶流斷港之間，亦終不能以至於海。二者其所以失雖異，而其爲失則均。故受教於舊日之私塾者，其大多數皆一無所成，埋頭十年，而執筆不能通訊問；讀書萬卷，而出門不能辨牛馬。其爲頑陋，誠可痛心。然苟能過此一關者，無不卓然有所成就。何者？其努力之習慣既已養成，無所施而不可也受教於今之學校者，不能謂其一無所成，而亦不能望其大有所就。中人之資無論矣。即天資絶特者，亦往往入校一二年，即沾沾焉，以目前之曲藝微長自熹，而不復以遠到自期。某教育家，常觀於某省之中學校，而歎其文不能習字，武不能當兵。諺語也，即無裨實用之謂。今之論教育者，多以不切實用爲懼，謂不免有養成高等游民之欵。庸詎知其病根，半由於所以教之者之非，半亦由於所以責之者太易。惟其責之者太易，故其努力之習，日以消亡。其學問，遂不能深造焉，以底於有用之域。即能供粗淺之用，而其人亦怠惰已甚，暴棄自甘，終不能自用其學邪！聞吾言者必曰：今日之教育，非欲使全國之學者，極深研幾，探賾索隱，人人爲學士博士也。亦欲使其薄有所就，執一技一能以自養而已。殊不知造詣雖有淺深，而其有需於努力則一。今之承學者，於高深之學問，固無所得，即一技一能之末，亦何嘗能真有所就哉？子曰：人而無恒，不可以作巫醫。

以體力方面言：則舊日之嚴酷的訓練，尚足以養成質樸之人物，而今日之新教育，則不能也。語曰："民勞則思，思則善心生；逸則淫，淫則惡心生。"凡人之精神體力，所以能常用焉而不敝者，由能常留其有餘，又常新有所生，以補其不足也。而欲常保此生理上之平衡，則必其精神先有所專注，惟其精神常有所專注也，故其心力體力，能常有所用，而不至於委靡。亦惟其精神常有所專注也，故其心力體力，不虞其旁騖，而不至於多所銷耗。舊之言教育者，常責學子以終日伏案，對卷呻唔，而一切涵養精神，發達體力之事，皆置諸不問，其爲策誠非矣。然其終日所與晤對者，爲聖賢之經傳，縱不能有益於其道德，猶不至於誘起其嗜慾。亦以終日伏案故，與外界接觸之機會自少，一切放恣淫逸之事，無緣迭起而爲之誘引。故昔之讀書者，極其弊，則耳不聰，目不明，手足不輕健，馴至於四支五官，皆等於廢棄，而其精神，固猶足以自養。至於今日，則學校程課之所以責之者，大易於昔。其意固曰：欲以使其心力體力，平均發達，而不當使之偏重於誦讀一方面也。然學生留此有餘之精神日力，果能磨練之，以趨於有用之途乎？吾不能無疑。夫人性之好動也久矣，而在少壯之年爲尤甚。苟有精神日力，則必求所以消耗之，而斷不能如禪學家之自甘於死灰槁木，有斷然矣。今之教育家，其學問大率淺陋，不足引起學生研究之興味。又其人，大率自身亦爲嗜慾所困，絕無高尚之感想，斷不足以養成學生之情操。而學生與外界接觸之機會則驟多，父母師長之所以監護之者又甚疏。外界種種可忻可慕之事，遂迭起而爲之誘引。其結果，遂不免日入於放恣淫逸。夫傷生之事非一，而放恣淫逸，固其尤甚者。故今之學生，其心力體力，大率委靡不振，入惡社會，則不轉瞬而與之俱化。授以事，未必艱鉅也，而已懘然若不勝其負荷者。學校中所以涵養其精神，發達其體力之事，未嘗不十百於昔也，而其效曾渺不可睹，烏乎！此其故可思矣。又昔之束髮受書者，雖未嘗明詔大號，指孔子示之曰："此教主也，爾宜尊之。"然孔子之在社會上，亦既具有教主之作用，如吾前之所述，則其人而苟尊信孔子者，萬一不幸，至於牢愁困苦之時，固猶有所藉以自養。舊日儒者之安於義命是也。今也不然。當扶牀入塾之始，即告以迷信之當戒，富貴之足慕，貧賤之可羞，天演淘汰之難以自存，生存競爭之可以力致。吾國昔日之言道德者，固不盡適宜於今日之世界，然今日之言道德倫理者，亦爲片面的而不完全，其流弊或轉甚於墨守舊道德者。舉凡精神界所恃以自娛悅自慰安者，一舉而悉奪之，則其人不幸而至於困頓牢愁，安得不憔悴憂傷以死。而既曰放縱之，便入於放恣淫佚之境，則其人又安得不終入於牢愁困頓之場也。烏乎！舉全國大多數之學子，悉縱之於淫佚放恣之境，以糜其生，天下事之可悲可痛者，孰過是矣。自吾從事教育十年以來，學生之志趣乃日益卑陋，其體力亦日益柔靡。昔猶知慕作官者，今則但謀處館；昔猶欲求致富者，今則但圖衣食。奄奄無氣，鼜鼜寡歡，若是者，其體力安得強壯。論者必曰：此國民生計艱難之結果也。是固然然。何以徧全國不見一不憂其身而憂國家者？嗚呼！此其故可思矣。且吾所言非指國民學校極貧之兒童，乃指中等學校以上，家本不甚貧，即貧猶能勉受中等教育之學生也。

　　或曰：如子言，則必恢復舊日私塾之教育，然後可以爲快乎？曰：惡，是何言？舊日私塾之教育，絕不能與以教育之名稱，吾向者既言之矣。然則子盛繩舊教育之美，而力斥新教育之非，何也？曰：吾非繩舊教育之美，而欲使世之從事新教育者，借此以自鑑也。夫吾向者所稱舊教育之效果，校勝於新教育者，實仍不足稱爲效果，不過此則新教育所有之流弊，爲舊教育所無者耳。然即此數端，彼舊教育者，亦不過於無意中得之，而非其所能自致，則舊教育之不足法可知。而即此舊教育者無意中所得之利益，尚有爲新教育家所能得者，則新教育家之當引以自鑑，抑又可知矣。然則舊教育家無意中所得之利益，新教育家竟不能得，何也？曰：可爲兩言以括之：舊教育家不知教授，其失在於盲進；而教育家則缺於自動。舊教育家之不知管理訓練，其失在於嚴酷；而新教育家則流於放任。盲進與嚴酷，不足法也，而缺於自動，與流於放任，其弊乃滋甚。然則非舊教育之果善也，亦新教育之未能盡善而已矣。

原署名：輕根。原刊《中華教育界》
一九一六年第五卷第六期

論科舉與學校不可偏廢

科舉之制，肇於有漢，行之二千年，知其無用而莫之或替。甲午以降，論者始以國之弱歸咎於人才之不足，而人才之不足，科舉實敗壞之，始有議法歐西設學校者，然特病科舉所學之無用，未謂科舉當必廢也；故戊戌變法，特去八股試帖，而代之以策論經義。孝欽垂簾，八股遽復，當是時一切新政，皆摧鋤破壞之，固不獨八股也。西狩以還，復貌行新政，以內塞民望，外媚列邦。甲辰秋，乃有廢科舉之詔，自是育才取士，一於學校矣。夫合天下之士於庠序而教之，而拔其尤者以爲才，其教之養之之方，自校科舉爲切至，而其所以取之者，亦自校之科舉之憑一日之短長者爲可信也。顧何以行之十年效卒莫睹，而設學經費，羅掘俱窮；士習日卑，學風益陋，國家大政，惟知鈔撮東西各國之章程，以爲美觀；使姦人藉爲漁利之地，而民且益困，又且曰爲天下所詬病也。烏呼唏矣！

今一言復科舉，聞者必笑爲大愚，目爲頑陋，甚有疑科舉與共和政體不相容者。夫學校科舉，其在吾國，其爲取士之道育才之方等耳。謂科舉所以拔擢官才，人之應之者，皆挾一作官之想，則向者之學校，何一非以培成官才爲宗旨者乎？謂科舉不可用，是學校亦不可用也。謂科舉之所學爲無用邪？是誠然，然此特試之之術之不善，而非科舉之弊也。設一學校焉，而使人之者皆習八股詩賦，則其無用與科舉等矣。然則設科舉而試之以有用之學，又何爲其必不可乎？今之詆復科舉者，絕不一考科舉制度之變遷，亦不問人之主復科舉者其說如何，而必舉明清之弊制以相詰難，一若復科舉則必復八股試帖者然，吾不知八股試帖與科舉有何關係也？至疑復科舉爲有礙共和政體，則吾更不能得其說之所在矣。

吾今敢大聲疾呼正告天下曰：科舉，善制也。吾非謂科舉之制可以行之萬年而不變也，然在今日，則確爲善制，而可與學校並行。又非謂向者之科舉爲無弊也，然向者之科舉，自有其致弊之由，而非可爲科舉之咎。去其弊，存其利，斯科舉可行矣。又非謂科舉興而學校廢也，學校科舉各有其用，並行而不悖，相輔而相成，行其一而廢其一，不若並行之者收效校宏也，請伸其說：

吾國向者閉關獨立，不與外國通，其爲治也，求所以安內而已，不求攘外也。行一君專制之政，上之所求者，下能戢戢奉教令而已，不求其智也。下之所求者，舉國之人皆能戢戢奉上之教令，可以安處而已。夫豈不知天下非一人之私有，率天下以奉一人，爲不合於理；顧民不無君而自治，而其才其智又不能舉其群之最善者而立位君，則其人苟能攘夷狄鋤盜賊與閭閻爲一日之安，則相率而奉之，亦事之無可如何者也；此吾國所以於官天下之理，發明之最早，而家天下之制，乃行之二千而不變也。夫既行家天下之制，則不利民之智而惟利民之愚；既閉關自守不與外國競，則凡事不必求其精進；而疆域萬里，民俗互殊，所以督責之者，惟恃君主一人，雖有利民之事，易於滋弊而難於獲利也。故中國治術，常偏於保守而緩於進取。擾民爲大戒而不甚責司牧者以興利，若是者，又無待於傑出之人才而後治也。故中國舊日治法，可謂與人才相需不殷；相需不殷，則其所以求之者自疏。所謂學校科舉者，求其有是政足爲國家官人取士之途而已。夫國家亦既設官置吏，則必不能無取之之方；而取之之方，則世卿之制，誠不如學校科舉之善。行世卿之制，則民之才者，鬱住而不獲伸，將有潰決橫溢之禍；行學校科舉，則布衣徒步可致卿相，勛業之後降爲輿臺，而鬱結不平之氣伸矣。求與天下爲安者，莫患乎民氣之鬱結而不平，行學校科舉之制，則所以破世卿之習，銷除天下抑鬱不平之氣也。昔人詆科舉之制，爲探籌取士，而烏知其妙用之即在於此乎？若訾其不足以得人才，則彼固未嘗以得人才爲念也。或曰：能摧棄世卿之制矣，而更可以得人才，豈不更善？夫治化之更，必有所待，無自外迫之之力，則終不能舍舊而謀新，此事之無可如何者也。吾國向者閉關獨立，不與外國競，故凡事皆主保守，不求精進。主保守而不求精進，則與天下安，而不求人才之學校科舉出焉。時勢如是，一切政治法制，皆應之而爲如是，雖有改革其名，而其實亦終不可致。故吾國向者之學校科舉，不足以得人才，時勢使之然，而不足爲科舉咎。今者時勢既變矣，則雖復向者之科舉，而其名猶是，其效亦必不同，觀於戊戌以來，科舉之制雖存，而明達之士，即多棄之如敝屨可知也。然則今日而行科舉，誠不患其不足以得人才矣。此向者科舉之弊，不足爲科舉咎者一也。

自魏之三祖，崇尚文詞，循是以降，吾國士子，惟以雕蟲刻鏤爲能，而不復留意實用（隋書李諤一疏言此最爲深切）。此非魏之三祖所能爲也，蓋吾國習俗尚文，自週末而已然，及後世乃延緣而益甚也。夫吾國習俗之尚文，則亦有故。秦漢以降，神州之內既定大一統之規，蠻夷戎狄之集處其間者，不復與吾相抗；偶然揭竿斬木，其事實同於內亂，而非復外憂；求所以樂利生民，躋國家於郅治者，其道不在武功，而在文治；即有時蠻夷戎狄，崛強塞外，固亦未嘗不可以德化馴（如明之於諳達），計謀折（如隋之於突厥），牢固邊備，以慎防之（如漢自昭宣以後，邊庭烽火侯望精明，士馬強而匈奴不敢侵），武備要非所急也（遼金元清入踞中國，亦皆內政之失，而非盡由於武備之弛，其理甚長，當別論也）；吾國習俗之尚文，亦勢使然也。夫人之性，不毗於陽，則毗於陰；毗於陽者則偏於剛，毗於陰則偏於柔；求其得剛柔之中而協陰陽之和者，非聖人不能也。故其蒸而爲俗也，不失之文，則失之武；失之武，弊在太強，失之文，弊乃太弱；求其兼文武之用而得強弱之宜者，非太平大同之世不能見也。法制政令，名不能常與實符，習俗所趨，常能冒其名而變其實，吾既言之矣。然則科舉之尚文而不求實用，俗使之然也。俗之尚文，時勢使之然也。時勢不殊，俗不變，俗不變，雖設學校而教之，民猶之尚文；時勢既變，而民知求實學矣，雖設科舉以求之，亦未嘗不可得有用之才。夫吾國科舉，固何嘗專以文詞進人哉？唐代進士，詩賦與策論並試；詩賦浮華，策論未嘗浮華也。然士之應試者，惟知揣摩詩賦，而視策論爲無足重輕，司衡文之柄者亦然，則如之何？且又有諸科矣，進士浮華，諸科未嘗浮華也，然俗必輕諸科而重進士，驅天下聰明才智之士，使專致力於詩賦，則如之何？當是時，雖設學校而詔之以實學，士亦孰肯趨之？且歷代固亦皆有學校矣，亦嘗以實學詔人矣，然橫經之子，何一不惟文詞之是趨哉？此無他，俗使之然也。俗之成也，常能迫天下之人使趨之而不容一人之獨異，而國家所遭值之時勢，又嘗有以陰驅潛率其民，使之蒸而成俗，而不容其不然，大勢所趨，實宇宙自然之運，雖聖人亦莫如之何也。故忠質與文，三代異尚，中庸之德，聖人嘆其不可能。凡以見俗之無不敝，而救弊之策之當急也。夫俗有敝而救之，聖人之所能爲也；創一成不敝之俗，雖聖人亦有所不能。然則法制豈有善惡哉？視其所施之時與地而已，而必斤斤焉曰制有善不善，不善之制，易世而不能爲良；善制雖自他國移而殖之於吾國可也，此今日仿行新政之所以無效也。烏呼哀哉，此向者科舉之敝，不能爲科舉咎者二也！

凡以言夫俗之難也，若夫行一俗而可以不敝，有一成不變之法，而俗遂必可以不壞，則中庸之道非難能，治天下之法無惡於執一，而老易之言爲不足尚矣。夫俗變，則一切法制政令皆緣之而俱變矣，而必曰是非俗之咎，而法制政令之咎也，因謂昔者之法制政令必不可用於今。

然則處今日而復科舉可乎？曰：可。吾固言之矣。科舉之弊，非科舉之咎，時勢爲之也。時勢變，則風俗變，科舉之弊亦去，而科舉可行矣。行科舉廢學校可乎？曰：不可。吾固曰科舉學校，各有其用。行其一必廢其一，不若並行二者之收效校宏也。不當廢科舉專任學校，獨可廢學校專任科舉乎？復科舉將一仍向者之制乎？曰：惡乎可。吾特言科舉之弊，在今日可以摧陷廓清之而已，非謂向者之科舉爲無弊也。然則如何？一曰：國民教育。當專任學校而非科舉之所能爲（以科舉爲小學教育，從古本無此事）。一曰：高等教育，當科舉與學校並行，而其學爲中國所固有者，宜注重於科舉而輔之以學校；當求之外國者，則當開設學校派遣留學生以提倡之，而以科舉責其實。如是者，收效必宏而流弊必鮮，費財甚少而得纔可多也。請更言其理：

《書》曰：“民惟邦本，本固邦寧。”國家之盛衰強弱，莫不視其民智之高下；民德之輔漓，政治法制雖可收效於一時，而必不足以垂諸久遠；而欲求民智之高民德之厚，則非有以教之養之不爲功，此教育所以爲立國根本之計也。夫國民教育，宜任人民之自營，抑宜由國家代爲之謀。其在異日，誠不能遽行論定，而在今日，則決非國民之所能自爲；強使爲之，必不能成；即能成之，亦必與初意之所期大相違反；故明知其事之委曲繁重，而國家不能不代爲之謀也。今日東西各國，豈不知國家庶政待舉者甚多，而國民教育其所耗之人才，爲至衆哉？然猶必斤斤焉爲民謀之者，誠知其事之不可以已也。中國今日國勢岌岌，急則治標之不暇，而何暇更爲遠慮？然立國百年之大計，類非旦暮之所能爲，而不可不早爲之樹。國民教育收效雖在百年之後，即求其事之略具規模，亦當在數十年之後；然在今日決不能不早爲之圖，而其責又決當有國家自任之而絶無旁貸之策者也。但所謂國民教育者，亦決非如今日朝野上下之所爲所克有濟。蓋凡事必求其實，不惟其名，而今日之所謂振興教育者，則無一非惟其名不惟其實者，此其理甚長，更別論之。

寫於一九一六年前後

歐 戰 簡 覽

一九一四年六月二十六日① 　菲蝶南②在波士尼亞省遇害

七月二十八日　奧、塞宣戰

二十九日　門與奧宣戰③

八月一日　俄、德宣戰

四日　法入戰局

五日　英師渡海

一九一五年八月二十三日　日本宣戰

十月二十九日　土耳其加入

一九一五年五月二十三日　意對奧宣戰

十月十一日　布加入德、奧④

一九一六年三月九日　葡入協約

八月二十七日　羅對德、奧宣戰

意對德宣戰

時
期
{
一九一四年八月四日　　　　　德攻比、法

一九一四年十月——一九一五年九月　德、奧復失地，長驅入俄

一九一五年九月——一九一六年一月　德、奧、土、布滅塞殘門

一九一六年二月——一九一六年十二月　攻凡爾登至滅，羅提出搆和條件
}

---

① 原文如此，應是二十八日。

② 菲蝶南，今譯"斐迪南"；波斯尼亞，今譯"波斯尼亞"。

③ 門，即門的內哥羅（Montenegro），今譯"黑山"。

④ 布，即"保加利亞"。

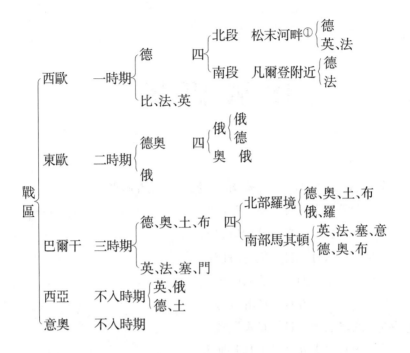

第一時期　西歐戰區

八、九
兩月
德軍
猛攻
時代
{
侵比（以德、法界上有伏斯巨山脈［Vosges］爲阻）②

陷里愛巨［Liège］③

不魯舍拉［Biusscls］及南方重鎮相繼陷④

德分軍
{
（主力）攻盎凡爾［Anvers antwech］、哇斯丹
　　［Qstend］以控北海脅英倫（自後，
　　比所餘者北海鄰法沿岸一隅而已）

（分支）入法，陷東北諸重鎮
}

---

① 松末河，今譯"索姆河"。

② 伏斯巨山脈，今譯"孚日山脈"。

③ 里愛巨，今譯"列日"。

④ 不魯舍拉，今譯"布魯塞爾"。

八、九兩月德軍猛攻時代

時法方越伏斯巨圖復洛林[Lorraine]、亞爾薩斯①（後以無援退還）[Alsace]。不一月，前鋒逼巴黎，法人遷波圖[Bordeaux]，②英軍至，德始稍退。德移師而東，英法聯軍欲驅之，不克

其陣綫起自北海岸之已於巴特[Nieuport]，經耶波勒[Ypres]，③南入法境經亞拉斯[Arras]、④迫倫内[Peroune]、康派伊[Campiegne]、素伊遜[Soissons]、⑤來姆斯[Reims]、⑥凡爾登[Verdun]、南錫[Nancy]，迄法德界上裴爾福德[Belfort]。⑦　自一九一四年十一月至一九一五年十二月攻戰未止

英法欲復失地，德欲全占比海岸以控制多佛海峽也[Dover]

第二時期　東歐戰區

俄

科佛諾州[Kouno]界　德東普魯州[Eest Prussia]⑧

波蘭[Poland]界　德之波森州[Possert]　奧加里西亞州[Galicia]⑨

八、九兩月

不一月，東普幾全陷，首都哥尼斯堡[Konigsberg]被圍

加里西亞連陷，首城南堡[Lemberg]失守，⑩重鎮普散彌斯[Przemysl]被圍，⑪僅恃喀爾巴阡山中諸要隘及西齊克拉科一鎮而已[Gacouw]⑫

九月中旬，德援師大集，重創俄軍，復東普魯失地

俄反抗，爲扼東普魯國境，攻波蘭，西部諸重鎮先後陷，勢迫瓦隆、⑬加里西亞，軍振，普散彌斯幾解

十月杪，俄皇臨戰場，復波蘭失地，德退守波森邊界

---

① 亞爾薩斯，今譯"阿爾薩斯"。
② 波圖，今譯"波爾多"。
③ 耶波勒，今譯"伊普爾"。
④ 亞拉斯，今譯"阿拉斯"。
⑤ 素伊遜，今譯"蘇瓦松"。
⑥ 來姆斯，今譯"蘭斯"。
⑦ 裴爾福德，今譯"貝爾福"。
⑧ 東普魯州，今譯"東普魯士"。
⑨ 加里西亞州，今譯"加利西亞"。
⑩ 南堡，今譯"萊姆堡"。
⑪ 普散彌斯，今譯"普熱梅希爾"。
⑫ 克拉科，今譯"克拉科夫"。
⑬ 瓦隆，今譯"沃倫"。

重圍普散彌斯，奧堅守克拉科

十一月杪，德援師畢集，大舉進攻，俄迎擊之，匝月波蘭西境陷，洛德士[Lódz]、①波魯克[Plock]②諸要塞相繼失，瓦隆岌岌

奧屢敗俄，進駐喀爾腦[Tainow]，圖解普散彌斯之圍

{天寒　德進停頓 / 奧不能破圍} 俄攻東普魯以救波蘭　德 {自西歐調軍援東普 / 波蘭方面不減}

一九一五年二月一一十日至六月一一十日，驅俄出境復占俄地，科佛諾州諸邑波羅的海之里播海口均陷[Libau]

一月下旬，克加里西亞東南之布哥維那州[B Kouina]，三月中旬，陷普散彌斯，四月初，南襲喀爾巴阡山隘，匈牙利平原危

五月，德、奧、奇軍由克拉科方面襲俄軍之側，俄軍潰退。六月三日克普散彌斯，又兩旬克蘭堡

{右翼　東略布哥維那 / 中央及左翼　北出波蘭}

七月初，德兵圍瓦薩③

{(北)大將彪維牽里播登陸之大軍，由科佛諾州渡麥默[Nemel]、④ / 　　那留[Nalew]⑤兩河 / (西北)興登堡以波蘭大兵 / (南)麥更生德奧聯軍⑥道維斯土拉[V1stula]、⑦蒲格[Bug]⑧ / 　　兩河平原}

八月五日，瓦薩陷，波蘭全境亡，國防第一綫破

退守第二綫(科佛諾哥羅德諾[Grodno]⑨里多佛斯克[Liteus]⑩一帶)

九月初旬，又盡失

---

① 洛德士，今譯"羅茲"。
② 波魯克，今譯"普沃茨克"。
③ 瓦薩，今譯"華沙"。
④ 麥默，今譯"涅曼河"。
⑤ 那留，今譯"那累夫河"。
⑥ 麥更生，今譯"麥根遜"。
⑦ 維斯土河，今譯"維斯瓦河"。
⑧ 蒲格，今譯"布格河"。
⑨ 哥羅德諾，今譯"格羅德諾"。
⑩ 里多佛斯克，今譯"立托夫斯克"。

於是 {
利牙[Riga]①軍港頻遭侵襲
維爾那[Vilnius]、②特文斯克[Dvinsk]
　　　　　　諸重鎮相繼告急 {藩籬盡失
　　　　　　　　　　　　　　首都告急
}

十一月,復有事,巴爾干沈寂其陣綫

北起利牙海口,經特文斯克、多佛斯克、扁斯克[Pinsk]③

南進加里西亞之特尼斯特河畔[Dniestec]

第三時期　巴爾干戰區

{
奧陷塞京貝爾格來得[Belgrade],④北境有事旋退守國境
奧沿邊諸城相繼失守,波省首城塞拉熱瓦[Sarajevo]⑤幾陷
}

十一月,土助德奧,塞東顧,塞奧戰日停頓

{
一九一五年以後,英、法海軍猛攻達大納爾海峽[Dardaneller],⑥
　　　　毀工程一部,艦隊損壞沈没者數十艘
陸軍由加里波里[Gallipoli]上陸,圖襲土後路,輒被大創而退
}

擬假道羅輸軍械助土羅以誘議其後卻之

運動布攻塞(第二次巴爾干戰役,割地乞和,有隙於塞)

英法 {
使塞割地於布,以抗奧有功不欲割地
阻希助塞,以英法援師不足卻之
}

而布得地於土攻塞

於是 {
土布釋憾
希羅袖手
}

十月初旬 {
布　　　攻塞東
德奧　　大舉攻西北　　下其舊都
}

英法(撤加里波里守兵)自塞羅尼加[Salonica]⑦登陸布迎擊,不能與塞聯絡

　十月杪,德奧布圍新都尼薩[Nisa],十一月五日下之,舊境盡没(第一次巴

① 利牙,今譯"里加"。

② 維爾那,今譯"維爾諾"。

③ 扁斯克,今譯"平斯克"。

④ 貝爾格來得,今譯"貝爾格萊德"。

⑤ 塞拉熱瓦,今譯"薩拉熱窩"。

⑥ 達大納爾海峽,今譯"達達尼爾海峽"。

⑦ 塞羅尼加,今譯"薩洛尼卡"。

爾干戰前舊境）

南遷摩那斯提[Vonastis]，一月後又陷，塞亡，國王暫遷阿爾巴尼亞之斯庫台里[Soulari]，一九一六年三月又遷各府島[Corfou]，①其後東遷塞羅尼加托庇英法

奧同時猛攻門，一九一六年一月至十月，國都色的伊[Corlligne]陷，未幾全境没

第四時期　西歐戰區

一九一五年九月　英攻魯司[Loos]
法攻香巴業[Gbambigne]②　} 得村落少許

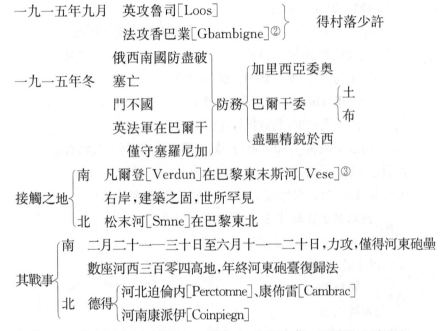

一九一五年冬　俄西南國防盡破／塞亡／門不國／英法軍在巴爾干／僅守塞羅尼加　防務｛加里西亞委奧／巴爾干委｛土／布／盡驅精銳於西

接觸之地｛南　凡爾登[Verdun]在巴黎東末斯河[Vese]③
右岸，建築之固，世所罕見
北　松末河[Smne]在巴黎東北

其戰事｛南　二月二十一——三十日至六月十一——二十日，力攻，僅得河東砲壘
數座河西三百零四高地，年終河東砲臺復歸法
北　德得｛河北迫倫内[Perctomne]、康佈雷[Cambrac]
河南康派伊[Coinpiegn]

七月一日，英自河北亞拉斯[Arras]進攻，分軍南禦，凡爾登乃爲沉寂

東歐戰區

一九一六年春，除俄乘虛攻入奧邊特尼斯德河畔外④，無烈戰

五月｛日本軍械　由西伯利亞鐵道至
協約國軍　抵境　助駕汽車、飛艇
免總司令尼古拉斯代以苦魯巴金

八月一日攻

---

① 各府島，今譯"科孚島"。
② 香巴業，今譯"香檳"。
③ 末斯河，今譯"馬斯河"。
④ 特尼斯德河，今譯"德涅斯特河"。

其陣綫
- 利牙至扁斯克,德所守陣綫如故
- 南端(自扁斯克東入奧境加里細亞東即紹特尼斯得河接羅馬尼亞界上爲奧所守)力攻,奧不支,東北邊塞那維嗣[Cyevnowity]、科羅末[Kolomea]、斯臺尼斯洛[Sianisowovy],李落的 Blody 諸重鎮陷

八月下旬,羅宣戰勢益張,南越喀爾巴阡嶺脅匈東境,德援驅之,而加里西亞東部及布各派那全州終未復

十月後,視綫注巴爾干

巴爾干戰區

八月下旬,羅加入協

(八月)俄、羅與德、奧、土、布

(南部)(馬其頓)德、奧、布與英、法、塞、意

一九一六年巴爾干部戰事

羅
- 羅連破奧要塞不下一月奧東鄙德蘭西佛尼亞州①[Transclvania]之泰半,匈牙利平原危
- 九、十月間,德援師盡復奧地布土軍中多瑙河[Danue]沿岸進攻(德統率)

羅 腹背受敵

羅 外拉希亞州[Walaebia](西南方)侗布列吉州(東方)陷,要港康士坦柴[Gonstanya]失,首都布加來斯德[Bucharest]陷,②年終亡,僅守馬爾大維亞州[Molddvia](北部),以保南俄産麥原野與俄奧特色港[Odessa]③

羅多 農産 石油 資軍實

多瑙流域盡屬德奧,北德潛艇溯來茵、循多腦,可制黑海

海權

① 德蘭西佛尼亞州,今譯"特蘭西瓦尼亞"。
② 布加來斯德,今譯"布加勒斯特"。
③ 奧特色,今譯"奧德薩"。

一九一六年巴爾干南部戰事

{ 羅加入後，布北顧，聯軍大舉，盡得布軍所守塞地南策，至年終陷要塞摩拿斯提，掃除馬其頓境内同盟軍

意軍在阿爾巴尼亞北，遙與聲援控制亞達利亞的克海東岸① } 德奧所失

十月威尼柴洛［U nizele］②革命於岡地亞島（國王南德英威附英法，③被黜），設臨時政府於塞羅尼加、加入協約

希王雖屍位，於英法所要無不從 } 協約所得

地中海海權不搖

蘇彝士仍爲英有④

西亞戰區

始一九一四年冬土加入

俄土　高加索阿
（北區）美尼亞間⑤ { 俄　欲奪埃爾土倫要塞［Eryeroum］

土　欲占巴統海口［Batum］ } 乍得失，無關大局

英土　波斯灣登陸 { 杜土援部

分俄之勞

（東南區）（波斯灣）（英）占巴斯拉⑥　未能進略美索不達米亞

英土
（南區）蘇彝士　土屢襲西奈半島，經英迎擊，退
（東區）　一九一五冬，德土煽波斯回徒叛俄，戰波斯西部

一九一四、一九一五乍起滅無顯著勝負

一九一五年冬，塞、門亡，德、土道通，英法撤加利波利之兵

德 { 蘇伊士方面　築輕便鐵道於敍利亞之沙漠地方

增兵巴力士坦⑦　圖規取運河，開進軍埃及之路

波斯灣　令土移加利波利守兵於美索不達迷亞平原⑧

東方　嗾波斯軍叛俄

---

① 亞達利亞的克海，今譯"亞得里亞海"。
② 威尼柴洛，今譯"維尼齊羅斯"。
③ 南德英威，今譯"康斯坦丁"。
④ 蘇彝士，今譯"蘇伊士"。
⑤ 阿美尼亞，今譯"亞美尼亞"。
⑥ 巴斯拉，今譯"巴士拉"。
⑦ 巴力士坦，今譯"巴勒斯坦"。
⑧ 美索不達迷亞，今譯"美索不達米亞"。

以俄新敗，阿美尼亞方面未加意，俄自亞拉拉山隘［Ailrat］乘虛而入

一九一六年二月一日至十日，占埃爾土倫（阿美尼亞首城，土北方重鎮也）

於是
- 一軍　入波斯　西略至伊斯巴漢［Ispahan］，①侵美索不達迷亞
- 一軍　南規美索不達迷亞，取愛爾迫幹［Erymgan］，及底格里斯流域諸重鎮，斷爲格達於是道上土軍後路，與波斯灣英軍聯絡
- 一軍　西薄德雷皮重海口［Trebiyona］，②經營
  - 黑海沿岸
  - 小亞細亞高地

土進援無效，迄年終
- 北境陷
- 波斯資敵
- 美索不達迷亞陷重圍中
- 進圖印埃成畫餅

雖四月一日至十日降英軍於克得爾馬拉［Ketelmdra］，然英勢未減，卒窺白格達③

意奧戰區

一九一五年五月，意奧啓釁

原因
- 與奧世仇
- 英法艦隊在地中海者强
- 中立英法有煩言，謂不助即當敵視，恐兩方懷恨
- 乘機并亞得利亞海東岸地，以拯奧治之意籍住民

法諷奧割地，奧不從

一九一五
- 陸軍
  - 北攻約羅爾州［Tyrol］，④無寸效
  - 依松茶河［Isonzo］⑤畔（亞得里亞海北端），稍勝不已
- 海軍　依斯先半島［Isiija］之攻，無功

轉戰數月，喪師十餘萬

其目的地
- 東　的黎斯德海口［Tileat］
- 北　曉拉恩德要塞［Trient］⑥

均可期不可即

----

① 伊斯巴漢，今譯“伊斯帕罕”。
② 德雷皮重，今譯“特拉比松”。
③ 白格達，今譯“巴格達”。
④ 約羅爾州，今譯“蒂羅爾”。
⑤ 依松茶河，今譯“伊松佐河”。
⑥ 曉拉恩德，今譯“特倫托”。

一九一六年春，停滯

初夏，阿爾卑斯積雪融，奧自曉拉恩德進攻，連占意凡尼亞省北鄙諸鎮

六月，奧有事北，意復之，依格索方面大舉取奇、濟要塞

明復南規依斯克半島與亞得里亞海軍相呼應，北方仍無進步，英、法、德、塞活動於馬其頓，意亦使守阿爾巴尼亞沿海地

自一九一四年至一九一六年冬①

第八節　德之提出和議

統觀上述二年半之戰勢，比利時國社爲墟。法東北諸省之富庶甲於全國者，盡爲德軍所占。俄喪其波蘭全境。英法海軍之攻達大納爾海峽，均無功而退。其外交家之誘希臘助塞爾維亞者，亦敗於垂成。而布加利亞則崛起一隅，助德奧聯軍，滅塞蹴門，擴張勢力於巴爾干半島。洎乎羅馬尼亞與俄攜手而後，雖曾攻入奧境，而未幾即爲德軍所毀滅。説者謂德之雄風，彌漫歐陸，其軍隊左冲右突，所向無前，歐戰之終局，德其獲勝矣。然而一觀 1916 年之戰情，及德人海外之勢力何如者，則恍然知德之精疲力竭，勝負之數，爲不可知矣。凡爾登之戰，相持六閱月，喪師百數十萬，而未有所獲。松末河之戰，陣綫之東退者，日有所聞。奧國東北邊境，盡爲哥薩克兵之牧馬場。巴爾干南部，盡入協約勢力。而地中海之航業，可以安枕無憂。小亞細亞東北淪於俄。米索不達米亞爲英侵入，巴力士坦之土軍厄於英人。而印度之侵略，蘇彝士之封鎖，盡成畫餅。且自青島陷於日，俾士麥群島失守於英日之海軍。② 而遠東之勢力，殲滅無餘。非洲之多俄蘭（Togoland）③陷於英法。西南非洲（German South West Africa）、東非洲（German East）之領土，加入英殖民帝國，喀麥隆（Camerun）失守於英法比葡。而自一八八四年來苦心孤詣竭力經營之殖民帝國，盡以資敵。海外商業，既已掃蕩盡淨矣。而北歐航道又爲英艦隊所封鎖，德政府知日處甕中之不可持久，國内騷擾之可虞，而英國海上雄風之不易挫也。乃於一九一六年終，乘羅馬尼亞方面全勝之餘威，突然提出和議。要請美總統居間，向協約國方面探詢意見。協約諸國以德提無條件之和議，謂其未有誠意，特假是以固軍志，堅其民氣，而嫁禍於他人也。皆絕對拒卻之。於是和議決裂，

---

① 下爲剪報粘帖，述一九一七年，從文字推敲，疑爲先生所撰，故存録之。

② 俾士麥群島，今譯"俾斯麥群島"。

③ 多俄蘭，今譯"多哥"。

而戰禍延至一九一七年矣。以余觀之，德之提和，無論其有無誠意，此於和議之成立與否，無關者也。德方以戰勝國自居，而協約國方面之所希望者，土爾其之逐出歐陸也，君士坦丁海口之讓諸俄也。巴爾干諸國國境之變更也。則皆與德之經營小亞細亞政策，絕不相容。矧自羅塞門三國滅亡而後，巴爾干半島已屈於德人之武力之下。德爲不肯以其奮力奪得之土地，拱人讓諸敵人者也。協約各國猶有所希望者，則國境劃分與民族配布之不公允者。宜皆還其自由，使毋受外族之羈軛也。德人以爲，此而容許，則波蘭舊境之爲普魯士，全甌構成之一大部者，將歸諸復活之波蘭獨立國矣。五十年前所獲之阿爾薩斯、羅來二州，將授其故主法蘭西矣。奧地利西南部之意民住地，東北兩部之斯拉夫人住地，皆將割歸他人，而奧爲小弱矣。以戰勝之國，而割地乞憐，德必不甘爲，此和議之所以不成立也。至若比地之交還，則可與非洲殖民地之恢復爲交換條件，實不足以阻止和議之成立者也。和既不成，於是有潛艇封鎖航路之宣告，中立各國之抗議，美之宣戰，英法在西歐之大舉，報達之攻陷，及吾國之與德絕交。此皆一九一七年之事也。本篇範圍，止於去年終。故不續述，願以俟諸異日。

一九一八年七月、九月 十五日奧匈提和

十六日協拒

二十四日東勝　土軍潰

三十日保停戰

十月 二日德首相就任（八日美復）

四日提和

五日保王退位（菲蝶南禪於子博里一世）

十二日德再提（十四日美復）

十五日德亂

二十日德之致，二十三日美復，二十七日德又復

三十日德在比境退出比不兵舍拉復

三十一日土停戰條約簽字

十一月　一日保革命博里退位

四日奧休戰

九日德遜位，十日德王奔荷蘭

十日奧匈共和政府成

十日德休戰條約簽字

本文寫於一九一七年四月中旬，爲未刊稿

論國人讀書力減退之原因

　　中國現今能讀書之人，日見其少，此不必證諸遠，觀於各書局所出之書籍而可知也。當新籍初出時，各書局之規模，遠較今日爲小，然各種科學書，尚頗有譯出者。今則所出之書，除教科書外，他種書籍殆鮮。此何故耶？

　　夫學問之事，原不限於讀書。向者士夫埋頭鑽研，幾謂天下之事，盡於書籍之中，其號稱讀書，而實不能讀書者無論矣，即真能讀書者，其學問亦多在紙上，而不在空間。能爲古人作忠臣，而不能爲當世效實用，若是者，其讀書似極無用。今者舉國之人，讀書力雖日見衰退，似未足爲大病也。然事有以無用爲有用者，讀書之風盛，則志節高尚之人自多，而奔競無恥者自少，治事有條理之人自多，而馮陵叫囂者自少。今日之當路者，但能以小利害動人，即無論何人，皆可使之枉道而從我。而其他大多數初無利害關係之人，亦輒爲所惑，皆坐此也。

　　吾嘗戲言：人之性質，盡於博奕二事。蓋博，陽性也，代表人之冒險性者也。凡天下事成否不可知，不肯冒險以圖功，即永無可成之望者，惟此種性質，爲能開闢之。如探險於南北冰洋，其適例也。奕，陰性也，代表人之理性者也。凡天下事必謀定而後動，乃可有成。無謀則不成，即使慮不能盡，而多一分計劃，亦必多收一分效果者，惟此種性質，爲能經營之。如施政之必本學理，軍事之必有軍謀是也。天下事，屬於奕之性質者多，屬於博之性質者少。無論何事，概以賭徒下注之性質行之，無有不敗績失據者，野蠻人之不敵文明人，正以此故。學術之盛衰，關於國家社會之隆替，亦以此也。

　　然則吾國今日，讀書之人之日少，其故何歟？吾嘗深思之，而知其原因有三焉。

　　一以讀書爲業者漸少。

　　吾國人之職業，向分爲士農工商。所謂士者，皆以讀書爲業者也。夫向者士人，其惟一之希望，在於科第，然得科第者實爲少數。而總計讀書人中，亦惟此少數得科第者，可以入官。入官以後，而讀書之事遂絕。所謂一行作吏,此事遂廢也。其餘或出而遊幕,或教授鄉里,終其身未嘗一入於理繁治劇之途,且恒以筆墨爲生涯,則讀書之事,自亦不能盡廢。其人固未必皆學問之士,然以讀書爲業者日多,則學問之士,自亦出於其中矣。今者社會之組織漸變,有學問者未必能得適當之位置,而其能得較優之位置者,或未必盡由於學問,於是人之藉學問以求自立者漸少,既能任事之士,亦輒以學問爲土苴而鄙夷之,而能讀書之人,遂日見其少矣。此其原因一也。

二以讀書爲樂者漸少。

孔子曰:"知之者,不如好之者,好之者,不如樂之者"。人之於職業,固有勞心焦思,欲求其成,以致實用者,然其始,則皆由於以此爲樂,漸漬焉而後深入之者也。向者社會生計之困難,不若今日之甚。能有暇日以尋樂者較多,而各種淫樂奢侈之事,不如今日之多。能藉讀書以求樂者亦較衆,今則迥非昔比矣。此其原因二也。

三爲書籍自身之關係。

凡物之能爲人深嗜篤好者,必其物之自身,確有可嗜好者在也。吾國立國最古,又夙尚文教,故學問之事,自昔即極發達,即以書籍論,四部之書,皆浩如烟海,任舉一門,皆終身鑽研之而不能盡。用物宏,取精多,其能使聰明才力之士,窮老盡氣於此,宜也。自歐化東漸,向時陳舊之書,未足厭人之欲望,新説之介紹於吾人者,則徒有其粗淺者,而精深者極爲罕覯,此等書可供中等以下學生參考之用,以語成年之人,學問已有根柢之士,未有不爲其膚薄者也。然讀書之風氣,恒自學問已有根底之士創之。現今之新籍,既不爲此輩所歡迎,欲其風行全國難矣。此其原因三也。

有是三因,而社會上讀書之風尚,遂日以衰退,學術日陋,風俗日窳,道德智識,皆一落千丈矣。雖然,剝極則復,貞下起元,吾觀吾國之歷史,每當蜩螗沸羹,學絕道喪之際,而命世之真儒出焉。此亦不必證諸遠,觀於顧王黃李諸大儒,篤生於明季而可知也。英雄造時勢,時勢亦造英雄,吾不禁於今日之學術界有厚望焉矣。

原刊一九一八年三月二十五日《時事新報》

《佛學易解》和《北美瑜珈學説》介紹

　　《佛學易解》一册，賈豐臻撰，商務印書館出版。此書凡分五章，第一章述佛教之略史，第二、三、四章述佛教教義之大要。第五章述佛教現在流行之狀況，及學者研究入門方法。吾國佛教夙稱發達，然往哲遺著，多闡發精義之作，鮮啓示門徑之書，故除少數潛精内典之士外，一般人士，多不知佛教之真相。即欲研究，亦苦無從下手。現在哲學思想，日以發達，吾國九流之學，皆詳於應用，忽於純理，長於入世，短於出世，非昌明佛教，不足以饜社會之思潮，而啓示佛學門徑之書，有謝無量所著之佛學大綱（中華書局出版）及此書，以便於初學論，則此書尤勝。

　　《北美瑜珈學説》一册，日本忽滑谷快夫撰，劉仁航譯，商務印書館出版。瑜珈本印度學説，近二十年來，始大行於北美，復加以北美人之思想，與之融合，遂成所謂北美瑜珈學説焉。其宗旨，首在破除我執。蓋人無不執著一物焉以爲我者，然細審其所執著者究爲何物，未有不啞然笑，爽然自失者也。是書即從此立論，先明肉體之非我，次明精神之非我，層層推勘，至於圖窮而匕首見，而所謂我者，遂焕然與宇宙合爲一體。然後知儒家所謂萬物皆備於我，所謂與天地合其德，與日月合其明，佛家所謂色空空色，所謂真如無明，互相熏習，所謂一切衆生，皆有佛性，俱實理而非空言也。凡欲推勘真理，所從入之途至多。故佛教言八萬四千法門，悉隨方便而入。而是書所從推勘，則專藉物質主義猖狂，人生其間者精神苦悶爲言，蓋應於歐美社會之機緣則然。譯者自序，謂今日之中國人，其精神常對内，而以我爲前題，今日救國之道，惟在不亂，惟在息争，而争亂之源，皆起於不知我爲何物，而妄執假我，誠慨乎其言之。然則哲學思想，雖若高遠，豈得謂其無益實用，無與於國家社會之務哉？又瑜珈學派，雖主征服肉體，初不主極端苦行，故雖以精神肉體皆爲非我，而於陶冶精神，鍛煉肉體之法，亦初未嘗忽。讀此書者，即淺之而從此方面領略，亦頗可得其益也。

　　中國文字，較歐美日本爲簡，此非徒以句法言，即篇法章法亦然。近今譯

150

書者,其篇章次第,大抵一仍原書之舊,此誠得矜慎之意,然苟將全書結構,大爲變動,一一以中國文法行之,則無論何書,殆皆可減去其半,少亦可減去十之三四。此其爲事誠較難,然於節省讀者之日力,似不無裨益。且過簡固易使作意不明,而冗長複雜,亦易使真意轉晦也。即如此書,譯筆可謂極明暢鋭達之妙,然若能將全書結構變動,似可更形簡要。不佞懷此意已久,特於此發其凡,以就正於海内之操譯事者。

原刊一九一八年六月六日《時事新報》

職業教育之真際

凡事必有其本，如築室然，其基礎必建於確實之地，否則未有能成者也。中國近日，競言職業教育矣。然其效渺不可睹。何也？曰：職業教育多施之於不願得職業之人，而願得職業者，不得與焉，此其所以萬變而萬不當也。

中國向者，民之分職曰士農工商。所謂士者，其所習之事，果足以爲職業與否，姑置勿論。即謂爲職業焉，彼其職業，亦四體不勤，五穀不分，與今職業教育之所謂職業，大異其趣。今職業教育之論方盛，彼輩亦非不隨聲附和曰，吾願得職業也。或曰，吾之子弟，願得職業也。苟一旦授之以職業，而使其藉是以自活，彼必將啞然失笑，彼即自願之，而親戚故舊，阻力亦且環生於其間。且以今日之社會，僥幸而得之機會正多。彼家世爲士者，初不必若真有職業者之勞勞，盡可得較優之位置。夫如是，而望其舍向者之所謂士之業，而就今日職業教育之業，是辭福而居貧，去逸而即勞也。夫人能辭福而居貧，去逸而即勞者有幾？而今日之所謂職業教育者，乃專施之於此等人。在學校中猶相與習之，及出而就職業，則棄之矣。何則？吾之所謂職業，固非彼之所謂職業也。

然今者無論設一何等學校，此輩即隨風而至。而真願得職業之人，初不與焉。在通商大埠，以生計競爭之劇烈，肄業於學校之士，即爲真願就職業之人，猶容或有之，至內地，則幾絕其迹也。彼輩之願得職業云云，固爲人云亦云，初未一察其真相之言。即教育者之施職業教育於彼輩，亦爲姑妄施之，初未實際考查彼輩願望之舉。故無論今日之教育，不盡適於得職業也，即盡適於得職業而施之，於此輩，其無用亦正相等也。

然則如之何而可？曰：吾固言之矣。凡事必謀其本，今欲施職業教育，則首當擇其願得職業之人。所謂如築室然，其基礎必建於確實之地也。試以商業教育論，與其設立一商業學校，招集士大夫之子弟而教之，其結果仍不能從事商業，以致於商業界無絲毫影響，則莫如就固有之商店，集合其店中之學徒，而爲之設一半日學校，或夜學校焉，猶較有實際也。商業如此，其他可以類推。

　　或曰，今日一縣之地，小學校蓋亦數十，就學之人，統計之亦得數千，豈皆向者所謂爲士者之子弟耶？似也，不知向者之科第，得之之人至少，而願得之之人甚多。一縣學額，不過一二十人，舉人進士無論矣。然冀得此不可知之科第而從事焉者，恒數千人。即今日受教於學校者之父兄也。至農工商之子弟，則其大多數，固仍未嘗受教育。試任擇一二縣之學校，調查其學生之家世可知，固不得以校數之較多，臆測就學者之不少，而謂向者不受教育之人，今已多受教育也。故今日而欲言職業教育，有二要義：一曰，當化向者無職業之人，使就職業；二曰，當就向者有職業之人，施以教育；若如今日之所爲，初不能化其歆慕虛榮之心，而願欲授之以職業，則亦蒙虎皮於澤麋之類耳。

　　　　　　　　　　　　　　原刊一九一八年《時事新報》

學風變遷之原因

　　四月十五日，貴報①學燈欄載有好學君《學風小言》云："前清光宣之際，學生以革命爲學風，其失固多，其益亦不可一概抹殺。荒功課，喜高談，輕生命，此其弊也。然而有國家之責任，有犧牲之思想，有勇往之氣概，又其所長也。降至今日，此種活潑之客氣，已一再消耗，遂至零點。所餘者，死氣耳，暮氣耳。今之學生界已遍爲惰氣所襲。悲哉！"此數語殆爲人人意中之所欲言。然其所由來，至深且遠，則知之者鮮矣。

　　吾嘗謂中國士夫氣習，非偏於好名，即偏於好利，而兩者又若相循環。自歷史上觀之，東漢之世，偏於好名，自晉至唐，偏於好利。（如晉人之賣李鑽核，唐人之蹇驢破帽以謁王公是也）自宋至明，偏於好名，有清一代，則偏於好利，此其大較也。

　　夫但就表面觀之，好名似較優於好利，其實名之所歸，亦即爲利之所在，且名亦一種之利耳。論者徒見方今之世，金錢萬能，文章道德，棄如土苴，意有所激，遂謂好名之風遠勝今日好利之俗。假令生當好名之世，目擊盛名之下，悉爲僞善之徒，其真善之士，皆韜光匿迹，羞與爲伍，而沽名釣譽者，惡其異己，利其樸拙也，又從而詆排之，不惟無聲譽也，且爲疑謗所叢集。好名之風愈盛，而舉世愈無真是非，且一切事權，悉爲此輩所把持，名之所至，權亦附焉，權之所附，利亦歸焉。其不能與此曹爲伍者，則既喪厚實，復被惡名，然後疾首蹙額，謂與其好名而僞，毋寧明目張膽以言利矣。故好名與好利，其形式雖異，其精神則同，其表面雖異，其内幕則同也。

　　有清一代，本爲好利之世，士夫之屬廉隅講氣節者絶少。雖後學問文章名滿海内，究其實，則十之九，皆借此作稻粱謀。此等風氣，積之既久，其根底之深固，斷非一朝一夕，所能挽回。往者興學之初，學生之好談政治，特皆年少氣盛，激於一時之客氣耳。夫激於一時之客氣者，則安足與積久已成之風

---

　　①　即上海《時事新報》。

氣抗，久之久之，其必爲此等已成之風氣所同化，無待言也。且向之好談政治者，其一部分，固爲激於意氣之徒，其又一部分，則本思借此以圖利，言政治，特其假面具耳。此等宗旨，尤與好利之社會，訢合無間，其必折而入焉，更不俟論也。此近二十年來之學風，所以由浮囂而入於沈寂之原因一也。

又中國之士大夫，向多被服儒術。夫儒家之學說，側重政治之學說也。樊遲請學稼學圃，則孔子斥爲小人，許行主並耕而食，饔飧而治，則孟子辨之曰：夫以百畝之不易爲己憂者，農夫也。此等學說，其爲是爲非，姑置弗論，而要其結果，足以養成學者對於政治之興味，使之視政治爲社會之最大事業，而其他皆在所輕，則有斷然矣。職是故，言其善果，則足以養成志趣遠大之人物，不憂其身，而憂家國天下；語其弊，則亦足以養成虛憍之氣，高談闊論，而實則一無所知。向者之學生，類多曾讀四書五經之人，故其對於政治上之興味較爲濃厚，今則曾受此等儒術之教育者日以少，此亦學風自浮囂而趨於沈寂之一原因也。

學風之變遷，其原因如此。其利害果若何？曰：此無與於利害之數也。夫好名好利者，人之本性，謂之士大夫者，謂其學問智識，較優於普通人耳。非謂其能舉好名好利之心而盡去之也。故好名之人，善用之則足以爲治；不善用之，則足以爲害，好利之士亦然。而好談政治之性，亦善用之則得志趣遠大之人，不善用之即得虛憍任氣之士。吾所希望者，上有綜核名實之政府，而不容人之猷法以取利，下有綜覈名實之輿論，而不容人之枉道以求名。使虛憍任氣之士，皆漸趨於沈寂焉，此則中國之福也。

原刊一九一八年《時事新報》

駕牛通信

到蘇後，金君松岑來訪，出示所擬呈稿兩件，均有關國計民生，且其事與吾鄉頗有關係，亦鄉人士所宜知也，謹撮其大要，以入吾通信焉。

其一爲請援直魯江北運河之例，特派專員以修太湖水利事。案江浙兩省，近年水患頻仍，今夏梅雨連綿，太湖中土客私築圍田數十萬畝，悉被浸塌，嘉湖二城，淹入水中，統計所失，當在千萬以上。其原因全由於太湖水利之失修。案太湖三萬六千頃，上承黟山天目之水，下與海潮相吐吞，又與江流有關係，浙西農田之利害，全視太湖之治否爲轉移。太湖全湖以東洞庭山一半島區爲二部，西部上游長興山中，本有林木蔭蔽，前清嘉道中即被棚民開山砍伐，以致水無所障，挾泥沙直下太湖，至東洞庭爲半島所障，流緩沙淤，遂致東西湖底之高下，差至一丈，水清力弱。於是下游之吳淞江，節節阻淺，獨藉黃浦一江，上受浙來之水，下當潮汐，而浚浦之役遂亟。又松江以上之泖湖，較諸上游之澱山湖，湖底高出亦近一丈，一遇大浸，十日可以成災。江南之水利本不容五十年不修，當清道光中，陶文毅、林文忠先後撫蘇，治水之策，蕭規曹隨，具有條理。同治十年，張文達設局，大浚湖婁及吳淞等江，主其事者，爲藩司應寶時，亦能提綱挈領。自是以後治水，遂無大工程，即有之，亦絕無規劃。近五六年來，兩省士紳，鑒於水患之頻仍，亦嘗鳩款施工，酌開要口，以非根本之計，無補於事，而政府年耗四十萬金以浚浦，亦實爲不揣其本而齊其末云。

金君又比較近來水災，以己丑、辛亥及今年爲最巨。今年水災之大原因，一由天目諸山山水之奔注，一由東海颶風，皖北蛟水江潮倒灌黃浦。浦水頂托泖、澱，泖、澱諸水頂托太湖，故除從事疏浚外，太湖上游諸山之造林，亦爲當務之急。

現在蘇省議辟泖湖，浚吳松，浙省亦議開湖婁，金君以爲皆非本計。其根本計劃，必須在湖中拓出雙洪，引茅山、天目之流東下泖、澱，以出黃浦，疏通江浙運渠，廣修水竇於上游墾山之地，改計造林，如是則清水建瓴東下，勢足以抵禦渾湖，沉災可淡，大利可興矣。此項計劃所費約一千萬元以外，看似款巨難籌,實則每遭一次水災,損失便有此數也。

其一爲請減蘇松常太杭嘉湖七屬田賦事,案此七屬之賦額,一減於明正統,再減於清雍、乾兩朝,而大減於同治,然其現存之額,則:

蘇松常太:銀一九五八九九六兩,米一二九四九五四石。杭嘉湖:銀一三二五〇二三兩,米八六四〇四二石。以丁漕折合銀幣,實爲一三五六二〇一二元,而全國田賦不過八〇〇〇〇〇〇〇元,此七屬者,已占其六分之一。合四川(六十萬)湖南(百二十萬)貴州(三十萬)三省不能及其奇數云。

七屬所苦,尤在乎漕。通計全國有漕之省凡八,無若江浙之重者。即以江浙論,合淮揚徐海四屬計之,不過蘇屬四之一,松太二屬三之一,以寧紹之富庶,不及湖屬三之一,嘉屬五之一。使將蘇松常太杭嘉湖之漕減至與淮揚徐海寧紹等,所損失者尚不及焚土之數,而民困大蘇矣。

金君又就此七屬農民耕耘收穫之狀況計之,一家之中,能耕者一夫一婦之外,至多更加以一子一女,共爲四人。四人之力所能耕者,至多不過十五畝。畝收穀二石五斗,亦云豐矣,合計不過三十七石五斗。舟車牛犁芻雍之費,耗其百之二十,四口之食,去其百之二十五,加以葺屋制衣弔喪問疾種種必需之費,所餘之穀,至多不過一石,一石糶價極多不過五元。而丁漕附稅水利教育,合計一畝所納者,將及八角,此惟救死而恐不贍,而望民之勸於耕,豈可得哉?緣南畝者益少,則游惰及驁於不生利之民日多。以浙西著名饒富之區,而晚近以來,有富之名,無富之實者,其大原因,實在於此。

金君又謂現在舉辦經界(三年十二月十一日令)固屬美政,然江浙各縣田畝,從前多用六尺舊弓,現在改用部弓,畝數必致溢出,田賦又將暗加。前清同治時,太倉舉辦清丈,溢出畝數萬餘,曾從蘇紳馮桂芬之請,將舊有賦額通攤全縣,隱匿者昇,科過重者量減。左文襄督隴時,陶勤肅知皋蘭縣事,丈量全縣田畝,亦用此法。其議實本諸顧亭林。蘇省此次舉辦丈量,亦宜援用此例,將溢出之田畝攤減蘇松常太四屬之賦額,則民困可蘇,而國課無損,似尤易達到目的云。

鄙人按江浙兩省重賦,入民國以來,韓屈兩巡按使及蘇紳唐文治,浙紳錢芬榮等均有蠲減之請。中央以各省田賦正在規劃整理答之。迄今規劃整理茫無頭緒,而如金君所言,則苟能就緒,其結果必又成加賦,政事紊亂,財政困窮之世,往往舉辦一政,其始原欲以利國利民,其後遂變爲羅掘之策,竟使本意全失,誠可爲痛哭流涕者也。

金君天翮,吳江人,現在寓居蘇城,生平於農田水利最所究心,江南水利尤稱熟悉，嘗爲省議會議員，現尚爲水利協會會員。其任議員時，於江南水利極欲有所建白，然江北議員之視江南，若秦人視越人之肥瘠。江南議員，以知識論，則於水利多茫無所知。以居心論，則非自圖私利，即地方之見極深。談及水利，輒遺大局而先其鄉，其實斷無大局敗壞，一鄉可以獨利之理。然此等但有鄉曲眼光，絕無研究之能力者，無從與語也。以是贊助者少，卒無有成。

以上皆金君之言，及其兩呈稿中語也。鄙人於此竊有所感者。

一則中國之選舉，江河日下，即如前屆省會選舉，尚有如金君其人者當選，至去年，則並此無有矣。讀者諸君試就常州之情形思之，由今日以望前清末造諮議局之選舉，其惇樸之風，豈不如末俗之望三代邪！夫賣票者之甘於賣票，徇情者之甘於徇情，放棄者之甘於放棄，不過謂此乃公務利害，於我不切耳。殊不知無論何項政治，其利害皆至切於民。且如前屆省會議員，苟皆得如金君其人，即學識不必皆如金君，而良心皆不喪盡，皆能稍重視公務，不至終日營營，終日戚戚，惟其身之私及其私黨之知，則江蘇治水之計劃，可以早立，此次千餘萬元之損失，可以無有，因此損失而陷於寒餓之人，可以不至於此。然則是一不徇情不賣錢之投票，可以振救數百萬人也，苟能於此等玩法之舉動，加以遏止，亦可以振救數百萬人也，其功德校諸災象既成，然後竭資振濟者何如？且或自己亦在所振救之中也。然則躬爲玩法之舉，與夫坐視人之玩法而漠然無動於中者，是操刀以自殺也。

一則感夫近今之人才，於道德方面日以墮落，是以雖有才而不得其用，且如水利，以言乎實施，可以萃從前數十百殫心研究之人，不如今日工程科畢業之學生，以言乎技能，誠進步也。然昔日留心經濟之人，往往有己饑己溺之懷，強聒不舍之慨，今之人則何有焉。縱有技能，彼其爲人，則皆所謂洋氣十足者也。夫所謂洋氣者，非外國人之風氣之謂也，洋行買辦之流，俗所謂吃外國飯之人之風氣之謂也。此等風氣，就其内容剖析之，則惟含有自私自利，自夸技能之兩元素耳。善夫，吾友陳君研因之言曰：“人之成事德爲上，而才次之。此語看似極迂，然欲成事，多少必得他人之助力，有德者得他人之助力易，有才無德者不徒人莫之助，且必有人故意與之爲難，此實自私自利與意氣陵人之所感召，非他人之咎也。”今之有一材一技，而瓠落無所容於社會者，請三復斯言，今之有教育之責者，請三復斯言，勿更奉狹義之功利主義爲聖典也。

原署名：駑牛，原刊一九一八年常州報章

論社會之根本改革^①

改革社會組織之法，其道萬端，斷非一時所能具舉，然有一言可以蔽之曰：爲根本的改革而已。

今有甲乙相鬥爭，必先調查其原因，然後可斷其曲直，人與社會之衝突亦何以異是。今則遇有此等事，全以社會爲無罪而悉蔽其罪於人，此罪惡之所以日多，日求善而愈以惡，日求樂而適得苦也。推其以社會爲無罪而專蔽罪於人者，蓋以社會之組織爲必不可變故，而其以社會之組織爲必不可變者，則其故又有二：

（一）凡習慣則認爲是。

（二）以向來之組織爲天經地義，不可變更。

殊不知天下之事，刹那變幻，無有停住，假有停住，則今猶古也，而豈得成其爲今。時間既泯，習慣之義，又何以立。又不知一切法，皆由因緣際會而成，悉無自性，自性且無，而又何天經地義之有。今夫吾國人之所最尊者，豈非孔子耶？孔子立説，豈非吾國人所奉爲夫天經地義者耶？所以奉孔子之説爲天經地義者，豈非以孔子爲大聖人故耶？然問一精密思之，則所謂孔子之説者，果何如耶？

現在之演説者，豈非不佞耶？聽演説者，豈非諸君耶？假無諸君，不佞向誰演説？假無不佞，諸君又孰從而聽之？然則演説者，非不佞也，不佞與諸君共焉者也。聽演説者，亦非諸君也，諸君與不佞共焉者也。既與諸君共之，則無演説之不佞。既與不佞共之，故無聽演説之諸君。然則一以貫之之説，非孔子之説也，與子貢共之者也。郊不致膰俎而行，非孔子之行也，與季恒子齊人共之者也。

孔子曰：素夷狄行乎夷狄。今之西藏，非周時之所謂夷狄者耶？既曰素夷狄行乎夷狄矣。孔子西行若到吐蕃，必不革其一妻多夫之俗，孔子既不革

---

① 原稿殘缺，此題爲編者所加。

159

西藏一妻多夫之制矣。然則夫爲妻綱之制，可云天經地義，而推諸西藏乎？準是以推，孔子所言之言，所制之法，何一可推諸無窮者耶？何以故？孔子所言之言，所制之法，皆爲一時一地言之制之，故既爲一時一地言之制之，則正如今日之演説，爲不佞與諸君所造之共業。非可專指爲孔子之言，孔子之法矣。又何得自生拘執，而有所謂聖人之言，有所謂天經地義，有所謂不可變革者耶？

故曰一切有爲法，如夢幻泡影，如露亦如電。故凡社會上一切組織，無有不可改變者。故吾人今日知其不善，即當爲徹底之大改革，無所怖異，無所瞻顧。

原刊一九一九年《武進商報》第二十三、二十五、二十九期

論　醫

（一）

醫者，司人生死之業也；延醫，以生死托諸人之事也；然而今日之醫家如何，吾不禁爲延醫者危！

孔子曰：生而知之者，上也；學而知之者，次也。今之醫家度未敢以生知自居，則必學而後知之者也。然以今日之醫家而謂足以爲人治病，則必不待學而即知而後可，何者？彼輩固未嘗學焉者也。

中國之醫書以鄙人之淺陋所見者，尚有千餘種，然而今日之醫家若能背誦書名五十種，吾已服其博雅矣。彼輩所認真閱讀者，吾敢決其不及十種，即曾經泛濫之書，吾亦敢決其不滿三十種也。

彼輩必曰讀書如將兵然，貴精不貴多也。夫所謂精者，從多之中簡練選汰而出之之謂也；故曰：博學而詳說之，將以反説約也。若束書不讀，而曰吾能得其所謂精者焉，是欺人之談也。是陋也，非精也。

（二）

然而彼輩必曰吾輩之經驗足恃也，予又惑焉。夫所謂經驗者，學問既成，以其身所閱歷者，證諸向者之所學，而或見其同焉，或見其異焉；見其同，則向者之所學，益堪確信；見爲異，則自此推求，必可更有所得，此經驗之所以可貴也。亦必先有學問而後足以語於此。

若但云見過此病而已，則普通常患之病，誰不見之。人家侍疾之婢媼，所見病證之親切，盡勝於醫生，豈不皆成良醫耶？

若曰通常人之所見不過通常之證，疑難及沈痼之證，惟醫家知之，則尤爲欺人之談。果如所言，則通常之證，人人可自行醫治乎？疑難沈痼之證，本不多見，即曰見之，今日讀書極少之醫家，方且茫然不識爲何病，豈能得經驗之益哉？況乎此等病本不能常遇也。

（三）

然而彼輩必又曰：凡事凡物皆一理之所貫通，苟能通乎其理，則讀書與經驗之多少，皆可勿論也。此則欺人之尤甚者。夫理寓於事，必能即衆事而精究之，然後能得其會通之理，非徒面壁參悟，所能有濟也。故佛家之道貴乎止觀雙修，孔子亦曰：學而不思則罔，思而不學則殆。

今之醫家所讀之書既極少，以讀書太少故，一遇病證，其茫無所知，亦與普通人等，試問其所明之理從何而來？

今即讓一步謂理可憑空參悟矣，然能憑空悟入之士，必爲上智之人，今之醫家其資質何如乎？彼輩皆讀書不成者也。其資質校諸今日自號爲讀書之人，尚下一等，試問今日自號爲讀書之人，其資質果何如乎？足以憑空悟入乎？而況其更下於此乎？而況乎憑空悟入之語本不可通乎？

（四）

吾非好攻擊今日之醫生也，然人命至重，醫學不進步，生命之枉失，健康之枉失者必極多，是以不忍不言也。人必先知現在所處之境之極爲危險，然後有求進步之思想，是以不得不言也。

凡吾之所言，不必專門學者，然後能知之也。皆以普通事理推之，而可見其必然者也。

讀者請思之，今日之醫家果可恃否？今日之醫家果可安於現狀不求進步否？

烏呼，健康無病之時，醫學問題若於己無興也；一旦有病，則皇然無措矣！則將舉吾至寶貴之生命而托諸此等不足恃之人矣！可不豫爲之計乎？

今試問失慎之禍烈乎？疾病之禍烈乎？常州一市之中，失慎之家，爲數多乎？患病之家，爲數多乎？若盡去常州現今所有之水龍，失慎之患，豈必及我，而人必皇然不安者，何也？預備不虞之意也。然而對於今日至不足恃之醫生，乃安之若素者，何也？曰不知其不足恃也。故吾對於今日之醫生不得不痛加攻擊，使人知其不足恃也。

（五）

中國醫家最好空譚玄理，然其所談之理，實極不可信。

何者？彼之所知者，陰陽五行而已。

姑無論以科學之理衡之，不可解也；即以中國古說論，以五藏配五行，便有兩說，究以何者爲據邪？若云一可信，一不可信，試問其理由安在？恐囂囂然排斥西醫者，無一人答也。且恐知有此說者，已甚少矣。

（六）

且以陰陽五行言醫，古人亦初不如是，張仲景之《傷寒雜病論集》自言撰用《素問》，然全書中未嘗引及《素問》一句，可見察脈、辯證、處方、用藥古人自有真傳。專譚空理之書如《素問》者，不過偶備參考而已，非可據以治病也。此後名醫如華元化、王叔和等，亦均不牽引陰陽五行，繆仲淳論之甚詳。（《論集》言論所以集此書之意，宋本如是，俗刊本改爲自序，非。又《論集》或言是僞作。）

陰陽五行之說，其起於宋以後乎？劉温舒撰《素問入式運氣論奧》，始盛以陰陽五行言病理，而蘇軾、沈括之徒附和之。温舒者即僞撰《素問亡篇》之人，軾則以聖散之方殺人者也。其醫學程度可知。以五行言藥性，則始於寇宗奭之《本草衍義》，《珍珠囊》等書承之；金、元以降，其說大盛。其實中國本草之傳授，自陶隱居至唐慎微一綫相承，千有餘載，無此落空謬妄之談也。寇書今單行本甚少，然久爲妄人竄入。唐氏之《證類本草》中非東洋尚有原刻本，可以證明，讀者幾疑此爲唐氏之舊，因以爲中國古說相傳如是，則貽害大已。

（七）

然則中國醫家之好譚陰陽五行何也？曰凡事必有其理。所謂理者，非可向壁虛造者也。研究多數之事實，籀繹焉，而得其公例，斯之謂理。中國醫學本未能發達成一科學，而古代相傳之方術，又多失傳。自五代以前，習醫者多守其專門之業以相傳授，其人多今草澤鈴醫之流，士大夫之好斯事者甚少，則亦安於知其然不知其所以然而已。自宋以後，士大夫之研究醫術者始多，始欲求得其原理，然古代相傳之説，本止有其術而無其理；加以人體生理日以湮晦；藥物化學又無門徑；術之不明，理於何有？於此而欲强立一説焉以會諸説之道，則愈籠統汙漫不着邊際之説，愈適於用，此中國醫家之所以好譚陰陽五行也。

(八)

然則中國之醫學全不足取乎？曰不然。中國疆域廣大，各處之地形，氣候不同，疾病之種類極多，醫學上既積數千年之經驗，其診察之功，及有效之方，亦多可採。特其所言之理，則全不足信耳。

然此謂中國之醫學亦有可採，非謂今日之醫生有此能力也。何則？中國之醫學既絶無條理系統，不足以言學，而但足稱爲術；則其用之而有效，全在多讀書；讀書多，乃能多識病證，多記良方，用之或可有效。然今日之醫生，則讀書甚少者也。

大抵一種學問，與從事於此種學問之人，二者不可並爲一談。譬如孔子與佛，豈不甚爲可信？然執前清之秀才，而望其治國平天下；執今日之和尚，而望其濟度衆生；不可得也。故即使中國之醫學，真有可取，尚不能因此而信今日之醫生；況於中國之醫學，本不能稱爲科學耶？

(九)

然則中醫與西醫究孰勝？曰：自然西醫勝於中醫，無待問也。何則？斷無明於人體生理者，術反不精；講藏府經脈，尚且錯誤者，術反精之理也。斷無明於藥物化學者，術反不精；所言藥性，悉皆向壁虛造者，術反精之理故。

有等西醫其技極劣，如前清時有某西醫設某某醫局於常州，其人識字無幾。一日到予家，因天寒，遣僕至家取馬褂，僕求其作便條持往，其人執筆，竟不能成褂字，僕人反從旁教之；中文如此，西文却又不通。此等人即使天資絶高，然終歲不能閱一書，其技已必無長進，況其天資本極腐劣乎？此等西醫，真是誤人不淺。然醫生庸劣是一回事，醫學又是一回事，不能因習西國醫學者，偶爾庸劣之徒，遂並其學而深閉固拒之也。

此等西醫，可謂空疏無具之至，究其所學，尚不如一高等之看婦。然以救霍亂等急症，究尚非中醫所及。於此看見現在中國醫生之無能爲矣。

（十）

中醫之不如西醫，眼前便有一確證。此次霍亂盛行，究竟服中國藥者較諸服十滴水、神功濟衆水等藥者效驗如何？請各人平心調查之，事實具在，非可以口舌争也。

霍亂一證，至十滴藥水、神功濟衆水等不能治時，在西醫尚有他法，可以救治，若中醫則並此等能奏效之藥而無之也。其短長見矣。

（十一）

或曰：予服中醫之藥，明明有效，其故何歟？夫服藥有效，至難言也。或其病自愈，與藥無涉；或前方有效，而反誤指爲後方；甚或病本可愈，服藥反致不愈；與夫本可全愈，服藥反致終身常病；本了速愈，服藥反致拖延時日；種種皆是也。凡此皆非病家之所知也。病家之所知者，某日全愈，或某日輕減，而某日適服某方，遂指此方爲有效耳。

或曰：醫家處方後，能預決服此藥幾日而愈，非其藥之有驗歟？不知此特能預決病愈之期，與藥之有效無效無涉。今有人焉，患病當七日愈，予乃授以白水，曰以此煮服，七日可愈，屆期病亦必愈。豈可雲白水有效哉？況乎今之醫家，真能刻病愈之期者，亦不多也。

（十二）

或曰：謂中醫於藥物化學毫無知識，則誠然矣，謂其於人體生理全不明白，此實不然。試觀擅石針之術者，其行針不差累黍，且往往奏效，可知也。

應之曰：予本未嘗謂中醫於人體生理全不明白，然即在古代，其學亦決不如今西人之精；以現存古書中涉及生理者，與西書互校，可知也。況在今日，其學又多失傳耶？

至針科之在今日，亦爲末法，故其術奏效時少，不效時多，由其法多已失傳故也。徐靈胎《醫學源流》中有論説此事甚明，江湖醫生自夸妄誕之言，不足聽也。

（十三）

中醫非特不如西醫也，且遠不如日本之漢醫。彼日本之漢醫，非治西學者也。其學固全出於中國者也；然其進步遠非中國醫家所及。謂予不信，請一讀聿修堂《醫學叢書》。

此書爲湖北楊惺吾先生所輯，乃日本漢醫丹波氏一家之著述也。楊氏序中備舉其優長之處，謂元、明以來之醫家，殆無其匹。文繁不能備證，一言蔽之，則彼切實而我落空，彼處處皆有證據，我處處均係胡説而已。

中國近世醫家，予最服膺徐靈胎，以其讀書最多，於各科多所通曉，且持論最謹嚴，在近世醫家中較有軌範故也。然持與丹波氏較，則遠出其下，此非予偏激之談，試將徐氏醫書與丹波氏書各讀一過自知。且即謂予偏激，彼楊惺吾決非崇拜外國妄自菲薄之人，苟非確見彼有所長，我有所短，豈肯貿然謂我國元、明以來之醫家皆出彼下邪？

（十四）

故中國今日醫學，可謂程不識一錢不值者也。何也？以其學本不如西醫之精，而即此不精者，古説既多失傳，後人又不能闡發故也。

烏呼，西醫之書，誠非今日之中醫所能解也；若日本漢醫之書，則固今日之中醫所能解矣；豈亦不可取一省覽，而必如今日之故步自封，以誤人生命邪？

或曰：彼輩於中國醫家所著之書尚且不肯閲讀，何況日本漢醫！

原署名：駑牛，原刊一九一九年的《武進商報》

子　弟

（一）

欲求一家之昌盛者，他事皆不足恃也。惟有佳子弟爲足恃，一地方亦然。

我佛有言，凡事悉由因緣際會而成，並無自性。何謂因緣，如吾人偶然發怒，能怒之心爲因，所怒之事爲緣。偶然歡喜，能喜之心爲因，所喜之事爲緣。若無所緣，心相不現，惟人亦然。故一地方之風俗而善者，其地方必多佳子弟，風俗而惡者，其子弟亦必多惡。

故欲自求其子弟之佳者，造成地方良好之風俗，實爲其一因。

然凡物總體之善否？恒視乎其分子之善否？則欲造成一地方良好之風俗者，人人自培養其子弟，又其急務也。

（二）

世間第一惡德，時曰懶惰。

爲惡者雖惡，然猶能有所爲，一旦悟其所爲者爲惡，未始不可翻然一變而至於善也。至於本無能爲，則無可如何矣。

譬之行路，北轍南轅，其誤固甚，然苟能還轅返斾，迷途固未遠也。若本不能履，則永無到達之期矣。

他人視之初不甚難之事，在彼則視爲甚難。他人作之不甚吃力之事，在彼則作未及半，已若不自勝，惟求休息；歆之以厚利，自彼視之，不及闌珊之可樂也。怵之以大害，自彼視之，不如勞苦之可畏也。諺曰：三年討飯懶做官，可謂窮形盡相矣。

此懶者之現狀也。具此性質，即一事不可爲。

因此性質大抵有習慣養成之，故教子弟者，當以養成其懶惰之性質爲大戒。

（三）

養成懶惰之性質，第一由於姑息。

流俗之人，有一謬見，常以爲人之精神氣力，只有若干，用去若干，即少存若干，故遇年老力衰之人，必咨嗟太息曰：油干燈草盡矣。充斯見也，年富力强之人，亦遂務自節嗇精力，甚至父兄亦以此監護其子弟。

殊不知油燈乃死物，用去若干，自然減少若干。人乃活物，精神氣力，用去則復生，不用則如機器然，將以擱置而生銹。機器擱置而生銹，則不能制物，人身諸機關，擱置而不用，則將失其固有之力，而精力且無自而生。故昔人譬諸流水不腐，户樞不蠹。流水有源，下流去則上源繼之，非如燈油之只有此數也。

況人之精力不足，固必須補充，有餘亦必須消耗。飯食所以補充其不足也，動作所以消耗其有餘也。不足而無以補充之，有餘則無以消耗之，其爲不適也正等。年富力强之子弟，果能使之愛惜精力，一無所作爲乎？不責之以正當之事，徒使之消耗於不正當之途而已。

消耗其精力於不正當之途，時曰放逸。

（四）

放逸如嫖賭及酒食徵逐等，凡足以鼓動人之興致，使之認爲快樂，而消耗其精力者皆是。

懶惰如睡眠然，睡眠過度，則精神氣力，皆覺不振。放逸如飲酒然，飲酒過多者，一時精神氣力似覺振奮，過後亦必疲乏。然慣於飲酒者，一日不飲酒，即覺不適，以其身體已受酒之害，非借酒以刺激之，則其精神氣力，不能振作於暫時也。然飲酒愈多，身體之受害亦愈甚。

慣於放逸者亦然，故賭徒一日不賭，嫖客一日不嫖，即悵悵如有所失，正如酒客之有癮也。

然慣於嫖賭酒食徵逐等放逸之行爲者，其人必不復能作正經事，以其心思既已習慣於此，非目前可得快樂之事，其精神氣力即皆頹廢，不能運動矣。正如長吃酒者飯量必然減少也。諺曰：吃得苦中苦，方爲人上人。世間建功立業之事，何一目前不須喫苦？何一不須耐心，多花精神氣力以爲之？何一目前即可得快樂，如嫖賭酒食徵逐等事哉？

　　故人而習於放逸者，必不能作一正經事。嗚呼！世之人每於嫖賭酒食徵逐等事，好使其子弟與焉，以爲偶一爲之無傷也。而孰知此等事最足以刺激人之腦筋，而發生其慾念，偶爾爲之，將不免時時念之，時時念之，將不免繼續爲之。繼續爲之，遂不免習爲固然，遂爲終身墮落之源。

　　嗚呼！尚念之哉！星星之火，終成燎原，涓涓之水，將爲江河。

原刊一九一九年常州報章

蘇　　常

余常州人，而余之外祖母蘇州人也，故余於蘇常風俗知之頗悉。

凡生物之程度愈高者，其去本來之面目必愈遠，社會之風氣亦然。吾國之人向分士農工商四種。士者，即俗所謂讀書及作官之人，其在社會，實居於治者階級，而農工商三種人，則居於被治者階級。農工商之中，商最富厚，與人交接之事最多，其重心計亦最甚。故四民之中，士之社會，風氣變動最速，而亦最大，商次之，若農工兩種人，則其風氣無甚變動，且其變動亦甚遲也。（凡治者階級之人，對於被治者恒負有指導之責任，故其思想最爲發達。凡思想發達之人，其思想之影響於行爲者恒較大。思想之影響於行爲者，則其風氣之變遷速也。）

今試就蘇常兩處所謂士人社會之風氣一比較之。

常州人最好作官。昔余友某君嘗就民國以來分發之縣知事之籍貫統計之，通中國一千四百餘縣，無若常州人之多者。又常州人在外遊幕者亦甚多，而其在官幕兩途，又均有勢力。諺有之：無常一到，性命難逃。言無錫常州人在官幕兩途競爭之勢力，如是其可畏也。

蘇州人則不然。常州人好出外做官遊幕，蘇州人則好在家守產。猶記前清捐例將停時，常州所謂士大夫之家，皆到處張羅，皇皇焉若不及。問之非曰自己將謀捐納，則曰將爲子弟謀捐納，爲將來啖飯計也。一若除此以外，別無謀生之途者然。蘇州人則多好死守田園，以爲活計。除真有力之家不計外，苟其僅足溫飽者，大抵競競自守，使先費現有之資財，以圖將來之倖獲，不爲也，非不好倖獲，膽小如鼠，有所不肯，有所不敢也。至於實無所有，而皇皇焉以張羅於親戚朋友，更無論矣。

而常州人之性質亦好奮鬥。今之優哉游哉，日逍遙於茶坊酒肆之中，奔走於麻雀撲克之場，縈情於問柳尋花之地者，非常州人所謂佳子弟也。其所謂佳子弟者，奈何？非能濯磨於道德也，非能焠屬於學問也，非能建立事功，有俾於國家社會也。聞某處有捷徑可以贪緣，則星夜赴之，聞某處有厚利可以倖獲，則舍命趨之。彼輩非不遊戲也，然其遊戲也，視爲應酬之具，藉此以拉攏情面，非真有所樂於遊戲也。彼輩非不徵逐也，然其徵逐也，視爲接納之方，正所謂同利爲朋，非有所樂於徵逐也。若是者，可以終年嫖而無意於嫖，終年賭而初不樂賭，終年喫喝，而實甚以喫喝爲苦，其目的惟何？曰：貪緣奔競而已矣。伺候於公卿之門，奔走於形勢之途，此常州人之事業也。宮室之美，妻妾之奉，所識窮乏之得我，此常州人之理想也。凡若此者，皆常州所謂士大夫之家，家傳之心法也。具體的人人而觀之，其性質固甚複雜，而抽象的言之，則其條件實如是也。

蘇州人則不然，其性質大抵好求目前之浮華與快樂，故蘇州人亦好遊戲，然其遊戲非如常州人之視爲應酬；蘇州人亦好徵逐，然其徵逐，非如常州人之藉以接納。其遊戲，其徵逐，蓋真以遊戲徵逐爲可樂者也。試到閶門外馬路上之旅館勾留旬日，一觀察其遊戲徵逐之人可知。蘇州人最好吃，故其食品之美，甲於江南。稻香村也，葉受和也，野荸薺也，陸稿薦也，三珍齋也，凡此皆我常州之人所耳熟能詳者也。何以故？曰：飲食最足以滿足一時之肉慾故。蘇州最好穿，即甚窮之人，其衣服亦多整潔，非如常州人之藍縷齷齪也，而稍富厚者無論矣。故諺之曰：不怕賊偷屋裏，只怕跌在溝裏。斯言也，凡蘇州老於閱歷之人，無不深以爲確切者也。何以故？曰：衣服最足以代表目前之虛榮故。試觀歌曲，常州上等人嫻習者甚少，蘇州則士夫妙解音律也。試觀説書，常州人初不甚聽之，蘇州人則幾視爲日用飲食也。凡若此者悉數之，將更僕而未見已。要而言之，則常州所謂俊秀之士者，恒不以目前之現狀爲滿足，恒出外營求無已，蘇州人則正反是。

此其故何哉？曰：此全由於社會情形之不同有以致之。蓋蘇松諸府，昔時之田租最重。元明清三朝，江南田賦之重，正由南宋時私家田租之重有以致之。此等情勢，雖歷時六七百載，業經逐漸變遷，然終未能革除净盡故。如蘇州常熟等處，田主對於佃户之勢力，至爲優厚，因之蘇州之士大夫，多好求田問舍。凡仕宦挾資而歸者，無不擁有良田。而田之爲物，其性質比較的永久，其子孫苟非大不肖者，必不至即時喪敗。故蘇州人之擁有資産者，大抵可温飽數世，而其子弟遂以養成此等懶惰放逸之性質焉。常州人則不然，其土地瘠於蘇州，田主對於佃户之勢力，遠較蘇州爲小，非直擁田多且有勢力者，苟或買田，數年以後，田租即已難於收取，故常州挾資之士大夫，多不甚敢買田，工業則昔時無大規模者，亦無新製造品出現，無從投資，則惟有投資於商業而已。商業之性質，本不如田産之穩固，而市面所容投資之量，亦略有定限。即如當鋪，吾常城中至今不過五家，綢莊至今大者不過四家，非無人欲營此業，實無復投資競爭之餘地也。其他一切營業，可以類推。故常州士大夫之擁資者，幾有無所投之之嘆。不得已，乃争趨向於錢業一途。然錢莊之營業，實恃他種營業而成立，他種營業皆不發達，而欲求錢莊營業蒸蒸日上，不可得也。故其營業，往往一時獲利雖厚，而終至於蹉跌。故吾常仕宦擁資之人，鮮有及其子孫尚稱富厚者。然其人既習於仕宦，舍仕宦以外他無可爲，亦不肯爲矣。此常州人之所以逐逐於官幕兩途也。此外固尚有他種原因，然影響於蘇常之風氣者，要以如前所舉爲最鉅矣。

觀於此，則知一地方之風氣，皆由其四周之環境有以造成之。欲求一地方風氣之改善者，不可不於其社會之環境，加之意也。

復次，今日蘇常人之命運實已日入於窮境。蓋（一）自海通以來，外國貨物滔滔輸入，對外貿易年爲負差，加以（二）近年以來，財政上支出之急增，（三）貨幣制度之混亂，（四）遊民之日多。全國生計，日趨枯竭，蘇常寧能獨免！諸君獨不聞近年蘇州女子，賣爲人妾者日多乎？豈皆小家碧玉哉，其中實多名門右族之女，以生計窮蹙，更欲聯姻於上等社會，則勢有所不能，而嫁爲中下等人之婦，食貧作苦，力又有所不堪，遂不得已，忍恥而出此也。又不見從前清末造以來，常州之視地方公務爲利藪，紛紛逐鹿者，日益多乎？又不見常州今日之士人，品行日壞，欺騙索詐，無所不爲乎？此何故哉？曰：生計迫之也。蓋常州人向好營求於外，然從今以後，迫欲營求之人日多，向來可以營求之路，將不能容，則不得不競爭搗亂，欺騙索詐於本地方。蘇州人向好坐守於家，然從今以後，坐守既勢不可長，營求又力有未逮，則將日益墮落，無所不爲矣。故從今以後，常州人之境遇，將如諺所謂窮難過者，兄弟夫妻，日相垢誶，陵奪而終無救於窮。蘇州人則將成爲好吃懶做，坐喫山空之破落户，夫妻二人牛衣對泣，一籌莫展也。

此等現在情形之惡劣，將來趨勢之危險，豈獨蘇常兩處爲然？特余之所知道，限於蘇常兩處耳。

復次，所謂士之一階級者，數千年來，在社會上恒居於治者之地位，其地位實爲重要，故其造福及造禍於社會皆甚易，而其影響亦甚大。如生癰疽然，在手足無甚妨礙，在項背則往往致命也。

中國此等危象，非徒一地方爲然，亦非徒一種社會爲然，特無人焉揭而出之耳。小子不敏，敢以此文抛磚引玉，深望繼起而説明此等危狀，與籌劃救濟之方者之更有人在也。

原刊一九一九年常州報紙

救濟米荒之一策

瑾懷君撰麥食代米説（見《武進月報》三卷六號），謂米價奇漲，缺米日甚。江北各縣，秈米早熟，爲時尚須月餘。際此麥收豐稔之後，救急之法，唯有以麥代米。提倡之責，多在官廳與公團，繼之以各商店，説甚扼要。予因思推廣其法，以爲今後救濟米荒之一策。

今年米價之貴，爲向來所未有。然以予觀之，則今後青黃不接之際，米價之貴如今年，恐將爲常有之現象。蓋（一）人口日增，而植稻之地不加辟。（即使加辟，亦不能與人口之增加，成正比例。）（二）又出洋之事，不能絕對禁止故也。此外原因尚多，不暇詳論。

今之論米荒者，只知歸咎於出洋；一若禁止出洋，則米價可常保其平者。然以予觀之，則米價增漲之原因甚多。大批出洋，固爲原因之大者，然決非但禁止出洋，遂可保米價之不漲。況（一）絕對禁止出洋，以今日行政界之情形言之，爲必辦不到之事。（二）又百物皆聽其自由漲價，而獨將米價壓低，則農人之困苦愈甚。棄田不耕者且將日多，遑論勸遊惰之民，使之耕種哉？凡事當徹底考求，立根本救治之法。不當以眼前浮淺之辦法爲已足。孔子曰：人無遠慮，必有近憂。此言在今日，仍爲不易之名論也。

故予之意，今後米之出洋，不徒不當絕對禁止，且當爲相對的開放。但南方之民，皆以米爲食，米貴太甚，則貧民口實不給，治安且將不保，不可不預籌救濟之法。而救濟之法，則用各種雜糧以代米，亦其中重要之義也。

用雜糧代米，則（一）今日不能植稻而可植雜糧之地，皆將次第開闢。則供給食料之土地之面積，可以增廣。（二）所植不止一谷，則灾荒之害，可以減殺，因諸谷無同時不收之理也。

瑾懷君謂提倡之責，在官廳與公團及各商店。予則謂提倡當具二義。其一，米者，谷之一種，可謂主食品，然非主食品必須米也。此義今日之人，不明者甚多，當廣爲演説勸導，此其責，當由公共團體，及地方明達人士，合力謀之。其二，現在人民之不能兼食雜糧者，非不欲食雜糧，而不能食雜糧也。蓋煮米爲飯，人人能之。而制雜糧爲食，則非人人所能。且爲多數人所不能。故今日最要要義，爲有制雜糧爲食品之機關。然後以雜糧代米之事，乃能見諸實行。非空言提倡，所能有濟也。此事當由醫生、精通科學之士及公團商界，協力圖之。

以麥爲米，不過暫時救濟之計。長年以麥爲食，其價未必能較米爲廉，若兼食各種雜糧，則其價必較專食米麥者爲廉矣。社會進步，凡事皆以人巧代天工，食物亦何獨不然。何以人之食物，米云則米，麥云則麥，而不揉合各種穀物以爲食？此本並無理由之事。混合各種穀物以爲食，於滋養，於調味，必能校米云則米、麥云則麥之食法爲更良。此無庸疑之事也。且其辦理之手續亦甚易。不過（一）先由醫生及明於科學之士，將各種穀物配合之分量，制成多表。（二）然後集精於製造食品之人，以研究其制法耳。制法既明，即可設肆制售矣。此事一成，將見可充主食品代飯之食物，同時有數十種，出售於市場也。

或曰，習慣成自然。南方之人，習於食米也久矣。制雜糧爲食品，恐歡迎者甚少。然食雜糧與枵腹，以今日米價之貴，貧民之不能飽食者多矣。此項食品，果能校米麥爲廉，何慮無人歡迎？而合百谷而擇其價廉者而用之，又何慮其價之不能廉於米麥耶？

家家自製食品，本爲不經濟之事。以今後經濟界之情形論之，即婦女亦須做工。一日三餐之炊爨，原亦爲正當之工作。然家家自炊而食，則工作中最不經濟之法也。主要食品，賴公共機關之製造，則可騰出婦女炊爨之時間，使作更爲有益之工。即謂今日之經濟界，婦女雖不能炊爨，亦無他項工作可得，然騰出此項時間，俾得當心保育兒童，於幼童之體育上，亦必有益。今日貧家之兒童，其父母照管之時間實甚少，又以公共機關製造之食品，較之家家自製者，謀衛生上之進步亦較易。此公厨之先聲也。又此項製造食品之機關，擬可全用女工，予認爲今後社會，凡烹飪、裁縫、理髮……輕便之職業，須轉移之婦女，則已爲婦女辟以勞動之途矣。

此項製造食品之機關，若能由公家營之，不以牟利爲目的爲最好。不得已，即由私人設肆營之亦可。惟製造如各種穀物配合之成分是否準確，及清潔定價等等，均須受嚴重之監督。

此事若能由吾邑始行之，他邑必有仿傚者，則可充主要食品之穀物驟增。農田之面積，可以擴張。灾荒之害，可以減殺，而米禁可爲相對的開放矣。（其事甚長須別論）

此篇重要之義（一）推廣麥食代米之説，兼用各種穀物代米。（二）提倡之法，除空言勸導外。須實設製造之機關。此僅救濟米荒之一策。米荒問題，關涉太大，論其全體，非今日所能。且其事亦非一地方所能行。而此篇所言，則眼前可行之事也。

原刊一九二〇年八月八日《武進商報》

對於群衆運動的感想

　　在此所見之報紙甚少，欲讀上海之《時事新報》而不可得，惟得讀雜誌耳。今晚購得《東方雜誌》第十七卷第十一號讀之，"最錄門"中，有蔣夢麟、胡適之兩君《我們對於學生的希望》一篇，觸動所成，拉雜書此。予此篇之欲寫出久矣，徒以卒卒寡聞，迄未捉筆，今日讀兩君所著，偶然觸及，故爾撥冗書之。誌其緣起如此。非欲於兩君之文，有所評論也。六月二十七日夜，鶩牛書於潘陽。

　　予對於中國人之運動，覺其有一最大之缺點，缺點惟何？曰：無目的是也。人皆訾中國人之運動爲無實力，不能持久。然無實力不能持久，正由其無目的。何則？人必真知灼見其所事者爲何事，然後能迂迴曲折，不避險阻以達之。若徒隨群衆之感情，逞一時之意氣而貿貿然爲之，則時過境遷，必有啞然自笑者。至此則反躬自問，不復知其所事者爲何事矣。所事者爲何事且不知，試問從何而得方法？既無方法，試問從何做起？事且無從做起，試問安得而有實力？而更何恃以與人持久？凡中國人近二十年來之群衆運動，悉坐此病，非指一事言之也。

　　而去年五四以來之運動，其弊亦正坐此。運動之目的，曰：去曹、章、陸也。試問中國根本之患，果在曹、章、陸乎？去曹、章、陸，國遂可救乎？無論何人，不能作七八分滿意之解答也。曰：抵制劣貨也。試問其事果能辦到乎？抑不能辦到乎？凡對敵人之舉動，必度其能辦到者，然後宜之於口，否則徒令人竊笑於其旁，多招惡感，以生葛藤而已。藉曰能之，能持久至若干時間？抵制至若何程度？夫欲令敵人感苦痛而屈服，未有無時空間之程度可言者。然當時微論精密之調查，即約略之預計，有之乎？恐無一人能言之，且無一人曾慮及此也。曰：阻止政府直接交涉也。夫青島交涉之根本問題，究竟在直接間接交涉之手續否？藉曰在此矣，除此手續以外，所當籌慮計畫者若何？又不聞一人焉提及一字也。夫群衆運動之初起，誠不免激於感情，然及其既起之後，則必有長處却顧，思所以受此感情之運動，爲理性的進行者。"桓公實怒少姬，南襲蔡，管仲因而伐楚，責包茅不入貢於周室。桓公實北征山戎，而管仲因而令燕修召公之政。於柯之會，桓公欲背曹沫之約，管仲因而信之。"恃是道也。抑一國之中，有一部分激於意氣，爲感情的抗爭，則必有一部分富於理性之人，與之相輔而相成，而今也竟不聞有是，此則可爲之扼腕而喪氣者也。論者必曰：凡事必先其易者，後其難者。攻曹、章、陸尚且費如許氣力，僅乃得當，而況乎更進於曹、章、陸者？予謂此語即志力薄弱之表徵，而近二十年來羣衆運動所以失敗之病根也。凡事不可存一希冀僥倖之心。語曰：戰以勇爲本。與人對抗，猶作戰也，畏強而攻弱，便是無勇。人之料我，豈不如我之料人，彼逆知我之憚其強而不敢攻，而更何忌乎我？項羽鉅鹿之戰，光武昆陽之戰，何以有進死而無退生，知捨此則更無路可走也。故寧直攻段祺瑞而失敗，勿姑攻曹、章、陸而成功；寧力攻清廷，不勝則爲其所撲滅，勿歲賂以四百萬，而求其退位也。昔先師嘗訓予云：人亦孰不言自克，亦孰不略爲頭痛醫頭脚痛醫脚之舉，然而終無效者，不肯於見血處下一針故也。迴翔審慎，面面做到，而獨於見血處終不肯下一針。而孰知不下此一針，則無論如何，終屬無救；一下此一針，則萬事畢矣。夫治己與對人一也，若審度下此一針而猶無益者，則不如早束手待斃。何則？以其皆爲徒勞耳。

論者必又曰：凡事若必通盤籌畫，然後下手，則天下無一可辦之事矣。即如抵制劣貨，若與商家熟商而審處之，誰肯應令者？安得不鼓之以熱誠，脅之以檢查焚燒，猶可冀其實行一二乎？然試問今者，其效果何如乎？夫季文予三思而後行，而孔子曰：再斯可矣者。以作事有謀畫所能及之處，有謀畫所不能及之處。若因謀畫有不能及之處，而遂閣置不辦，則天下無一事可辦云爾。非謂謀畫所能及之處，亦當貿然爲之也。人有恒言：多算勝，少算不勝。多算者猶或不免於失敗，少算不算，而可僥倖於成功，吾誠未之前聞。凡僥倖者皆不得謂之成功。僥倖成功云者，乃其事適然相直，而貌視之若成功云爾，非真成功也。何也？以其所作之事，與所享之報，其間無因果之關係也。弈者舉棋不定，不勝其耦，小事尚然，豈有大事而反可僥倖者乎？

然則羣衆運動非與，曰：何爲其然也。羣衆運動，其志將以救國也。人之抱病即極危篤，明知其必死，無不下藥者。國即明知其將亡，無不當設策救之者。故救國運動，有是而無非。然明知不救而下藥，仍宜擇最善之方，明知必亡而圖存，仍宜思最善之策，未有可漫然處之者也，而況乎今日之病證，尚未至於必不救乎？

或曰：其如向之所行，即爲最善之策何。吾亦深信行之之人，其中一部分即抱此心理者。然謂最善之策，不過如向者之所行，則吾恐即知識在水平綫以下之人，亦返諸心而未能自信也。

　　然則所謂運動之善策如之何？曰：凡事必先其急者而後其緩者，先其大者而後其小者，此乃眼前至淺之義，人人所知。而今之爲羣衆運動者，顧若昧之，此其所以可痛心也。夫今日亡中國之事之最急者，孰有過於政治之敗壞者乎？爲改良政治之梗者，孰有過於軍閥之驕橫、財政之紊亂者乎？今之人，則捨政治而高談社會主義，即言政治，亦止言教育、實業，……而不言裁兵與理財。夫孰謂社會主義之不當研究者？然試問在今日政治現象之下，果有改良社會之餘地乎？社會改良之效，未見其一，而政治敗壞之事，已成其百矣。譬如曰言資本家不當腋削勞動者，資本家而腋削勞動者，則社會根本上必不能安事。是矣，然今之所謂大資本家，與今後方將産出之大資本家，則皆恃政治之力，以剥削人民者耳。彼其政治之力，則又藉兵力以爲後盾者耳。如以婪索軍鉰而致富，而更藉政治之力以營工商業是也。彼豈待腋削人之剩餘價值以致富，徒持馬克斯之資本論以對抗之，何益？夫非不知徒改良政治者，终非根本之計畫也。然欲爲根本之計畫，亦必有爲根本之計畫之機會，試問在今日政治現象之下，有爲根本計畫之機會否？夫人也者，非各各獨立者也，乃互相聯結、組識成一總體，而各爲其一分子者也。改良分子，則總體自良。此語祇能出諸口中，寫於紙上，實際上絶無其事。何者？總體之不良，其壓迫之力甚大，個人處其下，無改良之餘地也。故以儒家之主張脩德以對待暴力，主張個人的脩養，而猶提唱湯武革命。不責人人以皆爲善，而使桀紂自無所行其惡也。何者？主張湯武革命，則當桀之時，但有一商；當紂之時，但有一周，即可將桀、紂之惡勢力打破，而予天下之人以改良發展之機會。無論桀、紂之爲人如何兇惡，其壓迫之力如何重大，決不能謂天下無一商一周發生之餘地。而欲天下人人皆善，使桀、紂自然不能爲惡，則當桀、紂時，決不能有此機會故也。故改良政治以促進社會，其道甚捷；而改良社會，使政治自善，則其事甚迂也。難者必將曰：改良社會，根本之策也；改良政治，非根本之策也。社會改良之後，政治不期其善而自善；政治改良之後，仍不能不致力於改良社會也。且改良政治，即曰非本計矣，則所謂改良云者，不過徒有其名云爾，實則並未嘗良也，故不如逕致力於改良社會之爲得也。此言善矣。雖然，其間又有一時間問題焉。人必先有現在，然後有將來。故將來要，現在尤要。死者不可復生，斷者不可復續。夏日苦饑，必典裘而謀飽，豈不知冬日無裘，將凍而死。然無夏日之我，則冬日之我，更何有也？國家社會之生命，固非若人之一斷而不可復續。然兩利相較取其重，兩害相較取其輕。夫國家社會之不利，則孰有甚於暫時之亡國者。種種計畫，無論若何完善，必皆有所藉而行。一旦亡國，則所藉以行之之具亡矣。工欲善其事，必先利其器，工而亡其器，未有能成一事者也。國家者，人類爲欲遂正當之發展，而國以外有人欲吞噬我，國以內有不顧公益，且務反公益以爲私利之人，於一羣正當之發展有礙，故組織之，以對外而靖內者也。政府廣義之政府者，則所以執行此項任務，而達其目的者也。政府既有此項任務，則其權力之大可知。今也反恃此力以壓迫吾曹，試問吾曹非將此項政府逐而去之，更建一善良之政府，更有何策可以自拔？若謂遂可以無政府邪，試各撫心自問，即有此義，吾且並此義而疑之。今果其時否？若謂今之政府權力甚大，吾實無力以與之相抗，不如改良社會，待吾之實力稍充足，然後謀去彼焉，則是不言湯武革命，顧提唱改良桀、紂之人民也。彼二千五百年前之儒家，已不肯爲此迂論矣。即曰能之，請問究須若干時間，此時期之達到爲早乎？抑國家暫亡之時期之達到爲早乎？若必認國家之暫亡爲無礙之事，則既與吾之觀察，根本相異，無從與之辯論矣。

吾非謂人人皆當爲政治運動也，然既爲政治運動，則惟有一義曰：改良政府。改良政府，非對人問題也，必觀其所行之政，以定政府之爲良爲惡。夫政府所當行之政亦多矣，果何所持以爲判決之標準乎？曰：中國今日，且不暇言國富國强，亦不暇言改進文化也，言救亡而已。爲目前致亡之原因者，必力謀所以去之。其去之，當如救焚拯溺，此實人人應有之責任也。夫爲目前致亡之直接原因者，寧有過於軍閥之專橫，與財政之紊亂者乎？軍閥惟有財，故能橫行而無忌；亦惟政治爲軍閥所把持，故國民坐視財政之紊亂，而無可如何。使今日者，財政能清釐，則軍閥必無所恃以自存；軍閥而能去，則必無人能把持財政，使之紊亂。故此二事，實二而一，二而一者也。而其他一切惡事之不能去，則皆直接間接由此推衍而出，或恃此爲保障以自存者也，一切善事之不能舉，則皆爲此兩事所阻礙者也。此二者，亡中國之本，而亦即目前最急之圖也。故爲國民者，當對此兩者猛攻不已，無論如何堅固難動，必不容退讓一步，且必不容稍變其方向。此兩事一經解決，則其餘一切問題，怡然渙然，迎刃而解矣。我國民之爲政治運動，亦既多次，而始終未能萬衆一心，以對待政府；即與政府爭，亦皆枝節問題，而不得要領，此政府之所以敢於爲惡也。

當去歲五四運動未起之先，予即思得一策曰：國家非有將亡之勢之足懼，而所爲日趨於亡之可懼。中國今日之所爲，則所謂日趨於亡者也。夫豈無行

有益於國之事之人，然其力甚小，共效甚緩。而向亡國一方面進行之力量及
速率，則皆甚大。二者相消，而求亡之一方而之力量遠勝焉。則合中國人現
在之行爲，以善惡相消而求其差，夫亦曰亡國之行爲而已矣。故予認目前之
第一大事爲救亡，救亡之惟一方法，爲遏止向亡國方面進行之行爲。而向亡
國方面進行之行爲，則以兵與財二者爲之本。故欲遏止之，必從此兩方面遏
止之，比予所認爲當務之急者也。然則其遏止之之方法如何？曰：予所擬取
之方法，固與後來之群衆運動，不甚懸殊。特所求之條件爲異，且行之之方面
必較寬廣，其時間必較持久，故事前之豫傳，必更充足耳。予意中國南北，終
必有議和之一日。議和之後，則中國必惟有一政府，惟有一國會_{此議和可聽其自}
_{致，抑須以國民之力促之，則爲臨時斟酌事勢舉行之問題。}此政府、國會，則國民所當出全
力以對待之者也。予意屆時擬用一種方法，徵求全國之民意，一面請願於政
府，一面請願於國會。請問：（一）其全國之兵，究擬裁剩若干？於何時可裁
至此數？督軍究擬去否？去督軍後之軍制，大略如何？（二）財政究擬以百分
之幾養兵？究至何時而全國之財政可以收支適合，不恃外債爲生活！請政府
明白宣示，請國會質問政府。政府而不受命者，請國會彈劾之；國會而不受命
者，請政府解散之；國會彈劾政府，而政府不之理，請國會自行解散，吾民爲之
後盾。而國民所以示威，且恃爲武器者，則第一步爲全國學校罷課，第二步爲
全國商人罷市，第三步爲全國工人罷工。此須以最大決心行之，聽憑政府派
軍警干涉，吾民決不讓步。_{即有一二處因受高壓而此種運動暫被阻止者，他處不能因此而罷，}
_{且此一兩處，待暴力一過之後，仍可照舊進行。兵警無論若何之多，決不如國民之衆也，且軍警究亦國}
_{民，謂能同時驅全國之軍警以殺國人，積之久，而其心終不變，無此理也。此政府權力事實上之限制}
_{也。}何者？吾人之所以救亡，惟此一策。捨此一策而不爲，則無論如何委曲求
全，終亦必亡而已矣。如此者能全國一致進行固佳，即退一步言，逐漸推廣，
亦可。能堅持到底，一次達到目的固佳，即退一步言，屢仆屢起，亦無不可。但
_{無論起仆若干次，所要求之目的必不變。}萬衆一心，萬矢一的，豈有暴力能終不讓步者
耶？而暴力於此一讓步，則救國之事，綱舉目張矣。較諸既退曹、章、陸，又爭
直接交涉；既爭直接交涉，而待争之事，方且百出未有已者如何？夫群衆運動
者，群衆運動之謂也，非少數人之所能爲也。欲求群衆之能共同運動，必先求
得群衆之同情；欲得群衆之同情，必群衆皆能瞭解其所事者爲何事，目的
既達之後，究有何益。兵驕財匱，爲今日亡中國之直接原因，此人人所易解
也。兵能裁，財能理，則中國可以不至於亡，此亦人人之所易解也。無論中
國人若何不愛國，謂其有亡中國之心，謂其有可不亡中國之事而必不欲，有

可以救亡之道而必不肯爲，無論何人，不能承認此語也。爭去曹、章、陸等，固確有一部分商工界人，樂於助力矣。持此以要求覺悟全國之大多數人，而求其同情，吾意大多數人之對於群衆運動，必不若今日之冷淡也。

吾既懷有此意，晷書數語於紙，以示某君甲，某君甲善之。但予與某君甲，固皆閉戶讀書者流，與能登高一呼之人，素少接洽。此事固在求得大多數人之同情，然當其發起之始，亦必得能登高一呼之人之一呼，而其收效乃較大而疾也。次以示某君乙，某君乙讀之默然。次懷之，欲以示某君丙，某君丙曰：予素不談政治，亦不願觀。予乃祗得懷之而退。次乃以告某君丁。某君丁者，固在社會上稍能登高而呼之人，其爲人，確亦有意於救國者也。以予所知民國議員之不由運動而來者，某君丁一人而已。某君丁復書，謂中國萬事敗懷，皆由國人道德之墮落，欲予著論提唱道德，其迂闊如此。正懷欲陳之而未有路，而五四運動起，南方學生繼之。斯時予教授江蘇省立某校，學生欲罷騍，予痛切言，欲與政府爭，則所爭在兵財二者，他皆不足爭，爭之亦無益。然大多數學生不悟，惟切齒痛恨於曹、章、陸而已。予知斯時内地學生之舉動，惟上海學生之馬首是瞻，爲内地學生言之，無益也，而以運動者究爲學生，上海學生萬餘，一時激於感情，稍緩必有能用理性思考，更進而爭値得爭之事者。忽忽撰一文，曰《敬告上海學生聯合會》，寄《時事新報》。將寄之時，以示某君戊，某君戊曰："欲出風頭則爲之，他效必無。"蓋中國今日稍有知識之人，對於社會之灰心絶望，有如此者。該報未曾登出，迨數日之後，則所爭者止於去曹、章、陸之形勢已成，無可挽回矣。斯時報紙中論學生運動之事之文，連篇累牘，然未有一焉，計及其所爭之問題，爲值得不值得者。迨冬初，《時事新報》乃登出一來稿主欲救中國，在理財、裁兵二者。今年又見及《東方雜誌》十七卷六號"讀者論壇門"余君裴山《建設中之四大規畫》，有整理財政會、監視裁兵會。《太平洋》雜誌二卷四號彭君一湖《防止中國社會破滅策的第一治標法》，論旨根本，皆與予相同。然此等文字，引起國人之注意極少，固知當時予文即登出，亦決無絲毫之影響也。

論者必曰：政府恃兵力以高壓，而予欲以國民無抵抗之行爲，望其反省，何其迂也？諸君亦知今日之軍閥，何從而來乎？誰所造成乎？夫今日之督軍、師長……誠驕橫矣，然彼非能自致於督軍、師長……也。今日之兵，誠野蠻矣。然彼非能自致於兵。誰造成之？曰國民薄之心理造成之也。蓋自通商以來，吾國屢受外侮，亞甲午之役，而國民始警醒焉。經丁酉之役，德據膠州庚子之役，而國民乃益警醒，於是爭攘袂奮臂，以言自強。夫自強則豈徒練兵可致者？然淺薄之心理，語之以稍深曲而正當之事，即難瞭解；語之以極淺近而實不正確之論，則甚易歡迎。自强在練兵，此猶孩童受人陵侮，告之曰：汝當操梃往繫之，彼必深以爲然云爾。夫綜覈名實，爲治之不二法門也。特專制之世，操之者爲君主；共和之世，操之者爲國民耳。何謂綜覈名實？淺而言之：即（一）凡辦一事，必須切實考察，我今所辦之事，果能達到我漸欲達到之目的與否？如欲與外國開戰，則與某國開戰用兵須若干人？其兵須配置在何方？而開戰之時，運兵之方略若何？進攻之路徑若何？扼守之地點若何？以至其他資糧械器械，一切若何？必須種種慮到，定有詳細之針畫。一朝開戰，立可照此計畫施行，不得徒作欲强國則練兵等顢頇之論是也。（二）則考察所辦之事，實際上有無效果。如欲講教育，則必須考察任事之校長、教職員等，能否有學問、能热心，畢業之事生，是否有相當程度。不當立一學校，便算了事。欲辦實業，必須查覈經辦此實業之人，是否有相當之學識，及實際上任事之能力與热心，不得聽其設一機關，立一名目，引用數人，坐支薪水，未得贏利，將本分紅是也。由前言之，作事若能如此計畫，則自無偏重一方，以致尾大不掉之弊。何者？作戰之事若能仔細考慮，直慮到開戰之時，則自有種種之問題相連帶而起，斷無如清末之一切不提，而可先張皇言練三十六鎮者也。由後言之，用人若能如此考核，則小人自無從倖進。即倖進，自亦不旋踵而退斥，而天下之思倖進者自少。思倖倖進者少，則小人自少，斷不致如今日之城狐社鼠，氣求聲應，千里相餘。與論若能如此，則自可監督當局，鮮有敗事。夫政府祇有兩種：一則怫逆輿情，以行其意者，如王莽、王安石之變法是也。苟非此種，則其施政，自隨輿論爲轉移但輿論所在不一定，如宋代臺諫氣燄甚盛之時，即可謂在諫官。漢末黨議甚盛之時，即可謂在黨人是也。前者除非彼於政治一事不辦，而所營者但爲皇室及政府私人之事，乃爲絕對之惡。如漢靈帝之但知斂財，十常侍之但作威福是，彼於政治上，初未嘗有何舉動也。若能留心於政治，則所行者雖或怫逆一部分之輿情，而決非絕無價值可言，且或轉能代表隱而不顯，未能成爲輿論之民意。如王莽、王安石之變法是。有此種政府，則一國政治之舉措，自不能由輿論全負其責。至於後者，則其施政方針實視輿論爲轉移，辦事者政府，而使之辦此事之原動力，實輿論也，即一部分之國民也。夫前清末造之政府，則屬於後一種者也。試問明清末年所辦之事，有一出於政府中人自己之意思者乎？設學校也，辦實業也，造鉄路也，馴至預備立憲也，何一非當時輿論所目爲應行之事，而政府乃迫不得已，從而行之者乎？故前清末造之政治，實隨當時之輿論進行者也，特其進行稍逗，而國民求治之心較速，故致革命之禍耳。知此，則知今日軍閥之所由來矣。今日之軍閥，非即前清末造之軍人乎？前清末造之軍人，非因清末之練兵，而後爲軍人者耶？清末之練兵，非因當時朝野主張練兵之人甚多，然後獲行之而無阻者乎？假使當時之與論，對於如是之進行，羣起反對，如清末之政府能堅時其練兵之宗旨而悍然不顧乎？假使當時之與論，不持一欲強國則練兵之簡單論式，對於苟欲開戰，則究擬與何國開戰；與何國開戰，用兵須若干人，其兵須若何配置，開戰時運兵之方略，進攻之路徑，扼守之地點以及資糧器械，稍稍慮及，豈有對於當時政府練兵之計畫，不加反對者乎？惟對於此等，悉不計及，而始終祇持一欲強國則練兵之簡單論式，辛亥之歲，上海某報評論有曰：“中國十年之内，若不能與一國戰而勝之，則必無以立國。”蓋自創練新軍以後，持此等議論者，實繁有徒，非獨某報也，此實當時之與論也。予當時對於持此等議論者，有一簡單之疑問：即“中國如但有陸軍，果可與人開戰否？如但有陸軍而無海軍，與人開戰時，除俄國外，擬攻入何國？不過畫彊自守耳，沿海七省，果可處處設防否？如設防，能堅固否？假有一二處爲人攻入，沿海七省類多富繞之地，交通之樞，運兵運餉之所必經也，於作戰計畫有妨礙否？如欲兼練海軍，須練至能與他國開戰，十年以内，中國之財力能支之否？況於與他國戰而勝之乎？”以此簡單之疑問問人，無能答者，然持其舊有之論請如故也。當時報章雜誌中，亦聞有持此等論調者，然對於欲強國則練兵等簡單論調，亦毫不發生影響，然後政府得利用此等淺薄之心理以練兵，然後辦軍裝……之人得緣此以圖私利焉，然後一無技能不足自活之人，皆得投入軍隊以自食焉，浸假而謀自利焉。夫政府祇有兩種：一則佛逆民意，而自行其政見者。此種政府決不能有害而無利，前既言之。一則自無實力施政，但視當時有力之與論爲轉移者。此等人，吾欲以臧孫贈齊侯之語轉贈之，曰：“抑君也似鼠。”夫當時之政府中人，以至大小官吏、軍人……皆鼠也。政府莫爲之督責，則大小官吏、軍人……皆營私而自利焉，浸假而驕恣不可制焉，使能早爲之督責，彼固絕不敢爾也。國民莫爲之督責，斯政府中人，偷安而自逸焉，營私而自利焉，浸假而驕恣不可制焉。使國民能早爲之督責，彼亦未必敢爾也。故在當時者，使國民能始終注意於練兵，對於當時之軍政，以吾所言綜核名實之法，審慎考慮之，則所以監督政府之諸問題，自然相因而起，而當時之軍政，決不至若是。何則？天下人祇有兩種：一則違衆而孤行其意者，此等人難於監督之使就範，然聽其自然，亦決不致有絕對之害，而無一利可言。此非謂當純任自然不加監督也，勿泥。一則聽其自然，即將但圖私利、不顧公益者，監督之力愈疏，則其自私自利之行爲亦愈甚。然此等人却易於監督。但能以利害賞罰臨之，即可使之有所畏而不敢肆。此徵諸史傳，驗諸實際，而天下人之性質，確可作如此分類，非虛言也。天下之所以可治，即建立於此原理之上。然在當時，不徒除一欲強國則練兵之簡單論調外，始終絕無他種有力之與論。即至民國時代，九州豺虎，流血成河，始終仍未聞有人視軍閥爲絕對之敵，思所以去之，而因而成爲與論者。或且仍有思利用軍隊之人，倒行逆施，認賊爲子。此則可爲之痛哭流涕，椎心而泣血者也。

吾爲此言，非欲追咎前此之國民也，特欲國民知今日所謂軍閥、所謂政客。……並非有實力，能自致於此地位，不過憑籍國民淺薄之心理，以至於此。其至此地位也，實不啻由一部分國民舁而升之。夫既由國民舁而升之，則還可由國民掊而去之，此不易之理也。此正如向者之君主，蔽於視聽，誤用僉壬，及一旦覺悟，則仍可以君主之力，黜而退之是也，然君主祇一自然人，僉壬之勢力既成，可以廢之弒之，雖覺悟，事實上或已無濟。至國民則絕未聞有可以廢去，可以殺盡者，然則持國民之力以對待僉壬，乃更較君主爲有效也。

然則對待此等人物之方法若何？曰：一言蔽之，曰：猛攻勿退而已。其方法可有種種，而心目中始終只認軍閥爲惟一之敵，無論手段若何變換，而必始終向此一目的物以進攻，其宗旨始終不變換分毫，其方針始終不移易尺寸。非謂必用激烈之手段，其中儘有許多平和之手段可用，如彭君之防止中國社會破滅的第一治標法，即其一法也。夫今日之軍閥，其勢力似甚雄厚，難於摧破矣。然試問國民曾對之而爲猛烈持久之攻擊否？“因政治措施之失當，則起而爲政治運動，迨其無效，則又灰心絕望。曰：不如致力於社會，而置政治於不問。”此等現象，吾屢屢見之矣。夫鍥而不捨，金石可鏤。掘井九仞，而不及泉，猶爲棄井。政治之不能改良，非國民之力不足以改良政治，稍一失望，立刻改變其方針，此則政治所以不能改良，而國民之政治運動所以無效也。今者此等議論，又漸通行，而成爲一時之空氣矣，此則可爲之痛哭流涕者也。

吾非謂可一切不辦，而但恃政治問題，以解決今後中國之諸問題也。然政治自爲其中一重要之問題，譬之於人，身且爲人所囚禁，室家且爲人所盤踞，吾耕則彼奪之食，吾織則彼奪之衣，吾讀書譚道，則彼操杖而責吾以服役，試問斯時當務之急，果爲何事？夫豈不知執戈禦侮，非人生終極之目的，然立身行己，自是一問題，跟前之救命，亦爲一問題也。

故吾非謂人人當爲政治運動也，然既爲致治運動，則必不容因其難而退轉。既爲共和國民，亦無絕對可以自謝於政治之理，此則吾之所敢斷言也。

復次。民主政治之真義，在於人人能覺悟，人人能發展，此固無可非難。然目前則清明嚴肅之政治，決不可少。何者？今日國民之發展，皆爲“兵”與“土”兩階級人所阻礙故也。此兩階級人，誠不能絕對阻礙國民，使之永久不能發達，然及國民自然發達，然後掊此兩種人而去之，則其期甚緩，恐已無及。以此日之達到較亡國之日之到來爲緩故。故不如藉政治之力，鋤而去之，較爲迅速。在政治一方面，決不能望政府_{廣義之政府}之自行改良，則國民不可不有一部分人，於此一方面，爲猛烈之運動。而其餘之人，則如於其相當之範圍内爲之助力，此決不容疑者也。

或謂藉政治督責之因，必不能收國民發展之果，斯固然矣。然政治之督責，非國民發展直接之原因，而其間接之原因也。何則？以政治之督責，能排去國民發展之障礙物故。請以學校喻。夫學校之有考試，不足以發展學生之學業者也，然以學校教員而考試學生，必不足以發展學生之學業，以學校以外之人而考試學生，覘其成績之良否，以定校員之賞罰，則大可排除不適當之校員。不適當之校員除，而學生學業發展之機會得矣。夫人未有不爲賞罰用者也，_{果能不待賞罰而自爲善不爲惡與否？此自爲一問題，現在暫可勿論。以現在之社會情形論，決不能遂廢賞罰，此人人所可承認也。}中國現在之大病，在於一切事皆無是非，皆無賞罰。故一切事皆爲不善之人所把持，而善者無從與之競爭。即以學校而論，則僅識之無之教職員，反得濫竽充數；其熱心教育，勤勤懇懇，以從事於職務者，反只得束身而退也。吾鄉之小學教育即如此，教員至有一公共之俱樂部，以叉麻雀、打撲克，……吾戚某之子，至入國民學校一年，未能識満十字。夫此等處，監之不可勝監也，豈能有一學校，即設一視學員以監之，對待此等人，除用法家督責之術外，更有何策？假使設一學校，聘用教職員，一切勿問，平時竟亦不必派視學之員前往視察，但於卒業之時，須另行派人考試。考試之結果，其學生之程度在水平線以上，則校員有賞，賞之必使其可欲。在水平線以下，則有罰，罰之必使其可懼。虛文之奬賞，如給與勤勉證書等，不足爲賞也，但退其識而已，不足爲罰也。夫人莫不欲利，豈有以口頭之虛詞，易人實際之勞力者。如此，則誰肯勞力任事。而至於敗壞決裂，不過褫奪其識而已，更無餘罰。如此，則誰不欲敗壞其事以自利。夫虛名之賞罰，非不可用也，然必在操當罰之權考，威信既立之後。流俗之人嘗視禍福如榮辱，屢見爲善者之獲福，則"福"、"善"、"榮"三者之觀念，互相連結。久之，雖將其中"福"之一原素抽去，面以"善"爲"榮"之觀念仍存，榮即利也。"禍"、"惡"、"辱"三者之互相連結亦如是。故政府威權之既立，以出於口而無窮之爵，遂可以奔走一國。與論勢力之既成，以但有空言毫無實際制裁之毀譽，亦足以使人赴湯蹈火。淺人徒見其後之恃空名足以動人，而不知其初皆有實際之利害隨之也。惟其隨之之利害，其力至大而可驚，實足以使人欲，使人惡。夫是以能聳動一世之耳目，而回易其視聽，以變其是非榮辱之觀念，無論聖君實相，與在野之賢人君子，思欲移風易俗，必此之由。及夫是非榮辱之觀念既定，風氣既成，則雖無實際之利害以臨之，人亦自爲善而不爲惡。故曰："君子不賞而民勸，不怒而民威於斧鉞"。故無爲而治者，大有爲之結果也，非束手一事不辦之謂也。今假以此等督責之術，小試之於吾鄉之教育行政，則凡校員之可與爲善者，必皆循循自勉爲；其不足有爲者，必皆奉身而退。何則？賞之必至，如春夏之必生，罰之必及，如秋冬之必殺，無敢苟圖幸免故也。此言治者之所以"法自然"，自然，即今言"自然力"之"自然"，謂其禍福之必至而無可逭云爾。夫至於不善者皆奉身而退，則善者進矣。何則？在正當之賞罰之下競爭，則善人較不善人爲適；在是非不明、賞罰失當之情勢之下競爭，則不善者較善者爲適故也。故督責之術，縱不能使惡者爲善，亦必能保善者，使不至於惡，且可保護善者，使不至亡滅，而競爭之下，轉致惡者獨存。夫是力也，固非獨政治可以致之，然政治則其最捷者也。或曰：行督責之術，則必有操此督責之權之人，此人安保其可信邪？此固然矣。然若并此人而不能得，則更無望政治之清明也。何者？致治之術莫要於執簡以馭繁。今假以吾管理吾鄉之教育行政，吾則擇一二操守可信、辦事認真之人，使之考察各校之學生，吾因視其考察之結果以爲賞罰。此一二人，吾自度能得之也。若使舉吾鄉所有之學校，欲予悉擇一可信之人以爲之校長，吾已窮於應付矣。夫世固有能得多數可信之才，以爲校長之人。然斯人也，斷不至不能得一二可信之人，以司考試也。反之，能得一二可信之人，以司考試之人，斷不能得多數可信之人，以爲校長。君子行不貴苟難，而立法必使人人可守，此法家之所以絕聖棄知也。夫法家之論，使舉而措之於社會之各方面，誠有所窒礙。若但就政治一方面論，則其理決無以易，不過向者操此術者爲君主，今後則爲國民耳。國民而全不知法家之學，各事皆可談，請勿談政治。全不知道家之學，各事皆可談，請勿談外交。以議會論，則利誘威脅、廉恥喪盡之人，反得以列名議席，而真有識見、肯顧公益之人，反只得棄權不有也。以行政司法界之官吏論，則稍有心肝、稍有學識之人，亦必反居淘汰之列。夫如是，而欲擱置政治，專恃他方面之改造，以與惡政治抗，何異植嘉穀於稂莠之間，而望其生長也。夫豈謂其不能得最後之勝利，其如其至也太緩，而凡作事，必須稍計時間問題，乃有意義何。

　　復次。人也者，羣的动物也，在組識部勒之下，則較任何物爲強；離羣而孤居，則較任何物爲弱。故空言愛國、家羣無用，必其所處之羣之組織，適於其爲愛國、愛群之行爲。人即不愛國、不愛群，度無不自愛其身者。"自含血戴角之獸，見犯則校，而況於人，懷好惡喜怒之氣，喜則愛心生，怒則毒螫加，情性之理也"往者或行於上海市中，甚遲緩。一西人從後至，怒之，竟批其頰。某不知批其頰者爲何人也，大怒，回頭將與之校。見爲西人，知不能敵，强笑曰："批我頰者乃西人邪，吾以爲中國人也。若中國人，則吾必與之校矣。"亡友某君述而傷之，曰：中國人之巽懦至是乎！夫非中國人之巽懦也，使以此西人與此中國人易地而處，則皆然。何者？扭此西人至捕房，能得直乎？訟之，能得直乎？訟之而不勝，能更遠隔重洋，訟之於其本國之法庭乎？欲訟之於其本國之法庭，中國今日有可委託之律師乎？設以訟而破其家，與論壯之者多乎？姍笑之者多乎？凡此種種，皆一個人所以與人競爭之條件也。故人也者，爲社會之一分子而與人競爭者也，非爲孤立之個人而與人競爭者也。從競爭方面論如此，從互助方面論亦然。故不將總體之組織改善，而欲改善其中之分子，絶無意義，夫政治則關於總體組織最大者也。愛國心之强弱，無可比較。何者？愛國云者，不過謂"愛其國過於愛他人之國"而已，愛國心之詮釋，不過如此。猶之愛其身云者，不過自愛其身過於愛他人之身而已，合人人而比較其愛身心之强弱，亦無意義之事也。

總之，予非認政治萬能，然謂既爲共和國民，則決不能不談政治。而既爲政治運動，因一失望而立刻通縮，置政治問題於不問，而思改爲他方面之運動，則斷然不可。今日應行之事甚多，而政治實爲其中之重要者，此則予此篇之微意也。

天暑事冗，揮汗寫此，詞旨不當，深所自知，海內君子，鑒而原之。幸甚！

原刊《東方雜誌》第十七卷第十六號，
一九二〇年八月二十五日出版

論貨幣與井田

仲愷、執信兩先生執事：本位貨幣廢金用紙，徑與貨物相權之議，中山先生首唱之，僕初亦以爲迂闊難行之論耳；近讀兩君弘著，乃知其理之確不可易，欽佩莫名。竊意紙幣之可行，徵諸往史，尚有不止如兩先生所云者，不揣檮昧，敬爲兩先生一陳。蓋金銀之在吾國，本未嘗用爲貨幣，至晚近世，而銀乃起而與銅并行，此特事勢相乘，出於偶然，初非有必然之勢，不易之理也。何以言之？吾國幣制，夏、殷以前，茫昧難考。其可考者，蓋始於周。《漢書·食貨志》：凡貨、金錢、布、帛之屬，夏、殷以前，其詳靡記云。而《史記·平準書》謂虞、夏之幣，金爲三品，或黃，或白，或赤，或錢，或布，或刀，或龜貝。按《禹貢》惟金三品，鄭氏釋爲銅三色。金、銀、銅之説，始自王肅，不甚可信。《平準書》自太史公曰以下，文義錯雜，且多非漢人語，定係後人竄亂。《管子·輕重篇》載癸度對武王之語，謂先王以珠玉爲上幣，黃金爲中幣，刀布爲下幣。《漢書·食貨志》亦載太公爲周立九府圜法，錢圜函方，輕重以銖，似周代實兼以珠、玉、金、銅爲貨幣，然僕謂斯時之珠、玉、黃金不過行於王公大人之間，以供朝覲聘享之用，非真行之民間，用爲易中也。何以言之？李悝爲魏文侯作盡地力之教，計其時五人終歲，用錢不過千五百。其實此尚不過以錢計價，非謂必糶穀得錢，以爲用也。戰國如此，春秋以前可知，安得用黃金、珠、玉，其徵一矣。單穆公告周景王，謂古者天降災戾，於是乎量資幣權輕重以振救民。民患輕，則爲之作重幣以行之，於是有母權子而行，民皆得焉；若不堪重，則多作輕而行之，亦不廢重，於是乎有子權母而行，小大利之。所謂子母，與上中下、上下異義，上中下幣上下幣比價不一定。《漢志》所謂各隨時而輕重無常也。此秦事，蓋沿舊習。子母則比價恒一定，故曰相權。珠、玉、黃金，惟不共民用，故可聽其隨時輕重，若大小錢之并共民用者，則不能也。其徵二矣。降及漢世，猶存此意。故武帝以白鹿皮爲幣，惟强王侯宗室於朝覲、聘享時用之。晁錯論重農抑商，謂明君貴五穀而賤金玉，一若五穀爲農人所專有，而金玉則爲商人所專有者然。而其論商人，即曰交通王侯，力過吏勢，此時珠玉金銀，爲王公貴人所專有，又可微窺。漢世黃金之多，遠過後世。固由後世有寫經造像等銷耗，市舶交易，亦不免漏出，然漢世黃金，以聚而見其多，固其大原因也。漢末大亂，王公貴人流離失所，貧富階級漸以平夷。魏晉以還，此等現象，遂不復見。然《隋書·食貨志》所載五朝幣制，又有可注意者。《志》謂梁初惟京師及三吳、荊、郢、江、浙、梁、益用錢，其餘州郡，則雜以穀帛交易，交、廣之域，則全以金銀爲貨。又云：陳初兼以穀帛爲貨。又云：迄於陳亡，其江南諸州，多以鹽、米、布交易，俱不用錢。又謂齊神武時，冀州之北，錢皆不行，交貿者皆絹布。又謂後周時，河西諸郡皆用西域金銀之錢。夫當時錢法之壞，至於以米、鹽、絹、布相交易，而用金銀者，卒惟河西、交、廣與外國市易之處。豈內地皆無金銀，抑之而不知用乎？非也。銅錢之爲物，本以供大宗貿易餘數之找盡及零星貿易之用，金銀不能爲之代也。然則斯時之大宗貿易果如何？曰：大宗貿易，爲數必巨，錢法即不紊亂，豈能輦見錢以行之哉？蓋皆立一虛位，用以計算，輾轉用貨物相抵，而其餘數，乃用見錢找付也。此等計算之虛位，當幣制整理時，蓋多用錢，及其紊亂，不復可用，則於百物之中，擇一二種以爲之代，如米、鹽、絹、布等是也。故當時所謂以米、鹽、絹、布相交易云者，謂以此爲計價之準云爾，非謂徑輦米、鹽、絹、布以與他物易也。不然，其事豈復可行哉？《志》又述隋高祖時，以私鑄濫惡，詔四面諸關，各付百錢爲樣。自關外來者，勘樣相似，然後得過，樣不同者，即壞以爲銅入官。其後又於京師及諸州邸肆之上，各立榜置樣爲準，不中樣者，不入於市。使當時過關之商，入市之民，支付全數，悉須見錢，則其爲數必甚巨，關津邸肆，豈能勝檢閱之勞？然而此令可行，則以見其所挾，皆徒以供餘數找盡、零星買賣之用也。因此推想漢以前之商人，其與平民交易，金銀既嫌其貴，銅錢又不可賣，果何所資以爲易中乎？其亦必立一虛位，計其數，以貨物相找盡，而不必悉用見幣若實物相易審矣。《周官》司市已有質劑，其明徵也。《周官》固僞書，然亦多有古書爲據，非劈空杜撰也。然則後世何以銀、銅并行乎？曰：此由鈔幣既行，銅錢爲其所逐，無錢而代以銀，非但有錢不足用，而更益之以銀也。蓋銅錢之爲物，質重直輕，不宜致遠，故其爲用，初未甚弘。又歷代幣制，紊亂時多，整理時少，當其極紊亂時，往往不能資以計價，故民間物價，自唐以前，初未嘗全國皆用銅錢計算，非不知計價之物，隨地而殊之不便，勢無如何也。鈔幣既興，質輕易挾，又造鈔遠較鑄錢爲易，則其數可以驟增，一切賣買，乃無不以貨幣論價。故宋世行鈔，實有推廣貨幣，使完其作用之功，不可誣也。然一利既興，一弊亦隨之而起。蓋前此餘數找盡，以及零星貿易，皆專用銅錢，無物可爲之代。故錢質無論如何薄惡,而猶終必有錢,鈔幣既行,則其物可分可合,而銅錢遂盡爲所逐,南宋交會,猶講稱提。金人則潰河之役,以八十四車充軍賞。六萬貫錢惟易一餅,其爲物既不復可用,而銅錢又已净盡。則斯時餘數找畫,以及零星貿易,將安所資乎?則不得不代之以銀。故銀之起,所以代餘數找畫,零星賣買之銅錢,非以充大宗貿易計算之虚位也。斯時政府以鈔幣價落,睹民間之相率而用銀也,則賦税亦思征銀,迨賦税既已征銀,則其爲數頗巨,又以運解之不便,成色鑒定之難,乃鑄之而成鋌。金代鑄銀爲貨,始於章宗承安二年,每鋌五十兩,即後世所謂元寶也。夫銀至於鑄而爲鋌,則已頗便於大宗貿易之用,亦會是時,鈔幣既行,民間百物,皆習以貨幣論價,復欲以米、鹽、絹、布等爲計價之虚位,其事甚難,遂以銀爲之代,此近世銀、銅并行,而銀若爲本位幣,銅若爲輔助幣之由。然語其朔,則固用之以代錢,而非以之駕乎錢以上,或與錢相權者也。設使當日鈔幣之行,徑以之與貨物相權,而不以之與錢相權,或雖與錢相權,而爲數較巨,零星賣買,餘數畫找,必資乎錢,則銅錢必不至被逐净盡。銅錢不至被逐净盡,則銀必不興。然則銀之興,亦會事勢之偶然耳,而豈有必然之勢,不易之理哉?夫其興也,既僅出於事勢之偶然,而非有必然之勢,不易之理,則今日竟廢之而代以紙幣,固無不可行矣。

古代所謂上幣、中幣,不共民用,又非特黄金、珠、玉爲然。《説文》"貝"字下曰:古者貨貝而寶龜,周而有泉,至秦廢貝行錢。貝者,錢之前身,龜者,黄金、珠、玉之類也。吾友陸君忍齋陸君名繼煇,武進人。説《漢書·食貨志》錢圜函方之函字,即《考工記》五分其轂之長,去一以爲賢之賢字,賢之本義訓大穿,引伸爲賢知之賢,同音假借用函,今俗語書作眼。僕案此説甚爲精確。賢之本義訓穿,故有通過之義,故曰賢者過之。凡過人者必勝於人,故引伸爲勝義,投壺某賢於某若干純,注以賢爲勝是也。人之於事物,多所通曉者,亦若能通過其事物者然,此爲賢知之義,猶思無不通之謂聖也。《説文》毌,穿物持之也。從一横器,器象寶貨之形,貫,錢貝之毌也,從毌貝,二字音義皆同。毌而持之,事始於貝,後乃象之以鑄錢。必須毌而持之,可見爲用之廣,故凡財賄之屬,字無不從貝者,《中庸》於水言貨財殖焉,亦正指貝。若龜,則惟國家寶之,不聞人民之借以爲用也。上幣、中幣之不共民用,今古同揆如此,則大宗貿易,但立虚位以資計算,事即可行可知。

又梁任公《中國古代幣材考》:"《漢書·食貨志》云:'周布帛之制,以廣二尺二寸爲幅,長四丈爲匹。'而《周官》載師職:'凡宅不毛者有裹布。'鄭衆注云:'裹布者,布參印書,廣二寸,長二尺以爲幣,貿易物。《詩》云抱布貿絲,抱此布也。'《禮記·雜記》：'幣一束，束五兩，兩五尋。'鄭康成注云：'十個爲束，兩者合其卷，是謂五兩，八尺曰尋，兩五尋，則每卷二丈也，合之則四十尺，今謂之匹。'錯綜諸説而參考之，則當時所謂制幣者，畧可見也。凡布帛，以匹爲單位。每匹以兩端相向對卷，卷各一端，兩卷而成匹，故匹亦謂之兩，而其長則四丈也。匹之五倍爲束，故一束爲二十丈，經傳所屢稱束帛者是也。二分匹之一爲卷，十分卷之一爲布，亦謂之幣，鄭衆所謂布廣二寸長二尺者是也。其廣其長，皆當每卷十分之一，當每匹二十分之一，此普通貿易所用也，故曰貿易物。此種布幣，以二十方而直一匹，以百方而直一束。束帛爲典禮用，不以施諸貿易矣。"又云："鄭司農所云'布參印書'者，考《漢書·平帝紀》如淳《注》引《漢律》云：'傳信用五寸木，封以御史大夫印章，其乘傳參封之，參，三也。'此所謂參印書者，疑亦同此。印三印於布之封面，所以檢奸僞也。"案布僅廣二寸，長二尺，已不可以製衣，其無用正與紙幣之紙等，而顧加之印章，以防奸僞，則又與國家之造紙幣同，此亦可見貨幣但須有物以與之易，正不必爲貨幣之物，先自有直也。

以上論貨幣之語，去冬即寫起，乃因事閣置，直至現在始寫成，真可發一笑。近睹公等論井田，僕復欲有云者，胡適之先生謂孟子於井田未曾説得明白，因疑井田之制，爲孟子托古改制所虚制，漢儒逐漸增補，乃臻完密，僕以爲不然。適之先生所疑者：（一）戰國以前，無人提及井田制度；（二）孟子既言惟助爲有公田，如何又引詩説雖周亦助；（三）説貢説助之間，忽插入"夫世禄，滕固行之矣"一語，爲不可解。因併疑及"卿以下必有圭田"一語，謂當時人民所耕，仍係卿大夫禄田。第一事之不足疑，具如仲愷先生所論，欲釋第二、第三事之疑，則當知古代田制，國與野不同，國中無公田，以按畝而税其若干爲常法，殷人之行助法爲變例，野則恒行井田之制。所以然者，古代部落錯處，戰事必多，既有戰爭，必有勝敗。勝者爲主，敗者爲奴。及其體國經野，則勝者恒居中央山險之地，以制馭異族，敗者則居四面平夷之地，以從事耕耘。故《易》言"王公設險以守其國"，孟子言域民則舉封疆之界，言固國則舉山溪之險。章太炎有神權時代天子居山説，可以想見此制之起源。夫戰勝之族，既居中央山險之地，則其地必難平正劃分，故不能行井田之法。戰敗之族，既居四方平夷之地，則其地皆平正，易劃分，故井田之制可行。《漢書·食貨志》論井田之制，而終之曰："此謂平土可以爲法。"法者，《正義》謂可正式劃分，無待扯算。野者，皆可爲法之地，而國則不然也。孟子之時，國中所行之徹法，蓋猶未泯，故直言周人百畝而徹，野所行之助法，則已破壞無餘，故僅能據詩句推想也。<small>馬貴與謂鄉遂附郭之地，必是平衍沃饒，都鄙野外之地，必有山谷之險峻，溪澗之阻隔，適得其反。</small>

戰勝之族居國，戰敗臣服之族居野，可以兵制爲徵。論三代以前兵制者，多誤於兵農合一之説。惟江慎修《羣經補義》據《管子》參國五鄙之法，謂齊之三軍，悉出近國都之十五鄉，而野鄙之農不與；又以此制推諸列國，而皆見其合，其所引陽虎欲作亂，壬辰戒都車，令癸巳至，以證兵之常近國都，尤爲精確。僕謂論古代兵制者，如《春秋繁露》，如《司馬法》，皆誤以一國兵數，均攤之於全國人民，於是天子之地，百倍於大國諸侯，而兵數乃不過兩倍三倍，遂覺齟齬而難通，若知所謂王畿千里，諸侯大國百里等，皆不過設法之詞。論其實際，天子所有之衆，與諸侯原不甚懸絶，則可無疑矣。<small>朱仲鈞《司馬法非周制説》謂周官六軍之衆，出於六鄉，六遂及都鄙盡爲農，亦甚確。《周官》與《管子》，類似處頗多，蓋即以《管子》一類之古書爲根據，此皆古代嘗行之制，非如《繁露》等望空計算也。又案吾國兵制，春秋戰國間，蓋經一大變，春秋以前，惟近國都之民，即前此戰勝之族爲兵；戰國時，則全國之民皆爲兵，故其出兵動至數十萬。《管子》所述，蓋春秋以前制，《周官》所據，亦《管子》一類之書，故野鄙之農，尚不爲兵。《司馬法》則戰國人造，已不知春秋以前之制，故以一國所有兵數，均攤之於全國人民。《春秋繁露》係孔門托古改制之談，更與實事不涉。</small>

“夫世禄，滕固行之矣”句，與引《詩》言“雖周亦助”一節，以士夫所受之禄，與野人所受之田對舉，此與《梁惠王》下篇，以“耕者九一”與“仕者世禄”對舉同，並無可疑。上篇“使天下仕者，皆欲立於王之朝；耕者，皆欲藏於王之野。”《公孫丑》上篇，“尊賢使能，俊杰在位，則天下之士，皆悦而願立於其朝矣；耕者助而不税，則天下之農，皆悦而願藏於其野矣”，亦皆以士與農對舉也。圭田者，即《王制》“夫圭田無征”之圭田，鄭《注》訓夫爲治，引《孟子》曰。治圭田治無税，所以厚賢也，趙注《孟子》，又引《王制》，謂余夫圭田，皆不出征賦。按孫氏《蘭輿地隅説》據九章，謂凡零星不成井之田，一以圭法量之，井田之外有圭田，明係零星不井者。《説文》田部，《楚辭》王逸《注》，《蜀都賦》劉《注》引班固，皆以畦爲五十畝。《史記·貨殖列傳》《集解》引徐廣，以畦爲二十五畝，《文選注》引劉熙《注》“病於夏畦”，則云今俗以二十五畝爲小畦，以五十畝爲大畦。焦理堂《孟子正義》引之，又據鄭司農以士田爲士大夫之子所耕，《荀子·王制篇》云，雖王公士大夫之子孫，不能屬於禮義，則歸之庶人，謂士大夫之子孫，不能嗣爲士大夫者，即授以此田；余夫之二十五畝，亦即蒙土圭田而言。其説自確。僕謂圭田及余夫之二十五畝，皆士之子承受。其田皆在國中山險之地，零星不能成井，與野人所受之田固殊，以特蒙免税之典，與“十一使自賦”之國中之田亦異，故別言之也。

　　胡君以余二十畝爲廬舍，至韓嬰始算出，亦不然。《孟子》"五畝之宅，樹之以桑。"趙《注》："廬井邑居，各二畝半，冬入修城二畝半，故爲五畝也。"此即《韓詩》余二十畝爲廬舍，各得二畝半之説，亦即何氏《解詁》廬舍二畝半，凡爲田一頃十二畝半之説；而《解詁》謂有舍在內貴人也，亦正與詩中田有廬義同。且《韓詩》云，八家相保，出入更守，疾病相憂，患難相救，有無相貸，飲食相召，嫁娶相謀，漁獵分得，仁恩施行，是以其民和親而相好。即《孟子》所云鄉田同井，出入相友，守望相助，疾病相扶持，則百姓親睦也。《解詁》云，還廬舍種桑穫雜菜，畜五母鷄，兩母豕，瓜果種疆畔，女上蠶織，老者得衣帛焉，得食肉焉，即《孟子》所云："五畝之宅，樹之以桑，五十者可以衣帛矣，鷄豚狗彘之畜，毋失其時，七十者可以食肉矣。"《詩》所云"疆場有瓜"，《穀梁傳》所謂古者公田爲居，井竈葱韭盡取焉也。《解詁》云"死者得葬焉，"又云："司空謹別田之高下善惡，分爲三品，上田一歲一墾，中田二歲一墾，下田三歲一墾。肥饒不得獨樂，磽确不得獨苦，故三年一換主易居"，即《孟子》所云"死徙無出鄉也。"《解詁》云，"中里爲校室，選其耆老有高德者，名曰父老；其有辨護伉健者，爲里正。田作之時，春，父老及里正，旦開門，坐塾上，晏出後時者不得出，莫不持薪樵者不得入，十月事訖，父老教於校室"，即孟子對梁惠王所謂"謹庠序之教，申之以孝弟之義，頒白者，不負戴於道路矣"，《食貨志》："入者必持薪樵，輕重相分，班白者不提挈。"對滕文公所謂"設爲庠序學校以教之"也。諸説之中，惟《漢志》兼用《周官》，以今古文説相糅合，故不能盡符，若《孟子》、《韓詩》、《書大傳》、《公》《穀》二傳、《何氏解詁》，則雖詞有詳畧，而義無同異，正可見其同祖一説，絕無逐漸增補之跡也。《食貨志》參用《周官》處，《解詁》一語不取，可見其分別家法之嚴。胡君乃謂《解詁》參用《周禮》、《食貨志》必非。《解詁》與《食貨志》相同處，乃其所本者同，必非參用《食貨志》也。

　　《公羊傳》："多乎什一，大桀小桀，寡乎什一，大貉小貉"四句，劈空而來，胡君謂其必先有根據，信然。然必謂其所根據者，即係《孟子》，因並《大傳》而疑之，則亦未免武斷。僕謂此兩語，乃《尚書》、《春秋》同有之誼，爲儒家極習熟之語，故不覺其脫口而出，使後人讀之，覺其鶻突耳。孟子好言《春秋》，人多知之，至其道三代以前事多用《書》説，則知者較鮮。僕謂《萬章上篇》等所言，殆無一非用《書》説者。試舉兩事證之：其一，《孟子》言"帝使其子九男事之，二女女焉。"百家之書，惟《淮南子·泰族訓》亦云："堯屬舜以九子。"或尚係後人以《孟子》《大傳》改之。此外《呂氏春秋·去私篇》則云："堯有子十人。"《求人篇》則云："妻以二女，臣以十子。"《莊子·盜跖篇》云："堯殺長子。"《韓非子·

說疑篇》："其在記曰：堯有丹朱，而舜有商均。啓有五觀，商有大甲，武王有管、蔡。五王所誅，皆父子兄弟之親也。"今案丹朱見殺，他無可徵。《書·皋陶謨》："無若丹朱傲"，《說文》引作"奡"，又引《論語》曰："奡盪舟"，與下"罔水行舟"合，則奡蓋堯長子被殺者。以上晷據俞理初《癸巳類稿·奡證》。儒家文堯、舜、禹之篡弑爲禪讓，不得不爲之諱。乃於書說中去其一子。古文家無相傳之口說，而別以古書爲據，遂不覺露出馬脚。《初學記·帝王部》引《書大傳》："舜耕於歷山，堯妻以二女，屬以九子也"，與《孟子》同，則《孟子》之言係用《書》說可見。其二，《小戴記·檀弓篇》："舜葬於蒼梧之野。"各書皆同。陳樸園《今文尚書經說考》備引之，陳氏此書不甚精，所引仍多古文家說。惟《孟子》云："舜卒於鳴條。"此語不知何自而來，案《史記·五帝本紀》"舜耕於歷山，漁雷澤，陶河濱，作什器於壽丘，就時於負夏。"《孟子》遷於負夏之遷，作貿遷解。《索隱》引《書傳》："販於頓丘，就時負夏。"而自"耕稼陶漁以至爲帝"，亦見《孟子·公孫丑上篇》。三文隱隱相符。因悟孟子、史遷同用《書》說，《史記》不言舜卒於鳴條者，分叙在後，《索隱》引《書傳》僅兩句者，以釋《史記》，故不具引，或《大傳》文本不具也。《史記》一書，爲後人竄亂處極多。下文"南巡狩，崩於蒼梧之野，葬於江南九疑，是爲零陵"云云，必後人竄改。或史公先有卒於鳴條之說，更記此以廣異聞，淺人睹兩說不同，輒刪其一。不然，史遷最尊信儒家，百家之言黃帝者，其文不雅馴，則《大戴記》外，不敢取一語。由見義至高，而六藝無可考信，即懷疑莫決。彼其問古文安國，實爲伏生嫡傳，清儒治《尚書》者，多以安國爲古文家，以史遷問古文安國，因并謂爲古文家，此大誤也。安國於伏生所傳二十九篇外，有無佚書，尚未可定，謂於伏生所傳外，別有口說，則決無之。安得於此忽刪師說而用異文哉？然則《五帝本紀》述堯舜禪讓事全與《孟子》同，非史公用《孟子》，乃《孟子》用《書》說矣。鳴條者，湯戰桀之地。《呂氏春秋·簡選篇》："殷湯登自鳴條，乃入巢門。"《淮南子·主術訓》："湯困桀鳴條，禽之焦門。"《修務訓》："湯整兵鳴條，困夏南巢，譙以其過，放之歷山"是也。其地與南巢相近，所謂"東夷"之地。舜死蒼梧，有被迫逐之嫌，劉知幾即極疑之，故今文《書》說爲之諱。《戴記》今古文雜，故又諱之不盡也。此外《孟子》之說與《書傳》同者尚多，皆顯而易見，無待備徵。其似相違異者，惟《大傳》以江、淮、河、濟爲四瀆，而《孟子·滕文公下篇》言江、淮、河、漢一事，然此漢字或濟字之訛。古人河漢連稱，《莊子》"吾驚怖其言猶河漢而無極"是也，故傳寫致誤。又古者江、淮、河、濟，其流相通，故不妨互舉。試觀上篇"疏九河，瀹濟、漯、決汝、漢，排淮、泗"，即明係以江、淮、河、濟并舉可知。下言"而注之江"，故上變江言漢也。《史記》與《大傳》違異者，惟《周本紀》述文王稱王之年，及受命後七年中事，然其言文王受命之年稱王，明著之曰“詩人道西伯”，則所用蓋三家《詩》說，以廣異聞，上文必更有六年代崇稱王之説，與《書傳》同，淺人以爲違異而刪之矣。至記受命後七年中事之不同，則明係傳寫之訛，非本有異。試觀《詩·文王》、《記·文王世子》、《左》襄三十一年《義疏》同引《大傳》此文，尚皆小有乖異可知也。然則《孟子》之説，尚皆沿襲前人，非所自創。胡君顧謂孟子以後之漢儒，悉皆祖述《孟子》，遞加增補，不亦誣乎？《書》始唐虞，孟子道性善、言必稱堯舜，其言什一，謂欲輕之於堯舜之道，欲重之於堯舜之道云云，亦其用《書》說之一證。《史記》爲後人竄亂，大學所刻崔氏適《史記探原》專論之，此書僕去歲在南中，僅在友人處翻閱一兩頁，今年到沈陽，托人向京師買一部，竟不可得。尊處如有此書，乞代僕一查，僕所舉兩條，崔氏已言及否，抑或別有他説，僕説錯誤。

總而言之，胡君謂古代之學術，進化頗速，師師相傳，時有增改。僕則謂古代之學術，進化頗遲，托古改制，前惟孔子，後惟王莽與劉歆，其餘皆不過謹守師説，遞相傳述，最有思想者，如韓嬰之推衍師意，以作外傳，則止矣。又有一種彌縫其説，求其完密，以防他家之攻擊者，當時謂之應敵。小夏侯謂大夏侯疏畧不足應敵是也。此則並出私意，一切曲説，且自爪興，更無當於學術之改進。孟子亦不過稱誦所聞，用以諷切時事，非自有所創説也，觀僕前所舉證可見。胡君謂古代學者，見解淺陋，莫如漢初一班經師，則誠有之，但亦未可一筆抹殺，蓋斯時之傳經，皆以謹守師説，不參己意以爲貴，風氣所趨，賢者亦爲所囿。故其人即有見解，亦只能於他項著述中見之。西漢經説、傳者已希。經説而外，經師他項言論，益寥落矣。謂漢代是一個造假書的時代，是一個托古改制的時代，井田論是漢代有心救世的學者，依據《孟子》的話，逐漸補添，則殊未必然也。漢代學術病根，正在只知傳述舊説，不能自出心意，若如胡君之言，則早大有進步矣。

胡君謂井田論爲孟子所虛制，後人一步一步，越説越周密。僕雖未敢苟同，然謂後人之説，不可以證《孟子》，則其説極精。僕謂豈特漢儒之言井田者，不可與《孟子》之論井田，互相證明而已，凡西漢今文家之言，以及儒家之書，與今文家傳授源流同者，幾無一可互相證明。自就史材言。以其皆同出一原，没甚添換，看似臚列多證，實不啻仍以其人之言，證其人之言也。無已，則以今古文家之説，互相勘證，以儒家言與非儒家言互相勘證，尚較可信。

胡君謂古代史材，舉不足信，誠然；然頗好據詩以爲推想，僕意亦未盡同。人之思想，爲時代所囿，此無可如何之事。生數千載之後，而欲據古人之詩，以推想其時之史實，其事豈不甚難？若用《詩》説，則仍與據他書無異。《詩》本謠詞，托諸比興，並非質言其事，橫説豎説，均若可通，尤易致誤而不自知，且即謂可以推想，亦必畧知其爲何時何地之作，然《詩》無達詁，三家所傳，亦多誦義。樸園此論最通，阿毛《傳》者，每謂其有《小序》爲據，能得詩之本事，故能知作者之意，《小序》出毛《傳》之前，抑出毛《傳》之後，今姑勿論，而詩詩皆能得其作誼，此即《小序》不可信處。**恐孔門本無確知其爲何時何地之作者**，即謂孔子言之，亦不足信。何則，風詩皆本於謠，謠詞作者，本不可知，如今一大學採輯歌謠，豈得謂輯此歌謠之人，即能知此歌謠之出於何時何地乎？**而況於後之説詩者乎**？況於三家之説，今又零落殆盡，所傳者惟自謂出於子夏之《毛詩》乎？三家詩説，佚亡已甚。樸園父子，兩世搜採，用力可謂至勤，然仍多誤入古文説處，故居今日而言詩，即自謂本於三家者，亦多用毛義而不自知。

《王制》、《周禮》等書，將封建制度，説得十分整齊，亦爲啓後人疑竇之一端，然此自出於後人之誤會。蓋托古改制之論，必歌頌其所托之時，以爲郅治之世，後人信以爲真，遂并其所改之制，以爲古代皆曾實行，而於理遂不可通矣。然《王制》州二百一十國云云，《周官》凡邦國千里，封公以方五百里則四公云云，鄭《注》固明以爲設法。夫使以此等設法之詞爲實事，則如《王制》所説，當時之天下，必真有千七百七十三國，悉爲王朝所封，奉行王朝之制度，而天子又以時巡守督察之。不敬者削以地；不孝者絀以爵；不從者流，畔者討，於是此千七百七十三國者，莫不奉命惟謹，而典籍所傳一切制度，遂無不實行，則誠必無之事。若知爲設法之詞，則所謂天子之田方千里，公侯田方百里，伯七十里，子男五十里云者，不過謂若立王畿，或封五等之國，當照此法云爾。原未嘗謂當時之封公、侯、伯、子、男，皆適與以方百里、五十里、七十里之地，王畿亦適方千里，不多不少也。州二百一十國，九州千七百七十三國云者，不過謂若將九州之地，照所設之法封建，可得如此國數，原未嘗謂當時九州之地，皆可聽王朝任便處置，因而實曾封建如此國數也。然則雖有此等虛擬之法，而當時實際所封，究有幾國？所封之國，所受之地，大小若何？一切制度能推行於其國者幾何？既經推行之制度，能歷若干時，然後廢壞？自然別爲一事。胡君謂古代從部落進爲無數小國，境内境上，還有無數半開化的民族。王室不過是各國中一個最強的國家，故能做一個名義上、宗教上的領袖。無論如何，那幾千年中，決不能有豆腐乾塊一般的封建制度；又謂我疑心秦始皇以前，並不曾有實際上的統一國家，要想做到《王制》等書所説整方塊的封建制度，是事實上不可能的，因而謂那時的中國，是很錯雜、很不整齊、很不統一的。因爲那樣錯雜不統一，故不能有整齊的井田制度，乃皆不足疑。蓋曾經推行天下，綿歷千載之井田，自然無有，而行之一時一地之井田，則不能謂其無有也。人爲此等誤解所誤者甚多，如夏后氏五十而貢，殷人七十而助，周人百畝而徹，斤斤焉爭其五十畝、七十畝、百畝如何更變，抑係各異實同，即由誤謂井田之制，綿歷三代，未曾廢壞致之也。又古人措説粗畧，徑以設法之詞當作實事者，亦往往有之。如《大傳》湯放桀而歸於亳，三千諸侯大會，退見文武尸者千七百七十三諸侯是也。然彼其意，自以代天下諸侯四字用，猶今人言萬國云爾。此等處，須各以當時言語之例解之。

又井田之制，以方里之地，劃爲九區，似係取象於九宮，如明堂之有九室，亦足徵其原起之古，若爲戰國時人所虛擬，則分劃之法正多，不必方里而井矣。

封建制度，誠不容據古人設法之詞，認爲實事，然如胡君所云，徑改封建制度之名爲割據制度，則似又未安。或既以割據爲大名，仍別以割據爲小名，專指本來自立之國，與王朝所封之國稱封建者相對待，則尚可用。然割據二字，向來沿用，皆有既經統一，復割地而據之之意，與古代之本未統一者小殊。蓋封建與割據，自係兩事。割據者，許多錯雜之國家或部落，各據一方，本不相下。而封建，漢族既奪異族之土地，因以樹立其同姓懿親，以擴充其勢力，雖其後各自爲政，與本來獨立者無殊，然其初則自有滅異族以封同族，以擴充自己勢力之一事，不容抹殺也。僕謂漢族古代所以擴充本族之勢力者，全恃宗法，而宗法之制，則實借封建以行之。舊宗法之制，別子爲祖，繼別爲宗，繼別之宗，百世不遷。故有一宗子，即其始祖之子孫，無論若何疏遠，皆能聚而不散，而其族之力以厚。爲祖之別子，率皆有土之君，如始受封之諸侯，始受采地之大夫是也。惟爲宗子者皆有土地，故有力以收卹其族人，惟爲族人者，皆與宗子共托命於此土地，故爲自保計，不得不翊衛其宗子。古代征服異族，鞭長莫及之地，率以此法行之。而天子於其畿內，諸侯於其境內，即大夫於其采地內，亦莫不行此法，故其設治極密，如束濕薪，到處皆爲此一族人所盤據，人民自無如之何矣。此其階級之制，所以能相沿至於數千年之久也。其後所以破壞者，則由此等有土之人，自相攻伐，諸侯既交相吞噬，大夫亦各肆併兼。如晉之六卿是。吞併人者，看似地愈大而勢愈強，實則被夷滅者，皆已降而爲平民。而此族之高居民上者，日以少矣。階級制度之破，平民升爲貴族者少，貴族降爲平民者多，王官之學，散在四方，亦以此時。胡君不信九流之學出於王官，似於此中消息，未曾細參也。迨於最後，則居於民上者惟一人，欲去此一族者，去此一人可矣，秦之亡是也。且推原其詳，使一族之人，長此聚居一處，不與異族相接，原無所謂渙散，原不必設策以鳩之，所以必立宗爲收族之計者，原以散處四方，慮渙而不可復合故；原以與異族錯處，慮其混淆不能分別故，然則宗法之起，雖謂由於封建可也。兩事實相爲因果。封建制度之在古代，關係之大如此，豈得舉其名而去之哉。

古者宗與族異。族者，如歐陽尚書所說之九族，猶兼用女系，《白虎通》同。古文家以上自高祖下至玄孫爲九族，非也。俞蔭甫謂其誤九世爲九族，一語破的。宗則純乎男系也。族主親親，宗主尊尊。《白虎通》宗者，尊也，爲先祖主者，宗人之所尊也。族者，湊也，聚也,謂恩愛相流湊也。生相親愛,死相哀痛,有會聚之道,故謂之族。有宗法而同族團結之力始厚,有宗法而與異族競爭之力始强。古代之宗法,蓋實由團結同族,與異族競爭而起。親親故尊祖,尊祖故敬宗,敬宗故收族,收族故宗廟嚴,宗廟嚴故重社稷,數語盡之矣。古人説孝字之義,所以蟠天際地者以此。因當時一族之人,所以團結自保之道,舉於是也。以一孝字,可攝諸德。自係古代社會思想如此,儒家仍之。胡君謂至曾子以後,始擴充至於如此,僕意亦異。然則所謂孝者,其於同族誠厚矣,而其於異族,則亦酷矣。天下無論何事,皆當從各面視之。儒家者,出於司徒之官,本主教化,故其立説,皆偏於人倫一面。三年間所謂人之所以羣居和一之理。舉當時社會所行,而緣飾之以爲天經地義,蓋古代司徒之立教本如此。不如是,則其教不尊也。夫儒家者,九流之一,一種制度,由儒家一面觀之如此,由別一面觀之,不如此也。各種制度,皆須合各方面觀之,然後能盡其理,但自儒家所觀之一面觀之,不能盡其理也。而中國自漢以後,儒家之義孤行,遂以由儒家一面所觀之理,爲獨一無二、一成不變之道。且如家族,其所由立,豈但在相親愛,亦豈有所謂天經地義。而自儒家説之,則以爲如此,彼自爲彼當時之社會立言,而後世之人,遂守其説以爲天經地義,因守其制,至於情見勢絀而不敢變,亦可哀矣。此談道者之所以上通而惡拘也。孔子之説,不盡於儒,惟行於世者,大抵儒義。出於儒以外之説,拘者莫之知,且將攘臂而攻之,自謂衛孔子之道也。此兩段所論,頗可與漢民先生從經濟上論家族制度之説相發明,惟漢民先生謂古代平民亦有宗法,僕意不然。古代平民,惟渙而不聚,故其勢易制,若亦有宗法,則難於駕馭矣。

以上所論,信筆言之,遂不自覺其詞費。本意在論貨幣,而信筆言之,論井田之詞轉較多。且於適之先生之言,若多所詰難者,非敢然也。適之先生,論事精覈,讀古書尤多獨見,僕最所服膺。去歲在天津講演新村之説,啓發僕最深,頗思爲文更申其義,病未能也。此書所爭,在於適之先生視古代學術進化較速,僕觀古代學術進化較遲,牽連之詞遂多,本意所異,在此而已。又適之先生所著《中國哲學史大綱》,案頭適無之,而中有論及之處,未能翻檢,並或有與願意不符處,亦乞諒之。僕學殖淺薄,近更荒疏,所論之必多紕繆,無待於言,諸君子進而辱教之,則幸甚矣。

呂思勉謹上　一九二〇年五月二十七日

原刊《建設雜志》第二卷第六期,一九二〇年出版

新舊文學之研究

此爲鄙人評改文字時之評語，今投入本校周刊，以供大衆之研究。鶩牛

近人競言新文學，而僕有懷疑者焉。既曰新，則必有以異於舊，然今之所謂新文學者，其異於舊之處安在乎？白話文非吾國所固有乎？不特《水滸》、《紅樓夢》等小說，必不能譯成文言也，即官中文告，民間"勸善"之書，亦間有用白話者。

然則所謂新文學者，果何謂乎？予謂文學者，一種美的製作品也，美術之一。心有美感，以言語包括文字。爲形式而表現之，是曰文學美感，人人所有也。今之識字能操筆爲文者，固有美感矣。不能識字，不能操筆爲文者，獨無美感乎？其美感獨不可以言語表示之乎？夫此等言語，筆之於書，即美文也。然而今竟不能，何以故？曰：由今者筆之於書，則不用今語而用古語故。夫筆之於書，則不用今語而用古語，則今人之美感，用言語表見之者，必翻成古語，然後能筆之於書矣。請問今人之言語，果能盡行翻成古語乎？曰：必不能。何以故？曰：今語若盡能翻成古語，則今古語意義同府。則今語即古語，則古語不變爲今語矣。今之偏執文言者，每謂俗語能達之意，文言亦無不能達。請問俗語中之"桌子"、"杌子"，文言文中以"几"、"席"字代之，今有甲乙拌嘴，乙提起杌子，將甲打死，可云"以席擊殺之"乎？偏執白話者，又謂文言之意，俗語無不可達，請問昆曲中之"欲乘秦鳳共翱翔，又恐巫山還是夢鄉"可翻作"我很想同你結婚，不知能否辦到乎"？姑勿論其美不美，其意義對不對乎？即舞臺中之"走青山，望白雲，家鄉何在？"又如何翻法乎。然則數千年來，因不能操古語故，其美感之不能表見之以文字，而不傳於後者衆矣。然則今者文體改用白話，是使向者具有美感，徒因不通古語故，遂不能表之以文字，以行遠而傳後者，今後將悉可以行遠而傳後也。然則白話者，所以使向者未曾成爲製作品之文學，成爲製作品者也。故曰：白話者，創造新文學之工具也。然今之作白話文者，其思想猶向者通文言之人之思想也。以是爲白話文，不過改之乎……爲什麼……而已。向者"不通文字其美感永未能成爲文學製品之人"之美感，固未能表見之於文字也。因社會有階級，故通文言之人，與此等人全不接近，有時作文，描寫下層社會之狀況，亦或述説

下層社會中人之思想。然所謂狀況者，上層社會中人目中之下層社會狀況，所謂思想者，上層社會中人臆度而得之下層社會中人的思想，非真下層社會中人心目中所有也。於此亦見中國文學有注重"寫實主義"之必要。今之白話文，僕固未能遍讀，然慮無不如此者，然則徑以今日之白話文爲新文學者非也。

然則今後之趨勢當如何？曰：一方仍以文言爲基礎，但去其（一）太陳舊，不合今人之思想者，（二）去其專事塗澤即專用古語砌成。而無真意者；力求與今人之思想言語接近，是爲"文言的白話化"，亦即"貴族文學的平民化"，一方以口語爲基礎，出之於口，即筆之於書，是爲"純粹的白話文"，而口語應自行修飾，同時亦應採用文言之長。如混用文言詞句，及採用其語法等。是爲"白話的文言化"亦即"平民文學的貴族化"，兩者同時并進，並可參用外國語以附益之，是爲"國語的世界化"。如是者，旁薄鬱積，萬流齊匯，及其結果，而新文學出焉。"人人有士君子之行"一語，中國人傳爲美談，其中固亦含有一方面之真理，然實階級的褊狹之語。果如所言，則但須"平民的貴族化"不須"貴族的平民化"矣。其實兩者各有短長，正宜取人之長，去己之短，而非取人之長，不能去己之短，"平民文學的貴族化"、"貴族文學的平民化"兩者宜同時并行。

原刊《瀋陽高師周刊》，一九二〇年出版

瀋陽高師中國歷史講義緒論

史也者，所以藏往以知來。蓋凡現在之事，其原因皆在於從前；而將來之事，其原因又在於現在。必明於事之原因，然後能豫測其結果，而謀改良補救之術。故史也者，所以求明乎事之原因，以豫測其結果者也。

顧宇宙間之現象，亦樊然淆亂矣。此所謂史者，其所紀載之事實，究以何爲之界限乎？案近人政治講義有言曰：

蓋天生人與以靈性，本無與生俱來之知能。欲有所知，必由內籀。內籀言其淺近，雖三尺童子能之，今日持火而盪，明日持火又盪，不出三次，而火能盪之公例立矣。但內籀必資事實，而事實必由閱歷，一人之閱歷有限，故必聚古人與異地人之閱歷爲之。如此則必由紀載，紀載則歷史也。

是故歷史者，不獨政治人事有之，但爲內籀學術莫不有史。……西人於動植諸學，凡但疏其情狀而不及會通公例與言其所以然之故者，亦稱歷史，如自然歷史是已。

東西舊史於耳目所聞見，幾於靡所不包，如李費《羅馬史》所紀牛言雨血諸事，與《春秋》之紀災異正同，而《史》、《漢》書志，劉知幾《史通》論之詳矣。

而近代之史置此等事不詳者，亦非盡由人類開化之故，乃因專門之學漸多，如日食、星隕則疇人職之；大水風雹，則有氣候學家；甚至切於人事之刑政，亦以另有紀載得以從略。如錢幣，則計學；瘟疫，則醫學；罪辟，則刑法之學；皆可不必如古之特詳。大抵史亦有普通、專門二部，專門之史日以增多，而國史所及乃僅普通者。

……雖然科學日出史之所載日減，於古矣而減之又減，終有其不可減者。存則凡治亂興衰之由，而爲道國者所取鑑者是。故所謂國史，亦終成一專門科學之歷史……

此說甚當。返觀吾國之歷史，則正坐紀載之範圍太廣，如所謂“於耳目所聞見，幾於靡所不包”者，故不能成一專門之科學也。

案清代《四庫書目》史部之分類如左：

史部
- 正史
- 編年
- 紀事本末
- 別史
- 雜史
- 詔令奏議 — 詔令 / 奏議
- 傳記 — 聖賢 / 名人 / 總錄 / 雜錄 / 別錄
- 史鈔
- 載記
- 時令

史部
- 地理 — 總志 / 都會郡縣 / 河渠 / 邊防 / 山川 / 古蹟 / 雜記 / 遊記 / 外記
- 職官 — 官制 / 官箴
- 政書 — 通制 / 典禮 / 邦計 / 軍政 / 法令 / 考工
- 目錄 — 經籍 / 會計
- 史評

又近人撰《新史學》其分類如左：

第一　正史 {
  （甲）官書　所謂二十四史是也
  （乙）別史　如華嶠《後漢書》、習鑿齒《蜀漢春秋》、
    《十六國春秋》、《華陽國志》、《元秘史》
    等，其實皆正史體也
}

第二　編年　《資治通鑑》等是也

第三　紀事本末 {
  （甲）通體　如《通鑑紀事本末》、《繹史》等是也
  （乙）別體　如平定某某方略、《三案始末》等是也
}

第四　政書 {
  （甲）通體　如《通典》、《文獻通考》等是也
  （乙）別體　如《唐開元禮》、《大清會典》、《大清
    通禮》等是也
  （丙）小記　如《漢官儀》等是也
}

第五　雜史 {
  （甲）綜記　如《國語》、《戰國策》等是也
  （乙）瑣記　如《世說新語》、《唐代叢書》、《明季
    稗史》等是也
  （丙）詔令奏議　四庫另列一門，其實雜史也
}

第六　傳記 {
  （甲）通體　如《滿漢名臣傳》、《國朝先正事略》
    等是也
  （乙）別體　如某帝實錄、某人年譜是也
}

第七　地志 {
  （甲）通體　如某省通志、《天下郡國利病書》是也
  （乙）別體　如紀行等書是也
}

第八　學史　如《明儒學案》、《國朝漢學師承記》等是也

第九　史論 {
  （甲）理論　如《史通》、《文史通義》等是也
  （乙）事論　如歷代史論、《讀通鑑論》等是也
  （丙）雜論　如《二十二史劄記》、《十七史商榷》是也
}

第十　附庸 {
  （甲）外史　如《西域圖考》、《職方外紀》等是也
  （乙）考據　如《禹貢圖考》等是也
  （丙）注釋　如裴松之《三國志》注等是也
}

史部分類之法，不止此兩種，此兩種之分法，亦未必得當，今姑舉爲例，欲知其詳，可自參考各史中之《藝文》、《經籍志》、《文獻通考》之《經籍考》等及各種目錄之書。

以予觀之，各種史籍其性質不外：（一）紀載，（二）批評，（三）注釋。而三者之中，又以紀載爲之主，批評、注釋皆其後起者。必有紀載，而後批評、注釋乃有所附麗，故二者有主從之關係。考據亦當屬於注釋，不能獨立爲一類。紀載之材料，因其性質可別爲：（一）治亂興亡，（二）典章制度二大類。前者可稱爲動的史實，後者可稱爲靜的史實。二者皆應以人爲之事爲限，向來之歷史記載，後一類之事實，有侵入天然界者，此因向者學術分科未密之故，今後宜析出。記載治亂興亡一類之事，屬於正史中之紀傳，記載典章制度一類之事，屬於正史中之志，而二者又皆可以表緯之，故正史可稱爲表志紀傳體。編年一類，乃專記治亂興亡之事實，而以時爲之系統者。記事本末一類，則專記治亂興亡之事實，而以事爲之系統者。其政書，則專記典章制度一類之事實者也。若將正史中之紀傳析出，以時爲經、以事爲緯而編纂之，即成編年史；以事爲經、以時爲緯而編纂之，即成紀事本末體之史，若將其志析出，即成政書。故表志傳記之體，在各體中最爲完全。向來作史者，欲網羅一代之事實無所闕遺，皆不能舍此體，而國家亦必以是立於學官，謂之正史蓋有由也。但爲觀覽計，則編年體最便於通觀一時代之大勢，記事本末體最便於句求一事之始末，典章制度尤宜通觀歷代，乃能知其損益之由得失之故，則政書尤不可廢。《文獻通考》總序所言即此意，可參看。此外雜記零碎之事實，或但保存其材料者，皆祇可稱爲史材，不能謂爲已經編纂之歷史也。

居今日而言歷史有尤要者三事：

一宜有科學的眼光。如前所述，中國之歷史實尚未能分化精密而成爲一科學，故今後研究此學，宜處處以科學之方法行之，其大要有二：（甲）將可以獨立成一專門科學之事實析出，以待專門學者之研究。如向來歷史中關於天文、律曆諸事項可析出，以待治天文、律曆學者之研究，關於食貨諸事項可析出，以待經濟學者之研究是也。（乙）而史學之研究，即以得他科學之輔助而益精。如推古代年月者，可藉助於曆學，考求古代人民之生活狀況，可藉助於經濟學是也。

二宜考據精詳。治史學所最貴者，爲正確之事實。蓋史學既爲歸納之學，其根本在於觀衆事之會通以求其公例，若所根據之事實先不正確，則其所求得之公例，亦必謬誤故也。吾國史籍浩如烟海，所存之材料實至多，其足供考據者何限？向來史家紀載，其疏漏謬誤，非加考據，斷不能得正確之事實者亦甚多，試觀後世史學家之所考據者可見。亦有材料雖存，非至今日世界大通，兼得新科學之輔助，則不能知其可貴者。如漢族本自西方高原遷入中國本部，此等材料多存於古書中，然未知世界歷史以前，中國學者莫或措意。又如向者地理類中外紀之書，人視之率多以爲荒渺（如《四庫提要》疑《職方外紀》所言爲誇誕是），而至今日則群覺其可貴是也。

三宜兼通經子。經、史、子、集之分，本至後代始然，在古代則既無所謂集，亦無所謂史，史皆皆存於經、子之中（參看《漢書·藝文志》、《隋書·經籍志》自明）。而經、子之學，極爲難治，非詳加疏證，則觸處荆棘。經、子之學，以清儒爲最精，故不通清代之所謂"漢學"者，其所談之古史，必誤謬百出（清代史家考據後世之史事亦多，以治經之法行之，故較前人精密）。即如今日東晉晚出之《古文尚書》，人孰不知其僞，而各書肆各學校之編講歷史者，尚多據之以爲史實，豈不可笑。

四宜參考外國史。中國歷史於四裔一門，記載最多疏略，此自閉關時代，勢所不免，即如朝鮮、安南，沐浴我國之文化最深，與我往還亦最密，然史所記二國之事，猶多不可據，其他更無論矣。又有其部族業已入據中國，然其史實仍非求外國史書以資參證不能明瞭者，如讀蒙古史，必須兼考拉施特、多桑之書；治清史，必須兼考朝鮮人之記載是也（參看《元史譯文證補》、日本稻葉君山《清朝全史》、近人《心史史料》自明）。

此外應行注意之處尚多，而此四端，則其尤要者。又師範生之習歷史，宜時時爲教授他人之豫備，此又與尋常學者之治史不同者也。

本文寫於一九二〇年，原爲《國光瀋陽高等師範學校
文史地部中國歷史講義》的緒論

沈 游 通 訊

此《誠之北行後致南中諸故人書》，係呂丈於民國九年寄先君（劉脊生）及諸父執之書，時先君執教於蘇州工校。

行後當日（陰曆初十）午後二時十分到南京江邊，即渡江登津浦車。三時半開行，翌日午後四時二十分到天津，在客棧中小息，夜十一時半登京奉車，開行，翌日夜九時抵沈陽。宿客棧中，十三日遷入校。

過江後，瓦屋即少，皆茅屋土墻也。沿途食物，多劣不可食，北方生計之憔悴，憑車中所見，即可推測。

夜過蚌埠，見燈火（電燈）甚繁，似頗繁盛也。（夜八時）

十一時到徐州，半夜過兗州，皆無所見，惟覺車站建築頗壯麗而已。

十一日拂曉過泰安，披大衣出立車厢外，觀泰山正峰不可見，而其脈綿延頗長，車行久之乃盡，亦不覺甚高，而覺其基礎頗廣，初白雲束山腰如帶，不動，久之漸上騰，則並山頂亦不可見，但見山之下半截而已。山坳中積雪，平處則否，青白相間，頗可觀。

過濟南，亦唯見車站之壯麗而已。

過黃河鐵橋，蔣蔚仙云：此橋工程，遠勝京漢路也。河水涸三之二，見底。

過德州，城大而圮。葉宣鐸（上海商校同事，在德州兵工廠任事一年，客歲閏七月來此，爲此間軍械廠無烟火藥主任）云；德州蕭條甚，城中景象若常州之大樹頭而已，然則僅擬蘇之（下缺）

自過黃河，平原一望無際，雖培塿亦不見也。河北地形如此，宜乎三關失而宋無以自保矣。

山海關之南，南旁海，長城皆崩壞，車自此東，不出關門之下。關以外氣溫較以內寒數度也。

校在南門外，門者，磚城門之名，磚城之外爲土城，土城四門，土城門曰邊門，簡稱亦曰關，故有四關四門。校地甚廣，然樓屋極少，故空地不甚多，校舍建築不足言，然較舊式矮屋則相去天淵矣。乃洋式建築之劣者也。凡舊式建築皆坑與竈連，洋式建築則否，而室中皆有火爐。

飲食甚劣，而價甚昂。一人須奉洋十四元，學校中七教員合雇一僕，人給以奉洋三元，三七二十一元，然僕不富也。百物皆昂，宴客但魚翅一碗，奉洋八元，整鴨一碗，奉洋六元，請客一桌，奉洋三十元，人以爲奇廉矣。故非政商界中人，幾不宴客也。即政商界人亦不能放手時時宴會。且無茶肆可以閒坐，而入妓寮打茶圍者乃日衆。

奉大洋者，小洋十二角也。普通云奉洋，則小洋十角。奉大洋極貴時，以一元一角合實洋一元，極賤時，以一元七八角合實洋一元，故在此就事者，如投機然，所得時有長落也。

造幣廠歲出銅元甚多，今改爲軍械廠，仍兼鑄銅元。弟在此任課十小時，預科國文五小時，本科一年級文字學兩小時，歷史三小時。弟在此唱自習主義。預科國文五小時，第一至第三星期以兩小時講範文，令學生自看，問乃答之，不能問，然後告之。第四星期以兩小時命題作文。本擬並此去之，然因他方面牽率，勢不能行。其餘三小時悉聽學生自行研究，欲讀何書，即讀何書，如有意思自欲發表，即於此時間內作論文劄記等。三小時之自由讀書，教員不加干涉，聽其願讀何書，即讀何書，而弟所提倡者，在新舊並讀，新者尤注意於近出之雜誌。凡學校中教師之所講授，往往較社會情形爲舊，故新出之雜誌書籍等，必不可不讀，責其在課外讀，則無此時間，今收容之於國文鐘點中，其事甚便。一也。文字自“情”的方面言之，宜取法古人。自“知”的方面言之，則後人總較前人爲勝，如條理等。且生今之世，總不容不了解今人之思想。二也。

進步必求循序，作文尤必先有思想，學生讀古人文字，如隔雲霧然，啓發其思想之力極微，讀今人文字，則思想上受其感動極大。今之持論者，多謂人之通者，係小時讀四書五經使然，其實絕不然。四書五經，誰不讀之？試問自行讀書，何人不從《水滸》、《三國演義》等始乎？報紙雜誌，足以激動大多數人，古書則否，此足見其何等程度之人，只能爲何等程度之書所激動，引讀《三國演義》者使讀報章雜誌，讀報章雜誌者，使讀古書，是爲漸加其刺激活動之程度，如不許其讀《三國演義》、報章雜誌，而徑使讀先秦兩漢之書，於事實不能；中國讀書之人百，通者無一焉，正坐此弊。一二通人，自屬天才，非由向者教法之得宜也。三也。

此間社會空氣頑固太甚，高等師範究爲三省最高之學校，弟頗願散佈革新之種子於數十青年之心中，展轉流佈，必有數人受其影響者。四也。

近初任事，稍忙，過兩禮拜後，預計每星期尚有十八小時，可以自行讀書。在此間無茶館可坐，館子吃不起，酒太烈，不敢吃。紹酒價昂吃不起。

此間生計窮促，月息二分可以放債於富翁，富翁恃其信用，吸收此等款項，轉放於貧民，又可坐致其利，蓋以個人而爲金融機關矣。

地廣人稀，行輒數十里無人，盜賊横行，官兵固不能治，亦實無從分佈保衛。守望相助之策，勢亦必不能行。弟所用僕人曰邢保三，馬玉昆舊部也。嘗與於甲午之戰，四戰皆北，言之猶慨然也。今年五十四。

此間同鄉謝演蒼最得意，亦小有財。然現爲教育廳長，實須賠錢。此外，葉宣鐸聲光尚好，以此間軍械廠内行極少，凡事不得不倚重彼也。星岑前數年有儲蓄四千元，又官紙廠股本八百元，種水田盡罄之，今反負債數百元，實業之不可爲有如是夫。此外，同鄉尚多，然不識也。

沈游通信（三）

一夫多妻之俗甚行，公然曰大太太、二太太、三太太……女之父母，則曰大親家、二親家、三親家……，大親家、二親家、三親家，往來酬酢，不以爲奇，此乃真一夫多妻也。婦人不妒忌，有妒忌者，其夫可以鞭撻施之，人不爲怪，滿俗也。女子師範畢業生，爲二太太、三太太……者頗多，人亦不以爲異也。中國不二嫡之義，樹之數千年，不三百年而盡亡之，被征服之酷如此，然後知歷史之可貴也。中國若無一人知書，無一人知歷史，則舉國皆奉天人也（奉婦女十九旗裝），誰復自知爲炎黄之胄乎。誰復立漢幟於武昌哉！然後知孫文、黄興之徒，亦豪傑之士也。然後知微子去之，箕子蒙難，用意深矣。雖殷禮無征，孔子猶得坤乾焉。范書所載，夫餘、句麗、三韓之俗，皆殷遺也。蓋存殷禮者千年。文王西夷之人也，使微周公作禮樂，周終率其戎翟之俗。三皇五帝之遺教，有當求之於浿水之東者矣。此若五胡交構，而衣冠文物，存於江左也。吾有兩姑，皆素篤忠君之義，於辛亥之役，獨不以爲非，以吾家世讀書，雖女子亦知大義也。吾有兩姑，皆素篤忠君之義，於辛亥之役，獨不以爲非，以吾家世讀書，雖女子亦知大義也。吾常有吴姓者，當明之亡，獨留漢衣冠以示子孫，曰：保之，慎勿失，異日終必衣之。辛亥之歲，其孫猶衣之以出。嗚呼！王師北定中原日，家祭無忘告乃翁。非我先民留詒之厚，孰克致此。夫治天下，亦平其不平者而已。齊襄復九世之仇，春秋大之，非公羊子親受大義於聖人，不能言也。觀左氏立義之巽懦，而知其不足學矣。

吾若居沈陽久，必説女學校中人立一會，女學生有作妾者干涉之。若之何而干涉之乎！曰；告諸檢察廳，請其提起公訴是也。中國今日幾無一人以法律爲當遵守者，無一人知背公黨私之爲非者。欲救其弊，必大昌商君韓公子之學，必式民以直躬之徒。論者必曰：是有弊。然治孰無弊者？治熱病必以承氣湯下之，豈不知其害腸胃，急先務也。人固當計久遠，然無今日何以有明日？斷者不可復續，死者不可復生，國家社會猶是也。故先務之急，不可忘也。研兄好言民權而惡政府。① 以吾觀之，中國官吏殺人十，則豪强殺貧弱者百，家族主義之殺人千。欲救今日之中國，則必張國權，以摧抑豪强，破壞家族。此之不言，而欲減削國權者，則所伸張，社會惡勢力之力也。此之謂不知務也。

沈游通信（四）

北方家長之權，大於南方，官權大於南方。一言蔽之，專制甚於南方而已。凡生活程度愈低之社會，專制愈甚，愈高則愈平等，文明程度亦然。農業及屋内工業時代中，謀生所須之勞力多，故男權張。有機器而男女工作之力平等矣，故有男子坐食於家，而女子反出外工作者。當是時也，更欲行其夫權，如中國所謂交本夫領回管束者，其可得乎？此生活程度愈高，社會愈平等之證也。野蠻時代，戰爭所需之體力多，故漢族不敵遼金元清，羅馬不敵日爾曼。自火器興，而文明野蠻人戰爭之力平等矣，則黑種奴，紅種亡矣，此文明程度高而社會平等之證也。故文化之興，生活程度之高，弱者之利也，所以平天下之不平者也。謂機器興而貧富不均，非也。機器興而貧富乃大均耳。何者？資本社會之破裂，其原因即存於資本社會自身之組織，今已着着向此方面進行矣。中國今日，如輸入西洋文化者，則家族制度必破，地方豪强必滅。古聖賢所想望平天下之平字，數千年求之而不得者，將因物質文明之發達而得之。而昧者固拒之，謂將以破固有之平夷之美（太炎即持此論），何其持論之淺也。馬克思其聖矣乎？以其所言，推諸萬事而皆準，匪獨經濟家也。（馬克思學説，以《太平洋雜誌》所載，最簡而扼要。）俾斯麥嘗多方以賄馬克思，馬克思不可。馬克思食不飽，寒不能具溫火，身多病而又喪其妻，知年壽不可永，臥榻上，猶强自力著書，終未成而死，以敝衣殮，而俾斯麥不能奪其志。知

① 研兄，即陳研因先生。

之明,故守之堅也。竹箭有筠,松柏有心,則貫四時而不改柯易葉。國無道,至死不變,强哉矯。不亦富貴不淫,貧賤不移,威武不屈之大丈夫乎? 何期於百世之下遇之。

沈 游 通 信（五）

此間生計窮蹙,月息二分,可以放債於富翁。富翁恃其信用,吸收此等款項,轉放於貧民,又可坐致其利,蓋以個人而爲金融機關矣。奉天財政,現實有款餘一千萬元,以後年年可得此數,不以之整理紙幣,又不以之活動金融,乃以置之無用之地（存儲不動）,而人猶稱理財者曰好度支郎,固知今世且無一計臣也。地廣人稀,行輒數十里無人,比而居者,不過十餘家而已。盜賊橫行,官兵固不能治,亦實無從分佈保衛。守望相助之策,勢亦不能行。然盜匪出劫必歸老巢,則亦必奔馳數百里,勢有所不可,而往往强入人家,贈以物而借宿焉。不受其物,則爲表示與之對敵,不能也。受之,則盜不能獲,而捕盜者即指此等人爲盜。懲治盜匪條例未除,殺人不必經繁重之手續也。□□□[1]爲科長時,即殺五十餘人。（下缺）

原刊一九二〇年常州《月刊》

---

[1]　原稿缺字。

義 州 遊 記

　　十月初八日，爲舊曆八月二十七孔子生日假期，初九、初十、十一三日，爲國慶假期，程君伯商、郭君西農相約同游義州，一觀朝鮮風俗，並歷五龍背、安東、新義州三處，所至並無詳細考查，不過遊覽而已。姑志所見聞，以供同人閱覽。

　　初八日，晴，晨八時半，登安奉車，五十分車開。安奉路者，清光緒三十、三十一年公元一九〇四、一九〇五年。日俄戰時，日人所築輕便鐵道，三十一年十一月二十六日，日本明治三十八年十二月二十二日。在北京訂善後條約，許其改築廣軌，嗣因購地事，彼此多有爭執，日人乃自由行動興工，我國不能禁也。工始於宣統元年六月二十二日，日本明治四十二年八月七日。三年十月十一日日本明治四十四年十一月一日。行開車禮，全路有隧道二十四，橋梁二百餘，隧道最長者在福金嶺，在本溪東南八里，凡四千六百五十一尺。橋之最長者，跨太子河，千六百九十四尺，全路之長，凡四百七十二里。一七〇·八英里。東邊一道，除沿海一二小口岸，以及鴨綠江下流與朝鮮貿易處外，交通率皆梗塞，自此路成，而形勢乃一變矣。

　　自瀋陽東南行百三十里至本溪，本溪舊名窰街，以地有陶器得名，雍正前即有此名，今奉省所用水缸等仍出於此，產石灰亦甚多。煤礦不知始於何時，乾隆間開採頗盛，日俄戰後，乃設中日合辦煤礦公司。宣統三年，日人又於其東五十餘里覓得鐵礦，乃改稱煤鐵公司焉。自車中望之，屋舍鱗次，烟囱林立，頗覺繁盛也。又二十六里而至橋頭，自橋頭至連山關，約六十里，路綫與細河并行，兩面皆山，丹楓被之，間以蒼松，景色極佳。

　　連山關，距瀋陽百五十一里，清時，於遼陽以東置驛八，連山關其一也。八驛者，曰大安平，曰浪子山，曰甜水站，曰連山關，曰通遠堡，曰雪里站，曰鳳凰城，曰湯山城。鳳凰城在連山關東南六十四里，以山名。山在城東南二里，上有廢墟，朝鮮史家謂爲高句麗永樂大王百八城之一云。又東南至高麗門，爲清時六邊門威遠、英額、旺清、鹼廠、靉陽、高麗。之一。清未入關時，東境以邊墙爲限，其外則棄爲甌脱焉，邊墙遺跡，今猶有可見者，鳳城、安東以之分界。四時抵五龍背，五龍背距安東四十二里，地有溫泉，中日之戰，日軍尋得之。日俄戰時，日人設所於此，以療養創病之兵。戰後，日人庵谷氏，於此設浴場，并起旅館，曰五龍閣。今乘安奉車至五龍背，凡買來回票者，價皆七折，蓋以招徠遊客也。是夜，即宿五龍閣中，脱履而入，席地而坐，侍女跽而進食，如見三古之風矣。

　　初九日，晴，晨起，附車至安東，安東之成市鎮，蓋數十年來事耳。咸豐以前，遼東沿海貿易，在大東溝與大孤山，與朝鮮貿易，則在九連城，安東殆無居人。同治中，登、萊之民，始有來此耕漁者，遼東之民，亦漸至焉，始成村落。二曰沙河子沙河鎮，光緒二年，於此設縣治焉。大東溝、大孤山、九連城之商業，皆漸移於此，今則出入貨價，約值三千萬元矣。出口以大豆、高粱、玉蜀黍、山蠶、材木爲大宗，入口以綿布、麥粉、茶、糖、煤油、火柴爲大宗。有日租界，又有屬於鐵路公司之地，布置皆極整齊，中國街市，不能逮也。

　　自車站出，乘人力車過鴨綠江，橋長二千九百五十餘尺，三千有九十八英尺。工事二年乃成云。在橋上口占一詩：“衣帶盈盈鴨綠江，當年曾此賭興亡。中原龍戰玄黃血，海外夫餘更可王。”渡江，爲新義州界，抵領事館，晤主事劉君康甫。名本釗，蓬萊人。劉君言此間華僑二千，苦力居半，營商業者亦無大資本，有本錢現洋數百元者，即爲雄厚矣。有一商會，以無大商，故魄力亦不厚。商會設一小學，學生僅三十，學齡兒童，固不止此，勸僑民子弟悉入學，事固甚難，學校既無經費，又無地，教員僅一人，欲圖擴充，亦無從措手也。日人程度亦不高，以致遇有交涉，頗爲費力云。朝鮮人苦稅重，又不能無亡國之感，時有反抗之舉。劉君言此間日本旅館，價貴而不佳，不如回安東住中國旅館，予等一茶後，乃興辭而出。新義州街市甚寂寥，然布置規畫，亦極整齊。華人聚居處，謂之中國街，入之，則湫隘囂塵，不潔之狀，匪筆能罄，真可愧也。聞小學即在商會後，然尋商會不得，想因路途不熟之故。遊覽畧遍，腹中甚飢，乃仍乘人力車歸安東，半日之間，出國入國已。凡朝鮮人過界，皆須持驗護照，中國人入朝鮮不然。蓋日人入中國境，亦通行無阻也。

　　朝鮮人皆白禪衣白帽，蓋古深衣冠布之制也。案《郊特牲》，太古冠布，齋則緇之。《正義》：其冠惟用白布，常所冠也。若其齋戒，則染之爲緇。《方言》：以布而無緣，敝而紩之，謂之襤褸。《説文》亦訓襤爲無緣。蓋古深衣皆有緣，其無緣者謂之襤褸，乃爲儉也。周時冠皆緇布，白布之冠，惟冠禮之始用之,示不忘本。衣尤無無緣者,故士會言楚若敖蚡冒,篳路藍縷,以啓山林,以爲儉也。案朝鮮禮俗,皆受之殷,見於《三國志》《後漢書》《南史》《北史》者,不可遍舉。此白襜衣白布帽,亦必受之自古矣。感賦一詩:"亥子明夷事可思,深衣白帽見殷遺。何當一舸丸都去,更訪當年永樂碑。"抵安東,止於鴨江春逆旅,伯商亦賦新詩一首,云:"鴨綠江,鴨綠江,你是分開自由與不自由的江。在你一邊的自由,已經被驅逐了,强權當道,壓力橫施,凄慘情形,不堪言狀。在那一邊的自由,還算將亡未亡。鴨綠江,你何不卷起很大的風浪,把那强權,一齊掃蕩。"飯後,出遊市街,繁盛狀況,不下瀋陽也。途遇江君式古,江君名廷訓,本校理化專修科畢業生,今兼任甲、乙種商業學校教員,方送友人如車站,約傍晚來訪。是日,天氣頗熱,予輩行甚渴,乃還旅館飲茶,旋複至日租界遊覽,街市規劃,亦較中國街整齊,吾國對此,不可不猛省也。入一日本書肆,各買風景明信片數張,以爲紀念。傍晚,返旅館,則江君已來過矣。坐定,江君又至,欲約明日晚餐,以擬赴舊義州,還安東不能準定時刻,敬辭。江君改約後日,固辭不獲,乃約明日還安東後再定。

初十日,晨起陰,旋晴,再至新義州,聞自新義州至舊義州,有摩托車可乘,而未審車行所在,問諸警察,乃知爲定時開行之公乘之車,自八時至十二時,二時至六時,往來各開十次云。乘人力車至其地,榜曰多田商會自動車部。每次售票,以七人爲限,時僅十時,而十二時以前之票,皆已售罄。不得已,乃購二時行之票焉。既購票,復至附近之地遊覽,已乃入日人所設西餐店午餐,店甚小,欲吃鷄且不可得,又尋麵包而無之,肴饌不中不西,又不似日本饌,殊可笑也。

二時,乘摩托車赴舊義州,計程四十餘里,歷四十五分鐘乃達。蓋道不甚平,車又已敝,故行遲也。下車,則見關門,額曰海東第一關,猶朝鮮舊物也。關外皆茅屋,入關,屋宇尤低,高者予可攀其檐,低者行檐下將礙帽。不半里,見高丘,左折而登,官署在其址,又登,有標,書曰義州公園,旁書大正即位紀念,更升其顛,有亭曰統軍。北望,見關門之外,山勢逶迤而爲平野。鴨江環丘下如帶,隔江羣山若屏列,亭有朝鮮任疏庵叔英所撰序,刻木懸正中,字小,又有模糊處,不能細讀。後有大正三年十月重修記,日本所置平安北道長官睿堂川上常郎撰,亦鐫木,則字跡清析可辨,記言統軍之名,不知所由來,中日、日俄之戰,日軍皆駐此,彼乃以爲識合云。口占一絶:"營丘高聳馬訾橫,對岸羣山列似屏。誰使邪摩來應讖,春風坐領統軍亭。"時有一朝鮮學生亦來遊,西農操日語與語,問義州更有名勝可遊覽否?除自關門至此,更有市肆否？皆言無有。乃下，出關，更乘摩托車歸，車將開而壞，坐待其修理，歷半小時，更成一詩，以志義州："檐低時礙帽，巷小劣容車。茅舍對殘堞，宮衙依廢墟。山夷平野闊，江近稻田腴。雄關題署在，重閉意如何。"鴨綠江下游兩岸，皆產水稻。

還逆旅，江君式古來，約明日午飯，予輩以近日夜睡甚不適，明日上午，擬即趁車還奉，堅辭之，江君乃改約晨八時，在後聚寶街聚僬閣會餐，拳拳之意，殊可感也。

江君去後，飲者大囂，蓋鴨江春乃以飯莊兼逆旅者也。不徒不能臥，亦不能坐讀，避之之處，輾轉不得，最後乃得一策，赴中華舞臺觀劇焉。劇甚無味，不新不舊，情節尤爲不倫。予素不觀劇，在上海七年，觀劇不過十餘次，尚強半非出自願。今日到此，聊勝於旅館中聽猜拳嘩笑之噪音而已，一笑。十時半，度飲者已散，遂還。

是日爲國慶日，安東各學校及公共團體，午前皆集道前慶祝，商店則升國旗而已。

十一日，陰，晨赴江君之約，同席者，安東陶君子言，德盛。安東勸學所所長，李君庚襄，獻廷。東邊道立中學校校長，兼道教育會會長。瀋陽臧君斌如，世壽。安東甲種商業學校校長。談次，知安東教育經費，亦甚竭蹶，又以幣制紊亂，商人不得不用日幣，市價爲日人所操縱，商務亦頗受損失云。食罷，遂行。江君又送予等至沙河鎮，並贈予等水果數種。十一時十分，車行，七時十分抵瀋陽。在連山關至橋頭道中成一詩："兩山被紅葉，車行一徑間，下有細河流，並轂鳴潺湲。十里見一邑，五里見一村。婦稚各自得，雞犬靜不喧。每懷避世意，竊愛山景閑。所恨漁人多，破此秦桃源。"抵瀋陽，與伯商、西農，小飲酒家，然後入校，即席又成一詩："不耐懸車後，何人霸此州。山川銷王氣，風雨入邊愁。放虎知誰咎，嗷鴻況未休。殷憂那向好，且上酒家樓。"予棄詩文幾二十年，平時偶有所感，得一二勁句，亦恒不足成一章，良不欲用心於此也。近忽三日而作詩六章，誠近年來罕有之事，然所作無異俚吟已，拳不離手，曲不離口，馨悅之飾，固亦小道可觀矣。

朝鮮爲東方君子之國，亞洲諸國，濡染中國之文化，無如朝鮮之深者。日本其後起者也，安南抑尤不逮已。近人爭言捨力征而尚文治，若朝鮮其庶幾哉。其尚道義，恥詐諼，賤爭攘，無一不與我同，真我高第弟子也。雖一時見詘於人乎？然有小詘必有大信，天道好還，武力其可終恃哉！朝鮮與吾，感情尤洽，遠者且勿論，王氏世尚元公主，附於元若外臣，明祖之興，其末主欲舉兵犯境，國人弗欲。李朝太祖，因民心之弗順，以覆王氏。自太祖至於成宗，九世百年，皆銳意振興文化，海東文物，燦焉備矣。豐臣秀吉之侵朝鮮，明神宗傾國援之，雖無大功，而朝鮮人感念其意不衰。明之末造，力屈於清，播越者再，然終陰助明。清世祖既入關，朝鮮孝宗猶訓卒礪兵，欲伺其後，既不獲報，肅宗時，仍築大報壇，以太牢祀神宗。英祖時，又尊祀太祖及毅宗焉。模刻明成化中所賜印，爲子孫嗣位之寶。正祖輯《尊周彙編》，三致尊攘之意，終李朝，未嘗用清年號，奉其正朔。吾有朝鮮之友二人，皆言朝鮮中國，猶一家也。每閱報，見中國國事敗壞，即憤惋，曰：已矣，無可爲也已。夫以數千年之歷史言之，則中國之於朝鮮，誠猶長兄之於鞠子也。死喪之威，兄弟孔懷，而今中國之於朝鮮何如哉！

原署名：駑牛，原刊《瀋陽高師周刊》，一九二〇年出版

南　歸　雜　記

　　旅奉半年，南歸匝月，耳目所觸，感想遂多。拉雜記之，以告同學，且以寄示南中諸友云。

　　予以七月初十日離奉，十一日抵天津，則津浦車已斷矣。十二日附怡和公司景星輪船南行。船甚小，而擁擠特甚。房艙已不可得，居客艙中，人密排如蜂窠。在予猶可，尚有養尊處優之太太、奶奶、小姐們以及小孩，亦跼天蹐地於其間，既已欲笑不能，欲哭不可矣。舟過芝罘，風浪大作，船顛簸特甚，客艙中僅四五人能起立。平時養尊處優者，雖以離亂，不得不居此跼天蹐地之境，然口腹之欲，却不能犧牲，上船時各挈“路菜”多品，以爲夏日必無風浪也，恣意啖食如平時，及風浪作，嘔吐狼籍，哀吟之聲四起，幾於耳不忍聞，此皆受軍閥之賜也。十六日抵滬，如登天堂矣。

　　江南今夏極熱，予鄉自七月二十九日起，至八月初七日止，日間溫度，恒在九十五度以上，夜間亦在九十度以上。初七日傍晚大雨，乃稍涼。而虎列拉作，染者不多，然甚劇。地方醫院所收受之人，自第一人至第十四人皆死。不入醫院者，死者尤多。推其原故，半由今年之虎列拉，[①]較往年爲重，半由挑痧誤之。挑痧者，南方剃髮匠業之。無識之徒，夏日不論何病，皆先雇剃髮匠挑痧，然後延醫，謂可救急也。然經彼於四肢亂加針刺後，靜脈注射，即無所施其技，雖更延西醫，亦往往束手。甚有於胃腹亂加針刺，致病已轉機，胃腸發炎而死者。然諄諄告人曰：毋招剃髮匠挑痧。莫聽也。甚且招人譏訕，剃髮匠更目予爲怪物矣。剃髮匠之以挑痧名者，或一夏而儲銀三百元，以買良田，或出入皆乘包車。

　　故鄉朋友聚首者較多，然談學問者頗少，非閑言送日，則作詩鐘著圍棋，……而已。亭林謂南方學者，言不及義，好行小慧，何今昔之同符邪？此非罵人，予亦如此。

----

　　① 虎列拉即性传染病霍乱的旧称。

　　南歸見聞，最使予感觸者，爲同善社之發達。同善社者，教人靜坐練氣。
其目的，不知其在長生歟？抑別有在也。有其所崇拜之神。欲入社者，須先
得社員之紹介，"老祖師"既許可，乃入社，遍拜其神，磕頭凡六十餘。次拜老
祖師，老祖師乃教以靜坐練氣之法，歷若干日，曰：可矣。乃招之入密室，而傳
以真言焉。男女皆可入社，專注意招誘士大夫，不樂受下流社會人也。自上
海及内地皆有之。吾鄉之士大夫，有全家入社者，吾邑之知事亦入焉。在上
海，已有人獻以高大樓房，陳設器用，皆極精美。京津信者亦多。聞該社始於
四川，推行幾遍十八省矣。任君鴻雋云："……血液循環。惟是循其自然之脈
道，與内外滲壓之定理。未聞可以人力爲之調節輸送，變其自然之軌道。籍
曰能之，當爲損而非益。今之學道者，中夜起坐，以行所謂吐納導養諸法，謂
身中血液，可以意志變易其常道，而收長生不老之效。吾嘗北至燕薊，西抵巴
蜀，往往見黃冠之徒，設壇倡教，……達官大人，不惜紆尊降貴，北面稱師，以
求所謂却病延年之術者。南北數省，政見參差，獨於此點，千里同揆。此無論
其關係人心風俗如何，其昧於生理學概念亦甚矣。"《建設》二卷一號《科學基本概念之
應用》。予謂人不可以有所蔽。今之奔走形勢之途者無論矣。即髮辮長垂，匿
跡林下，世所目爲遺老者，其人原亦奔走形勢之徒。又有一等勢利已極之人，
不問是非，其人本亦不知有是非，但見昔嘗居尊位而多金者，則奉之若偶像，
凡厥所言，皆是也。於是年才弱冠，而其思想已若耆艾者流，此世所目爲遺少
者也。夫此等人皆貪欲之徒，今也年力衰憊，金錢名位，更無所求，所懼者死
而已矣。則凡可以免死者，無不爲也。然則黃冠之徒，安得不乘其虛而入之
也哉。夫貪欲之達官貴人遺老崇拜之，則盲目而不問是非日本不知有是非。之遺
少從之矣。此同善社等等之事業之所以盛也。孟子言伯夷太公之歸周也，
曰："二老者，天下之大老也，而歸之，是天下之父歸之也。天下之父歸之，其
子焉往。"吾國社會之情形，抑何其今古同符耶？獨不能如是，則推"大老"以
爲政可矣，何必言德謨克拉西？

　　更有一等人，其貪欲與此曹同，而知識程度較高，知練形服氣以求長生之
不可致也，又自反其生平之所爲，而不能無愧也。日暮途窮，貪欲憂懼之念，
交迫其中，乃遁而奉佛。夫奉佛則豈不甚美，然問其所謂佛者，則並人天小
乘，尚未能知也。有某醫士者，善投機，本兼營刻書販書之業，知此等弱點具
之者頗多，而其人又頗足以鼓動人也。乃利用之以刻佛經，首輯一書，忘其
名，以證明鬼之必有，諸天地獄輪迴果報之不虛。其所取材，則《聊齋志異》、
《閱微草堂筆記》、《子不語》……咸在焉。夫此可以代表今日遺老遺少達官貴

人之流學佛之心理矣。予嘗與之上下其議論，彼其所見，實不過如此。而顧藉淨土宗以自文，吾不知淨土宗之弘念佛，求往生，其説果如此否？世之讀佛經者，不止此曹，必能辨之。

某醫士刻經凡十四種，皆《四十二章經》等無關緊要之書，取其卷帙少，刊印易，購者多，便牟利也。皆爲之注，以佛經卒不易讀，即論注亦不易讀。今曰有新注，一閲即解，人人能解，可誑誘愚俗也。乃大登廣告曰：此十四種者，讀佛經之初步。有志學佛者，皆必須先讀焉。其注則買一本日本佛學大詞典，雇人翻譯鈔撮而成。翻譯之徒，又多不通，且出衆手，匯合時不暇致詳。有某經，注既成，請人作一序，本可無庸加注也，乃亦加之以注，已覺可笑矣。注中於江寧二字下注曰：今南京府。且注題某醫士名，而竟稱某醫士曰某某先生，真千古奇聞也。某醫士之言佛如此，竟亦有推許之爲學佛之徒，引爲同調者。覺社所出海觀音雜誌，平心論之，尚爲今日言佛法有益之書。乃亦特爲某醫士所刻佛經紹介，其不察邪？抑亦引爲同調也。夫如此而言佛，則佛之末法至矣。予於某醫士無怨，且薄有相知之雅，然不避嫌怨而言之者，實以社會現狀至於如此，不忍不言，非徒曰骨鯁在喉，吐之乃快。

迷信之空氣，濃厚已極。於是扶乩亦足惑人。上海有所謂靈學雜誌者，度讀者亦必見之矣。吾鄉亦有爲之者，乃竟託名葉天士臨壇，爲人治病。前年頗閧動一時。京師蒙古某王之子病，至欲招吾鄉之某，往爲扶乩施治焉。其人行至浦口，而某王之子卒，乃返。今雖不及前歲之盛，猶未絶也。此等事殊不足論。吾今請論葉天士。

葉天士怪物也。彼在南中負盛名，然生平究擅何技，長何科，曾治癒何等疑難大症，絶無實跡可指。俗傳天士治病，奇跡甚多，皆無識而好語怪之徒，附會不經之談而已。請舉吾幼時所聞兩事，以資一笑。（一）天士出爲人治病，輿過某肆之門，肆中一夥，從櫃檯内躍出曰：“聞汝名醫，知余何曰死乎？”曰：“今日申刻。”店夥大笑。天士去未幾，店夥腹痛，急使人招之。曰：“不可爲也。”飽食高躍，腸已斷矣。店夥果死。（二）有狗蠅入耳者，招天士治之。天士無策，曰：“容歸思之。”患者之家曰：“此之不能，何云名醫？三日無治法，必毁汝招牌。”天士歸，憂懼不知所出。蹀躞門首，一鈴醫過之，天士漫曰：“吾天下之名醫也，汝何能而敢過我之門也。”鈴醫曰：“異哉！我不知子之技，我之技獨無子所不知者耶？”天士曰：“吾姑以一事試汝，能答者任汝在吳鬻技。不能者請去，勿留於吳。”曰：“請言之。”天士曰：“狗蠅入耳，以何法治之乎？”鈴醫大笑曰：“以狗作枕而已，又何問焉。”天士曰：“善。君休矣。”以告患者，患者如其言,狗蠅果出。此外類此之談尚多,不可悉舉。吾去歲在南方茶肆中,聞一賣蛇者述一事,亦與(二)相類。蓋皆草澤鈴醫之流,託天士以自重也。則請徵之其書。

天士無自著之書,身後無錫華岫雲,爲之輯刻,而岳廷璋成之者,曰:《臨症指南》。正續。其書雜亂無章,且多紕繆之處。知醫者久有定評,無待贅論。此外坊刻醫書,多託天士名者甚多,皆他人所僞託也。陳修園早年著書,多託天士名,見《修園醫書》例言中。《景嶽發揮》乃無錫姚球字頤真者所撰,坊賈以其滯銷,改刊天士名,見《冷廬醫話》。《醫效秘傳》及葉、薛、繆三家醫案,爲吳子音名金壽者所刻,見《世補齋醫書》。又有《本草經注》、《本事方釋義》及光緒甲午常熟所刻之《醫衡》,不知誰所僞作。《荔牆叢刻》中有《葉氏眼科方》一卷,亦題天士名。夫天士者即如世俗所論,承認爲名醫,亦祇是傷寒幼科專家,從不聞其能治眼,乃並眼科方面而託之,可見僞託之衆也。以上就予所見言之,實際恐尚不止此。而以所謂善治"溫熱"者,誤江浙人命健康二百餘年,其趨勢今猶未已。

"溫熱"二字之起源,言之可發一笑。蓋中國古代醫家,皆今草澤鈴醫之流,其人皆有術而無學,而其術又不盡傳。醫家古籍,除空言闊論、毫無實際之《內經》外,以《靈素》爲《內經》,其言出皇甫謐,本不足信。且自唐以前,言醫者皆不重《靈素》。惟《傷寒論》稍切實用。然其書實甚粗略。乃自此以後,竟無本之實驗著爲專書者。自魏晉迄北宋,五百餘年,治外感者,皆但奉《傷寒論》爲圭臬。而古人所謂"傷寒",實"外感"二字之代名,並非專指傷於寒者而言。《難經》云:傷寒有五,有中風,有傷寒,有濕温,有熱病,有温病。蓋以偏名爲全名也。外臺許仁則謂方家呼天行病爲傷寒。後人又不能解,於是無論所犯何病,輒以《傷寒論》中之桂麻等方治之,蓋殺人如草矣。迨劉河間出乃稍變其治法。世遂有傷寒宗仲景,温熱法河間之論。夫以中國之大,天行病種類之多,而治之者,僅知《傷寒論》中治太陽經病,及河間所立之兩法,既已不成事體矣,而舉世宗之者又數百年。崇禎辛巳西元一六四一年。南北直及山東浙江大疫。醫生以成法治之多死。有吳又可者,目擊心傷,乃新著一書名《温疫論》,以明舊法之不可恃,醫家又翕然稱之。然又可所論,實崇禎一時之疫,非可執以治後此之外感病也。於是醫家沿用其法者,又多無效。江浙地較濕熱,天行病尤盛。醫家之殫心於此者較多。而温熱論興焉。南方醫家之言温熱者,在蘇則葉天士爲大宗,在浙則王孟英其巨擘也。而稽其來源,真乃可發一笑。天士生平未嘗著書,前既已言之矣。其論温熱之作名《温症論治》者,首刻於《吳醫匯講》中。爲當時一種不定期之出版物,如今之雜誌然。此物在中國雜誌界則可稱鼻祖矣。謂葉氏弟子顧景文,侍葉氏遊洞庭山,舟中記葉氏之語,而主此《匯講》之唐笠山,爲之刪潤其文詞者。厥後華岫雲輯《臨證指南》,亦刻此篇,名爲《温熱論》。二書詞句雖異,而大旨則同。當時江浙論温熱之醫家，蜂起者尚多，其宗旨皆與葉氏相出入。其書多託之名人，而實多僞作。迫王孟英出，乃悉羅而致之，以成一書曰《温熱經緯》。故此派温熱之論，實可謂至孟英而集其大成者也。葉氏之論，以"温邪上受，首先犯肺，逆傳心胞"十二字爲宗旨。所用者皆一派不關痛癢，絕無效力之藥。江浙醫家，至今猶有一派，無論治何病皆以一派不關痛癢之藥，敷衍塞責，謂之葉派。平心論之，江浙所謂温熱者，實與腸窒扶斯相類。舊皆逕以爲腸窒扶斯。大前年上海同濟醫院，有一德醫，檢驗六十四患者，證明其病菌與腸窒扶斯異，然仍未得有特效療法。現在治法，仍與腸窒扶斯相類。其病皆因熱度太高而死。因他證致死者頗少。《傷寒論》中白虎承氣等湯，究竟猶略有解熱之效力。自葉派出盡易以不疼不癢之藥，而死者益多矣。江浙醫家乃以此盛自誇詡曰西醫不能治温熱。患温熱者，茲延西醫必死。此説在江浙，幾爲牢不可破之天經地義。予初亦疑焉，繼而詳加考察，乃知此病之不救，多由温度太高，及其時間綿延太久，此病爲階級熱。營養不足致之。西醫退熱之藥，遠較中藥爲勝，且尚有營養療法，以接續其體力，中醫則皆無之。故中醫束手之温熱，延西醫猶或可救。西醫不治之温熱，延中醫決無生理也。但以此告人，必遭唾罵而已。

　　江浙中醫之程度，平心論之，自較北方中醫爲高。然其學既絕無合理之科學爲根據，則程度之高低，正無所擇。而近者江浙醫學，頗行於京師。江浙醫家乃忻忻然相告曰：吾道北矣。夫既無變齊至魯之功，何必爲捨彼就此之計。今日北方之中醫，原自請教不得，然已何必遂請教南方之中醫也。吾爲此懼，敢告北方之同胞。

　　所謂葉天士者，少也賤，其父故幼科醫也。天士少亦業醫，人莫之知也。一日張天師過蘇州，舟泊某橋下，天士賄其舟人，而行過其橋，舟人揚言曰天師起立矣。兩岸觀天師船者甚多。問天師曷爲起立，舟人曰以天醫星方過橋，衆譁而視過橋之人，則天士也。自此其術大行。此事出何書，一時記憶不起，然譽天士者之言，非毀天士者之言也。平心論之，天士乃一欺世盜名之人，並無實學，而亦無主張，生雖無益於人，死亦無害於人。今日貽誤人之書，皆妄人所託，非天士所自爲也。乃三百年後猶有託其名以扶乩惑人者，此豈天士所及料哉！然託之者則固足以惑人矣。稍後於天士，距蘇州不百里有徐靈胎者，生平批閱醫書至千餘種。見王孟英《醫砭》序，孟英非阿靈胎者也。於中醫各種，多所通曉。茲言清代名醫，此其庶幾，然絕無提及之者。固知崇拜偶像，亦有程度也。

　　今日江浙中醫，亦有兼言西醫者。其所奉爲枕秘者，則四川唐某所著之《中西醫經匯通精義》也。此書有石印本，價亦不昂。同學中有因功課繁重，覓消遣之資者，可買一部閲之，其妙解之頤，勝於《笑林廣記》等萬萬也。

佛教説法，貴乎應機。在今日科學思想勃興之時，允宜弘揚教下三家，天台、法相、華嚴。闡明大乘哲理。禪宗淨土，原不失爲修證之法門。然既皈仰此兩宗，則宜實行修證，不必徒騰口説。縱使真有所得，然禪宗易使人疑其掉弄虚機，淨土易使人疑其墮入迷信説法而不應機，非徒無益，而又有損，況所説者粗淺不足道乎？近世皈心淨土者，莫如楊仁山居士。然日本有專揭念佛而遮撥他宗者，居士即詒書諍之。謂將使聰明才智之士，棄佛教如弁髦，珍外道如拱璧。見等不等觀雜著。可見言佛教者，修證固勇，哲理一方面亦不容遮撥也。

其第二事使予感觸者，則爲風俗之大變，淫業之日盛。某縣素爲富庶之邦，而今也，竟爲姨太太之出産地。大家閨秀，多有粥爲人妾者，而表面上復諱言其事。假有某甲，粥其女爲人妾，則不告於親戚鄰里，直遣之去而已。其親戚鄰里，非不知也，然亦陽爲不知也者。後此過某甲家，即絶口不復提及此人。而此女自粥爲人妾以後，亦永不能復與其母家之戚族鄰里往來。此直將人逐出於社會之外，而專爲一“重婚者”之玩物。天下事之可慘可傷，孰甚於是？人孰不自愛，孰不自爲其終身計？父母孰不愛其子，孰不爲其子計久長？親戚朋友，孰無相哀念之情？而竟忍而出此，誰爲之也？

又如某縣，聲名文物之邦也。其女子以通文墨、解書史聞於社會者，代不乏人。今也，縣城中某街，向爲紳士聚居之所者，大家婦女，可召至客棧中夜合者凡十家，闔市皆知其氏名，其他不甚著名者，尚不知凡幾也。十年以前，城中客棧，寥寥二三家，皆甚湫隘。今則踵起者四五，皆洋樓高聳，電燈如畫，問何來如許旅客？曰：十之三以宿旅客，十之七以作陽臺者也。且遇旅客甚不歡迎，誰爲爲之，而至於此。

諸君，亦知今日有一極大之勢力，壓迫於吾人之頭上乎？此勢力爲誰？曰“經濟的壓迫”是也。持唯物史觀之論者曰：“非意識決定生活，實生活決定意識。”此不易之論也。非難唯物史觀者，謂其但取經濟的原因，而置他原因於不顧，非也。社會現象，本唯一而不可分，曰某某現象云者，特爲研究之方便，強割其一部分而爲之名云耳。其本體既唯一而不可分，則任取其一部分，但能研究深切，皆足以見其全體。所謂“一多相容”也。持道德論者，覩淫業日盛，必咨嗟太息，曰：“風俗大壞矣！世道如江河日下，不可挽矣！”而不知非也。人之道德，古無以異於今。九皇六十四民，淳淳悶悶之時代不加善，今日不加惡也。今日賣淫之婦，其道德，猶向者之節婦烈女也。無豪末之分焉。是何也？

請問人之道德，果爲何物？世固有功蓋天下，澤被生民，而論世之徒，目爲小人者。亦有措置乖方,害人僨事,而論世之徒,目爲君子者。是何也?即以現在論,固有有利於我之人,而我與之感情不洽者矣;又有無利於我,且時時貽累於我之人,而我心中好之者矣。明明不能作一事,而世固共稱之曰好人。明明極有才幹,而世固共目之曰惡人。然則所謂是非好惡者,果以何爲之準?而所謂道德者,果何物也?曰:所謂道德者,無他,"社會本能"而已。社會本能四字,自生物學上詮釋之,其詞頗繁。今可簡而言之,曰:孔子之所謂"仁",佛之所謂"慈悲",則生物學家之所謂社會本能也。更明白言之,則無論對於何物,皆有一"犧牲自己,以利他人"^{包社會言}之心而已。更簡而言之,則"利他心"而已。此心也,語其本體,爲古今中外之人所同。^{且爲一切生物所同,}^{又生物與非生物,本無明確之界限,故直可謂此心充滿虛空也。}而其表現之形式,則隨時隨地而異,無兩人相同者,然其本原則一也。缺此本原者,無論其形式若何,終不得以冒道德之名。故曰:道二,仁與不仁而已矣。叔本華曰:"人類之所謂道德,惟慈悲二字,可以當之,其餘皆非。"見及此理也。吾國哲學家梁漱溟曰:"'道德之爲物',有其'質素'。形式雖異,而其'質素'則歷古今中外而不渝。"^{見梁君與《新青年》雜誌社論其父巨川先生自殺事書。}指是物也。

今有慈母,其子讀書談道,則獎勵之。爲盜取財,則笞撻焉。其形式不同,其質素同也。子欲食甘旨,雖饑,必忍而分焉。欲飲鴆而止渴,雖渴將死,必覆之矣。其形式不同,其質素同也。然則吾謂今之賣淫婦,其道德與向之節婦烈女無異,可知已矣。向者有女,許字人,未嫁而所字者死,女自殺,人將稱其父母矣。曰:是善教其女也。今也不然。雖有十女,捨身殉夫,人不之稱。而惟飲食侈糜,衣服麗都者,見稱於社會焉。欲衣食其父母,刺繡文孰若倚市門也?向者妻淫不制,則親黨羞之,朋友將與絕交焉。今也不然,褐衣疏食不厭,雖妻女爲秋胡之妻,無益也。靡衣美食,而更能以其餘時時潤澤人,人孰不慕與之交。然則婦之摯愛其夫,而欲樂利之者,宜何擇也?此特舉一端言之,其他百事,靡不類此。故利誘威脅,謀爲議員者,見稱於社會矣。守正棄權,人皆姍笑焉。曲學阿世者則榮,如魯兩生者則辱。詐欺慘毒,阿諛無恥者,衆共稱導之。慈仁惻怛,然諾不苟,有所不爲者,一國之所棄也。夫豈不知其所善者之爲惡,所惡者之爲善也。然既比而親之矣。而曰:是人惡。是自承其比之匪人也,則明知其惡而稱頌之。既疏而遠之矣,而曰:是人善。是自承其惡直醜正也,則深文曲説以詆之,雖造詞誣衊不恤焉。非樂如是,不得已也。所謂不得已者,何也?

人莫不欲生存。人之欲亦多矣,而生存爲大,最亟。人之生存,不能離乎物質。而今也，欲求得維持生存之物質甚難，求獲得維持生存之物質，非如是不可，則爲之矣。所謂不得已者也。夫豈無不食嗟來蹴爾之食之人，然是人也，若千年而後一見，通天下能有幾人？君子而欲自淑其身歟？爲伯夷叔齊可也，爲顏淵可也，爲介子推可也。若欲善斯世之人，則必別有其術也，操此等空論無益也。

且夫善惡而惡善者，豈盡明知其所善者之爲惡，所惡者之爲善哉？彼於其所親接之人，即對於個人。其本原之地，有無道德質素，固能窺之。此事必不能欺人，無論如何智巧，不能以欺極愚拙之人。知其惡而猶善之，知其善而猶惡之，不得已云爾。若泛論一般之事，則彼固以善者爲惡，惡者爲善，是何也？曰：社會之輿論，恒爲其所要求——表面之輿論，恒爲其裏面真正之要求。吾嘗見依人而食者矣。歲出鉅資，以豢遊手好閒之宗族戚黨者，彼所善也；昏憒糊塗，其財可誆而取者，彼所善也；能照應同鄉親戚之官吏，彼所善也；其他一切不問。今也大多數人，皆救死而不贍。社會之所求，裏面真正之要求。救死之策而已。救死不贍之世，更有何希望？有何榮譽？供給生活物質之豐富而已。能救死，能獲得豐富之物質之行爲善之，而不然者惡之。所善者安得不在阿諛無恥，詐欺慘毒之流？所惡者，安得不在慈仁惻怛，然諾不苟，有所不爲之士也？然既有此要求矣，安得不成此輿論？3＋3安得不等於 6 也？

然則吾國人之生活，何以若是其困難也？曰：有一大勢力來壓迫之。此勢力爲何？曰：諸君請看，"著土布之人，改著洋布，乘騾車之人，改乘汽車或東洋車，點油燈之處，改點煤油燈或電燈。……即此勢力侵入時也"。此勢力之侵入，人恒歡迎之。及其後，乃哀號痛楚焉。然亦有一部分人蒙其福者。

諸君將曰：此今日外貨輸入爲之爾。若一切皆吾所自爲，財固皆在國內也。何尤貧？雖然，今有外國織布廠，以百人之力，織布輸入吾國，其力可當吾國五百人，則五百人者失業矣。使此織布廠而在本國，誠必招本國之百人者從事焉。此百人與向者之苦樂如何姑勿論，彼四百人者，其失業如故也。夫此百人所生之財之量，豈減於向者之五百人，其財亦誠在國內也。然於此四百人何歟？此其問題，不在生産方面也。

論者必曰：資財貴能運用。今假有千斤，以其半分配於傭工，以其半分配於企業家，則企業家之所運用，得五百金焉。若以八百金分配於勞動者，勞動者不能運用資金者，則此三百金爲妄耗矣。而不知人之用財，必先其"必須"，次及"適應"，最後乃及於"奢侈"。假以此三百金分配於勞動者，勞動者將用以美其飲食衣服焉，則身體健康，而勞動力增大。獲其利者，普通之飲食店、布店也。將用以教育子弟焉，則國民之程度增高，而將來之勞動力增大。獲其利者，書籍店也，紙張筆墨店也，儀器玩具店也。彼未暇乘車而驅馳，前歌後舞，以極人生之樂也。假以此三百金者，分配之於企業家，彼飲食衣服之費，無待於此也。教育子弟之費，無待於此也。彼更用之以企業，善否如何姑勿論。抑吾聞之，人生經濟之欲望，以消費爲最終之目的，豈有終其身於企業者？人固有終其身於企業者矣，繼之者則如何？一定之資財，掌握之於一定之人手中，豈有能終於企業者？豈有能不爲一度之消費者？假用之以乘車驅馳，前歌後舞，則如何？所利者誰也？此所利者爲生產事業乎？抑普通之飲食店、布店、書籍文具店爲生利事業耶？然則企業家能用其財以生利乎？勞動者能用其財以生利乎？夫孰不知勞動者之才識，不逮企業家，其如此事不關才識何？

　　然則今日之經濟組織，而能得一妥善之法，一切道德之形式，遂可恢復舊觀歟？曰：舊時道德之形式，舊時經濟組織之產物也。若能恢復舊時之經濟組織，則舊道德之形式，不待復而復。若徒能得一妥善之法，而未能復舊，則未敢言也。然則舊道德之形式，竟不能復，如之何？曰：昔者人民有罪，惟官吏輕重之，莫敢爭，此亦一"道德之形式"也。故鄭作刑書，而叔向誚之。晉鑄刑鼎，而仲尼非焉。以漢以後法律之發達，成文法至千餘，箋注法律者至數十萬言。使仲尼、叔向見之，豈不流涕？其如人莫不欲生，莫不求樂。周以前社會組織，不適於漢以後人之生活何？未完，下缺。

　　　　原署名：蠢牛，原刊一九二〇年《瀋陽高師週刊》

《一個不幸的娘們》跋

我讀了這一篇（按指《一個不幸的娘們》）很有些感觸。請借他人的話，做我的跋語：

"太太夫人底觀念，還有若干人有？還能維持若干時候？……且不要説外國，就如我曾講的廣東順德、香山、番禺等處，女子不落家的風氣，就是因爲她們可以做摘桑養蠶的工，可以自食其力，便不願和男子結婚。雖然以一部分人，打不破家族、父母主婚的慣例，鬥不過由家族倫理演出的亂法……他們却是嫁而不嫁，情願和一般女友，結成相知……"（《建設》二卷四號《從經濟的基礎觀察家族制度》）

"紇干山頭凍殺雀，何不飛去生處樂，"没有路走則已，有一條路走，便没人願意嘗那舊式的"主婦式"的生活。中國女子的地位，也就可想而知了。然而這種有一條自食其力的路可走的女子，通中國，怕没有幾處？難道中國女子都是不生産的麼？不然，處於這種經濟組織之下，所生産的，都給人掠奪去了。自殺之數，各國都是男多於女，中國却是女多於男，這是爲什麽？

老先生説："你讀書真讀回去了啊！"我説：現在就是不讀回去的人太多。所以名爲受了文明教育，還有甘心去行那"屈辱的結婚"的。要是個個讀書的，都像了這位姑娘，中國的教育家，倒可以自豪了。

好啊！奮鬥，"犧牲我替人做先鋒"，什麽社會什麽時代，都只有奮鬥是光明的路，其餘都是黑暗的。"奮勇興師一世豪，報讎寶劍已離鞘。進兵須結同心誓，不勝捐軀義並高。"（王韜《普法戰紀》譯法國人的歌。①）從歷史上觀察家族制度。請看《建設》二卷六號通訊門裏我寫的一封信②的末兩節，從倫理上觀察家族制度，請看下期雜俎門裏的《南歸雜記》。九，九，二一（駑牛）

署名：駑牛，原刊一九二〇年《沈陽高師週刊》

---

① 此即《馬賽曲》，王韜譯其名爲《麥須兒詩》。
② 即《建設》第二卷第六號《通信：論貨幣與井田》一文。

士 之 階 級

　　此題爲我九月二十五日在麗澤週會所講演，理其繁賾，而予近日精神不甚佳，詞不達意之處頗多，後半段尤説得不清楚，特簡單寫出，以補吾過，而與同人共商榷焉。駑牛自識。

（一）

　　我前在本會講演，題曰《歷史上之軍閥》，後又作一文，名《對於群衆運動之感想》，刊入《東方雜誌》第十七卷第十六號中，意皆謂欲救中國，首當去軍閥，軍閥不去，他事皆無可言。

　　軍閥之在今日，幾爲全國所攻擊，欲救中國，首當除去軍閥，此説亦無可非難，然凡人眼光宜看得稍遠，祇見當前之一害，以爲此害去則萬事皆可就緒；乃一害方去，又一害則隨之而生，其爲害且較前更烈焉。戊戌政變之後，人人以爲推翻西太后，復行新政，則國可富強矣。乃辛丑回鑾之後，所謂新政，亦既逐漸推行，而國之貧弱更甚，則以爲非立憲不可。乃亦既設諮議局，開資政院矣。而政局愈益濁亂。人民對於滿洲政府乃絶望，於是有辛亥之革命。革命以後，時局更壞，則曰，革命黨之暴力爲之。贛寧之役，革命黨盡去矣，則曰，政治之腐敗，袁世凱實爲之。乃未及而袁世凱又死矣，段祺瑞乃爲衆矢之的，今段祺瑞又去矣，固必有繼段祺瑞而爲衆矢之的者。然此的去而國事遂可爲乎？吾知其去也，猶之段祺瑞之去也，必有繼之而爲衆矢之的者，猶之今日，必有人焉，繼段祺瑞而爲衆矢之的也。然則吾人其將長此處於剝蕉抽繭之地位，一害既去，一害復來，永無達到目的之一日乎？曰：否。凡"敵"，宜攻擊其最後者，凡"害"，當觀察其裏面，而勿徒觀察其表面，前此所謂"頑固黨"、"滿洲政府"、"革命黨之暴烈分子"、"袁世凱"、"段祺瑞"乃至今後"繼起而爲衆所指目之人"，皆害之表面，而非其裏面也。皆其枝葉，而非其本根也；去其枝葉，而不去其本根，則不轉瞬而復發。夫今日之所謂軍閥者，則亦其枝葉，而非其本根也；故謂去軍閥爲今日之先務則可，謂去軍閥爲治中國之根本則不可。今日舉國惟知攻擊軍閥，以予觀之，軍閥之在中國，並無深根固柢之道，不久必將自僕。此理甚長，當別論，然觀下文，亦略可知之。然軍閥僕後，國民之失望，必將繼之而起，此則予今日之所敢斷言者也。

（二）

然則根本的爲中國之患者誰乎？曰：有物焉，爲一切患害之本。"守舊黨"、"滿洲政府"、"暴烈分子"、"袁世凱"、"段祺瑞"……若傀儡，而此則爲其牽綫者。若瓜，若果，而此則爲其種植者，此物不去，則一切禍害，相因而生，永無窮期，此物維何？曰："治者階級"是。

凡一社會，必有治者、被治者兩階級，此今日及今日以前之情形皆如是，人人所可承認也。一社會之事，雖爲其全體社會員之所爲，然爲之發蹤指示者，厥惟治者階級，猶行軍方略之出於元帥，營業計畫之定於企業家，因行軍方略之不善，以致敗績，營業計畫之錯誤，以致虧折，欲委罪於下級將卒，全體店員，不可得也。明乎此，則知治者階級與社會之隆替，關係極大。

（三）

社會可以無階級乎？此在今後，自然爲一問題。然在今日及今日以前，則固未能無之，即在今後，最近之將來，亦未必能無之，此亦可豫言者也。

治者階級何自而生？曰：生於人類程度之不齊，今有孺子，見水則將入焉，見火則弄之。入水必溺，弄火必蓺，然謂孺子有求溺、求蓺之心，固不可也。故人之行爲，往往與其目的相反，非知其與目的相反而爲之也。其僞目的，往往與其真目的相反也。

此等矛盾，固無論何人，所不能免，然程度高者，較之程度低者，其間終有程度之差。故以程度高者，監護程度低者，實爲程度低者之利。猶之以成年人監護兒童，實爲兒童之福也。然治者階級之關係於社會，則緣此而重矣。職是故，治者階級，必須具有三種德性。

一曰"仁"，即不但顧自己，而肯兼顧他人是，如成年者皆懷極端之利己心，即莫肯監護兒童矣。

二曰"智",治者階級,既負指導他人之責任,則其智識,必須較被指導者爲高。

三曰"勇",無論"天行"或"人爲","出於其群之內",抑"來自其群之外"之災害,治者階級既負支配其群之責任,且享其權利,則應以身扞之,若不能扞,則宜死之,以謝被指導者。

此在理論上言之如是,實際固未能如是,然能如是之分量之或多或少,則其群之榮悴所由判也。

(四)

中國之治者階級,以文言言之,或曰"君子",或曰"士君子",或曰"士大夫",以俗語言之,則或曰"做官人",或曰"讀書人",然君子二字,習慣上兼以德位言,大夫或做官人,亦必指有位者而言,實際上構成治者階級之範圍,初不如是其狹也。然則實際上構成治者階級之範圍如之何?曰:以今日以前之情形言之,則官者,處於治者之地位;非官者,處於被治者之地位者也。然官也者,機關也而非人,實際上構成階級,必有其材料,材料則人也。故凡"作官",及"與官相輔",以及社會上認爲"有作官及與官相輔之資格之人",則皆處於治者之地位者也。合此等人而名之,則"治者階級"是也。此一階級,在文言中稱之曰"士"。在俗語中,則"讀書人"三字,仿佛之。以讀書人三字,範圍較廣,做官人固可包括於讀書人中也。

(五)

然則中國之所謂士,其於予前述之三種德性,分量多少若何?

"仁"甚少,中國向來判別士與非士,以其道德心之多少爲標準。如曰:"皇皇求仁義,常恐不能化民者,卿大夫意也。皇皇求財利,常恐困乏者,庶人之事也。"所謂義利之辯也。義者,反於利而言之,反於利,則損己以利人,即仁也。今日之讀書人,固猶自謂明仁義,而鄙工商之徒爲但知求利,然語其實際,則此輩之好利,殆過於他階級人。今日官吏之貪黷,即其明證也。

"智"甚少,除少數人外,固皆惟八股、試帖、策論……之知,此外則一無所知者也。"勇"甚少,而幾於絶無,試觀滿清之亡,無一死節之臣,自辛亥至今,有戰事,敗北之一方面,上級將校必先逃可知。且非特晚近,明之亡,死節之士,可謂多矣。其實江南義兵等事,乃激於一時之群衆心理,試觀北都之亡,死節者固多,臣闖者更滿坑谷可知也。故此階級中人,可謂絕無勇氣。然則何以至此也?

<h1 style="text-align:center">（六）</h1>

中國之所謂士,即治者階級,自歷史上觀之,其組織蓋三變矣。

（A）其在古代,社會上有征服者與被征服者兩階級,征服者事征戰,被征服者事實業。所謂士者,即"戰員"之意,而政治上之實權,亦皆操於此一階級人手中,古代文武之所以不分途也。

（B）至秦漢時代,則其情形大異,除以博士或博士弟子入官者外,即郡國選舉,後世之人,亦稱之曰:"庠序棊布,傳經授受,學優而仕。"漢代學問傳授之所以盛,大學諸生,數至三萬,大師著録,亦恒數千萬人,豈必其時之風尚,獨爲好學?夫亦利禄之途使然耳。然則當此時代,有一特徵,大異於戰國以前者,即戰國以前人之所以獲處於治者階級之地位,皆以其武力之過人。而此時代,則以其學問之過人,即自"武力的"變爲"文化的"也。

（C）然此時社會之階級,初未盡平也。人莫不曰:中國人崇重門閥,始於兩晉,而盛於南北朝,其實不然。今日無論何姓,莫不標一郡望,此即魏晉南北朝之遺俗。夫魏晉南北朝人,必須標一郡望以爲榮,則其郡望初非起自魏晉南北朝可知。以此推之,則兩漢時代,社會階級,初未盡泯,必尚不如近世之平夷可知矣。推原其故,蓋由南北朝以前,與隋唐以後選舉制度不同。夫唐以後之科舉,原即兩漢時之郡國選舉也。然其間有一大異點,即兩漢時代,選舉之權,全出於郡國守相,無論若何有才德之人,郡國守相,苟不舉之,在法律上,其人固無要求郡國守相舉之之權利也。至唐以後之科舉制度則不然,士子可投牒自列,後之讀史者,多以此制爲甚壞,以爲使人干進無恥。其實從法律上言之,此乃賦與國民以一種重大之公權。何則?士子而可投牒自舉,即不啻曰:我有被選舉之資格,而操選舉權者不舉我,則我可起而要求之云爾。故投牒自列者,即一種要求被選舉之行爲也。投牒自列之人,郡縣原無必舉之之義務,然卻有必須考試之之義務,考試之而合格,即負有必須貢舉之之義務矣。從事實上言,固未必能如此,然從法理上論,則確係如此。就個人而論,庸有合格而未被舉者,然就懷牒自列之人之全體而論,則必有若干被舉之人,即此權利之於現實也。天下事,在法律上無論説得如何平等,實際上總不能盡然,此亦無可如何之事。兩漢時代之郡國選舉等等，原未嘗曰：必舉上流社會中人也。然如今日之選舉議員，豈嘗曰："肩挑揹負者"不可被選？然"肩挑揹負者"之被選舉者誰乎？明乎此，則知自兩漢至南北朝之選舉，雖名爲崇尚才德，實則不能逮及於下層社會之人之故矣。夫豈無例外？然終爲例外也。從實際上言之，則自秦以前，及自漢至南北朝，社會上皆有其所謂階級，其時被拔擢而處於治者之地位者，實際上皆爲此一階級之人。所異者，此一階級之人，自戰國以前，則崇尚武力；自漢以後，則崇尚文化耳。然其爲階級則一也。至唐以後，而其情形乃大異。向之所謂被治階級，除"例外"外，決不能被選舉而處於治者之地位者。至此則時時上昇而處於治者之地位焉。向之所謂上層社會，其人比較的能世襲處於治者之地位者，至此則時時下降而入於被治者之地位焉。於是治者階級如故，而構成此治者階級之人，則時時變更，若一團體然，其團體雖可永續，而團員則時時變更。以眼前之學校譬之，則南北朝以前，一學校中之學額，恒爲某某幾姓所盤踞，父子祖孫相繼，他姓皆不甚得入；唐以後，則各姓皆可考入，而某某等幾姓，欲永續佔據其中甚難，此其關鍵，全在唐以後科舉，士子之可投牒自舉。此正如今日之選舉，若由今之道，無變今之俗，則肩挑揹負之流，欲當選甚難。然若定有一種法律，肩挑揹負之徒，具有何種資格，即可要求衆人選舉之，且必須於其中選出若干人，則其當選自易也。

（七）

持唯物史觀者有言曰："非意識決定生活，實生活決定意識。"斯言也，無論受若何之非難，然終含有甚多之真理者也。原非謂人之行動，物質而外，別無支配之力。然物質之力終甚大，且更語其精微，則物質與精神，原係一物而兩面，謂物質而外，別有所謂精神，其說先已不立。則謂物質變動，而精神可不蒙其影響，更無是處也。然則人之具有仁、智、勇三種德性者，在物質方面，果宜具若何之條件乎？

"仁"，人必先自己之生活有餘裕，然後能顧及他人。

"智"，人必有相當之生活，使能受一定之教育，然後可有一定之智識。

"勇"，所謂勇者，即於社會上內憂外患之來，能率先扞之衛之也。則必因此故，受有社會上相當之尊敬如好戰之國，人民對於戰士，必特別敬禮，此敬禮，即所以養成戰士奮不顧身，戰敗而還，即自覺無面目見故鄉父老之責任心。與供給。如孟子論堯舜之不暇耕是。然後能養成其此項責任心。

則請持是以觀中國之士之階級。

（八）

中國之無武力，二千餘年於茲矣。南海康氏曰：“中國當承平時代無兵。”此說最通。夫非謂無號爲兵之一種人也。然既曰兵，則必先爲之定一界說。爲兵定一界說，至少亦必曰：“此種人爲恃以戰爭之人。”然持是定義，以觀中國之兵，則當承平時，幾於絕不含有此種意義。闕額也，不操練也，兵士徒以供護衛與隨從也，將帥之以風流儒雅自矜也，武人之爲人所賤視也，在在皆足以表示此等事實。此何故乎？曰：兵之爲物，不能養之而不用者也。“翕以合質，辟以出力”爲自然界之公理。苟無其質即力則已，既有之，則必將爲一度之發洩，此無可如何之事。故兵之爲物，既有之，不用之於外，則將用之於內。而中國數千年之對外，實無兵可用，何者？人類之發展，常向於氣候溫暖，物資豐富之地。故漢族，當其自中亞高原向黃河流域發展，嘗踴躍於用兵矣。當其自黃河流域向長江流域發展，又嘗踴躍於用兵矣。其自長江流域向粵江流域發展，以原處其地之種族，抵抗之力不大，故無甚劇烈之戰爭可見。然二千年來，中國人之南向而發展者，固未嘗絕也。考歷史上中國與南洋之關係可知。特以斯時物質文明未發達，海洋交通極爲困難，故未能收其地爲領土耳。夫人類之所努力以圖者，蓋有二事。

一爲抵抗天然，利用天然。

一爲改善社會之組織。

抵抗天然，利用天然之方法進步，固可使社會之組織改善。社會之組織改善，亦能使抵抗天然，利用天然之力，日益增大。中國人當未盡得中國本部以前，供給生活物質之“天然”尚虞欠乏，故不得不廣略土地。迨既得中國本部以後，斯時也，將更向東南方面發展耶？則限以茫茫之大海，物質文明未能發達以前，勢不能不以是爲障礙也。將向東北方面發展耶？則爲嚴寒之吉黑。遼東西本中國郡縣。將向北及西北發展耶？則爲磽確不毛之蒙新。將向西南發展耶？則爲崎嶇而乾寒或濕熱之西藏緬甸。夫既擁有本部十八省之腴壤，供給生活之物質，既不虞其不足矣。而復日攫餓者之糟糠，寒者之短褐何爲？則斯時所當致力者，不在獲得物質，以豐富社會生活品之供給之問題，而在改良社會之組織，俾能“利用”、“享受”此既獲得之物質問題。猶人當無田時，當致力於墾荒或買田，既得田後，則家人婦子，當相密沒，相協力，以從事於耕種也。夫所致力者，既在於改善社會之組織，而不在於掠奪物質，則安用兵爲？

豈特無所用兵而已，苟有兵，必且爲此主義之障礙，其理又至易見也。故中國自統一以後二千餘年，國家之目的，未嘗欲有兵。（一）秦皇漢武之窮兵，出於一二人之誇大，及戰國時代之餘習，其例外也。（二）其後當易姓革命之際，以及異族侵入之時，固亦一時或發生所謂兵。然此乃迫於事實上之需要而生，非國家亦即社會全體之意思所欲也。故事實一過，其武力旋即凋落，夫此可謂爲社會之病理現象耳。當其常時，則固無兵矣。非無謂爲兵之人也，皆僅可以充隨從，壯觀贍，而其人自視，亦以爲領餉而來，爲生業之一種。若武戲子之必習武藝云耳，兵其名，其實非兵。夫如是，故中國數千年來，無以武勇受人之崇拜者，對於習武之人，社會所以供給之者亦甚薄，而無以養成此項之責任心。

復此，當社會階級未平夷之時，必有所謂世家大族者，此等人所佔據之物質，恒較豐富，其佔據之時間，亦較永久。此但以自漢至唐，若限民名田，若戶調式，若均田令，若租庸調制，所擬分配於平民之田數，與官及貴族之田數一比較之可知。此等數字，皆就當時社會實際之情狀，斟酌酌定之，非憑空撰擬也。故此等人之生活，在一國中，比較的爲有餘裕。惟其生活有餘裕也，故其利非其所急，且能時時出所餘，以潤澤人。亦惟其生活有餘裕，而治生非所急也，故恒能有暇日，以受相當之教育。故此等人，恒能養成若干"仁"與"智"之美德。自科舉制度興，所謂"治者階級"者，其所佔據之物質，固尚較常人爲豐富。然此階級，人人可入而據之，據此階級之人，失其地位也較易，其生活遂起恐慌而不安定。又以人之求入此階級，較前此爲易也，於是志望爲此階級之人者驟多。雖未能得入此階級，固自以爲此階級中人矣。如讀書而未能得科舉之人。此等人，固亦已棄其他項謀生之途。其既嘗入據此階級而失之者，又時時希望得復其地位，而不肯遂入於他階級矣。夫如是，故所謂"官"及"與官相輔之人"其數有限。而志望爲"官"及"與官相輔之人"者，其數乃遠過之。凡未嘗爲"官"及"與官相輔之人"，而社會上稱之爲"讀書人"者，皆此曹也。夫此曹也，固時時有生活之困難臨乎其頭上，而望其皆有暇日以受相當之教育，不汲汲於治生，而又時時能出所餘以潤澤人，焉能得之？此中國士之階級，不仁不智之所由來也。

（九）

人之意識，既爲其生活所限定，則欲今日之士之階級，恢復其昔者"仁"、"智"、"勇"之德，實爲不可能之事。何者？

（一）當咸豐庚申，洪楊軍圍吾邑時，城中不苦乏蔬穀，而苦乏肉食。有一屠者，藏醃肉甚多。乃大昂其價以售之。方是時，居圍城中，人人自危，而彼欣欣然有喜色。持少錢不得肉食者，或怨詈之。其友勸之曰，居圍城中，而府衆怨，將危。彼則曰：吾平日鼓刀而屠，所獲常不得一飽，得此機會，忍更失之？雖危，必以身殉之矣。及城將破，或勸其隱匿，彼戀醃肉弗忍去，卒爲亂兵所殺。論者咸笑其愚。夫非愚也，人情安則樂生，痛則思死，彼其僥倖於至危險之利，而甘以身殉之者，平時生活難之感想，則有以激成之。夫嘗受饑寒之人，對於饑寒之人，其發生同情心也宜較易。而事實上顧甚難者，其前此生活難之感想，有以構成其恐怖慳吝之觀念，如此屠夫矣。然則以中國今日士之階級所處之地位，而望其能兼顧他人，不可得也。

（二）向之所謂士者固愚矣，然非其罪也。人必受教育，然後能得智識，向者買《大學》一本，錢一二十文耳。買《中庸》一本，錢二三十文耳。其他《論語》、《孟子》、《黃自元九成官》、《王仁堪千字文》……稱是。即並《詩》、《書》、《禮記》、《易》、《左氏》、《八銘塾鈔》、《七家詩》、《賦學正鵠》……計之，其數亦至有限。從鄉曲學究讀書，歲不滿千錢。及所謂大師之門，修洋一二十元，則爲至豐厚矣。讀此等書，從此等師，如何能得智識？其如彼祇能讀此等書，從此等師何？引而置之巴黎之圖書館，柏林之試驗所，敢謂其不能成材？抑向者科舉時代，何以甘取此等空疏無具之人？何不改良其法，以網羅高才博學者？曰：昔王荊公嘗變科舉之法矣。已而悔之曰：本欲變學究爲秀才，不圖變秀才爲學究。以試詩賦帖經墨義時，士惟知聲病帖括，改試大義，士又惟知《三經新義》也。夫非天下之人之甘爲學究也。欲研究學問，必有其相當之供給，與其暇日。荊公若能使一部分人，人人買得起書，人人有餘暇從事於研究，而不必急求應試，急求作官，以謀生活。則人人皆秀才可也。若猶是大多數人，祇買得起《三經新義》，祇有拾敲門磚之工夫，雖百變其法，無益也。

（三）人之勞力，用之不外二途。一曰掠奪，一曰工作。而用之於此者，必不能用之於彼。故尚武之群，與殖產之群，二者恒不可得兼。偏於戰爭之群，恒以過剛而折。當其將折時，非無先覺之士，欲稍弱之以自存，然而不能也。愛尚平和之群，恒苦於積弱不振，當其受陵時，亦有有志之士，思自淬屬，以雪讎恥，然而無濟也。拳教師之力，非不甚大，然使之鍛鐵，彼必不耐勞。農作之民，其刻苦忍耐，豈不遠過於他種人？然使之爲盜，彼必不樂從。遼金元清之民，攻戰甚勇，而入中國後，率不能事生產。中國人之耐勞，過於日本人，朝鮮農人之耐勞，更過於中國人。以在東省種水田者比較得之。而戰爭之成績，適與之相反，以此故也。吾觀於此，而得一公例焉。曰"勇"與

"事生産"不並立。其理甚長，當別論。中國三代以前之"士"最勇，秦漢時代次之，唐宋以降乃大弱，以此故也。

（十）

今孰不以兵爲患乎？試問東三省之兵，何人也？夫孰不曰胡匪？人將轉問予曰：君江蘇人，江蘇人之爲兵者何人也？予可不待躊躇而答曰：鹽梟居其一部分焉。若是乎，鹽梟、胡匪之爲害於社會也大矣！雖然，予有惑焉。

東三省之有胡匪，江蘇之有鹽梟，不自近年始，顧其始，人之患之，不如近年之甚者，何也？

曰：此易知耳！但有胡匪、鹽梟其人，不能爲患如今日，必加以某種組織，然後能爲如今日之患也。然則教胡匪、鹽梟，使爲"某種之組織"者，誰也？予江蘇人，知江蘇事較悉，請就所知者言之。

往者江蘇之鹽梟，知爲鹽梟而已，組織一正式之軍隊，在法律上獲得相當之地位，因而可以干政，可以迫協商會農會等公共團體索餉，未之知也。乃未及而徵兵之論起，徵兵之論，其始不過曰："欲強國則練兵"云耳，雖淺薄，固未嘗有他項之作用存乎其間。凡淺薄之論，必不能持久，使當時無人利用之，其論固將不久而自息，然後"士之階級中人"，當此時，學陸軍畢業者多矣。練新軍其利也！可謀得辦軍裝等等差遣者有焉矣，練新軍其利也！欲謀充軍營中之書記官等等者有焉矣，練新軍其利也！徵兵之際必設局，可在局中謀得一短期差遣，月支一二十元之薪水，且藉此馳鶩城鄉，以遂其輕俠自喜之心理者有焉矣，練新軍其利也！合此種種，一唱百和，練兵之論，遂如日中天。有懷疑者，即罵譏笑侮，無所不至，何論反對？而徵兵之局遂成。夫徵兵，原未嘗曰須征鹽梟也，且期期曰不可征鹽梟也。然以前述數種人，辦理徵兵之事，更何暇致詳？於是鹽梟遂混入新軍之中，於是向者夜行晝伏之鹽梟，遂在法律上，獲得彰明較著之地位，而爲國家正式之軍隊，此誰爲之也？故（淺薄之輿論）＋（欲謀帶兵者）＋（欲謀辦軍裝等差使者）＋（欲謀充軍營中書記官等職者）＋（欲謀得徵兵局中短期差事者）－（鹽梟之軍隊），向使將一之前項，改爲（深沈之輿論）＋（真欲謀強國之人），則其後項固亦必變。然此種前項，在今日之治者階級中，不可得也。

更請以某邑之教育言，某邑之最初提倡教育者，固皆熱心教育之人，不含有他種意味者也。乃未及而鄉曲學究，怵於飯碗之不保，起而團結以與之抗，未幾而一部分人，知利用教育之名，可以覬覦地方公款也，起而組織"庚辛黨"，以謀把持教育。則又有一部分人，起而組織"甲乙黨"以分其肥，迨諮議局資政院開，此兩黨者，遂皆漸變爲政黨，以從事於競爭選舉，此時祇求人多勢衆而已，於是鄉曲學究之徒，遂皆被利用，於是某邑之教育機關，遂皆爲"有政黨臭味者"及"鄉曲學究"所把持，遂至國民學校學生，有入校一年，未能識滿十字者。學校教員，有公組之俱樂部，以叉麻將，打撲克。故（鄉曲學究）＋（有政黨臭味者）－（某邑今日之教育），使將一之前項，改爲（深明教育者）＋（熱心地方公益者），其後項固亦必變，然此種前項，在今日之治者階級中，不可得也。

此舉兩事以爲譬，其他一切，可以類推。

故中國今日，一切罪惡，無不出於"治者階級"，凡他階級人之爲惡者，其後縱能獨立成一階級，而其始則無不爲此階級人所利導，所教唆。

（十一）

中國向者所謂"爲治"之機關，官焉而已，構成治者階級之人，則"作官"及"與官相輔"以及"社會上認爲有作官及與官相輔之資格之人"而已，此語尚嫌含混，請更具體的言之。

夫專制時代之所視爲尊榮，以及階級社會，便於掠奪他人之所有者，官焉而已。故"官"焉者，正式的處於治者之地位者也，然以向者設治之疏闊，官之事，官固不能獨理，而希望爲官之人甚多，不能得者，亦思降而求其次，於是有"與官相輔"之人，則所謂"幕"焉者也，然猶不能盡容也。於是有希望爲官而現尚未能得官之人，此等人謂之"士"，其曾經爲官，或亦包其子弟親戚等。而在社會上，政治上，保有相當之地位與勢力者，則名之曰"紳"，向之所謂"治者階級"中人，盡於此四種矣，此所謂士，爲狹義之士，與本篇標題"士之階級"之"士"字不同。則請進而一觀其生活。

官與幕，皆有相當之入款，足以自給。紳者，既爲官而歸，普通皆有"宦囊"，亦足自給。其生活一無所恃，則士焉而已。此種人，除（一）本有資產者，（二）兼營他種生業者，不計外，其生活大抵如後：（三）得官以去者，（四）作幕者，（五）教讀者，（六）辦理各種文墨之事者。（一）（二）兩項，皆居極少數。（三）（四）則官幕有定額。（五）因專制時代，所謂官者，社會既視爲尊榮，而在經濟上，亦處於掠奪者之地位，而獲得之物資較豐富，志望爲之者甚多。教讀者,教人以求爲官之技能者也。遂亦形成一種職業,然此種職業,需要多而供給亦多,(即士之方面,希望恃此以自活者甚多)故競爭之餘,其賣價常極低廉,恃此以自活者,其生活常極窘困。(六)則需要更少,爲士者,大抵視爲副業而已。

當前清捐例未興以前,士之生活,大略如此。即得官以去者,上也。遊幕者次也,恃(五)(六)兩項以自活者,下也。作官之後,則變成所謂紳,其後大抵可溫飽一二世,迨資產既已喪失,則仍變成所謂士,士之階級中人,固亦有改入他階級者,他階級中人,亦有入於士之階級中者,然以二者衡之,則後者恒較多,以君主時代,社會恒視治者階級爲榮,且在經濟上,治者階級,固處於掠奪者之地位,有以誘起人之欲望也。故承平數世,所謂"讀書人"者,其數必日漸增加。

然雖如是,而其數之增加,究不能甚速,此其中固亦有他種原因,然(一)官有定額,人人可自由爲士,而不能自必其得官,得官誠安富尊榮矣。徒爲士,則並無意味。(二)即僅欲爲士,亦必有最小限之智識技能,如作八股策論,究尚非人人所能,亦其原因之重要者也。乃自捐例既開,遂將第(二)項之障礙,一概豁除。斯時官之額固如故也。然亦既告之曰,汝既輸錢,即可得官矣。非如向者之雖習八股試帖,而官仍不可必得矣。人熟肯顧慮曰:官額有定,而捐納者甚多,其終仍不可必得?況乎官額雖不能驟增,而爲長官者,亦時時爲之添設"差使"以資調劑也?則孰不踴躍而來?而於是所謂士者遂驟多,而士之生活,遂大形困難。

而科舉之廢,學校之開,以及官制等等之變革,又與士之生活以莫大之影響。蓋科舉廢,學校開,則向之恃教讀以自活者,皆失其業。官制、官吏登庸法、以及一切政治改革,則向之爲官爲幕者,名義上,事實上,將有一部分失其爲官爲幕之資格。所謂第(六)項,向之爲士者恃爲副業者,實仍恃"士之階級"中人爲顧主,此階級全體之生活,不安定如此,此項買賣之不能有起色,更無待言矣。

而更加之以經濟界大勢之所趨,與他階級人同受之逼迫,於是士之階級,所謂"生活難"之問題,乃日壓於頭上。人孰甘束手待斃?孰不欲求生活?於是任辦一事,此等"欲分一臠"之人,即蜂擁而至。言選舉,則有買票者,有賣票者,有爲之經紀人者。有軍人焉,則思所以利用之,挑撥教唆,無所不至,其極也,至於伏屍百萬,流血千裏,內訌不已,用召外侮,不暇顧也。作官者之所希望,則括得地皮而歸而已,即有真欲作好官之人,然前後左右,如幕友吏胥等,皆但知賺錢之人,否則亦救死不贍,志氣銷沈之人。人人有"我躬不閱,遑恤我後"之思,時時作"朝不及夕,將焉用樹"之想。一人欲作好官,亦必無從措手。

從事於教育者，孰不自號曰，此國家根本之至計，神聖之事業也？實則最大多數，乃向者教館之變相，豈無一二真正熱心者？處此潮流之中，則亦受人之罵譏笑侮而已。豈不聞今日教育界中，亦有所謂"某某係"、"某某係"者邪？此其結合之目的，將以何爲？與世所痛詆之"安福係"、"交通係"、"名流係"等，果何以異？豈不聞號稱中國今日最開通之地，最純潔之人，所組織之團體，而其中理事人員，顧時時鮮衣華服，與商界中人相遇於勾欄，致失商界之信用乎？豈不聞今日之盛言提倡新文化，日撰雜誌，日譯新書者，乃皆向者作黑幕小説之人邪？往者譚鑫培之到上海唱戲，也有一茫不解戲之人，入而聽之，出而稱美不絶。有知其心理者，曰：彼以鑫培負大名，不譽之，則恐人以彼爲不知戲云爾。某邑城周圍九里，而有報館十二家，聞何以爲生？曰："敲竹梗"。如之何其敲竹梗也？請言其最普通之法，擇商界中人之懦者，撰新聞一則以誣之，持稿以示之，曰：賄我數元，則弗登載。不聽，則登載之。而又持以示之曰：賄我數元，則爲汝更正，又弗聽。則至再至三誣之，必得其賄乃已。訟之乎？諺有詠公門之辭，曰："有理無錢莫進來"，報館中人，係何等人物？商界懦夫，其敢與之訟？始終不理如之何？曰：現在商界之情形，與十年前異，店中經理，頗有欲位置私人者，同事中亦有欲相攻擊者，得此誣辭，遂可利用之以爲口實，故不得不吞聲忍氣，而受其"竹梗之敲"也。杜威之在中國，幾於"自西自東，自南自北，無思不服"矣。即杜威亦自駭曰，乃以中國之大，而無一反對我之人！夫豈真無一反對之人邪？贊成反對，皆必先知杜威之學説而後可，吾不知今日，真知杜威之學説者，果有幾人？<small>杜威學説，翻成華文者，共有幾種？今日通西文者多乎？不通西文者多乎？但閲此翻出之數種，遂可謂知杜威之學説乎？抑不讀其書，別有他法，可通其學説乎？即通西文者，撫心自問，於杜威之學説，皆嘗研究乎？退一步，皆嘗粗讀乎？凡此，皆我願質諸今日贊成杜威學説之人者也。</small>不知其學説，而亦貿然贊成之者，曰：不得已云爾。夫何不得已之有？曰：今日社會之人，好相攻擊，杜威正在"流行"之際，不贊成杜威，便可做攻擊之口實，便可有多數人，譁然附和之。被攻擊者，便可失其地位云爾。對於一杜威如此，對於一切新文化，大多數人之贊成<small>注意，非謂全體。</small>皆可作如是觀。

蓋今日士之階級，現狀如此。

（十二）

則請進而言其救濟之法。

此有根本的救濟法,有一時的救濟法。

根本的救濟法如之何? 曰:非"劃除階級"不可,蓋中國學術,盡於九流,九流之中,可用之政治上者,儒家法家而已。儒家著眼於社會之光明面,法家著眼於社會之黑暗面。儒家承認性善,法家主張性惡。惟承認性善也,故謂一切罪惡,皆由制度即社會之組織致之。但須改良其組織,則自無不善之人。惟主張性惡也,故謂一團體中,欲禁人作弊,而其利害常與團體之本身及全體團員相一致者,惟有處於總理地位之一人,其他則皆欲侵害團體之公益以自利。故儒家常積極的欲改革制度,振興教化;法家則但主去其泰甚,而恒不欲有爲。漢以後所謂黃老之學者,實祇看得其一面,即道家之法家一方面,而道家之儒家一方面,則未曾看得,真正之道家,則可以包括儒法二家。

夫法家非謂現在之制度爲已善也,亦知制度不善,則處於此制度之下之人,終不可得而善,顧守消極無爲之態度者,則以人性既惡,一團體中,除處於總理地位之一人,既皆爲欲作弊以侵害團體之利益之人,苟多所興作,則是多假之以作弊之機會云爾。利害與團體相一致者,既常祇一人,以一人監督多數人,其勢無論如何,常不相及,則求治之策,莫如省之又省,非萬不得已之事,皆勿舉辦,則可作弊之機會既少,思侵害團體之利益以自利之人,自無所施其技,而社會可以少安,此法家所以主張無爲之原理也。道家主張無爲之原理,與此又異。設一淺譬,則如有人臥病上海,儒家謂上海之地,不適衛生,必遷至芝罘,乃可健康,故努力於遷居之策。法家則謂上海誠不適衛生,遷至芝罘,誠可望健康,然此一群患病之人,必不能安然遷至芝罘,在路上,必發生更惡之事件,尚不如安居上海,可以苟延歲月。此儒法兩家之異點也。

人熟肯以保持現狀爲已足? 且現在之所謂現狀者,其惡固已爲人人所公認矣,則安得不贊成儒家之主義? 雖然,數千年來在歷史上,則法家之言,往往有驗,而儒家之目的,卒未得達,如漢文帝,則法家之代表也。坐視斯時之民,"富者田連阡陌,貧者無立錐之地"。"分田劫假,見稅十五"。但以除民之田租,爲姑息救濟之策而已。如王莽,則儒家之代表也。斷然行田爲王田之法,以褒多益寡,稱物平施,然天下卒因之大亂,豈田固當爲少數人所豪佔邪? 非也。田之當均,誠不易之理。然奉行此均田政策之人,則多數皆不可恃,故均田之目的,尚未得達,而他種患害以生,此即法家之言之驗也。

然則改良之策,終無可施,而社會將永無進步之望乎? 曰否。凡社會之某種情勢,恒在某種組織之下發生,儒家之言,誠爲不易。特向者儒家之變法,實仍祇變其制度之表面,而未嘗傾覆其組織之根本,故法家所預料之結果,恒相因而生,而儒家所預期之目的,乃卒不得達。如天下之田土,孰謂其不當均?然均田之事,必恃人民之自爲,即必別有一種政治組織,然後能行之。若仍恃向者之"君主"、"政府"、"郡縣官吏"取豪強之田而授之貧弱,則爲必不可得之事是也。

中國向者學説之大病,在於"認社會之組織,祇有一種"。無論何種政策,皆欲於此種組織之下之,故恒不能收效。如不知君主之可去,而但思極君心之非,豫教太子是也。今既得知他種組織之社會甚多,以資觀感,則當知社會之組織,非不可變,而欲變革一切制度者,非將舊社會之組織,根本推翻不可。既認現社會之組織爲天經地義而欲保存之,又以現社會之現狀爲不滿足而思變革之,是卻行而求及前人也。

天下之大勢,恒自不平而趨於平,中國社會之組織,與歐洲異。其在歐洲,人民與貴族,常相結托,以抵抗君主之橫暴,貴族與人民之利益,比較的相一致,故其結果,君主之權利被制限,而立憲政體出焉。其在中國,則君主與人民之利益,比較的相一致。其原因甚長,當別論。故人民常與君主相默契,以剗除貴族,其結果,則貴族之權利被剝奪,而專制政體出焉。然日中則昃,月盈則蝕。凡物,當其盛滿之時,即其將代謝之時,故立憲之政體成,而人民與貴族之利益,復相分離;專制之政治成,而人民與君主之利益,遂不一致。此歐人今日,所以不滿意於議會政治之由,而中國人一聞選君之議,所以行之惟恐不速。故當知中國辛亥之革命,實與歐人今日言社會革命相當,而歐人之立憲政治,則中國前此之剗除貴族實當之。天下之大勢,恒自不平而趨於平。歐人今日,欲剗除貴族,斷無仍藉手於專制君主之理,則知中國今日,專制君主既去,而治未能善,斷無可恢復貴族階級之理,亦斷無能恢復貴族階級之理。然一社會之事,固不能無人主持,向者由專制君主貴族階級主持之事,今君主貴族,既不可復,而其事仍不能不辦,則非由人民自起而掌握之不可矣。既欲辦一社會之事,非有仁智勇三德不可。向者特具此三德之一人或一階級人,今既已無有,而又不能恢復,即非進而求人人有此三德不可。此爲今日言民治主義之原理,而亦即救濟中國治者階級之弊根本之法也。

一時的救濟法如之何?曰:此則法家之言,仍不可不用,且有至大之價值。何則?法家之言,即謂一團體中,欲禁人作弊,而其利害常與團體之本身及全體團員相一致者,惟處於總理地位之一人,其他則皆欲侵害團體之公益以自利。乃實驗向者治者階級之情狀而得之,非憑空構造之談也。

今日全體人民,其仁智勇,既未能均平發達,而至於無階級之地位,則治者階級，當然尚存，治者階級既存，則其此項情狀，亦當然存在，此項情狀尚在，而向所發明對治此項情狀之策，即法家之言。乃廢棄不用，此如病未瘳而先絕藥，可乎？蓋天下之患，莫大乎朋黨之論爲公論，何謂朋黨之論？代表一階級之利益者是也。古代所謂朋黨，與後世所謂朋黨異義，而頗與現在所謂階級相當，即不必爲有心之結合，雖生而莫能自外之團體，亦該括焉。

何謂公論？代表全體人民真正之利益者是也。真正二字之義，見第三節。治者階級，則亦一階級而已。其所言，則代表一階級之利益而已。非必有意矯侮，即其人誠熱心於代表全體之利益，亦恒不免此弊。而顧以爲足以代表全體之利益，則向者之君主，固亦足爲一階級，特其人數少耳，謂其所欲皆爲全體人民所公欲，可乎？今請設一淺譬：凡人飲食急乎？學問急乎？則必曰飲食急矣。然則當無食之時，可否暫輟學業？則必應之曰可。然則今日之直豫魯三省，可否暫時將學校停辦乎？特此以關教育界中人，必不能斷然遽應曰可。"人雖無食，而學校仍不能停辦。"此亦爲一理由，然此言出諸教育界中人之口，則不能認爲正當，非謂其必有心自利，即誠無心自利，其見亦恒爲一階級所蔽故也。故（全體主張學校當維持論）—（教育界中人之論）＝（真正學校當維持論）

推斯義也，則（全體舊國會當維持論）—（舊國會議員之論）＝（真正舊國會當維持論）

（全體兵不可裁論）—（督軍師長……依附軍人之人……之論）＝（真正兵不可裁論）其他一切，皆可由是推之，今日之誤在少此一減號，而貿然即加以等號也。目前救濟之法，即在施行以減數減被減數之一手續，然後以其所餘者，認爲真正之差。既得此真正之差，則目的明，辦法定，而實行之事，可自茲而始，此一時的救濟法也。

（附記）觀此篇第八第九節所論，則知中國決不能成爲軍國主義之國，中國人之欲行軍國主義，及外人慮中國人之將行軍國主義，如黃禍之論者，皆妄也。然凡社會之某種情狀，恒在某種境遇之下發生，無此境遇，而欲其發生此種情狀，固不可得。有此境遇，而欲其不發生此種情狀，亦不可得也。中國人之好平和，以無崇尚武力之環境耳。苟有國焉，必欲舉中國之土地而獨佔之，中國之人民而奴隸之，是舉中國人，置之"崇尚武力之環境"中，而鍛煉之數十百年，豈得謂中國人不能翻然一變，而爲好侵略之民族耶？此固非中國人所願。然苟至此，亦豈世界之福？而身當侵略中國之役者又如何？好侵略者其思之。

原刊一九二〇年《瀋陽高師週刊》第十八至二十一期

讀《國語表解》後記

　　高先生①這一張表，於研究國語的方法，説得很清楚，我有點意見，附寫在後面。這一張表裹頭，我以爲第七條②最爲緊要，爲什麽呢？因爲現在文言和國語的内容，都是貧乏的，祇有方言是豐富的，我到過的地方不算多，然而中國各省的人，除新疆人外，都看見過，彼此説話，總還勉强可通。然而對異鄉人説話，總覺得有一種困難：想到了意思，不能把方言變掉口音就説出來。要想法翻譯，另行做成句子。經這翻譯以後，總有"辭不達意"之處。本來很有趣味的話，興趣也就索然了。這種困難，不是我所獨有，就是"現在通行的官話"説得極好的人，也是有的。不然，爲什麽出門幾十年的人，遇着家鄉的朋友，"老鄉談"還要出場呢？難道一般的人，於"現在通行的官話"，没有一個説得好的嗎？不是的，實在是由於國語的内容太貧乏。請看方言，總有許多譯不成國語的，卻没聽見有國語譯不成方言的，就可見了。這又是什麽緣故呢？

　　統一國語的需求，決不是現在人才有的；統一國語這件事，也不是現在人才辦起的，在古代，早就要講究所謂"雅言"，所謂"文章爾雅"。"雅者，正也"，"雅言"和爾雅的文章，分明就是要求人人懂得的意思。但是統一國語，有兩種辦法，就是消極的統一國語和積極的統一國語。

　　怎樣算積極的辦法呢？就是咱們現在所希望的。咱們現在希望把各處方言，可收攝的，都收攝之而入於國語之中。這個並不是方言有求於國語，要想升做國語，算闊，實在是國語有求於方言。國語太貧乏了，要想沾些方言的光。其結果，國語是豐富了。國語是天天變動的，便是進化的，但這種情況，要交通發達了才辦得到，交通没有發達的時候，除掉讀書人，官幕和商人的一

---

①　即高謹言先生，爲當時國立瀋陽高等師範學校國音講習會主講者。

②　《國語表解》一文，與此文發表在同期《瀋陽高師周刊》，其中第七條，係論詞類方面的貢獻：（一）集"方言"而刊行專集。不能用字寫出來的方言，可用音標。（二）集"成語"而刊行專集。（三）集"諺語"而刊行專集。

部分,大都是老死不相往來。要想把各地方的方言,改變其讀音,使得人人都解,以致成爲一種"雅言",如何辦得到呢? 然而國語統一的要求,是古今人所同有的;統一國語這件事,古人也斷不能置諸不問的,然則當日是怎樣辦的呢? 就祇有消極的辦法了。怎樣叫消極的辦法? 便是各地方的人,見面時所操的語言,都是把自己向來所操的語言,割掉一部分來使用。因爲各處的方言,既然不同,甲地方人説的話,乙地方人總有不懂得的,乙地方人説的話,甲地方人也總有不懂得的。於是除(一) 需用上必不可缺的語言和(二) 彼此能互相瞭解的語言外,其彼此不能互相瞭解,而需用上又非必要的語言,就都删除了。我想不論什麽人,見了外路人,總比見了本鄉人,要少説幾句話。這個辦法,本來是彼此爲了便利其對方起見,然而一部分被删掉的語言,因此而愈没有使用的機會,讀音就各自轉變而愈趨紛歧,到後來,就真變作"不雅馴"的方言了。國語的内容也就愈弄愈貧乏。以中國疆域之大,人民之衆,五方風氣之不齊,單靠着這種消極辦法,國語統一的前途,究竟還是危險的,於是再用"法古"的文言,加上一重保障。各地方言語的遷變,當然遲速不同,"雅言"既然要求人都懂得,那一地方因遷變而新增的語言,自然不能羼入,然而語言這樣東西,究竟是進化的,是要變遷的,單靠着這種辦法,還怕他變遷得太快。以致純一不能保持,於是再生出一種法古的文言來,對於新增的語言,可排斥的,竭力排斥,舊有的語言,可保存的,竭力保存,務必把變遷的語言節制住,叫它不要變得太快。咱們若用現在口頭的語言,同宋元人談話,怕已經很困難了。請看宋元人的白話文便知道。然而古典主義的文學家所做的"桐城派古文"、"齊梁體"、"漢魏體"的駢文,假使韓、柳、徐、庾、建安七子復生,看了,一定大部分還可以懂得。這便是文言節制語言,叫它不要變遷得太快的效果。文言不但節制"詞類"、"語法",叫它變遷不要太快,而且還能"節制"、"統一"一部分"讀音",叫它不要變遷得太快,以致日形紛歧。所以國語之外,再加上"法古"的文言,實在可稱爲國語統一的二重保障。

不問時代,妄議古人,是我最不贊成的。咱們現在,所以能有"勉强統一的國語","極其統一的文言",都是古人這種辦法所賜。然而時代改變,在古人無可如何,只得取消極的辦法的,在咱們現在,卻非取積極的辦法不可,不然就要不夠用了,需要迫在眼前了。積極的辦法怎麽樣呢? 便是把國語變成文字,製成一種國語文,把各處的方言都吸收來增加國語的内容,使它豐富,因而使國語文的内容也豐富。

吸收各地方的方言,增加國語的内容,辦法也有許多。我以爲收輯古書裏同類文言文上已經廢棄，而現在方言裏還有的，盡量用來做“國語文”，就是頂主要的辦法。現在各地方的方言，看似歧異，其實同生一源，根本上決没有什麽大異同。這種現在算作方言而不算做國語的話，其實決不是一兩處地方所獨有的，一定是許多地方所共有的，不過這種話，在異鄉人相見的時候，説起話來，把它删除得太久了。增加得最少的詞類，也就是古人所謂名，也都是雙音或雙音以上的，既然合雙音或雙音以上的音，然後成義，那就可以盡量利用舊有的單字，來表達新的意義，如師範的師，誰會誤解作軍師的師呢？這樣，新字就可以少造了。譬如“喇叭”兩字，實在是“剌屮”兩字之義，引伸假借著使用的。何以見得呢？《説文》：“屮，剌屮也。”吾鄉方言，形容人的作事，大而不可收拾的，叫做“開剌屮花”。可見得“剌屮”兩字，在文言中雖然廢棄不用，在俗語中還是有的。剌屮是狀人兩脚張開的樣子，喇叭的口，也是開張得很大的，所以就借形容詞來做它的名詞。屮字現在固然不用，剌字還是有用的，然而“剌謬”、“剌麻”等，也都變成雙音的詞類，而決不怕它和剌屮的“剌”混淆。倘使造“喇叭”兩字的時候，曉得這就是剌屮兩字，喇叭兩字就可以不造；把新造的叭字和廢棄不用而復活的屮字抵消，就可以少識一個喇字了。所以現在的方言，若都考究其根源，寫出它的本字，省得另造新字，於識字也很經濟的。而且無形中，還可使人多通古訓，使現在的國語和古代的語言，更爲接近，讀起古書來也更覺得省力。這個方法，倘能盡力推行，我相信一部《文始》裏的字，章太炎花了許多工夫，才推求得它就是如今的什麽話，才懂得它是什麽意義，將來的小孩子，於其中的一部分，一定能一望而解的。

　　現在文言的所以難做，就是由於它内容的貧乏。我還記得兩件事。其一，有個某甲，執筆叙一件事，説一個鄉董，很得人家愛戴。有一次，許多鄉下人，聚在一起，要想打一個人。鄉董聽得趕去，還没趕到，就高聲自呼其名，説“某某某來了”。鄉人聽得，就都住了手。他撥開人，走進去，把這個幾乎被打的人救了出來，一場事就算了結。這件事情，若用普通的文言或白話叙出，本來没有什麽難處，然而某甲一定要做成一篇古文，那“自呼其名，説某某某來了”這句話，就總覺得叙不簡潔。後來去問某乙。某乙説：這很容易，用《三國志·張遼傳》裏的“自名入之”四字就得了。某甲很爲滿意。其（二），有個某丙，兄弟四人，他是老三。老大、老二、老四都是夫婦不和的。祇有這老三，伉儷甚篤。偏偏老大、老二、老四都是夫婦雙全，這老三卻斷了弦了。老三嘆息説，“我家内，兩口子四對，祇有我們倆是好的，偏偏她倒死了。”這一句話内，可謂有無限傷心。有人説：“這幾句話的意思，很可以做篇墓志銘。”當時就有三四個人都想着做，都做不好。後來有一個人做出來了，是"妃匹之際，君不能得之於臣，父不能得之於子，其燕婉相好者，年壽修短，復不能得之於天，是命也夫。命也夫！"衆人看了，無不嘆服。這種把今語譯成古語的本事，真是"神施鬼設"了。然而"自名"兩字，是靠着《三國志》上有這現成的詞類。《説文》："名，自命也。"《祭統》："夫鼎有銘。銘者，自名也。"可見陳承祚也是用的現成的詞類。"妃匹之際……得之於天"，是運用《史記》的《外戚列傳》，也是現成的詞類，要是没有這種現成的詞類，無論什麼大文豪，也就没有法想了。所以我們現在做文章，變得非常困難，因爲現在的人做文章，自然是要説現在人的意思，現在人的意思，是和古人不同的。自然有許多地方，古語是達不出的。然而説在口裏，是可以隨便説的，一到做起文章來，口裏所説的表達某一種意思恰到好處的話，就往往犯了禁例。文格愈高，這種禁例也愈嚴，祇有古書讀得極多極熟的人，於古語的詞類，積蓄得非常豐富，語法也習練得非常精熟，還能設法輾轉翻譯；將就一點的人，就都要束手無策了。所以主張新詩的人，評論中國的舊詩，説從前中國做詩的人，所用的工具，可謂拙劣之極。然而他用了這種拙劣的工具，還能做出這樣好的詩來，他使用工具的本領，實在是很可佩服的。我説，不但做詩是如此，就是作文亦是如此。説這種人的本領，非常可佩服，我也很贊同的，然而定要使用這種拙劣的工具，畢竟是很不經濟的。使用工具的方法，無論如何高妙，畢竟使用拙劣工具的人，造出來的東西，不能及使用精良工具的人。這也是無可如何的事。後代作古文的人，總算窮老盡氣，學先秦兩漢之文，然而作出來的文字，畢竟不能及先秦兩漢之文，這是什麼原故？就是因爲先秦兩漢的人所使用的工具，是精良的，後世的人所使用的工具，是拙劣的，先秦的文章，或者不容易看出，《漢書》裏的《李廣蘇建傳》，請讀者諸君翻出來看看。這一篇文章，半篇是太史公作的，半篇是班固的。試把它仔細推敲，其中"詞類"、"語法"，夾雜著當時俗話的，共有多少，其餘的文章，就可以此類推了。詩也是如此。李太白、杜子美是齊名的，其實李太白的本領，哪裏能及上杜子美。杜子美各體皆工，各體之中，又各法皆備，真是"建章宫千門萬户"，縱不能説"後無來者"，卻也算得萬年古人。李太白除七言歌行之外，究竟有什麼特異於人之處？若是一味盲目的崇拜，那就無話可説，倘使用一點科學的眼光來看，就可見得李太白的七言歌行，遠出於其餘諸體之上。這是爲什麼？我説太白的七言歌行，多半不是自己作的，都是把現成的歌謡來改的。這句話，我現在不過望空説説，將來文學史大明之後，一定有人，能用漢學家考據的手段，臚列出許多證據來的。太白各體詩，都遠非子美之敵，祇有七言歌行，的確可以幷稱，就是由於太白所使用的工具，比子美好的原故。

現在主張文言的人，對於白話文的興盛，都有點咨嗟太息的意思。問他所以然之故，他們不過說，文體太壞了。殊不知這種思想，即把文、言的限界，持得太嚴。就是白話文興盛的原因。爲什麼呢？文、言的界限，持得太嚴，新興的言語，被排斥的，就一定多，新興的言語，被排斥的多，作起文字來，意思極不能達的地方，也就一定多，就不得不代之以白話了。有韓退之的“文起八代之衰”，才有宋元以來語録、小説等等的語體文字出現。所以白話文的興盛，原因不在白話文的本身，卻在文言方面的壓迫。天下事，限界持得愈嚴，軼出於範圍的人，就愈多，這也不但文字是如此。單就文字方面立論，白話和文言的激戰，正是一種階級戰爭。

文言的毛病，一言以蔽之，就是内容之貧乏，現在的國語，也犯了這個毛病，現在有一種提唱做新詩的人，這種詩，到底高明不高明，可以算得詩，不可以算得詩，不必我說，就是提倡的人，自己念念，看看，也應當多有點覺悟的。我所以反對新詩，不但在他文字一方面，請參看本周刊①十二號《新舊文學的研究》一文。然就文字一方面而論，他也有一個弱點。這個弱點是什麼？就是國語内容之貧乏，請看《新舊文學的研究》裏，我所引用的幾首歌謠，比現在人所做的新詩如何？這個卻怪不得現在做新詩的人，並不是他本領小，實在是他所使用的工具太拙劣，因爲舊時的歌謠，是用方言做的，各地方的歌謠，有許多非精通小學的人，寫不出他的字來的。新詩是用國語做的。

文章自然要講究内容，一味塗飾，自然算不得好，然而古典主義的文學，卻有一部分工夫，要用在詞類上頭，譬如我上文所講的“叙鄉董的事”和“做墓志銘”兩個例，做得成和做不成的人，意思原是一樣的，所差的，就是一個有詞類，一個没有之故。因此之故，有一種人，所做的文章，内容全無可取，只是把字眼塗澤，也有人歡迎的，理由也是因爲文言的内容太貧乏了。看文言的人，好比住在空山裏頭，枯寂得太甚，一旦走入都市，明知都市是腐敗的，表面上的繁榮，是虛假的，也禁不住有歡迎的意思，這也是“人情之所不能已”者，怪不得他，然而這種絶無真意、專講塗澤的文字，在文學上的價值，畢竟是很低的。卻是文言的内容太貧乏了，而使人歡迎這種文章。所以文言的限制太嚴，並能使文言的本身墮落。

---

① 即《瀋陽高師周刊》。

以上說了一大篇話，似乎我極端主張語體文，反對文言的了，這也不然，我雖不算有學問，究竟中國的舊書，是曾經看看的，雖不算得會做文章，古典主義的文字格律、趣味，也算署知一二的。古典主義的文字，不能廢絕，我也是承認的，不過以上這一段話，是論國語的多，而且只就國語要推廣的一方面說罷了。九、九、二十一，駑牛

原刊《瀋陽高師周刊》，一九二〇年出版

答 振 甲 君

尊函，謹言先生當有高明之見奉覆。若鄙人於國語，則門外漢也。亦承藻飾，愧不可言。今就鄙見所及，率爾陳之，還望指教。

提倡國語，其在"口中"，東省並不甚難，今日操國音最困難者，自然是閩粵，次之則浙東，更次則浙西，淮南已並不爲難，湖北更爲相近，河域及關東，則幾無甚問題已。

其在"紙上"，則各省一律，因中國人之語言，所歧者在聲音，不在詞句也。但所當注意者，口中之國語，非有人面授不可，紙上之國語，（即白話文）則人人皆可提倡，即多作是也。今日已通文言之人，原不必強之必操白話，至未通文言之學生，則斷宜以白話文教之。下筆皆以白話文爲主。以五穀不熟，不如荑稗。半通不通之文言，斷然無用也。白話易通，文言難通，以及今後白話用處將日增，文言用處將日減之理，《建設》二卷三號雜俎門中，朱執信君廣東土話文一條，言之最爲深切，公試翻閱之，與我意見同否？

公謂奉人視白話文如天上掉下一個龍蛋，如洪水猛獸，此等情形，非獨奉省有之。即今日南方，亦未嘗無之也。以僕淺學之觀察，南方此類人，足爲國語文前途之障礙者，多爲"草頭名士"之流，在北方，則似乎爲舉人進士……，此等人，非打破其惡勢力不可。非欲與之爲難，以此等謬信仰不除，則真理無從說起也。打破其惡勢力之法，第一須使人曉然於文言、文學，並非一事，此非往往以文學自矜，若通文言便算通文學，則中國今日之文學家，車載斗量矣，豈非笑柄。敝邑素號人文淵藪，以僕所見，頗負時名之某太史，生平未嘗能作一篇全通之文字，某孝廉之文，則竟無一段通者，此輩徒以昔日嘗得科舉，爲流俗所尊奉，久之，遂亦忘其本來，傲傲自夸。尊奉科舉中人，南北一轍，僕前言南方尊奉"草頭名士"者，以如敝邑等得科舉之人頗多，捧之不可勝捧，乃於科舉之外，復加一"草頭名士"之條件耳。其實，即以文學論，彼輩亦尚連下下乘都夠不上也，特此等人在社會上，尚頗有"惰性的勢力"，學生的父

247

兄，尤易爲其熒惑，非打破之不可。_{吳中某甲，不通之徒也。其友某乙，不通更甚，而篤信某}
甲，某甲常發議論，謂國文不通之人，決無立足之地，苟通國文，其他科學，皆可"一旦豁然貫通焉"。某
乙之子，年十三，頗聰穎，既畢業高等小學，可入中學矣，乃錮之於家，即延某甲教授，使之苦口呆讀《詩
經》，則並集傳而不知，墨守坊本旁訓而已，鄙陋如此。而此十三歲之青年，亦爲其師父之提命所化，其
心苦口呆讀，奉旁訓爲拱璧，如此謬種流傳，豈不誤盡蒼生。

南方無聊之舉人進士，近年亦頗以教讀爲業，此等人，除多一舉人進士之頭銜外，不知與鄉間
"老童生"之教讀者，竟何以異？乃老童生則時時受勸學所之干涉，歲入數千文之館地，且將不保，
而此輩則傲傲自尊，教讀所入，歲恒千餘元，勸學所不敢干涉，教育會不敢談論也。何以使人心
服？凡打破惡勢力，當從强者做起，能將一最强者打退，其餘自不攻而服，若徒枝枝節節，删除無
名小卒，無益也。往者革命之初，有欲拆毀寺院者，問於予。餘曰：君若能將今日之耶穌天主教，
盡行拆毀，西人以兵艦來，則奮死以與之抗，次亦須將各處之文廟拆毀，不畏舊紳士之反對，則餘
能令各處之僧道，將寺院自行拆毀，不勞閣下費絲毫之力。若徒能擇最無勢力之僧道而欺之，則
無論如何，將來必有反動。故法家之行法，有一要義，曰：自貴近始。君主之行法如是，人民之攻
擊惡勢力亦然。

原此輩所以得社會之尊奉者，無他，中國向者，雖名爲文教之國，其實人民之百分之九十九，皆未
受教育，而受教育者，百分之九十九，又不知學問爲何物，於是徒視舉人進士等爲頭銜，草頭名士之聲譽，
爲判決是非之標準，此猶廣東擔水之夫，到美國，掛一中國醫學校畢業之招牌，亦可欺誑美國人云爾。
（下缺）

提倡之法，與其再出千篇一律之雜誌，不如引導學生，使多以國語文發表
思想，而爲之出版，以引起其興味。如每校各出校刊，或合數校共同組織均
可，其刊載之材料，除現在校中之學生外，更可推廣之，及於已出校之校友。
此等出版物，或一兩張，或一小册，排印、或用真筆版等均可。所費不多，而使
已通國語文者，時時得練習之機會，且可使社會恍然於國語文之功用，並可爲
全省各學校互相聯絡之基礎。果能切實進行，爲益似非淺鮮。但凡事總宜自
謀，似不必望教育廳等之提倡耳。九，十，二四。鶩牛

附振甲君原函。

鶩牛先生：尊函所言，鄙人是句句贊成，但是還有點意思，寫出來，望先生
指教。

"口中"的國語，除舌頁音"照穿審日"四母外，在東省實在不難，可是據鄙
人近來的調查，就是省城設立一個國語研究所，各城中並沒有提倡的意味。
我嘗想"凡創立一個學説，或提倡一件事情，不怕反對——反對是惹起注意，
真理終可出見——最怕視而不見，漠不關心。"那麼大家要不極力早提倡，恐
怕這極容易的事情，也就永遠不能普及了。

至於"紙上"的國語（白話文）提倡法，"未通文言的學生，斷宜以白話文教

之"，"引導學生以國語發表思想，而爲之出版，以引起其興趣"，這是先生所主張的，極是極是。現在敝校，正在收集白話材料，以備出版。但是學生最講服從的，提倡這件事情，是否終得校長和國文教員呢？ 自然這個問題不能解決，先生的苦心主張，一定無效了。

校長方面尚容易辦，大都是學校出身，頭腦自然很清楚的，唯有國文教員這方面，真是難辦的狠，睜眼看看，一百個國文教員裏，至於有八十個"草頭名士"，他們是拼命保存"五穀不熟，不如荑稗"的半通不通八股色澤的腐爛陳貨，破壞之不暇，那裏還能提倡呢？ 學生方面，奴性未除，自居遺少的（錢玄同先生所謂青年形式，老朽精神者），也能拔十得五，兩下合一，這勢力也就非常大了。先生說："打破惡勢力，須先從強者做起"。有許多比較國文教員更強的，須用什麼辦法打破呢？ 打破惡勢力是第一層辦法，國文提倡法，到是第二層了，拉雜布復，請先生有以教之。孫振甲，九，十，三一。

再答振甲君的一封信

致一先生：尊函所慮，在（一）頑固者之反對白話文；（二）學生之自居遺少者，亦拔十得五。鄙意學生究屬青年，不得有十分成見，所以頑固，皆爲年長之人所惑也。但得年長之人無甚頑固者，學生自居遺少，即不成問題，但化除年長之人之頑固，殊非易易。故其辦法：（一）固當化除此輩陳舊之見，使之覺悟。（二）亦當打破社會上對於此輩之信仰；而此項辦法，又分兩層，即（甲），打破學生之父兄對於此輩之信仰。（乙），打破學生自身對於此輩之信仰是也。

軍法曰："賞不逾時，欲爲善者之速得利也。"凡人弱於某事，皆由誤以爲有用，故欲使之覺悟，莫如使之曉然於其所弱者之實爲無用，而欲使彼曉然於其所執者之實爲無用，則又莫如示以吾所主張者之實爲有用。

白話與文言，孰爲有用？ 此顯而易見者也。然今之肄習白話者，亦未見其白話大較文言爲有用，此何故哉？ 所謂白話，實非白話，何謂所謂白話，實非白話？ 蓋吾人之言語，其條件有三：（一）用詞，（二）造句，（三）言語之次序，此三者，即文字中所謂"字法"、"句法"、"篇法"也。白話之較文言爲易，全在此三者之基礎，立於口語上，而不立於文言（即古人之言語）上。然今之教白話者，往往不過改"之"爲"的"，改"乎"爲"麼"，其他一切，皆與作文言無異，則其易於文言者，亦不過"之"、"乎"等字，不至用差而已。以此而言白話，其易於文言者實無幾。故習白話文者，其能得其用，較諸習文言文者，亦相去無幾也。

　　然則今日教學生作白話文之法，全在“使其基礎立於口語上而不立於文言上”，其辦法即（一），選授白話範文，宜取其機杼近於口語者；（二）評閲學生之文，宜以口語的眼光觀之。蓋吾輩習於文言者既久，往往耳中聽話，與眼中看文字，各係一種心思。耳中聽話，其所謂“通不通”、“好不好”者，係以口語爲標準，迨眼中看文，白話文體，即概以文言爲標準。如此，不知不覺之間，即能使學生自以其“口語的”白話文爲不合，而力求爲“文言的”白話文，即成僅“改之爲的”，“改乎爲麽”之白話文，較文言文所易無幾矣。

　　故教學生作白話文之法，須時時注意於使其將“口中之語”寫在紙上，但求其“將口中之語寫在紙上”之能力日益大，寫在紙上之“口中之語”日益使人通曉，而斷弗求其將口語（今人之言）之機杼，改就文言（古人之言）之基礎，則學白話文自遠較學文言文爲易，學文言文者不能達之意，學白話文者則能之矣。學文言文者達之而不能正確之意，學白話文者則能正確矣。遠則一年，近則半年，二者之孰爲有用，孰爲無用？曉然可見。學生固自覺之，旁觀者亦能睹其成績而知之，破學生之迷信，破學生父兄之迷信，以及破社會上一般人之迷信，皆莫善於此，僕所以欲將學生所作之白話文，多多出版，不徒施之於在校學生，且欲推廣之而及於已出校之學生者，亦欲使一社會之人，視事實而曉然於白話文較文言文爲有用也。

　　尚有一種似是而非之論，頗足惑人，即謂“文言之意思，爲白話所不能達”是也。夫文言之意思，爲白話所不能達，固矣，然白話之意思，豈文言所能達乎？《史》、《漢》、《莊》、《騷》，誠不能翻成白話，豈《紅樓》、《水滸》，可以譯成文言乎？僕謂語其精確，則文言、白話，兩俱不能對翻。語其粗，則白話尚可勉强攝代文言，而文言斷不能勉强攝代白話，試文“拍桌子”、“打板凳”，如何譯成文言？典謨訓誥，何以仍可口講？今之主文言不能譯成白話之國文教員，試問彼上堂講授時，係以文言譯成白話乎？否乎？更進一層，則人之言語，固所以代表思想，然人之思想實亦借言語構成，正如物質必占空間，空間亦因物質之充塞而後見，並非先有空間，然後將物質填入也。然則慮既有思想，而無言語可以達之，不亦愚乎？今之既通文言者，輒持一二白話不能翻譯之語，囂然告人曰：設人而只通白話，此等思想，將何以達之？而不知彼之所以有此等思想，正以其即通文言故也。但通白話者，自然無此思想，何慮其無達此思想之具。若彼亦有此思想，則彼早有達之之語言矣。（彼之得此思想時，以何語言注入，即發表此思想時，仍以何語言達出可也。）焉用尤黿脛之短，而截鶴足以續之哉？九年十一月七日鶩牛。

署名：鶩牛，原刊《沈陽高師週刊》一九二〇年十、十一月出版

中國古代哲學與道德的關係

　　近來人都説，中國的文明比較古代爲退化，乍一聽得，頗不相信；因爲我們現在所住的房屋，著的衣服，吃的食品，以及一切用的東西，都比古時候爲精美；怎麽倒説退化呢？老實説，物質的文明果真比古時候進步，但是精神的文明，也有不如古人的地方，無論什麽事情，總有個哲學上的根據。怎樣叫哲學上的根據？就是這件事情，爲什麽要如此？這句話，似乎是很靠不住的。爲什麽呢？因爲有許多人，他的做事，似乎是漫無思索，並不問其所以然的。然而不然。這等人，在咱們看著他，似乎是漫無思索。其實他的做事，仍舊有他的所以然之故。譬如從前有些人是很頑固的，見了外洋的東西，不問什麽，一概拒絶。郭嵩燾第一個帶了小輪船回到家鄉湖南去，有些人便大動公憤，聚衆把它拆掉。吾鄉有個老先生，生平是不用洋貨的。他有個朋友，也是如此。有一天，不知怎樣，他這位朋友，忽而照了一張小照，送去給這位老先生看。老先生還不曾看，便正顔厲色的責備道：你也弄這個麽？他的朋友大慚。這種人，在咱們看了他，似乎他的舉動，是絶無所以然之故的了。其實不然。他正和他"不作無益害有益"、"毋或作爲淫巧，以爲上心"、"爲機械變詐之巧者，無所用恥焉"、"有機事者必有機心"等等的宗旨相一貫。正惟他的舉動，必有一個"所以然"之故，所以他必不能忽然變爲開通。倘使一個人的舉動，可以無"所以然"之故，那就仁愛之人，可以極端相暴，廉潔的人，可以極端詐欺，天下倒也不怕有什麽頑固黨了。由此看來，可以見得無論什麽人，總有他的一種見解，橫亘在胸中。遇有新發生的問題，他便把這種見解，做量是非的尺去量。量下來以爲是的就贊成，以爲非的就反對。這種尺固然也是逐漸造成的，不是生來就有的；也是隨時改變的，不是一成不變的。然而在一定的時間內，總不得有急劇顯著的變化。這便是他的哲學。

　　一個人如此，一個民族亦然。有甲所視爲當然之理，乙絶不能認識的，就有甲民族甲社會人人共喻之理，乙民族乙社會絶不能瞭解的，這便是一民族一社會的哲學。一個人的哲學，必然要影響於其行爲。一民族的哲學，也必然要影響於其民族全體及各分子的行爲。

凡人的行爲，不是自由的；不是絕無標準，而是可以預測的。現在有一個人，我若曉得他腦子裏所懷抱的見解，他的哲學。我便能決定他對於某事一定贊成，對於某事一定不贊成，譬如專抱着"毋或作爲淫巧"思想的人，我便可以預料他，倘然看見了輪船，一定要想拆毀。然則倘能知道一民族所懷抱的見解，哲學。也就可以預測他的行爲了。同樣，看了一個人或一個民族的行爲，也可以測定他的哲學思想了。這便是哲學與道德的關係。所以我看了中國人行爲的錯誤，以道德爲不道德，以不道德爲道德，想要實踐道德，反而做出不道德的事情來。我只怪他的哲學所抱的見解。錯誤。然則中國古代的哲學，到底怎樣呢？倘使古代的哲學，比現在好，古人的道德，就一定比現在好了；若古代的哲學，比現在壞，則古人的道德，就一定比現在壞了。依我看來，我民族現在的哲學，確有不如古人的地方。我現在且談談古人的哲學。

現在的所謂學問，是從事於部分的。所謂哲學，也不過把各科學之所得，再行聯結起來。以求其共通的原理。至於最後的、最根本的。最大的可以包括一切的。原理，在認識論上，已經證明其不可知了。倘使要知，除非是佛家的所謂"證"。在知識上，是決沒有這一天的。然而這一層道理，是古人所不曉得的。既不承認那"最後的"、"最大的"爲不可知；則自然想求得那"最後的"、"最大的"，俾其餘一切問題，均可不煩言而解。所以古人的求學問，反是從那最高深玄遠的地方講起。如今人開口就説"宇宙觀"、"人生觀"，其實這兩個問題，原是一個。因爲咱們（人）是宇宙間的一物，要是曉得了宇宙的真相如何，咱們所以自處之道，自然不煩言而解。所以古代的人生觀，都是從他的宇宙觀來的。要講宇宙觀，劈頭便有一個大問題，便是"萬物從何而來"？古人對這一個問題的解答，是以爲"凡物是生於陰陽兩性的結合的"。這是從人類繁殖上想出來的。所以説："天地絪縕，萬物化醇。男女構精，萬物化生"，"有天地，然後有萬物，有萬物，然後有男女"，"物本乎天，人本乎祖"。

這種思想，總可以算是合理的。但是陰陽還是兩個，人的對於事物，所想推求的，總是"最後的"、"惟一的"。一定要是"惟一的"，才能算是"最後的"。然而"陰陽之所從出"，又是一個什麼東西呢？這個問題，我敢説是人的知識，決不能知道的。佛家所謂"惟證相應"。因爲咱們的意識，所能知道的現象，一定是兩相對立的。而亦僅限於兩，因爲僅限於兩，所以無論如何相異的東西，總能求其中一個共通的原理。因爲必須有兩，所以最後的一個原理，是無從知道的。這種道理，佛家的唯識論，説得明白。

那"惟一的"最後的。就永遠不能入於吾人意識區域之內。但是"一"雖非吾人所能知,而在理論上,卻可承認其有。因爲"一"之名是與"非一"相對而立的。固然必有所謂"非一",乃有所謂"一"。亦必有所謂"一",乃有所謂"非一"。"一"與"非一",是同時承認其一,即不能否認其二的。"非一"是人人所能認識的,那麼"一"在理論上,也不能不承認其成立了。這正和有與無的問題一樣,真的"無",是吾人不能想象的。吾人所能想象的,不是佛家所謂"斷空",就是所謂"對色明空"。"斷空"和"對色明空",都不是真空。但是"無"雖非吾人之意識所能知,而在理論上,仍可承認其有。因爲"無"之名,對"有"而立,否認"無",就是否認"有","有"是人人認識,不能否認的,所以也就不否認"無"。所以古人在陰陽兩性之上,又假設了一個惟一的東西,這個便是所謂"太極"。所以説:易有太極,是生兩儀。"兩儀"、"陰陽"是人人所能認識的,"太極"卻是不能認識,僅從理論上承認其有的。然則兩儀是"有",太極是"無"了。所以説:"有"生於"無"。"無"怎樣會生出"有"來呢? 這便是哲學中最困難的一個問題。而古代的宇宙論,也就以此爲中堅了。現在先要問一句話: 便是"古代的哲學,到底是唯心論? 還是唯物論?"我敢説是唯物論,而且和希臘的唯物論,很爲相近的。希臘人説萬物的本源是"水","水之稀薄的是火和風","濃厚的是金和土"。又説:"地水火風同是萬物的本源","因其互相愛憎的關係","可就把萬物造出來啦"。中國人説:萬物的本源是氣。《乾鑿度》説:"夫有形生於無形,則乾坤安從而生? 故有太易,有太初,有太始,有太素。太易者,未見氣也。太初者,氣之始也。太始者,形之始也。太素者,質之始也。氣形質具而未相離,謂之渾沌。"_{易義疏八論之一}。這種説法,和 Democritus 的原子論,很爲相像。Democritus 説:宇宙萬物,皆原子所構成。中國人亦説:宇宙萬有,皆氣之所構成。Democritus 説:原子變化而成萬物,由於他固有運動的性質。因運動而生衝突,因衝突而變形。中國人説:宇宙的最初,謂之太易,易就是變動不居的意思。一切萬有,都是由這動力而生的。這種動力自其本體而言之,謂之"元"。自其變動之狀態而言之,則謂之"易"。所以《易經》上説:"大哉乾元,萬物資始,乃統天。"《公羊》何《注》也説:"變一爲元。元者,氣也;無形以起,有形以分;造起天地;天地之始也。"現在普通的意見,總以爲中國人是很敬重天地的,把天地就算做萬物的本質,其實不然。在古代的哲學上,看了天地,不過是和萬物相同的一物。天地的成爲天地,正和禽獸草木的成爲禽獸草木一樣。這是因爲古人説萬有的本原,只有一種氣。無論什麼東西,凡可指爲有的,都是這一種氣之所構成。那麼,天地也不過宇宙間的一種氣，道循一種定律，而成爲天地罷了。和禽獸草木的道循一種定律，而成爲禽獸草木，有什麼兩樣呢？這種説法，和"有天地然後有萬物"，"物本乎天"的説法，仍不相背。因爲此物出於彼物，彼物不就是此物的真原因。譬如人，是父母所生，然父母和子女，仍同爲宇宙間的一物。天地和萬物的關係，正如父母和子女的關係一樣。有這種説法，所以才有"齊物論"。因有一種動力，而生所謂氣，因氣而生形，因形而生質，那就什麼東西都有，成爲萬象森羅的世界了。先有形而後有質，這種思想，在吾人頗難瞭解。其實這也和希臘人的思想，是一樣的。亞里斯多德説：形是"原動"，質是"被動"。形是"能造"，質是"所造"。譬如吾人的造屋，是先有了一間屋的形狀在肚子裏，然後用磚瓦木石等去實現它，不是有了磚木瓦石，才實現出屋的形狀來的。造屋固然是人爲的事，然而天然物形質的關係，也正和這個一樣。譬如從桃種變成桃樹，就是桃種的質，向著桃樹的形而起的變化。

這種説法，固然不是徹底的議論。其於華嚴理事無礙觀門，可謂未達一間。然而中國古人的思想，也正是如此。所以照咱們現在説，液體的東西，總比氣體爲濃厚。而照古人説，則火比水爲顯著，所以古人説五行生成的次序是一曰水，二曰火，三曰木，四曰金，五曰土。他的原理是"以微著爲漸。……五行之體：水最微，爲一。火漸著，爲二。木形實，爲三。金體固，爲四。土質大，爲五。"《尚書·洪範疏》，案此説本於《白虎通》，乃今文家義也。從輕微不可見的氣，變成極博大的土，只是由於一種動力，這種動力，也算得偉大而可驚的了。這種動力並不是從無氣而有氣，從有氣而有形，從有形而有質；在形質之中，再由微至著：（一）水、（二）火、（三）木、（四）金、（五）土，到造成了最博大的土，就止息的。它的運動，是終古不息的。一方面，固然由微而至著；一方面，也由著而仍至於微。氣固可以成形質，形質亦可以復返於氣。大概古人的意思，以爲物質凝集的最緊密，就有質可觸；次之就有形可見；再次之，就并形而不可見，而但成爲一種氣了。所以説：精氣爲物，遊魂爲變。古人的所謂"精"，就是物質凝集得極緊密的意思，老子："窈兮冥兮，其中有精，其精甚真。"案"真"與"闐"同訓，實也。《禮器》："德産之致也精微"，鄭《注》："致，致密也。"即謂緻字。《公羊》莊十年，"粗者曰侵，精者曰伐"。粗與精爲對詞。只是宇宙間的一種氣，凝集而成形質，形質仍分散而爲氣。這種凝而復散，散而復凝的作用，是無時而或息的。所以説："易不可見，則乾坤或幾乎息矣"。用現在的話解釋起來，"易"就是"動"，"乾坤"就是"現象"，就是咱們所能認識的，只是動的現象。這種運動，到底會有一天忽然停止麼？這是咱們不得而知的。果真到了這一天，實體的世界，也許還存在，然而早已出於吾人認識區域之外了，在吾人認識中的世界，就算是消滅了。古人的世界觀如此。總而言之，他徹始徹終，只是把一個"動"字，説明世界的現象。

我們且進而觀這種宇宙觀，影響於人生觀者如何？就可以見得哲學和道德的關係，也就可見得古代的哲學和中國民族道德的關係如何了。

古代哲學，影響於道德上很大，一時也説不盡許多，我現在，且隨意説幾樣：第(一)是自強不息的道理，因爲宇宙的徹始徹終，只是一個"動"。所以人得了它，也要自強不息。所以《易經》開宗明義，就説"天行健，君子以自強不息。"第(二)是法自然。這種天然的動力，是很大而無可抵抗的。所以中國古代的哲學，有一特色，便是只想利用自然，不去抵抗自然。這種思想，影響於行上，就成爲一種妥協性。梁任公説："最富於妥協性的是中國人"，"凡事皆以柔道行之"。這句話，真可以表明中國人的特色了。第(三)就是循環的道理。因爲宇宙之間，是動而不息的，所以没有一件東西能够常住。既然没有一件東西能够常住，自然好的不能終於好，壞的不能終於壞。所以説："禍兮福所倚，福兮禍所伏"；所以要"知白守黑，知雄守雌"。第(四)是慎獨的道理：古人所説的"獨"，不是"羣"的對詞。獨，訓"童"，是"微細"的意思。因爲宇宙萬物，都是由微而至著，所以要講慎獨，講謹小，講慎微。反之，就是要"尚積"。第(五)就是"反本"、"抱一"、"貴虛"、"貴無"、"中庸"等等道理。這幾種道理，是名異而實同的。"一"就是"無"，剛才已經説過了。"無"是"有之所從出"，自然是"可反之本"，也是不待言而可明的。至於儒家的所謂"中庸"，也就是道家之所謂"一"。爲什麼呢？"不偏之爲中，不易之謂庸"這兩句話，是人人懂得的。一條綫上，自然只有一點是中點。人生在世，總要求得一個自處之道，而這自處之道，是貴乎"中"的。爲什麼呢？"中"就是"一"，"一"就是"無"，惟其"無"，才能無所不有。倘使偏在一方面，得了這邊的利益，就失了那邊的利益了。但是這個"中"，仍是時時變動，没有定形的。譬如一條綫，他的長短，是終古不變的。那就這條綫上的中點，也終古不變。倘使這條綫，是時時變動的；忽而這端伸張，忽而那端縮短；那就這條綫上的所謂中點，也要時時變動了。一個人在世界上，好比一點在一條綫上。因爲世界是動而不已，没一息停止的，所以咱們自處之道，也是息息變換，没一息可以固定的，所以執中正是無中可得，執一正是無一可執。所以"一"，就是"中"，"中"就是"無"，只此才是常道，才是"不易之庸"。所以執中又惡無權，因爲無權的中，就是綫的長短已經變動了，而所謂中點還不曾變動。

在先要有人問我們，什麼是"天經地義"，"萬古不變"的道理？恐怕大家都要答不上來？現在明白古代哲學，就可以答覆他啦。什麼道理萬古不變，獨有"宇宙物質無一時一刻不變動的"這個道理,是"天經地義"、"萬古不變"的,其餘都要變的了!所以易兼"變易""不易"二義。大概宇宙間的現象,無一時一刻而不變,這個道理,是很容易見得的。比方我現在是三十七歲,再活上幾十年,當然是要死的。就是這講臺,火爐,等等,雖然壽命比我長些,也終久得變壞消滅的,但是人死,並不是死的那一天,突然死的。老實說,現在我身上的細胞,無一時一刻,甚至於一秒鐘,不在新陳代謝,其餘講臺、火爐等等,亦是如此。不過這種變動,不是肉眼所能見罷了。然則天下更有哪一件事,是天經地義,萬古不變的呢?"宇宙的現象,是常動不息;咱們所以自處之道,也貴乎變動不居。"這個道理是不錯的。後世的哲學,也許講得比古人精密些。列國的哲學,也有講得比中國徹底的地方。印度哲學,就講得比中國精,所以佛教一入中國,舉國上下十分歡迎,歐洲現代的哲學,依我看來,也還不及印度。但在有實驗的一點,卻比中國和印度都勝。但是這一層道理,卻是古今中外講哲學的人所同認。所以天下事最忌是固執。中國現在一班守舊的人,固執着已不能行的事情,定要保守,一班淺躁的人,又固執了一兩件外國的事情,和自己腦子裹想出來的主意,硬要推行,不肯仔細思想,這是最大的壞處。其實古人是最善變的,中國這一個國家民族,所以能植立在世界上幾千年,步步的發榮滋長,很有許多地方,是得善變的好處。這都是古代的哲學思想,能普及於全民族,因而影響其行為上的良果。這一層道理太長,現在不及詳論了,但是我要說一句:"這種善變的精神,似乎後世不如古代。"所以中國到了近世,內部並無甚進步,對外則屢次吃人家的虧。這便是我覺得後世的精神文明,不及古人之處。所以今天德育部裹,叫我來講演道德,我卻要講起古代的哲學來。

雖然如此,古代的哲學,也不是只有好處,並無壞處的。即如中國的專制政治,也是由古代哲學造成的;古人信萬物一本說,所以認君主專制,為當然的治法。《公羊》何《注》說:"故春秋以元之氣,正天之端;以天之端,正王之政;以王之政,正諸侯之即位;以諸侯之即位,正竟內之治。諸侯不上奉王之政,則不得即位,故先言正月而後言即位。政不由王出,則不得為政,故先言天而後言正月也。王者不承天以制號令則無法,故先言春而後言王。天不深正其元,則不能成其化,故先言元而後言春。五者同日並見,相須成體;乃天人之大本,萬物之所繫;不可不喜也。"這正和董子所謂:"春秋深探其本,而反自實者始。故為人君者,正心以正朝廷;正朝廷以正百官;正百官以正萬民;正萬民以正四方。"一鼻孔出氣,都替君主專制政體,立了一個極深的根據。但照古人說來,就是"王"也要法"天","上"也是統於"元"的。所以一方面,雖然看得天下之本，繫於人君一人。又一方面，還有"見羣龍之首"之義。後人卻只取得一方面，也不能全怪古人。

　　還有其餘一切制度，如宗法等等，也都和古代的哲學有甚深的關係，一時也説不盡了。總而言之，人的行動，是不能沒有所以然之故的。他這所以然之故，便是他的哲學。一個人如此，一個民族，也是如此。考求中國人的道德觀念，和哲學思想的關係，便可以見得道德和哲學的關係。天下的事情，最貴的是應時變化，就是變化到和環境適合。諸君既然畧知道中國人的道德觀念，其來源如此之遠；而又畧知道古代的哲學思想，就應該深切研究，把它們揀別一番，哪樣合於近代思想，有利益的，把它挑出來，設法發揮；哪一樣不合於近代思想，有弊害的，設法鏟除，則今人不及古人的地方，可以回復而且可以超過古人了。

原刊《瀋陽高師周刊》第三十一、三十二期，
一九二一年五月二十一、二十八日出版
呂誠之講演、劉永溥筆述

答程鷺于書

鷺于同學：得手書，辱承下問。僕於文學，於經學，皆非專門；於教育尤無心得，姑就鄙見所及，奉答如左；其是非殊不敢自決也。

一，來書問中學國文教授究當如何？此爲一至難解決之問題；斷非如鄙人者所能解決。但今日討論此問題者，亦似都無根本解決之方法。兹姑就鄙見所及，妄言之。鄙意今日中國之國文教授，非但指中學言。因中學國文教授，乃國文教授之一部分；必全體明，然後部分之問題，可以解決。必先將"文學"與"國文"，析爲二事，乃有可言。蓋國文猶語言然，文學則以語言製成之美術品也。天下固無全不須美之語言；然普通達意之語言，自與藉以製作美術品之語言有異。今試以文與言相對照：則普通達意之語言，猶尋常應用之國文也；口中甚美之辭令，猶美的散文也；隨口作成之山歌等等，猶美的韵文也。甚美之辭令及山歌等，固係言語所成；然豈得謂普通達意之言語，與甚美之辭令及山歌等等，係一物邪？普通之言語，人人能之；甚美之辭令與山歌等等，則非盡人所能。其故：一由各人之天性，一由生活之不同。同理：尋常應用之國文，人人可學而能；而文學上之國文，即藉國文以作成文學，則非人人所能。乃中國向者，重視文學太甚，幾并文學與國文爲一談，凡舊式之教授國文者，大都即教授文學也。自以文學、國文混爲一談，而國文一難。

復次，尋常應用之國文，原係人人可學而能；但其學之，亦必須一定之時日。蓋言語不能無遷變，遷變之跡，如日影之移，目不能見，而積之久乃甚著。中國書籍之存於今日者，其最古者，當在三千年以上。此等書籍，今人但能靠前人之注釋，讀而解之耳，實已不能仿爲矣，然其尚能仿爲，且全國言國文之人，皆奉爲圭臬，而竭力模仿之者，亦在兩千年以上。夫人類思想之遷變，如水之流，不捨晝夜。兩千年以來，思想之遷變，蓋不知其若干里程矣。思想變則言語隨之而變，自然之勢也。故今日全國言國文之人，所以奉爲圭臬，而竭力模仿之文字，儻使出之於口，必無一人能辨。則其爲已廢棄之言語可知。

既已廢棄，而全國言國文之人，猶奉爲圭臬，而竭力模仿之者，夫亦有其不得已之苦衷者焉：（一）則中國向來崇古，欲知古人之道，必須能讀古人之書，欲讀古人之書，必須通古人之言。此自瞭解一方面言，崇古之習慣，使之然者也。（二）則中國疆域太大，語言雖大致相同，而細微之差異，則不知凡幾，彼此達意之時，若各操其方言，勢必有扞格不通之弊，於是在口語上，迫於必要，而所謂官話生焉。古代之書籍，通行既久且廣；又其語言久經死去，無復增添，即無復變化；無復變化，即不虞其歧異。藉楮墨以達意之時而用此，猶之口語中之官話也。此則從使用之方面言，實迫於事實上之必要而生者也。中國人有此在紙上說話皆以古語爲標準之習慣，於是能節制全國之語言，使之變遷不至過速，而保持國語之統一，且能使今人與古人之精神，益相密接；古代之教訓，有以深入於人人之心；使社會之思想，亦漸趨統一，以養成其深厚之民族性，自亦有益。但因此亦有篤舊而難變之病。然欲通國文者，則自此而難矣。蓋人欲學成一事，其難易，自以與其生活關係之密切與否爲斷。現在通行之語言，必其與現代人之生活，有密切之關係者也。欲一日不用之而不可。至古代之語言，與現代不同者，皆其爲現代所廢棄者也；所以廢棄之，則因其不切於現代生活故也。然則欲學“與現代言語相異之古語”，即係欲學與現代生活關係較疏之言語。夫學與現代生活關係較疏之言語，較之學與現代生活關係較密之言語，其難易必有間矣。故寫在紙上之言語，須以古語爲標準，_{文、言分離。}而學國文之事又一難。

　　然則盡廢文言，代以白話可乎？曰，不可，天下無突然而變之事，只其變遷之遲速有不同耳。故欲悍然而言曰：吾自某日，將盡廢其物而代以某物，乃爲必不可能之事。文言白話之廢興，亦同受此原理之支配者也。文言之所以不能驟廢者，有下列數層理由：（一）人類社會，無可一旦盡廢古訓之理，亦無能一旦盡廢古訓之事。非通文言，則古訓不可通。（二）向使中國社會，文言大致合一，則全國人所能筆之於書者，皆能達之於口；其不能達之於口者，乃與普通生活極不密切之一小部分；則讓諸專門考古之人之研究可耳。今也不然。以向者操筆爲文，以古語爲標準太甚，日常生活必須用之語言，亦有一大部分，爲文言所有而俗話所無者，儻使棄而不用，則意思必極不能達；若欲用之，則非通文言不可矣。今人固云：“名詞成語等，盡可採用文言，特須將其句法、篇法，改就語體，則自然容易”。然天下事之困難，往往至實行而後見，懸想必不能盡知。今日白話文中所用之文言之名詞、成語，爲數甚多；亦非猝然可通。今日操筆爲白話文者，實無甚全不通文言之人，故不覺其困難耳。使其人而全不通文言;其所學之白話文,果全以口語爲基礎;則視此事,亦必不甚容易矣。(三)即"名詞成語採用文言,句法篇法全用語體"之說,亦必不能盡行。蓋在習慣上,數千年來,文言爲有智識之人所操,白話爲一般人所操。有智識者,原不能不說話;然關涉某種智識時,亦仍藉文言以濟口語之窮。故文言之句法篇法,皆較白話爲進步。其最顯而易見者:(a)在"簡省":文言能以少數之言語,達較多之意思;白話則無論如何,終必較繁,試以近人白話所譯之書,與文言所譯之書,比較觀之可見。若"讀"及"作",皆全廢文言,而代以白話,此中所消耗之時間,煞是可驚。關於此事,蔡孑民爲白話辯護云:"讀文言者,在腦筋中,仍必翻成白話,然後能瞭解;翻譯之工夫,難道不算?"此言不合事實,請問既通文言者,讀文言之書籍,究有在腦筋中一一翻成白話,然後能瞭解之事乎?文言盡多翻不成白話者,試問如何瞭解邪。若謂學白話較之學文言功夫可省此是皎然之事實,然天下事,不能單講學習時省工夫,亦須講應用時省工夫。學習時多費工夫,至應用時減省,實係值得之事。文明人受教育之期限,必長於野蠻人,職是故也。試以算術爲喻:不講法則而腹算,不待學習,人人能之。學筆算之加減乘除,一兩點鐘可會。學珠算則大不然矣。試代"以算帳爲生活者"打算,願學珠算乎?抑不學算,而恃不講法則之腹算,立刻任事邪?(b)在"確定":白話之句法,不能如文言之意義確定,亦爲顯而易見之事。(c)在"勢力":普通應用之文字,與美術文原係兩事,然天下無全不須美之文字,特其程度有差耳。美之最切於日用方面者爲"勢力",即"與讀者之刺激力"。此刺激力之大小,實爲文字佳否及適用與否之所由判。就此點言,白話亦不如文言。

　　然則仍全用文言而不用白話乎?曰:亦不可。其理由亦有三:(一)在活潑:白話爲現今全國人所同用之語言,文言實惟一小部分人用之。與人人之生活皆密切,故能活潑而富於現代的趣味,此亦一種美也,在美的方面言之,白話之價值,大於文言。(二)在善變:語言須隨思想而變遷。向者之文言,原非不隨言語而變遷,然其變遷也極遲。凡事皆有離心向心二力。向者之文言,對於古語爲向心力;而口語則顯離心力之作用。即隨思想之變遷。古語可廢者,口語必盡力廢之;新語可增者,口語必盡力增之。而文言則反是。古語非萬不得已弗棄,新語非萬不得已弗增。有新語之離心力,而後人之思想,不至爲言語所滯窒;有文言之向心力,然後能聯鎖。使今古人之思想,其關係之脫離,不至太快。二者實闕一不可,今後亦仍當并行。今後社會之思想,變遷必速。文言原未嘗不可隨之而增加其變遷之速度;然思想變而後言語隨之,言語變而後文言隨之,其間終須多一層轉折。若即以口語筆之於書,則文之變遷,與語同時;在文字上,不至有應變後時,致格不達意,或滯窒思想進步之弊。(三)則以現在生活之環境,及受教育之期限,文言必非盡人所能通;且恐爲大多數人所不能通。勉強寫幾句，或勉强能看淺近之書而實不貫串不算通。此非空談，有事實上之證明。今日守舊之士，每詆學校生徒之國文爲不通。夫學校生徒之國文，則誠不通矣。舊日私塾生徒之國文，又何嘗通？以吾觀之：則現在學校生徒之國文，與舊日私塾生徒之國文，正如二五之於一十。今日學校生徒之病，在只能作"自由説""愛國談"等等空論，而不能真達其胸中所欲達之意。舊日私塾生徒亦然，所能者，乃"追想唐虞"、"頌贊孔孟"等一派陳言耳。真欲使之達其胸中所欲達之意，彼其窘於落筆，與今日學校之生徒正同，半斤八兩，蘆席上滾到地下，尚何必度長絜大乎？昔日之私塾，與今日之學校，其教授誠不能謂之得法，然教授即不得法，亦無功夫多花至一倍之理，即謂功夫須多花至一倍矣，今執私塾教師而問之曰："中人之資，勤讀十年，國文可通乎？"必曰："可。"學校自國民學校入學起，算至中學畢業，亦十年也，舊式之讀書人，終其身於國文者無論矣，新式之生徒，中學畢業後，肯留意於國文，於十年之外，再加以相當之功力者，亦非無之。然其結果，不通者依然不通也。以此事實，可以證明現在之所謂國文，以吾人之生活狀況而言，必非盡人所能通。其通者，乃天性近於此；不關教授之得法，亦不關其人之肯特別用力於此也。凡人對於某事能特別用力，乃由其性之所近，非盡人皆可勉强。所以然者：文言雖亦係一種語言；然較諸口語，與吾人日常之生活，關係疏密，究大有間，執人人而强其通與生活關係較疏之言語，勢必不可得也。故現在之國文教授，誠不得法；然即改之得其法，國文亦非盡人所能通。現在之教育期限，誠不算長；即延長之，亦屬無益。

然則今後之國文教授，究當如何乎？以鄙意言之，當分爲三：

（一）最淺者。純用白話；其白話且須全以口語爲基礎。可參看《建設雜志》中朱執信論廣東土語文篇。

（二）較深者。普通應用之文言。

（三）最深者。文學的文言。

（三）爲專門之事，姑勿論。（二）可於中學中授之。但期其能解，勿期其能作；而能作者亦勿遏抑之，則得之矣。請更申説其理由。

天下無論何事，天分之力，皆居十之八，人工之力，只居十之二。性之所近者：一見即能感覺其趣味，即能得着門徑，從此加功，自然能悟入深處，且彼自然深嗜篤好，不待迫促而孜孜不能自已；性不相近者則不然：一見其事，即覺漠然；既不感覺趣味，亦無綫索可得。於此而强之使爲，任其自然則終無入處；勉强求之，則走入歧路。此凡百學問皆然，而國文亦其一也。以吾人現在生活之環境，文言既非盡人所能通，即斷無强人人學之之理。此高等小學以下，所以宜專授以白話也。白話而帶文言性質多者，仍苦太難；故必全以口語爲基礎。

至中學，則其中必有一部分能通文言之人。非謂小學生中無之，然即能通文言者，初教授時，仍宜從白話入手，篤舊者每謂"文學宜自古及今，能通先秦兩漢之書，則於後世之文字，無不能通"。此言誠然。然"能通先秦兩漢之書者，於後世之書無不能通"爲一問題，"入手之時，應否即授以先秦兩漢之書"，爲另一問題。譬如能舉百斤之物者，自無不能舉三十斤之物，然入手之時，是否即應令其學舉百斤之物，自另爲一問題也。故"能通先秦兩漢之書，則於後世之文字無不能通"之事實，非可爲"入手即授四書五經之教授法"作辯護。向者讀書之子，何一不先讀四書五經？然及其能瞭解，何一不從《水滸傳》、《三國演義》起耶？故即能通文言之人，當小學時期而授之以文言，仍嫌其不適當，至於有天才之人，自然不在此限，然此等人，本宜施以特別教育，置諸今日學校教育之下，終嫌其廢時可惜。此則關涉學制問題，非復國文教授問題矣。文言即不容不授。即僅欲通白話者：然（一）今日之白話文，與文言之交涉尚多，真以口語爲基礎者甚少。能畧通文言，於白話文之瞭解上，亦非常有益。特如文中所用之詞類，他日語言程度增高後，自能使今日僅見於文言者，皆變爲口中所有，然在今日，則固未能。詞類瞭解之多少，於讀解及自作，皆有非常之關係，而詞類多從文言中來，未能畧通文言，自不能瞭解多數之詞類，即其最著之一端也。（二）則其所作之白話文，亦可使之多少有點文言化，於文字簡省，意義確定，且有勢力三點，均有非常之益處。故在中學，文言必不容不授，但其授之，必須兼爲欲通文言者及僅欲通白話者計算，使其精神日力，皆無虛耗，乃爲得策，夫如是，則莫善乎"求其解而勿責其作"矣。

然則教授之方法，可知已矣，欲通一種文字，猶欲通一種語言也，求通一種語言，捨多聽多説外，決無他法，然必耳中先有所聞，乃能矢之於口，使何種意思，當以何種言語達之。若耳中從未聽過，而欲其矢之於口，此爲必不可得之事，無待言矣。今日學生國文之不能通，其受病之根源，即在於此，蓋今日學校中教授國文，只執成文數十百篇，死講其文法及修詞之法，而不使學生自己讀書。夫文法者，謂以某種言語，達某種意思所宜遵循之格律云耳，今也胸中並無此等言語，甚且並無此等意思，而日日與之講格律何益？故學生之學國文，當以"令其自己讀書"爲第一義。

關於此事，去歲《新青年》中曾載有胡君適之一文，其所論，大致與鄙見相同，但有兩點，鄙人不以爲然者：（一），胡君大畧舉出應讀之書目，其書程度太高，非中學生所能瞭解；分量太多，亦非中學生所能畢讀，即擇讀，亦不易；且擇讀之事最難，非初學所能。（二），胡君謂讀書皆在自修時，入教室則專從事於講貫。鄙意國文一科，講貫簡直有妨教學效果，須將其減至最小限度，在教室之時間,盡從事於講貫,尚覺其太多。如鄙意:則(一)學生所讀之書,不必限定何種,聽其自己之所好可也。蓋必好之,然後能多讀,然後能有悟入處。故僕欲爲學生之讀書作一格言曰:"自己最好讀之書,即自己最宜讀之書。"(二)教室内亦以學生自己讀書爲主。次之則學生質問,教員答,次之則教員就學生之所作,加以批評,教員之提示,須減至最少限。

　　教師殆全然處於被質問之地位;學生終年無所問,教師雖終年不言可也。凡疑義,貴乎自思;一疑即問,亦屬不宜。凡人之學問,必一級一級,逐步而進;欲躐一級不得。假令學生程度可分九級,全班學生二十七人,三人在一級,教師講授,能立在第四五六級,使一二三級之人,不致十分無味,七八九級之人,不致全不瞭解,已覺難能可貴矣。其實於一二三七八九級之人,仍無甚益處。惟由學生自己發問,則在第幾級之人,自能發第幾級之問;斷無第九級之人,忽發第七級之問,第一級之人,反發第三級之問之理。故凡學生之所問,即學生之所最需要者也。而教師之所答,乃恰能掖之使進一級;教師立在第四五六級,方不至使一二三級之人,欲進而無人指導;七八九級之人,受指導而仍有不能企及之虞也。凡爲學生者,往往既喜言自動,而同時又歡迎教師之講解;此則於自動之意義,並未真瞭解也。夫學問之長進,乃精神活動之結果。若言生理的心理,則仍係生理上活動之結果。讀書至百遍而自熟,猶之練體操,爲某式之運動,至若干次而筋力自强,此筋肉之强,斷非由體操教員講明其運動之理而即得,學國文亦猶是也,真正之瞭解,斷非由教員講解而得。歡迎講授者,每曰:"吾上課一時,即得教員提示之義理一條,若自修,則或百小時而不能悟及此也。"殊不知彼所得諸講授者,其觀念皆模糊而不明,非真瞭解也。苟能發憤自修,或歷一千小時始有悟入處,亦未可知,然一有悟入處,必能同時有數十百條真確貫通之瞭解,持以與專聽講授者較,則彼至此時,仍並一條之真解而無之也。

　　然則所謂良教師者,果如何乎? 曰:記不云乎?"蓋待問者如撞鐘,叩之以小者則小鳴;叩之以大者則大鳴;待其從容,然後盡其聲",於學問之全體,皆能貫通。於學生之性質,皆能熟悉。於教授之方法,多所通曉。學生有問,答之皆適如其分,此即最良之教師也。來書云:"教員應予以最精良之工具,俾可貫通各種文學而無阻。"此言微誤。求學問之工具,乃各人自己所造,爲教師者,只能於其自造工具時,畧加輔助耳。工具非有物焉,可由師授之於弟子也。

　　又學生所作之文字,當主批評而不主改削。蓋批評乃指出其不合處,如説明這樣表達不可,其餘可表達之法甚多,則其途寬,而學生之心思活潑,易於自尋門徑,自行思索。若由教員爲之改作,則學生必以爲"如我所作則不可,如教員所作則可",可與不可只剩兩條路矣。

又通國文,但須多讀多看,至其時自有悟入處。切勿妄講文法,勉强用心推求。(一)則文學之美,多由直覺非可强求。<small>惟由直覺,故昔人謂"可以意會,不可以言傳"也。</small>(二)則中國人之文學,爲科舉時代所誤,昔之批評文字者,百分之九十,皆係妄加穿鑿,惟於作應舉之文,稍有用處;此外皆無益有損。現今講文法及修詞學之書,文理既通之後,閱之自然能解。若欲恃此而求通,則爲必無之事。猶之研究語法,乃既會説話後之事;不能執此以學語也。

來書謂"當使之能知古今文學之遷變"云云,此言太高,離中等學生之程度,遠而又遠,此乃文學家之事。胡君適之謂"現在學校之講文學史,同於兒戲",誠哉其言也。

來書問經學今古文之別。案《史記・儒林列傳》云:"言《詩》,於魯則申培公,於齊則轅固生,於燕則韓太傅;言《尚書》,自濟南伏生;言《禮》,自魯高堂生;言《易》,自菑川田生;言《春秋》,於齊魯自胡毋生,於趙自董仲舒。"此皆漢初所出,最純正之今文學也。其後分立十四博士。《詩》魯、齊、韓,《書》歐陽、大小夏侯,《禮》大小戴,《易》施、孟、梁邱、京,《春秋》嚴、顏。案劉歆《讓太常博士書》:"往者博士:《書》有歐陽,《易》則施、孟;然孝宣皇帝猶復廣之,立《穀梁春秋》、《梁邱易》、《大小夏侯尚書》。"《漢書・儒林傳贊》:"初《書》惟有歐陽,《禮》後,《易》楊,《春秋》公羊而已。至孝宣世,復立大小夏侯《尚書》,大小《戴禮》,《施、孟、梁邱易》、《穀梁春秋》;至元帝世,復立《京氏易》;平帝時,又立《左氏春秋》、《毛詩》、《逸禮》、《古文尚書》。"則《書》之大小夏侯,《禮》之大小戴,《易》之施、孟、梁邱,<small>劉歆云最初即有施、孟,非。</small>《春秋》之穀梁,已非純正之今文學。云孝宣世所立,亦不足信。近人吳興崔氏所著《史記探原》、《春秋復始》,論《穀梁》爲古文學,甚詳。然猶不甚相遠也,至《京氏易》、《左氏春秋》、《毛詩》、《逸禮》、《古文尚書》,則翻其反而已。

近儒多知古文經爲劉歆所僞造,然所以僞造之由,則罕有洞明之者。案漢代社會,極不平等。其不平等之原因,由來甚遠。蓋當社會未甚進步之時,往往分離爲無數之小部落。此各部落之經濟,殆皆處於自給自足之狀況。而在其部落之中,則皆行共產之制。方是時,部落中之各個人,日惟胼手胝足,爲社會事生產,而一己之所消費,則由社會之分配供給之,固無所謂私產,亦無所謂交易也。迨乎生產之方法進步,則除爲社會服務外,即共產社會分配於個人之工作，更有餘閑，以從事於生產；此所生產之物，固當爲其所自有。而其時交易之事，雖不行於本部落之内，卻時時行於部落與部落之間。隨世運之進步，而此等交易之事，日益繁多。其後各小部落，且漸次相併，而成爲較大之部落。夫當各部落獨立而行共產制之時，其經濟的組織，固嘗一度爲合理之措置。然自生產方法進步，而其與自然之關係變，自各各離立之部落，交通日益頻繁，且漸次合併而成較大之部落，而社會之組織亦變。前此之經濟組織，行於此時，未必合理；且必不復能行，可斷言也。於斯時也，彼部落與部落相遇，必有戰爭之事，有戰爭必有勝敗，勝者爲王，敗者爲奴，而貴賤之階級起焉。從前共產之組織，既已不能復行，人之生產，乃非復爲社會生產，其消費，乃不復能仰給於社會；而各以自己之力，爲自己之消費而生產。然一人之身，而兼百工之事，其勢終不可能，乃有所謂交易之事。夫如是，則其生產，既以其物爲商品而生產之矣；既已爲盲目而生產矣；其結果，乃有幸不幸之別，而貧富之階級生焉。以上之説，乃經濟史觀之明示也，我國之社會，其獨立爲無數小部落而行共產組織之時，蓋邈哉尚已。然此運之變，非一日而大遠於其故，當其各部落漸次合併，前此共產之制，漸次破壞時，其時社會之組織，仍帶若干共產之色彩，讀《王制》一篇可見。此篇固孔子托古改制之作，並非古代真有此制度，然托古改制之思想，亦必有其背影。故以經籍所言爲古代之真事實者固非，以爲全係孔子之理想，古代并此等事實之影跡而無之者，亦屬武斷。其劇烈之變動，蓋在春秋戰國之時，讀《漢書·食貨志》及《史記·貨殖列傳》可見也。當此劇烈變動之時，而社會貧富之階級，乃日益顯著。孔子托古改制，特提出救濟之策，其救濟之策，則仿行古代社會之共產組織是也。讀《小戴記·禮運》篇孔子告子游之言，及《王制》篇，可見其畧。然孔子所定此等救濟之方案，只能行於衆國分立之時，而不能行於秦漢之世，天下既已統一之際。西漢儒者，蒿目時艱，欲圖救濟，始終未能應用此原理，更立一具體的新方案。而欲以孔子所定之方案，畧加修改而實行之，此其失敗之根源。西漢儒者，殆無一不以救濟社會貧富之不均爲目的，然此本甚難之事。西漢儒者迄未有瑰偉絶特之大思想家，及大實行家，亦未有真得位乘時者，故武昭宣元之世，終徒托諸空言，迄哀平之際，而瑰偉絶特之王莽出焉，耳席可以實且之勢，故終至在中國歷史上，演出一部失敗的社會革命。事雖失敗乎？然其偉大則誠可驚已。夫居今日而欲宣傳社會主義，猶爲甚難之事，而況二千年之前乎？王莽改制之必托諸孔子，與孔子改制之爲托諸禹、湯、文、武，其事固後先同揆也。夫以舉世所誦習之古文經，而忽焉謂爲王莽劉歆所僞托；

以舉世所崇持之堯、舜、禹、湯、文、武，而忽焉謂其事跡皆僞，皆孔子之所托；其爲人所駭怪，固意中事。然苟即孔子、王莽所處之時地而深思之，當時定有一種救濟社會之策，而欲從事於宣傳，欲見之於實行，捨托古外，更有何策？史公有言："好學深思，心知其意。"苟能好學深思，則世所見爲終怪者，固皆不足怪耳。西漢社會，富豪階級有三：（一）大地主；（二）商人；（三）擅山澤之利者；此皆春秋戰國以來，懸而未決之社會問題也。蓋當行共產制之時，農田以平均之方法，分配於人民，所謂井田之制是也。井田之制，固不能如儒家所說之整齊劃一；然亦必有其事，所謂"托古改制之說，必仍有其背影"是也。僕去歲致《建設雜志》一信，可以參見。① 其供廣義農業用之土地，則作爲公有；人人得而使用之，但須守一定之規則，所謂"林麓川澤以時人而不禁"也。自共產組織漸次破壞，於是貴者持其權力，侵削平民；富者亦恃其財力，固行兼併；而田連阡陌之大地主出焉；貧者乃無立錐之地矣。林麓川澤等公有之土地，亦漸次爲私人所佔有，則貨殖列傳所傳諸富豪是也。而以生計組織，日益進步故，交易之事日繁，商人之勢力亦日大，晁錯重農貴粟一疏，言之詳矣。要而言之，我國社會共產之組織，破壞凈盡，而社會經濟起一大革命，實在春秋戰國之時。合之於《史記·貨殖列傳》、《漢書·食貨志》二書觀之，可以想象其大概也。

以上所言，凡以證明孔子與劉歆、王莽，皆爲托古改制之人。有孔子而後有所謂經，有劉歆王莽而後今文經之外，別有所謂古文經。而治經必分別今古文之理，亦於是而可明焉。蓋改制由有一種懷抱，欲施之於當世，而托古其手段也。此爲已往之事，與吾人無關。吾輩今日之目的，則在藉經以考見古代之事實而已。夫如是，即發生今文與古文孰爲可信之問題。予謂皆可信也，皆不可信也。皆可信者，以托古改制之人，亦必有往昔之事實，以爲藍本，不能憑空臆造；皆不可信者，以其皆爲改制之人所托，而非復古代之信史也。

由上所言，乃得下列之結論：

（一）欲考見孔子學說之真相者，當以今文家言爲主；欲考見王莽、劉歆之政見者，當以古文經爲主。（二）欲考見古代之事實者，則今古文價值平等。其中皆有古代之事實，皆有改制者之理想。吾輩緊要之手段，則在判明其孰爲事實，孰爲理想而已。但雖如此說，畢竟今文之價值，較大於古文。其中有兩層理由：一則人之思想，爲時代所限，以無可如何之事，孔子與劉歆、王莽雖同爲改制托古之人，然孔子早於劉歆、王莽數百年，其思想與古代較接近；由之以推求古代之真事實較容易。二則造假話騙人之事，愈至後世而愈難，故王莽、劉歆，後於孔子數百年，而其所造作之言，反較孔子爲荒怪，讖緯之書是也。因騙人難，故不得不索性出於荒怪，使人易於眩惑。此等怪說，其中雖亦

---

① 　即《致廖仲愷朱執信論學書》。

含有幾分之神話，爲治古史者最可寶貴之材料；然出於有意造作者多，大抵足以迷惑古代事實之真相。

今古文在考古上之價值如此，吾人從事於考古之時，不能不將二者分別清楚，自無待言。蓋今文家説源出孔子，古文家説祖述莽、歆。則考見孔子學説之真相者，固不容不剔除莽、歆之言；欲考見莽、歆學説之真相者，亦不容不剔除孔子之語。且古代史實，今日既無忠實從事於記載之書流傳於後，而欲憑孔子、莽、歆改制所托之書，以推求想象也，亦自不容不先將孔子、莽歆之所托者分清，然後從事於推求想象也。且古代之書，傳至今日者，大抵闕佚不完；任考一事，皆係東鱗西爪，有頭無尾。夫兩種本同之説，經割截及傳訛之後，即可見其不同。故任考一事，往往有數種異説，使人無所適從。然苟於今古文學家之學説，能深知其源流，則極錯雜之説，殆無不可整理之爲兩組者。即諸子之書，於今古文家言，亦必有一合。既整理之爲兩組，乃從而判決其是非，則較臚列數多異説，而從事於判決者大易矣，且誤謬必少。此亦治經必要分別今古文之一最大理由也。

尤有進者，則治經不當以分別今古文爲已足，更當進而鑒別今文家之書，判定其價值之大小。此實爲今後考古者必要之手段。蓋吾國經學，凡分三時期：

（一）今文時期　十四博士以前之説是也。十四博士之説，僕頗疑其已非純正之今文學，或當時《史記・儒林傳》所述八家，分爲新今文學派與舊今文學派，但此分別爲必要與否，今尚未敢斷言。

（二）古文時期　東漢馬、鄭諸儒之學是，皆崇信古文經，爲之作注釋者。

（三）新古文時期　此派起於魏晉以後，其中有大關係者爲王肅一人。蓋東漢末造，古文盛而今文衰，其後古文家中，寖至鄭玄一人之説，獨佔勢力。蓋其時經説太繁，派別家法太多。繁雜則中人之材，難於遍涉，派別多，乃令人無所適從。鄭玄起，乃將前此之所謂家法者，盡行破壞；全用主觀的方法，隨意採取；亦間用考據的手段，穿鑿牽合，於是有此一家之書，而他家之書若可廢，昧者不察，且謂玄以一人而奄有諸家之長。其實以後世之事譬之。玄所用者，乃毫不講方法，隨意聲鈔之鄉曲陋儒之法也。而其學説，遂自此而大行矣。盛名之下，必有思起而與之爭者。當時與玄反對而今可考見者，亦有數人。但其説多亡，無甚關係，而王肅以爲晉武帝之外祖故，其説大行。而肅所用之手段，尤爲陋劣。蓋科學之所研求者爲事實，學説之合不合，驗諸事實而是非可明。經學家之所研求，則爲與孔子之説符合與否。孔子已往之人

也，勢不能復起而爲之判斷，故其是非，本爲一難解決之問題。蕭乃用卑劣之
手段，僞造《孔子家語》、《孔叢子》、《孔安國尚書傳》、《論語孝經注》，以其學
說，托諸孔子後人，曰：此孔子子孫之言，必爲信史矣。其實孔子之學，傳諸弟
子，未聞傳諸子孫也。此亦可謂之托古，但孔子、王莽之托古，皆因有一種主
義，欲行之以救世而然，而王肅之托古，乃專以之與人爭名，爲大異耳。托古
之變幻至此，真匪夷所思矣。

托古改制，愈托而去古愈遠，清代諸儒之考古，亦愈考而去古愈近。其初
閻、王諸家之攻《僞古文尚書》，則破壞魏晉以後之新古文，而復於東漢時代之
古文學也。自武進莊氏、劉氏，以至最近南海康氏、井研廖氏，則破壞莽、歆所
造之古文經，以復孔子學說之舊也。今後學者之任務，則在就今文家言，判決
其孰爲古代之真事實，孰爲孔子之所托，如此，則孔子之學說與古代之事實，
皆可煥然大明，此則今之學者之任務也。此節所論，請參閱梁任公《前清一代中國思想界
之蛻變》，見《改造雜志》三卷三號至五號。又托古以淆聲事實，惟王肅爲可鄙，孔子與劉歆、王莽，則有
不得已之苦衷。且學問家所謂“求真”之一觀念，至後世方有之。在孔子與劉歆、王莽時，既未有此觀
念，自無所謂古代史實不可淆聲之道德。且古代本亦無信史，並非因孔子與歆、莽之托古而其真相乃
亡。不得以作僞議古人也。

今文經之不得概執爲古代事實，亦不得概以爲孔子所造，而有待於鑒別，
即就文學上觀察，亦可見之。蓋言語思想隨時代而遷變，後人之思想，決不能
盡同於古人；即必不能作爲與古人密合之言語；此爲確定不移之事實。而鑒
別書籍之出於何時代，從文字上觀察，實爲一極可信之法。但其方法必極微
密，且必爲科學的，不得爲現在文學家之籠統觀察，用“可以意會而不可以言
傳”之方法耳。攻擊僞古文尚書者，所列之證據甚多，而從文字上判決，如“每
歲孟春”之每字，非古書所有，“火炎昆岡，玉石俱焚”爲魏晉後人語等是，亦爲
其最有力理由之一，且最初之疑點，實由此而入。今文《尚書》中，《堯典》、《禹
貢》，反較《周誥》、《殷盤》爲平順易讀，此可信爲真虞夏書乎？《周易》之卦辭
爻辭，何等簡奧難解，與其他春秋時之文字比較，似一時代之文字乎？此皆足
以證明今文書中，有孔子自撰之文字，亦有鈔録古書者也。春秋以後人之所
撰，非必杜撰。與前此之真古書，在考古上，其值價不能同等，無待言已，故有分
別之必要也。此分別也，方法有種種，但須着手於考據後，方能言之，望定無
從詳論也。

尤有進者，就今文家言中，分別其孰爲鈔録古書，孰爲孔子及孔門後學者
所自撰，甚爲緊要，而經與傳之分別，卻不甚緊要。經之中，有鈔録古書者，亦

有孔子及孔門後學者所自撰之文字。傳之中，亦兩者俱有之。蓋經與傳，同爲孔門後學所傳，以其所傳之經爲可信，則其所傳之傳亦可信也。以其所傳之傳爲不可信，則其所傳之經，亦不可信也。且經與傳必合而觀之，而其義始完。觀吳興崔氏《春秋復始》卷一《公羊傳當正其名曰春秋傳》一條可見。僕致建設社函中，證明《孟子·萬章》上篇論歷史之言，皆爲稱補《書》説，亦可見此中之關係，蓋如是乃可見孟子民貴君輕之義，皆出於孔門，而《尚書》乃爲一有價值之書。若將孟子、伏生、史公之言，盡行剥奪，不以爲孔子之書義，則二十八篇《尚書》，果有何道理？孟子一生，最主張民貴之義，而亦最崇拜孔子，若將此等説删刈，則孔子乃一主張君主專制之人，孟子不將詆爲民賊獨夫，而安得稱爲生民未有乎？僕所最不解者，爲北京大學朱君希祖之説，見《北京大學月刊》一卷三號《整理中國最古書籍之方法論》。謂欲判别今古文之是非，必取立敵共許之法，"古書中無明文，今古文家之傳説，一概捐除。""所舉證舉，須在今文家古文家共信的書中"。因而欲取《易》十二篇，《書》二十九篇，《詩》三百五篇，《禮》十七篇，除《儀禮》中之傳與記，《詩》、《書》之序。《春秋》、《論語》、《孝經》七書，以爲判決今古文家是非之標準。果如所言，則必（一）保證今古文家之傳説不可靠，而此七部"惟字義有通假大致是相同的"經，則極可靠，然經在傳授源流上，較傳爲可靠之説，孰爲之保證乎？（二）朱君必曰：今古文家所傳之經，"惟字義有通假"，此外則"大致相同"，此即其可靠之證據也。蓋古文家之學爲僞造而非出於孔門，固朱君所不承認也。然試問此七書者，朱君果能解釋乎？抑解釋之時，仍有取於前人之傳注乎？若云自能解釋，則宋以後憑臆説經之手段也，度朱君必不取，若有待於後人之傳注，則於今古文家言，必一有所取矣。憑"任取其一以爲解釋之經文"，以判别兩造之是非，不亦遠乎？對於經文，今古文家無異説者，原亦有之。然今古文家言，本非絶對相異，其中同處正多，此等處本無問題，無待解決，若向來相持不决之問題，則彼此必各有經文爲據。觀許慎之《五經異義》及鄭駁可見也。若有如朱君所云簡單明瞭之法，可以解決，前此説經者，豈皆愚呆，無一見及者乎？朱君謂古書當"就各項學術分治；經學之名，亦須捐除"，自爲名論，獨其所持之方法，則似精密而實粗疏，且其攻擊今文家之語，乃專指南海康氏欲尊孔子爲教主，暨井研廖氏晚歲荒怪之説言之，此兩説在今日，本無人崇信，何勞如此掊擊？抑豈得以此兩家之説，抹殺一切今文家邪？康氏欲崇孔子爲教主，自係有爲而言，廖氏晚年荒怪之説，亦誠不足信。然康氏昌言孔子改制托古；廖氏發明今古文之别，在於其所説之制度；此則考古界兩大發明，有康氏之説，而後古勝於今之觀念全破,考究古事,乃一無障礙。有廖氏之説,而後今古文之分野,得以判然分明,亦不容一筆抹殺也。近代崇信古學者,莫如章太炎;何以亦不視堯、舜、禹、湯、文、武、周公爲神聖,而有取於孔子托古改制之説邪? 清代今文學晚起;今文學家之業,所就未與古文學者之多,事誠有之。然此乃時間問題,不足爲今文學者病,更不足爲今文學之病也。乃近有一部分學者,幾目今文學爲空疏荒怪之流,而盛稱古文學者爲能求是。《東方雜志》近載陳君嘉益《東方文化與吾人之大任》一文,堅瓠君從而評之曰:"嘗謂吾國經學,本分今文家與古文家兩派,今文家志在經世,其失也緣飾而附會;古文家志在求是,其失也碎義而逃難。夫固各有長短,然舊籍真面目之得遺留於今日,則當由古文家尸其功,即以科學方法而論,亦以古文家較爲近似。陳君文中,於微言大義,《公羊》三世之説,稱引至再,詎其學出於今文家歟?"此言竊不知所謂。志在經世,古人皆然;純粹求真之主義,近日科學輸入始有之;前此今文家固不知,古文家亦未有也。觀吾所述劉歆、王莽造作僞經之由,可以知其志在經世,抑在求是。今文家緣飾附會,證據何在? 讖諱之作僞起哀、平,與古文經同時併出之物也,顧不爲緣飾附會乎? 舊籍之真面目,得以遺留於今,當由古文家尸其功,此言益不能解,豈謂三家之《詩》,伏生之《書》……皆不足信;惟《古文尚書》、《毛詩》、《逸禮》、《左氏春秋》……,乃爲可信乎? 且古文經之大異於今文經者究安在? 設無古文家,舊籍之真面目,何由遂晦乎? 古文家近於科學方法之處又安在? 許慎之《五經異義》,據孤證以決是非;鄭玄之遍注羣經,破家法而肆穿鑿;足以當之乎? 陳君此文,多雜引近日報章雜志,及新出之書,本非考古之作,其引證古書,自亦無從嚴甄真僞,一稱公羊三世之説,遂以爲其學出於今文家,天下有如此之今文學乎? 夫以清代之古文學者爲能求是,則今文學晚出而益精,恐未容執其中一二學者有爲而言之言,一筆抹殺;若謂古代之古文家即能求是,則吾不知其所求何是也。僕爲此論,非欲攻擊時賢。特以學問上之方法,必真足以求真而後可。如上所論之方法,私心實未敢爲然,而亦有一部分人信之者,故發憤而一道也。

以上皆論兩漢時今古文之學。自魏晉以後,今學固佚亡殆盡,古學亦殘闕不完;而別有一種魏晉人之學,與之代興。其中亦可分兩派:(一)如前所述之王肅等。其學原即東漢時之古文學;鄭、王皆破壞家法,雜糅今古;然皆側重於古。特其憑臆爲説,變本加厲;至不惜造作僞書,以求相勝;其所説,更不如馬、鄭、賈、服等之可信耳。(二)如王輔嗣之注《周易》。多主空談玄理,而不能如兩漢時之樸實説經,世多以此訾之;然魏晉人學術之程度,確高於兩

271

漢人，蓋西京儒者，雖有微言大義之存，然罕能貫通，多不過謹守師説；而此師説，又本爲殘闕不完之説。東京儒者，則所求古文不過訓詁名物主末；其學瑣屑而無條理；儒家之學，至此僅有形質而無精神，實不足以厭人心。而魏晉人之學，乃代之而起。魏晉人之學，所以異於漢人者，即在於有我。自有思想，故非有形質而無精神。此派學術，確能使古代哲學思想復活，以爲迎接佛學之預備，雖由此以求孔門之微言大義，古代之典章名物，皆不如漢人之學之足恃；然魏晉哲學，在中國學術史上，亦有甚大之價值。今此學之湮晦，亦已甚矣，講而明之，寧非學者所有事？夫欲使魏晉之哲學復活，則魏晉人空談説經之書，其中亦有可寶之材料存焉。且魏晉時去古究近；古人學説，未曾盡亡；雖曰任情，究有依據。即以魏晉人之思想，測度古人，亦自較後世所臆測者爲近。則即由此以求古，其價值亦自與唐宋以後之學不同也。

　　附論：後世多以魏晉人之學爲道家之學，與儒家無涉。此大誤也。吾謂中國古代，自有一種由宗教變化而成之哲學，爲中國民族共有之思想，儒家道家之哲學，同以此爲根源，觀《瀋陽周刊》三十一、三十二期所載僕之講演。[①] 可以得其端倪。儒家之哲學，大部分在《易》。今文《易》説盡亡；古文家之於《易》，多僅談術數；而儒家之哲學，遂不可見。然今文《易》説，在魏、晉時，固未亡也。魏晉人之談哲學者，皆《老》、《易》并重，其言《易》，迥異於東漢人。夫一種思想，不能無所本而突然發生；則其中必多有今文《易》説存焉。所惜者，魏晉士大夫又有好言神仙之術者；而當時之神仙家，又藉儒道二家之哲學，以自文飾；且援《老子》以入神仙家，後世之人，雖亦知道家與神仙家本非一物；然罕知神仙家本一無所有，其類似道家之説，盡係竊諸儒道二家者，於是道家與神仙家之界限，終不能劃然之分明；至儒家談哲理之説，則并盡舉而奉諸道家與神仙家，不敢自有矣。吾何以知神仙家本一無所有也？蓋天下無論何種哲學，無能承認人可不死者。且苟談哲學，無論淺深，亦斷無貪求不死者。求不死者俗情，謂人可不死者，天下之至愚也。曾是言哲學者而有之乎？而神仙家謂人可以不死，以求不死爲目的，此足以證明其毫無哲學思想矣。然則神仙家果何所有乎？曰：神仙家起於燕、齊之間；睹海市之現象，而以爲有仙人。故其所謂仙人者，在海外三神山。又此派之人，頗通醫學，於是組成一種至淺極陋之宗教，以求不死爲目的，以（一）求神仙，（二）煉奇藥，（三）御女，爲達目的之手段。彼其所謂不死者，非謂精神可以不死，乃直謂肉體可以不死。尸解之説，

---

　　① 即《中國古代哲學與道德的關係》。

乃其大師既死，情見勢絀，臨時想出自解免之言耳，非其所固有也。此派自漢武帝以前，專以熒惑君主爲事。爲所惑者，齊宣、燕昭、秦始皇、漢武帝，皆非昏愚，又《左氏》載齊景公問晏子："古而不死，其樂如何？"古無爲不死之説者，有之者惟神仙家；則景公亦爲所惑矣，景公亦有爲之主也；可見此派自漢武以前，在貴族社會上，勢力之大。然至漢武時其僞畢露矣！怪迂阿諛苟合之技無所施，乃轉而誑誘愚民，張角、張魯、孫恩之徒是也。然既屢次擾亂治安，則爲政治所不容，而在下層社會中，又無以自立，則恃不死之説，有以中貪夫之心，其金石之劑，服之亦有一時之效，如寒食散是也。仍延其殘喘於士大夫之間。夫既容與士大夫之間，則不能不畧帶哲學之色彩，而《老》《易》之哲學，爲當時社會通行之哲學，遂竊取之以爲緣飾附會之資。此如近二十年來，人人能言生存競爭；而歐戰以後，又人人能言合羣互助云耳。本無足奇，乃世遂不知其本來一無所有，亦惑矣。然彼之所有，雖盡竊諸儒道二家，而儒道二家之哲學，在今日傳書不多，必轉有存於彼書中，故《道藏》之書，在今日，亦必有一部分有研究之價值也。《太極圖》即其一證也，《太極圖》原出道書，後世之所謂道書，即神仙家之書。清儒力致之，然所能證明者，確係取諸道書中，而在儒家，無傳授形跡之可微耳；其與《易》説不合處何在，不能得也。夫使其爲圖，果與《易》之爲書，了無關係，何以能密合如此？且又可以之演範乎？則其爲《易》之舊説，爲神仙家所竊，在儒家既亡，而在神仙家書中轉存可以見矣。

東京之季，古學盛而今學微，歐陽、大小夏侯之《書》，施、孟、梁邱之《易》皆亡，《齊詩》在魏已亡，《魯詩》不過江東，《韓詩》雖存，無傳之者。《公》、《穀》亦雖存若亡，於是東京十四博士傳授之緒盡絶，所餘者，惟東漢之古文學，與魏晉人之學之爭。其在江左：《周易》則王輔嗣，《尚書》則孔安國，《左傳》則杜元凱。其在河洛：《左傳》則服子慎，《尚書》、《周易》則鄭康成，《詩》則併主於毛公，《禮》則同遵於鄭氏見《北史·儒林傳》。是江左兩派之勢力相等，而河洛則純爲舊派也。然迄於隋，鄭之《書》與《易》，服之《左氏》皆微，而王輔嗣、僞孔安國、杜元凱之書代之，唐人所修《十三經注疏》，大體沿隋之舊。其中除《孝經》爲明皇御注外，漢人之注與魏晉人之注，恰如得其半，又疏之學，至唐代而亦衰，無復措心於經學者，習帖經墨義之士，始有事焉，則相率奉官頒之書爲定本而已。蓋至唐而兩派割據之局定矣。而何休之《公羊解詁》，巍然爲今文家人碩果，存於其中，後世考今文家言，猶得有所憑藉者，獨賴此書之存，此外比較完佚者，則《韓詩外傳》、伏生《書傳》及董子之《繁露》而已。

《十三經注疏》爲唐代官纂之書，從古官纂之書無佳者，《正義》荒謬之處，前人已多言之。然材料存焉，仍不可不細讀，特其讀之須有門徑：其（一），有現代之科學思想,(二),知古人學術之源流派別而已。

凡事不知古則無以知今,今、古二字,作前、後解。而各種學問,皆貴實驗,非搜集多數之材料,紬其公例,以爲立說之基。游談無根,終必自悔。材料有存於現在,得以身驗者,自吾有知識以來,躬所涉歷者是已。有身所不逮,必藉資於前人之詔誥者,書籍之足貴蓋由是也。凡事既不知其前,無以知後,則求學問之材料於書籍,亦宜自最古者始,吾國最古之書,則先秦兩漢之書是已。此中經之與子,吾人本平等相看;然求之卻宜自經始。因自漢以後,儒學專行,傳書既多,注疏尤備;自經求子易,自子求經難,手段上之方便則然也。此不獨社會科學然,自然科學亦無不然,陳蘭甫謂草木、鳥獸、飲食、衣服、宮室、車馬,求三代以前者較易,漢魏而後者反難,因前者治經之人多有注釋,後者則記載闕畧是也。見《東塾讀書記》。不及檢書原文,但稱述其意而已。

以上所論,皆僕之私見,大畧具是,至其詳細方法,則非立談所能罄。若引其端緒,則《改造雜志》所載梁氏之文,臚舉清儒所著書甚博。治經學從清儒入手最好。此篇所舉書目多而且精,大足供初學者之參考也。依類求之,或先各類泛覽大畧均好。僕意欲得今古文門徑,先閱《小戴記・王制》一篇及《周官經注疏》,陳立《白虎通疏證》,其中多有以古文改今文處,不可從。陳壽祺《五經異義疏證》四書最好。

梁氏稱清代治古文學諸儒爲正統派,以清儒所用之方法,致此而始完也。又稱清學當極盛之際,即其就衰之時。觀於今文學者所就之業,未與古文學者之多,其言誠亦可信。竊謂以經學爲一種學問,自此以後,必當就衰,且或並此學之名目,而亦可不立,然經爲最古之書,求學問之材料於書籍上,其書自仍不能廢,則治經一事,仍爲今後學者所不能免,特其治之之目的,與前人不同耳。清儒治經之方法,較諸古人,既最精密;則今後之治經,亦仍不能無取於是,特當更益之以今日之科學方法耳。夫以經學爲一種學科而治之,在今日誠爲無謂,若如朱君之說,捐除經學之名,就各項學術分治,則此中正饒有開拓之地也。故居今日而言分別今古文,亦只以爲治學之一種手段,與問者斤斤爭其孰爲孔門真傳者,主意又自不同。僕少不好學,荏苒遂逮今兹;皮骨奔走,人事間之;豈望有所成就? 春秋富而鄉學勤,如吾鷺于者,乃庶幾終成此業也。

原刊《瀋陽周刊》,一九二一年出版

《請看北京看守所底黑暗》書後

原文見北京《新社會報》，①我是在《東方雜誌》第十八卷十一號中看見的。我讀了這一篇，有許多感想，現在寫兩條如下：

第一，我覺得中國"治者階級"滅亡的命運，實在是無可逭的了。看守所的黑暗，至於如此，難道做所長的人，就沒有一點人心，竟絲毫不想整頓？然而假使全國管理看守所的，大都有相當的人心，看守所的現象，又何至如此？這篇所述，怕不是北京一處的現象罷？哦，我知道了！看了這樣現象，就覺得他不好，覺得有相當的人心的人，非想整頓不可。這是俺們說的話，是俺們的思想，一個國裏，原分做無數社會，這一個社會裏的思想，那一個社會裏的人，絕不能瞭解，原是不足怪的。譬如見了娘們，就知道愛，這是俺們成年男子的思想，七八歲的小孩子，不能瞭解，有何足異？即如所中的看守者，不許拘留的人自由溺尿，這已經是俺們想了三天三夜，也是想不出來的法子了，至於他實在忍不住，溺了出來，就押令他吃掉，怕更是俺們做一世的夢，也做不到的。這種情形，看守所長，難道一無所知麼？知之而恬然不以爲怪，請問他的思想，到底是俺們這一社會中人、不是俺們這一社會中人？看守役一類的人，是向來稱爲小人階級的，因爲這一階級的人不好，所以有君子階級去治理他，看守所長，應該是君子階級的人，然而其現狀如此。然則所謂君子階級中人，是君子還是小人呢？君子階級，是中國數千年來靠着他立國的。就是數千年來的社會，靠着他維持的，然而現在的現狀，至於如此，這是什麼原因呢？自然有極深遠的原因，讀者諸君，如有餘暇，請把去年本週刊裏所載我的講演"士之階級"一篇，取來看看，說得有些對否？倘然說得對的，這治者階級滅亡的命運，恐怕是不能免的了。雖然，"其用物也弘矣！其取精也多矣！"當他滅亡的時候，俺們的社會，恐怕總不免有很大的苦痛。"過渡"兩個字，真不是容易說的啊！其如不過渡，不向前進，便沒有光明的路何？其如就不希望前途

---

①　原文，即《請看北京看守所底黑暗》。

的光明,現在的地位,也不容你站着不動,不得不過渡何?

其二,世界上最慘酷的,是俺們看着,以爲人的生活最低的限度,竟有人不能享受,(竟有大多數人不能享受,即如此篇所述,被拘留看守所的人,所過的是什麼日子,不必説了,就是看守役和看守所長的日子,俺們過得一天麼?)這種被人虐待的日子,固然是過不得;這種虐待人的日子,又是過得的麼? 然而居然有許多人,過了,絲毫不以爲奇,絲毫不覺得苦痛,你想這種人在社會上的第幾級? 文化兩個字,和他有絲毫的關係麼? 別説被人虐待的人了,就是虐待人的人,他的智識程度,他的道德程度,至於如此。這都是世界上的人,都是俺們的同胞,俺們對着他,應當發生怎樣的同情。燕巢危幕,魚游沸釜,燕和魚,自己自然是不知道,俺們對着他,應當發生怎樣的同情。北京是中國的首都呵! 北京如此,其餘"天高皇帝遠"的地方,應當怎樣? 這是中國現在的看守所呵! 中國的刑法,是屢經改良了的(請讀歷史便知),現在的看守所如此,從前的監獄怎樣? 這都是俺們的祖宗所身受的呵! 從前的刑法,犯了罪,是要滅三族、滅九族的,族字單當做男係解釋的時代,嫁出的女兒,還是要牽連在裏頭的,誰的祖宗没有觸過禁網來? 居然還留着俺們到現在,不曾絶了種,總算是僥幸極了。俺們人類,萬物之靈,也有了幾十萬年的歷史了,文明的歷史,也有了幾千年了。有孔子、有釋迦、有基督、有摩訶末,還有那無數的志士仁人,然而俺們現在的現狀是如此。俺們該怎樣的悲哀? 俺們該怎樣的慚愧? 俺們該怎樣的奮鬥?

寫於一九二一年六月後,原刊《沈陽高師週刊》第四十九號

勿吉考——譯《滿洲歷史地理研究報告》第一册

數月前，予讀《魏書・勿吉失韋傳》，於難河及勿吉失韋，竊有所見，就正於白鳥先生。先生細讀之後，更加研究，成《室韋考》一篇，予反復熟讀，私見可取處乃敢自信，而誤處亦自覺不少。先生之作，極爲精細，惟其中一二處，似亦尚有可商，乃正誤補缺，更成勿吉室韋考各一篇。先生之文，篇中多所引用，原著當另行發表。拙作本擬詳加研究，更行改訂，鷄肋難棄，過而存之。

勿吉之名，始於北魏時，隋唐時則作靺鞨。靺鞨二字，爲總稱北方女真民族之詞，所包甚廣。魏代之勿吉，向視之若與靺鞨同義，細檢《魏書・勿吉傳》，更考當時之形勢，則二者之間，似大有異。

勿吉之初見知於魏：《魏書》本傳，但云：“延興中遣使乙力支朝獻，太和中又貢馬五百匹。”據《册府元龜》，則知其第一次朝貢，在延興五年；第二次在太和二年。此時之勿吉，情形果何如邪？本傳自云：“其國先破高句麗十落，密共百濟，謀從水道并力取高句麗；遣乙力支奉使大國，請其可否。”句麗十落，位置不明；然勿吉此時，既與句麗接境，則自此可知，欲與百濟共取高麗，雖有此言，事似難信。然勿吉句麗，關係頗切，則亦由此而可知。苟非境域相接，其形勢固不能如是也。然則本傳云“勿吉國在高句麗北”，必爲勿吉初朝魏時之情形；欲考勿吉，固當先考勿吉句麗此時之相接，在於何處矣。

少前於此，高句麗之北，與扶餘接。扶餘首府，松井氏謂在今農安附件，其疆域包括今松花江流域，《滿洲歷史地理》第二卷第四十二頁，第一卷第二百二十一頁。則其與高句麗之界，當爲鴨綠江、佟家江、渾河與松花江、渾發河之分水嶺。據《晉書・東夷傳》及《慕容氏載紀》：太康六年，扶餘爲慕容廆所破，幾於滅亡，僅得興後；永和二年，慕容儁及慕容恪復陷其部，虜其王及部落五萬餘口，此後扶餘王室及其土地，史之記載，難知其詳。《魏書・高宗本紀》載太安三年，扶餘來貢，三國史記高句麗紀亦載文咨王三年，魏太和十八年。"扶餘王及妻孥以國來降。"又《魏書·高句麗傳》，正始間，文咨王上言："今扶餘爲勿吉所逐，涉羅爲百濟所並，國王臣云，惟繼絕之義，悉遷於境內。"二書記載相符，似扶餘此時，仍留殘喘，但其疆域是否如舊？其都城是否仍在今農安附件？則太可疑。

《魏書·高句麗傳》："東至柵城，南至小海，北至舊夫餘。……其地東西二千里，南北一千餘里。"此長壽王初朝貢於魏時，賷封冊赴平壤之李敖所記也。據《冊府元龜》：長壽王始朝貢於魏，事在太延元年；長壽王二十三年。前於太安三年二十二年而云北至舊夫餘，則太安之際，扶餘必非其舊。且使永和之後，夫餘猶保故土，則與中國、句麗，必不能無交涉；史固不容一無所見，而但載其一朝貢於魏也。

《魏書·勿吉傳》無與扶餘交涉之事，《高句麗傳》亦僅見之於文咨王之上書。此外無記扶餘之事者。且《魏書》不立夫餘傳，而特立《豆莫婁傳》，云爲北夫餘之後，則魏人固以夫餘爲不存，其記豆莫婁風俗，悉出《魏志·夫餘傳》，則當時別無所謂夫餘，爲魏人所知可見。豆莫婁地極遠，與魏交涉極少，而猶有傳，使夫餘猶在故土，僅能自見，則當其四鄰諸國，如豆莫婁、失韋、高句麗、契丹、烏洛侯、地豆千等見知於魏之時，固不容獨與魏無交涉；《魏書》即無由無扶餘傳也。

由此觀之，扶餘當大敗之後，必不復能保其舊部，王室播遷，疆域促狹，僅存其名而已。被虜至五萬口，則舊都殆近荒廢。此即所謂新扶餘。高句麗入所謂舊夫餘，則對此新夫餘而言之也。太安三年朝貢於魏，及文咨王時滅於勿吉者，皆此新夫餘。三國史僅記王及妻孥以國來降一語，視之者不甚措意，明非大國覆亡之大事也。

文咨王之上言，魏世宗勑之曰："使二邑還復舊墟。"則高句麗人告魏人，蓋以夫餘爲一邑落。松花江上流之地，好大王時，既入高句麗；見後。農安長春之南，則夫餘既爲慕容氏所破，未必敢宅居於此，則此邑落，殆在輝發河流域。文咨王之上言，謂"黃金出自夫餘"，採礦術粗之民，所得之金，恒爲沙金，亦可推想夫餘在山間溪谷之地也。

夫餘所失之地，曾否爲慕容氏所占，史無可證。慕容氏衰，高句麗奄有玄菟遼東，然謂其勢力曾及夫餘故地，則亦無史可證。好大王碑：王二十年，東晉義熙七年。取東夫餘數城，亦僅夫餘東南一隅之地而已，鴨綠江、佟家江流域，自古爲高句麗所有，夫餘之地在其東，其與高句麗相接處，必爲松花江流域；好大王所取,蓋長白山附近,松花江上流之地也。又前云長壽王二十三年時,境城北至舊夫餘,舊夫餘亦明非高句麗所有。《滿洲歷史地理》第一卷第三百十七頁。何者?此語蓋李敖聞諸高句麗人;高句麗人以本國疆域語魏使,必夸大之,不狹小之,故此所謂北境者,必爲當時句麗勢力所及最遠之界也。然則舊夫餘一語,爲指夫餘固有根本之地,抑指其盛時境域之全,固不能定;而今農安地方,非高句麗所有,則無疑矣。

高句麗一代,地名見於中國、朝鮮史籍者,不出渾河流域。長壽王時,其西北境,固較此爲遠,然亦不能越開原、昌圖。蓋高句麗之所欲,其在半島,則蠶食百濟,拓土於南;其在大陸,則奄有玄菟遼東之舊,其志常在西南兩方,未遑北顧,且由地勢言之,此一帶地方,自北向南易,自南向北難,夫餘之故地,固非句麗所欲也。要之,慕容氏之衰,高句麗略有古玄菟郡之地,遂自鐵嶺、開原,包有昌圖附近,而亦爲其極北之限。

《魏書·契丹傳》:"太和三年,高句麗竊與蠕蠕謀,欲取地豆千以分之。契丹懼其侵軼,其莫弗賀勿千,率其部落,車三千乘,衆萬餘口,驅徙雜畜,求入內附,止於白狼水東。"地豆千,白鳥先生《東胡民族考》《史學雜誌》第二十三篇第二號。謂以今巴林旗爲本據,東北包阿爾科沁札魯特,其地在奚之北,契丹之西北,高句麗欲與蠕蠕共分其地,則契丹東北之地,似爲高句麗所有,夫餘舊地,即今長春農安一帶,似亦爲高句麗勢力所及矣。然此言出於契丹人,正如乙力支謂勿吉與百濟謀共攻高句麗,難遽信爲事實。且高句麗若與地豆千接境,則必佔有西剌木倫之北方,更無可證也。

求諸《魏書》以外,則《隋書·契丹傳》云:當後魏時,爲高句麗所侵,部落萬餘口求內附,止於白狼河。"是契丹當時,確爲其東方之高句麗所迫,然此等情事,高句麗既據今開原、鐵嶺,即可有之,不能執爲勢力及於舊夫餘之證。《新唐書》:達末婁,"自言北夫餘之裔,高句麗滅其國,遣人度那河,因居之。"此說不見於《魏書》而見於《新唐書》,恐即《魏書·豆莫婁傳》"舊北夫餘也"之說,推衍而出。

> 譯者案《唐書》明謂達末婁人所自言,則其說無由以《魏書》爲據,達末婁人固不知有《魏書》。且唐時使譯,所通極遠;彼中傳說,爲史官及私家秉筆者所採,理或有之。即謂不然,南北朝以前史乘,唐時亦必有存,非必以《魏書》爲據也。惟此等民族,初無史乘,傳說易訛,實爲他族所破,顧誤以爲高句麗,抑或其人本言他族,而中國之秉筆者,記載偶疏,顧誤以爲高句麗;亦爲事所或有,仍不能執爲句麗勢力,曾及舊夫餘之證

也。又案慕容氏之再破夫餘，掠其衆至五萬口；而據《晉書·夫餘傳》，慕容廆又嘗略其人賣之中國，則慕容氏之攻夫餘，蓋利掠其人，非欲有其土，首都自此荒廢，遺民走度難河，乃克保其生聚，均爲理所應有，此所謂國爲人滅，自仍係慕容氏再破夫餘之事；或其故老傳説，誤爲句麗；或則中國之記載者，誤爲句麗也。

又唐時高句麗之地，有所謂夫餘城者，亦明在鴨綠江一帶，見後。然則謂高句麗之勢力嘗及於北夫餘，求之於史，固了無可證也。

如上所考，則魏時高句麗之北境，與前代同，實以鴨綠江、佟家江、渾河與松花江、輝發河之分水嶺山脈爲限；惟好大王時所取之東夫餘，在其外而已，白鳥先生以正始聞文咨王之上言，推測扶餘當長壽王時爲高句麗屬國，以予新扶餘僅保殘喘於句麗北境之説證之，説似可信。夫餘王爲勿吉所逐而歸句麗，其先兩國必相輯睦，然則新扶餘所居之輝發河一帶，雖非高句麗之地，亦必其勢力所及也。

　　　譯者案《滿鮮歷史地理研究報告》，爲日本東京帝國大學所刊行。先是南滿洲鐵道會社設歷史調查室，以考究滿洲朝鮮歷史，文科大學教授文學博士白鳥庫吉主其事，成報告書五卷，後會社更以此事委托東京帝國大學；由文學士箭内恒、池内宏、松井等，津田左右吉主之，研究有得，隨時刊行報告。其第一册成於大正四年十二月，實爲我民國四年。關東爲我領土，朝鮮舊吾屬藩，他人道其事若數家珍，我國人顧鮮措意於此，亦可耻矣！不佞於良維史乘，少時嘗略事研求；去歲來客遼東，本擬更加考究，既乏暇日，復鮮圖書，有志未逮。今乃變計，擬就日人所考證者，先行擇要迻譯，以供衆閲，而托始於是書。翻譯時偶有所見，附注於下，悉加譯者按三字以別之；此外夾注，則皆原文也。諸作多考據精詳，且其所據朝鮮史籍多爲吾國所無，固大足供留心是學者之參考矣。駑牛識。

高句麗之北境，及魏代之夫餘，既如上述，則舊夫餘領土之大半，果何如哉？餘於是不得不念及勿吉。

勿吉之朝貢於魏，始於延興五年；高句麗長壽王六十三年。其初現出之時代不明。先是四十年，即太延元年，長壽王二十三年。高句麗之北云舊夫餘，未知勿吉之名；則此時勿吉，至少尚未與高句麗接境；可知舊夫餘之地，無政治的勢力之存。然如上述，延興五年以前，勿吉既與高句麗接境，則此部族,實於此四十年間,於高句麗之北方,發展其勢力;而扶餘故地之大半,即於此時入於勿吉也。今請進考勿吉之本據何在。以定此臆説之當否。

勿吉本傳:"邑落各自有長,不相總一。"則勿吉實自幾多小部落集合而成,其間結束不緊密,不過有比較的優勢之一大部落,爲此等小部落之中心而制御之耳。勿吉者,即此大部落之名稱;以勿吉之名朝貢於魏者,亦此中心部落之酋長也。此中心部落之所在,似可由見於本傳勿吉與和龍之交通路想象得之。(一)乙力支自述其行程云:"初發其國,乘船泝難河西上。至太瀰河,沉船於水,南出陸行,渡洛孤水,從契丹西界達和龍。……乃還,從其來道,取得本船,汎達其國。"則自勿吉之太瀰河,必泝難河,而難河與太瀰河,河水聯絡,舟路相通。太瀰河,即下述之太魯水,《唐書・渤海傳》作它漏河,爲今之洮兒河,亦作陶爾河。既有定説。《史學雜誌》第二十一篇《東胡民族考》。難河即嫩江,事亦明白。然則此行蓋泝嫩江西入洮兒河也。嫩江,唐代呼爲那河,見後。難河、那河之爲嫩江,太魯水、太瀰河、它漏河之爲洮兒河,皆古今一名也。如上所云,雖知乙力支發其國後,自嫩江入洮兒河;然自其國如何入嫩江,及在嫩江何處乘舟;均不明白;則欲推定勿吉之本據,仍屬困難,然此必當通魏及自嫩江出洮兒河便利之地無疑。更觀他之記事。(二)"自和龍北,二百餘里,有善玉山。山北行十三日,至祁黎山。又北行七日,至如洛瑰水,水廣里餘。又北行十五日至太魯水,又東北行,十八日,到其國。"此蓋本於魏人赴勿吉者之報告。以旅行日數爲比例,以考其距離;則善玉山與如洛瑰水,西剌木倫。相距二十日;如洛瑰水與太魯水,相距十五日;今太魯水與勿吉相距十八日,其距離,當在二者之間。此地方之旅程,固不得爲規則的;然自平均數觀之,比例却不太錯。今案地圖,和龍北二百里至如洛瑰水,固較如洛瑰水之太魯河爲遠也。乙力支自本國之洮兒河,所由者爲水路。此行程自自文字上觀之,毫無如此之形迹,則自太魯水至勿吉,可視爲經由陸路者。自事實上觀之,謂爲取水路難信。見後。此行程至"十八日到其國"句止,下文云:"國有大水,闊三里餘。"固或爲同一人實見所記,然不能作舟行速末水到其國解;且"闊三里餘",乃渡速末水者之言也。由日數以測距離,則此當由今洮南附近東行,至伯都訥附近,渡北流松花江,更東行,至拉林河附近之路。此固不過一片之想象;然謂勿吉之本據在此,與乙力支自難河出太瀰河之言適合。以下便宜上稱嫩江合流點以上之松花江爲北流松花江,以下爲東流松花江。本文所云東北行,實當云正東行,然方位有誤,其例甚多,不足爲怪。或因其出發點有東北向之道路致誤。本傳謂此部落,"舊肅慎國也。"肅慎,後世稱爲挹婁,本傳所載之風俗,皆與之相似。則由此點以解釋此部落之住地，亦無障礙。拉林河附近，後世概爲女真民族住地；肅慎挹婁，即此民族也。擬定精確之位置，固不可能，然隋代此方面之民族，有伯咄、安車骨、拂捏等，伯咄，在今伯都訥方面；安車骨，在今阿勒楚喀方面；既有定説，《滿洲歷史地理》第一卷四二八頁。拂捏，池内氏新考證，謂在伯都訥之東，距伯都訥不遠；蓋在拉林河下游流域，此等部落，佔據東流松花江附近之地，似魏時即然，則勿吉部落，當更在其南；即今石頭城子附近，其範圍，西至北流松花江，東至五常廳附近。此見解之佐證，尚有一二事實。《新唐書・渤海傳》：十五府之名，一曰鄭頡，鄭頡而外，惟夫餘、鴨緑、鐵利、率賓四府之名爲土語；餘皆漢語。而此四府之名，悉有其歷史的因由，皆若被知於世之部落及地名；則鄭頡亦必然。求鄭頡之名於前代著名之部落，則惟魏代之勿吉，足以當之，然則鄭頡府即勿吉部落故地也。然鄭頡府之位置，似不在東流松花江沿岸附近，而在其南拉林河上流之域附近。見《渤海考》。又《魏書・豆莫婁傳》："在勿吉北千里。"豆莫婁，在東流松花江之北岸，今哈爾濱對岸附近。見《室韋考》。若謂勿吉之地，接近東流松花江，則相距千里，不免失之夸大。然此不必解爲隔江相對之地，可解爲指勿吉之本據與豆莫婁之距離幾何也。《勿吉傳》鄰國之一，數大莫婁；又云：勿吉輕侮豆莫婁；則二國明相接近。然可視爲勿吉之勢力範圍與豆莫婁接觸也。或怪自勿吉赴和龍，經太魯水方面之迂，然據乙力支之言，則當時勿吉句麗，關係切迫，勿吉使者，殆既欲避通過高句麗，又知自水路可與太魯水方面交通；遂自太魯水經契丹之地以至和龍耶，觀後來室韋亦自此路朝貢於魏，可以想象也。如此則乙力支等之通過此方面，寧爲自然之事情，由此言之，則乙力支之入嫩江，似自其國下北流松花江者。此推測之根據，不免薄弱，然即舍是，而在大體上，勿吉距北流松花江東岸不遠，而在東流松花江之南，固無疑也。然則勿吉者：據此地域，制御附近諸部落；南與高句麗接境，古夫餘之本地，即今農安長春方面，及其北流松花江流域之領土之大部分，則延興年間，既入勿吉之勢力範圍矣。今請更由本傳"國有大水，闊三里餘，名速末水"之説證之。

速末水，《新唐書・黑水靺鞨傳》作粟末水。其述粟末部住地又云："粟末部居最南，抵太白山，亦曰徒太山，與高麗接，依粟末水以居，水源於山，西北注它漏河。"《渤海傳》又作涑末江，速末，涑末，粟末，其爲同音異譯無疑，粟末水爲發源太白山，而西北流之太河，其爲松花江亦無疑，唯它漏河即今洮兒河，乃嫩江支流，非真接松花江合者；謂速末水注它漏河，似不合事實，然嫩江與松花江合流處，與洮兒河入嫩江處，相距不遠；且嫩江與洮兒河，舟路相通，則以此段嫩江爲它漏河之下流，良不足怪。《新唐書・達末婁傳》：那河，……或曰它漏河，東北流入黑水。"與此文相合。蓋本支流區別頗曖昧，所述者，特舟路所通之情形，同一船泊得以航行之河，則以同一之名稱之耳。洮兒河爲嫩江支流中之最大者，自此河入嫩江，既係順流而下，則視嫩江爲洮兒河之下流，無足深怪。粟末水注它漏河之説既明，則粟末水爲北流松花江可知。西北流之方面，與注它漏河之語，可爲明證也。東流松花江，是否與北流之松花江同呼粟末水，雖難斷定。然唐代之支那人，似絶無此説。《新唐書・渤海傳》之涑末江，係指北流松花江者。隋時之粟末部，實在北流松花江流域，使粟末水之名，兼指東流松花江，則別北流松花江流域之部族與他部族，無可稱以粟末部之理。然則至少當謂唐人所云之粟末水爲專指北流松花江，方爲妥當。果然，則魏代亦當然，"國有大水，闊三里餘，名速末水"之文，蓋謂粟末水在勿吉國內。與"國南有徒太山"及《魏志・東夷傳》扶餘條"北有弱水"之語參看自明。本傳："常輕侮豆莫婁諸國，諸國亦患之。"豆莫婁之位置，如上所述，則勿吉勢力，似北及今哈爾濱地方，然不能更越東流松花江而北。東流松花江，在勿吉之北境，然決不在其國內。夫勿吉之地，北達哈爾濱，南接高句麗，則以北流松花江爲其勢力範圍之內，而曰"國有大水，"固適合也。關於粟末水之記事，直承"到其國"句，則國有大水之國字，似指勿吉部落。然則粟末水爲北流松花江，又可自上述關於文教部落之位置之臆測而推知之也。承速末水之記事而曰："其地下濕"，似系述此部落之情形，亦合石頭城子附近之地勢。北流松花江，既在勿吉領內，則扶餘本土及其領地，此時必概歸勿吉矣。

扶餘於晉永和二年，爲慕容氏所滅破，不能係其故地，都城他移，舊都之地，一時荒廢，民族失其勢力。北流松花江流域，以扶餘國之壤賴，誘致一大變動，東北方女真民族，漸次侵入此方面，壓服土人。然八九十年間，無政治的制御之者，其後北方優勢之勿吉部落，起而統一之並有扶餘之故都地方。此事在延興年間。而先是或於時期，已南迫高句麗，其最初之接觸點，自地勢上觀之，在松花江上流，好大王所征略，所謂東扶餘之地，先受其壓迫。乙力支所謂高句麗十落，當在此地方，則本傳"國南有徒太山"，亦乙力支時代之狀態也。至太和十八年，扶餘王爲勿吉所逐，遁於高句麗，事在勿吉初興高句麗衝突之後約二十年，斯時勿吉并吞扶餘，喘於高句麗附近之扶餘益壓迫高句麗。《高句麗紀》云："扶餘王……以國來降，"然知其土地未入高句麗者，以《魏書》文咨王上言"夫餘爲勿吉所逐"，"惟繼絶之義，悉遷於境內"故也。

魏代勿吉之地域，余之見解如上。約言之：勿吉初朝貢於魏，即延興五年之時，領有北流松花江速末水、拉林河及阿勒楚喀河流域，其勢力：南於徒太山地方壓高句麗，北限東流松花江，隔江與對岸之豆莫婁接，而爲此勢力之中心之勿吉部落，則在北流松花江之東北方與此不遠之地域，以今之石頭城子附近爲根據。然則《勿吉傳》“舊肅慎國也”之語，解爲民族之同一，固無不可，以爲地域相同則誤。觀其風俗之相似而可知也。

隋唐之世，勿吉之名，易而爲靺鞨，用爲東北女真民族之總稱，魏代之勿吉雖散漫，然實形成一政治的勢力，用爲廣泛民族之名之記載，史上未曾有也。《魏書》勿吉之位置：南有徒太山，國內有速末水，與高句麗之北境接界。關於勿吉，魏人之地理的知識，僅限於此。此或勿吉以其國之地理告魏人，其言如此。亦魏人或謂勿吉之境土，不過如此也。其東方同一民族，如白水黑山等部，恐均未爲魏人所知。上述自和龍至勿吉之行程，太魯水以東，未嘗下舟於東流松花江，自此點觀之，似亦可見。順流而下十八日，無論如何未聞人之舟楫，亦必能達三姓以東，則勿吉之勢力，決未及於東方也。勿吉勢力範圍之大部分，與後來之粟末、靺鞨相當。前引《新唐書》關於粟末部之記載，與《魏書》勿吉之位置始同。皆在太白山之北，當粟末水。則勿吉之政治的地位及領土，前者繼承扶餘，後者大體移於粟末部也。

《隋書·靺鞨傳》記當時有力之部族凡七：曰粟末，曰伯咄，曰安車骨，曰拂捏，曰號室，曰黑水，曰白山。伯咄，在今伯都訥地方；安車骨，在今阿勒楚喀地方；拂捏，在拉林河下流；號室，在其東方，概如前述。此等在魏代，概屬勿吉之勢力範圍。然《隋書》所記，當時此等諸部，似各自獨立，其間無何等聯絡者。至如粟末部，則其本身，且無統一之政治的勢力可認；其中蓋包有幾多獨立之部落。又如黑水部，《新唐書》云：“分十六落，以南北稱。”白山部蓋亦同樣之狀態。然則此等七部，不過自地理的狀態上，爲漠然之區別。粟末、黑水及白山，不過以大山河爲目標，總括廣大地域之諸部落而已。魏時形成一政治的勢力之諸部落，隋時如斯分裂，其間不存何等之統制；則魏隋之間，此地方之形勢，有一大變化；振武於諸部落之上之勿吉部落，失其勢力，可以推知。《隋書》所舉諸部落，無勿吉之名，是否包含於粟末部中？不可知，而不稱爲勿吉而稱爲粟末部，則勿吉既不能制御粟末部矣。此變動之時期，當在北齊時。據《北齊書》及《册府元龜》：勿吉之朝貢，至東魏武定四年而絕。北齊河清二年，更記靺鞨之朝貢。武平三年，勿吉之名復一見。此外，北齊一代，靺鞨朝貢凡九。北齊之繼東魏，王室更迭，政府依然。勿吉部落依舊來朝，似無庸更改其稱號。此之改稱，既非由王室更迭而生，則當由負此名之部族有事故而起。以多年慣用之文字,忽焉改易,固似由朝貢者有何等變化也。予推測爲由勿吉部落,勢力失墜;他之部落,從勿吉之舊習,朝貢於北齊;北齊知其來朝者爲同一民族,而非勿吉之舊部落也;乃新作靺鞨字用之。若謂由王室更迭,政府司記錄者有變動,則中間一回見勿吉之名,不可解也。然則武平三年勿吉之名一見,殆此部落失其勢力之後,猶欲保持其舊慣,故一度入貢,然僅一回而止,則可見其自是之後不復能朝貢矣。

譯者按:此項推測;似不甚合理。同民族之異部落,以同音異形之字區別之,歷代史籍,皆無其例。予意勿吉、靺鞨,與靺鞨酋長號爲大莫咄瞞咄之“滿咄”,暨明人所書之滿住,後來訛爲滿洲者,皆係同音異譯。至此種族之名,則古稱肅慎,亦作直慎、稷慎;後世作女真,異譯作慮真、朱裏真、珠裏真,清代或作珠申,或作牽倫。曆數千年未變,此説略見去歲本週刊鄙著《沈陽大東門額宜取下保存説》。他日當另作專篇道其詳。

用靺鞨之名新入貢者,不知爲何部落。隋唐時朝貢,主屬粟末靺鞨,北齊時似與隋同。《隋書·靺鞨傳》除記七部落之位置及特載《魏書·勿吉傳》之風俗外,可考見者有三事:(一)與高句麗戰,(二)度地稽之降,(三)與清契丹之爭,皆似係粟末部之事。與高句麗之關係云:“每冠高麗中。”明記爲粟末部,又云:“勝兵數千,多驍武。”則此部族對高句麗抗敵之事多,而此關係,可爲朝貢於隋之一助因,繼起之隋唐與高句麗之戰役,益使世種人得與支那人接觸之機會。“煬帝初與高麗戰,頻敗,其衆渠帥度地稽率其部來降。”度地稽屬何部,未明記。然考之事情,當爲粟末部之一酋長。與契丹之交涉云:“其國西北與契丹相接,每相劫掠。”靺鞨人必在今長春農安方面,其西乃得與契丹接觸,而在此地方者爲粟末部,則與契丹戰者爲粟末部無疑。關於靺鞨,隋人之知識,限於粟末部,蓋以真朝貢於隋者,限於粟末部故。“其國與隋懸隔,惟粟末、白山爲近。”白山部在粟末部之東,高句麗之東北,與隋相隔,且《舊唐書》云:“白山部素附於高麗。”則其部民概服從高麗,朝貢於隋與否不明。白山部爲粟末部東南白山方面諸部落之總稱。是否包含今瑚爾喀河之上流,及海蘭、布爾哈圖二河流域,亦爲一問題。案《新唐書·黑水靺鞨傳》:粟末部之南境爲太白山,松花江上流,地勢上可屬於粟末部,瑚爾喀、海蘭、布爾哈圖諸河之上流,不可無有力之部族。又粟末、白山二部,對高句麗態度不同,自此推之,則二部不同地域。其他各部,對隋恐無何等交涉。觀唐代拂捏、黑水之朝貢,始於開元年間可知。惟黑水,貞觀年間曾一朝貢。《隋書》敘以上之事及七部之位置,

皆起於粟末部,則七部之名稱及位置,蓋朝貢或來降之粟末部人所述,而隋人
遂以靺鞨之稱,廣下缺[①]

　　　　　　　　　　　日本津田左右吉撰,駕牛譯並加按語,
　　　　　　　　　　　　原刊《沈陽高師週刊》第四十二期後

---

　①　下缺數字,或爲“廣泛用於這些部落之總稱”。

整理舊籍之方法

　　將從前之舊書,用一種新方法整理之,此乃近來新發生之一種需求。此種需求所由發生之故,因吾人無論研究何種學問,必有其對象。此種對象,屬於自然界者,則爲自然現象,屬於人爲界者,則爲社會現象。書籍之所記載,亦宇宙間之一種現象也,與吾人所目擊身受之事物同。從前讀書者,多以書爲特殊之物,與其他事物視爲兩事,故其所讀之書,全不能活用,而研究之方法,亦鮮正確之根據。近人漸知書之所載,亦屬宇宙間之現象,其爲吾人研究學問之對象,與吾人目擊身驗之自然現象、社會現象無異。是即近人研究舊籍之觀念,與昔人不同之點。

　　事物之本體,非吾人之所得知。所知者其現象而已。宇宙間之現象亦無限,吾人取其一部分而作爲研究對象者,其動機有二:一屬於利用方面,一屬於求知方面。於此兩者,必有其一,乃得感覺研究之興趣。惟同一現象,有古人視爲有研究之必要,而今人對之毫不感其興味者,亦有今人視爲有研究之必要,而古人視爲無足措意者。此即由於各時代利害關係之不同,因而其所致疑而求解決之問題亦不同。譬如天花,昔人極重視之,以爲危人之生命者,莫此病若也。而自發明接種牛痘以來,一般人視之遂不若古人之鄭重。醫家研究此病之治法,亦當然不及古人之熱心。又如地理之學,從前多偏政治軍事方面,故其研究多取材於歷史,而其取材又多偏重戰事。但近來此學之目的及範圍,亦與前此大不相同矣。

　　今昔不同之點,即由於研究之目的不同。是以同一舊籍,有昔人視之毫無疑意者,而今人每多疑問發生者,於此若仍用古人研究之方法,必不能合於現在之需要,至易見也。此研究古籍不能與昔人取同一手段之理由,而亦即舊籍欲用新法整理之一種理由也。此種理由多爲吾人所深悉,不待多贅,茲就整理舊籍之具體方法畧言之。在研究此具體方法之前,又不能不研求吾人所欲整理之物_{即所謂舊籍。}之性質。

舊籍之分經史子集，始於魏而成於唐，自此以來未之有改。此種分法之由來，蓋中國在太古時代無所謂書，文化漸進，乃有所謂學問，乃有所謂書籍。最初之書有兩種，其以記載爲主者，記載當時之宇宙現象。即所謂"史"是也。就宇宙之種種現象，加以研求，發明種種公理，自成一家之學，則"經"與"子"是也。經、子本同一之物。但自漢之後，崇尚儒家之學，遂由諸子中提出儒家之書，與諸子之書別而稱之曰"經"。古人之研究學問，多墨守一家，純一不雜，故其所著之書，可就其學術之派別分類，如劉歆之《七畧》是也。後世則研究漸廣，所著之書，取材之方面亦多。同一書也，視爲記載現象之史一類固可，視爲研求現象發明公理之經、子一類，亦未嘗不可，而就其學術派別言，則亦多兼綜各家。同一書也，視爲儒家可，視爲兵家道家等等亦未嘗不可。此等書於經、史、子三種之中，無類可歸，乃不得不別立爲一種而稱之曰"集"。此猶現在編新書之目録，政治可云政治，法律可云法律，至非研究一種學術之雜志，則無類可歸。編舊書目録者，經可曰經，史可曰史，而兼包四部之叢書，則不得不別立叢部云爾。此種方法，實應於事實上之必要，故自唐迄今莫之能易也。吾人欲論整理舊書之方法，亦當就此四者分論之。

經、子之價值相等。近今有一部分人過於輕視孔子，吾人固不必附和，但亦不必如昔人之重視過甚，惟有以相等之價值視之而已。但從研究之方便起見説，則經子仍不能相提併論。先從經入手，較之先從子入手，難易實大相懸殊。此由漢代以後，儒家之學孤行，傳書既較他家爲多，而治儒家之書者，亦遠較治他家之書者爲多。既有注，又有疏，又有發揮考訂之書，自此入手，實遠較治諸子之書爲易。儒家之學，原非能與諸子之學絕對相異，天下本無絕對相異之學問。其中一部分思想，本彼此相同，至於訓詁名物則其相同尤不俟論。故既能通經，即治諸子之學，亦不甚費力也。

治經之法，由漢至唐，大畧相同，即皆尊信前人傳注。宋以後則不然，好出己意，以推論前人之是非，此種見解亦甚是，但亦有壞處，即太偏於主觀是也。學術在於求真。今既欲治古書，即宜得古書之真相。漢人去古近，其所説易得古人之真相，而宋人則較難。故言治經，宋人之説，不能徑以之爲根據，但亦可爲參考之資料。自漢至唐之經學，細別之又可分爲"傳注時代"與"義疏時代"。義疏時代之人所攻究，即爲傳注時代之人之傳注。而傳注時代又可分爲三期。

（一）爲西漢時代之經學。即清代所稱之"今文學"。

（二）起於西漢末葉至東漢末而大盛。即清代所稱之"古文學"。

（三）魏晉以後。古文學另行分出一派。此派本即東漢時之古文學，但其立説好與東漢末負盛名之人反對，且好造偽書，清代所攻擊之"僞古文尚書"，可爲此派代表作。

以上三派，果以何者之價值爲最大乎？此可由幾方面觀察之。若以研究孔子之學問爲目的，則今文學之價值最大，以其爲孔子嫡派故也。但其所言，亦多訛誤闕脱之處，吾人不能不加以辨別。若以研究古代社會情形，或古代天然界情形爲目的，則今文學、古文學價值不甚相遠。今文學所言皆孔門相傳之口説。古文學之書，以鄙人觀之，實出於僞造，但其材料則不盡偽。譬之《左傳》，以之爲《春秋》之傳則偽，以之爲古史則真。且今文學以鄙人之見，實亦孔子托古改制之書，並非古代之信史。古代之信史寧多存於古文學中，以其所據者，多有未經孔門托古改削之書也。此理甚長當別論。

故由古文學研究古史，其價值甚大。但其偽造之部分，則更不及今文學家之書之可信。今文學雖亦托古改制，但其非托古改制處，則自然真實。即有誤謬之處，亦出於無意之傳訛，非如古文學之有意偽造。凡無意之傳訛，恒有其綫索可尋，加以改正較爲容易。若兩者之説，皆無確據，而皆出於想象時，則今文學亦較古文學爲優，以今文學在古文學之前故也。譬之吾人於祖先之事實知之不完全，而藉想象以補足之，則祖若父之所想象者，必較吾人之所想象爲確。不過其程度之相差，尚不甚遠。至魏晉人所造之偽書，如《偽古文尚書》、《竹書紀年》、《山海經》等，則其價值又小，取之不可不極矜慎已。

吾人今欲治經，必於此三派之書，能分別明瞭，乃不致發生錯誤。魏晉人所造之書，必於漢人之説有合者，乃可取之。漢人之書，則必分別其爲今文抑爲古文，然後可著手整理。

此法在應用上，實有甚大之效果。凡一史實，無論如何紛然淆亂，苟於今古文之派別知之甚真，殆無不可整理之使成爲兩組者。故用此法對於複雜之問題，在研究上恒較易得條理系統。研究古史必由經學中裁取材料，而材料之整理甚難，以上所述，在鄙人實自信爲一種良好之工具也。

今古文學之書今皆不全。今文學最早最純者，據《史記·儒林列傳》所述，則有八家。至東漢乃分爲十四博士。

如下圖：

```
                    ┌ 詩   魯   申培公
                    │     齊   轅固生
                    │     燕   韓太傅
《史記·儒林列傳》所列八家 ┤ 書   濟南  伏生
                    │ 禮   魯   高堂生
                    │ 易   菑川  田生
                    └ 春秋  齊魯  胡毋生
                          趙   董仲舒
```

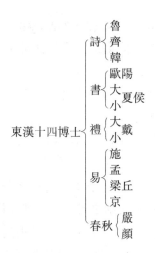

此十四博士雖已非純粹之今文家，但相去尚不甚遠也。至東漢末古文學大盛，古文學之異於今文者如下：

古文學 {
詩　毛氏
書　古文尚書
禮　周禮
易　費氏
春秋　左氏傳
}

此時治古文學爲一時之趨向，今文雖立於學官，名家者極少。大家輩出，鄭玄其尤著者也。玄生平注書甚多。除經學外，尚有關於法律等書。經注除《左傳》未成外，餘皆完備，《左傳》服虔成之，亦與鄭無大出入。不愧爲當時泰斗，古文學至此已臻於極盛時代，盛極必反，王肅之一派遂起而代之。王肅者，晉武帝之外祖，於經學亦兼通今古文。鄭、王皆兼通今古，不守家法，但皆側重於古。但其攻鄭氏之手段，則極爲卑劣。肅欲攻鄭説，乃先僞造古籍以爲根據。如《孔安國尚書傳》、《論語注》、《孝經注》、《孔子學語》、《孔叢子》諸書，皆肅所僞托，以爲托孔子後裔記述之言易於取信，以證明己説，古文學至此乃有真有僞矣。然魏晉時本爲哲學運動時代，人皆厭棄東漢古學之煩碎，遂成一種談玄之風，浸以施之於説經，與鄭、王之學乃迥不相同。何則？鄭、王之所本雖異，而其治經之方法則不甚相反，至空談説經之徒，則根本不變。魏晉以後，歷南北朝以至於有唐，古文學與魏晉空談説經之書併行，今文學已無人過問。唐時之《十三經注疏》，除《孝經》爲玄宗御注外，漢人與魏晉人所注參半。其中獨《公羊傳》爲何休注，屬今文學，餘皆古文學也。《十三經注疏》本爲官修之書，抄襲前代之舊，甚至大隋字樣亦未改正，其不純固不待言。但材料之存，仍以此爲大宗，仍不可不細讀。

讀經必先求得一門徑。最簡單之法，即將《王制》，今文學之結晶。《周禮》，古文學。《白虎通義》陳立疏證、十之九爲今文學。《五經異義》陳壽祺疏證此爲今古文對照之書，其異同重要之點，皆具此書中，故極有讀之之必要。四書閱之，以爲第一步功夫。再進，則十三經在清時除《左傳》、《禮記》外，皆有新疏。凡古書之不易解者，一經清人疏證，皆可明曉，此實清儒不可沒之功。清代漢學家最重歸納之法，所列證據，務求完備。吾人苟循其所列之證據而求之，可得許多整理舊書之方法。清儒著述甚多，一時不能詳述。最近北京新學會出版之《改造雜志》，有梁啓超之《前清一代中國思想界之蛻變》，在三卷三號至五號中。述此最爲詳盡，極可參照。

以上爲關於"經"者。

古子與經本互相出入，但從事研究不若經之容易，因注釋疏證者遠不若經之多也。又四部之中，惟子包括最廣，各種專門之學皆隸焉。研究之法，若專研究一科之學者，即宜專擇此類之書讀之。其要在先有現在科學上之智識，則以之讀古書，亦自然易於瞭解。如究心農業者，則專讀農家之書；究心軍事者，則專讀兵家之書是也。

更就其普通者言之，則當用一種區別時代之方法。即將子書區分爲三大時期：

（一）周秦諸子時代；

（二）漢魏六朝時代；

（三）唐代。

在以上三時代中，（一）之價值極大，（二）之價值次之，（三）之價值又次之。但在（一）之中，有一書全部爲僞者，亦有一部分爲僞者，不可不注意。在（一）之中其價值最大者，當爲下列各書：

（一）《老子》　全真

（二）《莊子》　半真半僞

（三）《墨子》　真多僞少

（四）《管子》　有真有僞

（五）《韓非子》　大部分真

（六）《荀子》　半真半僞

（七）《呂氏春秋》與《淮南子》　爲古之雜家，包含甚廣

（八）《淮南子》　此書雖爲漢人所著，但多先秦成說，故列入。

諸子能得清儒疏證本最佳，如孫詒讓《墨子間詁》、王先謙《荀子集解》是；次則校本，如浙江書局二十二子是。

宋以後學術思想大變。子部之書，當以理學爲正宗。此外學者之思想，多爲片段的發表，編入各家專集內，如唐以前編爲一"子"之風衰矣。

研究理學，從前學者所用之法，亦頗可取，即先觀各種學案，於各人傳記，知其大畧，於其學説，稍得要領後，再深求之於專著。蓋關於理學之著作，説理既深，又多爲東鱗西爪，驟閲之每不易得其條理系統，又一人學術思想之來源與背景，皆不易明瞭，故以先閲學案爲便。欲知一人學術之真相，學案之價值自然不及專著，但著學案者，多於理學極有研究，所裁取者皆其重要部分，較之閲各家專著，在初學，轉較易得其扼要所在也。

以上爲關於"子"者。

集類之書，至唐而多，宋以後其關係乃大。唐以前集部之書多爲文章，以其時有學術思想者發表思想時，尚多書爲子書也。宋以後此風益衰，發表學術思想之作，多入之於集，集類之書，自此而多，其價值亦因此而大。集之爲言雜也，欲於此中求得一提綱絜領之法，以判別其書入於何種何類極難。簡便之方法，惟有先考其人，長於何種學問，然後求其書而讀之而已。長於某種學問者，原未必集中之文，皆談此種學問，然究以關於此類學問者爲多，且較重要也。

以上爲關於"集"者。

史之研究方法，苟詳細言之，極繁，兹畧述之。中國從前之史，就其性質言之，可分爲兩種。

（一）已編纂爲史者，如正史、編年、紀事本末、政書是也。

（二）史材。即僅保存史料，而未用某種方法加以編纂者。

所謂已編纂爲史者，即具有目的與一種方法，以此爲條理系統而排列其材料者也。反之，則作爲史材觀可也。關於前者，正史之體最爲完全，足以概括編年、紀事本末、政書等，但就研究上言，則因其事實多分散於表志紀傳中，欲知一事實之原委，極不容易，故於此入手不便，不如先就他種之書求之。吾以爲第一步，先將《資治通鑑》、清畢沅《續通鑑》，《明紀》或《明通鑑》閲之，次乃將馬貴與之《文獻通考》，擇要瀏覽。此數種以二三年之功夫，即可瀏覽一通，於研究史學之根柢已具。研究史學至少亦須閲過此數種書籍。然後進而求之正史，乃覺較有把握。謂正史之體較爲完全者，不過指其體例言，在事實上，二十四史原多不完全處，且有訛誤，故亦必借他書補充考證。

於此有一言者,學術之趨勢,本由混而趨於析。從前之人,將宇宙間各種現象,皆羅而列之一書,而稱之爲史,此本學術幼稚時代之現象,自今以後,宜從事於分析。如食貨志可析出爲經濟學史,天文、律曆亦宜各歸專家研究是也。要而言之,今後學術之分類,一種學術之範圍及內容。皆當大異於前。吾儕之於舊書,不過取其材料而已,此其所以當用新方法整理也。從前研究史學之人,有以前此之史爲不完全,思網羅羣籍,更編爲一完全之史者,其結果無不失敗。反之,專研究一部分,更求精密者,其結果無不成功,如《通考》《通鑑》皆就正史而析出其一部分,在研究上價值極大。《通志》意欲包括從前之正史,要求完備,然其與正史重複之部分,並無用處。近人每好言著中國通史,吾不知其所謂"通"者,其定義若何? 若仍如通志之所謂通,吾敢決其必失敗,以其與學術進化之趨勢相反也。

若於中國向所謂"史"之中,將應析出之部分,盡行析出,然後借各科之輔助,將史學精密研究,劃定範圍,俾自成爲一科學,則非今日所能。在今日,惟有從事於將舊時歷史中應析出之部分,逐步析出,然後就各部分加以精密之研究而已。

又各種學問,皆須求得正確之事實,然後歸納之而得其公理,史學亦猶是也。前人所記載之事實,無可徑認爲完全、正確之理。從事於補足考正,實爲第一步工夫。補足與考證,即前人之所謂考據也。故講史學離不開考據。

關於第二類,即僅可認爲史材之書。必先有一研究之宗旨,乃能取其材而用之。其整理之方法,望空無從講起。但有一言,此項材料皆極可寶貴。近人每訾中國史部止是"帝王之家譜"及"相斫書",此乃不知學問者之妄言。前人之材料,視乎吾輩之如何研究取用而已。以吾觀之,中國史部所存,可寶之材料實甚多。正如豐富之礦山,數世採之,尚不能盡。

以上爲關於"史者"。

以上所講,不過研究方法之大畧,未能詳盡。最後吾更有一簡要之方法,即於欲閱舊籍之前,先取目錄之書,加以瀏覽是也。如此,則於舊學之分類若何,派別若何,變遷若何,以及現在書籍共有若干,心目中已知其梗概,他日參考既不致挂一漏萬,即目前從事研究,亦易得其要領。今後研究學問,固重在分科,但關於全般之知識,亦極關重要。所謂由博返約,實爲研究學問之要訣。未博而先言約,則陋而已矣。指示研究學問之方法,愈具體愈善,最能具體地指出研究之門徑者,殆莫目錄之書若。江南講究讀書之家,兒童初能讀書,多有全讀四庫書目者,使其知天下之學問甚廣,以啓其求知之心,且可獲得一廣泛之知識，意至善也。目録之書甚多，就現在論，比較的最後最完全者，仍推清四庫書目。但此書所述，止於乾嘉以前，道光以後之著述，及新輯出之書，尚無相當完備之書目耳。又四庫書目但閲簡明者無用，以吾人瀏覽之目的，不僅在知其書名，乃欲畧知其書之内容，簡明書目之提要太不精采也。又如以四庫書目過繁，則暫可不觀其存目。此外有張之洞《書目答問》及近人《正續彙刻書目》，亦便檢閲，但無提要耳。此兩書出於四庫書目之後，所採之書，已有爲四庫書目所無者矣。以上兩種書目之外，如前所舉梁啓超之《前清一代中國思想之蜕變》一篇，閲之於有清一代之學派，極易得其要領。

　　吾前所言，不過具體的廣泛的初步整理舊籍之門徑階梯，最後所舉之三種，實可謂爲門徑之門徑，階梯之階梯。由此門徑之門徑，階梯之階梯稍進，則已得其門徑階梯，如再進，則升堂入室不難矣。

　　　　　一九二一年四月十六日瀋陽高師麗澤周會舉行特別講演會，

　　　　　　　　　　　　呂誠之先生講演，卞鴻儒君記録。

　　　　　　　　　原刊《瀋陽高師周刊》，一九二一年出版

駑牛雜談

（一）個　　性

近今論者，每謂中國人蔑視個性，非也；中國人最重個性。

中國人之思想，與儒家因緣最深。凡深入於人人之心，而浸成風俗者，十八九儒家之思想也。孔子之改制托古也，亟稱湯武，亦亟稱夷齊。夫湯武與夷齊，不兩是者也。然而並稱之者，以見天下無絕對之是也。雖以舉世歸之湯武，_{此事之非事實，爲別一問題。}猶不容無反對之人，且不容以舉世之歸往，遂非反對之之人也。

此等思想，深入於人人之心，故對於隱者，極爲重視。夫隱者則何益於世？然而人所處之地位不同：有能積極以改良社會者，有不能者，處於不能積極改良社會之地位，而猶不忍以身之察察，受物之汶汶；寧一往不顧，受舉世之罵譏笑侮，耐畢生之飢寒勞苦，以獨行其志，而因以促世人之返省焉。其有益社會，固已多矣。且縱謂無益社會，亦不能謂個人無此獨行其是之權利也。故社會對於隱者，至少宜取容忍的態度；進一步，則宜取重視之的態度，中國人之重視隱者，寧有過於西洋人，此即其重視個性之特徵也。

故謂中國之社會，常壓迫個人之自由焉，無此事實也。謂政治常壓迫個人之自由邪？苟能納稅_{無產之人並可不納稅。}不爭訟，終身可與政府無交涉。如此自由，何國有之？然則壓迫中國人之個性，使之不得發展者誰歟？夫今日中國人之個性，則明明其不發展也。

曰：家族制度是已。善夫馬克思之言曰："社會之組織，恒以經濟爲之柢，經濟事項變，他事項亦必變"。夫中國向者之經濟組織，則以家族爲之單位者也。舉一家之人，而待養於家長，然則此家長之善惡，_{家族員之評論。}果以何爲之標準乎？曰：其必以能豐富其家族之物質上之供給者爲善，而反是者則爲惡，不待言矣。人不能離群而獨立；而群之組織，則經濟其最要之事項也。今中國人所謂群之組織者，唯此家族團體_{此外縱有組織，亦不密切。}則其所謂是非善惡之標準，亦惟此家族團體之議論，不待言矣。超於此之議論，未嘗無之，然在實際不能發生效力。故今日中國人之所謂是非善惡者無他，即能多得財以豐富其家族之物質上供給者爲善，而不然者則爲惡。非無他種條件，然皆自此展轉推演而生，故此爲其根本的條件。此乃一般家族員對於家長評價之標準，而一般社會承用之者也。社會之評論個人，亦即以此爲標準。

　　故人苟生於此等家族之中，即不能自拔。何則？世無能真不顧社會毀譽之人，而全社會之毀譽，皆以此爲標準故也。故中國之爲家長者，恒深爲其家族員之所累，而不得發展其個性。

　　此以上中流社會言也。若下流社會，則又生家長掠奪家族員之結果。蓋家族員之生活，既皆仰給於家長，則家長對於家族員，自然有若干支配之權。既有權利，而不恃以爲掠奪之具，非今日之人所能也。亡友某君常備一僕，滋陽人也。人亦樸誠，惟酷好賭，有田十餘畝，以博負，悉質於人。無以自立，乃只身走江南爲僕。數年，薄有所蓄，歸家，將以贖所質之田，至則其妻既以紡織所入，益以典質衣物，變賣家具，次第贖還矣。僕心大慰。無何，遇向者博友，又拉之入博場，盡罄所蓄。並其妻贖還之田，更舉以質於人，已且賣絶焉。其妻傷痛幾死。然畏其兇悍，不敢拒也。夫夫婦，共同生活者也。以兩人共同生活所仰之產業，一人以博罄之，一人辛苦復之，既已不平矣。乃罄之者又可罄其所復，而復之者不能拒。欲求救濟於政治，而政治對於此等人，保護向不能及。欲求裁制於社會，而社會對於此等事，向來默認爲合理，此是何等現象？——禮儀之邦乎？野蠻之部落乎？吾家常備一女僕，三十未嫁，以所許字者亦無賴之徒也。然婚約未毀。此女僕極勤儉，亦薄有所蓄。常曰：吾勞力至六十歲，所蓄積亦足以自活矣。一男僕笑於旁曰：汝確能不嫁否？嫁後汝夫閉門而毆汝，捶楚之下，何求而不得？女僕喪氣，不能對也。某縣有一大佛寺，田產極多，常借放債於農民以取利。其放債有一相傳之秘訣：能由農家之婦女出面借債者，必直接借於婦女之手，而不然者，亦必爲其家婦女之所知；若男子借債於外，而其家之婦女不知，則絶對不借也。以是此寺放債，鮮有漂失者，以婦女責任心重，不肯逋債而不還也。吾舊勞於外，輪蹄所至，杜陵所謂“土風坐男使女立”者，往往見之。而其結果，則婦女時時爲男子所掠奪。賭博、狎妓、飲酒、吸鴉片，皆男子之所爲，婦女無是也。原非絶無，但其數極少，可以不計。今日論者，皆謂男子生利，女子分利。上流社會之婦女，誠多坐食，且或不免流於侈靡，然吾不知中國大多數之上中流社會男子，所生何利？至於下流社會，男子一個人生利之量，誠略大於女子。此由社會制度不容女子生利爲之，非女子之無此能力也。然男子有不生利且分利者，女子無之。有之而其數甚少，可以不計。即生利之男子，其消費量，亦恒較女子爲大。若從全體男子中，控除其不生利之人，更從全體生利之男子所生之利中，減除其消費之量；以與女子全體所生之利除去女子之消費比較，男子所生之利，決不多於女子。而徒以數千年來家族制度之束縛，使女子不能盡其生利之力；所生之利，且爲人所掠奪，處於此等狀況之下，欲望個性之發展，得乎？

（二）資 本 制 度

中國現在當行社會主義與否？爲時人爭辯之一問題。夫此問題，即謂資本主義當防遏其發生與否也。夫“能否防遏其發生”與“應否防遏其發生”，自然是兩問題。予則謂即以“應否”論，資本制度之在今日，較諸家族主義，亦寧爲可歡迎之物。

夫所惡於資本制度者，爲其能侵掠壓迫人耳。中國今日，並無資本制度也。然侵略壓迫人者，有之乎？無之乎？如吾向者所述之滋陽人，以一己賭博之故，質兩人共同仰給之田；迨他人既以勞力贖還，而此人復從而毀之。資本家對於勞動者之掠奪，有如是其慘酷者乎？他且勿論，資本主義不興，此全國半數被掠奪之女子，將以何法解放之？以社會主義解放之乎？今有列寧其人，生於中國，得位而行其所志，訂男女權利平等之法律，予婦女以與男子同等勞動之機會，此等慣於掠奪之男子，能慨然解放其向所侵掠壓迫之女子乎？吾向者持論：嘗謂中國之法律，爲家族所隔閡，只能施於家族團體之外，不能深入於家族團體之中，而破壞其組織。如此家族之人與彼家族之人爭者，法律能制裁之。在一家族之中，家長虐其家人，微論其一部分之行爲，法律本承認之也；即爲法律所不認者，亦並不能施其制裁。故今日中國，在家族中處於被治地位之人，只可謂之未嘗受法律之保護。今後之趨勢，必將大變。家族制度必破壞，法律之力，必大伸張。由今觀之，無論政治法律，皆不能有此大力。然則其將長此終古乎？曰：惡乎然。一種之制度，猶一人也，惡稔則必斃。家族制度之在今日，其惡可謂稔矣。必有起而斃之者。特非不甚酷烈之政治法律所能，更非仁慈惻怛之社會主義所能耳。

夫攻毒者必以毒；烏頭附子，誰不知其可以殺人？然在病毒方重之時，則爲救命之品。資本制度，毒物也；然以之攻毒家族制度，則爲無上之利器。蓋惟資本制度，能使機械工業勃興；即惟資本制度，能使小工業與家庭工業消滅；即惟資本制度，能使婦女之勞動力，與男子之勞動力平等；即惟資本制度，使家長不能撫養其家人，而不復能禁錮其婦女，而不得不使之勞動於家庭之外。於是向之婦女，經濟上仰給於男子，男子對之因有支配之權者，今則同受支配於資本家。於是向者爲男子所禁錮之婦女，其所遭之環境，曾不足以促起其自覺者，今則出於家庭之外，而自覺之心，於以發生焉。夫社會主義，則豈不可以提倡機械工業？然社會主義，立意不欲侵掠壓迫人，即無以困苦今日之男子。男子未受困苦，必不肯解放其所侵掠壓迫之女子，而社會主義之爲物，非舉全社會人人解放之不可者也，於是社會主義自身遂遭破壞焉。即惟資本制度，取"不爲家族團體中之掠奪者所反對之方法"，以破壞家族制度。迨家族團體中之掠奪者，既已覺悟其特權被破壞時，業已被其襲擊至破壞不堪，無已自存矣。南方今日機械工業稍興盛之地，男子大都樂送其妻女入廠作工，得工資以爲補助。夫此等女工，即將來女權運動之先鋒隊也。使此等男子，知妻女入廠之後，即當跳出家族之外，對男子而要求解放，則必抵死不肯使其妻女入廠矣。然今日彼固不能有此先見也。迨女權運動既已開始之時，彼等即欲禁錮，亦已無及矣。故以社會主義破壞制度，是以剛道行之，以資本制度破壞家族制度，是以柔道行之，天下惟以柔道行之者，爲大可畏而終有成也。

故吾敢斷言資本制度必興，且在今日之中國，並非可惡之物。一人孰不願去苦而就樂？今日在工廠作工之女子，多有不願嫁者，已嫁亦有不願歸者。觀其所去就，而民情大可見矣。

原署名：犖牛，原刊一九二一年《沈陽高師週刊》

乙部舉要(一)

一

我去年曾在麗澤周會，講過一次《整理舊籍的方法》，當時本想把重要的舊籍，畧畧舉出來，後來因限於時間，仍只講得一些理論。

書是沒有一部無用的，只看我們怎樣用他，所以要分別什麼是有用的書，什麼是無用的書；什麼書重要，什麼書不重要——在理論上，這句話不算十分完善，但是就研究的步驟上説，自然也有個先後緩急，若能把應看的書，説出個大畧；並且説出一個大概的先後緩急，我想於治學的人，亦不無小補的。

但是這個題目，範圍太大，一次講，是講不了的；至少也得分三四次，諸君是研究歷史的人，我今日便把中國史部的舊書，擇其最緊要的，講個大概，但是：

（A）中國現在的史學，正在改造的時候，嚴格説來，實在是加以嚴整的組織，使它成爲科學的時候。各種書籍，都和史學有關係，因爲要重新組織，從前一切史書，我們只認爲是史材，其餘一切書籍，卻也可稱爲史材。史材並不限於舊時稱爲史部之書。

（B）今天所講演的，就舊時所稱爲史部的書，也不能講全。至於其餘，史部及非史部，將來若有機會，我當再作一次講演。

二

向來講歷史的人，總把正史認作最重要，而且最可依據的書。這也有兩種理由：

（一）“史者，記事之書”，這句話，粗看似乎對的，細究其實不對。“昨夜鄰家生一猫”，爲什麼從古以來，總沒有史家認爲此是史實？可見史實必須取其比較重要的。什麼是比較重要的史實呢？馬端臨《文獻通考·序》最可以代表舊史家的意見。他把史事分爲(A)"治亂興亡"；(B)"典章制度"兩大類。這兩種，是否真正是重要的史實，而且足以盡重要的史實呢？我的意思是，重要的史實並不盡於此；然而此兩項，卻實在是重要的史實。這個姑且不論，就使此兩項實在並不是重要的史實，從前的人，實在誤認了，然而須知道：學問是沒有一天能爲突飛的進步的，總是從舊的裏頭，慢慢兒蛻化出新的來。那麼，我們現在的史學，不能馬上和從前的史學脫離關係，從前人認爲重要的即使錯誤，我們現在也還有研究的必要，何況不能概指爲錯誤呢？從前人認爲重要的，是(A) 理亂興亡，(B) 典章制度兩大類，這兩類，只有正史裏是完全的。譬如編年史，就只詳(A)類。政書，就只詳(B)類。

(二)史材貴乎正確，講正確，則以直接的史材即原本。爲貴。間接的都出於直接的，在原則上，就只有間接的可能有錯誤，某一時代編纂的史書，大抵最初編出的，總是用正史體的，用他體的，總是取材於正史。自然也有例外，但終究是例外，那麼，正史該説是原本，其餘據正史編纂之書，都是翻本。

(三) 不論治什麼學問，總須有點普遍的智識，而現在的史籍有兩種：一種是編纂成書的，一種是止於保存材料，預備人家編纂的。關於前一類的書，它必定劃有一個範圍，在此範圍以內的史實，它要負搜輯完全的責任。事實上雖然未必能做到，然而既打定了這種主意，搜輯得畢竟比較要完全些，後一類的書，就難言之矣。正史是負責把向來史家認爲重要的史實，都要想搜輯完全的，雖然事實上未必能做到。

(四) 而且前一類的書，還要負一種責任，就是史材要取其正確的，至於後一類的書，本是預備他人編纂時取材，只是以多爲貴，正確不正確，卻可以不負責任。正史是屬於前一類的，向來研究歷史的人，依據必先盡正史，就是這個道理。

照以上説來，則正史在現在史書中，仍佔重要的位置。正史是人人知道的，其名目可以不必列舉，但所要注意的，在清代，正史只有二十四種，現在卻奉大總統的命令，把柯劭忞的《新元史》，也加入其中，照《唐書》、《五代史》的例，與舊史併行，共有二十五史了。

三

正史有注的，共有五種：

(A)《史記》。晉裴駰《集解》，唐司馬貞《索隱》，張守節《正義》。

(B)《漢書》。唐顏師古《注》。

(C)《後漢書》。唐章懷太子賢《注》，《後漢書》中的《志》，本係司馬彪所撰的《續漢書》，此書凡八十卷。至宋代，僅存其志，真宗建興年間，乃取以與《後漢書》合刻，其注係梁劉昭所注。

(D)《三國志》，宋裴松之《注》。

(E)《新五代史》，宋徐無黨《注》。

此中當以裴氏《三國志》的《注》爲最佳，網羅舊文，足以補正文之不備，《三國志》最畧。而且畧有考證，以斷定其可信不可信，不是鈔撮彙齊，便算了事的。必如此，才可以稱爲注史，若單是訓釋文義，那未免於史的文字方面太注重，於作史的意思，反抛荒了。

次之則裴駰的《集解》，其中存古書舊説極多，亦可寶貴。顏師古對《漢書》的《注》，亦負重名，其實錯誤的地方頗多。顏師古殊不能算做學者。

雖如此説，古書有《注》的總得看《注》，有《疏》的并得兼看《疏》，因爲我們年代同古人相隔遠了；不如此，往往容易誤解，鬧成笑柄，不可不慎。

四

正史於注之外，還有一種"補"，注是釋史之不明，補是補史所未備，但兩者亦不是絕對分離的，即如裴松之的《三國志》之《注》，就多含有補的性質。

補之一法，施之於表志的最多，其中最早的，怕要推宋熊方的《補後漢書年表》，此書頗精詳。此外清儒所補的也很多，梁任公《清代學術概論》第十四節裏，所舉頗爲完備，現在且借用他所舉的：萬斯同《歷代史表》，錢大昭《後漢書補表》，周嘉猷《南北史表》、《三國紀年表》、《五代紀年表》，洪飴孫《三國職官表》，錢大昕《元史氏族表》，齊召南《歷代帝王年表》。

梁氏所舉的還有顧棟高《春秋大事表》一種，這書只應當算經部的書。但是現在講學問的宗旨變了。經學，我自始不承認他可以獨立成一種科學，而經學的全部，卻是治古史最緊要的材料，即治後世的歷史，也不是和經學沒有關係。就事實論，把全部的經學書籍都看做治史學應用的書，亦不爲過，又不獨《春秋大事表》了。

此外又有《歷代職官表》一種，係乾隆五十三年敕撰。以上係補表。補志，梁氏所舉的是：洪亮吉《三國疆域志》、《東晉疆域志》、《十六國疆域志》；洪齮孫《補梁疆域志》，錢儀吉《補晉兵志》；侯康《補三國藝文志》；倪燦《宋史·藝文志補》、《補遼金元三史·藝文志》；顧懷三《補五代史·藝文志》；錢大昕《補元史·藝文志》；郝懿行《補宋書·刑法志食貨志》；洪氏《三國疆域志》，吾鄉謝鍾英先生又有《補注》。補注類清儒所撰：有惠棟《後漢書補注》；杭世駿《三國志補注》；王先謙《漢書補注》。其專補注書中之一部分的，則有如徐松《漢書·西域傳補注》。

考證的風氣，亦起於宋人，現在所傳的三劉刊誤，殿本漢書，已經附入。係宋刻本如此。又倪思的《班馬異同評》，係比較《史記》《漢書》字句同異的，此外尚有數種。至於清儒考證正史的書，關涉全史的：有趙翼《廿二史札記》，王鳴盛《十七史商榷》，錢大昕《廿二史考異》，洪頤煊《諸史考異》。專考證一史的，有梁玉繩《史記志疑》，錢大昭《漢書辨疑》、《後漢書辨疑》、《續漢書辨疑》，梁章鉅《三國志旁證》等。

關於正史，還有所謂"重修"者，是不滿意於前人所修的書，因而有此舉動。我們現在治史的宗旨，和從前的人不同，全部歷史，都只認爲史材。所以緊要的問題，是事實有無同異，不是考究體例，其中事實有同異，彼此不能偏廢的，如新、舊《唐書》，新、舊《五代史》，早已聽其并行了。至於單着眼於體例，因而重修的，譬如郝經的《續漢書》。所爭者係把蜀漢改成正統。所有的事實，並不能出乎前史之外。我們所重在乎事實，事實自然還是取之於前史，是直接的。所以這一類重修的史書，雖有幾種，都不甚重要，姑且置諸不論。

正史的名目，因"立於學官"而生，立於學官的書，在原則上只有一部，但是用這種體例著歷史的，卻不限於每朝一部，其與正史著於同時，而又用同一體例的，其書自然大有參考的價值；又後人用正史體例重修的正史，亦有時能（一）搜得舊正史以外的史材，（二）或考正舊史敘事的謬誤。這類書，亦很有參考的價值，且等一會再論。

呂誠之先生講演，程國屛記録。

原刊《瀋陽高師周刊》，一九二二年出版

乙部舉要（二）

我國史部的書籍，約分兩種：

（A）編纂　已編成的歷史書籍。

（B）搜集　保存歷史材料之書籍。

（A）種書籍，因爲有範圍之限制，在此範圍内，事實的調查，材料的搜集，不特完善，並且較爲正確。

（B）種書籍，沒有一定範圍，對於材料不加選擇，對於某種事實之記載，亦可記其一瞥，亦可詳詳細細記其全體，首尾俱備，而全不負編輯的責任，不過將這種歷史的事實記載下來，專待後來研究歷史的人，把它整理出來。這兩種書籍，（A）種比較的有系統，我們看了以後，容易得到歷史上普遍的知識，所以看歷史的書籍，應當從（A）種書籍下手，以後再讀（B）種書籍。我國歷史往往記載一種太沒有意義的事實，就像"鄰家昨夜生一貓"等等，這種記載，實在沒有一目之價值。

我國閉關時代，歷史上對於外國史實的記載，視爲無價值，不大樂意記載。但是這類事實，在今日視之，卻是重要得了不得。歷史這類事實，可是不勝枚舉的。所以史事沒有絕對的價值，要歷史家用時代的眼光去鑒別它有沒有價值。

我們現在的學術界，是處在什麽樣的時代呢？是處在無論哪一件事情，都要重新估定其價值的時代。所以我們研究歷史，不論（A）種（B）種，都可以拿它當作史材。不管它是古代曾經重視的而現在不重視的，或者是古代輕視的而現代重視的，都該一律平等看待。待搜集齊全了，再經過我們的整理，然後重新去估定其價值。

（A）種的書籍就是正史，從來大家都拿他看做頂重要的，這内邊有兩個重要的原因：

（一）正史是歷史中比較完全的，它把歷史的事實，分做兩種：

（1）治亂興亡　本紀、列傳、表

（2）典章制度　志（書）、表

這個分類很足以代表我國歷史家研究古史者的心理，而正史對於這兩類，都有相當的記載。例如《通鑑》、《通考》等書，不是注重治亂興亡，就是注重典章制度，所以正史是史書中最完全的。

（二）正史是直接的材料。我國每代滅亡之後，後代才修前代的正史，所用的體裁大半都是歷代相緣的。正史修成以後，其餘如紀事本末、通典、通志等都是依據着正史而編纂的（例外很少）。故吾人讀正史是直接的，其餘的史是間接的。但正史記載雖較完全，而在研究上卻不甚便，治亂興亡是散見於本紀、列傳的，典章制度只限於一代。前者固極不便於閱覽，後者以典章制度，都是歷代相緣，只讀一代，亦難瞭解。故以先讀編年、記事本末、通考爲便。

現在要講正史的歷史。正史之名，起於宋時，所定者共一十七史。《史記》、《漢書》、《後漢書》、《三國志》、《晉書》、《宋書》、《南齊書》、《梁書》、《陳書》、《魏書》、《北齊書》、《周書》、《隋書》、《南史》、《北史》、《新唐書》、《新五代史》。至明時增定《宋史》、《遼史》、《金史》、《元史》四種，合稱二十一史。至清乾隆四年《明史》修成，合爲二十二史，又詔增《舊唐書》、《舊五代史》，共爲二十四史。及至民國奉徐總統命令，柯劭忞《新元史》與舊《元史》并行，遂共爲二十五史。

正史之中，以四史爲最要。吾人讀史，固當先讀編年，後讀正史，而四史則須先看。因爲四史歷代研究的人很多，並且以後的正史，多半都是因襲四史，所以四史差不多是後世歷史的淵源，成了治史的常識和最普通的學問。故我們看史，當以四史爲先，但是看史還有一個最要注意的事情，就是看注釋。這差不多成了看古書的定律，不特看史要這樣。這類古注很有用處，並且也可以拿來作編史的材料，《史記》裏的《集解》，《漢書》的顏師古《注》，《三國志》的裴松之《注》，其材料都很有價值。研究正史很可作補助的，有下列幾種：

（一）注釋　如王先謙的《漢書補注》、杭世駿的《三國志補注》。至於補一部分的，則有徐松的《漢書·西域傳補注》等。

（二）補　以表和志内表爲最多，至於本紀、列傳則比較的少。

（三）重修　如并行之新、舊《唐書》，新、舊《元史》，新、舊《五代史》。其餘如周餘緒的《晉畧》，郝經的《續漢書》等除已失亡者不算，現在還保存的，尚有一二十種。

我們現在研究歷史，當以材料豐富爲貴，正確爲貴。假若有兩部一樣的書，可以看時間較早的，因爲直接的材料總比間接的好一點，兩部書不同，則必須都看。重修之書，除并行者外，後者異於前者的若不過是無甚意義之體裁，而材料則多照前書，還是可以廢之不看。

補就是補史書上不夠之處，注就是解釋正史上不大明白的地方。這兩種，清以前也有，但不如清時的多和精。怎麽説呢？因爲清代考證之學特盛，並且也非常精確，一件事，前人已有之説，差不多都被他們網羅殆盡。故我們看注，最經濟的是先看清人的。關於這類書籍，擇其要者，分列於下：參看梁任公所著《清代學術概論》十四節。

（一）關於歷代者：趙翼《廿二史札記》、王鳴盛《十七史商榷》、錢大昕《二十二史考異》、洪頤煊《諸史考異》。

（二）專考證一史者：惠棟《後漢書補注》；梁章鉅《三國志旁證》；梁玉繩《史記志疑》、《漢書人表考》；錢大昭《漢書辨疑》、《後漢書辨疑》、《續漢書辨疑》；周壽昌《漢書注校補》、《後漢書注補正》；杭世駿《三國志補注》。

（三）關於表志的專書：萬斯同《歷代史表》；洪飴孫《三國職官表》；顧棟高《春秋大事表》；齊召南《歷代帝王年表》；錢大昭《後漢書補表》；錢大昕《元史民族表》；周嘉猷《南北史表》、《三國紀年表》、《五代紀年表》；林春溥《竹柏山房十五種》、《歷代職官表》官修。洪亮吉《三國疆域志》、《東晉疆域志》、《十六國疆域志》；洪齮孫《補梁疆域志》；錢儀吉《補晉兵志》；侯康《補三國藝文志》；顧懷三《補五代史·藝文志》；倪燦《宋史·藝文志補》、《補遼金元三史·藝文志》；錢大昕《補元史·藝文志》；郝懿行《補宋書·刑法志·食貨志》。

（四）關於古代別史雜史的考證箋注者：陳逢衡《逸周書補注》、朱右曾《周書集訓校釋》、丁宗洛《逸周書官箋》、洪亮吉《國語注疏》、顧廣圻《國語札記》、《戰國策札記》、程恩澤《國策地人名考》、郝懿行《山海經箋疏》、陳逢衡《竹書紀年集證》。

（五）關於元史者：何秋濤《元聖武親征録校正》、李文田《元秘史注》。

正史之記載注重"治亂興亡"和"典章制度"兩方面，除此而外，亦有專注重一方面者，今分叙於下：

（1）專叙"治亂興亡"方面者，關於這種著述的書籍，又分兩種：

（A）編年史。以年爲經，以事爲緯，我們看了以後，可以瞭解每一個史跡的時代關係。這類書籍，又分兩種：a. 司馬光《通鑑》，b. 朱熹《綱目》，後人皆有續之者。這兩種書籍前者比較好，因爲朱熹著述的動機是模仿孔子的《春秋》，純粹是寓褒貶的意思。所以每叙一個事實，都用一種特定的書法。比如某官某人卒，是叙好官某某死了。某人卒，是叙壞人某死了。某官某罷，是叙一個人不配作這個官，政府不是亂命。罷某官某，是叙一個人配作這個官，政府罷之是亂命。伏誅，是叙一個人應該死。殺，是叙一個人不應該死。

朱子治學，頗爲謹嚴。但此書朱子不過成其一部，以其餘委之於趙師淵，趙之治學，不大謹嚴。若我們講宋學，以朱子爲聖人，則此書可看，反此，則其書不見精好。續綱目之作者，爲明人商輅，三篇爲乾隆所敕修。

明時有李東陽者，著《通鑑纂要》，專供皇帝之用，清因之作御批《通鑑輯覽》，因應科舉的原故，加之人人功名心切，所以一時大盛行於社會。現在時過境遷，其價值已失矣。

《通鑑》可看，最好連胡三省的《注》都看，續這種著作的，明有三家：（一）陳桱、（二）王宗沐、（三）薛應旂。這三人的著作，以薛爲最後，也以薛爲最好。

清時徐乾學著《資治通鑑後編》，清尚專爲彼設一書局，但所著材料不特不完全，組織也不嚴密，後畢沅也有《續資治通鑑》之著，二者相較，以畢著爲好。《續通鑑》止於元代，至於明，有《明紀》及《明通鑑》，二者相較，以《明通鑑》內容爲好。大約這類書籍，後出者總比先出者爲佳也。

（B）紀事本末。這種史體與編年史相反，以事爲經，以時爲緯，我們看了以後，可以洞悉歷史上一個事實的首尾，容易得到因果的關係。此類著作，創自袁樞，後繼之者，代不乏人，今列其重要者於下：袁樞《通鑑紀事本末》，止於五代。高士奇《左傳紀事本末》，馬驌《左傳事緯》，明陳邦瞻《宋史紀事本末》、《元史紀事本末》，無大價值。清谷應泰《明史紀事本末》，此書很有價值，因其成在正史之前，並非據正史而成者，吾人閱之，爲直接材料。張鑒《西夏紀事本末》。很有價值。

（2）專叙"典章制度"方面者：

（A）三通。關於這一方面的著述，尚分多種，而以三通爲著，唐杜佑《通典》、《續通典》、《皇朝通典》。宋鄭樵《通志》、《續通志》、《皇朝通志》。元馬端臨《通考》、《續通考》、《皇朝通考》。《續皇朝通考》題劉錦藻，實仍壽潛所撰。

《通志》惟二十畧爲有價值，其餘與正史同。《通典》，關於禮可貴之材料甚多，餘不如《通考》。《通考》，乃繼《通典》而作者，因馬端臨謂杜佑分類不善，乃另自編輯之，二者相較，以《通考》爲良，關於漢宋兩朝尤好，前者有特別考證，後者材料較宋史爲多，且當較精確。部分材料《通典》有而《通考》無，實因馬端臨認爲其對於歷史無大價值，故刪去之。但此等眼光，至今尤不失其爲是也。

（B）會要：叙國家制度之書也，今將其重要的著作，列之於下：王溥《唐會要》、《五代會要》。很有價值，因所記俱正史所無者。徐天麟《東漢會要》、《西漢會要》。很有價值。其餘還有《六朝會要》、《中興會要》、《國朝會要》等。

（C）會典：歷叙國家有多少機關，又每一機關所職何事。關於歷代政治之述叙，以此類書爲最完備，畧似今之行政法。其重要著作，有《唐六典》、《明會典》、《清會典》、《清會典事例》。

（D）禮儀：其重要著作，有《唐開元禮》、《政和五禮》、《新儀》、《大金集禮》、《明集禮》、《大清通禮》。

（E）律例：即國家制定之法律，律者乃每代相因襲而不敢變，率多千百年前之舊，且多不適於用。所重者在例，故律例相衝突者從例，吾人看律必須兼看例，以律雖尊而不甚切於事。其重要者有：《唐律疏義》、《大清律例》。

以上所述今再撮其要，立表於下：

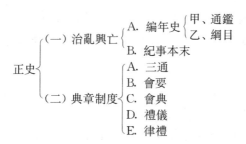

除上所叙以外，關於研究古史，則並無專著，僅雜叙於經、子之中，稱之曰別史、雜史，因時間關係，暫置不講。許多別史，爲研究某一事所必需者，如《奉天錄》，記唐代一藩鎮叛亂時之情形。關於建文遜國之事，明人此類著作，凡數十種。《輟耕錄》爲研究元代典章制度所必需者。《嘯亭雜錄》則爲研究清代典章制度所必需者。

其可參考一代之事者，則

（一）有關漢代的有荀悦《漢紀》、《東觀漢紀》。

（二）有關唐代的，有《大唐創業起居注》、記唐代開國時之情形，材料出於唐正史之外。《貞觀政要》、《順宗實錄》、《東觀政要》。記宣宗時事。

（三）關於五代史者：王禹偁《五代史闕文》、陶岳《五代史補》、馬令《南唐書》、陸游《南唐書》、《吳越備史》。載記。

（四）關於宋代者：李燾《續通鑑長編》，陳均九《備要》爲此書刪本。此書係編年體，共五百餘卷，止於北宋。關於南宋者：李心傳《建炎以來繫年要錄》、徐夢莘《三朝北盟會編》、王稱《東都事畧》。

（五）關於遼史者：葉隆禮《契丹國志》。因遼史缺乏，故此書頗可貴。

（六）關於金史者：宇文懋昭《大金國志》。

（七）關於元史者：《蒙古秘史》、永樂大典本。《皇元聖武親征錄》、《蒙古源流考》、洪鈞《元史譯文證補》、屠寄《蒙兀兒史記》未成，共刻十二本。

（八）關於明史者：王鴻緒《明史》。

以上諸書，差不多皆正史之淵源。

（九）關於外國史者：范成大《桂海虞衡志》，周去非《嶺外代答》，記南方情形者。釋法顯《佛國記》，玄奘《大唐西域記》，記唐時西域印度方面之情形者。馬歡《瀛涯勝覽》，鞏珍《西洋番國志》，記明時南洋方面之情形者。顧應祥《南詔事畧》，《小方壺齋輿地叢抄》，記載關於外國之情形者。

至於地理與歷史的關係，時令，及古史研究法等，這次因時間關係，不能再講，只有待下次再説了。

諸位同學索國史簡單參考書目，茲將上次程國屏君所記大畧改正，請一傳觀。此題内容太多，上次講時時間太促，講得既有遺漏，又復雜亂，只可在同學中傳觀，切勿發表。

今講得更簡要些：

正史先讀四史。

編年史讀《通鑑》、《續通鑑》，畢沅《明通鑑》。或《明紀》。

紀事本末。讀編年史，自覺大事已能貫通，則此可暫緩；否則再讀通鑑，他種可暫緩。

《通志》但讀二十畧。

《通考》擇有用之門類讀之。

古史可但讀《繹史》。

歷史地理但讀《方輿紀要》。李氏《歷代地理韻編》可供查檢。

如此每日能讀三小時，不間斷三年，上列之書可畢也。再進而求之，自己亦畧有門徑矣。關於清代之參考書，近日上課時已講及，不贅。

近今所出教科書，夏曾佑《中國歷史》三本，有有見處而論頗偏，陳慶年所編事實較詳，中華書局中學中國歷史參考書同。國學保存會《中國歷史教科書》僅出兩册，然講古史有法，可供參考。

謝無量《佛學大綱》、《朱子學派》、《陽明學派》、《中國大文學史》亦尚可看。皮錫瑞《經學史講義》大致好。此外一時亦想不起矣。

此文爲呂先生於一九二二年五月二十六日在瀋陽高師達成會上講演記錄，又刊印爲《國立瀋陽高等師範學校中國歷史講義》

《爲鐵俠辯誣並問楊維□君》附誌

　　這一次的辯論，兩方面的話，都有些勉强，而且都有些出乎辯論範圍之外，照此辯論，是決不能得結果的。而且容易引起無謂的爭論。我勸諸君，息爭最好；否則亦須平心静氣，謹守辯論範圍，不然，就愈辯而枝節愈多，愈難明白了。

　　三四年前，我因閲看佛經，寫信和一位朋友談論，後來這位朋友寫復信來，與我的意思大異，我詒書諍之。那位朋友寫信來，與我大辯特辯，我知道説不清楚了，就復書遜謝而已。

　　這次奇怪的明信片，我早接到了。（是北京一位佛教徒寄給我的，但不是明信片，而是一封開口信。）上寫着四言不韵的“偈”，似乎是八句，説“不可署名，要照式鈔了，望東寄去，叫收的人再是如此，如此連續，自然會回轉來，待到這封信環繞地球九次，人類的禍灾便消滅，大福降臨了”。當時還生着火爐，我看完，便把它摔在火爐裏燒了。原信也説這法子是一個美國人發明的，我後來從他地方聽見，這位美國人是個滑頭，專敷衍中國官僚的。中國官僚，有這一派，喜歡談神説鬼的。他就用這種方法去敷衍他，這只是一種兒戲的舉動，並無深意。就被敷衍的中國官僚，也未必真個迷信。敷衍人的美國人，更不必説了。這位佛教徒，寫給我的信，自然是不署名的，他的字，我却認得；他的住址，我也曉得，但是我決不“詒書諍之”。因爲反正是説不明白，説他做什麼？這件事，却與基督教無涉；亦與佛教徒無涉，因被敷衍者固係自號爲佛教徒之中國士大夫，而敷衍之之美國人，則亦非佛教徒也。此事總而言之，是兒戲舉動而已。

　　這件事（奇怪的明信片事件）殊不足論，我去年冬天，寫給一位朋友的一封信，却很可以平息宗教與非宗教之爭（這位朋友是勸我宗教式皈依佛教的），信裏的大意説：“宇宙是一個大謎，無法可以解决的，但是人總不免有想希望解决他的感情。要解决宇宙問題，自然有兩條路：一種是學問，一種是宗教。學問的解决，是能與人以共見的；然而到現在，學問的不能解决此問題，

亦與人以共見了。學問本身,已經證明自己不能解決此問題了。（哲學的認識論）

宗教呢？没有人能否認他,説他不能解決這問題的,然而他的解決方法,却不能使人共信。譬如問'宇宙的本體,誰知道?'佛教徒説:'佛知道的'。'既然如此,何妨同我説説?'他説:'對你無從説起的,如同對聾子瞎子,不能説光和聲一樣,你要變做不聾不瞎的人,自然知道了'。然則如何變做不瞎不聾的人呢？他説:'修到成佛'。

要求解決宇宙問題,譬如是到一地點,還是望東走呢？還是望西走呢？望東走,譬如學問,是明明白白的一條大路,然而向這路走去,永不能達到目的地,是已經證明了的。望西走呢？譬如宗教,是没有人能證明這目的地不在西方,然而眼看着没有路。主張向東走的,或説我並不想到目的地,在這條路上走走,已經很有趣了。然而士各有志,你只要在路上走走,不能禁人家不想達到目的地。主張向西走的,或者説明明是有一條路,然而有路没路,人家要把'自己的眼睛,是否看得見',做判斷的標準,你看得見,其如不能令人人共見何?"所以這是無可辯論的問題。（一一,五,二五,駑牛附志）

原署名：駑牛,原刊一九二二年《沈陽高師週刊》

對於本週刊兩週年
紀念的感想和希望

本週刊的出版，倏已兩年。現屆發行紀念號之期，同社諸君，要我做一篇文字，說述對於本週刊以往的感想，和將來的希望。我慚愧，對於本週刊，絲毫沒有貢獻，然而感想和希望，自然是有的，現在姑且質直的陳說如下：

（一）

本週刊發行之初，原說是本校同人，共同交換知識，發表思想之地，現在這種研究和切磋的精神，固然不能說是沒有，然而我總覺得還太少些，以後希望本校同人，在這方面，格外注意。原來現在的中國，我很覺得有研究高深學問的必要。現在的中國，什麼事情，都覺得人才缺乏，因而淺見者流，就提倡淺薄的應用主義，也頗足以動人聽聞。然而天下事本無所謂高深淺近，什麼眾人看得小的事，其結果，都可以弄得極大。實在沒有一件事，可以輕心掉之的，不論措置什麼事，眼前的應付，都從高深的原理中出來。向來流俗的議論，總說學者是無用的，只能說話，不能辦事的。差不多以爲學者的學問，全與事實無干，這是流俗的錯誤，我要替學者抱屈的，因爲大多數人，都抱有這種見解，所以學者到處受人排斥。天下的事情，很少照着學者的意見處置的機會，其實大家都排斥學者無用，不切於事實。然而天下的事情，幾曾照學者的意見處置過來？向來的事實，又何曾好過來。向使照着學者的意見處置，或者成績比較的要好些。原來學者所以受人排斥：

（一）由普通人的眼光，都囿於淺近；學者的眼光，總要比較的深遠些，對於普通人的措置，就不免不以爲然，不免沒有好評。從專門知識來的議論，原不是立談之間，可以瞭解的。普通人不能瞭解學者的意思，只覺得他對於普通人措置，橫又以爲不是，豎又以爲不是，然則如何才是呢？學者的主張，又不是頃刻之間，可以說得清楚的，就以爲不切於事實。

（二）凡學者，總是比較的有良心的，因爲研究學問的動機，就是出於良心好。天下有許多事情，昧着良心措置，就容易過去；摸着良心措置，就難於過去的。譬如有個土豪欺壓無勢力的，你邦着土豪欺壓無勢力的，事情就容易過去。要是幫着無勢力的反抗土豪，可就易發難收了。學者往往不肯昧着良心措置事情，而普通人評論處置事情的好壞，大抵只問其了結與否，而不問其了結的方法如何？就覺得學者多不能辦事。

（三）鑽營奔競，傾軋排擠，這許多事，自然學者所不能做的。因爲物莫能兩大，學者的工夫，既然用在正當的方面，在這不正當的方面，自然是不如人家，而且是學者所不肯做的。然而有等人，簡直就以對於這種方面的能否，評論人的好壞。這竟是昧着良心的評論，不足説的了，然而學者也就因此而蒙着無用的名稱。

可憐！從有史以來，學者就蒙着無用的名稱。齊宣王就説孟子是迂闊了，空抱着一腔熱血，想研究天下事情改良進步的方法，只因氣類太孤，力量太薄，到處受人排斥。所提出的方案，十分中的一二，未見采用。固然學者的意見，未必全是。然而天下事本無絕對的是非，有些研究的辦法，總比毫無研究亂撞的行爲好些。天下的事情，一任毫無研究的人去亂撞，這未必不是人類社會進步遲緩的一個大原因。我很希望以後的人們，有很深切的覺悟。

對於學者，勿以爲迂闊而無用。

對於一切事情，勿以粗心浮氣的措置爲得當，而尊重學者的意見。

學者勿爲流俗的毀譽所詛，而更富於忠實研究的精神。

近人都説"從前的中國人，不肯爲學問而治學問，都挾着一個實際應用的主義，這是不徹底，不忠實"。以實用二字爲門面，確是中國以前學者的通病。然而這不過是句門面話。至於在事實上，他仍是爲學問而研究學問的，因爲研究學問，都是出於性之所好，這是感情方面的事，斷非爲着實際有用的利益而勉强。不然，考據詞章之學，直接有什麼用處？爲什麼從前研究的人，如此熱心呢？

（二）

研究學問，原不是爲着一地方，也不是爲着一國。所謂"楚人失之，楚人得之"，已不免失之偏狹了。然而"愛無差等，施由親始"。這也是辦事的程序上當然的。

咱們這學校，既然設在東三省，研究東三省的事情，自然比較的便利，俺們對於東三省，便應當有點貢獻。

可憐的東三省呵！在前清末年，已經有人說是"覆水難收"了。現在這一杯水，要想收他轉來，當然是不容易。然而還有人，想借着這殘缺的金甌，做穩固的地盤。然而"棟折榱崩，僑將壓焉"，俺們既是比較的有覺悟的，豈能因爲他人的沒有覺悟，而自己也放棄其責任，況且"天下有道，某不與易"。正惟無覺悟的人太多，俺們的責任就愈不容緩了。

對於東三省的研究真是千頭萬緒，幾於"一部十七史，從何說起"？然而俺們不能因研究的困難而怠惰。總得一點一滴，從根本上研究起來，這固然是很大的事情，斷非本週刊所能盡其介紹之責。然而隨時研究之所得，借此爲發表之地，也是很好的。這一類的著作，本週刊中，也有過許多篇，尤以卞君鴻儒所作爲多。我很希望這一類的研究，本校的同人以後更熱心些。

關於眼前切要具體的問題，我且提出三件，做個研究的例。

（A）胡匪的剿除

（B）資本的輸入

（C）怎樣普及教育，而且實行兵民合一的設施。

（A）胡匪的剿除。從前唐甄說："命盜案件，看似重要，其實反不及錢債事務的重要。爲什麼呢？命盜案不常有，官府略爲延擱，未必接二連三出來，錢債案件則不然；一起不了結，便有第二起人，想從而傚尤，如此三起四起，……愈增加而其速率愈大。即就延不了結一起而論，已經有許多人拖累着，不能從事生業，所以錢債案件不能速了，是使人民不能從事生業的根源。人民不能從事生業，就是做盜做賊的根源。所以錢債案件，是命盜案件的根源。與其了命盜案件，以止命盜。不如了錢債案件，以止命盜"。唐氏的意思，不是說命盜案件，無妨人的生業，不過當唐氏的時代，命盜案件，當然不能甚多。如今東三省人受胡匪的累，卻是怎樣？我已故的朋友孟昭常說："支出一筆軍餉，或者一筆裁兵之費，大家很容易覺得巨大，其實兵匪劫掠一鎮，所損失的，就是數十萬。攻破一城，所損失的，就是數百萬，不過大家不覺得罷了"。這真是驚心動魄的話。請試計算計算看，東三省每年因胡匪所受的損失，該有多少？其實孟君的話，還不過就直接的損失而言。

（B）資本的輸入。中國現在實業的不興，由於資本的缺乏，這句話，是人人會說的。然而同一個中國之中，資本的豐嗇，到處也不一樣。即如東三省的利率，比長江流域，就高出一倍不止。諸君別忘記，資本總是向利率高之處走的，所以現在的東三省，莫説輸入外資，就輸入本國別處的資本，亦非難事。只要障礙撤除了，別處的資本，自然會得輸入。然而現在爲什麼不來呢？可知其中自然有種種障礙。特如内地用現大洋，奉省用紙幣，兩種貨幣兑換之間，就有投機的性質，就是障礙的一種。而且經營運用，未得其術，本國他處的資本，不能流入，也不能正當輸入外資；自然有野心之國，得以操縱我們的金融了。現在東三省經營搗把高利貸……的人，自然也有很厚的利益。然而別説是不仁不義的勾當，即以利益論，也總是沙灘上造屋的。

（C）怎樣普及教育，而且實行兵民合一的設施。我從前的意見，也和章太炎一樣，以爲國家非有强大的常備軍不可的。近來的意見却一變，覺得决不可於民之外，另有所謂"兵"，這理由甚長，簡單些説：便是天下的事情，没有能長久不"變壞"的，兵制當然也是這樣。所以養着許多兵，等到要用的時候，就正是他"變壞"的時候了。唐朝的府兵，明朝的衛所，在中國歷史上，總算帶一點兵民不分的意思。然而唐朝的折衝府，到後來竟闃其無人。明朝的衛所，則有人而等於没有，而且比没有人更壞。府兵和衛所，在中國歷史上，算是最好的制度，尚且如此。别一朝的兵制，就更不必説了。這並怪不得誰，一件事長久了，當然要變壞的。所以國家並不必要有所謂兵的一種人，這是去兵的最高原理。現在的中國，經濟上是養不起兵。現在中國的軍隊，已經如此其壞，再練兵，真正爲御外侮而練兵，一時也練不好。這許多理由，尤其是人人見得，無待於言的。在歷史上，有名的軍隊，總是因對付特定的外敵，臨時崛起的，只要國家有資財，人民有素質，臨時訓練不及，斷然不足爲慮。還有簡直去兵之説，也是失之太早的，所以我覺得現在的中國，非全去兵，或至少去其十之七八，而使人民皆有當兵之素養不可。這原不但是東三省的問題，然而東三省對此的要求，却更爲切迫。

以上三端，不過隨手拈來，此外類此的問題，有待於研究的，不知凡幾。無論什麼事情，總得先明白其本體，然後才有措置的方法，所以要研究，又得先之以精密的調查。自然先要有點知識，方能從事調查。我對於東三省的情形，是很隔膜的，這三端，不過隨口説説，我想諸位同學之中，必有比我清楚十倍百倍的。我對於學問，其實也没有甚麼多大的研究，近來更没有工夫研究。諸位同學之中，比我熱心的也很多，對於本週刊的進行，我想一定有許多偉論，我不過抛磚引玉罷了。

原刊一九二二年《沈陽高師週刊》

古代之印度與佛教

東洋諸國開化之早，中國而外，無如印度。印度者海之義也。以印度河流，汪洋似海，故古代之波斯人，以是名之。其後遂移以稱其地之人種焉。中國所謂天竺身毒，皆其譯音也。

印度古代住民，極爲複雜。其啓文明之端緒者，則阿利安人也。阿利安人，本居錫爾、阿母兩河間，其後乃西南徙而入波斯，更自阿富汗入印度。其遷徙也，蓋在邃古之世，其開化亦甚早。惜其古史之闕畧，在今有史諸國中爲最甚。故其邦國之狀況，及其與異族戰爭之事，均未由稽其詳。今史家約畧分之。自西曆紀元一千五百年以前，其事跡皆見於吠陀中，謂之吠陀時代。自此以後，至西元前一千年，謂之叙事詩時代。西元前一千年以後，則謂之哲學時代。

印度古代住民，在阿利安人以前者，最著者有三：第一爲從西藏及緬甸遷入之黃色人種。次則訶拉力種（Kolaria），從喜馬拉雅山東峽路遷入。又次則達羅毗荼種（Dravias）從西北峽路遷入。此三種族中，以達羅毗荼族程度爲最高，能立酋長，事農牧，亦粗知貿易建築。時先人之黃色人種，已爲訶拉力種所破。迨達羅毗荼族入，而訶拉力種，乃復爲所破焉。然達羅毗荼族與訶拉力種，仍并居於印度。迨阿利安人遷入，而此兩種人者，復悉爲所破。其遁居山林者，阿利安人謂之歹腥斯（Dasyns），譯言敵人也。被俘者，謂之歹赦斯（Dasas），譯音奴隸也。其諸部落，分爲三等，全服者爲上蕃，面從而非心服者爲中蕃，不服者爲下蕃。當此時代，阿利安人之蹤跡，亦未出恒河流域也。此爲吠陀時代。

及叙事詩時代，乃由印度河流域進入於恒河流域，分建許多小國，各國有君長，語言風俗及宗教，均不甚統一。亦時有戰爭，均散見於當時之叙事詩中。而印度河流域之狀況，則絶無可考焉。

哲學時代，阿利安人之勢力愈擴張，遂南下而入於半島部。其時最著之國,在恒河流域,則有摩揭陀。亦作摩揭提。在尼爾尼達、奇斯得那兩河間則有案達羅。摩揭陀頻婆沙羅王,與釋迦牟尼同時,後爲其子阿闍世所弑。阿闍世始築華子城。亦作華氏城,在今巴得拿。其後優陀延王,遂自故都王舍城徙都焉。王舍城在今巴哈爾西南。周烈王時,頻婆沙羅之後,爲難陀王朝所篡。傳九世,其末王名陀難陀,與亞歷山大同時,則盜賊蜂起,王室之威靈墜地。西元前三一六年,遂爲孔雀朝所滅。

印度之有外寇,蓋始於前六世紀之末,波斯王大流士,始侵入旁遮普之地,蹂躪印度河以西。迨前三三〇年,馬其頓王亞歷山大滅波斯,越四年,遂侵印度。北印度霸主波路王(Porrus)起而禦之,戰敗被擒。於是印度西北境,盡入馬其頓版圖。王欲窮極亞細亞東境,進兵中印度,至恒河士卒疲敝,又苦暑,乃還。前三二三年,亞歷山大王卒。其屬地遂分裂,部將塞留孤,據叙里亞自立,中國稱之爲條支。其後東方又分裂爲巴克特利亞(Bacteria)及帕提亞(Parthia)兩國。巴克特里亞,即中國所謂大夏,其帕提亞,則所謂安息也。

方亞歷山大之侵入印度也。毗舍利族頻婆沙羅王之妃,即此族人。有旃陀羅笈多者,來降,隸麾下,旋獲罪,亡去。收緝羣盜,署取恒河流域地,遂滅難陀朝。是稱毛利耶朝,即所謂孔雀朝者也。進署西北二印度,盡逐亞歷山大所置戍兵。塞留孤聞之怒,起兵伐印度,旃陀羅笈多與戰,勝負署相當,乃議和。塞留孤以女妻旃陀羅笈多,且界以印度河以東之地,時前三一二年也。於是旃陀羅笈多盡服西北中三印度,國勢稱盛。

據塞留孤使臣所記,當時印度全境,有國百十八,其小國,均服屬於大國爲附庸。摩揭陀國,有兵六十萬,馬三萬,大象九千。其東之加里哈國,有兵六萬,馬千,象七百。案答羅國,有城三十,步兵十萬,騎兵二千,象千。其西之蘇臘悉得臘國,今古直拉德。有步兵十五萬,騎兵五千,象千六百。都城臨海,適當海上貿易之冲云。又云:印度人民,大概可分爲七種:一士,二農,三牧人,四工,五兵。六王所派巡察各地方之官。七朝臣也。其人民之性質,堅忍而樸誠,夜不閉户,獄訟甚簡云。

旃陀羅笈多以前二九一年卒,子頻頭沙羅立,前二六五年卒。次子阿育(亦稱阿輸迦)殺兄蘇私摩及諸弟,爭亂者數年。至前二六〇年,始自立。阿育王在位時,威令南抵奇斯得耶河,北越印度河,爲孔雀朝盛世。又數傳,至漢吕后稱制之五年,前一八三年爲大臣弗沙密多亦作富沙密多羅。所篡,是爲參迦朝。宣帝本始三年,前七一參迦朝亡。康維阿朝代興,成帝河平三年,前二六年爲案答羅所并。

　　印度古代，本有阿利安人與非阿利安人之分。阿利安人，多爲地主，事戰爭，服商賈。非阿利安人，則爲田奴，服賤役，然未有種姓之分也。其時所崇拜者，爲天日風雷水火等自然之神。户別自祀，家長尸之。一部落有祀事，則酋長主祭，爲衆祈福，未有專司祭祀之人也。迨後祭祀儀式，日益繁縟，恒人不解皆習，始有以明於祭禮世其家者。又部落既大，事戰争者與事實業者，亦日益分途，而種姓之別起矣。種姓之別：一曰婆羅門，譯言净行，掌祭祀。二曰刹帝利，譯言地主，即戎事。三曰毗舍，譯言商賈，事農商。四曰首陀，譯言奴隷，服賤役。前三者皆阿利安人，首陀則非阿利安人也。婆羅門和刹帝利其部無甚軒輊，後婆羅門人附會古代所傳之《吠陀》，婆羅門教之經典，初只有梨具吠陀，後又有嗟馬吠陀耶柔縷吠陀阿佗縷婆吠陀，合稱四吠陀。謂己之種姓，由耶羅延天婆羅門教所尊造化之神。之口而生，故主教民。刹帝利族由其兩臂而生，故主執干戈以衛社稷。毗舍族由其腹生，故主力耕以給口實。首陀族由其兩足而生，故卑屈，爲人所踐踏。於是婆羅門之位置，迥出於其他種姓之上矣。

　　印度學術，至西曆紀元前一千年左右，始大發達，所謂哲學時代也。哲學而外，文學、天文、數學、形學、醫學等，亦均發達。前七世紀末，數論派興，是爲佛教之先河。後百年，北印度婆羅門喬答摩，創尼夜耶學派，立五分作法，亦爲佛學所取資，或謂希臘之三段論法，實竊取諸此云。凡諸學術，皆婆羅門主之。然專私己甚，其所教化，蔽諸阿利安人，而非阿利安人，則擯不得與。又自神種姓，蔑視他族，於是他族浸以不平，而佛教乘之而起矣。

　　佛教教主釋迦牟尼。姓瞿曇氏，名薩婆悉達。亦作喬達摩·悉達多。中印度迦比羅皤窣都國譯言黄城，亦作迦羅維衛。又作劫伐羅伐窣都。在今波羅奈東北，普特羅西北，哥羅克堡附近。白净王亦譯净飯王。太子也。母曰摩耶夫人，以周昭王二十四年四月八日生。睹鳥啄傷蟲，念衆生可憫，互相吞食，又感人生不能離生老病死四苦，遂有出家之念。年十九，棄國入雪山今喜馬拉雅山。修苦行，己悟其非，棄之。年三十五而成正覺，周歷諸國，從事説法者四十五年，然後入般涅槃焉。佛之生卒年歲，未暇細考，姑據最普通之説。

　　印度諸國中，首先皈依佛教者，爲摩揭陀國之頻婆沙羅王。孔雀朝之阿育王，尤崇信之。佛滅度後，五百比丘大會於王舍城南毗婆羅山之七葉窟，結集佛説，是爲王舍城結集。後百年，比丘七百，復會於毗舍離城，是爲毗舍離結集。於時佛教尚僅行於恒河附近，前二三一年，秦始皇十六年。阿育王大會一千比丘於華氏城，結集佛説。於是北至大夏，南至錫蘭、緬甸，遠暨叙利亞、埃及、希臘，莫不沾被佛教矣。迨參迦朝興，崇信吠陀，迫害佛教，在中天竺地方，焚燒寺院，殺戮僧尼無數，於是婆羅門教一時復盛。然佛教之在北天竺者，亦尚未衰。至案答羅朝滅康維阿朝，迫害佛教愈甚，婆羅門教益昌。佛教嗣後遂北以大月氏爲中心，傳天山南路以及於震旦。南以師子國_{今錫蘭島}。爲中心，傳後印度羣島，以及南洋羣島焉。

　　原署名：馭宦，原刊《瀋陽高師周刊》，一九二二年出版

《西營劉氏清芬録》序

　　少嘗讀宋五子之書，喜其言心性之精微，然亦時雜二氏之説，非盡聖門之舊也。又嘗讀東京許、鄭、賈、馬之書，喜其穿貫之淹博，差次之詳密，然亦或失之穿鑿附會。竊疑孔門之微言大義，傳諸七十子，後學者當不僅如是。稍長，遍讀近世經師之書，得吾鄉劉申受先生之作，釋《春秋》“三科九旨”之例，旁及《詩》、《書》、《禮》、《易》，皆一以貫之，然後知聖門微言大義所在。由是進求十四博士之説，上溯西京諸儒，覺犁然有當於其心。竊嘗論之，孔子之道，溥博如天，於一君專制、兆民共主之義、閉關獨立及世界大通之治，無所不備。後之人不能遍觀而盡識，則各就其所處之時，所宜用之法，斟酌而損益焉，以施諸當世而已矣。然猶不能盡當，所謂仲尼没而微言絶，七十子喪而大義乖者。此也自孔子之没二千五百年，平陂往復之運既極，而時局大變，一君專制之政，閉關獨立之治，既不復可用。爰有巨儒發明聖門之微言大義於晦盲否塞之餘，以推之於當世，則世之人所目爲非常異義可怪之論，乃正聖門微言大義所寄，而道國者所當率由也。蓋自我武進莊氏、劉氏始紹《春秋》之學於既絶，再傳至仁和龔氏、邵陽魏氏，而其説益昌。近世巨儒乃推其説以見之於行事，乃有晚近數十年之變。天人之際，莫知其然而然，然世運將極，有開必先，三數巨儒之功豈少也哉？此豈讓盧梭民約之書、馬克斯資本之論乎？且武進劉氏來自鳳泗既七百年，其間名臣、良將、文苑、獨行，代有傳人，正非獨一二經師足資稱述。此尤故家喬木，萬民之望，非夫培塿無松柏者所可同日語也。淺鄙之資兼嗜華藻，於鄉先哲之長於文辭者，其書亦無所不讀，而尤好芙初先生之詩文，以爲清絶如不食人間烟火者。憾不獲盡讀劉氏諸先哲遺著以饜所欲，而亦憾夫世事滄桑，文字之剥蝕於風霜兵燹者不知凡幾。雖本支極盛如劉氏者亦所不免，而起而蒐輯之者之無其人也。其後獲交芙初先生之玄孫耿齋，益以熟知劉氏之世德。壬戌冬，予從瀋陽歸，耿齋出所輯《清芬録》見示。於劉氏先世遺著吉光片羽及凡傳、狀、銘、志、年譜、軼史之屬，足以考證其生平者，蒐輯無不備。乃狂喜如獲異寶。噫！世之功業文章足以有傳於後而湮没無聞者衆矣,安得盡有賢子孫如耿齋者,起而蒐輯之也哉? 耿齋爲人嗜學好古,尤落落有大度,所以繼志述事,光大其門閭者,正未可量,固不獨斯編之作爲足以發揚先烈也。共和十有二年孟春之月人日同邑後學吕思勉謹序。

原刊《西營劉氏清芬録》,武進劉氏尚絅草堂一九二三年刊印

辯梁任公《陰陽五行説之來歷》

梁任公先生學問淵博，論古尤多特識。惟此篇頗傷武斷。

此篇之誤，在過信經而疑傳，故謂"陰陽兩字相連，表示無形無象兩種對待性質，自孔子或老子始。孔老以前之書，確實可信者：曰《詩》，曰《書》，曰《禮》，曰《易》之《卦辭》、《爻辭》。《儀禮》全書無陰陽二字。三經陰陽字，不過自然界中粗淺微末之象，不含深義"又謂"《十翼》出孔子手，最可信者，莫如《彖》《象》，《彖》《象》中陰陽二字，僅《乾》、《坤》兩卦各一見，《繫辭》、《説卦》、《文言》諸傳，言之較多，然傳中多有子曰字，論體例，應爲七十子後學者所記也。"愚案信經疑傳，自昔已然，於今爲烈。以今人讀書，分別古近真僞尤嚴。經傳相較，經自當較古；其出孔子手或爲孔子以前古書，亦較可信；傳必較後起，且爲後人竄亂亦較易也。然愚謂二者之可信與否，相去實極有限。何則？經固多有古書爲據，然其文辭則十之六七必出孔子或孔門弟子手筆。試觀《堯典》、《禹貢》，轉校殷《盤》周《誥》爲平順易解可知。《大傳》之《卿雲歌》固必非舜時歌辭，《書》之《甘誓》又豈夏時誓語乎？若謂經爲孔子手定，傳爲弟子後學所記，故其可信不如經，則古時簡牘繁重，書寫艱難，孔子刪訂實在晚年，豈能字字皆由親筆。儒家言孔子修《春秋》，筆則筆，削則削，子夏之徒不能贊一辭，不謂五經皆如此也。不但此也，在孔子當日所身親鑒定其文辭者，固經而非傳，而後人諷籀，則傳之爲用且較大於經。何則？經猶今學校之教科書，傳則學生筆錄教員所講之語，故其古近亦相去無幾。教科書死物，教員所講則活物也。吾儕今日若但有經而無傳，則經之意義何在，將人人莫名其妙；若但有傳而無經，猶可得許多義理。請言《詩》：今之詩，究係何語？讀之究有何義？恐徒讀經文者必不能解；而一讀《韓詩外傳》，則可得許多義理矣。此在今日，論者必訾《韓詩》等爲迂腐之談，昧於作詩者之本意。而不知詩之作義本不可知。陳樸園謂"三家所傳，多爲誦義"。陳蘭甫謂"孔門弟子言詩，多不與本義合。蓋由習熟之至，隨時隨地皆覺與詩義相會通，不覺其脱口而出，故初不必盡拘"。蓋猶未敢決言《小序》之爲僞，故爲此調停之説；而不知《小序》之説《詩》皆能得其作義，即其據古書附會之確據也。近來鄭君振鐸在《小說月報》中有文論之，甚暢。然近人好執其所謂文學眼光尋繹白文，謂得詩人本意，此則又將與朱子之作《集傳》、王柏之作《詩疑》等。夫自今人言之，則據文學以言《詩》，固爲天經地義矣。然在朱子、王柏當日，據其所謂義理者以言《詩》，又何嘗非天經地義乎？《詩》之要者莫如風，風詩本於謠辭。謠辭作者本不能確指其人，且往往增減離合，非復一人之作，更何從得作者之意？且即後世之作詩者，亦有率然而成，不自知其作意云何者矣，而況於謠辭？然使時代相近，則辭中寄慨之意，固人人可以得之。此初無待推求。古代陳詩可觀民風由此。若其時代遙遠，則人之心思，社會之事物全變，其意實無從推想。試問讀《芣苢》者，孰能知爲婦人傷夫有惡疾之作乎？至於《雅》、《頌》，似皆有本事可求，與《風》不同。然古史茫昧，向來所傳實亦未必可信。即如《殷武》，向以爲頌高宗之辭，固可通。然魏默深以爲宋襄公自頌其伐楚之功，與《魯頌》之《泮宮》同，亦未嘗不可通。《易》言高宗伐鬼方，不言伐荆楚。鬼方在西不在南，予別有考，則舊説殆不如魏氏説之確也。夫《雅》、《頌》之本義且不可知，而況於風？故愚謂説《詩》謹守三家之成法；不問作者爲誰，亦不問作詩之意若何；但論我讀此詩有何感慨，引之以證何種義理，則最通。如近人指“月出皎兮”爲男女相悦之辭，吾不知其誠證何在；然若自有男女相悦之情，誦此詩以見意，固無不可。所謂《詩》無達詁也。若必挾持成見，强作解人，自謂得古人之意於千載之後，在今日此種風尚正盛時，固覺其爲不易之義，及數十百年之後，則又一《小序》、《集傳》、《詩疑》而已矣。三家説《詩》，亦間有傳其作義者，如《芣苢》、《柏舟》、《小弁》、《大車》之類是也。此必先秦舊説，然其確否亦無可證也。**請言《書》：《書》者，乾燥無味之古史耳，讀之究有何義理？** 然《孟子》與《大傳》多相複重；趙邠卿謂孟子通五經，尤長於《詩》、《書》；今《萬章》一篇暢論禪讓之理，雖多“托古”之談，亦或“重疑”之義；《論衡・奇怪篇》辟感生之説曰：“聖人重疑，因不復定。世士淺論，因不復辨。儒生是古，因生其説。”《史通・疑古篇》亦同斯意，予謂此説尚較托古改制之説爲妥穩。**然民主之大義存焉。 蓋皆誦述《書》説也。** 愚昔致廖仲愷、朱執信兩君書，辨胡君適之井田之説，曾及此義。原書見《建設雜志》第二卷第六期。今節錄一段於下。原書云：

　　孟子好言《春秋》，人多知之，至其道三代以前事多用《書》説，則知者較鮮。僕謂《萬章上篇》等所言，殆無一非用《書》説者。試舉兩事證之：其一，孟子言“帝使其子九男事之，二女女焉。”百家之書，惟《淮南子・泰族訓》亦云：“堯屬舜以九子。”此外《呂氏春秋・去私篇》，則云：“堯有子十人。”《求人篇》則云：“妻以二女，臣以十子。”《莊子・盜跖篇》云：“堯殺長子。”《韓非子・説疑篇》：“其在記曰：堯有丹朱，而舜有商均。啓有五觀，商有大甲，武王有管、蔡。五王所誅，皆父子兄弟之親也。”今案丹朱見殺，他無可徵。《書・皋陶謨》：“無若丹朱傲”，《説文》引作“㿺”，又引《論語》曰：“㿺蕩舟”，與下“罔水行舟”合，則㿺蓋堯長子被殺者。儒家文堯、舜、禹之篡獄爲禪讓，不得不爲之諱，乃於《書》説中去其一子。古文家無相傳之口説，而別以古書爲據，遂不覺露出馬腳。《初學記・帝王部》引《書大傳》：“舜耕於歷山，舜妻以二女，屬以九子也”，與《孟子》同，則《孟子》之言係用《書》説可見。其二，《小戴記・檀弓篇》：“舜葬於蒼梧之野。”各書皆同。惟孟子云：“舜卒於鳴條。”此語不知何自而來。案《史記・五帝本紀》：“舜耕於歷山，漁雷澤，陶河濱，作什器於壽丘，就時於負夏。”《索隱》引《書傳》：“販於頓丘，就時負夏。”而自“耕稼陶漁以至爲帝”，亦見《孟子・公孫丑上篇》。三文隱隱相符。因悟孟子、史遷同用《書》説。《史記》不言舜卒於鳴條者，分叙在後。《索隱》引《書傳》僅兩句者，以釋《史記》，故不具引，或《大傳》文本不具也。

《史記》一書，爲後人竄亂處極多。近人崔氏適著《史記探原》備論之，而猶有未盡。下文"南巡狩，崩於蒼梧之野，葬於江南九疑，是爲零陵"云云，必後人竄改。或史公先有卒於鳴條之說，更記此以廣異聞，淺人晤兩說不同，輒删其一。不然，史遷最尊信儒家，由見義至高，而六藝無可考信，即懷疑莫決。彼其問古文安國，實爲伏生嫡傳；安得於此忽删師說而用異文哉？然則《五帝本紀》述堯舜禪讓事全與孟子同，非史公用孟子，乃孟子用《書》說矣。鳴條者，湯戰桀之地。《呂氏春秋·簡選篇》："殷湯登自鳴條，乃入巢門。"《淮南子·主術訓》："湯困桀鳴條，禽之焦門。"《修務訓》："湯整兵鳴條，困夏南巢；譙以其過，放之歷山"是也。其地與南巢相近，所謂"東夷"之地，舜死蒼梧，有被迫逐之嫌，劉知幾即極疑之，故今文《書》說爲之諱。《戴記》今古文雜，故又諱之不盡也。此外孟子之說與《書傳》同者尚多，皆顯而易見，無待備徵。其似相違異者，惟《大傳》以江、淮、河、濟爲四瀆，而《孟子·滕文公下篇》言江、淮、河、漢一事。然此漢字或濟字之訛，古人河漢連稱，《莊子》"吾驚怖其言猶河漢而無極"是也，故傳寫致誤。又古者江、淮、河、濟，其流相通，故不妨互舉。試觀上篇"疏九河，瀹濟、漯，決汝、漢，排淮、泗"，即明繫以江、淮、河、濟并舉可知。下言"而注之江"，故上變江言漢也。《史記》與《大傳》違異者，惟《周本紀》述文王稱王之年及受命後七年中事。然其言文王受命之年稱王，明著之曰"詩人道西伯"，則所用蓋三家《詩》說，以廣異聞。上文必更有六年伐崇稱王之說，與《書傳》同，淺人以爲違異而删之矣。至記受命後七年中事之不同，則明係傳寫之訛，非本有異。試觀《詩·文王》、《記·文王世子》、《左》襄三十一年《義疏》同引《大傳》此文，尚皆小有乖異，可知也。上書中論纍事，畧本《癸巳類稿·纍證》。各書言舜葬蒼梧之野者，《今之尚書經說考》備徵之。惟模圍此書不甚精，仍多屬入古文說處。

請言《禮》：《禮》尤乾燥無味之書也；然一讀《戴記》中《冠義》、《昏義》諸篇，則冠昏諸禮，其義固極淵永矣。請言《易》：《易》之哲理存於《繫辭》。然今《繫辭》中，"繫辭"字及"辭"字甚多，似皆指《卦》、《爻》、《彖》、《象》之辭言之，而今《繫辭》，據《釋文》，王肅本實作《繫辭傳》，司馬談《論六家要指》引今《繫辭》之文，謂之《易大傳》。則今《繫辭》蓋《易》之傳，與伏生之《書大傳》等也。《公羊春秋》，則非常異義尤多，無待深論。若但讀今之所謂經文，則真斷爛朝報矣。後人致嚴於經、傳之別，一若經爲孔子手定，一字無訛，傳爲弟子後學所記，必不免誤者，殊不知經雖孔子鑒定，與傳同爲後學所傳。謂其所傳之經可信，則其所傳之傳亦可信也；謂其所傳之傳不可信，則其所傳之經亦不可信也。是以古文未興以前，儒家稱引，經傳初不立別。"漢儒引《春秋》，皆今《公羊傳》之辭；當時所謂《春秋》者，實合今之《春秋經》與《公羊傳》而名之。"愚謂今所謂經文，乃從《公羊》中摘出者耳。崔氏適《春秋復始》論之甚詳。愚謂不但《春秋》如此，即他經亦如此。《尚書》今文只二十八篇，而今《書》辭散見羣籍者甚多，一若真有百篇之《書》者，蓋皆《書傳》之文也。《孟子·梁惠王》下篇對齊宣王好勇之問曰："《詩》云：王赫斯怒，爰整其旅，以遏徂莒，以篤周祜，以對於天下。此文王之勇也，文王一怒而安天下之民。《書》曰：天降下民，作之君，作之師，惟曰其助上帝，寵之四方。有罪無罪，惟我在；天下曷敢有越厥志？一人橫行於天下，武王恥之。此武王之勇也，而武王亦一怒而安天下之民。""此文王之勇也，""此武王之勇也，"句法相同。自此以上，皆當爲《詩》、《書》之辭。然"一人橫行於天下，武王恥之，"實爲後人議論。蓋上爲《書》辭，此十一字則傳者之辭，孟子引傳文，又以"此武王之勇也"六字總束之也。引傳語而亦謂之《書》，可見經與傳無甚區別矣。佚詩之散見羣籍，《戴記》所詮之義，多出《禮經》之外，理亦同此。蓋删詩止於三百，定禮止於十七，然爲删定所遺者未嘗不誦説及之，門人弟子因從而記之也。而《易傳》之與經并列者無論矣。梁先生知佛家之經云"佛説"者，未必真佛親口所説，而何獨致疑於儒家之傳哉？若謂傳爲後人竄亂，經亦何嘗無竄亂，《僞古文尚書》一案固眯學者之目千餘年矣。然此特今人之學，僅能揀剔魏晉人之僞品耳。若以史家之眼光，視古書爲史料，則由此等而上之，別東漢人之所爲於西漢人之外，別西漢人之所爲於春秋戰國時人以外，別春秋戰國時人所爲於西周以前之人之外，其勞正未有艾。如此揀剔，傳固相需甚殷，經亦相遇非疏。第分別部居，正自多術；初不能作一概之論，謂經皆可信而傳盡可疑也。

　　至謂商周以前所謂陰陽者，不過自然界中粗淺微末之辭，不含深義，亦必不然。學術以愈研索而愈精，亦以愈分析而愈細。宇宙之大，究竟有無邊際？有無始終？此等疑義，在今人已知爲知識所不及，置諸不論不議之列，而在古昔則不然。學術之萌芽，其所致疑者，大抵皆宙果有初，宇果有際諸義；而當時之宗教哲學則皆對此疑義而有以釋之者也。吾國古者宗教哲學之釋此疑義也，蓋全本諸人事以爲推。故曰："天地絪縕，萬物化醇；男女構精，萬物化生。"又曰："物本乎天，人本乎祖。"夫本諸人以爲推，則其以萬有緣起歸諸陰陽二力審矣。故以"宇宙間兩種力相對待，相摩盪，爲萬有之緣起"，爲孔子之哲學者必誣。梁先生惟偏執《詩》、《書》、《禮》及《易》之《卦辭》、《爻辭》爲古書，而其餘皆所擯棄，故有此疑。而不知《老子》固亦古書也。《老子》之爲古書，有二證焉：其文辭甚古，一也。全書多三四字韻語，乃未有散文前之韻文，一，所用名詞多與他書異，如不言男女而言牝牡，其一端也。二。全書之義，女權皆優於男權，與後世貴男賤女者迥別，二也。《禮記·禮運》："孔子曰：我欲觀殷道，是故之宋；而不足徵也，吾得《坤》《乾》焉。"説者謂殷《易》首坤，此亦女權之遺跡也。然後世朝鮮、夫餘、句驪諸國皆殷俗，予別有考。而史稱朝鮮婦人貞信，俗不淫盜。夫餘、句驪尤惡妒婦；既殺又屍諸山上，母家重請，乃葬之。則殷時女權，墜落已久。《易》之先《坤》於《乾》，特存其遺跡於簡策耳。今古籍中於"牝以牡爲下"之義反復稱道者，惟《老子》一書，即此亦足徵其古舊也。梁先生謂欲言《老子》，其可據者宜莫如《史記·老子韓非列傳》；以此篇所言之不足據也，則并《老子》而疑之。而不知此篇本最不可據之書也。何則？魏晉間神仙家之說盛行，即後世所謂道教。愚謂道家之說絕不如是，仍只可謂之神仙家，惟其所言與前此之神仙家又有別，稱之曰新神仙家，最爲確當也，古書爲其竄亂者甚多。即以《史記》論，太史談《論六家要指》"凡人所生者神也"以下一段，必此曹所竄也。此篇"名耳字伯陽"五字，即神仙家之說。"孔子適周"一段取諸《莊子》，具如梁先生所言。又古書爲人竄亂，有有意改易者，亦有無意傳訛者；而無意傳訛之中，後人校識之語混入正文者實多。如此篇"或曰老萊子"二十五字，爲一人識語，此人蓋未審老萊子與老子究爲一人抑二人，而姑記識焉者也。"蓋老子"二十三字，爲一人識語，純然神仙家言也。"自孔子死之後"七十字，爲一人識語，此人所據蓋即《史記·封禪書》之類也。《史記·封禪書》亦僞物。"世莫知其然否"六字即決非西漢人語。"老子，隱君子也"六字，爲一人識語，意在襃美老子者也。"世之學老子者"二十七字，爲一人識語，鑒於儒道之不相容而致慨焉者也。"李耳無爲自化"十字，爲一人識語，意亦在襃美老子者也。此篇之全不可據如此，則老子世系一段非必史公原文亦明矣。即謂他皆後人竄易，獨此一段爲史公原文，亦不能以此致疑於老子之年代。何則？古有女十四而事人，男年過五十而始有丈夫子者。以傳世之多少，計人年代之久近，本不足憑，況古傳世系或多脫落：如舜禪於禹，而禹爲黃帝玄孫，舜爲黃帝九世孫，其世數之不可信明甚，然豈得以此遽謂舜、禹同出黃帝爲虛言邪？至謂《曾子問》之老聃與著《道德經》之老聃不相類，則鄭《注》固不以爲一人也。梁先生又以孔、孟、墨子俱不道及老子爲疑，則九流之學根本相同，道家尤兼該衆家，本無所用其詰難。抑人揚己，戰國時始然，春秋時並無此風氣。且《論語》"或曰以德報怨"，說者固以爲老氏之言矣。又今所傳諸子多雜異家之說，而其本人之說反或不全。故今某子中有某說，不得即執謂其人之學術如是；而今某中無某子說，亦不得即執謂其人之學術不如是也。"上將軍"、"偏將軍"等，誠戰國時語。然古"以今言道古事"者甚多。《老子》一書誠未必無後人屬入，或仍其意而易其辭之語，然其大體要爲古書，不能執此偏端致疑也。若謂孔子所以形容宇宙間兩種力者，有剛柔、動靜、消息、屈伸、往來、進退諸名，而未嘗專於陰陽，則其故有二：陰陽，乃虛設之兩名，由歸納宇宙間種種見象得之。而宇宙間見象，爲人所名目者，有剛柔，動靜，消息，屈伸，往來，進退諸種，此諸種見象雖可歸納之而立陰陽之名，然當陳述諸見象時，不得概代之以陰陽二字。一也。古人修辭，義取變換，"立天之道，曰陰與陽。立地之道，曰柔與剛。立人之道，曰仁與義。”義讀如我，音轉爲邛，乃韻語也。同義而變換其辭，以便諷誦者，古書中其例多矣。二也。

《荀子·非十二子篇》，“子思、孟軻案往舊造説謂之五行”之説，誠爲可疑。然予謂此頗足爲子思、孟軻傳五行説之佐證。何則？今《荀子》書似係雜湊而成。其書同《韓詩外傳》、《二戴記》、《説苑》、《新序》處最多，並有同《尚書大傳》、《春秋繁露》、《公羊》、《左》、《國》、《楚辭》處。其樹義精卓，足成一家言者，惟《天論》、《解蔽》、《正名》、《性惡》等數篇。然其持論多刻覈而重實利；初非儒家純粹之談，轉似法家後起之説。吾往讀其非象刑之論而疑之，及讀《漢書·刑法志》，其持論全與荀子同，乃恍然有悟。蓋仲尼制法，刑止於五，而所蘄者爲象刑。漢文廢肉刑詔所稱，即今文家義也。此較諸今人之僅言廢死刑者，尤有進矣。夫以古代用刑之酷，一讀《漢志》，未有不爲之惻然流涕者也。乃自漢文廢肉刑以來，二千餘年，雖或議復，而卒不果。儒家之義，旁薄鬱積，以植其基。而緹縈以一少女，慷慨激發以成其功。如此崇高粹美之文明，誠足使百世之下聞者莫不興起也。漢承秦敝，網密刑殘，然所苦者皆無告之小民，而豪傑務私，初非三尺之法所能正，豈徒不能正，蓋有與法吏狼狽以陵虐小民者矣；抑更有不待狼狽，而其陵虐小民，法吏且視爲固然者矣。仁人君子有激而云，遂欲以嚴刑峻法繩豪暴而挽末流之失。此蓋一時法學之家議論如此。而其實行之者，則王莽也。夫王莽則固事事托之於古者也。然則《荀子》書中非象刑之論，蓋亦不知何人所造而托之荀子者矣。性惡之論，爲荀子重禮之本，亦其非象刑之原，然實非儒家之説。儒家論禮，謂因人情而爲之節文，非謂其性惡，有待於爲也。且其論禮，謂有度量分界然後能羣，能羣然後能勝物，亦先利之談，與管子論法最相似，與孔子“不患寡而患不均”之義相背。其論湯、武非篡，似同孟子，而實近名法家言。《正論篇》。論擅寵萬乘之國而無後患之術，則幾於鄙夫矣。《仲尼篇》。其主法後王，則王莽之所以務法《周官》也。今《樂論篇》大同《小戴·樂記》，而多增入辟墨子語，添造痕跡顯然可見。《非十二子》亦見《韓詩外傳》，而止十子，無子思、孟軻，事同一律。然則《荀子》者，古學既興之後，集衆説而爲之，乃較早之《孔子家語》耳。其同《新序》、《説苑》，尚可諉爲劉向已見《荀子》，其同《韓詩外傳》、《書大傳》、《春秋繁露》，何説之辭？謂諸儒襲《荀子》，則諸儒早見《荀子》矣，何待劉向得之中秘？謂其各不相襲，所本者同，又無解於其性惡非象刑之論，與儒家之義不相容也。況今所傳劉向序，其爲僞造，正復顯然。然《孟子》書多同《大傳》，而造作者即以造五行之説誣之，並誣及其師子思，則子思、孟軻亦傳《尚書》之學可見。吾故謂《非十二子》足爲子思、孟軻傳五行説之佐證也。至謂《中庸》、《孟子》中不見此義，則今所傳諸子多不能具其人學術之全，吾前既言之矣。

梁先生以五行怪誕之説全蔽罪於《吕氏春秋》，吾亦未之敢承。胡君適之撰九流不出王官論，於《漢志》論墨家之詞攻擊尤烈，吾謂胡君實未解《漢志》之語也。案《漢志》原文云："墨家者流，蓋出於清廟之守。茅屋采椽，是以貴儉。養三老五更，是以兼愛。選士大射，是以上賢。宗祀嚴父，是以右鬼。順四時而行，是以非命。以孝視天下，是以上同。"驟觀之，誠有如胡君所駁者，而不知此皆古代明堂行政之典。蓋古者生計程度甚低，天子只有房屋一所，名曰明堂；後世之宗廟學校等等悉包括焉。說本阮氏元。茅屋采椽，明堂之制也。案以茅屋采椽與五采之服爲宮室衣服不稱，始於《論衡·語增篇》。後世袁準《正論》襲之，清袁枚又襲之，自謂辯駁駿快，使人無可置喙矣。而不知"醴酒之用，玄酒之尚；割刀之用，鸞刀之貴；筦簟之安，蒲鞉之設"；"禮也者，反本修古，不忘其初者也。"漢武時，公玉帶上《黃帝明堂圖》，猶存茅蓋之制，豈其圖真黃帝時制哉？後世宮室雖麗，而古代天子之居必嘗有茅屋采椽之時，則固無可疑矣。行其制，固所以昭示儉德也。養三老五更，學校與明堂合也。老人之老，故曰兼愛。選士大射，後世行於澤宮，然選士本以助祭，明堂既與清廟合，其即在明堂宜也。此義漢時董仲舒發之，而成都國選舉之制；寖變遷而成隋、唐後之科舉；貴族世官之制由此而破。謂爲上賢，洵不誣也。宗祀嚴父，清廟明堂合一之制也，祖考爲人鬼，故曰右鬼。順四時而行，即《呂覽》、《戴記》、《淮南子》所載之法。古之言天言命，蓋有二義：儒道諸家所說，以宇宙之原爲一種動力。故曰："《春秋》以元之氣，正天之端，""天不深正其元，則不能成其化。"又曰："大哉乾元，萬物資始；乃統天。"故曰："穀神不死，是謂玄牝。玄牝之門，是謂天地根。綿綿若存，用之不勤。"穀者，空虛之義。神者，動力之謂。《易》曰："知變化之道者，其知神之所爲乎？"言神即變化，變化者，動力之謂也。又曰："唯神也，故不疾而速，不行而至。"言神之無乎不在，即謂宇宙之間無往而非此動力所彌綸也。曰："陰陽不測之謂神，"言此項動力尚在陰陽二力之先。因此動力，乃分陰陽，所謂"易有太極，是生兩儀"。陰陽由此而分，則此項動力之無所謂陰陽也審矣。不死者，不息也。玄者，深遠之意。案玄爲黑色，深遠之處必暗黑不可見，故曰天玄。《後書·張衡傳注》：玄，深也。牝，猶後世言女，言母，物之所由生。宇宙之所由生，故曰玄牝。綿綿若存，用之不勤，言其力爲人所不能見，而無時或息也。夫如儒道諸家之義，則天地亦受一種自然力之宰制，故一切皆有定則可求，故曰"先天而天弗違"也。人之生也，亦由此種動力所鼓蕩。因宇宙間一種動力之鼓蕩，而使若干物質凝集而成人，一切物之成皆然，所謂精氣爲物也。精者，物質凝集緊密之謂。《公羊》："觕者曰侵，精者曰伐"；《禮記》："德産之致也精微。"故曰"大凡物生於天地之間皆曰命"也。自其力之鼓蕩言之則曰命；自人之受此鼓蕩之力而成爲人言之則曰性。性生本一字，故告子曰"生之謂性"，而孟子曰"猶白之謂白"也。人之生也，由此動力鼓蕩而成，其失其生也亦然。故曰："夫物芸芸，各歸其根，歸根曰静，動力之對。是謂復命。"復，反也，與鼓蕩成人之動力作用相反。然則人之生及其駁之失其生也，皆出於自然而非吾之所能自主；一切物亦莫不然。即天地亦然。故一言命，即有前定之義焉。此儒道諸家之所謂命也。莊、列發揮此義最透。墨家則不然。《天志》、《明鬼》諸篇所謂天神所謂人鬼者，皆有喜怒欲惡如人，而能賞善罰惡。《月令》諸書所載某月行某令，蓋即所謂順四時而行；蓋天之有四時，不啻默示人以某時當行某事，所謂"陰隲下民"者此也。誤行他令，即致災變，則天降之罰。"鯀陻洪水，汩陳其五行，帝乃震怒，不畀洪範九疇"，正同此理。夫天且能鑒人之善惡而賞罰之，而又何前定之有？故曰"順四時而行，是以非命"也。然則墨家所非之命，蓋儒道諸家所謂前定之命。若夫鑒人之善惡而賞罰之，如《表記》所謂"夏道尊命"者，則固不之非矣。向、歆時，墨家之學已晦，儒道諸家之義益張。一言命，即人人視爲前定之義，故不煩分别命字之爲何義，而但曰是以非命也。言天言命，至於儒道諸家之説，天人感應之理，已不可通。然猶過而存之，則所謂"道並行而不相背"，此孔子所以爲大也。漢時變復之家，乃謂人在氣中，猶魚能在水。魚能鼓水，人亦能動氣。故災祥由於善惡，喜怒足致寒溫。則以天人感應之理，牽合自然之天，前定之命矣。以孝視天下，即爲民父母之説。孟子言伯夷大公，天下之父，"天下之父歸之，其子焉往。"鮑叔亦云："管仲民之父母，將欲治其子，不可棄其父母。"即孝治上同之説也。《淮南子》謂墨子棄周道而用夏政。孫淵如《墨子後叙》因此推論墨道皆原於禹，説甚精當。吾更得一證焉。后羿篡夏之事，《史記》無文。左氏有之，而亦不詳其故。《僞古文尚書》謂由太康好畋，似以羿之惡移之太康，純然鑿空。今案《墨子·非樂篇》："啓乃淫溢康樂，野於飲食。將將銘莧磬以力。湛濁以酒，渝食於野，萬舞翼翼。章聞於天，天用弗式。"文雖不甚可解，然謂夏之亡由啓之荒於樂，則固大畧可見。與《離騷》"啓九辯與九歌兮，夏康娱以自縱。不顧難以圖後兮，五子用失乎家巷"之言合。或夏祚中絶實由好樂太過，後世遂以好樂爲禁戒，而墨子非樂之論亦有所本與？《論語》："子曰：禹，吾無間然矣。菲飲食，而致孝乎鬼神；惡衣服，而致美乎黻冕；卑宫室，而盡力乎溝洫。"致孝乎鬼神，致美乎黻冕，則《漢·志》宗祀嚴父之説也。古祭服最美。卑宫室，則茅屋采椽之謂也。《表記》："子曰：虞夏之道，寡怨於民；殷周之道，不勝其敝。"又曰："虞夏之質，殷周之文，至矣。虞夏之文，不勝其質；殷周之質，不勝其文。"儒家謂夏尚忠，殷尚質，周尚文。《管子·樞言篇》："日益之而患少者惟忠，日損之而患多者惟欲。"忠與欲爲相對之詞。質者，具其事而不文；忠則寡欲而事且不具矣。故夏道尤樸於殷。殷周對舉，則殷質周文；四代并言，則又殷周文而虞夏質也。夏早於殷五百歲，孟子曰："由堯舜至於湯，五百有餘歲。"又直大水之後，生計益蹙而迷信益深，正不足怪。縱不必一切政令皆出明堂，然古制之遺留者必甚多。《禮記·禮運》："孔子曰：我欲觀夏道，是故之杞；而不足徵也，吾得夏時焉。"所謂夏時者，鄭《注》以《夏小正》之屬當之，而亦不能質言。《月令》諸篇之順四時而行者，得毋亦其說與？且明堂行政之典，散見古書者極多。如《管子·幼官圖》其一也。管子書誠多後人攙雜，然此篇則未必是戰國以後物。此篇行令亦按五行，而不分十二月。"期三百有六旬有六日，以閏月定四時成歲"，明見《堯典》，則此篇得毋堯以前之遺制與？則其源益遠矣。然則梁先生解威侮五行爲威侮五種應行之道，汩陳其五行爲一切物質不能供用，殆必非是。因不信《左氏》所載子産之詞，遂斷言鄒衍以前無陰陽五行之說，則愈疏矣。

夫學術必歷久而後昌。陰陽之家，太史公既以之與儒、墨、名、法、道德并列；而據梁先生所計，《漢志》載其書至千三百餘篇，逾總數十之一。今文家經說，能脫之者十無二三。夫豈鄒衍至漢，區區一二百年間所能有？先秦學術，恐無能遺陰陽五行者。何則？百家之學，流異原同。其原惟何？古代未分家之哲學是已；而古代之哲學又原於古代之宗教也。夫其不能無迷謬之談，固然。然豈得謂遂無精深之哲理哉？《漢志·數術畧》諸家，蓋與《諸子畧》之陰陽家本無區別。所以析爲二畧者，以校書者之異其人；抑言數術者在《數術畧》，據數術以言哲理者在《諸子畧》也。《漢志》論形法家之辭曰："形法者：大舉九州之勢以立城郭室舍。形人及六畜骨法之度數，器物之形容，以求其聲氣貴賤吉凶。猶律有長短而各徵其聲，非有鬼神，數自然也。"後世以人之貴賤賢愚定於骨法，蓋出於此。夫其流失，誠不免於迷謬。然不龜手之藥一也，或以霸，或不免於洴澼絖，豈得以此並咎前人哉？夫以失其義陳其數之數術家，陳義之卓絕猶如此，況於專論哲理之陰陽家乎？惜其書俱亡耳！使其猶存，則必有足饜人心者矣。且使陰陽家之書而具存，誠亦不能無迷謬之說；然此當以其由迷信進入哲學而歌頌之，不當以其雖談哲學，猶未能全脫迷信而抹殺之也。北方之黃土，孰若三江雲夢土質之腴？然無黃土，是無兗、豫、雍、冀也。人之胃腸，苟小於今日，則疾病可少。然刳今人之腹，而割截其胃腸，焉可爲也？新舊之遞嬗，若寒暑之迭乘，必非一日而大遠於其故，此蓋進化之公例矣。陰陽五行之說徒爲後人迷信之資，而於古陰陽數術之哲理，一字不復能道，此可責後人之弗克負荷耳。醫、卜、星、相之流徒爲糊口之計，其術恒隨世俗爲轉移。書中即有陰陽五行之說，恐漢唐時物已存十一于千百矣，何況先秦？醫書言陰陽五行者，莫過《素問》，然以此當黃帝《内經》，說出皇甫謐，殊不足信也。執此曹之書，而謂古陰陽數術之家其言如是，又失實之談也。蓋古者陰陽數術之學與天文數學關係極深。此在後世，久成專門，通者絕鮮，故其學不能昌大，抑更不能改進。然執此遂謂其學盡誣則不可。何則？據數理以談哲學，今世固亦有之，且皆認爲正當之途，精深之術矣。後世治此學者亦非全無其人，如揚子雲、邵康節是也。其說固亦不免迷謬，亦不得謂無精深處也。梁先生以陰陽五行爲後世迷信之本，欲辭而辟之，其意甚盛。然因此并罪古代之陰陽五行，則似可不必。何者？迷信之說，必有所附。有陰陽五行，則附於陰陽五行；無陰陽五行，彼又將轉附他說也。佛說之爲迷信所附亦久矣，又可因此而辟佛乎？

予年十三，始讀梁先生所著之《時務報》。嗣後除《清議報》以當時禁遞甚嚴，未得全讀外，梁先生之著述殆無不寓目者。粗知問學，實由梁先生牖之，雖親炙之師友不逮也。念西儒吾愛吾師，尤愛真理之言。王仲任亦以孔子之論多有可疑，責時人之不知問。敢貢所疑，以求進益。倘梁先生不棄而辱教之，則幸甚矣。至於陰陽五行之說，自愧所見甚淺。欲粗陳之，而其說頗長。今也未暇，請俟異日。

原刊《東方雜志》第二十卷第二十號，

一九二三年十月二十五日出版

三十年來之出版界
（一八九四——一九二三）

　　余年十一，歲在甲午，而中日之戰起，國蹙師燼，創深痛巨；海內士夫，始羣起而謀改革。於是新書新報，日增月盛。迄今歲癸亥，既三十年矣！遂無成業，終作蠹魚。默數此三十年中，新書新報，接吾耳目者幾何？其能動撼社會者幾何？其忽焉若烟雲之過眼，今之人，已莫能舉其名者幾何？豈欲爲此三十年中作經籍志哉？風氣之變遷；學術之進退，固於是可見其署焉。述三十年來之出版界。

　　吾國新書新報之能動撼社會也，自《時務報》始也。前此雖有教會所出之書報，不足論，見後。《時務報》者，方中日戰事之殷，公車士子，羣集京師，上書請遷都續戰，由康有爲主稿，有爲凡七上書，此其第二也。格不達和議既成，有爲等乃立强學會於京師，强學會雖遭封禁，然此後數年間，學會之繼起者頗多。欲以昌講學之風，振士氣，謀變革。刊行書報，則會中所擬辦之第一事也。未幾，會被封禁。丙申，錢塘汪康年創時務於上海，由梁啓超主筆政。《時務報》初起，幾由梁一人主持；汪雖間作論説，然無甚關係也。後乃有順德麥孟華、餘杭章炳麟、三水徐勤、歸善歐矩甲等，分任撰述。報既出，風行海內。銷數最多時，至萬六七千份，後此之書報，迄未有也。此由當時新書新報之少，閲者專於一也。風會所播，旬報、月報、半月報等，紛然而起。其最著者，由澳門之《知新報》、天津之《國聞報》、湖南之《湘學報》是也。《知新報》由梁啓超遙主其事。《國聞報》嚴復所創。《湘學報》則譚嗣同、唐才常皆有著述焉。是時陳寶箴爲湖南巡撫，屬行新政，湖南爲新學蔚起之地也。其論皆主變法維新；於外事所知實淺，多舊時所謂經濟家之論而已。其能得當時士夫之稱許，亦以此也。啓超等既以旬報等震動海內，更謀翻譯書籍，又謀改善日報。前此只有《申報》、《新聞報》兩家，多記官場消息、各地商情瑣事而已。丁酉冬，創大同譯書局於上海。明年，出日報一種，名《時務日報》。夏，康梁進用，新政行。孝欽及守舊大臣害之。德宗知變將作，命改《時務報》爲官報，任啓超督其事，實陰令避禍也。令下，汪康年以《時務報》爲商股拒之，於是改《時務報》之名曰《昌言報》，改《時務日報》之名曰《中外日報》。未幾，京師變起，六君子流血東市，康梁皆走海外。新報多停辦；存者亦鉗口結舌，莫敢發論，新機爲之一窒焉。

時上海獨有一《蘇報》，持論侃侃，抵誹中朝，稱譽康梁不少屈。新者徒得之，若居空山者之聞人足音焉。爾後六七年中，《蘇報》常爲持新論者所走集，以此也。旬報之中，獨有一《亞東時報》，爲日本人所出，亦詆政府無所忌。啓超既走日本，創旬報於橫濱，曰《清議》。詞多詆孝欽，主扶德宗親政。是時禁令嚴，郵遞甚難。《清議報》雖出滿百冊，然内地罕得睹。啓超所辦諸報，影響以此爲最微矣。自戊戌政變迄庚子，八股既復，士復沈溺於帖括，事新學者少，新書新報出版亦不多。一二喜新之士，仍主變法之論。所共願者，則黜孝欽，扶德宗親政，復行戊戌新政而已。

庚子以後，輿論乃一大變。前此喜新之士，多以改革望諸朝廷，其所慕，則俄之大彼得，日本之明治也。庚子以後，知朝廷之無可與語；又知改革政治，其原來實在人民；必分政府之權，以畀人民而後可；於是擬議及於政體，而立憲革命之論茁焉。丁斯時也，雜志之應運而出者，則《新民叢報》及《民報》是也。《新民叢報》者，發刊於辛丑之冬，亦梁啓超所辦。其轉移風氣之力，與《時務報》相埒。時清廷方貌行新政，以敷衍人民；書報禁遞，已不甚嚴，故其銷數亦幾埒《時務報》。《時務報》多論政事，《新民叢報》則多砭針人民。歐西思想習俗與中國不同之處，乃漸明瞭。自由、平等、熱誠、冒險、毅力、自尊、自治、公德、私德諸多名詞，乃爲人人所耳熟。今日中年以上之人，其思想，尚多受諸此報者也。多載泰西名人學案傳記，多數人乃漸知西方學術之真相。又多以新思想論舊學術，後此治新學者之喜研國故，亦實肇端於是焉。初有新書時，議論尚皆以中國爲本位，自無所謂國故之論。辛壬以後，歐化之趨勢漸甚，而國故之論乃同時發生。其時謂之國粹。上海發行《國粹學報》，持續最久，且當時尚印行舊書多種，最足爲研究國故者之代表。後此雖有此類機關，大率不旋踵而停辦矣。然歐化之趨勢雖盛，國故論迄亦綿延不絶也。予謂研究國故，自爲今日學術界之要圖。但通觀前此之研究國故者，實有二弊：一則自號爲新，而思想不免陳舊。一則過趨於新，疑古太甚，實未明國故之性質。二者相較，楚固失矣，齊亦未爲得也。至於目光專注於收藏家，多印書畫等美術之品，以爲牟利之計，雖亦不能謂其無益學術，然實非目前急務，此則骨董家之變相，更不足語於學術矣。要之新方法整理舊國故，今雖已啓其機，然其盛大，則尚有待也。其於政治，初主革命，自由主義，種族之戚，情見乎詞。而康有爲方遊歐洲，以爲革命之禍，易發難收，詒書靜之。壬寅癸卯之際，啓超乃亦改主立憲。時則主革命者有《民報》，章炳麟、胡漢民實主其事。兩報争辯極烈。然《新民叢報》發行較早；啓超辦報久，爲海内人士所信較深；《民報》亦禁郵遞，内地之人，得見者罕；故革命論之盛，卒不及立憲也。此數年中，留學日本之士大盛，謀譯書出報者亦不乏，最早者《譯書彙編》爲月刊，繼起者多以省分，如湖北人所出之《湖北學生界》、江蘇人所出《江蘇》、浙江人所出之《浙江潮》等是也。上海亦有繼起者，如《翻譯世界》、《大陸報》、《新世界學報》等是也。多不久停刊，故影響不巨。譯書出版者亦多。然除一嚴復外，亦率爾操觚之作多，而精心結撰之作少；所譯之書，又多俯拾即是，鮮加選擇；故其書流播不久。然一時風起雲涌，使社會耳目一新，亦不能謂其全無功績也。

日俄戰後，立憲之論益熾。清廷爲輿論所迫，乃有派五大臣出洋考察憲政之舉；旋下詔預備立憲。適宣統朝，則憲政施行，既有定期；諮議局、資政院亦相繼設立矣。於是主革命者，亦不甚從事於言論。而梁啓超等乃又創《國風報》於日本。除策勵國民外，所論列者，以憲法及財政爲多。非稍通政治學者，不能盡了其義。故《國風報》之銷數雖與《新民叢報》相仿佛，然其議論之深入於人人之心，而足以轉移風氣，則遠不及也。

吾述三十年來之出版界，獨先縷縷於雜志者，以書報相較，報之力大於書；而以雜志與日報相較，則雜志之力，大於日報也。今請一論書籍之情況。益吾國之有譯籍舊矣，從教會中人始也。其後乃有製造局所譯。稍通外情之士亦間有從事於此者，若王韜是也。然舉世鮮或措意。《時務報》既出，乃大聲疾呼，勸人讀西書。梁啓超撰《西學書目表》、《讀西學書法》各一卷，刊佈焉。然是時馳騖新説者，多舊學稍有根柢之士，年多在三四十以上，科學非所好；而政治法律等書，前此譯出者，率無足觀；哲學社會學更無論矣；故好讀者仍鮮。斯時變法維新之論，所慕者既爲俄之大彼得，日本之明治，其目光自全注於政治。以爲革政其本，而械器工藝其末；政治苟變，此等細目，自隨弘綱之舉而畢張。故所欲譯者，首在政法一類之書。當時分西學爲兩大類，曰政，曰藝。大同譯書局序例，當時無發刊辭、宣言書等名目，無論創辦何事，宣佈宗旨和辦法之文，皆稱叙例。所言即此義也。局既設，事未及舉，而朝政已變，局亦停閉。時則學東文以譯書之論大盛。認識日本假名，稍肆其文法，以讀彼國文義稍深之書，當時所謂"和文漢讀"者，國文既通之人，殆旬月即可藏事。一時從事於此者頗多。然庚子以前，新機窒塞，所譯出者甚少。辛丑而後，留東學生驟盛，海内治新學者亦多，而譯籍乃日出。然其所譯，率爾操觚之作多，精心結撰之作少，已如前述。時則移譯東籍，爲留東學生及海上文士稻粱資斧之謀，亦爲書賈射利之業。其初上海之譯印新書者，以廣智書局爲巨擘，文明書局次之。此外惟作新社所譯較多；金粟齋所出雖不多，而皆尚好；又次則推昌明公司矣。然皆不久停閉。商務印書館初起，注重印刷，自出之書甚少也。然廣智書局爲保皇黨人所主持，非真能營商業者。文明譯書，亦不足述。而其時學校漸多，教科用書，皆取諸文明，營業頗盛。既忽以他故，停滯不進。而壬癸之際商務大肆力於教科書。其書一出，頗有涵蓋一切之勢；營業遂蒸蒸日上。浸至在新書業中，首屈一指焉。其後繼起之大公司，唯圖書公司及中華書局兩家。圖書公司初起時，規模頗大，以營業不善，卒致失敗。中華則乘國體改革之際而崛起者也。於是書賈營業，以教科書爲大宗，譯籍顧居其次。譯出之書，以法制經濟爲最多，以當時求學者趨重於此也。次則小説，亦頗風行；而林紓所譯，尤負時譽。

　　民國肇建，出版界亦焕然改觀。其時日報驟增，北京上海，新出者皆至數十種，激進穩健兩派，訾謷若水火，皆借報紙爲機關，幾令人目迷五色。贛寧戰後，民黨報紙皆停印，而輿論乃後沈静焉。方其盛時，兩黨互詆，皆近叫囂；真能平心静氣，以商榷是非者絶少，雖或援據不論，侈陳法理，亦多取其便於己者用之；或不惜曲説以申黨議；違心之譏，兩黨皆所不免也。民黨中唯章士釗一派，持論最持平；不曲阿己黨，持調停之説甚力。所出《獨立周報》，評論時事，多中肯綮。贛寧戰後，章又出月刊一種，以出版之歲名之，曰《甲寅》。仍力主調和之説，時朝野疾視民黨，一切務反清代之規模，時人謐之曰"復古"，雖賢者不免有此偏見。章等獨斤斤以爲不可，以視其前此著論，力斥國民黨之驕橫者，判然若兩人，斯尤可謂中立不倚者也。其較偏於舊者，則有康有爲以獨力所出之《不忍雜志》，梁啓超等在北京所出之《庸言報》，及其後中華書局所辦由梁主任之《大中華》。有爲爲主張變法最早之人；顧當是時，力主因循舊政，保守舊俗；不惜出其一身以與舉世抗；可謂薑桂之性，老而愈辣，君子觀於此，然後知其能創變法之議，於舉世不爲之日者，爲有由也。其所言之是非姑勿論，抑足以愧世之覷邀時譽，隨俗俯仰者矣。此數種雜志，在當時皆足針砭時俗。顧其時之社會，混亂已極。粗猛者爲暴民間，幾同肆掠，夸毗者獻媚政府，冀飽貪囊。無復繫心國家，眷懷民俗者。雖復仁人志士，人百其身，猶未易改發聾振聵之效，況於羣言混亂，讜言正論，且不易佔勢力於社會乎？丁斯時也，惡劣之小説，乃風行一時。如《禮拜六》、《白相朋友》等，銷場之廣，教科書而外，幾乎無與比倫。迄於今日，其遺風餘烈，且猶未沬，斯則人心腐敗之鐵證矣。譯小説最早者，當推《時務報》，所譯《華生包探案》及《長生術》等，皆附載報中。自後日報雜志，亦多附有小説，然出單行本者尚少。壬癸以後，譯業既興，小説亦隨之而盛。仍以翻譯者居多。自撰者不過十之二而已。雖名著寥寥，大都無關弘旨，尚多不失曲終奏雅之義也。至民國二、三年以後，乃鄙陋一無足觀；且惡劣無所不至。當六、七年間，上海《時事新報》，徵求各種社會黑幕，揭載報端。本所以抉發神奸，非以供茶餘飯後之讀助也。初時應徵之稿，頗有佳者，其後漸不可信，該報因之停載。乃海上牟利之徒遂爾踵事增華，向壁虛造，而有所謂黑幕一類之小說，斯真奇想天開，抑也無孔不入矣。

癸丑以後，社會之空氣，沉悶已極。稍新之議論，幾於不可復見。而陳獨秀等所辦之《新青年》，獨扶翼新機，力斥當時復古之說。《新青年》後此之叫囂謾罵，誠不無可議。然在此時，則可謂庸中佼佼者矣。袁氏死後，人心稍蘇；復古之夢，隨之而醒。是時北京大學，亦以主持易人，新機大啓。所出書報，於社會主義及哲學、文學、科學，皆有所提倡。其議論，較諸前此通行之說，實覺新穎透辟，一時遂有風行草偃之勢。近數年來，所謂新思想新文化，皆導源於是時也。一時轉移風氣，爲力最巨者，當推《新青年》、《新潮》兩雜志。而稍晚出之《建設雜志》，議論尤切實焉。此外有名之雜志尚多；新譯及國人自著之書亦不少；即日報，亦多特出附張研究學術者。學風之盛，迥前此所未有也。上皆目前之事，人人所知，不負贅論。

三十年來出版界之情形如此，所述雖署，然其變遷固大署可睹矣。今請進而述吾之所感。

三十年來動撼社會之力，必推雜志爲最巨。凡風氣將轉跡時，必有一兩種雜志爲之唱率；而是時變動之方向，即惟此一二種雜志之馬首是瞻。是何也？曰：凡社會之變動，驟觀之，一若由於理性；而實皆驅率於感情。日報專事記載，不重議論，其能激動人感情之處甚少。書籍說理較深；又多譯自異國，其所言，非必爲目前利害切身之事。非如雜志，多吾國人自箸之論，皆針對當時之人發言；又其聲情激越，足以動人之感情也。然則今日之風氣，所以競趨於新，一若舊政舊俗，無一足以保存者，其故可深長思矣。今日穩健之士，每訾喜新者流，事事欲效法他人，而盡忘其故；又或議此輩於異國之事，亦無真知灼見；其言亦誠有片面之理由。殊不知社會當變動時；本非有所慕於彼，而思竭力以赴之之問題；乃皆有所惡於此，而急欲排而去之之問題耳。自新說創導以來，能激刺人之感情，而支配其行爲，儼若具有魔力者，無如（一）民主，（二）決棄舊禮俗，（三）社會主義之論。夫昔日之君主專制，則誠惡矣；今效法歐美之代議政體，其善安在？舊時禮俗，誠哉不宜於今；然一旦決而去之，將何以代之？此又新者徒所茫然無以爲答者也。社會主義，誠救世根本之談；然現在之蹴焉若不可終日者，又豈盡資本家之咎？此理甚明，人所易曉；而今之人顧若熟視無睹；即明知之，其主張之激烈，亦曾不少減，是何也？則所惡於舊者既深，急欲決而去之，而其餘遂有所不及顧也。人之情，有所惡於此，必有所慕於彼，其所慕者，未嘗有一時一地焉，曾現之於實也。然情感所迫，往往能造爲幻象以自慰，雖明知其未嘗實見，亦不恤謂有一時一地焉，曾現之於實以自欺。市三成虎，況於一國？合多數人之心理而皆如是，則所慕雖幻，亦若實有其事矣。故今日之稱頌西歐，猶其昔日之謳歌三代。非必真知三代之若何善美也；有所疾於今，則凡與今反對者，一切托之於古云爾。故曰："堯舜之美，千載之積譽；而桀紂之惡，千載之積毀也。"然君子觀於此，不訾大多數人識見之淺短，所慕者之不確實，而轉以此知舊俗之必不可以復存。何則？多數人所慕之新，固或爲鏡花水月，然其痛心疾首於舊，則已彰明較著矣。夫世固未有爲大多數人所痛心疾首，而猶能存焉者也。故君子所觀察之事實，與常人同，而其所得之結論，恒與常人異。今人訾吾國民有否定性而無肯定性，亦即此理；初不足爲吾國民咎也。何則？彼固惟知舊者之當去，而未嘗知何者之當從也。以前譬明之：則知君主專制之不善，而未知何種政體爲善也；知舊禮俗之不適，而未知新禮俗當如何也；知私有財產制度之爲亂源，而未知當代以何種經濟組織也。其採用代議政體等，乃適然之事，非真知其善而採取之也。此等現象，非獨今日，亦非獨吾國；伊古以來，大變革之際，皆係如此。其初皆惟知除舊，至新者之建設，則破壞後因緣交會而成，非破壞前所豫定也。破壞前所幻想欲建設之境，其後大抵不能實現。

中國人好發空論而不能作實事，此今人所爲悲觀者也。予謂此亦不足慮，何者？事實難變，而精神易於聳動，此爲自然之勢，無可如何。夫徒發空論，誠無益。然使人人之心思，頑固不變，而欲求事實之改變，不可得也。理想者事實之母；以中國土地之大，交通之不便，數千年來舊習慣之深，而運動不過卅年，全國輿論，即已大畧一致，固亦不可謂遲矣。語曰：一紙書賢於十萬師，就卅年來事觀之，誠哉其然也。此亦出版界中人，所差堪自慰者也。

文字宜於通俗，此觀諸近數年來之事而可知者也。中國向者，亦非全不用通俗文。然其意，以爲此以語婦孺及農工商之流耳；如官府所出白話告示及民間所刊善書是也。非所以語讀書之士也。新書報初出時，其意蓋猶如此？故雖有白話書報，而亦無人過問，以此等人本不讀書，而自讀書人言之，則此等書無足讀也。近數年來，新文學之説既倡，著書多用語體而學校生徒之能讀書者大增，書報之銷行益廣，此其中固亦有他種原因，然文字艱深之隔閡既除，而學術之研究遂易，則事實昭然，不可掩矣。予固不謂舊文學可廢，亦不謂新文學勝於舊文學，然文字艱深之弊去，俾學者節省日力，則教育易於普及，而學術程度，可以提高，則事實昭然，不可掩也。

合三十年來之出版界觀之。學問智識，誠覺後勝於前；然道德則似反不逮，信用亦較前爲弱，此則著述界中人，所亟宜自警者也。猶憶戊戌以前，新書新報初出，執筆者皆一時之俊；誠有救國牖民之熱憂。既非以邀名，亦非以牟利：故其言論，能爲薄海所信仰。即其時從事日報者，亦多秉公審慎，不敢妄肆雌黃。故熱心公益之士，以得報紙之稱譽爲榮；而束身自好之流，以受報紙之譏彈爲辱。庚子以前，蓋猶如此。辛丑以後，新機大啓，書報日出，然率爾操觚之作轉多。或則曲學阿世，不顧是非。或則務伸己說，淆亂黑白。甚有造作讕語，誣蔑異己者。於是報紙始爲海內所齒冷，受其譽者不足爲榮，爲所毀者不足爲辱。其監督社會，指導輿論之力，一落千丈矣。受人津貼，爲之機關者，更不足論。即以智識論，後此佼佼之士，所知誠突過前人，然此就其中少數人論之耳，若合全體言之，則前此非真有學問之士，不敢執筆；後此則弱冠之子，淺學之徒，亦皆伸紙握筆，儼然著論矣。夫學術之深淺，品評亦視乎其時。前人所知雖淺，然在其時自爲第一流，故能得人之信仰也，今若此，安得不爲人所易視哉。又問題之討論，學術之研究，誠以集思廣益而愈明，然亦必確有所見，方可出其所懷，以與大衆商榷。若事實尚未明瞭，即已借箸代籌；讀書初未終篇，亦欲斐然有作，而亦長篇累牘，登諸報端；或則旗鼓相當，辯爭無已，此則徒耗讀者之日力耳。不徒出版機關，濫用種種方法，以招致此曹投稿爲不當；即學者如是其求速化，亦非大器晚成之道也。

處今日之情勢，已非大資本不能營書業，蓋舊時書賈之刻書，銷場佳者，三年而僅償其刻版之費；自此以往，乃得薄利焉。今則印刷之技既精，運輸之途又廣；廣告之術，尤層出不窮。苟非如大書店之能自設印刷所，多設支店，多登廣告，其營業決無振起之望。夫資本之爲物，其趨於利厚之處，若水之就下，以今日大資本之書店獲利之厚，而猶望有小資本者，同時競起經營，此必不可得之數也。至於私人刻書，不爲牟利者，自亦有之；然其數必有限；且其印刷之費，必較書店爲昂；成本昂則售價必貴，縱不牟利，亦不便於學者；又況無分銷機關，不能普及乎？故今後廣印書籍，以宣揚文化之責，殆十之九集於有大資本之書店，非虛言也。今之人，每訾書店惟知牟利，不甚肯爲學術文化計，此亦一偏之論。書店以營業爲目的，與一切商店同。豈能責其只顧公益，不顧血本？苟如是，彼其資本，亦不轉瞬而盡耳，所能爲者幾何？然雖如是，在無礙銷場之範圍內，書店亦應盡相當之責任。且書店之編印某種書籍，原因其銷路之廣而然；然亦有某種書籍，因書店之提倡，而其銷場乃廣者。亦視其爲之何如耳。此等責任，亦書店所應負也。目前可爲之事即甚多，試舉數端以明之。如民國肇建，已十二年，此十二年中之事，利害切身孰甚焉？爲共和國民者，人人所應明瞭也。然竟無隨時編輯，以饗國人者，此亦出版界之恥也。法令條約等，在昔時尚有搜輯匯刊者，今則除供法官、律師所用者外，皆無有矣。日言譯新書宜有條理系統，然終不見此等事實。其卷帙較巨，若商務所出之《科學大綱》者，已如鳳毛麟角矣。日言研究國故，而舊籍之難求彌甚。間有翻印者，非印刷甚精，即卷帙甚巨，以致售價甚昂，寒士殊不易得；求其將舊時叢書，擇要翻印，或另按學術之性質，編成新叢書；或雖翻印舊籍，而可分可合，任人選購者，且無有也。然則今之翻印舊書者，毋乃真只能翻印舊書乎？爲文化計，一二有力之收藏家，能讀書者實少，即爲營業計，少數有力者之蒐購，亦不如多數寒畯之零買也，天下事無難易，惟得其術者爲能成功。今人頗有言四庫書宜印行者，甚盛舉也。然絕不知別擇；言印即欲全印，以致力不能舉。殊不知四庫書爲外間所有者甚多；並有通行之本，轉精於四庫著錄之本者。欲印行，宜先外間所無之書；次則擇其與通行之本不同，足資校勘者；其餘盡可從緩，如此逐漸印刻，數大書店之力，即可任之，正不必仰仗國庫，更不待招外股也。散見各報章、雜志之論文，盡多有用者。然如《東方雜志》之能輯刻東方文庫，亦尚爲破天荒之舉。此類有裨學者，兼利營業之事甚多，舉不勝舉也。

本文寫於一九二三年

國文教授祛蔽篇

老氏曰:"大道甚夷,而民好徑。"甚矣,世之好徑者之多也。國文者,一國所獨有,其傳之必且數千百年,宜其研究之法無不明,而教授之法無不得矣。然而竟不能然者,何也?則有物蔽之也。有物蔽之,則康莊在前而不見矣。

(一) 偏主文言白話之蔽

文言白話,非有判然之界限也。今試將現行文字,案其性質之古近,而嚴密區別之,則當區分爲左之三種:

(甲)古文 其詞類及語法,皆以古爲標準者也。非至古代之詞類語法,必不能用,或必不足用時,必不輕變。

(乙)白話 其詞類及語法,悉以今日之口語爲標準者也。非至口中實無此語時,決不參用古代語。

(丙)普通文 界乎(甲)、(乙)之間,日常應用之文,如公牘書劄等,皆屬此類。普通文者,所以合和文言白話,以應社會之需要者也。今有甲焉,以板凳擊乙;乙避之,觸桌子,傷而死。板凳桌子,在古文中例代以几席字,然於此事則固不能,則古文窮矣。又設此事而聞於理,理官援律以蔽甲之罪,其律文或沿之自古,豈能譯以白話?則白話又窮矣。然則文言白話之並行,社會固自有此需要也。

文字所以代表語言,本應與口語相合。然而不能然者?則一國之人,智識有高下,好尚各不同;所治之學問,所操之職業,亦復殊異;此部分人所需用之言語,未必即爲彼部分人所需用。故文字語言,有通行於全國者,亦有僅流行於一部分者,非獨文言白話相較,有專普之殊也。文言白話之中,亦自有之。作文言者,文中之字,不能入詩;詩中之字,不能入詞;詞中之字,又不能入曲;甚至散文之辭句,不能入駢文;宋四六之辭句,不能入漢魏體之駢文;選體詩之辭句,不能入西江派之詩;皆是物也。説白話者,則如江湖上之切口，各種商業中所特有之名稱等皆是。嘗有治化學者，告予曰："中國表顏色之字，不過數十，必不足用。"予謂"若盡蒐之，可得數百"。其人不信。予曰："子不當但求之字典中……當集染坊、綢緞肆、布肆、漆肆中人而問之。凡菜青，月白等複音字，皆是也。"彼乃釋然。故文言白話，並無一定之界限。以爲死語，則凡我所不用者，皆死語也；抑且此時此地所不用者，在此時此地，即死語也。以爲活語，則藥籠中物，何一不可儲以待用？而人之用語，亦豈有限制乎？

又天下事不必論其可不可，且先問其能不能。抑究極言之，所謂可不可者，固仍以能不能爲標準也。今試問：舉全國之人而使之盡通文言，能乎？不能乎？往昔私塾學生，自六七歲入塾，至十五、二十之間，所誦者盡文言也。其成績如何？即謂私塾教授，不得其法，亦決無枉費工夫，至如此其多之理。蓋文言自爲某種人所需用，性質不近；所治之學問，所操之事業，而與此無干者，即強之，亦不能通也。而今之偏主文言者，偏謂學國文非通文言不可，甚至強謂文言並不難通，而置向者科舉時代，學童讀書十年，下筆不能成一字之事實於不顧，甚矣，其蔽也。

凡文之所以成爲文者三：（一）讀音，（二）詞類，（三）文法也。讀音爲另一問題，今姑勿論。以言乎詞類，則今日極純粹之白話中，其所有者，實不足於用。事理稍精深繁複，即須取資於文言。然此尚不成問題，因文言中之詞類，固無不可出之於口也。至於語法，則在紙上者，決不能操之口中。以白話代文言，其最大之理由，即在乎此。然今日白話之語法，固有不完善，不能不藉文言以改良之者。今日白話之語法，其大病，在"累贅"與"游移"。試以同一意思，撰成文言之句，又撰成白話之句；兩者相較，文言句必簡短，而意反確定；白話句必冗長，而意反游移。向之官府告示等，其一部分，求人易曉者，原未嘗不用白話；其大部分則卒不能；其理由亦在於此。然則居今日而言國文，除一部分天分甚低，及所治之學問，實與國文關係甚淺者外，雖可用白話發表，必須能閱讀文言。何者？白話中之詞類，既須取之文言，不通文言，則未能徹其根原；雖了解必不真實。而能多讀文言，則其所作白話，多少有幾分文言化，可稍謹嚴也。而其性質本近文言，或其所治之學問，與文言關係極密者，更無論矣。而今之偏主白話者，又謂文言絕不足學，日以報章小説及無聊之新詩授人，枉費工夫，難期進益，甚也，其蔽也。

要而言之，則但習白話，或兼肆文言，當視其人之性質，及其所習之學科，所擇之職業而異，不能作一概之論也。

（二）講俗陋文法之蔽

因有文字，乃加標題乎？抑因有題目，乃作文字耶？此不論何人，皆能答曰：因有文字，乃加標題也。然向之應科舉者則不然。彼以應科舉故而作文字，則其文真爲題而作者也。然使其所命之題目，大方正派，猶不至墮入惡道也。乃科舉時代之試官，每好以難題試士，此因便於校閱故。昔時之科舉，實類今文官考試，官額有定，則科舉之額，不能無定；科舉之額有定，而應舉者甚多，其程度又皆相仿佛，則去取無以爲憑，乃不得不爲此無理之舉。唐人貼經題，好取孤章絕句；清時八股試題，割裂至不成文義；皆此之由也。其所謂題者，本無文可作，而以應試之故，不得不强作一文，於是種種無理之法生矣。本以應科舉故，不得不作此種文，乃不得不有此種法；其後習非成是，忘其本來，乃以爲作文之法，本當如是；於是笑柄百出矣。今之國文教員，科舉中人，誠已不多，然此等謬論，行於社會者既數百年，彼其師皆此等人也；彼其所耳濡目染之評本選本，皆此等物也；自非天分絕高，或別有淵源之士，孰能出其範圍者乎？今之國文教員，年事稍長，自謂通知舊文學；而社會上亦推許爲通知舊文學者；其意見，十之八九，未能盡脫科舉時代之陋習也。《孟子》曰："所惡於智者，爲其鑿也。"所惡於科舉時代之文法者，亦爲其鑿也。所謂鑿者，本爲事理之所無，彼乃鑿空而强說之也。學文者一入此途，百無是處。欲講教授國文，須先將此等謬說，一切摧陷而廓清之，舊時俗陋之選本，及近出之俗陋選本，如學生國文成績等，宜一概屏絕。

（三）並舊文學與國文爲一談之蔽

今之自謂通知舊文學者，十之八九，實未脫盡科舉時代之陋習，吾既言之矣。至其十之一二，則又賢智之過，而并國文與舊文學爲一談。此輩之所謂舊文學，乃真正之舊文學，非夫名爲舊文學，而實係科舉時代之陋習者比也。其所講授，亦誠有法度，足以開示門徑，然用之學校之教授國文，則謬矣。文學者，美術之一，以文字表現之。然非凡以文字表現者，皆可成爲文學也。文學與國文，雖有關係，決不能並爲一談，普通文言，乃較高等之國語。普通之文字，人人所能通也。美術之文學，非人人所能通也。即謂可略通知其意，亦斷不得施諸中等以下之學生。即今之大學學生，於舊文學，亦祇可指示其極淺近者，俾略知門徑耳，高深處決說不上。何也？智識之程度及年齡，固如是也。吾義此說，今人決不肯信。文學之美，除有天才者外，普通人在二十以下之年齡，是否能領略？吾亦姑勿置辯。然文字必有其內容，不通知其內容者，於其美的方面，亦必不能真解，此則可無異辭者也。極美之文學，必有極深之內容，其感覺之銳敏，觀察之周到，情感之濃厚，所包孕之事實之豐富，恐均非二十以下，讀書未多，閱世未深之學生，所能知也。感覺，觀察，情感，以主觀言。然客觀方面，必有促其感覺，供其觀察，勸其情感之事物，此等事實，文學家所注意者，往往非常人所知。且不能但於書本上求之，必閱世稍深之人，乃覺其親切而有味。故高等學問之領悟，自非天才，必待相當之年齡。此而強聒不舍，日詔以古人文字，如何之美，彼知爲何語乎？更責以措語必求雅馴，下筆必守義法，則更爲隔膜矣。故舊文學除對於一二有天才者外，普通之國文教授，絲毫不可羼混。必盡破除文學家拘墟門面之習，乃可以言國文教授。

（四）誤國文爲國故之蔽

近時又有一蔽，則并國文與國故爲一談是也。此蔽也，隨整理國故之聲浪而俱興。國故二字，本爲極籠統之名詞，實與洋務二字相等。今試詔人曰："汝宜留心洋務。"其人必不知所指。吾不知今之混言整理國故者，將使人何從下手也。彼將曰："依科學之分類，各就其所能整理者整理之云爾。"此言是矣。然與國文（高等國語。）何涉。即謂受教於吾者，其人之性質，確適宜於整理國故，亦豈得與研究國文，同時並進乎？夫作事必有先後之序，欲研究國故者，必先通國文，猶之欲治外國學問者，必先通其國之語言文字也。謂通外國語言，與治外國學問，即爲一事，可乎？謂初肄外國文者，即能同時並進，以治外國學問，有是理乎？乃以吾所見，則今日中等以下之學校，竟有將經、子、《史》、《漢》……列爲課程者矣。以此諸書作國文課本，猶有可說。乃彼其意，則非以之作國文讀，而侈言整理國故也。經書文義，初未通曉，已評論漢宋之短長，爭訟今古文之真偽矣。諸子讀未終篇，已滿口周秦學術流別；朝代且不省記，已縱談史書體裁得失矣。教者信口開河，學徒之謹愿者，初不知爲何事。其浮動者，則撫拾牙慧，如塗塗附。人人侈言整理國故，而不能自讀一捲古書。王荆公曰："本欲變學究爲秀才，不圖變秀才爲學究。"今也以學究之學，欲率童稚之子超乘躐等，以倖致於秀才，豈不哀哉？

（五）偏講理論之蔽

凡事必先明於事實，而後可下評論，此不易之理也。今也不然。於事實概乎未有聞知，而顧以評論此事實之語，強聒不舍，此則萬語千言，悉成"戲論"而已矣。科學可以理智求,文學必由直覺得。李白之詩,杜甫之詩,其句之長短,字之平仄,無以異也。韓愈之文,與柳宗元之文,其所用之文法,亦無以異也。所異者,大家之文,各有其面貌性情,彼此不能相假。此則非自己直觀,不能認識,教者無從口說以喻學者矣。文學作品之區別,固亦有形式上指得出者。然其真正之區別,決不在此。但知此等粗淺之處,猶之不知也。欲知稍精微之區別,則非自己讀書稍多,用功稍深不可。至於偏觀諸大家,而各得其個性;因以知其彼此之異同;由是通觀古今,而知各時代之風會焉;而知其變遷之所自,及其得失焉;自己受文學之薰陶既深,因以知文學之性質,及其功用焉;此則非讀書更多,用功更深不可。語曰:"下學而上達。"明知彼之空無所有,何必詔以此等空言闊論。今日中等以下之學校,所有文學概論文學史等科目,皆可一概删除也。即在大學,亦宜俟讀書稍多之後授之。

(六) 不重自習之蔽

然以上所論,實皆支節之談。根本上之弊病,則在重講授,重討論,……而不重實際之閱讀。凡事必先立基礎,基礎穩實,其餘一切,皆可不煩言而解。否則無論有何妙法,終屬空中樓閣。夫文字所以代表語言,故習文之法,與習語同。今試問:人耳中聽話甚少,口中亦不常說,而日日告以語法如何則合,如何則不合;與之討論說話如何則動聽,如何則不動聽;有益乎?無益乎?讀書猶之聽話也,作文猶之說話也,必先多聽然後能說,故讀書尤要於作文。昔人分讀與看兩項。所謂讀者,朗誦或熟誦之謂。所謂看者,則默誦之謂也。此所謂讀,當彼之看;彼所謂讀,吾謂可緩。凡文字必須朗誦或熟誦者,其故有二:(一)小孩非此不能上口;(二)專門文學家,非此不能精熟也。若已能閱看,又非專治文學之人,則但閱看已足。閱看時固無不默誦者,但求音調之和諧,而不棘於口,即此亦已足矣。今之學生,讀過之書,實屬太少。故有何種意思,當以何種語言達之,彼竟茫然未之知者。夫何種意思,當以何種語言達之,既知之矣,而操之不熟,猶不能無扞格,況乎其竟未之知邪?生疏之至,遂至憚於讀書,而作文無論矣。夫文法如何則合,如何則不合;說話如何則動聽,如何則不動聽,苟能多讀,即不語之,自亦能知。迎機語之,尤極容易。若其從未讀過,抑或所讀太少,則雖耳提面命,亦屬茫然。故今日諄諄之講授,及無謂之討論,十分之九,皆可省去也。

自讀之法,姑以吾所經歷者言之。吾小時讀"四子書",日十行,行十七字,凡百七十字,高聲朗誦,一分鐘可一徧。今日中等學校之學生,程度當高於吾讀"四子書"時;默誦較朗誦,時間亦可節省,今姑勿論。一分鐘讀百七十字,一小時亦可得萬二百字。再減少之,以一小時讀一萬字計,日讀書二小時,一年亦得七百二十萬字矣。讀書愈多則愈熟,愈熟則愈速。半年一年後,所讀必不止此數,今亦勿論。讀三年,亦得二千一百萬言也。功貴勿忘勿助,一日二小時之讀書,苟能持之以恒,三年後必有成績可見。較之今日,浮光掠影之聽講,膚淺無實之討論,其功效必不可以道里計矣。

（七）自行讀書之法　吾所希望之兩種書

　　然則當讀何書乎? 曰:此無一定。"吾所最好讀之書,即吾所最宜讀之書。"此予之格言也。大抵人之性質,各有所近。就其所近者而求之,則相説以解,毫不費力。就其所遠者而強爲焉,則事倍功半,甚至終無悟入處也。夫文學之種類亦多矣。以與口語之遠近言之,則有文言白話之分;以其主於應用或不主應用言之,則有純文學雜文學之別。凡此種種,悉數難終,而要之性質相近者,自能一見如故,結爲好友也。大抵人之讀書,須經過雜讀及亂讀之一時期,而後趨向乃定,此其一關係年齡之長幼,一關係學問之淺深。至趨向略定時,本已無庸教得。所貴迎機指導,略與輔助者,則正在其雜讀及亂讀之時代耳。然此時代,最宜聽其自由,其實干涉亦無效。除必不可讀之書外,宜一切勿加禁斷也。

　　已過雜讀亂讀而入於趨向略定之時代,大約在中學末年,或其畢業後。則其讀書,宜略帶硬性。此時非欲肄國文者,已可移其精力於別一方面,經過前此之雜讀亂讀,必已能作通暢之白話,清淺之文言矣。若欲更求深造,則非於古書上用力一番不可。何也? 古書爲後世文字之根源也。古書之所以爲後世文字之根源者,何也? 曰:(一)文法多習慣相沿,習慣皆導源於古。(二)文學之美,在其神氣,神氣恒互相模仿,後人亦多本之前人故也。凡事必有其根源,通乎其根源,則其支流皆不煩言而解矣。

　　縱論及此,則吾覺有甚需要而及缺乏之兩種書。

　　(一)凡必讀之古書,如群經四史及周秦諸子……必有簡明之注釋,詳晰之符號,或並附適當之考證及評論,以引起其興味,且使之易讀。此等書不妨極淺,然不可流於陋。

　　(二)爲講明訓詁之書,讀書必先識字,人人能言之。今人亦好講小學。

然其所謂小學者，非高談文字，即專講《説文》。夫《説文》爲治小學之一書，初不足概小學之全，專治此書，又非初學所有事。初學所最要者，在通知常用數千字之訓詁，持之以讀古書，此固非略知文字學之條例不能。然空談文字學之條例，而於逐字之訓詁，顧未研求，則又與空談文學概論，而不讀文學作品者同蔽矣。欲通中國文學者，自古及今易，由今溯古難。通文言者必能通白話，通白話者不必能通文言，即其確證。此事人人知之，而人人不知其故。予謂此不難知也。今中國常用之字，不過數千。守舊者既以此詡中國文字之長，趨新者又以此訾中國文字之陋。其實皆非也。中國常用之單字，雖不過數千，然累增之複音詞，則不可僂指計。此複音詞類，皆集合單字而成。故單字實爲複音字之根源。而單字之意義，亦多輾轉變遷；每一單字，又多以最初之本義，爲其根源，明乎一字之本義，則於其引伸之義，無不可迎刃而解；明乎各單字之本義，則於複音詞之義，又無不迎刃而解矣。然則稽求字義，最要之條例，實惟引伸；而次之即爲假借。今宜特纂一書，先略説六條例，音韻轉變，以爲緒論。以能持之以讀本爲斷，不必過高。其本論則舉數千常用之字，先説明其本義，次及引伸假借之義，又説明其所以引伸假借之故焉。熟是書也，持之以讀古書，必不虞其扞格矣。此實今日國文教授上最需要之書，然編纂殊不易也。

原刊《新教育》第十卷第二期，一九二五年四月出版

國民自立藝文館議

　　益人神智之物，無過於書。蓋知識進步，必由賡續。設無書籍，則前人之所得，無由傳之於後；即能傳，亦必極少，以並時論，彼此所得，亦不能互相灌輸。後人凡事須從頭作起，極不經濟也。許慎序《說文解字》曰："文字者，前人所以垂後，後人所以識古。"即是此意。今人每譏徒讀書，不經驗事物爲無用，此誠然，然亦視乎其讀之如何耳。苟視書自書，事物自事物，二者判然相離，此等人，即日令經驗事物，亦未必有晤入處。苟能視書之所述，一一皆如事物然，則讀書原與經驗事物無異。天下事物多矣，豈能一一身驗？況有出於吾身以前，不及目擊者邪？

　　吾國歷代政府，頗以保存書籍爲己任。每當一朝開創之初，或則數世承平之後，必先懸賞徵求，派員校理，然後付之繕寫，加以庋藏。自漢之中秘，以迄清之四庫，其道一也。所猶有憾者：（一）則古代文化，尚未擴大，學術本少數人所專有，書籍亦帶有"重器"性質；（二）則印刷術未曾發明，鈔錄惟艱，故祇能保存，而不能散佈。所存既少，一經喪亂，遂致佚亡。此則有待於後人之改良其法，以彌補其闕者矣。

　　清代印刷術，業已進步，四庫之書，本可次第印佈。然仍不過繕寫庋藏；_雖用聚珍版印行一部分，然所印究不多。則以沿襲歷代辦法，未能驟變也。然此項藏書，共有七部；較之歷代，已爲獨多。故能傳至今日，尚有完者，此不可謂非所存較多之效矣。

　　今日政治既已易爲民主，文化事業，亦日益擴張；則舊時書籍由政府搜集保存之法，已不足用。當別立完備之法，由人民自任之。此不獨謂共和時代，社會事業，不當倚賴政府也；即就事實論：古代文化幼穉，書籍不多，故一政府之力，可任搜集保存之責。後世文化漸進，書籍日繁；不特固有者概須網羅，即新出者亦宜隨時徵集。由政府設一機關，經若干時而裁撤，其不足以蘄完備也決矣。審如是也，則今後搜集、校理、庋藏、流佈書籍之機關，如清之四庫館者，當由人民自立，實毫無疑義也。

　　此項事業，看似艱鉅，然向以一政府之力，劃行政經費之一部分，尚克舉之;況在今日,合全國人之力以圖之乎？夫惟必賴政府之力,且必取資於政費,故非至承平時,則人力財力皆有所不給。曠觀歷代潛心文化,愛樂典籍者,即逢喪亂,常不乏人,則不以政局之紛擾,財政之艱窘而受影響矣。此又人民自立之利也。

四庫之名,因舊時分書籍爲經史子集四部故。此項分類之法,在今日既不適用,則四庫之名,亦不宜沿襲。且我民國,創制顯庸,要當度越前規,一新天下之耳目,亦無取襲勝朝之舊名也。案歷代書籍,正史皆有專志;或稱藝文,或稱經籍;而藝文立名較古,今日宜即用之,由人民自立一館。其設立之地,以目前情勢論,似以上海爲最宜。以其交通利便,爲中外所湊集也。徵求、印佈,以及建造新式避火房屋等,一切皆易,即有意外之變,遷往他處保存亦易。其款項,當純由人民自籌。將來或可藉行政經費補助,然創立之始,必宜由人民自任之。爲數雖鉅,然合全國人之力,自不患其弗勝。且既成常設之機關,可以隨時擴充,一時即不能集鉅款,亦不足慮也。凡事創始最艱,既植其基,擴充自易爲力。

此舉苟成,目前所宜亟爲者,凡有四事:（一）廣搜舊有之書,（二）加以校理,此皆從前政府所已爲;（三）調查各書有無刻本,有刻本者,善否如何？就其無刻本,或雖有而非善本者,次第刊佈;（四）新出之書,隨時審定著錄,此則從前政府所未克舉也。凡舊書重經校理,及新書著錄者,宜隨時刊佈其目,並加解題,以便學者。書之有刻本而不善者,校理之後,或但刊校勘記亦可。此外可辦之事甚多,非一時所能及,亦非此篇所克舉矣。搜求舊書,所以費鉅者,以善本索值之昂也。此等善本,不惟可以校正訛誤兼可考見原書鈔寫刊刻之真相,誠亦有用。然苟財力不及,即但借校一過亦可。因書之所重,究在內容,版式其次焉者也。

清代之《四庫全書》,誠爲可寶之物,印刷流佈,亦誠有爲有益文化之舉,然謂即此遂足代表我國前此之文化,則未也。蓋在清代,文化業已擴大,書籍業已甚多,斷非一政府之力,所能搜羅完備。況當日分別著錄存目,實由政府所派之員,於短時間內定之。此少數人員,縱號博通,短時間之評騭,豈能無失？當時又有因忌諱之故,不敢著錄者。但觀《存目提要》,即可知之。清代學術,極盛於乾嘉道咸以後,又異軍蒼頭特起,古書輯校善本,亦多出於此時。然《四庫》著錄,僅及乾隆初年;此項要藉,百不具一。故舉吾國現有書籍,分爲《四庫》所有及《四庫》所無者兩部校之,則《四庫》所無者,必多於《四庫》所有者。就其同有者,而比校其傳本之善否,後者恐亦將較長。故清代之《四庫全書》特我國大叢書之一種耳;謂其在吾國書籍中當佔一位置則可,謂其價值遠勝其餘之書,且足包舉前此書籍之大部分,則誤矣。凡作事當有方新之氣,乃能後勝於前。民國肇建，革千古之帝政，還漢族以河山，此義尤當人人共喻。文化我所自有，非滿洲人有以外鑠我也。我國文化，久擴佈於全國，即富力實也藏於民間；王室者，一較大之富室耳，其所爲之事，不能遠勝於人民也。顧今日猶有不知真相，一聞清室所藏之物，所爲之事，即震炫，謂非吾儕所能夢想者，此則大非民國之民所宜有此心理者也。因近今商務印書館謀影印《四庫全書》，事被阻滯，國民頗有愴歎者，吾故作此篇，以廣國民之意。孟子曰："責難於君謂之恭。"又曰："齊人無以仁義與王言者，豈以仁義爲不美也？其心曰：是何足與言仁義也云爾，則不敬莫大乎是。"吾之所以責難吾國民者，猶孟子之所以望其君也。至影印《四庫全書》，自是佳事，吾亦非薄是而以爲不足爲也。今日國民若果有魄力，則《四庫全書》，但須先行保存。更搜羅其所未備，校改其所未善。可成一民國全書，刊佈世界，正不必汲汲刊行清代之《四庫全書》也。但以今日之情勢，搜補校訂，皆非易言，而頻年萑苻遍地，烽火連天，即殘存之《四庫全書》，亦且岌岌有不保之慮。先行印刷若干部，以圖保存，原無不可。然須知此乃目前苟且之事，國民振興文化之責，尚有待於將來，非可以此而即安也。若以此爲遂足宜宣揚我國之文化，我國民可更無所事，亦更無能爲焉，是使民國之國民，不如滿洲之政府矣。

原刊《東方雜誌》第二十二卷第七號，
一九二五年四月十日出版

魏晉玄談

虛無之風，始於魏之正始中，明帝崩，曹真子爽，字昭伯。錄尚書，齊王立，加侍中。與太尉司馬宣王併受遺詔，輔幼主。爽用丁謐計，尊宣王爲太傅，而實奪之權，宣王遂稱疾避爽，爽引南陽何晏、字平叔，進孫，少以才秀知名，好老莊言，作道德論及諸文賦，著作凡數十篇，今存者惟《論語集解》而已。鄧颺、字玄茂。李勝、字公昭。沛國丁謐、字彦靖，父斐。東平畢軌字昭先。爲腹心，後爽敗，諸人皆夷三族。夏侯玄字太初，尚子，爽之姑子也，爽誅，尚與中書令李豐謀誅景王，夷三族。案《三國志》注引《魏氏春秋》曰：“初，夏侯玄、何晏等，名盛於時，司馬景王亦預焉。晏嘗曰：惟深也，故能通天下之志，夏侯泰初是也；惟幾也，故能成天下之務，司馬子元是也；惟神也，不疾而速，不行而至，吾聞其語，未見其人，蓋欲以神況諸己也。”可見清談之風，司馬氏亦與焉。今史所傳爽等之事，皆政爭失敗後之誣詞，不盡可信也。

王弼之事，見《魏志·鍾會傳》，傳云：“會弱冠，與山陽王弼并知名，弼好論儒、道，辭才逸辯，注《易》及《老子》，爲尚書郎，年二十餘卒。”注：弼字輔嗣，何劭爲其傳曰：弼幼而察惠，年十餘，好老氏，通辯能言。父業，爲尚書郎。時裴徽爲吏部郎，弼未弱冠，往造焉。徽一見而異之，問弼曰：夫無者，誠萬物之所資也，然聖人莫肯致言，而老子申之無已者何？弼曰：聖人體無，無又不可以訓，故不說也，老子是有者也，故恒言無所不足。尋亦爲傅嘏所知，於時何晏爲吏部尚書，甚奇弼，嘆之曰：仲尼謂後生可畏，若斯人者，可與言天人之際乎？……淮南人劉陶善論縱橫，爲當時所稱。每與弼語，嘗屈弼。弼天才卓出，當其所得，莫能奪也。性和理，樂游宴，解音律，善投壺，其論道附會文辭，不如何晏，自然有所拔得多晏也，頗以所長笑人，故時爲士君子所疾。弼與鍾會善，會論議以校練爲家，然每服弼之高致。何晏以爲聖人無喜怒哀樂，其論甚精，鍾會等述之，弼與不同，以爲聖人茂於人者神明也，同於人者五情也；神明茂，故能體冲和以通無；五情同，故不能無哀樂之應物。然則聖人之情應物,而無累於物者也。今以其無累,便謂不復應物,失之多矣。弼注《易》,潁川人荀融,難弼大衍義,弼答其意白,書以戲之曰:夫明是以尋極幽微,而不能去自然之性,顏子之量孔父之所預在,然遇之不能無樂,喪之不能無哀,又嘗挾斯人以爲未能以情從理者也。而今乃知自然之不可革,是足下之量,雖已定乎胸懷之内,然而隔蹦句朔,何其相思之多乎?故知尼父之於顏子,可以無大過矣。弼注《老子》,爲之指畧,致有理統。注《易》,往往有高麗言。太原王濟好談病老莊,嘗云:見弼《易》注,所悟者多……弼之卒也,晉景王聞之,嗟嘆者累日。……孫盛曰:《易》之爲書,窮神知化,非天下之至精,其孰能與於此,世之注解,殆皆妄也。況弼以附會之辨,而欲籠統玄旨者乎?故其叙浮議,則麗辭溢目;造陰陽,則妙賾無間,至於六爻變化,羣象所效,日時歲月,五氣相推,弼皆擯落,多所不關,雖有可觀者焉,恐將泥夫大道。《博物記》曰:初,王粲與族兄凱俱避地荆州,劉表欲以女妻粲,而嫌其形陋而用率,以凱有風貌,乃以妻凱,凱生業……蔡邕有書近書卷,末年載數車與粲,粲亡後,相國椽魏諷謀反,粲子與焉,既被誅,邕所與書,悉入業。業字長緒,位至謁者僕射,子宏,字正宗,司隸校尉。宏,弼之兄也。《魏氏春秋》曰:文帝既誅粲二子,以業嗣粲。弼所注《易》及《老子》,皆存。弼之《易》注,與何晏之《論語集解》,同爲談玄家所注之經。

　　晉初以風流著稱者,有竹林七賢,七賢者,山濤、阮籍、嵇康、向秀、劉伶、阮咸、王戎也。濤字巨源,河内懷人,性好莊、老,每隱身自晦,與嵇康、吕安善,後遇阮籍,便爲竹林之游,著忘言之契,與宣穆后有中表親,是以見景帝入仕,晚爲吏尚典選甚久,稱爲知人。王戎字濬冲,琅邪臨沂人,渾之子也。阮籍與渾爲友,戎少籍二十歲,亦相與爲竹林之游,仕歷司徒尚書,與時舒卷,無蹇諤之節,然亦號爲知人。戎性好利,天下謂之膏肓之疾。阮籍字嗣宗,陳留尉氏人,瑀之子也。博覽羣籍,尤好莊、老。曹爽輔政,召爲參軍,以疾辭,屏於田里,歲餘而爽誅,時人服其遠識,後乃入仕。籍本有濟世志,屬魏晉之際,天下多故,名士少有全者,由是不與世事,酣飲爲常。籍不拘禮法,然發言玄遠,不臧否人物,著《達莊論》、《大人先生傳》。子渾、字長成,有父風,少慕通達,不飾小節。咸字仲容,任達不拘,與叔父籍,爲竹林游,當世禮法之士,譏其所爲。山濤舉咸典選,武帝以咸沉酒浮虛,遂不用。與從子修特相善,每以得意爲歡。二子瞻,字千里,讀書不甚研求,而默識其要,遇理而辯,辭不足而旨有餘。見司徒王戎,戎問:聖人貴名教,老、莊明自然,其旨同異。瞻曰:將無同。戎咨嗟良久,即命辟之,時人謂之三語椽。孚字遥集,蓬髮飲酒,不以王務關懷。修字宣子,好易老,善清言,嘗有論鬼神有無者,皆以人死者有鬼;

修獨以爲無。曰："今見鬼者云，著生時衣服，若人死有鬼，衣服有鬼邪?"案此論王仲任嘗持之。性簡任，不修人事，絶不喜見俗人，遇便捨去。王衍當時談宗，自以論易畧盡，然有所未了，研之終莫悟。每云："不知比没當見能通之者否?"衍族子敦，謂衍曰："阮宣子可與言。"衍曰："吾亦聞之，但未知其竈竈之處，定何如耳?"及與修談，言寡而旨暢，衍乃嘆服焉。族弟放，字思度，少與孚齊名，中興爲太子中舍人庶子。嘗説：老、莊不及軍國。明帝甚友愛之。裕字思曠，放弟，雖不博學，論難甚精。嵇康字叔夜，譙國銍人，好老、莊，常修養性服食之事，著《養生論》。又以爲君子無私，所與神交者，惟陳留阮籍、河内山濤，豫其流者，河内向秀、沛國劉伶、籍兄子咸、琅邪王戎，遂爲竹林之游，世所謂竹林七賢也。山濤將去選官，舉康自代，康乃與濤書告絶。東平吕安，服康高致，每一相思，輒千里命駕，康友而友之。後安爲兄所枉訴，以事繫獄，辭相證引，遂復收康。初，康居貧，嘗與向秀共鍛於大樹之下以自贍給，鍾會徑造，康不爲之禮，而鍛不輟，良久，會去，康謂曰："何所聞而來？何所見而去?"會曰："聞所聞而來，見所見而去。"會以此憾之，及是言於文帝，遂並害之。康善談理，又能屬文，作《聲無哀樂論》。向秀字子期，河内懷人，清悟有遠識，少爲山濤所知，雅好老、莊之學，爲《莊子注》，郭象又述而廣之。嵇康善鍛，秀爲之佐，相對欣然，傍若無人。又共吕安灌園於山陽。劉伶字伯倫，沛國人也，與阮籍、嵇康相遇，欣然神解，攜手入林，未嘗措意文翰，惟作《酒德頌》一篇。泰始初，對策盛言無爲之化，時輩皆以高第得調，伶獨以無用罷。

七賢之後，言風流者以王、樂爲稱首。王衍，戎從弟，字夷甫，初好論縱橫之術。魏正始中，何晏、王弼等祖述老、莊之論，以爲天地萬物皆以無爲本，無也者，開物成務，無往而不存者也。陰陽恃以化生，萬物恃以成形，賢者恃以成德，不肖恃以免身。故無之爲用，無爵而貴矣。衍甚貴之，惟裴頠以爲非，著論以譏之，而衍處之自若，妙善玄言，惟談老、莊爲事，選舉登朝，皆以爲稱首，矜高浮誕，遂成風俗焉。仕歷三公，東海王越討石勒，衍在軍中，越薨，衆推爲元帥，軍敗，爲勒所擒，以其名高，夜，排墙殺之。樂廣，字彦輔，南陽淯陽人，善談論，每以約言析理，厭人之心。父方參夏侯玄軍事，王戎聞廣爲玄所貴，舉爲秀才，衛瓘逮見，正始諸名士亦奇之。是時王澄、胡毋輔之等，亦皆任放爲達，或至裸體，廣聞而笑曰："名教内自有樂地，何必乃爾。"成都王穎與長沙王乂搆難，以憂卒。

其時務爲放達者，尚有謝鯤、胡毋輔之、畢卓、王尼、羊曼等，即温嶠、庾亮、桓彝等，以功業節概著稱者，亦皆好莊、老，務曠達，蓋一時之風氣然也。

諸家著述傳於今者，除王弼之《易注》、《老子注》，郭象之《莊子注》外，又有張湛之《列子注》，此不徒注出張湛，即正文疑亦張氏摭拾舊文，益以己見而成之也。今節錄阮籍《達莊論》於下，以見當時務玄談者之宗旨焉：

> ……天地生於自然，萬物生於天地……自然一體，則萬物經其常，入謂之幽，出謂之章，一氣盛衰變化而不傷，是以重陰雷電，非異出也，天地日月，非殊物也。故曰：自其異者視之，則肝膽楚越也；自其同者視之，則萬物一體也。……故以死生爲一貫，是非爲一條也。……彼六經之言，分處之教也；莊周之云，致意之辭也。……然後世之好異者，不顧其本，如言我而已矣，何待於彼。殘生害性，還爲仇敵，斷割肢體，不以爲痛，目視色而不顧耳之所聞，耳所聽而不待心之所思，心欲奔而不適性之所安，故疾痛萌則生意盡，禍亂作則萬物殘矣。至人者，恬於生而静於死，生恬則情不惑，死静則神不離，故能與陰陽化而不易，從天地變而不移。生究其壽，死循其宜，心平氣治，消息不虧……

此即萬物畢同畢異，泛愛天地萬物一體之說也。

嵇康之《養生論》，殊有理致，今錄如下，以見當時養生家之理論，且可窺見其對於物質之思想焉：

> 世或有謂神仙可以學得，不死可以力致者，或云上壽百二十，古今所同，過此以往，莫非妖妄者，此皆兩失其情。試粗論之：夫神仙雖不目見，然記籍所載，前史所傳，較而論之，其有必矣。似特受異氣，稟之自然，非積學所能致也。至於導養得理，以盡性命，上獲千餘歲，下可數百年，可有之耳，而世皆不精，故莫能得之。何以言之，夫服藥求汗，或有不獲，而愧情一集，渙然流離，終朝未餐，則囂然思食，而曾子銜哀，七日不飢，夜分而坐，則低迷思寢；内懷殷憂，則達旦不瞑，勁刷理鬢，醇醴發顏，僅乃得之，壯士之怒，赫然殊觀，植髮衝冠。由此言之，精神之於形骸，猶國之有君也，神躁於中，而形喪於外，猶君昏於上，國亂於下也。夫爲稼於湯之世，偏有一溉之功者，雖終歸於焦爛，必一溉者後枯，然則一溉之益，固不可誣也。而世常謂一怒不足以侵性，一哀不足以傷身，輕而肆之，是猶不識一溉之益，而望嘉穀於旱苗者也。是以君子知形恃神以立，神須形以存，悟生理之易失，知一過之害生，故修性以保神，安心以全身，愛憎不栖於情，憂喜不留於意，泊然無感，而體氣和平。又呼吸吐納，服食養身，使形神相親，表裏俱濟也。夫田種者，一畝十斛，謂之良田，此天下之通

稱也。不知區種可百餘斛。田種一也，至於樹養不同，則功敗相懸，謂商無十倍之價，農無百斛之望，此守常而不變者也。且豆令人重，榆令人瞑，合歡蠲忿，萱草忘憂，愚智所知也。薰辛害目，豚魚不養，常世所識也。虱處頭而黑，麝食柏而香，頸處險而癭，齒居晉而黃，推此而言，凡所食之氣，蒸性染身，莫不相應，豈惟蒸之使重，而無使輕；害之使暗，而無使明；薰之使黃，而無使堅；芬之使香，而無使延哉？故神農曰：上藥養命，中藥養性者，誠知性命之理，因輔養以通也。而世人不察，惟五穀是見，聲色是耽，目惑元黃，耳務淫哇，滋味煎其腑臟，醴醪煮其腸胃，香芳腐其骨髓，喜怒悖其正氣，思慮消其精神，哀樂殘其平粹。夫以蕞爾之軀，攻之者非一塗，易竭之身，而內外受敵，身非木石，其能久乎？其自用甚者，飲食不節，以生百病，好色不倦，以致乏絕，風寒所災，百毒所傷，中道夭於眾難，世皆知笑悼，謂之不善持生也。至於措身失理，亡之於微，積微成損，積損成衰，從衰得白，從白得老，從老得終，悶若無端，中智以下，謂之自然，縱少覺悟，咸嘆恨於所遇之初，而不知慎眾險於未兆，是猶桓侯抱將死之疾，而怒扁鵲之先見，以覺痛之日，爲受病之始也。害成於微，而救之於著，故有無功之理，馳騁常人之域，故有一切之壽，仰視俯察，莫不皆然，以多自證，以同自慰，謂天地之理，盡此而已矣。縱聞養生之事，則斷以所見，謂之不然，其次狐疑，雖少庶幾，莫知所由。其次，自力服藥，半年一年，勞而未驗，志以厭衰，中路復廢。或益之以畎澮，而洩之以尾閭，而欲坐望顯報者。或抑情忍欲，割棄榮願，而嗜好常在耳目之前，所希在數十年之後，又恐兩失。內懷猶豫，心戰於內，物誘於外，交賒相傾，如此復敗者。夫至物微妙，可以理知，難以目識，譬猶豫章生七年，然後可覺耳。今以躁競之心，涉希靜之塗，意速而事遲，望近而應遠，故莫能相終。夫悠悠者，既以未效不求，而求者以不專喪業，偏恃者以不兼無功，追術者以小道自溺。凡若此類，故欲之者，萬無一能成也。善養生者則不然矣，清虛靜泰，少私寡欲，知名位之傷德，故忽而不營，非欲而強禁也。識厚味之害性，故棄而不顧，非貪而後抑也。外物以累心不存，神氣以醇泊獨著，曠然無憂患，寂然無思慮，又守之以一，養之以和，和理日濟，同乎大順，然後蒸以靈芝，潤以醴泉，晞以朝陽，綏以五弦，無爲自得，體妙心元，忘歡而後樂足，遺生而後身存。若此以往，庶可與羨門比壽，王喬爭年，何爲其無有哉。

清談之風，自正始至南朝之末，迄未嘗絕，當時反對之者，亦有其人。今舉其著者如下：

傅玄字休奕，北地泥陽人，晉武帝即位，玄以散騎常侍上疏，謂：

> 近者魏武好法術，而天下貴刑名；魏文慕通達，而天下賤守節。其後綱維不攝，而虛無放誕之論，盈於朝野，使天下無復清議。

玄著述甚多，史稱其“撰論經國九流，及三史故事，評斷得失，各爲區例，名爲《傅子》，爲内外中篇，凡有四部六録，合百四十首，數十萬言，並文集百餘卷，行於世。”今僅存四庫從《永樂大典》輯出之本，殘闕已甚。其《貴教篇》謂：

> ……商、韓、孫、吴，知人性之貪得樂進，而不知兼濟其善，於是束之以法，要之以功，使天下惟力是恃，惟争是務，恃力務争，至有探湯赴火，而忘其身者，好利之心獨用也，懷好利之心，則善端没矣。中國所以常制四夷者，禮義之教行也。失其所以教，則同乎夷矣；失其所以同，則同乎禽獸矣。不惟同乎禽獸，亂將甚矣。何者？禽獸保其性然者也，人以智役力也，以智役力，而無教節，是智巧日用而相殘無極也，相殘無極，亂孰大焉。

似玄並刑名之學而反對之。然其《通志篇》謂：“……有公心、必有公道，有公道，必有公制。”“聽言必審其本，觀事必校其實，觀行必考其跡。”“夫商賈者……其人甚可賤，而其業不可廢，蓋衆利之所死，而積僞之所生，不可不審察也。”又謂：“明君止欲而寬下，急商而緩農，貴本而賤末，朝無蔽賢之臣，市無專利之賈，國無擅山澤之民；一臣蔽賢，則上下之道壅；一商專利，則四方之資困；民擅山澤，則併兼之路開。而上以無常役，下賦物非民所生，而請於商賈，則民財日暴賤，民財暴賤而非常暴貴，非常暴貴則本竭而末盈，末盈本竭而國富民安者，未之有也。”其意實與法家之綜核名實爲近。《晉書》本傳載其上疏欲定制：“……通計天下若干人爲士，足以副在官之吏；若干人爲農，三年足有一年之儲；若干人爲工，足其器用；若干人爲商，足以通貨……”，尤此等整齊嚴肅之思想之表現也。其《假言篇》謂：“天地至神，不能同道而生萬物；聖人至能，不能一檢而治百姓。故以異政同者，天地之道也。因物制宜者，聖人之治也。既得其道，雖有詭常之變，相害之物，不傷乎治體矣。”其思想亦與道家合。

本文寫於一九二五年

西漢哲學思想

一、總　　論

　　吾國哲學可分爲七時期：古代宗教與哲學混合不分，爲一時期。東周以後，王官之學散爲九流，一方面承襲古代之哲學思想，加以經驗事實而得之哲理，遂成周秦諸子之學，是爲第二期。兩漢時代統一於儒術爲第三期。第三期之學術，太偏於講究制度，且與當時社會上種種迷信混合，於是推求原理之哲學起而矯之，是爲魏晉時代之玄學，爲第四期。玄學與佛學接觸後，佛學大昌，是爲第五期。佛學太偏於出世，而矯之之宋學興，是爲第六期。宋學太偏於主觀，且太重智而輕情，及清代，又有攻駁之者。而自遼、金、元、清入主中原以來，國人屢受異族之壓迫，對於秦漢以後之政治制度，社會組織根本懷疑，因此亦推求□□□□□，①此是爲第七期。自此以後遂與歐洲哲學接觸矣。第一二期前已講過，今講第三期。

　　周秦諸子之後，魏晉玄學之前，從大畧言之，可稱儒學獨盛時代。然細別之，亦當分爲三期：秦用商鞅之法，以取天下，始皇任李斯，李斯雖荀卿弟子，然荀卿明禮，其學本近於法；李斯趨時，益棄儒任法爲治。燔詩書百家語，若有欲學，以吏爲師，正法家之主張也。見《管子·法禁》、《韓非子·問辨篇》。是爲法家專行時代。漢初懲秦之失，易干涉爲放任，斯時去戰國未遠，九流之學者，皆有其人，然自蓋公教曹參以清靜爲治，孝惠高后之世，皆沿襲其政策，孝文好刑名家言，其治亦以清淨爲主，上有竇太后，下有史談、汲黯等，皆尊黃老之學。陳平，史亦謂其修黃帝老子術。是爲諸學并行，黃老獨盛時代。武帝立五經博士，爲置弟子員，設科射策，勸以官禄，以文學爲官者，超遷亦異等倫。見《史記·儒林傳》公孫弘奏。利禄之路既開，舉世之趨向乃漸出於一途矣，自此以後，遂成

---

① 原稿缺字。

儒學獨盛時代。

　　世謂武帝之崇儒，乃所以便專制，非也。儒家雖崇君權，而發揮民權之義亦甚切，至後世，此等説皆湮没不彰，而發揮君權之説乃獨盛者，則以其學發達變化於專制政體之下故耳。無論何種學術，莫不因其所遭之環境而起變化，決無綿歷千祀，仍保其故態者。設使武帝而崇他家之學，至於後世其主張君權亦必與儒家等，或且過之。況九流之學，主張民權之切至，又豈有過於儒家者邪？平心論之，九流之學，實未有主張君主專制者，必爲便於專制計，與其提倡學術，不如提倡宗教之爲得也。即欲傅合學説，法家之學亦遠較儒家爲便也。漢文立太子詔曰：“朕其不德……天下人民未有愜志，今縱不能博求天下賢聖有德之人，而嬗天下焉，而曰豫建太子，是重吾不德也。”蓋寬饒謂五帝官天下，三王家天下，皆儒家義也，其便於專制之處安在？後世儒家之尊君抑臣，豈漢武所能逆睹哉？然則漢武之崇儒何也？曰：崇儒乃當時自然之趨勢，特文景等皆未及行，至武帝乃行之耳。當戰國之世，諸侯竝舉，兵革不息，欲求安民必先統一，是則秦始皇行之矣。民新脱鋒鏑，死者未葬，創痍者未起，爲治之要首在休息，是則漢文景行之矣。夫既庶而富，既富而教，此非儒家之私言，乃爲治者之公論也。故當時賈誼、董仲舒皆以興禮樂教化爲急。文景亦非謂此不當務也，謙讓未遑云爾，武帝爲多欲而侈大之人，則毅然行之矣。夫欲興禮樂明教化，九流之中，固維儒家能之，則當此時安得不用儒家哉？此猶楚漢之際，運籌帷幄則由張良，馳説諸侯則用酈生矣。惟秦始皇帝則亦有意於此矣。始皇帝曰：“吾前收天下書，不中用者皆去之，悉召文學、方術士甚衆，欲以興太平，方士欲練以求藥。”所謂文學士則儒生也，興太平則制禮樂明教化之謂也。夫始皇豈重儒之人哉，然欲興禮樂明教化，則固不得不用也，故曰：儒學之行乃當時自然之趨勢也。

　　漢代儒學者有今古文之别，此事與哲學亦頗有關係。今文之學出於漢初，其書即以當時通行之文字書之，其後乃有自謂得古書爲據，而訾漢初諸師之所傳爲誤且不備者，此今古文之名所由立也。古文經之來源，見於《漢書·藝文志》、《楚元王傳》，劉歆。《景十三王傳》，魯共王。許慎《説文解字序》、《論衡》之案書、正説二篇。經典釋文等後出，彌不足信，《史記》中涉古文經，事皆後人僞竄，讀近人崔氏適《史記探原》可見。《藝文志》有《尚書古文經》四十六篇，《禮古經》五十六卷，《春秋古經》十二篇，《左氏傳》三十卷，《論語》古二十一篇，《孝經古孔氏》一篇，《易》無古經，而《志》亦云以中《古文易經》校施、孟、梁、邱經者。秦人焚書《易》爲卜筮之書，不去，《志》蓋謂中秘自有此經也。《古文尚書》志云：“出孔氏壁中……孔安國悉得其書以考二十九篇,得多十六篇。安國獻之。遭巫蠱事,未列於學官。"《禮古經》志云:"出於魯淹中,及孔氏學七十篇,文相似。多三十九篇,及《明堂陰陽》、《王史氏記》。"七十當作十七。《論語》、《孝經》志亦謂得見孔壁。案《景十三王傳》僅言共王於孔壁中得古文經,《楚元王傳》載劉歆移讓太常博士謂:"……共王……得古文於壞壁之中,《逸禮》有三十九,疑當作三十有九。《書》十六篇。"説與志合,則淹中孔壁非二事,歆不及《論語》、《孝經》者,以僅欲立《逸禮》及《古文尚書》,故下文云:"及《春秋》左氏邱明所修。"意不蒙上孔壁得書言,則歆亦不謂《春秋》得見自孔壁也。《藝文志》本歆《七畧》,其說固宜與歆合。許序謂《春秋》得自孔壁,《左氏傳》爲張蒼所獻。《論衡》又謂孔壁所得係《左氏傳》其説已鉏鋙不可通矣。然猶可曰此等傳譌古人恒有,不足校也。然即不論此,其説亦有不可通者。古書之出,以孔壁爲大宗,據《史記·五宗世家》共王卒於武帝元光五年,孔子世家安國爲今皇帝博士,遷臨淮太守,蚤卒。《漢書·倪寬傳》寬詣博士受業,受業孔安國,補廷尉史,廷尉張湯薦之。《百官公卿表》:湯遷廷尉在元朔三年,安國爲博士必在三年以前。使其年甫二十,至巫蠱禍作,亦已踰五十,此時尚在,安得云早卒耶。孔壁得書,在漢代實爲一大事,魯共王實爲發見之人,果有此事,本傳安得不詳言之?今乃言之甚畧,且上文已云共王好冶宮室,下文正可接敘得書事。而初不之及,直至敘其後世事畢,乃補出數語,其爲沾綴,痕跡顯然。《景十三王傳》不足信,則此事見於《漢書》者,惟《藝文志》及《楚元王傳》兩處耳,移讓太常博士固歆之言,即《志》亦本諸歆之《七畧》者也,然則二者皆歆之言也,以如此大事而終前漢之世惟歆一人言之,他人曾不齒及,豈理也哉?《孔子世家》云:"孔子葬魯城北泗上,弟子及魯人往從冢而家者百有餘室,因名曰孔里,魯世世相傳,以歲時奉祀孔子冢,而諸儒亦講禮、鄉飲、大射於孔子冢,孔子冢大一頃,故所居堂,弟子内,後世因廟藏孔子衣冠琴車書,至於漢二百餘年不絕。高皇帝過魯以太牢祠焉,諸侯卿相至嘗先謁,然後從政。"聲靈赫濯如此,共王安敢遽壞其宮;若壞其宮,豈得劉歆外無一人提及哉。況項籍死,漢高祖攻魯至城下,猶聞弦誦之聲,則當楚漢之際,魯未嘗破壞,諸儒未嘗失職也。藏書於壁度必因秦火而然,挾書之律除於惠帝四年,諸儒何不早出之,豈十餘年事更無一人能憶耶。若謂藏書之事係一二人所爲,則古代簡策繁重,一二人之力豈能及此耶,然則孔壁得書殆子虛烏有之談也。許氏謂《左氏傳》獻自張蒼,《史記·張丞相列傳》不言其事,殆因其好書無所不觀而托之。又《河間獻王傳》謂獻王所得"皆古文先秦舊書:《周官》、《尚書》、《禮》、《禮記》、《孟子》、《老子》之屬，皆經傳、説，記七十子之徒所論。"此三語文義不相屬，老子固非七十子之徒所論也，其不足據亦屬顯然。古文經可疑之處尚多，今始正於此，然其不足信亦已可見矣。

　　古文經之僞既見，則僞經之所由作可推，其與哲學之關係亦可明。蓋漢代社會極不平等，富者田連阡陌，又專川澤之利，筦山林之饒；貧者無立錐之地，而營煮鹽冶鐵等大工商業者，亦皆兼并貧民。漢代學者久欲救治之，然皆徒能言之，其實行之者則王莽也。夫以當時之社會而欲實行經濟革命，夫非托之於古不可明矣。欲托之於古，而博士之所傳勢不能盡與吾之理想合。事事而與之爭，勢且不勝，則莫如一舉而毁之；一舉而毁之，則莫如訾其所傳爲誤且不備，而以合於吾之理想者別造爲僞書，此古文經之所由作也。職是故，今古文之同異重要之點，全在政治制度。古文家言備於《周官》；今文家言要在《王制》，合此二書及許慎之《五經異義》觀之，而今古文政見之異同可見，而於其哲學亦思過半矣。雖然《周官》爲瀆亂不驗之書，其説與羣經皆不合，即與諸子書亦多不合。以吾之所然爲真，而謂舉世之所傳皆僞，勢亦且不勝也，則不得不創六經皆先王舊典，莫備無過於周公之時，孔子特修其殘缺。而猶不能備之説，於是六經皆周制之一端，其與《周官》不合，不足以難《周官》矣。今文家視六經皆以爲孔子之製作，古文家則以爲周之舊典，其説創於劉歆，見《漢書·藝文志》。其後逐步進化，而《周禮》爲經禮，《儀禮》爲曲禮，《春秋》且多周公之舊例矣。道統之思想成於宋儒，發揮於韓愈，其遠源實道自劉歆也。又讖之爲物，亦與古文經同時競起，張衡所謂"通人考核，僞起哀平"也。所以然者，欲篡漢則必托之符令，欲托之符令，則不得不取社會固有之迷信。造作豫言（讖）而雜以經説（緯）以成所謂讖緯者矣。緯説多同今文，即其造作時，古文經説尚未盡出之證也。西漢之世立君所以爲民，天下非一人私有之義，時時見於詔令奏議，皆今文家説也。自讖緯起，則有天下者皆受之於冥冥不可之天，其享國之短長一決之於曆數，而民視民聽之義漸泯矣。

二、賈　誼　晁　錯

　　漢初諸儒之書傳於今者，有陸賈《新語》二卷，案《漢志》儒家陸賈二十七篇，《賈傳》云："賈時時前説稱詩書，高帝罵之，曰：'乃公居馬上得之，安事詩書。'賈曰：'馬上得之，寧可以馬上治乎，且湯武逆取而以順守之，文武并用，長久之術也。昔者吳王夫差智伯極武而亡，秦任刑法不變，卒滅趙氏。向使秦以并天下，行仁義，法先聖，陛下安得而有之？'高帝不懌，有慚色，謂賈曰：'試爲我著秦所以失天下，吾所以得之者，及古成敗之國。'賈凡著十二篇，每奏一篇，高帝未嘗不稱善，左右呼萬歲，稱其書曰《新語》。"案《本傳》所謂十二篇，當即在《志》之二十七篇中。賈名有口辯，以客從高祖定天下，居左右，常使諸侯，嘗兩使南越。又爲陳平盡呂氏，平用其計，與絳侯深相結，則亦縱橫家之流。傳載其對高帝之語，頗合儒誼。當天下已平之時，而稱說詩書，論順守之道，亦時務宜然，其書入之儒家固不足怪也。《隋志》有《新語》二卷，今本卷數與之合，篇數亦合賈本傳。然《漢書》司九十三事皆與今本合，而是書之文悉不見於《史記》、《論衡・本性篇》引陸賈語，今本亦無。說本清《四庫書目提要》，案本傳高帝命著秦所以失天下，吾所以得之者及古成敗之國。而司馬遷取之以作《史記》，則其書必多載史事，今本殊不然，亦其非真之一證也。則其書殆不足信，惟馬總《意林》、李善《文選》注所引皆與今本相應，則其僞尚在南北朝以前耳，十二篇中惟首篇陳義稍深，餘皆無可觀。

陸賈之書既不足信，則《漢志》儒家之書，傳於今者當以賈誼《新書》爲最早。案《漢志》儒家賈誼五十八篇，《隋書》及《舊唐書》志皆稱《賈子》，《新唐書志》始稱《賈誼新書》。與今本名同，今本凡五十六篇，盧文紹校本，闕問孝禮容語上。頗與《漢志》復，故昔人疑誼書已亡，後人割裂《漢書》爲之。然與《漢書》不復諸篇，皆非後人所能爲，且《漢書》所載，亦非直録原文。首云：臣竊惟事執可爲痛哭者一，可爲流涕者二，可爲長太息者六，而下文舉可爲長太息者僅三，全篇文義不貫之處甚多，細看自見。《贊》曰："凡所著述五十八篇，掇其切於世事者著於傳云。"凡班氏所著，實掇自誼書，今誼固未必舊本，然要不得謂後人反取自《漢書》也。李夢陽序云：士夫家傳鈔一切出吏手，吏苦其煩，輒減落其字句，久之，眩惑踊行竄其字句，復訛之，此今本桀缺之由，至於編次雜亂無首尾，則古書固多如此也。不足疑也。

《漢書》本傳云："賈誼洛陽人也，年十八，以能誦詩書屬文，稱於郡中，河南守吳公聞其秀材，召置門下，甚幸愛。文帝初立，聞河南守吳公治平爲天下第一，故與李斯同邑，而嘗學事焉，徵以爲廷尉。廷尉乃言誼年少頗通諸家之書，文帝召以爲博士。是時誼年二十餘，最爲少。每詔令議下，諸老先生未能言，誼盡爲之對，人人各如其意所出，諸生於是以爲能。文帝說之，超遷，歲中至太中大夫。誼以爲漢興二十餘年，天下和洽，當改正朔，易服色制度，定官名，興禮樂，乃草具其儀法，色上黃，數用五，爲官，名悉更奏之，文帝謙讓未皇也。然諸法令所更定，及列侯就國，其說皆誼發之。於是天子議以誼任公卿之位，絳、灌、東陽侯馮敬之屬盡害之，乃毀誼……於是天子疏之，不用其議。以誼爲長沙王太傅。誼既以適去，意不自得，及渡湘水爲賦，以弔屈原。……

後歲餘，文帝思誼，徵之。至入見，上方受釐坐宣室。上因感鬼神事，而問鬼神之本，誼具道所以然之故，至夜半，文帝前席，既罷，曰：吾久不見賈生，自以爲過之，今不及也。乃拜誼爲梁懷王太傅。梁王以墜馬死，誼自傷爲傅無狀，常哭泣。後歲餘亦死。……年三十三。"案賈生之學，博適衆家而最長於禮。禮、法固近，故最爲曾事李斯之吳公所賞也。

《新書·服疑篇》極言貴賤之服不可齊同。《等齊篇》極言諸侯之制不宜與天子齊等。其説曰："人之情不異，面目狀貌同類。貴賤之别，非天根著於形容也。所以别貴賤尊卑者，等級、勢力、衣服、號令也。"而訾當時之人主恃面形之異。形貌惟近習然後能識，則下惡能不疑其上。此禮家之精言，亦法家之要義也。蓋後世專制政體，行之已久，君臣之義，深入於人人之心，除卻革命，更無敢覬覦非分者，不待衣服……人爲之識别而後尊，所慮者，在上者過於壓制，下情無由上達，不在在下者之暗干非分，古代君臣之分，不如後世之懸殊，僭越篡弒，習爲固然，苟有僭越篡弒之事，社會之秩序必亂，所慮者與後世不同，故禮家斤斤於等級之間也。《俗激篇》曰："夫立君臣，等上下，使父子有禮，六親有紀，此非天之所爲，人之所設也。……人之所設，弗爲不立，不植則僵，不循則壞。"其視之急切如此。此自今古異宜，不得以今人之見妄議古人也。

此等思想，固與法家相近，然賈生極訾商君遺禮義，棄仁恩，並心於進取。又曰："夫禮者，禁於將然之前，而法者，禁於已然之後。……法之所用易見，而禮之所爲生者難知。禮云禮云，……貴絶於未盟，而起敬於微眇，使民日遷善遠罪而不自知也。"此數語爲禮家恒言，而賈生誦之。其論階級，謂天子如堂，羣臣如陛，衆庶如地，其意乃欲（一）爲主上豫遠不敬。（二）禮貌羣臣而勵其節，冀化成俗定則，"爲人臣者，……利不苟就，害不苟去。"以是爲聖人之金城，其意亦與法家之專恃形驅勢迫者異也。本書中傅職、保傅、佐禮、容經、官人、胎教、立後義八篇，皆純粹禮家言。《審微篇》曰："善不可謂小而無益，不善不可謂小而無傷，……輕始於敖微，則其流必至於大亂。"亦絶惡未萌，禁於將善之意也。

《瑰瑋篇》謂"黻文繡纂組害女紅，……故以文繡衣民而民愈寒，以褍民民必暖，而有餘布帛之饒矣。……故曰：苦民而民益樂也。"又謂制度定則，"淫侈不得生，知巧詐謀無爲起，則民離罪遠矣。……故曰：使愚而民愈不罹法網。"此則殊類法家矣。蓋禮法兩家，思想雖有不同，實極相近也。

禮法相近，名法則幾於同物矣。刑名法術皆原於道，故賈子之説與道家名家相近者極多。如《道術篇》謂"道也者所從接物也,……術也者,所從制物也。"釋道術兩字極明析。又曰:"明主者,南面而正,清虛而靜,令名自宣,疑命之誤。令物自定",此則純然道家名家言矣。《六術》、《道德說》兩篇以道德性神明令爲德之六理,而以道仁義忠信密六德以配之,亦古哲學之精詣,然謂"六理無不生也,生而六理存乎所生之內,……內度成業,……謂之六法,……外遂六術,……謂之六行,……凡人弗能自至",故有六藝之教,此則道德雖根諸天然,仍必以人爲輔成,仍禮家之口吻也。然亦可見百家之學,本無不合矣。
《鵩賦》之宇宙觀及人生觀,殊近莊、列。

禮家之制節謹度,所以足財用也,法家亦同此意。《孽產子篇》曰:"夫一人耕之,十人聚而食之,欲天下之無饑,胡可得也。百人作之,不能衣一人,欲天下之無寒,胡可得也。饑寒切於民之肌膚,欲其無爲奸邪盜賊,不可得也。"此即《大學》"生之者衆,食之者寡,爲之者疾,用之者舒"之意,亦即《孟子》有恒產而後有恒心之説。賈子恒欲驅民歸於本業,亦儒法二家之公言也。

《憂民篇》曰:"五歲小康,十歲一凶,三十歲而大康,蓋曰大數也。"案預測豐凶之説,見於《史記·貨殖傳》,傳此生計學家言,蓋古農家言也。見前。《大政》上下篇暢發民本之義,謂"……災與禍,……非粹於天,……必在士民,……故夫民者,至愚而不可欺也,至賤而不可簡也,……自古至於今,與民爲仇者,有遲有速,而民必勝之。"此義儒家恒言之,法家亦恒言之。又欲以三表五餌制匈奴,則縱橫家之言也。爲漢草具儀法,色尚黃,數用五,則鄒子五德終始之説。信乎,賈生之能通諸家之書也。

稍後於賈誼而學與之近者,有晁錯。錯潁川人,學申韓刑名於軹張恢生所,師古曰:軹縣之儒生姓張名恢。與洛陽宋孟及劉帶同師,以文學爲太常掌故,爲太子舍人門大夫,《漢書》云:孝文時天下亡治《尚書》者,獨聞齊有伏生,故秦博士治《尚書》,年九十餘,老不可徵,乃請太常使人受之。太常遣錯受《尚書》伏生所,還,因上書稱説。詔以爲太子舍人門大夫。案晁錯受《書》伏生所,《書》之可信與否爲一問題,即謂可信,而錯之學術,與《尚書》亦了無關係。遷博士。上書言皇太子宜知術數,拜太子家令。舉賢良對策高第。遷中大夫,以佑景帝,削七國,衣朝衣斬東市。案錯之學術,洞中事情。史稱錯言宜削諸侯事及法令可更定者,書凡三十篇,惜俱不傳。使其猶在,必不讓賈生也。今其言之存於本傳者,言兵事,論守備邊塞,皆深通兵家言。文中屢引兵法,多同《管子》參患、霸形等篇,可知爲古兵家言也。在《食貨志》者,論重農貴粟,深得法家農家之意。其論皇太子宜知術數書謂:"人主所以尊顯功名,揚於萬世之後者，以知術數也。故人主知所以臨制臣下，而治其衆，則羣臣畏服矣。知所以聽言受事，則不欺蔽矣。"尤名法之要義也。

三、淮 南 王 書

淮南王安，厲王長子。長，高帝少子。母故趙王張敖美人。高帝八年，從東垣過趙，趙王獻美人，_{厲王母。}幸有身，及貫高等謀反事覺，并逮治王，盡捕王母兄弟美人繫之河内。厲王母亦繫，告吏曰：得幸上，有子。吏以聞。上方怒趙，未及理。厲王母弟趙兼，因辟陽侯言吕后，吕后妒，不肯白。辟陽侯不强争。厲王母已生厲王，恚即自殺。吏奉厲王詣上，上悔，令吕后母之。十一年立爲淮南王，心怨辟陽侯，孝文三年，自袖金椎椎殺辟陽侯。文帝赦之，後以驕恣不軌，徙蜀嚴道邛郵，不食死。八年封子安爲阜陵侯，子勃爲衡山王，賜爲廬江王。_{良前薨無後。}勃，景帝四年徙王濟北，徙二年薨，而安及勃武帝時皆以謀反誅。

淮南之謀反，史以爲武帝無太子有覬覦心，此非事實。王有女陵，慧有口辯，爲中詗長安，約結上左右。太子遷取皇太后外修成君女爲妃，王畏其知而内洩事，與太子謀，令詐不愛，三月不同席。王陽怒太子，閉使與妃同内，終不近妃。妃求去，王乃上書謝，歸之。史又言淮南、衡山初相責望，禮節間不相能，後乃除前隙，約束反具。此亦僞飾以掩人耳目者。父子兄弟一心爲反計，所與謀者，伍彼等亦非常人，且淮南反謀覺，王再欲發，太子皆止之，其爲謀亦至審慎，斷非天下無事時繳幸覬大位者也。史曰其羣臣賓客江淮間多輕薄，以厲王遷死，感激安。蓋漢時報仇之風氣甚盛，安之處心積慮，實欲爲父報仇漢朝耳。此以事跡及安爲人推較而可知者也。史稱安爲人好書鼓琴，不喜弋獵狗馬馳騁，亦欲以行陰德，拊循百姓，流名譽。又述安言，再自稱行仁義，則安實一沈静好學躬行仁義之人，謂爲處心積慮謀干大位，毋乃不類。從古真有學問，真好學問之人，無慕世俗之榮利，冒險輕躁以求之者。使淮南王而深謀深計，暗干天位，則此公例破矣，故不得不辯之也。

《漢志》雜家《淮南子·内篇》二十一篇，《外篇》三十三篇。《本傳》"招致賓客方術之士數千人，作爲《内書》二十一篇，《外書》甚衆。又有《中篇》八卷，言神仙黄白之術，亦二十餘萬言。"今所傳《淮南王書》凡二十一篇，其爲《内篇》似無疑義。然高誘《序》謂"與蘇飛、李尚、左吳、田由、雷被、毛被、伍被、晉昌等八人，及諸儒大山小山之徒，共講論道德，總統仁義，而著此書，其旨近老子淡泊無爲，蹈虛守靜，出入經道；言其大也，則燾天載地，其細也，則論於無垠，及古今治亂存亡禍福，世間詭異瑰奇之事，其義也著，其文也富，物事之類，無所不載，然其大較歸之於道，號曰鴻烈。鴻，大也；烈，明也，以爲大明道之言也。故夫學者，不論《淮南》則不知大道之深也。是以先賢、通儒、述作之士，莫不援求以驗經傳。劉向校定，撰具名之淮南。又有十九篇，謂之《外篇》。"述《外篇》篇數與《漢志》不合。《漢志》天文有《淮南雜子星》十九卷，卷數與誘所述《外篇》篇數卻符。然合《漢志》外三十三篇不言顧以其所謂《雜子星》者當外篇，於理終有可疑。案《漢志》易家有淮南王《道訓》二篇，《注》曰："淮南王安聘明易者九人，號九師法。"今《淮南要畧》爲全書自序，其言曰："言道而不言事，則無以與世浮沉，言事而不言道，則無以與化游息。"又曰："今專言道則無不在焉，然而能得本知末者，其惟聖人也。今學者無聖人之才，而不爲詳説，則終身顚頓乎混溟之中，而不知覺寤乎昭明之術矣。"可見淮南此書，實以道與事對舉。今《要畧》兩稱著二十篇云云，蓋以本篇爲全書自叙，故不數之。若更去其首篇《原道訓》，則所餘者適十九篇矣。《高注》久非故物，《淮南子》、《隋書》及新、舊《唐志》皆作二十一卷，許慎、高誘兩注并列。舊《唐志》又有《淮南鴻烈音》二卷，何誘撰《新唐志》亦題高誘，《宋志》仍云二十二卷，高注則云十三卷。晁公武《讀書志》據《崇文總目》云亡三篇。李淑《邯鄲圖志》則云亡二篇，而洪邁《容齋隨筆》稱所存者二十一卷，與今本同。蓋其書自宋以後有佚脱之本，而仍有完本。高似《孫學畧》云二十篇者，以《要畧》爲淮南自序除去計之，四庫亦以爲非完本，非也。《音》二卷，實出何誘新《唐志》，并題高誘者誤。今本篇數仍完，而注則許、高二家删合爲一矣。此序詞意錯亂，必爲後人竄改無疑。頗疑高序實以十九篇與《原道訓》分論。"言其大也，則燾天載地，説其細也，則論於無垠"等，爲論《原道訓》之語。"及古今治亂存亡禍福，世間詭異奇瑰之事，其義也著，其文也富，物事之類，無所不栽"等，爲論其餘十九篇之語，本無外篇之名，後人既混其論兩者之語而一之，乃忘臆"其餘十九篇"不在本書之内，遂又加入"謂之外篇"四字也。《漢志》言安聘明易者九人，高叙所舉大山、小山，或亦如《書》之大、小夏侯，《詩》之大、小毛公。一家之學，可作一人論，則合諸蘇飛、李尚等適得九人矣。得毋今書首篇之《原道訓》，即《漢志》所謂《道訓》者？《漢志》雖採此篇入易家，而於雜家仍未省。又或《漢志》本作二十篇，而爲後人所改邪？書闕有間，更無堅證，誠未敢自信，然竊有冀焉者。九流之學，同本於古代之哲學，而古代之哲學，又本於古代之宗教，故其流雖異，其原則同，前已言之。儒家哲學蓋備於《易》，《易》

亦以古代哲學爲本，其雜有術數之談，固無足怪，然遂以此爲《易》義則非也。今所謂漢易者，大抵術數之談耳。西漢今文之學長於大義，東漢古文之學，則詳於訓詁名物，今施、孟、梁丘之易皆亡，今文家所傳《易》之大義已不可見，《淮南王書》引易之處最多，見繆稱、齊俗、氾論、人間、泰族諸篇。皆包舉大義，無雜術數之談者，得毋今文《易》義，轉有存於此書中者邪？《淮南》雖號雜家，然道家言實最多，其意亦主於道，故有謂此書實可稱道家言者。予則謂儒道二家，哲學之説本無大異同，自《易》之大義亡，而儒家之哲學不可得見。魏晉以後，神仙家又竊儒道二家公有之説，而自附於道，於是儒家哲學之説，與道家相類者，儒家遂不敢自有，悉舉而歸諸道家，稍一援引，即指爲援儒入道矣。其實九流之學，流異源同，凡今所指爲道家言者，十九固儒家所有之義也。魏晉間人談玄者，率以易老并稱，即其一證，其時言易者皆棄數而言理，果使漢人言易悉皆數術之談，當時之人，豈易創通其理，與老相比，其時今文《易》説未亡，施孟、梁丘之易皆亡於東西晉間。其理固與《老子》相通也。河洛圖書之存於道家，亦其一證。宋人好以圖書言《易》，清儒極攻之，然所能言者，圖書在儒家無授受之跡耳。如何與《易》説不合，不能言也。方東樹説。方氏攻漢學多過當誤會之語，然此説則平情也。西諺云：算帳只怕數目字，圖書皆言數之物，果其與《易》無涉，何以能推之而皆合，且又可以之演範乎？然則此物亦儒家所固有，而後爲神仙家所竊者耳。明乎此，則知古代儒道兩家之哲學，存於神仙家即後世之所謂道家。書中者必甚多。果能就後世所謂道家之書廣爲搜羅，精加別擇，或能輯出今文《易》説，使千載湮沉之學，煥然復明，而古代哲學亦因之而益彰者也。臆見所及，輒引其端，願承學之士共詳之。

　　此書亦如《呂覽》，合衆書之説而成。其中《天文》、《地形》兩篇，蓋與鄒衍一派之説有關。《主術》、《氾論》二篇，爲法家言。《兵畧》爲兵家言，餘皆儒道二家之説也。苞蘊宏富，詞繁不殺，先秦遺説，存於此書者甚多。漢代諸子中第一可寶之書也。

四、董　仲　舒

　　漢代發揮儒學大義者，莫如董仲舒。仲舒廣川人，少治《春秋》。孝景時爲博士。武帝即位，以賢良對策爲江都易王相。仲舒治國以《春秋》災異之變，推陰陽所以錯行。故求雨閉諸陽縱諸陰，其止雨反是而行之。一國未嘗不得所欲，中廢爲中大夫。先是遼高廟長陵高園殿災，仲舒居家推讓其意，草藥未上，主父偃竊其書而奏焉，上召視諸儒，仲舒弟子呂步舒不知其師書，以爲大愚，於是，下仲舒吏當死，詔赦之，仲舒遂不敢復言災異。相膠西病免。凡相兩國，輒事驕王，正身率下，數上疏諫爭，教令國中所居而治，及去位歸居，終不問家產業，以修學著書爲事，年老以壽終於家。

《漢書》云："仲舒所著，皆明經術之意，及上疏條教，凡百二十三篇，而說春秋事得失，聞舉《蕃露》、《清明》、《竹林》之屬復數十篇，十餘萬言，皆傳於後世，掇其切當世施朝廷者著於篇。"今存本傳所載《賢良策》三篇，《對膠西王問》，《對膠西王問》，《繁露》亦載之。及《春秋繁露》一書。據顏注，《玉杯》、《繁露》、《竹林》皆其所著書名，今以《繁露》爲總名，《玉杯》、《竹林》爲篇名，未解何故。此書蓋亦攟拾從識，已非仲舒所著書之全豹，然其中暢發《春秋》之義者甚多，居今日猶可窺見《春秋》之義，以考儒家哲學之條貫者，獨賴此書之存，而何君之解詁，尚其次焉者也。

仲舒之學，一言蔽之曰：天人合一而已。其對策，開口即言"臣謹案春秋之中視萬世已行之事，以觀天人相與之際，甚可畏也。"然所謂天人合一，此乃《春秋》之義，非仲舒所自創也。古代哲學思想，以陰陽二力爲萬物之原，而推本陰陽所由來，則又假設一不可知之太極，前已言之。儒家之思想，則亦若是而已矣。儒家之哲學思想，言原理者，蓋在於《易》，其引而致之於人事者，則《春秋》是也。《易》之大義，今日已無具體之書可考，《春秋》之大義，則見於《繁露》者最多也。

構成世界之原動力，《春秋》命之曰元。所謂"……春秋變一詔之元。元猶原也。其義……隨天地終始。……元者……萬物之本，……在乎天地之前"也。見《重政篇》。此種動力爲宇宙之所由成，亦即萬事萬物所必循之原則，人人皆當遵守之，故曰"惟聖人能屬萬物於一而繫之元，……終不及本所從來而遂之，不能成其功"也。見《重政篇》。故曰："以元之深，正天之端，以天之端，正王之政，以王之政，正諸侯之位。"見《二端篇》。若具萬事萬物一切遵守此最初之原理而弗渝，則天下可以大治。故曰："以爲人君者，正心以正朝廷，正朝廷以正百官，正百官以正萬民，正萬民以正四方，四方正，遠近莫敢不壹於正，而亡有邪氣奸其間者，是以陰陽調而風雨時，羣生和而萬民殖，五穀熟而草木茂，天地之間被潤澤而太豐美，四海之內，聞盛德而皆徠臣，諸福之物，可致之祥，莫不畢至，而王道終矣。"見《漢書·董仲舒傳》中對策。

元存乎天地之前，非人所能致，人之所能知者，則天地而已。因天地之運行有常，而知其受支配於元。即假名支配天地，令不失常之力曰元。則遵循天地之道，即遵循元之道，所謂正本之義也。故曰："道之大原出於天，天不變，道亦不變。"天地受支配乎元,即天地之運行,無時不循元之原理。人而常遵守天道,亦即遵守元之原理也。元之義既隨天地終始,則遵守元之道者,固無往而不合理也。故曰:"道者,萬世無弊。弊者,道之失也。"

時辰圖

元爲渾然之一境,只可從推論之餘,假立此名,固非認識之所及。認識之所及,則陰陽而已。《繁露》之論陰陽,其根據有在於天象者。《陰陽出入篇》曰:"……初薄大冬,陰陽各從一方來,而移於後,陰由東方來西,陽由西方來東,至於中冬三月,相遇北方,合而爲一,謂之日至。別而相去,陰適右,陽適左。適左者,其道順,適右者,其道逆,逆氣左上,順氣右下,故下暖而上寒,以此見天之冬右陰而左陽也。……冬月盡而陰陽俱南還,陽南還出於寅,陰南還入於戌,陰陽所始出地入地之見處也。至於仲春之月,陽在正東,陰在正西,謂之春分。春分者,陰陽相半也。故晝夜均而寒暑平。陰日損而隨陽,陽日益而鴻,故爲暖熟,初得大夏之月,相遇南方,合而爲一,謂之日至。別而相去,陽適右,陰適左,適左由下,適右由上,上暑而下寒,以此見天之夏右陽而左陰也。……夏月盡而陰陽俱北還,而入於申,陰北還而入於辰,此陰陽之所出地入地之見處也。至於中秋之月,陽在正西,陰在正東,謂之秋分。秋分者,陰陽相半也,故晝夜均而寒暑平。陽日損而隨陰,陰日益而鴻,故至於季秋而始霜,至於孟冬而始寒,小雪而物咸成,大寒而物畢藏,天地之功終矣。"《陽尊陰卑篇》曰:"陽行於順,陰行於逆,逆行而順,順行而逆者陰也。是故天以陰爲權,以陽爲經。陽出而南,陰出而北。經用於盛,權用於末。故陰夏入居下不得任歲事,冬出居上置之空處也。養長之時伏於下,遠去之弗使得爲陽也,無事之時起之空處,使之備是故……爲政而任刑,謂之逆天。"

《循天之道》篇曰:"北方之中用合陰而物始動於下,南方之中用合陽而養始美於上。其動於下者不得東方之和不能生,中春是也;其養於上者,不得西方之和不能成,中秋是也。……中者,天下之終始也,……和者,天地之所生成也。……和者,天之正也,陰陽之平也,其氣最良。……中者,天下之太極也,日月之所至而卻也。長短之隆,不得過中,天地之制也。"此言大可爲《中庸》"致中和,天地位焉,萬物育焉"注脚。

《基義篇》曰:"凡物必有合,合必有上,必有下,必有左,必有右,必有前,必有後，必有表，必有里，有美必有惡，有順必有逆，有喜必有怒，有寒必有暑，有晝必有夜，此皆其合也。陰者陽之合，妻者夫之合，子者父之合，臣者君之合。……陰道無所獨行，其始也，不得專起，其終也，不得分功。……"陰陽之說，非儒家所創，乃古代哲學上固有之說也。其最初之思想，蓋以男爲陽，女爲陰，因而推之，則天爲陽，地爲陰，日爲陽，月爲陰。……馴致一切反對之現象，爲人所認識者，皆以陰陽分之，如《基義篇》所述。此時陰陽之思想，其基本蓋在生物之男女性。男女構精，萬物化生，然生育之責，則由女子獨任之，因此推想，則以爲天地之生萬物亦如此。於是有陰道無所獨行，其始也不得專起，其終也不得分功之說。野蠻時代男權獨張，而天上地下又若天尊而地卑也，於是有陽尊陰卑之義。始本因男權之盛，而推想天尊地卑，繼乃即本天尊地卑之義，而推之於人事，《順命篇》云："天子受命於天，諸所受命者，其尊皆天也，雖謂受命於天亦可"是也。智識漸進，乃本曆象以言陰陽，則有如《陰陽出入》、《循天之道》二篇所說，陽煗而陰寒，人莫不好煗而惡寒，遂有陽爲德，陰爲刑之說。馴致以"善之屬盡爲陽，惡之屬盡爲陰矣。"亦見《陽尊陰卑篇》。重男輕女，尊君抑臣，不徒非今日社會所宜，亦本非究極之理。儒家之說，亦隨順當時之社會而已，至於任德不任刑，及尚中和二說，則仍爲哲學上卓絕之誼。

《繁露》之說陰陽如此，其說五行，見《五行對》。五行之義，五行相生治水，五行求雨止雨諸篇，乃漢儒通常之論，不再贅述。春秋之以元統天，及其陰陽五行之義，亦當時哲學上普通之說，其所難者，則在將一切人事，根據於一種最高之原理，——判明其當如何措置，且明示據亂爲治，逐漸進步，以至於太平世之理。其中條理完密，包括宏富，所謂萬物之聚散皆在春秋。而儒家所以尊爲治亂世之法程也。《精華篇》曰："《春秋》之爲學也，道往而明來者也。……弗能察寂若無能，察之無物不在，是故爲春秋者，得一端而多連之，見一空而博貫之，則天下盡矣。"此之謂也。

《春秋》之論事，徹始徹終，故重正本而貴謹小。以重正本之義也，故凡事皆重意志而輕行爲。《玉杯篇》曰："《春秋》之論事，莫重乎志。……禮之所重者在其志，志敬而節具，則君子予之知禮，志和而音雅，則君子予之知樂，志哀而居約，則君子予之知喪。……志爲質，物爲文，……質文兩備，然後其禮成。……不能備而偏行之，寧有質而不文。"可知正本、重志、尚質三義，實相聯貫也。《精華篇》曰："《春秋》之聽獄也，必正其事而原其志。"仲舒之《對策》曰："秦師申商之法，行韓非之說，誅名而不察實，爲善者不必免，而犯惡者未必刑也。是以百官皆飾空言虛辭，而不顧實。外有事君之禮，內有背上之心。”於此可見儒法之異點。蓋儒法同重正名，然儒之正名，欲以察其實，法家遇名實不能合符處，不免棄實而徇名。司馬談所以譏其專決其名，而失人情也。我國風俗，論事則重“誅心”，斷獄則貴“畧跡原心”，皆受儒家之學之影響也。董子正名之論，見《深察名號篇》。

謹小之義，亦與正本相通。《王道篇》曰：“制惡譏微，不遺大小。善無細而不舉，惡無細而不去，進善誅惡，絕諸本而已矣”是也。蓋亂之所由生，恒在細微之處，特常人不及察耳。然精密論之，非絕細微之惡，禍根固終不能絕。禍根不絕，終不免潛滋暗長，至於將尋斧柯也。故《二端篇》曰：“覽求微細於無端之處。”《仁義篇》曰：“觀物之動而先覺其萌，絕亂塞害於將然而未行之時，《春秋》之志也。”《對策》曰：“……聖人莫不以晦致明，以微致顯，是以堯發於諸侯，舜興乎深山，非一日而顯也，蓋有漸以致之矣。……積善在身，猶長日加益而人不知也；積惡在身，猶火之銷膏而人不見也”，亦此義。

“《春秋》紀纖芥之失，反之王道”。《王道篇》。夫王道者，天道也，故曰：“事各順於名，名各順於天，天人之際，合而爲一。”《深察名號篇》。質而言之，則幾微之事，皆當求合乎自然而已。人之行爲，求合於自然有兩難題，一感情問題，一智識問題也。自智識問題言之，則本欲求乎自然，但不知如何爲合於自然之問題也。此問題也，大而顯著之處，固夫人而不慮其淆惑，所難者，近似之際，細微之處耳。故《春秋》貴別嫌明微。《玉英篇》曰：“《春秋》有經禮，有變禮爲如。同而。安性平心者經禮也，至有於性雖不安，心雖不平，於道無以易之，此變禮也。……明乎經變之事，然後知輕重之分，可與適權矣。”此即所謂“義”也。故曰：“脅嚴社而不爲不敬靈，出天王而不爲不尊上，辭父之命而不爲不承親，絕母之屬而不爲不孝慈，義矣夫。”《精華篇》。

感情問題所難者，即明明合於自然，即順於理性之事，而爲感情所不安，明明不合乎自然，即反乎理性之事，而爲感情所甚欲是也。此雖可以義斷之，然感情之爲物，不可久抑，強制感情而從事焉，終非可長久之道也。儒家於此，乃提出義亦人之所欲即合理之事，本亦順於感情，理性與感情相一致。之說，以提撕而警覺之。《身之養重於義篇》曰：“天之生人也，使之生義與利。利以養其體，義以養其心，心不得義不能樂，體不得利不能養。體莫貴於心，故養莫重於義。”此之謂也。故逢丑父殺其身以免其君，事至難而《春秋》非之也。

事之是非然否，以感情爲最初之標準，即合乎人之感情者，謂之善，反乎人之感情者，謂之惡。然有時順乎一時之感情，其所得之結果，將大與所欲者相背，順乎一人之感情，其所得之結果，將貽衆人以所大不欲，則不得不以理性抑感情,順乎人人之所欲,則"仁"之謂,以理性抑一人一時之感情,則義之謂也。故仁者目的,義者手段也。目的無時離手段而可達,故仁與義,亦終不相離焉。夫順自己之感情,順一時之感情,此人人所能,所難者,以理性抑感情,以保全遠大之利耳。故"《春秋》以仁安人,以義正我。"《仁義篇》。行背乎義,而終致有害於仁者,則順一時之感情爲之也。此則利之謂也。故曰:"凡人之性,莫不善義,然而不能義者,利敗之也。"《玉英》。故曰:"仁人者,正其道,不謀其利,修其理,不計其功。"對膠西王。此據《繁露》。《漢書》作"正其誼,不謀其利,明其道,不計其功。"又曰:"萬民之從利也,如水之走下,以教化提防之,不能止也。"《對策》。

《爲人者天》及《人副天數》二篇,以人情性、形體皆出於天。《王道通》三篇曰:"喜氣爲暖而當春,怒氣爲清而當秋,樂氣爲太陽而當夏,哀氣爲太陰而當冬。四氣者,天與人所共有也,非人所能畜也,故可節而不可止也。節之而順,止之而亂",所謂節之者,則《陰陽義篇》所謂"使喜怒必當義乃出"也。所謂止之而亂者,則《天道施篇》所云:"民之情不能制,其欲使之度禮,目視正色,耳聽正聲,口食正味,身行正道,非奪之情也,所以安其性也"是也。漢武之策仲舒曰:"性命之情,或夭或壽,或仁或鄙,習聞其道,未燭厥理。"仲舒對曰:"命者,天三令也,性者,生之質也,情者,人之欲也。或夭或壽,或仁或鄙,陶冶而成之不能粹美,有治亂之所生,故不齊也。……堯舜行德,則民仁壽,桀紂行暴,則民鄙夭。夫上之化下,下之從上,猶泥之在鈞,惟陶者之所爲,猶金之在鎔,惟冶者之所鑄。"又其對策謂:"彊勉學問,則聞見博而知益明,彊勉行道,則德日進而大有功。"此仲舒對修爲之宗旨也。仲舒論性之説於後,與漢儒論性之説并述之,可參看。

仲舒推陰陽五行,其説頗有類乎迷信者,然《暖燠孰多篇》謂禹湯水旱"皆適遭之變,非禹湯之過,毋以適遭之變,疑平生之常,則所守不失,則正道益明。"則亦未嘗廢人事而任機祥也。以天爲有人格,有喜怒欲惡如人,視人所爲之善惡而賞罰之,此自幼稚時代之思想。墨家之説如此,見前。哲學進步之後,已棄此等説勿用,而治亂足以召災祥之見,猶未盡蠲,則以氣之感應説之。《同類相動篇》曰:"平地注水,去燥就濕,均薪施火,去濕就燥。百物去其所與異,而從其所與同,故氣同則會,聲比則應。案"水流濕,火就燥","同聲相應,同氣相求"皆見《易》文言。又董子謂:"春秋之道,奉天而法古。""王者有改制之名,無改道之實。"見《楚莊王篇》。《白虎通》謂"王者有改道之文,無改道之實。如君南面,臣北面",文與實不與,亦《春秋》義,而"君南面,臣北面"《易》、《緯》、《乾鑿度》論易不易之義,亦以爲譬。見《周易正義》八篇之一。此可見《易》、《春秋》之説相表裏也。天地之陰氣起,而人之陰氣應之而起,人之陰氣起,天地之陰氣亦宜應之而起，明於此，欲致雨則動陰以起陰，欲止雨則動陽以起陽，故致雨非神也，而精其神者，其理微妙也。非獨陰陽之氣可以類進退也，雖不祥禍福所從生，亦由是也，無非已先起之，而物以類應之而動者也。"即此說也。《天地陰陽篇》曰："天地之間，有陰陽之氣常漸人者，若水若常漸魚也。"此爲漢代變復家之通說。王充嘗駁之，見《論衡·變動篇》。以爲人主一人之氣甚微，何能動天地而致災變？然此篇又謂"今氣化之淖非直木也，而人主以象動之無已時。……世治而民和志平而氣正，則天地之化精，而萬物之類起，世亂而民乖，志僻而氣逆，則天地之化傷災害起"。則本不謂君主一人所爲，仲壬之諍，未爲得也。

儒道二家之說，小異大同。今世所認爲道家言者，實多儒道二家之公言，前章已言之，證以董生之書而益信也。《正貫篇》曰："明於情性，乃可與論爲政。"《離合根》、《天地之行》兩篇，皆言君法天，臣法地，而曰："天高其位而下其施，藏其形而見其光，高其位，所以爲尊也，下其施，所以爲仁也，藏其形，所以爲神，見其光，所以爲明。……爲人主者，內深藏所以爲神，外博觀所以爲明也，任羣賢，……受成不自勞於事，所以爲尊也，泛愛羣生，不以喜怒賞罰，所以爲仁也。故爲人主者，以無爲道，不私爲寶。"皆儒道二家相通之處。《深察名號篇》曰："欲審曲直莫如引繩，欲審是非莫如引名。事各順於名，名各順於天，天人之際，合而爲一。"《考功名篇》曰："不能致功，雖有賢名不予之賞，官職不廢，雖有愚名不予之罰。賞罰用於實，不用於名；賢愚在於質，不在於文。"《度制篇》曰："孔子曰：不患寡而患不均。故有所積重，則有所空虛矣。大富則驕，大貧則憂，憂則爲盜，驕則爲暴，此衆人之情也。聖者則於衆人之情，見亂之所從生，故其制人道而差上下也。使富者足於示貴而不至於驕，使貧者足以養生而不至於憂。……凡百亂之源，皆出嫌疑纖微以漸寖稍長至於大。聖人章其疑者，別其微者，絶其纖者"，皆足通儒與名法之郵。《王道篇》曰："故明王視於冥冥，聽於無聲，天覆地載，天下萬國，莫敢不悉靖，共職受命者，不示臣下以知之至也。故道同則不能相先，情同則不能相使。……由此觀之，未有去人君之權，能制其勢者也。未有貴賤無差，能全其位者也。"此則儼然道法家言矣。此外立元神，保位權，通國身諸篇，亦皆類道法家言，《循天之道》篇，暢論養生之理，則并與世所指爲神僊家言者近矣。九流之學，流異源同如此。《漢書》本傳曰："自武帝初立，魏其武安侯爲相，而隆儒矣。及仲舒對冊，推明孔氏，抑黜百家，立學校之官，州郡舉茂才孝廉，皆自仲舒發之。"案謂漢代儒術之獨盛，全由漢武一人之力，其誤前已辨之。然謂漢武之獨崇儒術，與仲舒極有關係，亦確係事實。仲舒之言曰："春秋大一統者，天地之常經，古今之通誼也。今師異道，人異論，百家殊方，指意不同，是以上亡以持一統，法制數變，下不知所守，臣愚以爲諸不在六藝之科，孔子之術者，皆絶其道，勿使并進，邪辟之說滅息，然後統紀可一，而法度可明，民知所從矣。"此漢代學校選舉，偏主儒術之所由來也。夫衆論當折衷於一是，此本無可非議，特人之知識，大概相同，未有衆人皆謬，而一家獨能見其至是者。不知聽衆説并行，互相辯論，分途研究，以求至是，而欲宗一家而黜其餘，此則舊時學者之蔽也。然思想恒緣環境而生，後世言論，失之統一，故人思異論之美，古代議論，失之複雜，使人無所適從，故學者多欲立一標準以免逢午耳。前說墨子尚同之義，已論之，兹不贅。

五、桑 弘 羊

漢至武帝始"罷黜百家，表章六經"，自此以後，儒家之學遂獨盛，前此則九流之學，仍并行，故宣帝詔："漢家自有制度，本以霸王道雜之"也。惜當時通諸家之學者，其説多不傳於後，幸有《鹽鐵論》一書，頗有考見漢代治法家之學者之緒論焉。此書爲汝南桓寬所記。昭帝時車千秋爲丞相，桑弘羊爲御史大夫。始元五年，令三輔太常舉賢良各二人，郡國文學高第各一人。六年二月，詔有司問郡國所舉賢良文學，民所疾苦。罷鹽鐵、榷酤。秋七月，罷榷酤官。此書所記即當時賢良文學與有司辯論之語也。書凡六十篇，末篇爲寬自述意見之語，其餘五十九篇，皆兩方面辯論之詞也。一方爲賢良文學凡六十餘人，其名見於末篇者，爲賢良茂陵唐生、文學魯萬生、中山劉子雍、九江祝生。一方面爲御史大夫丞相吏御史，而車丞相括囊不言，亦見於末篇。賢良文學所陳皆儒家之義，有司一方面，御史大夫發言最多，多法家之義。桓寬譏羣丞相御史阿意道諛，則有司一方面爲辯論之主者，實桑弘羊也。兩方之論，桓寬是賢良文學，而非有司，蓋寬亦儒家者流也。予以兩方之言各有其理，若就純理立論，則予謂御史大夫之言，理由實較强。蓋吾國當部落時代，本爲若干自給自足之小共産社會，其後競争日烈，互相吞併之事日多，又生計進步，商業日漸盛大，而共産制度遂漸破壞，此時發生兩問題：（一）狹義農業用之土地當如何分配，此爲井田問題。（二）（a）供廣義農業用之土地古代本作爲公有，人民但依一定之規則，即可使用，如斧斤以時入山林，數罟不入汙池，……是也。（b）工業之大者，古由國家設官經營，（c）商業之大者，皆行於國外，行於國內者，國家管理之甚嚴，故無以工商之業兼併平民者。共產制度既壞，供廣義農業用之土地漸次爲私人所佔，工業之大者，漸次由私人經營，商業與政府及人民之關係亦日密切。此等人遂皆成爲兼併之徒。於斯時也，將（一）恢復古者共產社會之制度乎？（二）抑將各種大事業收歸國有，既可增加國家之收入，又可抑制豪强之兼併乎？儒家則主前者，法家則主後者。商業之必要，儒家並非不知。觀孟子與陳相之辯論可知。然生計既經進步之後，當合全國而成一大分工合力之規模，不容再域於一地方而謀自給自足，則似見之未瑩。《鹽鐵論・水旱篇》賢良謂：「古者千家之邑，百乘不離畎畝而足乎田器，工人不斬伐而足乎陶冶，不耕田而足乎粟米。」故從儒者之論，非將社會生計退化數百年，則其想象之社會無從維持，此於事爲不可行，從法家之論，則國計民生兼有裨益，頗得近代社會政策之意，故曰：二家之理論，實以法家爲長也。惟此係就理論言，若論事實，則桑弘羊之所爲確不免藉平準之名以行聚斂之實。又官制之器，多不便用，見《鹽鐵論・水旱篇》。實係剥削平民，其政治上之罪惡，亦不容爲之諱也。

此書兩方面互相譏刺之言，皆無足取，人身攻擊之辭甚多，甚至有司詆孔子，賢良文學罵商鞅，則更無謂矣。其餘則各有理由。但儒家之學，後世盛行，故賢良之學之言，自今觀之，多係通常之論，法家之學，則其後終絶，保存於此書中者，實爲吉光片羽。漢代法家學説之可考者，幾乎獨賴此書焉。今故摘其尤要者於左，所謂物稀爲貴，非於當時兩方辯論有所左右袒也。

大夫曰：管子云，國有沃野之饒，而民不足於食者，器械不備也。《本議第一》。

大夫曰：王者塞天財，禁關市，執準守時，以輕重御民，豐年歲登，則儲積以備乏絶，凶年惡歲，則行幣物流有餘而調不足也。《力耕第二》。

大夫曰：賢聖治家非一室，富國非一道。昔管仲以權譎伯而范氏以强大亡，使治家養生必於農，則舜不甄陶而伊尹不爲庖。故善爲國者，天下之下我高，天下之輕我重，以末易其本，以虚蕩其實，……中國一端之縵，得匈奴累金之物，而損敵國之用。《力耕第二》。

大夫曰：燕之涿薊，……富冠海内，皆爲天下名都，非有助之耕其野而田其地者也。居五諸侯之衢，跨街衝之路也。故物豐者民衍，宅近市者家富。富在術數，不在勞身，利在勢居，不在力耕也。《通有第三》。

大夫曰：今吳、越之竹，隋、唐之材，不可勝用，而曹、衛、梁、宋，採棺轉屍。江湖之魚，萊黄之鮐，不可勝食，而鄒、魯、周、韓黎霍蔬食。天下之利無不澹，而山海之貨無不富也。然百姓匱乏，財用不足，多寡不調，而天下財不散也。

《通用第三》。

大夫曰：民大富則不可以禄使也。大强則不可以威罰也。《錯幣第四》。

大夫曰：夫權利之處，必在深山窮澤之中，非豪民不能通其利。……太公曰：一家害百家，百家害諸侯，諸侯害天下。……今放民於權利，罷鹽鐵以資暴强，……則强禦日以不制，而并兼之徒奸形成也。《禁耕第五》。

大夫曰：鐵器兵刃，天下之大用也，非衆庶所宜事也。《復古第六》。

大夫曰：共其地居是世也，非有災害疾疫，獨以貧窮，非惰則奢也。無奇業旁入而猶以富給，非儉則力也。今日施惠說爾行刑不樂，則是關無行之人，而養惰奢之民也。《授時第三十五》。

大夫曰：文學言王者立法，曠若大路，今馳道不小也，而民公犯之，以其罰罪之輕也。千仞之高，人不輕淩，千鈞之重，人不輕舉，商君刑棄灰於道而秦民治。《刑德第五十五》。

御史曰：明理正法，奸邪之所惡，而良民之福也。……無法勢雖賢人不能以爲治。《申韓第五十六》。

大夫曰：射者因勢，治者因法。……今欲以敦樸之時，治抗弊之民，是猶遷延而拯溺，揖讓而救火也。《大論第五十九》。

以上僅舉其最要者，賢良文學主儒，有司主法，亦僅以宗旨言之，其中徵引各家學說者，兩方面皆頗多。九流遺說多藉是而可考見。如《論鄒篇》論鄒子鹽鐵，《針石篇》引公孫龍其一例也。實古書中之瑰寶也。

六、漢儒言災異者

《漢書》曰："漢興，推陰陽言災異者，孝武時有董仲舒、夏侯始昌；昭、宣則眭孟、夏侯勝；元、成則京房、翼奉、劉向、谷永；哀、平則李尋、田終術。"仲舒說，已見前。

眭弘字孟，魯國蕃人也。……從嬴公受《春秋》，以明經爲議郎，至符節令。孝昭元鳳三年正月，泰山萊蕪山南……有大石自立……是時昌邑有枯社木卧後生；又上林苑院中大柳樹斷枯卧地，亦自立生，有蟲食樹葉成文字曰：公孫病已立。孟推《春秋》之意，以爲石柳皆陰類，下民之象，泰山者岱宗之岳，王者易姓告代之處，……此當有從匹夫爲天子者。枯社木復生，故廢之家公孫氏當復興者也。孟意亦不知其所在，即説曰先師董仲舒有言，雖有繼體守文之君，不害聖人之受命……漢帝宜誰差天下，求索賢人，嬗以帝位，而退自封百里，如殷周二王后，以承順天命。孟使友人內官長賜上此書，……皆伏誅。

夏侯始昌，魯人也，通五經；以齊《詩》、《尚書》教授，……明於陰陽，先言柏梁臺災日，至期日果災。

族子勝……字長公。初魯共王分魯西寧鄉，以封子節侯，別屬大河，大河後更名東平，故勝爲東平人，從始昌受《尚書》及洪範五行傳，說災異，後事蘭卿，又從歐陽氏問，爲學精熟，所問非一師也……徵爲博士光祿大夫……昌邑王……數出，勝當乘輿前，諫曰：天久陰而不雨，臣下有謀上者，陛下出，欲何之。王怒，謂勝爲妖言，縛以屬吏，吏白大將軍霍光……是時光與車騎將軍張安世謀，欲廢昌邑王，光讓安世以爲洩語，安世實不言，乃詔問勝，勝對言，在《洪範傳》曰：皇之不極，厥罰常陰，時則下人有伐上者，惡察察言，故云臣下有謀。光、安世大驚，以此益重經術士。後十餘日，光卒與安世白太后，廢昌邑王，尊立宣帝，光以爲羣臣奏事東宮，太后省政，宜知經術，白令勝用《尚書》授太后，遷長信少府……宣帝初即位，欲襃先帝，詔丞相御史曰……孝武皇帝……廟樂未稱……其與列侯二千石博士議。於是羣臣大議廷中，皆曰，宜如詔書。……勝獨曰：武帝……亡德澤於民，不宜爲立廟樂。公卿共難勝曰：此詔書也。勝曰：詔書不可用也。人臣之誼，宜直言正論，非苟阿意順，指議已出口，雖死不悔。……下獄。……四年夏，關東四十九郡同日地動。……大赦，勝出，爲諫大夫。……後爲長信少府，遷太子太傅。……年九十卒。

京房字君明，東郡頓丘人也。治《易》，事梁人焦延壽。延壽字贛，贛貧賤以好學得幸梁王，王共其資用，令極意學成，爲郡史，察舉補小黃令。以候司先知奸邪，盜賊不得發。……贛常曰：得我道以亡身者，京生也。其說長於災變，分六十卦，更直日用事，以風雨寒溫爲候，各有占驗。房用之尤精。好鐘律，知音聲。初元四年以孝廉爲郎。永光建昭間，西羌反，日蝕，又久青無光，陰霧不精。房數上疏，先言其將然，近數月，遠一歲，所言屢中。天子說之。數召見，問房。對曰：古帝王以功舉賢，則萬化成，瑞應著，末世以毀譽取人，故功業廢而致災異。宜令百官各試其功，災異可息。詔使房作其事。房奏考功課吏法。上令公卿朝臣與房會議溫室，皆以房言煩碎，令上下相司，不可許。上意鄉之。時部刺史奏事京師，上召見諸刺史，令房曉以課事，刺史復以爲不可行。唯御史大夫鄭弘、光祿大夫周堪初言不可，後善之。是時中書令石顯顓權，顯友人五鹿充宗爲尚書令，與房同經議論相非。……上令房上弟子曉知考功課吏事者，欲試用之。房上中郎任良、姚平，願以爲刺史，試考功法，臣得通籍殿中，爲奏事，以防雍塞。石顯、五鹿充宗皆疾房，欲遠之，建言宜試房爲郡守。元帝於是以房爲魏郡太守。……得以考功法治郡。房自請願無屬刺史，得除用他郡人，自第吏千石以下，歲竟乘傳奏事。天子許焉。……房去月餘，竟徵下獄……棄市……房本姓李，推律自定爲京氏。……

　　翼奉字少君，東海下邳人也。治齊詩，與蕭望之、匡衡同師。……好律曆陰陽之占。元帝初即位，諸儒薦之，徵待詔宦者署，數言事宴見，天子敬焉。時平昌侯王臨以宣帝外屬侍中稱詔，欲從奉學其術，奉不肯與言，而上封書曰：臣聞之於師，治道要務，在知下之邪正。……知下之術，在於六情十二律而已。北方之情好也，好行貪狼，甲子主之。東方之情怒也，怒行陰賊，亥卯主之。貪狼必待陰賊而後動，陰賊必待貪狼而後用，二陰并行，是以王者忌子卯也，《禮經》避之，《春秋》諱焉。南方之情惡也，惡也廉貞，寅午主之，西方之情喜也，喜行寬大，己酉主之。二陽并行，是以王者吉午酉也。詩曰：吉日庚午。上方之情樂也，樂行奸邪，辰未主之，下方之情哀也，哀行公正，戌丑主之。辰未屬陰，戌丑屬陽，萬物各以其類應，今陛下明聖，虛靜以待物至，萬事雖衆，何聞而不諭，豈況乎執十二律而禦六情，於以知下參實，亦甚優矣，萬不失一，自然之道也。乃正月癸未日加申，有暴風從西南來。未主奸邪，申主貪狼，風以大陰，下抵建前，是人主左右邪臣之氣也。平昌侯比三來見臣，皆以正辰加邪時，辰爲客，時爲主人。以律知人情，王者之秘道也，愚臣誠不敢以語邪人。上以奉爲中郎，召問奉來者以善日邪時，孰與邪日善時？奉對曰：師法用辰不用日。辰爲客，時爲主人。見於明主，侍者爲主人。辰正時邪，見者正，侍者邪。辰邪時正，見者邪，侍者正。忠正之見，侍者雖邪，辰時俱正。大邪之見，侍者雖正，辰時俱邪。即以自知侍者之邪，而時邪辰正，見者反邪，即以自知侍者之正。而時正辰邪，見者反正，辰爲常時，時爲一行，辰疏而時精，其效同功，必參五觀之，然後可知，故曰察其所繇，省其進退，參之六合五行，則可以見人性，知人情，難用外察，從中甚明。故詩之爲學，情性而已。五性不相害，六情更興廢。觀性以歷，觀情以律，明主所宜獨用，難以二人共也。……惟奉能用之，學者莫能行。是歲關東大水，郡國十一饑疫又甚。……明年二月戊午，地震。其夏，齊地人相食，七月己酉，地復震。……奉奏封事曰：臣聞之於師曰：天地設位，懸日月，布星辰，分陰陽，定四時，列五行，以視聖人，名之曰道。聖人見道，然後知王治之象。故畫州土，建君臣，立律曆，陳成敗，以視賢者，名之曰經。賢者見經，然後知人道之務，則《詩》、《書》、《易》、《春秋》、《禮》、《樂》是也。《易》有陰陽，《詩》有五際，《春秋》有災異,皆列終始,推得失,考天心,以言王道之安危,至秦乃不說,傷之以法,是以大道不通,至於滅亡。……臣奉竊學齊《詩》,聞五際之要《十月之交篇》,知日蝕地震之效,昭然可明,猶巢居知風,穴處知雨。……臣聞人氣內逆,則感動天地,天氣見於星氣日蝕,地變見於奇物震動。所以然者,陽用其精,陰用其形,猶人之有五臟六體,五藏象天,六體象地,故藏病則氣色發於面,體病則欠申動於貌。今年太陰建於甲戌,律以庚寅初用事,曆以甲午從春,曆中甲庚,律得參陽,性中仁義,情得公正貞廉,百年之精歲也。正以精歲本首王位,日臨中時接律,而地大震,其後連月久陰,雖有大令,猶不能復,陰氣盛矣。古者朝廷必有同姓,以明親親,必有異姓,以明賢賢。……今左右亡同姓,獨以舅后之家爲親,異姓之臣又疏,……陰氣之盛,不亦宜乎!臣又聞未央、建章、甘泉宮才人各有百數,皆不得天性,若杜陵園,其已御見者,臣子不敢有言。雖然,太皇太后之事也,及諸侯王園與其後宮,宜爲設員,出其過制者,此損陰氣,應天救邪之道也。今異至不應,災將隨之。其法大水,極陰生陽,反而大旱,甚則爲火災,春秋宋伯姬是矣。……明年夏四月,乙未,孝武園白鶴館災。奉以爲祭天地於雲陽汾陰,及諸寢廟,不以親疏迭毀,皆煩費違古制。又宮室苑囿,奢泰難供,以故民困國虛,亡累年之畜,所繇來久,不改其本,難以末正。乃上疏曰:……漢德隆盛,在於孝文……如令處於當今,因此制度,必不能成功名。……臣願陛下徙都於成周……遷都正本,衆制皆定。……歲可餘一年之畜。……如因丙子之孟夏,順太陰以東行,到後七年之明歲,必有五年之餘畜。然後大行考室之禮,雖周之隆盛,亡以加此。……奉以中郎爲博士諫大夫,年老以壽終。……

　　李尋字子長,平陵人也。治《尚書》與張儒、鄭寬中同師。寬中等守師法教授,尋獨好洪範災異。又學天文月令陰陽,事丞相翟方進。方進亦善爲星曆,除尋爲吏,數爲翟侯言事。帝舅曲陽侯王根爲大司馬票騎將軍,遇厚尋。是時多災異,根輔政,數虛已問尋。尋見漢家有中衰厄會之象,其意以爲且有洪水爲災,乃說根曰:《書》云:天聰明,蓋言紫宮極樞,通位帝紀,太微四門,廣開大道,五經六緯,尊術顯士,翼張舒布,燭臨四海,少微處士,爲比爲輔,故次帝廷,女宮在後,聖人順天,賢賢易色,取法於此,天官上相上將皆顯而正朝,憂責甚重,要在得人。……根於是薦尋。哀帝即位,召尋待詔黃門,使侍中衛尉傅喜問尋災異。……尋對曰;……日者衆陽之長……人君之表也。……君不修道,則日失其度,晻昧亡光,各有云爲……月者衆陰之長……妃后大臣諸侯之象也。……五星者,五行之精,五帝司命,應王者號令,爲之節度。……夫以喜怒賞罰，而不顧時禁，雖有堯舜之心，猶不能致和。……故古之王者，尊天地，重陰陽，敬四時，嚴月令，順之以善政，則和氣可立致。……今朝廷忽於時月之令。諸侍中尚書近臣，宜皆令通知月令之意。……上雖不從尋言，然採其語，每有非常，輒問尋，尋對屢中，遷黃門侍郎。以尋言且有水災，故拜尋爲騎都尉使護河堤。初，成帝時，齊人甘忠可詐造天官曆《包元太平經》十一卷，以言漢家逢天地之大終，當更受命於天，天帝使真人赤精子下教我此道。忠可以教重平夏賀良、容丘丁廣世、東郡郭昌等，中壘校尉劉向奏忠可假鬼神罔上惑衆，下獄治服，未斷病死。賀良等坐挾忠可書，以不敬論。後賀良等復私以相教。哀帝初立，司隸校尉解光亦以明經通災異，得幸，白賀良等所挾忠可書。事下奉車都尉劉歆，歆以爲不合五經，不可施行。而李尋亦好之。……時郭昌爲長安令，勸尋宜助賀良等。尋遂白賀良等，皆待詔黃門，數召見，陳說漢曆中衰，當更受命。成帝不應天命，故絶嗣。今陛下久疾，變異屢數，天所以譴告人也。宜急改之易號，乃得延年益壽，皇子生，災異息矣。得道不得行，咎殃且亡，不有洪水將生，災火且起，滌蕩民人。哀帝久寢疾，幾其有益，遂從賀良等議。……大赦天下，以建平二年爲太初元年，號曰陳聖劉太平皇帝。漏刻以百二十爲度。……後月餘，上疾自若，賀良等復欲妄變政事，大臣爭以爲不可許。賀良等奏，言大臣皆不知命，且退丞相御史，以解光、李尋輔政。上以其言亡驗，遂下賀良等吏……皆伏誅。尋及解光減死一等，徙敦煌郡。

向字子政，本名更生。年十二，以父德任爲輦郎，既冠以行修飭擢爲諫大夫。是時宣帝循武帝故事，招選名士俊材，置左右，更生以通達能屬文辭，與王褒、張子僑等并進對，獻賦頌凡五十篇。上後興神僊方術之事，而淮南有枕中《鴻寶苑秘書》，書言神僊使鬼物爲金之術，及鄒衍重道延命方，世人莫見。而更生父德，武帝時治淮南獄，得其書，更生幼而讀誦，以爲奇，獻之。言黃金可成。上令典尚方鑄作事，費甚多，方不驗，上乃下更生吏。吏劾更生鑄僞黃金當死。更生兄陽城侯安民上書入國戶半，贖更生罪。上亦奇其材，得踰冬減死論。會初立《穀梁春秋》，徵更生受《穀梁》講五經於石渠。後拜爲郎中給事黃門，遷散騎諫大夫給事中。元帝初即位，太傅蕭望之爲前將軍，少傅周堪爲諸吏光祿大夫，皆領尚書事。……薦更生宗室忠直明經有行，擢爲散騎宗正給事中，與侍中金敞拾遺於左右……爲許、史及恭、顯所譖訴，堪、更生下獄及望之皆免官。……其春地震，夏客星見昴卷舌間。上感悟，下詔賜望之爵關內侯，奉朝請。秋徵堪。向欲以爲諫大夫，恭顯白皆爲中郎。冬，地復震。

時恭顯許史子弟侍中諸曹皆，側目於望之等，更生懼焉。乃使其外親上變事……宜退恭、顯……進望之等……書奏，恭、顯疑其更生所爲，白請考奸詐，辭果服，遂逮更生繫獄，……坐免爲庶人，而望之亦坐使子上書自冤前事。恭、顯白令詣獄置對，望之自殺。天子甚悼恨之，乃擢周堪爲光禄勳。堪弟子張猛光禄大夫給事中，大見信任。恭、顯憚之，數譖毀焉。更生見堪、猛在位，幾已得復進，懼其傾危，乃上封事。……推春秋災異以救今事……恭、顯見其書，愈與許、史比而怨更生等。……左遷堪爲河東太守，猛槐里令。後三歲……徵堪……拜爲光禄大夫，秩中二千石，領尚書事。猛後爲太中大夫給事中。……會堪疾，瘖不能言而卒。顯誣譖猛，令自殺於公車。更生傷之，乃著疾讒、摘要、救危及世頌凡八篇。依興古事，悼已及同類也。遂廢十餘年。成帝即位，顯等伏辜，更生乃復進用，更名向。向以故九卿召拜爲中郎使領護三輔都水。數奏封事，遷光禄大夫。是時，帝元舅陽平侯王鳳爲大將軍，秉政，依太后專國權，兄弟七人，皆封爲列侯。時數有大異。向以爲外戚貴盛，鳳兄弟用事之咎。而上方精於詩書，觀古文。詔向領校中五經秘書。向見《尚書·洪範》箕子爲武王陳五行陰陽休咎之應，向乃集合上古以來歷春秋六國至秦漢符瑞災異之記，推跡行事，連傳禍福，著其占驗，比類相從，各有條目，凡十一篇，號曰《洪範五行傳論》奏之。……久之，營起昌陵，數年不成，復還歸延陵，制度泰奢，向上疏諫。……向睹俗彌奢淫，而趙衛之屬，起微賤，踰禮制，向以爲王教，由内及外，自近者始，故採取詩書所載賢妃貞婦，興國顯家可法則，及孽嬖亂亡者，序次爲《列女傳》凡八篇，以戒天子，及採傳記行事，著《新序》、《說苑》凡五十篇，奏之。數上疏言得失，陳法戒，書數十上，以助觀覽，補遺闕。……時上無繼嗣，政由王氏出，災異寖甚。……向……上封事極諫，……以向爲中壘校尉。……元延中，星孛東井，蜀郡岷山崩雍江。向……復上奏。……向自見得信於上，故常顯訟宗室，譏刺王氏及在位大臣，……上數欲用向爲九卿，輒不爲王氏居位者及丞相御史所持，故終不遷，居列大夫官前後三十餘年。年七十二卒。……案《漢書·劉向傳》詞多不實，淮南獄起，劉德甫數歲，安得治之。_{劉奉世說。}向受《穀梁》，說亦誣妄，見近人崔氏適《春秋復始》。向免爲庶人後，猶自上封事，其初何以必使外親邪？

谷永字子雲，長安人也。……少爲長安小史，後博學經書。建詔中，御史大夫繁延壽聞其有茂材，除補屬舉爲太常丞，數上疏言得失。建始三年冬，日食地震，同日俱發，詔舉方正直言極諫之士，太常陽城侯劉慶忌舉永，……對奏，天子異焉，特召見永。其夏，皆令諸方正對策，……永對畢，因曰：臣前幸得條對災異之效，……陛下委棄不納，而更使方正對策，背可懼之大異，問不急之常論，……是故皇天勃然發怒，甲巳之間，暴風三溱，……上特復問永，永對曰：日食地震，皇后貴妾專寵所致。……是時上……委政元舅大將軍王鳳，議者都歸咎焉。永和鳳方見柄用，陰欲自托，乃復曰：……不可歸咎諸舅，……時對者數千人，永與杜欽為上第焉。……由是擢為光祿大夫。永奏書謝鳳，……鳳遂厚之，數年，出為安定太守。時上諸舅皆修經書，任政事。平阿侯譚年次當繼大將軍鳳輔政，尤與永善。陽朔中鳳薨。……以音為大司馬車騎將軍，領尚書事，而平阿侯譚位特進，領城門兵，永聞之，與譚書曰：……宜深辭職，譚得其書，大感，遂辭讓……由是譚、音相與不平。永遠為郡吏，恐為音所危，病滿三月免。音奏請永補營軍司馬，永數謝罪自陳，得轉為長史。……永復說音曰：……音猶不平，薦永為護菀使。音薨，成都侯商代為大司商代為大司馬衛將軍，永乃遷為涼州刺史。……時有黑龍見東萊上，使尚書問永，……永對曰：……今陛下輕奪民財，不愛民力，聽邪臣之計，去高敞祁陵，損十年功緒，改作昌陵，……大興徭役，重增賦斂，……五年不成，而後反故，……公家無一年之畜，百姓無旬日之儲，上下俱匱，無以相救……願陛下追觀夏商周秦所失之，以境考已行。……至上此對，上大怒，……明年徵永為大中大夫，遷光祿大夫給事中。元延元年為北地太守。時災異尤數，……永對曰：……臣聞天生蒸民……不私一姓，明天下乃天下之天下，非一人之天下也，王者躬行道德，承順天地，……籍稅取民，不過常法，……失道妄行，逆天暴物，……峻刑重賦，百姓愁怨，……上天震怒，災異屢降，……對奏，天子甚感其言。永於經書泛為疏達，……其於天官，《京氏易》最密，故善言災異，前後四十餘事，畧相反覆，專攻上身無後宮而已。黨於王氏，上亦知之，不甚親信也。永所居任職，為北地太守。歲餘，衛將軍商薨，曲陽侯根為驃騎將軍，薦永，徵入為大司農。歲餘，永病三月，有司奏請免。……數月卒於家。

本文寫於一九二五年

與謝俠遜函論象棋

錄滬江大學呂誠之君來函：

俠遜先生，日從報端，讀悉執事與人對局暨評校舊譜，忭舞之餘，彌深欽佩。走雖夙好象藝，而所造殊淺。懷疑兩端，敬以奉質。（一）百局譜有所謂正和官和正官，和者又有所謂官著及紅列黑勝者，正字官字作何解釋。（二）對勝而言之，列字與列手砲之列字，未知是否庚字之轉音。列砲對順砲言之，黑列紅勝之列，則言其著法違庚也。此兩端曾問諸老於象藝之人，皆無確答，擬請見復如何？呂思勉頓首

按正和即謂棋勢真正和局，無可變易；官和謂須走一定官著，可成和局；而正官和者，即謂內中尚有許多變著，須弈正官棋步，方可就和，是正官與官著，稍有難易之分，未悉高明以爲如何？至列字解說，是否作庚字解。或有別說，即請海內外高明共同研究，至南洋大學，日來已舉行象棋比賽，不識貴校亦繼續發起否？遜注

上海楊樹浦滬江大學呂誠之君來函：

俠遜先生：日前質疑，辱承指示，至感。惟鄙意尚有未明者，敢再奉質。尊示正和者，即真正和局，無可變易。查既云和局，自必真正，若局勢既尚不和，因一方著法差誤而成和局，即不應列爲和局。官著二字，弟尚不明。查圍棋所以有官著者，因其著法必至局中無可下子處，乃爲終局；當大局既定之後，黑白兩方所占地位，固已各爲其所私有，中間尚有空處，即爲兩方公地，猶兩國間之有甌脫也，於此下子，實不分占公地，故曰官著。官之爲言，公也。官著有關損益者，亦有無關損益，只爲填滿棋局而設者，其性質及著法，皆與平常下子不同，故須另立名稱。若象棋則但須一方定勝，一方定負，或確不能分勝負，即可算局終。然則象局，凡下一著，皆於勝負有關，亦無分占公地之事，何以謂之官著。以上兩端，尚乞賜答。敝校諸同人，亦擬發起比賽象棋，一俟組織就緒，再行奉聞。呂思勉上

真正和局，無可變易，例如此方餘一象，彼方餘一士，或各餘一車，或一馬

一砲，悉成均勢，是謂真正和局。若彼方餘一帥一馬，此方餘一將一相，須應以馬東相西，馬西相東否？即失敗甚爲官局，若同一官和局勢，其間尚有變着。茲僅刊列一局，删去其餘，未悉高明一爲如何？年來弈術大同，圍棋一項，原導源於我國，今已見挫於日，引爲至憾。刻象棋一項，各國同人已悉心研究，咄咄逼人，若不急起直追，再落人後，不可謂非吾國耻事。台端偕貴校諸同人擬仿南洋學會成例，續爲發起，實深雀躍。敝報當爲照贈獎品，聊助貴校應賽諸同人雅興，希盼海上諸學校能爲繼續發起，尤爲欣慰。下略。遜

再復滬江大學呂思勉君函稿：

昨復一函，意有未盡，茲再續陳，即希鑒察。前函所謂正和者，其雙方已經均勢，又無戰斗力量，故謂正和。其所謂官和者，一方取攻勢，一方取守勢，須應以官着可致和局，至正官和者，其雙方尚有攻有守，變着繁多，與官和及正和二項，確有分別，未悉高明以爲如何，下略遜

常州呂誠之先生來稿：

上略久未通函，至念。弟自滬江放假後，即行返舍，近患足疾，蟄伏不出。昨讀貴報，乃知大駕曾到敝處，惜當時未獲一晤爲憾。《梅花譜》逐日刊附報末，甚好。因真求象藝精進，全局較殘局爲用尤大耳。此譜從前無印本，數年前，乃有所謂三友書屋者，石印行世，錯誤叠出，當民國八九年間，今新聞報編輯董君若虛主敝鄉武進日報筆政，弟曾將家藏鈔本梅花譜，手自較讎，屬其刊載報末，以該報篇幅有限，占去小說地位，敝鄉閱報之人，知象戲者少，嗜小說者多，頗不謂然，刊未數局而輟。當時較讎之餘，曾作識語數百字，今別紙錄呈，雖無足觀採，亦梅花譜之一段故事也。

敝處所藏《梅花譜》格式與貴報所刊者小異，貴報所刊稱爲編者，敝處稱爲局。貴報所刊稱爲局者，敝處所稱爲變，其體例與通行之《橘中秘》同。敝處所藏鈔本，於先勝之局，稱爲得先，讓先勝之局，則稱讓先，亦與《橘中秘》同，弟所校勘，則於舊稱得先者，改書先勝，舊稱讓先者改書讓先勝，似亦較善。此譜現行刻本，既訛謬已甚，今雖附刊報末，而重刊單行本，將來必不容已，體例之間，千慮一得，似亦足資商榷也。貴報所刊屏風馬破當頭砲，第二篇第四局誤將第三局複印，而第四局遺漏，請改正。未完

我國象戲起源甚早，而象棋譜之散佚者亦甚多，苦爲俗冗所牽，未及一事鈎考，然即貴報設立象棋一門以來，四方君子之通函及著述觀之，已可見其大概矣。案《橘中秘》一書，舊但知爲明崇禎間物，近讀顧君鑑秋所撰象棋叢談，乃知別有一言全局之書名金鵬譜，成書遠較《橘中秘》爲早，卷帙遠較《橘中

秘》爲多，得此說後，復觀《橘中秘》序例，則序所云多所發明，更以新意點綴，凡例二、三、四、九、十諸條，均足爲其根據舊象譜之證，而其書中評語，足證明其有所根據者亦甚多，又凡例十一條云：全部四卷，一卷二卷全局，三卷四卷殘局，卷帙並無舛錯。夫全書局數目録，既已詳刊，凡例中何待更爲聲明，所以必更聲明者，蓋正以書係删略舊象譜而成，而卷帙遠少於舊，恐人睹其少而疑其有闕也，此尤顧君之説之堅證矣。

弟藏有象譜殘局數種，刻本甚劣，記其一種首葉亦署有金鵬變法四字，此等刻本，雖係坊賈所爲，題署亦必有所承，惜久置書簏中，一時未能檢得，暇日檢出，又可爲顧君之説，添一證據也。

又《橘中秘》卷首歌訣，韜略玄機亦載之，顧君謂其鈔襲《橘中秘》。愚按此項歌訣，凡坊刻象譜，幾於無不載之，其爲輾轉相襲無疑，然必推求其朔，則其爲物，亦尚在《橘中秘》以前，非撰《橘中秘》者所爲也。何則？此項歌訣計有五則，當頭砲一，士角砲二，飛砲三，象局四，破象局五是也。以《橘中秘》著法核之，只順砲列砲諸局可云與當頭砲歌訣相合，右砲橫車破象局等可云與破象局歌訣相合，士角砲局象局只有見破，初無破人著法，亦與歌訣不符，飛砲著法則全書無之，而破當頭砲之屏風馬等，則又爲歌訣所無有，初疑士角砲飛砲象局等，亦必有致勝之著法，而爲撰《橘中秘》者所删，繼觀《橘中秘》於士角砲訣下注云：存原語多不合，俟改。乃知此項歌訣與撰《橘中秘》者所根據之譜，著法業已不同，殆其編成歌訣，尚在撰《橘中秘》者所根據之譜以前，而撰《橘中秘》者，所根據之譜，較此已爲後起，故《橘中秘》中所有之著法，又多爲歌訣所不具也。此尤足見象藝起源之早，象譜散佚之多矣。

現今象棋全局著法，合《橘中秘》、《梅花譜》兩書觀之，可一言蔽之曰：以當頭砲破各種著法，以屏風馬破當頭砲而已。前列鄙説，倘使不謬，則推想象棋著法之演進，似乎起初由士角砲飛砲象局等諸法雜用，逮當頭砲一出，而諸法悉爲所破，大有東征西討，所向無敵之概，最後乃又得屏風馬以破之也。象戲進攻，貴乎迅捷，以當頭砲與士角砲象局等比，飛砲有歌訣而無譜，未知著法究竟若何？故未敢妄論。誠有破釜沉舟，擒賊擒王之勢。而屏風馬著法深細綿密，善於乘虛而入，深得以静制動，以柔克剛之妙，演進之步驟，固當如是矣。

屏風馬之著法，今尚未有以破之，鄙意著法之最善者，當剛柔並用而得其中。此境今日尚未能至。拙撰《梅花譜》識語中已及之，今日所可致力者，非以剛克柔，則以柔克剛耳。屏風馬之破當頭砲也，爲以柔克剛，當遠以猛進之法破之。鄙意似可采用破象局之法而出以變化，照現今《梅花譜》之著法，砲八平五，馬二進三，馬八進七，卒七進一，車九平八，車一平二，車八進六，馬八進七，受先者即可兵五進一，直攻中路，讓先者必象七進五，以防其兵之過界，受先者即馬七進五，繼以兵五進一，或兵三進一等著，以圖進取，似有制勝之方，鄙人於象藝所造至淺，愚見所及，未敢自信，尚望高明進而教之。

今日象譜傳世者，極爲寥寥，而如弟前文所陳，則其散佚不傳者實夥。人類所造之文化，而人類還自摧殘之，棄擲之，狐埋狐揚，深堪嘆悼。然其零篇斷簡，散在四方者，實亦不少，姑就見於貴報諸君子之所稱述者計之，則執事所譯有西人葛麟瑞所藏《象棋殘局四百局》，所收藏者，有大本《韜略玄機》兩部，與沈君光照所藏全部八冊全局四冊殘局四冊者，未知合否？潘定思先生所著所藏，除殘局匯存、適情雅趣業經貴報刊佈外，又有定思所學象局一冊，吳兆龍象譜一冊，石楊遺局一冊，象棋零拾一冊，校注《橘中秘》全部《橘中秘》通行本極劣，此書如能刊行，必大有益於學者。顧君鑑秋所藏則有刻本竹香齋象戲九十六局，鈔本樂在其中殘局四十二局。馮君友笙所藏則有爛柯山棋譜四冊，而據馮君所云，則適情雅趣全部，實有十六冊，韋君干英所見，則有桂林陳氏譜三百餘局，張君毓英所藏則有象棋萃精若干局，許君群思所藏則有全局譜四冊。此書許君未言其名，然據其所述，其著法有以兵三進一起手者，爲《橘中秘》及《梅花譜》所無，極可珍貴。許君寄（見）到後，望先在報端刊佈數局，以慰先睹爲快之心。凡此皆十九猶存，而以鄙人之淺陋，所見所聞，出此之外者，亦尚有數種，若能搜輯彙刻，實足爲前此精於藝事者，昭懸萬古，亦足爲國家藝術增光也。隨筆布臆，尚望教正。下略

原刊一九二五年《上海時報》的《象棋質疑欄》

中國韻文研究

中國的韻文，種類不一。爲研究便利計，將他提綱挈領一下，可分爲"歌""誦"兩類：目對着書，只有心上研究，而聲音不出諸口，古人謂之讀——亦可作籀，作紬，作抽——即今人所謂默誦。今人所謂"念"，古人謂之"誦"。"倍文謂諷"，即今人所謂"背書"。但是"諷""誦"二字，"對文則別，散文則通。"再到後來，便發聲誦書，也可謂之"讀"了，此亦字義循"對文則別，散文則通"之例而變遷者。中國古字，多爲專名，後世所謂公名，循此例發生者甚多。閒話不必多説，凡可以朗誦——諷誦——及默誦——讀——的文字，皆不能唱，此爲一類。——中包韻文及無韻文。

今人所謂"唱"，古人謂之"歌"。雖有"徒歌曰謠，合樂曰歌"之別，然亦"對文則別，散文則通"，故"歌"仍爲兩者的總名，此又一類。

文字根於語言，韻文當然也是這樣。"歌"及"誦"在人口中爲二事，韻文也就依此分成兩派：

（一）只可誦的。内含 1 有韻文的古書，2 賦，3 箴、銘、頌、贊等。古書本多有韻，今人讀古書似無韻者，乃古今讀音不同。阮元説"古人作文，必寡其辭，協其音。"蓋由古人作書很難，學問皆用口授，——所謂"口耳相傳"——用韻文則易讀，易記憶。所以西周以前的書，大都是韻文，散文至春秋時乃漸盛。

賦和有韻的古書，也説不出嚴密的界限來。大致賦者鋪也，有鋪張揚勵之意。所以就形式上，賦和古書，分不大清。并且古書有時也帶賦的性質。所以賦和古書的不同在内容，要知内容，只有自己去多讀賦，及和古書比較，才能知道。

箴是勸勉之意，《釋名》"銘者名也。述其功美，使可稱名也。"《祭統》"銘者自名也。自名以稱揚其先祖之美。"要之，是志不忘之意。頌者，美盛德之形容。贊，是贊助之意，後來亦爲贊美之意。這些既與古書，意在傳道，術則不同。又不屬於賦，所以只得另爲一體。

（二）可歌的。歌之始祖，可分《詩經》、《楚詞》兩派——也許最初本是一派。——《詩經》和《楚詞》，文體上大不相同。《詩經》雖非全是四言，而四言爲主。《楚詞》雖有長短，而要皆在五言以上。按中國人之發音，最適宜於唱者，爲五言、七言。例如三言詩、四言詩、六言詩，後雖間或有之，然不多。不過有此一種體裁而已。普通做詩，皆五言、七言兩種。《楚詞》大概過於五言，近於七言，因此後世詩分成兩派：

1. 由《詩經》變成五言。即今所謂五言古詩——古人發音，主於四言，後人稍變，遂成五言。

2. 由《楚詞》變成樂府。《左傳》上賦詩的事很多，所賦的詩，有的在《詩經》上，有的不在《詩經》上，但就是不在《詩經》上，體制亦與《詩經》同。至於荆卿的《易水歌》，項羽的《垓下歌》，漢高祖的《大風歌》，就近於《楚詞》了。這些詩歌，當初不過做幾句詩，隨口唱唱，並不配樂的，後來有人拿來配了音樂，即成爲合樂之歌。"風詩"本是民間的謠，國家派人來採，由太師合以音樂。漢時的樂府，也是這樣。樂府本官名，漢時有李延年做樂府令，造出許多"樂府新聲"。從前的古詩，本來也配樂的，不過會的少了，漸漸失傳，漢時雖尚有"制氏雅樂"，而武帝不喜他，所以另外採了民間的歌謠，仿古時采詩配樂的成法，配成音樂，遂成所謂樂府。樂府本是一種曲子，一面奏音樂，一面唱歌。後人仿這種調子做的歌，也稱樂府，樂府二字，遂成一種文體之名。不過後人做的樂府，已大多不能唱了。樂府多七言，或三七言雜。因此後又分成兩種體裁：一、七言歌行，二、樂府——三五言爲主。

詩至唐代，又發生變遷，即五言、七言律體詩之發生。律體之發生，就形式上言，有三義：A，古體長短無定，律體則限定每首八句——除排律。B，古詩不拘平仄，——照此説來，豈非古人之詩，誦之都不成聲麽？然而不然，古人讀音，本與今不同，所以讀之也能成誦，——例如今讀"琵"字，是平聲，但唐人可讀入聲。所以不能以今音讀唐詩，誚唐人失律也。昔人論古音説："古人韵緩，不煩改字。"就是此理。律體則須顧四聲。C，古體不講對仗，而律體則大致中四句須對。不過但究形式，終不能知他精微的區別，所以學者須多讀律體和古體詩，方能明白。

唐時更有所謂"絶詩"。有人以爲：絶詩又名截詩，即截律詩之半而成。然此説不可靠，因爲未有律體以前，古人已有四句的詩了。大致所謂絶詩者，乃仿前人四句詩體，而改爲律體罷了。

唐詩久已和音樂分離，律體從古體出，古詩已不能唱，律詩當然也不能唱了。就是七言歌行，樂府作者，雖從往日樂府出，而樂府音樂，漸漸失傳，後人所做樂府也不成唱了。不過絕詩中，倒有可以唱的，例如王之渙的"黃河遠上白雲間"是。

唐時音樂上也起一個變化，原來唐時採了外國音樂，成一種新音樂。唐玄宗所謂"梨園子弟"所唱的，就是新音樂。玄宗名奏舊樂者都爲立部，奏新音樂者都爲坐部，一坐一立，明示人以重新音樂了。有新音樂，必定有新的歌詞——樂句——歌詞是有長短的，因此詩歌也起一種變化，變成長短的詞。詞詞也是從各地採來的。例如詞牌中有《甘州》、《涼州》，就是甘州、涼州的調。因詞是配音樂的，所以唐人的詞皆可唱。到宋時，又漸漸有不能唱的了。大概詞的流行，偏於上流社會，故能者少。凡事之惟少數人能之者，往往造詣易精，然亦因此能之者少，易於失傳。

韻文到了元代，又起一種變化，原來自金占北方以後，即有胡樂的輸入，元時更盛。輸入的新分子，與舊時音樂，逐漸同化，又成一種新音樂，音樂既變化，詩歌也就隨之變化，而成所謂元曲。曲的内容很複雜：中國古時，原有排演故事的人，謂之俳優；還有口説故事者，如今之説書，古人謂之平話。——今土語或稱講故事爲"説白話"，即平話之轉音，——古時還有一種百戲，似今之看燈、出會、賣技之類；至於"歌""舞"兩事，則本係"樂"中之主要成分，後人將這些并合攏來，即成今之所謂歌劇舊戲。舊戲是極複雜的一件事，演員的説白，根於平話；臺步、唱口等，根於歌舞。布景、雜耍等，根於百戲。這些演諸舞臺稱戲，演員所用脚本，即所謂"曲"。曲本起於北方，南方人略變之，另有所謂"南曲"，遂名前者爲"北曲"了。曲文體近詞，所異者：詞篇幅短，只能表情，而不適宜於叙事，而曲則將多詞牌，連在一處，就於叙事最宜了。中國韻文的變遷，大略是這樣。

此外還有始終流行民間，而不與文人學士爲緣的"彈詞"。"彈詞"的實質，和"平話"相像，而形式則爲韻文。有人以爲彈詞之祖，是荀子的《成相篇》，確否難定。

最近又發生了一種"白話詩"，介乎韻文與非韻文之間，我對於"白話詩"這個名詞，很有些疑心，將來即使發達，怕也只能另成一種文體，不能算詩。因爲現在所謂白話詩，差不多是隨口的説話，説話和唱歌，係屬兩件事。散文可隨着説話改變，詩則須隨着歌唱改變。一個民族的説話和唱歌，若不與異民族相接觸，相混合，很難有顯著急速的變化。譬如現在不通外國語，又不看新書的人，他説起話來，做起文字來，便很少新名詞和新名法夾雜，這便是説話不和別種言語相接觸，不能顯著急速變化的例。又如今日人民所唱的山歌，和漢魏樂府很相像，然在文人學士一方面，則早變爲唐人的詩，宋元之詞曲了。唐人之詩，和宋元之詞曲，原不是漢魏的樂府，然其中仍含有樂府的成分，不過屢與外來音樂接觸、混合，遂變遷至不可復識。而流傳於民間之"山歌"，則因其訖未與異音樂相接觸，遂至今仍保守漢魏時的面目。即此亦可見詩歌不與異統系的詩歌相接觸，不易發生新調。又且中國的文學，詩的變遷多，賦的變遷少，亦因詩隨着音樂變化，音樂有外國樂輸入，賦以諷誦之聲爲本，諷誦之聲，不曾有什麼變化之故。所以現在當西洋音樂輸入之際，若説因音樂變遷，詩歌亦隨之變化，而發生一種新詩，很爲合理，若不能融合他種"歌"的，"口中的音節"，而徒仿傚他寫在紙上的"歌詞"的"文字的形式"，則至多不過發達而成一種新賦，決不能發達而成一種新詩，因爲諷誦之音，筆之於書，則爲賦，及其他有韵之文，歌唱者所唱的詞句，乃謂之詩，此二者雖有相同之點，而斷不能説他無區別。章太炎説："詩之有韵，古今無所變……文辭之體甚多，而形式各異，非求之形式，則彼此無以爲辨……詩本舊名，當有舊式，若改作新式，自可別造新名。"答《曹聚仁論白話詩》。大概天下事，必變遷，乃能進化。以中國的韵文論：可歌的一種是進化的，只可誦的一種是退化的。試觀"詩變爲詞，詞變爲曲，各有新意；賦則漢時作者甚多，魏晉而後漸少，唐宋已後，幾於絶迹——應試之賦不算——就其所作，亦大不如前。"可知今日正值和各種異民族相接觸之時，思想和語言，都易起急激的變化，所以説中國今日的詩，可發生一種新體，是很合理的。但是"一民族的説話，和唱歌，非和異民族相接觸，相混合，不能有顯著急速的變化"，而"中國文學界，又必能歌的，乃可稱爲詩——後來雖不能歌，而其始之變化，則必與歌相緣。"既如前述，則今後詩的變化，恐必伴隨於音樂的變化而後起，在現在而要創新詩體，怕就未免早計了。

　　以前所説，是中國韵文的源流，説的很粗略。至於研究方法，亦非一時所能説，今姑略述幾句：

　　大概研究韵文，只能專精一類。中國的韵文，大致可分1賦，2詩，3詞曲，三類。而詩亦兼爲其他二者的關鍵，實即韵文的中堅，不能詩者，於賦與詞曲，亦不能真瞭解。以文字論：詞曲時化最近，研究尚易；賦欲甚古，非古學略有根基，不易懂得。具體的研究法，非短時間説得盡，也不易説。大概不外多看多讀，只要用心多看多讀，自然會懂的，研究學問，總之略帶硬性，幾部重要的書，看得懂要看，看不懂也要看，倘若怕難而不去看，那就永不會了，這是爲學的大忌，不獨研究韵文爲然。但是研究文學，較之其他學問更甚，因爲別的學問屬知識的，尚可以言語説得明白；文學是屬感情的——所謂感情之花——非言語所能説。例如有一美人：你無論如何形容，只能形容出一部分形式的美，而她的實質——内性——的美，無論如何説不出的。

研究韵文所應讀的書，也不外前人所同以爲有價值的——平心而論，能在社會上最通行的書，總有些價值的——書。

學問要求深造，自然要專精一門，但是一個共同的根基，也不可不有。文學的派別雖多，而共通之根底則一，無此根底，未有不鬧出笑話來的。例如：詩所以和別種韵文分別，固在形式，然但知形式，決不能算懂詩。從前有一段笑話説：有位八股大家，於詩是門外漢，有一天忽然問人，詩是怎樣做的？人家便把詩的形式，都告訴了他，他説那是容易做的，就做了一首詩道："吾人從事於詩途，豈可苟爲而已乎？然而正未易言也，學者其知所勉夫！"這四句詩，諸位聽了，豈不要笑倒嗎？然而還不及我們做過八股的人，聽了更好笑，因爲這四句詩，確是四句八股呀！這雖是段笑話，但也想見只知道各種文體的形式，不能就算會了。但是形式可講，至於内容：例如怎樣的字句可以入詩？怎樣的句只可入賦？怎樣的字句只可入文？以及哪種字句可互用？哪種字句不能互用？這些問題，實在是説不出的，只有自己去領會。——譬如：率然問人，杜詩和《西廂》，有沒有分別？杜詩的句子，是否可填入《西廂》？答者當然説："不能。"然而《西廂》中"風飄萬點正愁人"就是杜句！總之：要曉得這些，只有自己去多看多讀，別人講不來的，猶如各人的面貌精神，不同之處，只有心中領會，不能言語形容。學者透過此關，自然自有把握，若但知形式，那是很危險的。

初學者爲時間、財力計，讀專集，不如讀選本經濟。因爲讀較好的選本，至少有三件益處：

一、有批評。我們研究一件作品，或一個人的作品，須知道他好在哪裏？壞在哪裏？凡選本總有些批評，俗陋的批評，雖然看不得，好的批評，却可引我們上路。

二、比較。一個人有一個人的個性，則作品亦各有各的特色。先讀專集，所見作家不多，無從互相比較，不知多人的面貌，亦不能知一人的面貌，讀選本，同時研究多數人的作品，可以互相比較，易得各人的特色。

三、精華。專集載一人的作品，完全當然完全了，不過量數既多，難免不純。選本則所選者大多是傑出的，可以代表這個人的作品。

研究中國韵文，幾部最重要的書——入門根底必讀的書——如下這幾部,不可不先讀一下。

《詩經》,《楚詞》,《文選》,這三部書,雖不一定要熟讀——能有一部分熟讀最好,——然必須很仔細的連注看一遍。因爲有許多的典故等,多出這些書中,仔細讀一下,方能略知典故的根源;又新體發生,必根於舊體,不懂舊體,必不能知新體之原。——但也不必死記典故,只須知古人用字用典之法。

《七十家賦鈔》,賦之選本最好者,可以讀。唐以後的賦,可不必看了。

《古詩錄》——《古詩源》亦可用——爲古詩選本之最好的。後人的詩,因派別過多,無好的選本。王漁洋《古詩選》尚好,不過也有所偏。曾文正公《十八家詩鈔》,所選人數雖少,而每人所選作品較多,易得各人的個性,各人的特點及思想,很可看。

張惠言《詞選》,爲詞的選本之最高雅者。此外有周保緒《詞辨》最好,惜乎稿本已燒去了,今所剩者,只一部分,此一部分有譚獻的評,亦極好,可看。

曲之選本,最完備《元曲選》,不過太浩繁,不適於初學,諸位只好隨性之所近,如《西廂記》,《琵琶記》等選讀幾部了。

至於研究古賦,誦,贊等,則向古書裏尋去了,沒有單獨的選本。

上面不過爲初學者,略舉幾部最要而必須讀的書,有志研究韵文者,將這些基礎立定了,然後再去研究各人的專集,或專研究一類,自然容易得益進步了。今天我講的,不過一些大概,諸君有志,還是自己去研究。

呂先生此文,本爲蓀如等所組織之“中國韵文研究會”而講的,一則時間不足,二則照顧初學者程度幼稚,是以未能將呂先生平日研究心得,詳細發揮,這是我們應向呂先生及讀者諸君道歉的。

民國十三年,六月,二十四,蓀如誌於一師。

呂誠之講,江蘇一師孫蓀如記,原刊《學生文藝叢刊》第三卷第六期,一九二六年出版

非攻寢兵平議

此篇爲前歲之作，《天籟》徵文姑以塞責而已，思勉自識。

中國固右文之國也。數千年來，學士之論議，廟堂所設施者，皆主以文德服人，不尚兵力。自五口通商以來，兵出屢北，外人之侵削我者，且日益深入。於是國人之議論，幡然一變。謂居今之世，非尚武無以自存。於是有清末之張皇練兵。夫居今之世，而欲與人戰，非徒有兵而已也。而當時一切作戰之具，皆闕焉不備。又其時所謂練兵者，上焉者則欲藉是攬權勢，飽囊橐；下焉者則苟圖衣食而已；本無哀矜惻怛、救民衛國之誠；故其兵卒不可用，然亦既聚若干人而授之以利器矣。有所壅必有所洩，遂成今日軍人跋扈之局。我國民身受其害，創巨痛深；又目擊夫歐洲大戰，殺人之多，靡財之巨，爲亘古所未聞也。於是輿論又幡然一變，而非攻寢兵之説大盛。夫所貴乎深識之士者，爲其能遠覽古今而不爲一時之事所眩惑也。昔之張脈債興，謂非殺人無以自存者固非；今之頹然自放，幾欲舉兵而盡去之者，又寧遽是邪？然今之人好爲究極之論，徒語今日兵未可去，未足以服其心也。頃讀《東方雜志》威爾遜、濮蘭德辯論之辭，二十卷二十四號。於兵之果可去否，頗爲探原之論。感念吾國先民所言，深切著明，有什伯於此者。不揣檮昧，粗理其緒，與留心時事及好談國故者一商榷焉。

吾國學術，備於先秦。先秦諸子中，陰陽家頗雜迷信之談，不周人事，姑措勿論；道家、名家皆徒言空理，不及實事；兵家、縱橫家僅效一節之用；其綜攬全局，且治制素具，可舉而措之者，惟儒、墨、法三家耳。法家醉心富强，欲一其民於農戰，以求勝敵，實與兵家言相表裏。至於兵之“當用與否”，“能去與否”，未嘗及也。其及此者，厥惟儒、墨二家。墨家非攻而重守禦，其書具存，其旨易考。儒家於兵，頗乏徹底之論。且儒家最重仁，又尚德化；而《論語》記子所慎齊、戰、疾；《郊特牲》又記孔子之言曰：“我戰則克，祭則受福。”舊説以此爲孔子引成語,而下文“蓋得其道矣”爲孔子之詞,似非。六經大義,亟稱堯舜禪讓,又推崇湯武革命;似並不免矛盾之談,謂其足與墨家旗鼓相當,已足啓人疑竇;況崇儒而黜墨乎?然吾謂墨家之學,本出於儒。特以救時之急,別樹一幟。故其所謂非攻寢兵者,不過聊以澹當時干戈之禍,爲愚俗人言之。至於探本窮原,論兵之當用與否,能去與否,則墨家初無其義,其説反在儒家,而墨子亦不之背也。此説大與時流異,亦爲昔人所未道,不得不畧論之。

墨家宗旨,曰尚賢,曰尚同,曰兼愛,曰天志,曰非攻,曰節用,曰節葬,曰明鬼,曰非樂,曰非命,而以其所謂貴義者行之。今其書除各本篇外,《法儀》則論天志,《公輸》則論非攻,《七患》、《辭過》則論節用,《三辯》則論非樂;《耕柱》、《魯問》二篇,雜記墨子言行,其旨亦不外此。《經》上下,《經説》上下,《大小取》六篇,爲名家言,墨家所以持論。《備城門》以下諸篇,則兵家言,墨家守禦之術也。其《非儒》、《公孟》二篇,皆專辟儒家;而《修身》、《親士》、《當染》三篇,顧絶與儒家言類。論者因謂此三篇係後人以儒書竄入,非墨子所固有。予案《淮南要畧》謂“墨子學儒者之術,受孔子之業,以爲其禮煩擾而不悦,厚葬靡財而貧民,服傷生而害事,故背周道而用夏政”,其説極確。墨道之出於夏,予《辯梁任公〈陰陽五行説之來歷〉》,已極言之。見《東方雜誌》第二十卷二十號。至其學出於儒,則知者尤鮮。予謂墨子之非儒,特以與其宗旨不同者爲限,其餘則不但不相非,且多相合。何以言之? 案今《墨子》書引《詩》、《書》之文最多。予昔嘗輯之。然但及其與今《詩》、《書》之文同,及確爲《詩》、《書》佚文者。至《墨子》書與今文家經説同處,則未能編考,故猶未克成書。夫與《詩》、《書》本文同,猶可委爲同本於古。至與今文家經説同,則實爲墨出於儒之鐵證矣。諸家中最重古籍者,厥惟儒家。墨家非儒,雖謂累壽不能盡其學;然特爲不達其義,不能致用者言之;至於學以愈愚,則初不之廢。《貴義篇》:“子墨子南遊使衛,關中載書甚多。弦唐子見而怪之,曰:夫子教公尚過曰:揣曲直而已。今夫子載書甚多,何有也? 子墨子曰:昔者周公旦朝讀書百篇,夕見漆十士。……翟上無君上之事,下無耕農之難,安敢廢此? 翟聞之:同歸之物,信有誤者,然而民聽不鈞,是以書多也。今若過之心者,數逆於精微,同歸之物,既已知其要矣,是以不教以書也。而子何怪焉?”可以爲證。墨家三表之法,即曰“上本之古聖王之事”,而安得廢書不讀哉? 然則墨子所引《詩》、《書》之辭,可決其出於儒家矣。又《公孟篇》:“子墨子與程子辯,稱於孔子。程子曰:非儒,何故稱於孔子也? 子墨子曰:是亦當而不可易者也。今鳥聞熱旱之憂則高,魚聞熱旱之憂則下。當此,雖禹湯爲之謀,必不能易矣。鳥魚可謂愚矣,禹湯猶云因焉,今翟曾無稱於孔子乎?”此可見墨子於孔子之論，不盡相非。今案墨子非儒之論，除本篇外，又見於《耕柱》、《公孟》二篇。其所非者：儒家之喪服喪禮，以其違節葬之旨也；儒家親迎之禮，以其尊妻侔於父兄，違尚同之旨也；儒家執有命之論，以其違非命之旨也；非其貪飲食，惰作務，以與貴儉之旨背也；非其徒古其服及言；非其君子若鍾，擊之則鳴，不擊則不鳴之説，以其與貴義之旨背也；非其循而不作，以如是，則不敢輕變當代之法，與墨子背周道之旨不合也。非其勝不逐奔，掩函弗射，以其不如非攻之論之徹底也。此外詆毀孔子之詞，則不必皆出墨子之口。讀古子部與讀後世集部之書異。子者，一家之學；集者，一人之書。集之學術，不必專於一家；子之著述，亦不必出自一手；凡治此一家之學者，有所造述，皆并入焉。近人每以讀集之法讀子，子書中語，有非本人所應道者，即斷爲僞。殊不知有心作僞者，必留意彌縫，安肯存此罅隙，以待後人攻擊乎？墨子生卒年歲，今難確考，要必後孔子不遠。今其書詆孔子者，其辭多誣，即可知爲後學所附益。然則《修身》、《親士》、《當染》三篇之大同於儒，初不足怪矣。此墨學原出於儒，後亦不盡立異之徵也。

　　儒家論兵之語，今見於儒書中者，僅東鱗西爪之辭。其首尾完具者，轉存於雜家之《吕覽》及《淮南王書》中。《荀子》晚出，雖儒其貌，實法其心。其真僞，予頗疑之。見《辯梁任公〈陰陽五行説之來歷〉》。法家言固與兵家言相表裏，故《荀子·議兵篇》，亦殆皆兵家言。兵家言亦多與儒家言同者；然儒家言兵，欲以行義；兵家言兵，欲以勝敵；其術同，而所以用其術者不同，故兵果當用與否，能去與否，兵家初不之及。此二家之所以異也。《荀子》此篇，雖崇仁義，然兵家言固無不本之仁義者。荀子難臨武君之辭，乃以兵家言之精者難兵家言之粗者，非以儒家難兵家也。今案《吕覽》編次，最爲整齊。其書凡分八覽、六論、十二紀，《吕覽》編次，當從《史記·吕不韋列傳》，以“覽”居首，“紀”居末。梁玉繩謂世稱《吕覽》，舉其居首者言之是也。《序意》在十二紀之後，尤其確證。畢沅誤解《禮運》鄭《注》，謂以十二紀居首，爲《春秋》所由名。其實鄭《注》並無此意。《四庫提要》謂劉知幾撰《史通》内外篇，《自序》亦在内篇之末。因疑“紀”爲内篇，“覽”與“論”爲外篇雜篇，尤非。古人著書，序無不在全書之後者。《吕覽》並無内外雜篇之名，何得援唐人著述，鑿空立説乎？此書首“覽”，而“覽”首《有始》，從天地開闢説起，亦可見其條理之整齊也。一篇之中，義皆相貫。其於首節之下，別立標題者，蓋後人所爲，用便識別，非其書本然也。《吕覽》編次，最不可解者，則十二紀下所附諸篇，似乎與“紀”渺不相涉。然古代行政統於明堂；十二紀與《禮記·月令》、《淮南·時則訓》大同。《淮南》明言此爲明堂之制；故因述每月所行之政，并及行政之義也。如《孟春紀》下四篇：曰《本生》，曰《重己》，皆言養生之理。曰《貴公》，曰《去私》，義如其題。蓋天下之本在身，春爲生之始，故《孟春》、《仲春》、《季春》三紀，皆論養生修己之道；而人我相對，人君又以治人爲職，故又推及觀人用人之方也。又如《孟秋》、《仲秋》二紀，皆論用兵之事，而《季秋紀》下言《順民》、《知士》、《審己》、《精通》，亦似乎不類。然《順民》、《知士》，乃作戰之本；《審己》者慎戰之理；《精通》言聖人行德乎已，而四荒咸飭其仁，亦不戰屈人之意，義實相貫也。義既相貫，即毋庸另加標題。故自《漢・志》以下，皆作二十六篇。至《玉海》引王應麟，乃有百六十篇之説。而諸標題，又多不與書意合者。如《先識覽》之《悔過》，乃承上篇《知接》而言，上篇言知者所接遠，愚者所接近，就耳目言。此篇則推廣之，及於心智。與悔過義全無涉。因篇中引秦穆孟明之事，遂以悔過名篇，實不免於滅裂也。知必後人所爲矣。今其書除《孟秋》、《仲秋》二紀似兵家言，《慎大》、《先識》、《審分》、《審應》、《離俗》諸覽及《士容》論雜、名、法家言，《士容》論又多農家言外，餘皆儒、道二家之言。至《淮南王書》，則雖稱雜家，而道家言實居十七八，昔人久有論列矣。予案吾國學術界，有一公案，蒙昧千年，迄無人能發其覆者，則神仙家竊取儒、道二家公有之説，冒托於道，而世亦遂徒知其與道家有關係，舉其所竊之術，不敢認爲儒家所有，並因此於儒道二家之間，立一至嚴之界是也。九流之學，流異源同。此説甚長，當別論之。儒家言哲理之辭，蓋備於《易》。《易》之義，實與《老子》相出入。魏晉人談玄學，率以《易》、《老》并稱，即其一證。今文《易》至永嘉之亂乃亡。神仙家蓋起於燕、齊之間，因其地常有海市，乃生所謂仙人不死之説？夫冀不死者俗情；謂人可不死者，天下之至愚也。此本不足語於道術，而其説亦至易破。徒以當時之人，不知光綫屈折之理，目睹海氣變幻，遂信其説之不誣。説既盛行，則雖智者亦不能無惑。故齊威宣、燕昭王、秦始皇、漢武帝，皆一時雄主，猶甘心焉。《左氏》載齊景公問晏子："古而無死，其樂如何？"古無爲不死之説者，景公所稱，亦神仙家言也。此事亦見《韓詩外傳》。景公亦齊有爲之主也。然其術屢試無驗；至漢武喟然嘆曰：世安有神仙？而怪迂之王，阿諛苟合之技窮矣。乃復挾其誣道，以欺罔愚民，則張角、張魯之徒是也。以其好犯上作亂，累爲政府所誅，而其道又窮。魏、晉以後，乃挾其服餌之術，以遊士大夫間。夫既與士大夫遊，則不能不稍有哲理以自文。然神仙家固一無所有也。適會其時，《易》、《老》之學盛行，遂剽取焉以自塗附。此猶歐戰以前，人人能言生存競争，今又人人能言合群互助耳。河洛圖書之存於道家，即其證也。宋儒好以圖書言《易》，清儒力攻之。然所能言者，《圖》《書》原出道藏，在儒家無傳授之跡耳；如何與《易》説不合，不能舉也。方東樹説。此説頗中肯也。西諺云：算帳只怕數目字。圖數皆言數之物，果與《易》無關，何以能推之皆合，且又可以之演範乎？然則此物爲儒家所故有，特後爲神仙家所竊，昭然明矣。《漢・志》：《易》家有"《淮南》《道訓》二篇。"《注》："淮南王安，聘明《易》者九人，號九師説。"今《淮南王書》，引《易》之辭最多。其首篇《原道訓》，或即《漢志》所謂《道訓》者？篇中甚稱道之精微廣大，無所不包，正與《老子》符合。按《漢志》：雜家，"《淮南内》二十一篇，《淮南外》三十三篇"。本傳："招致賓客方術之士數千人，作爲《内書》二十一篇，《外書》甚衆。又有中篇八卷，言神仙黄白之術，亦二十餘萬言。"今所傳《淮南王書》，正二十一篇，其爲内篇，似無疑義。然高誘叙：謂"……與蘇飛、李尚、左吳、田由、雷被、毛被、伍被、晉昌等八人，及諸儒大山、小山之徒，共講道德，總統仁義，而著此書。其旨近《老子》，淡泊無爲，蹈虛守靜，出入經道。言其大也，則壽天載地；說其細也，則淪於無垠，及古今治亂存亡禍福，世間詭異環奇之事。其義也著，其文也富，物事之類，無所不載。然其大較，歸之於道。號曰“鴻烈”。鴻，大也；烈，明也；以爲大明道之言也。故夫學者不論《淮南》，則不知大道之深也。是以先賢、通儒、述作之士，莫不援採以驗經傳。……光禄大夫劉向，校定撰具，名之《淮南》。又有十九篇者，謂之《淮南外篇》”云云。述外篇篇數，與《漢志》不合。《漢志》天文有“《淮南·雜子星》十九卷”，卷數與誘所述外篇篇數卻符。然置《漢志》外三十三篇不言，而指其《雜子星》爲外篇，似終未合。今《淮南·要畧》，兩稱著二十篇。蓋《要畧》爲全書自叙，未計入。《要畧》云：“……言道而不言事，則無以與世浮沈；言事而不言道，則無以與化遊息。”又云：“今專言道，則無不在焉。然而能得本知末者，其唯聖人也。今學者無聖人之才，而不爲詳說。則終身顚頓乎混溟之中，而不知覺寤乎昭明之術矣。”可知此書之意，全以道與事相對舉。頗疑《要畧》一篇，固可計入可不計入；《原道》一篇，亦與全書可合可分；合此二篇計之，共二十一篇；去此二篇，則所餘者適得十九篇也。高《注》久非故物，此序詞意錯亂，其遭後人竄改，更無疑義。頗疑此序中本有專指《原道訓》之詞，又有別論十九篇之語，本無内外篇之名，今皆爲後人所亂矣。《漢志》言安聘明《易》者九人。高叙大山、小山，雖不能知爲何人，然稱號相同，或亦如《書》之大小夏侯，《詩》之大小毛公。一家之學，本可作一人計，則合蘇飛等八人，適得九人矣。《漢志》稱二十一篇者，或《道訓》雖入《易》家，而仍存於内篇中；或本作二十篇，而後人妄加一字也。書闕有間，證據太乏；雖有此疑，未敢自信；姑識之，以俟海内之博聞君子。然則儒道二家哲學之説，實無大異同。《吕覽》、《淮南》與其謂多道家言，無寧謂多儒家語矣。孔子經世之道，備於《春秋》。尊孔子者，莫如孟子，孟子之言曰：“《春秋》無義戰，彼善於此，則有之矣。”可見義戰二字，爲孔子論兵宗旨。《吕覽·孟秋紀》論兵之辭，第一語即曰：“古聖王有義兵而無有偃兵。”與孟子合。其餘論兵之語，亦多與孟子合者。而《淮南·兵畧》，又與《吕覽》之言大同。然則此二篇實儒家論兵之語，存於今最完具者，可無疑矣。《史記·秦本紀》莊襄王元年：“大赦罪人，修先王功臣，施德，厚骨肉，而布惠於民。東周君與諸侯謀秦，秦使相國吕不韋誅之。盡入其國，秦不絕其祀。以陽人地賜周君，奉其祭祀。”此所行者，皆儒家之義也。《書大傳》：“古者諸侯始封，則有采地。……其後子孫雖有罪黜，其采地不黜，使其子孫賢者守，世世以祠其始受封之人，此之謂興滅國繼絕世。”不韋所行，即興滅國繼絕世之義也。不韋進身，誠不以正。然自非孔子，誰能盡合於禮義？伊尹負俎，百里自鬻，王伯之佐，皆有之矣。古之大賈，本非不學無術者所能爲。不韋能招致賓客，又能行其所聞如此。使秦終相之，或能布德行化，不致如後來李斯之所爲，以適剛而致摧折，未可知也。淮南王之反也。《漢書》述其原因曰：“其羣臣賓客，江淮間多輕薄，以厲王遷死感激安。”又述其事曰：“后荼，愛幸。生子遷。爲太子。取皇太后外孫修成君女爲太子妃。王謀爲反具，畏太子妃知而内洩事，乃與太子謀，令詐不愛，三月不同席。王陽怒太子，閉使與妃同内，終不近妃。妃求去，王乃上書謝，歸之。”及淮南孽孫建發太子欲殺漢中尉。漢使逮捕太子。王欲發兵，未決，而太子謂王曰：“羣臣可用者皆前係，今無足與舉事者。王以非時發，恐無功。臣願會逮。”即自刑不殊。觀其父子一心，深謀積歲，所行者，蓋亦《春秋》大復仇之義矣？以下引儒家論兵之語，皆此二篇之辭，不再分別。

　　儒、墨二家論兵之書既明，乃可進較其義之長短。今案墨子救世之誠，誠可佩仰，然其持論則實粗淺。彼蓋特爲愚俗人說法，故但就事實立言，探本窮源之論，非其所及也。《墨子》非攻之論見於本篇及《魯問》、《公輸》二篇。《公輸篇》所記之事，殆誕謾不足信。《非攻》上篇言攻國之不義；中篇言其不利；下篇則並謂其上不中天之利，中不中鬼之利，與《天志》、《明鬼》之說相關聯。《魯問篇》雜記墨子言行，多涉非攻者，其義亦不外此。墨翟而後，主寢兵者，莫如宋鈃，《莊子·天下篇》離墨翟與宋鈃而二之；《荀子·非十二子篇》則以二子并舉。今案《莊子》論宋鈃、尹文，謂其“禁攻寢兵，救世之戰。以此周行天下，上說下教，……强聒不捨”。則其道正與墨子同。其別之於墨翟、禽滑厘者，得毋以墨之道大，宋、尹尚有所不能該者邪？今難質言。要其道大同，則可信也。宋鈃者，即《孟子》之宋牼。《孟子》記其將說罷秦楚之兵，而曰：“我將言其不利。”說亦與墨子同，而又益之以寡欲。《荀子·天論篇》：謂“宋子有見於少，無見於多。”《解蔽篇》謂“宋子蔽於欲而不知得。”《正論篇》記其言曰：“明見侮之不辱，使人不鬥。”又曰：“子宋子曰：人之情慾寡，而皆以己之情爲欲多，是過也。故率其羣徒，辨其談說，明其譬稱，將使人知情慾之寡也。”《莊子》謂宋鈃、尹文：“不累於俗，不飾於物，不苟於人，不忮於衆；……人我之養，畢足而止。”蓋即謂此？《墨子》但言攻之不義不利，以抑人好鬥之念；宋子則兼言見侮本不爲辱，人情本不欲多，以絕其爭心之萌；其說蓋益進矣。然問以兵果當用否，能去與否，墨子無辭也，墨子後學亦無辭也。《非攻》下篇：或以禹征有苗，湯伐桀，武王伐紂難墨子，墨子乃曰：“彼非所謂攻也，謂誅也。”攻與誅之異究若何，墨子未嘗及。推其意，用兵得如禹、湯、武，亦足矣；是仍與儒家義兵之旨無異也。且其言曰：“今若有能以義名立於天下，以德求諸侯者，天下之服，可立而待也。天下處攻伐久矣！……今若有能信效先利天下諸侯者：大國之不義，則同憂之，大國攻小國，則同救之。小國之城郭不全也，必使修之；布粟之絕則委之；幣帛不足則共之。以此效大國，則小國之君說。人勞我佚，則我甲兵强。寬以惠，緩易急，民必移。易攻伐以治我國，攻必倍。量我師舉之費，以爭諸侯之斃，則必可得而序利焉。督以正，義其名，必務。寬吾衆，信吾師，以此授諸侯之師，則天下無敵矣。”此則仍是行義以强其國，以求勝敵耳。然則墨子之所非，不過當時之所謂攻國。至於兵，則墨子非謂其竟不可用，亦非謂其竟可不用，與今之所謂無抵抗者絕異。特以上說下教，皆爲愚俗人說法，故但就眼前事實立論耳。其後由非攻變爲偃兵，一若兵竟可以不用者，則墨家末學之流失，非墨子之說本然也。

儒家則不然，不徒對一時立言，而兼爲探本窮原之論。故於墨家偃兵之説，特加以詰難。其言曰："兵之所自來者上矣，與始有民俱。兵也者，威也；威也者，力也。民之有威力，性也。性者，所受於天也，非人之所能爲也。"又曰："兵未嘗少選不用，貴賤長少賢不肖相與同，有巨有微而已矣。察兵之微：在心而未發，兵也。疾視，兵也。作色，兵也。傲言，兵也。援推，兵也。連反，兵也。侈鬥，兵也。三軍攻戰，兵也。此八者皆兵也，微鉅之爭也。今世之以偃兵疾説者，終身用兵而不自知。"又曰："凡有血氣之屬：含牙帶角，前爪後距；有角者觸，有齒者噬，有毒者螫，有蹏者趹。喜而相戲，怒而相害，天之性也。"《史記·律書》："自含血戴角之獸，見犯則校，而況於人，懷好惡喜怒之氣？喜則愛心生，怒則毒螫加，情性之理也。"與此義同。皆以兵之原，出於人之性而無可如何。蓋古之原兵，本有二説：（一）本諸人有鬥爭之心，（二）謂由養人之物之不給。由前之説，則《呂覽》、《淮南》所道是也。由後之説，則法家主之。法家以爭奪之禍，皆原於養之不給，故最嚴度量分界。荀子者，在儒家爲後起，受法家之熏染最深。《荀子》書予頗疑其僞，見前。即謂不僞，而陽儒陰法，亦必無可逃也。故其言亦如是，《漢書·刑法志》，取以爲論兵之辭。其言曰："夫人，……爪牙不足以供耆欲，趨走不足以避利害，無毛羽以禦寒暑，必將役物以爲養。……故不仁愛則不能羣，不能羣則不勝物，不勝物則養不足。羣而不足，爭心將作。"此數語之義，全出《荀子·王制、富國》兩篇；特《荀子》以之論政，《漢書》則以之原兵耳。夫人之生，不能無資於物；養生之物不足，不能無爭奪之禍；儒家非不知之。《兵畧訓》："人有衣食之情而物弗能足也，故羣居雜處，分不均，求不贍則爭。"亦兼及此義。然其論兵之原，終以爲在彼不在此，則取其所重者耳。不見世之爭訟者乎？行千金之賄，廢窮年之業，以爭尺寸之地，較錙銖之財。計其所費，蓋什伯於所求矣！然終不肯以彼易此。夫固曰：非以爭利，將以求勝耳。此老於世故者人人所能言也。又不見夫易姓革命之際乎？當勝朝之末，天下雖云貧窘，顧養欲給求之物，必遠富於興朝勘定之初，然叔世競起稱兵，新朝轉思休息者，分之均不均異，故人心之平不平殊也。夫事生於心，故欲除去一事者，必先將人之心念除去。歷代暴君肆虐，人民非不奮起逐之，然不轉瞬而復立一君。則人心立君之念未除也。富者侵陵以甚，貧民亦時起肆劫奪，然不轉瞬而復爲之役，則其心未知貧富階級之可去也。今兵爭之禍亦亟矣！世之求息爭者，不曰定憲法，則曰省自治；又不然，則欲合全國之握兵者，使之會議於一堂；更不然，則謂何不合兵大戰，以圖速決，而焉用是遲疑審慎爲？不知事原於心，其遲速緩急亦然。人人有相賊殺猜忌之心，斷非空文所能約束，會聚所能銷弭；人人有彎弓盤馬，徘徊持重之心，亦決非厭亂望治之情，所能促之速戰也。然則鬥爭之繫於人心亦大矣。今觀《墨子》，則其所斤斤計較者，皆在物質之末。殊不知天下非物質不足之爲患，有物質而不能用之之爲患。《論語》："齊景公問政於孔子。孔子對曰：君君，臣臣，父父，子子。景公曰：善哉！信如君不君，臣不臣，父不父，子不子，雖有粟，吾得而食諸？"《顏淵》。已於斯義，闡發無餘。故荀子亦駁墨子曰："不足非天下之公患，特墨子之私憂過計也。天地之生萬物也固有餘，天下之公患，亂傷之也。"職是故，儒家之言致泰平，不徒重制民之產，而必兼重禮樂。禮樂者，所以消人鬥爭之心者也。然禮樂果興，兵爭遂可永絶乎？是又不能。何者？爭之原，固出於人性而無如何，人之有其相賊殺之性，猶其有相愛好之心。故《淮南》原兵，必以喜而相戲，與怒而相害并舉。以今科學之理言之，則是蓄力有餘，欲消耗之耳。佛謂淫殺同原，理正如此。信如是也，欲偃兵，非並《墨子》所謂兼愛者去之不可矣。禮樂雖能調和人之情感於一時，初不能絶其本根。此理《淮南》已早言之。《精神訓》。至於人情遷移，則禮樂之具雖陳，而其情亦異。此老聃所以有"失道而後德，失德而後仁，失仁而後義，失義而後禮，失禮而後信"之論，而儒家雖隆禮樂，亦時有不可專恃之辭也。如《論語·陽貨》載"子曰：禮云禮云，玉帛云乎哉？樂云樂云，鐘鼓云乎哉"是。此等議論，儒家甚多，斷不能以道家之薄禮樂，儒家之重禮樂，謂其根本不同也。要之，是非善惡，永相對待。無善則惡之名無自生，無惡則善之名亦不立。人之情，誰不欲有善而無惡？然即此一念，則已有所謂善，而惡亦隨之而起矣。古之聖人，其好善豈不如人？然終不敢謂天下可有善無惡者，正以人之願欲爲一事，事之能否又爲一事，不得蔽於情感，而抹殺事實也。此其所以爲聖也。

抑人之有心，必發爲事而後見。心藏難喻，事顯易徵，但言人心之好爭，而不能就事以明之，猶未足以服人也。吾謂即就事論，兵亦不能盡去。何則？兵也者，威也；威也者，力也。人至出力以作一事，即係用兵。然則欲去兵，除非天下之事，悉無障礙於人，不待出力以除之而後可。然果能乎不能乎？夫宇宙之化，無一息而不變；而人之情，則恒欲得一常行之道以爲安。耕農者必爲卒歲之圖；築室者欲作終身之計；規治制者欲立一法，行之百年；治學問者，冀得真理，萬世不變，皆是物也，夫宇宙自然之化，無一息而不變，則一切有爲之法，才建立而已非。特積不久則弊不彰，人不能見耳。及其久而弊著，固不能不出力以除之。出力即用兵矣。《恃君覽》："凡人：三百六十節、九竅、五臟、六腑。肌膚欲其比也，血脈欲其通也，筋骨欲其固也，心志欲其和也，精氣欲其行也，若此，則病無所居，而惡無由生矣。病之留，惡之生也，精氣鬱也，故水鬱則爲汗，樹鬱則爲蠹，草鬱則爲蕢。國亦有鬱。……國鬱處久，則百惡并起，而萬災叢至矣。"《吕覽》此論以鬱之原，歸之主德不通，民意不達。蓋亦規誨人主之辭，初非究極之論。若言其極，則事之不免於鬱，實人性之好常有以致之，以其與大化之遷流不息背也。然欲人無守常之情，固不可得。居室者終歲必掃除，操琴瑟不調甚者，必改弦而更張之。夫掃除更張，豈不甚勞？然欲免於是，則必不圖安居，不製琴瑟而後可。何則？圖安居則必有若干時不事掃除，製琴瑟則必有若干時不事改弦矣。而不事掃除，不事改弦，則終必至塵穢積而不調甚也。故宇宙之真相，終古在一開一闔，一張一弛之中。夫其遷流之狀，誠如環之無端。然但就一事言之，固可見其盛衰消長之跡。世間一切可名之事；方其肇始，如草木之有萌蘗焉，固甚微也。自此日躋於盛，至其盛之既極，乃復日即於衰。正如人之登山，由麓至巔，則步步上升；由巔至麓，復步步下降。而其登峰造極之頃，即其舉武下降之時。董子所謂"中者天地之大極，長短之隆，不得過中"也。事至極盛之時，即其鬱而將變之候；至其大衰之日，即爲掃除更張之時。兵戈之作，恒於斯也。然則就事言之，兵之不能盡去亦審矣。而推其原，則仍出於人性之本然也。

　　故儒家之於兵也，只求所以減殺其禍者，而不求其竟不用。兵之禍而減殺至極，則所謂義兵是矣。世多以一用兵即必爲禍，亦淺者之談。兵固有害；亦有其利，利害相消，而利猶見其有餘，固不能謂其無利也。今即就粗者言之。夫既曰義兵，則決無賊虐之舉。故其言曰："兵入於敵之境，則民知所庇矣，黔首知不死矣。至於國邑之郊，不虐五穀，不掘墳墓，不伐樹木，不燒積聚，不焚室屋，不取六畜。得民虜，奉而題歸之，以彰好惡。故克其國，不及其民，獨誅所誅而已矣。"又曰："兵誠義，以誅暴君而振苦民，民之説，若孝子之見慈親也，若饑者之見美食也；民之號呼而走之，若强弩之射於深溪也，若積大水而失其壅堤也。"此與《孟子》言"誅其君而弔其民，若時雨降，民大悅"之義合。且也，欲言義兵，必先得民心。故其言又曰："夫爲地戰者，不能成其事；爲身戰者，不能立其助，舉事以爲人者衆助之，舉事以自爲者衆去之，衆之所助，雖弱必强；衆之所去，雖大必亡。"又曰："同利相死，同情相成，同欲相助。順道而動，天下爲向；因民而慮，天下爲鬥。故善用兵者，用其自爲用也；不善用兵者，用其爲己用也。"又曰："父子兄弟之寇，不可與鬥者，積恩先施也。故良將之用兵也，常以積德擊積怨，以積愛擊積憎。"此又與《孟子》"得道者多助，失道者寡助，多助之至，天下順之；寡助之至，親戚畔之"，"率其子弟，攻其父母，未有能濟"之義合。又兵而出於義，則其用之不得不慎。故惟無戰，戰則必勝。以其戰則必勝也，乃反可幾於不戰。故其言曰："兵貴不可勝。

不可勝在己，可勝在彼。聖人必在己者，不必在彼者。"又曰："全兵先勝而後戰，敗兵先戰而後求勝。"又曰："兵不必勝，不苟接刃；攻不必取，不爲苟發。"皆言乎用之之慎也。又曰："古之至兵，才民未合，而威已諭矣，敵已服矣，豈必用枹鼓干戈哉？"又曰："敵雖有險阻要塞，銛兵利械，心無敢據，意無敢處。"又曰："大兵無創，與鬼神通。五兵不利，天下莫之敢當。建鼓不出庫，諸侯莫不慴恐沮膽其處。"又曰："修政廟堂之上，而折衝千里之外，拱揖指撝，而天下響應，此用兵之上也。兩軍相當，鼓錞相望，未至兵交接刃，而敵人奔亡，此用兵之次也。白刃合，流矢接，涉血屬腸，輿死扶傷，流血千里，暴骸盈場，乃以決勝，此用兵之下也。"此言義兵之戰無不勝，而幾於不戰也。又與《孟子》言"吾於武成，取二三策而已矣，以至仁伐至不仁，而何其血之流杵也"義合。然則從儒家之言，兵之禍亦澹矣，然終不謂其竟可不用者，則以事實固不能然。夫事之發，不發於發之日，必有其所由兆，兵也者，非至兩軍相接之時，而後發焉者也。人類之惡業，積之已久，至於無可彌縫，乃爲是潰敗決裂云爾。此正如患癰疽者，人徒見其血肉崩潰，呼號宛轉，以爲天下之至慘；而不知其病之伏處者已久；至此而哀之，固爲所見之晚；抑不如是，其禍將有更烈於此者也。夫使社會之組織，平和安固，如人之四體既正，膚革充盈焉；持是以與兵爭較，兵爭誠慘毒矣。若其種種罪惡，陳陳相因；積重如山，疾苦如海。而猶責以蹈常習故，禁其除舊佈新。持是以與兵爭較，吾未知其慘毒之孰爲酷烈也。故曰："履霜之屬，寒於堅冰；未雨之鳥，戚於漂搖；痹瘺之疾，殆於疽癰；將萎之花，慘於槁木。"夫兵者兇器，戰者危事，聖人寧不之知？然終不作去兵之論者，則以利害之數，隱曲難明，非逕直之辭，所可武斷也。故曰："有以饐死者，欲禁天下之食，悖；有以乘舟死者，欲禁天下之船，悖；有以用兵亡者，欲偃天下之兵，悖。"又曰："夫兵不可偃，譬之若水火然，善用之則爲福，不善用之則爲禍；若用藥者，得良藥則活人，得惡藥則殺人。義兵之爲天下良藥也亦大矣！"又曰："聖人之用兵也，若櫛髮耨苗，所去者少，而所利者多。"天下事有共相，亦有異相，安得蔽以一概之論哉。至於專以攻爲不義，説尤無以自完。夫誠能無兵則已，亦既不能，攻與守則何擇？豈不義者來攻我，我則可拒之；往伐之則必不可乎？設彼終不來伐我，我遂將坐視其肆行不義，而不之正乎？故儒家之論，不以攻不攻辨是非，而以義不義爲準的。所謂"兵苟義，攻伐亦可，救守亦可；兵不義，攻伐不可，救守不可"也。故曰："凡爲天下之民長也，慮莫如長有道而息無道，賞有義而罰不義。今世之學者，多非乎攻伐，非攻伐而取救守，則長有道而息無道之術不行矣。"此誠明辯之論也。或謂攻不攻顯

而易別，義不義初無定評。儒家樹義雖精，然人人得自托於義以攻人，又孰從
而正之？夫用兵亦多術矣。善戰者致人不致於人，果使天下皆以攻人爲非，
守禦爲是；彼善用兵者，獨不能致人之攻，既享其名，又竊其利乎？善夫！莊
生之言曰："爲之斗斛以量之，則并斗斛而竊之。爲之權衡以稱之，則并權衡
而竊之，爲之符璽以信之，則并符璽而竊之。爲之仁義以矯之，則并仁義而竊
之。"夫用兵則亦多術矣！而豈持一概之論者，所能禁圉哉？

　　要而言之：墨子救世之誠，誠可佩仰，然其持論則實粗淺。此不獨非攻
然，其他議論，亦莫不然。所以至後世而其術遂絶者，半亦由此。以社會進
化，已歷殷、周而至秦、漢，而彼仍持夏道故也。然必謂墨子見不及此，則又不
然。彼蓋爲救世起見，上說下教，日强聒於王公大人，匹夫徒步之士之前，此
等人固將曰卑之無甚高論；故抹殺一切深奥之談，但就粗淺之義立說也。夫
讀書者貴知人論世，誠不得以此遽詆墨子；然若執二千年前不能自圓其說之
論，更欲張之於今日，則又慎矣。墨子之學，亦非必前無所承。《左氏》載華元、向戌，皆嘗合
晉、楚之成。墨子：或曰宋人，或曰宋大夫，縱不必信，亦必與宋有關係。墨子用夏政，夏道尚忠。華元
爲羊斟所陷，及歸，仍以子之馬然，爲之掩飾；登子反之狀而告之情，皆所謂忠也。以楚莊之强，圍之
至於易子析骸而卒不克，其守禦之術，亦不可謂不功矣。得毋夏道固未絶於宋，而墨子實承其餘緒與？
果然，則墨子《非攻》之說，或遠祖華元、向戌。夫華元、向戌之所爲，則亦不過欲合晉、楚之成，稍濟當
日干戈之禍而已，固未必有究極之論也。

原刊《天籟報》滬江大學建校二十週年紀念特刊，

一九二六年出版

歷史上之民兵與募兵

予既撰《非攻寢兵平議》；難者或曰：如子言，則兵終不可得而弭；兵終不可得而弭，則中國終不能不恃兵以自存。而欲恃兵以自存，則中國其危矣。何也？人才非一時所能造就也；國民怯戰之心，非一時所可變也；糧餉之儲，交通之具，非一時所能備也；現今戰事，最重器械；器械之精，端資學術；尤非一時所能深造也。此等即皆勿論，但養兵數十萬，已非今日財力所能堪矣；況於一船一砲之費，動累巨萬乎？夫不富強則不能戰，而非戰勝又不能富強，則中國其將淪胥及溺矣乎？應之曰：是不然。吾之所以非非攻寢兵者？謂以理言之，兵終不可盡弭。今之作弭兵之論者，於理已不甚圓，而尤不合目前之情勢，故辭而辟之，以見持論之不可偏於感情，走入極端耳。今人持論，人人知以偏任感情爲戒，其實皆躬蹈之而不自知。非謂中國當恃兵以自存也。中國素不主侵畧；海通以來，兵事之窳，且不敵歐洲一小國；其所以不亡者，亦自有故，而非必恃兵。然以立國百年之計言之，則兵終不可盡去。吾謂今後欲有兵之利而無其害，則莫如行民兵之制。行民兵之制，則國無養兵之費，可專力講求學術，發展交通，改良製造。此等事皆戰陳之本，而亦可以生利，非如養兵之純爲消耗也。此固不慮財力之不能勝矣。近今持民兵之論者甚多。其詳細規畫，自非兵學專家不能道。予少好讀史，近嘗反覆史事而深思其故，乃知民兵有利無害；民不能執兵，而別有所謂兵者，則害多利少。徵諸往史，固已昭然，而惜乎知此義者太少，乃有昔時之張皇練兵，致鑄成今日之大錯也。爰敢論其大畧，以告世之留心國是者焉。

自來讀史之人，有一謬見，即謂三代以前，皆兵民不分，至後世乃漸壞是也。吾則謂兵民合一之制，實始成於戰國之時，至後漢乃大壞。而兵民合一之時，即我國最強盛之時也。何以言之？案吾國古書言治制者，莫詳於儒家。儒家言有今古文之異；而政治制度，則其異同焦點之所在也。古文家之言兵：以"五人爲伍，五伍爲兩，四兩爲卒，五卒爲旅，五旅爲師，五師爲軍"。"王六軍,大國三軍,次國二軍,小國一軍。"今文家則以"師爲一軍"。"天子六師,方伯二師,諸侯一師。"雖其衆寡不同,然相去尚不甚遠。至於出軍之法,則今古文家言,皆有齟齬不可通者。古書言出兵之制,以《司馬法》及《春秋繁露》爲最備。《繁露》今文家言;《司馬法》、《漢書‧刑法志》採之,蓋古文家言也。今案其法:《司馬法》以"四井爲邑,四邑爲丘,四丘爲甸。甸出戎馬四匹,兵車一乘,牛十二頭,甲士三人,步卒七十二人。井十爲通,通十爲成,成方十里。成十爲終,終十爲同,同方百里。同十爲封,封十爲畿,畿方千里。一同之地,提封萬井,定出賦六千四百井;戎馬四百匹,兵車百乘;此卿大夫采地之大者也,是爲百乘之家。一封三百一十六里,提封十萬井,定出賦六萬四千井;兵車四千乘,戎馬四千匹;此諸侯之大者也,是謂千乘之國。天子畿方千里,提封百萬井,定出賦六十四萬井;戎馬四萬匹,兵車萬乘,故稱萬乘之主"。如此法,諸侯之國,有甲士三千,步卒七萬二千,凡七萬五千人,恰倍三軍三萬七千五百人之數。天子之國,有甲士三萬,卒七十二萬,而六軍不過七萬五千人。《司馬法》又有一説:以井十爲通,通爲匹馬;三十家,士一人,徒二人。通十爲成,成百井,三百家,革車一乘,士十人,徒二十人。十成爲終;終千井,三千家,革車十乘,士百人,徒二百人。十終爲同;同方百里,萬井,三萬家,革車百乘,士千人,徒二千人。照此法計算,天子之國,亦有車萬乘,士十萬,徒三十萬。《繁露》之法:以百畝三口爲率,方里而二十四口。亦三分而除其一。故方百里之地,得十六萬口。凡出三軍七千五百人,加一軍以奉公家,適得萬人,則十六人出一人,而天子地方千里,當得千六百萬口,凡出九軍,更加三軍以奉王家,凡三萬人,則五百三十三人乃出一人。兵役之重輕,相去未免太遠。若謂諸書所言兵額皆誤,人民股役輕重實同。則如《司馬法》之説,天子之國,當得三十七萬五千人;如《繁露》之説,當得百萬;春秋以前,又未見其事也。古人言語,有看似説出確數,而其實但以代總括之辭者。如《尚書大傳》:"受命於周,退見文武之尸者千七百七十三諸侯。"一似真知此時天下諸侯之數矣。其實所謂千七百七十三者,乃即用如王制所設之法計算而得,其意自以代天下諸侯四字用耳,猶今言萬國耳。《史記》謂紂發兵七十萬以距武王,亦同此例。蓋即據《司馬法》所設之法計算,以代傾國之兵四字用,猶《孫子》言息於道路者七十萬家也。不可徑認作實事。予謂言古代兵制者,皆爲兵民合一之説所誤。善夫,江慎修之言曰:"説者謂古者寓兵於農,井田既廢,兵農始分,考其實不然。管仲參國伍鄙之法:制國以爲二十一鄉;工商之鄉六,士鄉十五。公帥五鄉,國子、高子各帥五鄉。是齊之三軍,悉出近國都之十五鄉,而野鄙之農不與也。五家爲軌,故五人爲伍。積而至於一鄉二千家,旅二千人,十五鄉三萬人爲三軍。是此十五鄉者,家必有一人爲兵。其中有賢能者,五鄉大夫,有升選之法,故謂之士鄉,所以別於農也。其爲農者,處之野鄙,別爲五鄙之法。三十家爲邑,十邑爲卒,十卒爲鄉,三鄉爲縣,十縣爲屬。五屬各有大夫治之。專令治田供稅,更不使之爲兵。他國兵制,亦大畧可考。如晉之始惟一軍;既而作二軍,作三軍;又作三行,作五軍;既捨二軍,旋作六軍;後以新軍無帥,復從三軍。意其爲兵者,必有素定之兵籍,素隸之軍帥。軍之以漸而增也,固以地廣人多;其既增而復損也,當是除其軍籍,使之歸農。隨武子云:楚國刑屍而舉。商農工賈,不敗其業,是農不從軍也。魯之作三軍也:季氏取其乘之父兄子弟盡征之;孟氏以父兄及子弟之半歸公,而取其子弟之半;叔孫氏盡取子弟,而以其父兄歸公。所謂子弟者,兵之壯者也;父兄者,兵之老者也;皆其素在兵籍,隸之卒乘者,非通國之父兄子弟也。其後捨中軍,季氏擇二,二子各一,皆盡征之而貢於公。謂民之爲兵者盡屬三家,聽其貢獻於公也。若民之爲農者出田稅,自是歸之於君。故哀公云二吾猶不足。三家之采邑,固各有兵,而二軍之士卒車乘,皆近國都。故陽虎欲作亂,壬辰戒都車,令癸巳至。可知兵常近國都,其野處之農,固不爲兵也。"予案《周官》大司徒:"令五家爲比,五比爲閭,四閭爲族,五族爲黨,五黨爲州,五州爲鄉。"而小司徒云:"乃會萬民之卒伍而用之。五人爲伍,五伍爲兩,四兩爲卒,五卒爲旅,五旅爲師,五師爲軍。以起軍旅,以作田役,以比追胥,以令貢賦。"則伍兩卒旅師軍之衆,即出於比閭族黨州鄉之人。至其職又云:"九夫爲井,四井爲邑,四邑爲邱,四邱爲甸,四甸爲縣,四縣爲都。"則但云"以任地事而令貢賦,凡稅斂之事",初不以之爲兵。則《周官》與《司馬法》,邱甸之制雖同,而所以用之者絕異。杜預注《春秋》作邱甲,以兩者并爲一談,非也。蓋古代所謂國家者,其重心在國。與今國字異義。國者,擇中央山險之地,建立一城,凡戰勝之族,皆聚居焉;而國以外則爲農人所居之地。此由古代之民,有征服及被征服之階級而然。其事甚長,當別論。予昔《辨胡適之論井田之誤》,嘗畧引其端。原文見《建設雜志》第二卷第六期。《周官》王城之外爲鄉,鄉之外爲遂,遂之外爲甸。鄉之比閭,遂之鄰里。皆以五起數,合於軍隊什伍之制。邱甸則以九起數,與井田之制相附麗。農不爲兵,即此可見。故天子之封地,雖百倍於諸侯,而其出兵亦不過數倍而止也。然則《司馬法》等書所言,皆鑿空之談乎?是又不然。蓋充兵與出賦有別。鄉之人,充兵而不出賦,甸之法,則出賦而不充兵。漢世民年二十三爲正卒,五十六乃免,則古人充兵之遺。出口錢以補車騎馬,則古代出賦之制。二者本判然相離。其舉全國之民,既責之以充兵,復責之以出賦者,蓋起於戰國之世。故蘇秦説六國之辭,於燕、齊、韓、趙,皆云帶甲數十萬,於楚則云百萬。於魏,則云蒼頭二十萬,奮擊二十萬,廝徒十萬。是時戰事,坑降斬級,動以萬計;蘇秦之説,斷非虛誣。

蓋前此鄉以外之民，雖非必不能執兵，然特以之守衛本土而止，畧如後世之鄉兵，至此乃皆令其出征，故其數大相懸殊也。鞌之戰，齊侯見保者曰：勉之，齊師敗矣。可見出戰之兵雖敗，境內守禦之衆仍在。蘇秦說齊之辭曰：韓魏戰而勝秦，則兵半折，四境不守。張儀說齊之辭曰：四戰之後，趙之亡卒數十萬，邯鄲僅存。皆可見其傾國出鬥也。《周官》、《司馬法》，雖同爲戰國時書，然《周官》所述多古制，故鄉以外之民，尚不充兵。《司馬法》則專就六國制度立說，以向者鄉人所服之兵役，均攤之於全國人。《繁露》蓋孔子改定之制？孔子亦主全國皆充兵，不主限於鄉以內，故其計算之法，亦與《司馬法》同。按之古制，遂覺其齟齬而不可通也，然則兵民合一之制，實至戰國時始大成，固昭然明矣。

　　此等兵民合一之風，至後世猶有存者。漢制：郡國有材官車騎樓船。尉佐郡守，以立秋後講肄都試。《後漢書·光武紀注》引《漢官儀》。民年二十三爲正卒，一歲爲衛士，一歲爲材官騎士，習射禦騎馳戰陣，至五十六乃免。《漢書·高祖紀》引《漢官儀》。當時京師南北軍，皆由人民調發。見《通考》。戍邊之責，亦人人有之。《漢書·昭帝紀》注引如淳說。景帝以前，兵多調自郡國。武帝以後，乃多用謫發。據晁錯上兵事書所言，謫發之制，蓋始於秦，而漢人因之。綜《漢書》紀傳所載，所發者或爲"罪人"，或爲"亡命"，或爲"郡國惡少年"，或爲"賈人"、"贅婿"，或則身及父母太父母嘗"有市籍"者。此等在後世，皆不能執兵之人。而當時欲發即發，初不待更加教練，則其人能執兵可知。秦皇、漢武，世多并稱。其實始皇用兵，頗有爲中國開疆土絕外患之意。其用人亦能持法，所任皆宿將。章太炎說。至漢武則徒動於侈心，欲貴其椒房之親耳，衛青和柔自媚，天下無稱；霍去病少而侍中，貴不省士。所任如此，猶能累奏克捷，則以其兵固強，投之所向，無不如志也。中國兵威之盛，無過漢、唐。然漢代用兵，多以實力取勝。唐代則多乘人之弊。試以漢武深入擊匈奴，懸師征大宛，與太宗擒頡利、平西域比較可知。故漢武之時，雖舉國疲敝，而宣、元以後，遂安坐而致單于之朝。唐初雖形勢甚張，然高宗以後，突厥再張於北，吐蕃構釁於西，契丹小醜，亦且跳梁東北，中國竟無如之何矣。君子讀杜陵《兵車行》，更觀《漢志》述天水、隴西、安定、北地、上郡、西河之俗，而知中國內完統一之業，外奏開拓之功，必始於戰國而成於秦、漢，爲有由也。故曰：兵民合一之時，即中國最強盛之時也。

　　兵民合一之制之壞，實自後漢始。光武建武六年，罷郡國都尉官，并職太守，無都試之役。七年，遂罷輕車、騎士、材官、樓船。其後邊郡及衝要之處，雖或復置尉官，然全國人民皆習兵事之風，則自此大壞矣。晉武平吳，亦襲光武之政。兵民合一之制，益蕩焉無存。自此以後，藩鎮跋扈於南，異族恣睢於北,皆熟視而無如何。則以舉國之民皆弱,不能制異族之跳梁,不得不別有所謂兵者以防之;而所謂兵者,則握於強藩之手故也。故藩鎮之跋扈,異族之恣睢,皆民兵之亡爲之也。斯時也,胡、羯、鮮卑、氐、羌,紛紛割據北方,皆用其本族或他族之人爲兵,不用漢人。魏太武《遺臧質書》:"吾今所遣鬥兵,盡非我國人。城東北是丁零與胡,南是氐羌。"可見五胡除本種人外,兼用他族人爲兵。高歡語鮮卑則曰:漢民是汝奴;夫爲汝耕,婦爲汝織,致汝粟帛,令汝溫飽,汝何爲陵之? 其語華人則曰:鮮卑是汝作客,得汝一斛粟,一匹絹,爲汝擊賊,令汝安寧,汝何爲疾之? 可見此時以漢人任耕,鮮卑人任戰。漢人乃益俯首帖耳受制於他族之下。其時亦有偶發漢人爲兵者,然每出輒敗北。如石虎伐燕,司、冀、青、徐、幽、并、雍之民,五丁取三,四丁取二;苻堅伐晉,民每十丁遣一兵是也。宋文帝之攻魏,亦以江南民丁,輕進易退致敗。使在秦、漢,則此等皆強兵矣。觀其每出輒敗,即可知其受制他族之由,君子讀兩晉南北朝之史,未嘗不嘆息於銅馬帝,以一時厭亂之情,遽壞秦、漢以來相傳之兵制也。雖然,兵之爲物,不可偏廢,而亦不可過恃者也。當時之中國,以人不知兵,見侮於異族;而當時之異族,亦以恃其虓闞,狂噬無已,終至不戢自焚。蓋自東西魏分爭以來,五胡皆死亡畧盡,當時五胡:胡、羯、氐、羌,皆居今內地;鮮卑則散處北邊。氐、羌居腹心之地而較寡弱,鮮卑衆盛而所處較偏,故胡、羯最先肆暴。冉閔亡石氏,大肆屠戮,幾無孑遺,而胡羯不復振矣。踞處東西之鮮卑,乘機侵入中原;氐、羌亦起而割據,與之相抗;則前後燕、前後秦之對立是也。前後秦亡,氐、羌亦不復振。惟鮮卑種落散佈甚廣,故前後燕亡,拓跋魏又繼之。案當時鮮卑種落,可大別爲四部:居東北方者爲慕容氏,居西北方者爲乞伏氏及禿髮氏,在正北方者爲宇文氏及拓跋氏。慕容氏既以侵入中原而亡。乞伏氏居隴西,禿髮氏居河西,皆山嶺崎嶇,種族錯雜之地,故僅能建一小國。宇文氏先爲慕容氏所破,北走後來之契丹。斯時在北邊者,惟一拓跋氏耳。拓跋氏部落,本亦不甚大。然是時小部散居,東起濡源,西至賀蘭,數實不少。魏道武乃悉收率之,故其勢遂不可禦。然太武雖併北方,其根本之地,仍在平城。自孝文南遷,乃分其衆之半入中國。至方鎮亂後,爾朱氏、宇文氏等紛紛南下,而鮮卑之留居平城者亦盡矣,故周齊之分爭,爲五胡之亂之結局也。乃不得不用漢人爲兵。夫充兵之人,既非當時異族之人所能給;而養兵之費,又非當時凋敝之局所克任;則不得不藉漢人爲兵,而令其耕以自養;而府兵之制出焉。府兵之制,肇自後周,而沿於隋唐,論者又多美爲兵農合一。然所貴乎民兵者,乃民皆能爲兵,且民之外,別無所謂兵之謂;非兵亦能爲農之謂。當時之府兵,固別有其籍。且後周府兵,總數不滿五萬;唐十道設府六百三十四,而在關中者二百六十一;則民之不能爲兵者實甚多;去戰國、秦、漢之制,固已遠矣。夫民既不能爲兵,而強籍其若干人以爲兵,則雖令其耕以自養,其實仍與募兵無異。自有無養兵之費言之固不同,自民之外別有所謂兵者言之,則無不同也。故凡募兵之弊,唐室亦旋即蹈之。高宗而後,府兵之制,日以廢壞。玄宗時,至不能給宿衛。此即募兵名存實亡之弊也。府兵既名存實亡,則四裔之侵擾,不得不重邊兵以制之,而安史之亂起,中葉以後藩鎮割據之局成矣。宋有天下，鑒於唐室之弊，集兵權於中央。禁兵百萬，悉隸三衙，傾天下之財以養之。此特易其統率號令之權，其屯聚不散，與唐等耳。其弊也，擁兵雖多，而不可一戰。財力既盡，國亦隨之。故無兵則有西晉之禍，屯兵太多，則有晚唐之亂，北宋之弊。民兵既亡，兵制之無一而可如此。

中國以兵民分離而弱，而斯時之異族，則正以兵民合一而強。案遼之兵，以部族爲主幹。史稱"契丹舊俗，其富以馬，其強以兵。縱馬於野，弛兵於民。有事而戰，匹騎介夫，卯命辰集；糧糧芻茭，道在是矣。"又述其部族軍之制，謂"勝兵甲者，即著軍籍。番居内地者，歲時田牧平莽間；邊防之户，生生之資，仰給畜牧。績毛飲潼，以爲衣食。各安舊風，狃習勞事；不見紛華異物而遷，故能家給人足，戎備整完。卒之虎視四方。強朝弱附。部族實爲之爪牙"焉。金初用兵，亦出部族。史稱"金之初年，諸部之兵，無他徭役，壯者皆兵。平居則聽以佃漁射獵，習爲勞事；有警則下令部内及遣使詣諸道字董征兵。凡步騎之仗糗，皆取給焉。"又云："原其成功之速：俗本鷙勁，人多沈雄。兄弟子侄，才皆良將；部族餘伍，技皆銳兵。加之地狹產薄；無事苦耕，可給衣食；有事苦戰，可致俘獲。勞其筋骨，以能寒暑，征發調遣。事同一家，是故將勇而志一，兵精而力齊。一旦奮起，變弱爲強，以寡制衆，用是道也。"及其得志之後，盡遷猛安謀克户於中原，既失其強武之風，而又不能如漢人之勤事生產。博弈飲酒，悉成遊民。南遷以後，遂至一敗塗地矣。元初之兵，大別爲二：一曰蒙古軍，其本部族人；一曰探馬赤軍，則諸部族人也。其制：民年十五以上，七十以下，盡隸兵籍。孩幼稍長，又籍之爲漸丁軍，亦通國皆兵之制也。迨入中原後，兵制漸變，而其強弱亦迥殊矣，夫金、元入主中國後，未嘗不令其民爲兵也，抑且欲長令其民爲兵，以制漢人也；然其強弱遂一變者，何哉？兵與民雜居，則已於民之外別有所謂兵；兵民相對立，已失其民兵之性質矣。此更徵之明清之事而可明者也。

元、明兩朝之兵制，大暑相承。元制：總親兵者曰五衛，外有百千户府，官皆世襲。此明内立五都督府，外立衛所之所由來也。元制，兵皆有籍，其法極嚴。明制亦然。元世祖既定中國，命宗王將兵鎮邊徼襟喉之地。河、洛、山東，據天下心腹，則以蒙古及探馬赤軍戍焉。此亦明制全國遍設衛所之所由來。抑元以蒙古族入主中原，所猜防者爲漢人；明以漢人驅逐胡元，所嚴防者爲北族。故明人北邊設防之密，猶之元人中原駐兵之多也。明於北邊，設防最密。今之長城，殆皆明所造，讀《明史·兵志》可見。元人於兵器極講究，故其兵有以技名者，如砲手軍、弩軍、水手軍是也。明代亦然，征安南得火器，特立神機營以肄習之。終明之世，視火器最重。諸邊皆不多發。又禁在外製造，以防漏洩。末年與清交戰，且藉歐洲教士之力，以製大砲焉。其沿江、沿海諸衛，造船規制，亦極詳密也。元、明兩代兵制之相承如此，即清代兵制，亦多模仿元、明，清之用旗兵駐防，即元世祖分兵鎮戍之意；其綠營之規制，則沿襲自明者也。綜觀歷代兵制，統馭之詳，兵籍之嚴，設防之密，械器之飭，無如元、明、清者。夫統馭詳，則將帥無自專之患；兵籍嚴，則行伍無缺額之虞；設防密，則不慮猝然之變；械器飭，則常有可恃之資。宜乎元、明、清三代，可以兵出而常勝；即以無道行之，亦必爲天下之所畏矣。夷考其實，則大不然。統馭之制雖詳，不免於上下相蒙，初不能收指臂相使之效也。名籍之制雖嚴，不免於名實不符，而明世之句軍，且大爲民屬也。鎮戍之制雖密，然元不足以戢羣盜，明不能以禦外侮，而清末武昌起義，戡定全國，不逾二時，尤非前古之所有也。而區區械器之末，更無論矣。夫無兵之失，易見也，東漢、西晉是也。有兵而屯聚於一處，其失亦易見也，晚唐、北宋是也。有兵矣，兵散佈於各處，而不易爲一人所擅矣；且令其耕以自養，而無糜餉之患矣；然而名存實亡，其失猶易見也，唐之府兵是也。若明之衛所，可謂盡得唐府兵之善，且終始能維持之，未至於名存而實亡者，然而卒亦未見其利，而徒見其弊者，何哉？君子觀於此，而知民兵既亡，兵制無一而可也。

蓋民兵之善，在其民皆爲兵，而民之外別無所謂兵者；而其能耕以自食，則尚其次焉者也。天下之事，喜新鮮而惡陳腐。新鮮，則兵家所謂朝氣者也，陳腐，則兵家所謂暮氣者也。朝氣暮氣，不獨決機兩陣之時有之，即平時亦然。使軍隊發生暮氣者，莫如屯聚而不散。夫事，大積焉則必苑，苑則百弊生焉。集若干人而名之曰兵，而使之久久屯聚，則苑之謂也。其弊也，就事務言之，則所謂軍營積弊者是也。就精神言之，則所謂軍營習氣者是也。軍營積弊者，如兵有其額而無其人；或雖有其人，而實未嘗加以訓練，與白徒等；糧餉器械之資，則爲將校所刻扣，所中飽，以致百事廢弛，而將亦無以令其下是也。軍營習氣者，兵之自視，畫然不同於凡人，而又無救民衛國之意。夫自視不同於凡人，則有自怙其力之心，倉卒將至於不可使令，有不復與齊民齒之意，約束之力稍懈，將至於無所不爲。無救民衛國之誠，則視戰事初非其責，遇敵之強者，將逗撓而不進，望風而自潰。兵而至於如此，則已不可用矣。而推原其故，則皆由屯聚之久爲之。蓋世間無論何項弊竇，皆須經歷若干時日，乃能發生。軍營積弊，中於其事，將校必任事稍久，乃能得作弊方法，乃能相勾結以行之。軍營習氣，生於其心，亦必在屯聚稍久之後。凡人之初任一事也，必視其事爲可樂，謂由此誠可以建立功名，而竭誠以赴之。及其任之既久，則厭倦之情生；厭倦之情生，則視其事無復意味；於是矜奮自强之心息，偷安求樂之念起；而種種不正當之事作，所謂習氣者成矣。然推原其朔，則皆由屯聚之久爲之。故善治兵者，當使其兵散而弗聚；且得時時更執他業，而不專於爲兵。散時多，聚時少，則一切弊竇不及生。得時時更執他業，則厭倦之情不萌，而習氣無由成也。此則非行民兵之制不可矣。世之致疑於民兵者，多謂其教練不如募兵之久，其技藝將不如募兵之精。然就已往之事觀之，則技之精，初不足償其氣之暮。自昔著名軍隊，往往其軍雖舊，其人則新。每戰之後，必加淘汰，即無戰事，亦必時時招取新兵，漸易其舊，非真恃數十年之老兵以赴敵也。美國參與歐戰，兵多臨時編成，而亦能制勝疆場，此即兵重氣而不重技之明驗矣。且戰鬥之技，必須在軍中教練者甚少。苟能獎率有方，寓軍令於内政，人人皆精兵之資格，未始不可於民間養成之。而不然者，即終歲屯聚不散，亦未必其技之遂精也，向之募兵是也。

　　獨是欲行民兵，必須推之以漸；且須先試之於若干地方，而後可及於全國。蓋天下之事，由人民自辦者，必能名實相符，且亦無他弊竇。若以官力强迫，則往往名不副實，或且至於騷擾。以中國土地之大，五方風氣之不齊，各階級人好惡之互異，斷非一時所能驟變。此而不論實際，但立一法，藉手於官吏或地方之豪健以行之，人民初不知爲何事，絕無鼓舞奮發之心，徒以徵召誅求爲苦；將不見其利，而適以召禍矣。故創辦之先，宜擇一二處利於推行之地先行之。試舉其例。如東三省之民，積以胡匪爲苦，未嘗不欲團結以自衛也；當道者顧靳不給以槍枝，使盜賊有所資，而良民不能抗，甚無謂也。誠能因其所欲，加以獎勸，予以援助；則數年之後，人人皆嫺於技；稍加訓練，即可成軍。不獨匪盜可絕，即論外患，亦有猛虎在山之勢矣。又如江浙兩省，長江以南浙江以北之民，實脆弱不可用，而淮北浙東之民，勇健剽悍，一宜於海，一宜於陸，誠能因勢而利導之，其功亦必較勝强行之於民風脆弱之地者萬萬也。語曰：善者因之，此之謂也。而尤要者，則政府只可獎率倡導，而必不可操刀代斫。最好詳立計劃，凡當兵之技，除必須在軍營中教練者外，一切皆但懸其目，聽人民自習之，政府但加以考驗獎賞而已。萬勿遽立章制，藉手於官吏或地方豪健者以行之。待其懸格既久，人民之嫺於技者日多，乃就其地征兵，而以短期集而訓練之焉，此則無弊之術也。後世善言民兵之利者，莫如王荆公。荆公之於保甲，可謂推行極力。然其成效如何，則固無人敢言。民兵之制，元祐之後，固已廢壞，然即不壞，亦未必能復燕雲而禦女真，此則讀史者皆無異辭者也。然一觀當時人民所自爲之事，如河北弓箭社者，則其成效可謂卓著。此何哉？一出人民自爲，一由政府强迫也。蓋人民自爲之事，非其所願欲，則必誠有所不得已。故其所立約束，皆能必行，而事不至於有名無實也。近今凡百事務，恆覺其弊多利少，即由皆非人民自爲之故。凡事無益則有損，名實之間，不可不察也。

難者曰：民兵者，足以資守禦，而不利於攻戰者也。今之言非攻者，固亦未嘗謂守禦當廢。子之言，所主者，亦與時賢等耳；而又非非攻寢兵。何也？應之曰：吾之言，所以異於時賢者若有二：一則時賢持論偏宕，幾謂用兵爲今日不得已之舉；若世界太平，則兵竟可以不用。吾則謂世界進化，止有彼善於此，無至善之可言，故謂將來之用兵，少於今日，可也；較今日爲文明，可也；謂兵竟可以不用，則不敢作此説。夫持論須顧情實，不可徒作高論以自慰。謂世界可以太平，人類可止於至善，皆屬自欺之談；徒使人狂蕩而失其所守。謂兵竟可以不用，亦此類也。又其一，則持論不可膠固。非攻主守，固亦自有其理，然亦不可執之太過。墨子之非攻，特就事實立論，謂如當時之所謂攻者則不可耳，非謂一涉於攻，即爲非理，前篇已言之，若執此二字爲天經地義，但以攻守爲是非之準，而其他一切不論，則又謬矣。此兩篇之作，所以使當世之人，知兵終不能盡去，現今世界，去去兵之日尤遠；然以兵不能去，遂尤中國之將亡，辦屬過計之譆。俾談國是者，知目前所當趨向之鵠也。

原刊《天籟報》滬江大學建校二十週年紀念特刊，一九二六年出版

滬江大學《丙寅年刊》序

乙丑之秋，予講學於上海之滬江大學，明年夏，學生之畢業者，記其在校之事，暨學校二十年來之事，名之曰《丙寅年刊》，將授梓人，請序。序曰：凡事不惟其名惟其實。吾國之有大學，莫盛於東漢之世，遊學者至三萬餘人，後此未之有也，然卒無救於漢之敝，而十四博士之學，且忽焉無傳於後，何哉？予讀荀仲豫之論，而後知其故也。仲豫之譴時人也，曰：上無明天子，下無賢諸侯，君不識是非，臣不辨黑白，取士不由鄉黨，考行不本閭閻，多助者爲賢才，寡助者爲不肖，民知富貴之可以從衆爲之，知名譽之可以虛譁獲也，乃不修道義，不治德行，講偶時之説，結比周之黨，汲汲皇皇，無日以處，既獲者賢已而遂往，羨慕者並驅而從之，遂至師無以教，弟子亦不受業。當時所謂遊學之士，得毋此曹，故范蔚宗謂其章句漸疏，多以浮華相尚邪？蓋自公孫弘説聽乎武帝，立五經博士，爲置弟子，一時執經請業者，非太常所擇，則令長所上也。光武明章，好尚儒雅，下車之始，首建辟雍，功臣子孫四姓末屬，亦立小學。梁后臨朝，又詔大將軍至六百石悉遣子入學，而金張之胄，許史之胤，始皆褒衣大袑，群集帝學矣。世祿之家，鮮克由禮，重以悠悠道路之士，其務譁世取寵固宜。外自託於被髮纓冠之誼，内以便其立名徼利之私，卒致激成黨錮之禍；而以東京章句之盛，亦泯焉無傳於後，豈足怪哉！蓋聖人智不危身，故危行而言遜，故孔子之作春秋也，定哀之間多微辭，然觀於古，固可以知今。我欲託諸空言，不如見諸行事之深切著明也。秋霜降者草華落，水搖動者萬物作，内亂不已，外寇間之，有東漢而後有三國，有三國而後有五胡之亂。微夫悲哉！其行事亦足以鑒矣。君子之立於世也，必明於真是非，而又有百折不撓之概，故曰：知及之，仁能守之。知及之，仁能守之，然後劫之以毀譽而不回，臨之以禍福而不懼。夫然後内無愧於心，而外可以有爲於天下。故曰：君子以獨立不懼，遁世無悶，剥極則復，貞下起元。爲之基者，則賢人君子之所以自處也。願與諸君交勉之。武進呂思勉撰。

原刊滬江大學《丙寅年刊》，一九二六年出版

本校之國文部概況

予來本校，①未及一年。一切情形，皆不深悉。適值二十周紀念刊出版，主共事者，以此相屬。遲延未作。至近日付印期近，又適患目疾。潦草是篇應之，未能精思，盡所欲言也。

本校現在屬於國文之科目如下：

（一）國學治要。國學入門。此爲初入大學者之必修科，所以知國學之大概也。治要較繁。入門較簡。研究社會科學者讀治要，研究自然科學者讀入門。

（二）模範文。此科爲文章之知識及練習。兼看、讀、寫、作四者。大學預科及一二年級之必修科。

（三）文學史。現爲大學二年級之必修科。經教授會議。擬改爲選修科。其理由：因欲知中國文學之變遷及發達，必於各種文字及共家數、派別，皆有真知灼見而後可。若如現在所爲，不過因教師之指授，知其變遷之大略，而並不真知其變遷之所以然。此種知識，非深造詣自得之知識，實無甚用處。若古今最著名之作家及最大之變遷，則讀模範文時，固應略普及於各方面，固可知其大要矣。若較高深之知識，則並非專治文學者不必要；非略有根底者不能解。故此科之改爲選修科，鄙意認爲適當之辦法也。以上三科，在現在皆寫必修科。鐘點甚多，故教授者亦多。

（四）翻譯。此科聯繫將西文翻譯爲中文。中國現在，得自西洋輸入之知識甚多。翻譯事業，在最近若干年中，必占重要之位置。有此練習，可使學生略知譯事之艱難，及其中之曲折。昔人云："書經手鈔，便生新義。"況共出於艱難迻譯者乎？亦足使學生於得之知識，倍形精確也。此科現由朱榮泉先生任之。

（五）文字學。現爲四年級選修科，由鄙人擔任講授。鄙人於此學本非專

---

① 即上海滬江大學。

門。學年開始之時，因一時教授無人暫承其乏。其後徐哲東先生來校教授。徐君於經學小學，所造皆視鄙人爲優。現擬將鄙人所授之一部結束，其他一部，請徐君繼續教授。此科在文學中，實爲普通知識。依鄙意，如現在四年級選科所授者，宜移在一或二年級爲必修科。其較高深之知識，於三四年級再開選科，備專治文學之學生選習。

（六）詩詞學。

（七）小説戲曲。

（八）經學研究。

以上三門，舊亦列爲三四年級選科。學年開始時，或因教授乏人，或難有人何以擔任，而功課已忙，力難兼顧，未開。今有徐哲東先生，於教授經學研究，自爲極適當之人才。徐君於小説亦搜覽極博。然詩詞戲曲兩項，仍乏適當教授之人。鄙意選修科目，分得愈詳細愈佳。詩詞須拆開。詞與戲曲，或分或合，視教授之人而定。小説與戲曲，更斷須拆開。不然，不能得適當教授之人也。

（九）子學研究。係上學期末，開教授會議，議決增設之選修科。

（十）文化史。現爲三年級之必修科，由鄙人擔任講授。本校學科編制，必修科在預科及第一二年，選修科在第三四年。前年教授會議，認此科爲重要；欲使全校學生，皆得此項知識，故雖在三年級，亦定爲必修科。然在全體學科之配置上，殊爲不便。故上學期教授會議，議決下學年以後，改在第二年級，作爲必修科。此科教授鐘點，合計不滿一百小時，殊苦匆促。鄙意必須增加時間，方足以資發展。

（十一）中國哲學史。現爲四年級選修科，亦由本人擔任講授。本校現有之科目如此。若欲增設，但有人才，自然無所不可。然以現在之財力、才力而論，則將以上所列科目，盡數全開，尚不可能也。若欲多開科目，又必多分學係。經小學，史學等，皆可自成系統，並入國文一係，——凡以國文寫在紙上者，即以如國文係。——辦理絶難完善。然凡事宜求實際。故學校辦理之好壞，實不在分科分係多寡，而在每科皆有實際，有相當之成績。如鄙人之意，就現今之情勢，應注意下列各端。

（一）除必修科外，其餘選修科，有何等人才，則開何等科目。寧所開之科較少，而强教授以不甚擅長之事。某種科目，今年有專門人才教授，而明年無之，不妨即將此種科目停開，另就新來之教授所擅長者，開設選科。總之科目隨人才而轉移，勿預定科目，而强人任其事。

蓋一種科目，成績如何，全視學生勤勉之程度；而學生勤勉之程度，視其興味之淺深；學生興味之淺深，視乎教授興味之淺深；教授興味之淺深，又視其自己學問之程度，絲毫無可勉強也。強不甚擅長之人以任其事，結果絕不甚佳。懸一科目，必求勝任愉快之人，其事亦甚。爲難。故不如設科隨人才爲轉移之便利也。

（二）模範文一科，增加學分，注重自習。無論何種國學，皆當以深通國文爲基礎。不如是，則不能讀書；或雖勉強讀書，而所得非隔膜，即謬誤；不能得真正之知識也。欲求深通國文，斷非僅恃講授，所能爲力；必出於自習。自習之法：昔人云："看、讀、寫、作，四者不可缺一。"今不求字迹之工，寫自另爲一事。以言乎作：必其讀書既多，氣機充沛，有不可遏止之勢，作之乃爲有益，否則非徒無益而已。讀自有益，然欲爲專門之文學家，非有數百篇熟誦之文字不可。此實造詣稍深後之事。僅求通普通之國文——讀相當之書，皆能瞭解；達自己之意，不感困難。——則多看實爲首要。文之精微處，固講不出，即死法子，亦實講不出。總須靠自己瞭解。話尚懂得不全，現將說話之法，不過"戲論"而已。故研究國文時，十分之九強之功夫，須在自看上。

今日學校之國文，所以無成績者，最大之原因，實在只講作，而自己不看讀。故依鄙意，預科至二年級三年中，須定以最小限度必讀之書。責其自己悉數讀完。且須有認真查覈之法。所讀有欠，即爲不足學分。自行多讀之問題一解決，講授文法及作文等問題，均可迎刃而解，毫不費力矣。

（三）國文與文學，係屬兩事，——雖國文亦必帶若干文學性質。使人人皆通國文，——在大學中，期人人皆通高等之國文。即能讀古書，能作妥帖之文言文。——事之可能者也。使人人皆作文學家，事之不可能者也。通國文者不必皆爲文學家，文學家則絕無不通國文者。無論學生不能人人爲文學家也。即曰能之，亦必先通國文而後可。而今之人，皆昧於此別，國文未通，先講文學。如是，真講文學，學生必不能懂。乃不得不偭規越矩，破壞一切規則而爲之。夫文學之所以異於非文學者，必有其若干條件焉。此若干條件者，乃文學之所以異於非文學者也，豈可破壞。若破壞之，則其所謂文學者，豈復成爲文學？不知而爲之歟？其人本不足爲教師。知而爲之歟？是欺學生也。舉國學校中人而皆如此，於是所謂文學者，其界說乃大混，其現狀乃大亂。此弊必不可不矯也。鄙意必修科之模範文，只可講高等之國文，不可講文學。——雖國文與文學，有若干連帶關係，然其間自有區別。專門文學宜於三四年級，別開選科。教授須真通文學之人。一人只能教授一兩種文學，——就其所通者而教授之。如教散文者，不能責其兼教駢文。長於漢魏體之駢文者，不能責其兼教宋四六。工詩者不必工詞，長於詞者又未必通曲也。既肄習文學，則所教所學，一切須爲嚴格的文學，"中道而立，能者從之。"不能以學生程度之不及，而破壞界限以就之也。如是，乃漸可有真通文學之人出現。

（四）求學固須勤奮，亦必爲精力之所能及。就本校現在情形而論，非國文之功課甚多；更欲精研國文，精力日力，實有不逮。或謂教習督責嚴緊，學生自然認真。此説固有相當理由。然超出精力、日力限度以外，究爲不可持久之事。況勤奮之中，仍須有雍容自得之意。至於"迫蹙"，則自得難矣。故如本校現在之組織，只適於非欲專研國學者。一部欲專研國學之學生，功課必有另一種組織乃可。其最要之義，即在減少非國文之功課，而增加國文之學分。否則另設研究院。一部已畢業之學生，欲精研國學者，再在校中研究兩三年，欲亦無不可也。

（五）本校現在之長處，在於對分數、考核甚認真。指定學生自讀之書甚多，學生亦多能讀畢。其短處，則在學生之讀書，太偏於"摘鈔"。此法以讀外國書則好。以讀中國書，則不甚適宜。蓋外國無論何科，皆有適宜學者研究之書，中國現在則尚無之。其分量適宜於學生閲讀者，則其書甚陋。其書不甚陋者，則其卷帙必多。於是欲得國學上之常識，必閲多數之書。此而亦以讀"已經編纂成就，删繁就簡，抉擇精要，匯爲一編。"之書之法讀之，日力必有所不給。故從前教初學讀書者，無不譬之"走馬觀花"，"攻城略地"，求其速而不求其精。而抱定數種書，反復熟誦者，其結果多成陋儒也。夫如攻城略地然，看多數之書，自能得其崖略，以定後此研究之方鍼，而不至有茫無涯之惑，實非一般人所能。故爲今後學者計，必有簡而不陋之書，以資誦習。如此，得常識乃較易，而用諸研究之功夫，乃可漸多。若如今日之情形，少讀則失之陋，多讀則除少數之天才外，至於通知門徑，必已在三十左右，此後爲人事牽率，用諸研究之功夫，不能甚多矣。此實中國學問進化遲緩之一原因也。然吾人在今日，欲得國學上之常識，仍不能不讀比較的多數之書；則實爲日前無可如何之事。故"初學讀中國書之法"，在今後，爲教授指導中之要件。又因指定學生閲讀之書太多，而學生"自動的尋門路研究參考"之能力稍乏，亦指導時所宜注意也。

原刊《滬江年刊》一九二六年第十一卷

毀清宮遷重器議

　　清宮誠妖孽哉！民國之建，十有五祀，猶有扶服跪拜，自托於懷思故君，以惑衆者。語曰：敗軍之將，不可以言勇，亡國之大夫，不可以圖存。非以成敗論人，其人誠不足用也。人之可用也，以其誠，其不可用也，以其僞。昔有甲乙，相約死難，已而甲使人覘，乙方問家人，曾飼畜未？笑曰：畜且不能捨，況於身乎？而乙果不死。夫自清之亡，以迄今日，有張勛之叛亡，有馮玉祥之斥逐，位號再替，君後奔逋，爲之臣者，誠宜仗節死綏，椎心泣血矣。而皆屏居林泉，匿迹租界，貪冒財賄，渝靡衣食，或以聲色自娛，或爲文酒之會，其優遊暇豫，雖太平之民無以過也。豈真有伏節死義，效忠故主之心哉？彰善癉惡，治國首務，況當俗溺道喪之餘，尤切改弦更張之義，豈宜縱放魑魅，橫行白日哉？裁抑其人，遏絕其說，誠首務也。或曰：清臣之眷眷於其君，匪以忠愛，實爲禄食，前歲溥儀至天津，其臣有固請東渡者，匪愛其君欲措之安，其人有別業在日本，將售之溥儀，以求册也。信如是也，匹夫無罪，懷璧其罪，今日清宮之寶物，固不可不思所以措置之矣。馮玉祥之斥逐清人，或曰匪知大義，實利其寶也。衆口一辭，既已不可辨矣。近者張作霖等人通電金國，謂鹿鐘麟等將焚清宮，挾其寶以行。局外揣測之論，軍人詆訾之辭，信否姑置勿論，而使萬國議吾國人惟財賄之知，則大辱也。邾婁定公之時，有弑其父者，公曰：寡人嘗學斷斯獄矣，臣弑君，凡在官者殺無赦，子弑父，凡在官者殺無赦，殺其人，壞其室，污其宮而潴焉。夫宮室何罪，然必潴壞之者，所以昭炯戒示來許也。建夷之初，豕膏涂身，人溺洗面，賴我牖教，漸致盛强，不圖木桃之報，而爲封豕長蛇，荐食上國，揆之人倫，梟獍之比也。污壞其宮，以示鑒戒，且使國人毋忘陸沉之禍，義至切矣。今之人必曰清宮之建，民之力也，留之可以觀萬國詒來葉，毀之則可惜矣。夫治化之美，不在宮室，齊景公問政於孔子，孔子對曰：君君臣臣，父父子子。公曰：善哉！信如君不君，臣不臣，父不父，子不子，雖有粟，吾得而食諸！子貢問政，子曰：足食足兵，民信之矣。必不得已而去，於斯三者何先？曰：去兵。必不得已而去，於斯二者何先？曰：去食。自古皆有死，民無信不立。有國之患，匪無貨財，民不知義，則内不能安，外不能攘，最大患也。然則清宮雖有阿房建章之宏，井干麗譙之華，毀之足以明大義，振民心，猶不足惜也，況其不足觀乎？古物宜保，以去今遠，人徒見古之可懷，匪慕其物之淫侈，有益於仁，無害於義，是以宜保。若其不然，利害之數，正未易論，況於清室，久託民國之下，猶冒帝王之號，使民聽眩惑奸。夫假藉其爲害義，豈曰微小，潴壞其宮以示順逆，豈待再計哉！至其所度，皆吾菁英，宜遷之武昌，建館貯之，光復之業，子孫不忘，非徒曰齊器設於寧臺，故鼎返乎曆室而已，必於武昌，誅所造也。

建國首要，在明順逆，馮玉祥之爲人，反復不足道，然其斥逐清人，廓清首都，其事不可非也。段祺瑞號忠於民國者，曾不能竟其功，反沮尼之。吳佩孚勇而不好賄，其人誠有可取，然今日，燕趙宋衛陳蔡之民，流離死亡，曾不知恤，而其部曲北師，首以保護清陵，告示天下，順逆不明，可勝嘆哉！清室死灰不可復燃，然袁世凱稱叛於前，張勳肆逆於後，大義不明，國未有以立也。昭示順逆，於今尤亟，吳佩孚入都宜亟毀清宮，遷重器武昌，如吾所言，以示全國。又奉天興京之名，清代所立，今日沿之，於義無取，且吾族之恥也，宜亟改之。張作霖固有忠清之嫌，亦當藉此以自白也。

本文寫於一九二六年，原刊《呂思勉先生編年事輯》，

一九九二年十月出版

致光華大學行政會書

《論語》：子貢問政。子曰：足食足兵，民信之矣。子貢之問，蓋爲軍事而發，故又繼以必不得已而去，"于斯三者何先"，"于斯二者何先"之問。若在平時，則食也，兵也，信也，豈有可去其一之理？而孔子論政，既重德化，亦安得忽捨既富後教之訓，而以足兵繼足食哉？

國於天地，必有與立，所與立者，則人民之能自衛也。又非徒自衛而已，進而主持正義，抑强扶弱，進世界於大同，皆將於是乎基之。

戰以民爲本，民非食則無以維其生。有食矣，足以維其生矣，然無械器，則亦無以與强暴抗，製梃以撻堅甲利兵，乃孟子極言仁政之效，非謂血肉之軀，真可以冒白刃也。孔子言戰，首重能戰之民，次維民生之食，次禦强敵之械，其序秩然而不紊，其言即千載而如新也。

秦漢而後，中國一統，外無强敵，而專制君主，又恒忌民力之强，遂以銷兵爲務。承平之時，舉國幾無一兵。雖有名爲兵之人，其實非兵，不過取備兵之名目而已。兵且無有，而軍食與軍械，更無論矣。山有猛虎，藜藿爲之不採。我國自衛之力，缺乏如此，宜其日爲人所侵凌也。今欲奮起自衛，進而主持正義，抑强扶弱，以臻世運於大同，則守禦與征討之力，皆不可以不豫。守禦與征討之力維何，亦曰：造成能戰之民，充足維持民生之食，抵禦敵人之械而已。

孔子曰：以不教民戰，是爲棄之。然其答子貢之問，僅言立信，而不言教戰者，古代兵民合一，人人嫻於戰陳，苟能立信，即皆可用也。所謂教者，亦非教以戰陳之技。今則武備久弛，民皆不能爲兵，雖有至信之將，亦無從用之，故造成能戰之民，實爲首務。造成能戰之民，其道維何？曰：使人民皆有當兵之技，平時即豫爲成軍之備而已。欲使人民皆有當兵之技，必先使之練習。今本校有學生軍之設，欲使閑於文治之人，兼資武備，意固甚善，然能當兵之人，而僅限於學生，究尚嫌其不足，必擴充之，及於全國之民而後可。據今軍事學家之論，普通兵卒之技，必須在軍營中練習者，不過三月，餘皆可習於平時，苟能廣爲提倡，不過十年，人民有當兵之技者必衆，苟能成軍，或徵或募，加一時之訓練即可。美國參加歐戰，倉卒造成大軍之事，不難復見於我國已。何謂平時預爲成軍之備？案《漢書·高帝紀》：二年五年，蕭何發關中老弱未傅者悉詣軍，注引孟康曰：古者二十而傅，三年耕，有一年儲，故二十三而後役之，又引如淳曰：律年二十三，傅之疇官，各從其父疇學之。此所謂傅者，即著役籍之謂，古者兵民不分，兵亦職役之一，故凡著役籍者，皆有當兵之責，故《漢儀注》謂民年二十三爲正。一歲爲衛士，一歲爲材官騎士，習射禦騎馳戰陳，年五十六衰老乃得免也。各從父疇一語，最可注意。疇，類也，蓋即今所謂職業團體，古行世業之法，職業固父子相繼也。今世作戰固難在兵卒之多，尤難在兵費之巨，此後戰役，曼地必廣，閱時必久，度支籌畫，尤苦爲難。竊嘗反復思維，謂必有一策焉，能使費用雖多，而國家財政，人民生計，均不受巨大之影響而後可。夫物，分則見其少，合則見其多。事習焉則人安之，創行則以爲屬已。然則欲求戰費多，而國計民生均不受巨大影響，惟有分攤之於各方，豫儲之於平日而已。欲將戰時費用，分攤之於各方，豫儲之於平日，則古代各從父疇之法，深可採用也。今之所謂兵者，專募無業游民爲之，此法將來必不能復用。當兵者既非游民，則必各有其職業；當兵固全國人民共有之責，則兵費亦應由全國職業團體共負之。今若制法，凡人民之服兵役者，苟其恃庸雇之直以生，雇主於此時，不能停止，並不能減少其雇直。戰而死，或傷不能事事者，須照給至其子能自立之時，子願繼父之職，該職業團體，必給以一位置，其非恃庸雇之直爲生者，同業之人，亦宜醵資，如其所得之數與之。如是，國家所發之餉，僅須贍養兵卒一身，而其家族之生計，不必代爲維持，不幸死傷，振卹之費，亦已早具。無庸更行籌畫，則戰費支出，可以大減矣。

　　各職業團體，負擔雖若加重，然可集合同業，訂立規約，以謀負擔之平均。如有兩商肆，甲肆之死於戰者三人，乙肆一人，則死後照給庸直，兩肆宜各出二人之直。且定豫儲之計畫，負擔既均，又行豫儲，則戰時支出，雖不減於平時，固亦不至十分竭蹶。死傷者照給庸直等，並係戰後歷年分出，非在一時。出資者不甚竭蹶，而受之者足以安其生，則人民生計，亦不因戰事而生大變動矣。此等組織，不論何團體，皆可行之。且如學校，受庸直以生者，爲職教員及工役，職教員之閑武事者，可以披堅執銳，長文墨者，可以飛書馳檄。工役之職庖廚者，可隨營司炊爨。長奔走者，可編隊司傳遞。諸如此類，悉數難終，要之各奮所長，皆足收國民扞城之效，苟使平時豫立規則，一切支出，皆減幾分之幾，以爲戰時照給庸直之需，則征發之令朝傳，赴敵之人夕集，內顧之憂既泯，先行之氣必張矣。夫戰也者，或合全民以爭自由，或舉全國以維正義。必四境之內，震動恪恭，各竭其力，而後可蘄有勝。非徒委諸介胄之夫，而可以集事也。近有軍閥相爭，到處迫民服役，謂之拉夫。民之苦之姑勿論，而彼運輸亦不得捷速，接濟亦不得充足，今僅戰在國內耳，若以此與外國戰，豈不危哉。故必將全國之民，編制如一軍隊然，一旦發動，乃能各色人等皆具，而不至於闕事也。嘗慨古之所謂義師者，不復見於今日，初幾疑古書所謂軍禮等，皆係欺人之談。閱事稍久，乃知古今異俗。古人之語，實不我欺。何則？今專募最無知識，最不道德之人以爲兵，彼不徒無欲善之心，且未知何者爲善，何者爲惡。其淫殺焚掠，無所不至也固宜。若昔者皆以良民爲之，安得有此？他固勿論，甲子歲杪，齊燮元之兵劫掠武進，思勉之所目睹也。當時變兵在城市者，十五爲羣，武進商團，或一人持槍逐之，無畏色也。又聞諸鄉人，某鎮遭劫掠，團丁奮木棒禦之，死者數人，團長樊富財與焉。某鎮聞潰兵至，闔閭以拒，鄉董某君，挺身至閭門外，兵至，劫以械，使命閭者啓門，某君不可。曰：必殺我門乃可啓，潰兵無如何。鎮人賂以銀三百元去，鎮遂得全。某君平時，恂恂儒者也。某鄉之團丁，城中之商團，非必皆勇者也。然而義憤所激，或不顧其身，何也？名之所在，義之所在，固足使人顧慮激發而不敢背也。今或使本校之學生軍出戰，夜則聲相聞，足以相知，晝則目相見，足以相率，雖或懷安，孰敢先走，而又豈有暴橫劫掠之舉乎？故必使全國之良民爲兵，而後可以有良兵。必使全國有職業之人爲兵，而後可謂之使良民爲兵。

足食之策有二。一提倡社倉，平時可借貸於民，具農業銀行之用。農業銀行之利，較商業銀行爲薄，營業者未必肯投資，即願投資，亦非農民自助之意也。農民互助，出穀易而出錢難。社倉所儲之穀，時時借貸於民，即具推陳出新之用，農民得穀，多與得金無異，即便於得金，可指倉穀抵押於普通銀行，得款轉貸之農民，是與集資以設銀行無異也。貯藏者必以金屬貨幣，以其價難變耳。今幣價趨勢，日益低落，積存現款者，往往不數年而損失甚巨。今貯藏倉穀，以時出舊易新，轉可歷久而價值不變，又可使農民習於貯藏公共財產，管理公共財產。一舉而數善備焉。至戰時，則舉國社倉之積，可由國家借爲兵糧。照古法三年耕，餘一年之食，以三十年之通，則吾國可與人大戰十年而無糧食匱乏之患。較諸歐洲戰時，諸國兵未交而即限制糧食者，霄壤殊矣。一在提倡多食雜糧及寒食。今日瘠土之民，固有以雜糧爲食者，而沿江一帶，幾無不專恃稻米。夫古之種穀者，不得種一穀，以備災荒也。今以數千萬方里之地，而專恃一穀以爲食，宜其荒歉之易逢也。專食稻米，以養生言，以適口言，皆無特勝之處，不過乏人提倡，習慣難變耳。今提倡宜由本校始，立一會，推舉會員數人專研究以他穀爲主食，製成多種食品，校中人各隨所嗜，食之以代稻米飯焉。研究既有頭緒，便可推行於校外。製成食品出售可也。家家自炊，本極勞費，故歐洲戰後，公厨勃興。中國若能提倡公厨，則婦女炊爨之時間，可以大省。然公厨所售，必廉於自炊乃可，此則非以雜糧代稻米不能。又公厨所炊，不能如私家自炊，與進食之時相應，則非人民習於冷食，公厨又不能行矣。又冷食之法，極便行軍，且可省炊爨之時，俾婦女多得餘暇，亦研究食物時所宜注意也。以上兩策，提倡多食雜糧與冷食，校内即日可行。提倡社倉，則本校地處法華鎮，亦可設法試辦焉。吾國賦役之法，莫善於黃册及魚鱗册，即明初大學生所成也。有爲者亦若是，吾曹豈讓古人專美哉！

　　足兵之策，一時幾無從説起。予友某君，任職兵工廠二十餘年，嘗語予，當日本提出二十一條件之時，政府嘗密令全國兵工廠料揀軍械，會其數不足供一年之用。今日戰爭，實恃械利，軍械缺乏至此，又多窳敗，寧不可嘆。欲圖整頓，又無巨款，此則有志衛國之士，所爲撫膺扼腕者也。補救之道，固有多端，斷非一時所能具陳，亦非外行所能擬議。然竊謂獎勵人民多藏軍械，亦其一法。今人民固多好武者，如戚墅堰之民，即常年聘有教師，教習拳術槍棒等。夫居今之世，不兼習打靶等有裨戰陳之技，而徒練習槍棒，此如亡清之世，戰陳久用槍炮，而武科猶僅試弓刀石矣。然此非練習者之咎，政府禁藏軍械爲之也。今之論者，皆謂民間軍械愈多，則亂勢愈熾，故斤斤焉禁售軍械，汲汲焉搜索民間存械，其實亂與不亂，與民間有械無械，了不相干，彼作亂者，曷嘗不能得軍械？曷嘗能禁止之？徒使良民無以自衛耳。若謂良民有械，必將爲亂民所奪，則良民之不能保其械者，必不購械以資盜以自禍。能購械者必能用之，能用之，斯能保之。縱或見奪，爲數必少，在良民之手者必多也。關東胡匪之熾，原因甚多，政府禁良民購械自衛，亦其一也。東人言之，無不戇額。賈生過秦之論，吾邱禁民挾弓弩之對，千年謬見，至今未破，誠可嘆悼。竊謂今者欲求軍械充足，政府於良民及地方團體之買軍火以自衛者，不徒不當禁止之，且當獎勵之，輔助之。如是，民間藏械日多，一旦有事，皆國家之用也。此非本校所及，然本校學生軍，苟能請得軍械者，宜亦勿以自私，當訂立規則，與近地願習之人共之。

　　以上三端，皆造端弘大，實國家百年之大計，而其始，皆可自本校唱之。千里之行，始於跬步。譬如爲山，雖覆一簣，進，吾往也。作始也簡，將畢也巨。又孰能測其所至哉？

　　此項計劃，鄙人懷之已久，在學校中，亦恒擇其可行者，爲管理校務者言之，即如提倡多食雜糧及冷食一事，在瀋陽高等師範學校，即曾草具意見書提出。在江蘇省立第一師範學校，亦曾緩頰言之。鄉里荒歉之歲，又嘗著論載之報端。然聞者非斥爲不可行，即笑爲不能行，問其何以不可行，則曰：向未有此而已。問其何以不能行，則曰：習俗難移而已。孟子不云乎：責難於君謂之恭，陳善閉邪謂之敬，吾君不能謂之賊。今日先覺之士領導民衆，猶昔日大臣之事君也。謂其民不能者，賊其民者也。夫時無不可爲，功無不可就。所患者，人人蹈常習故，聞有深謀碩畫，則目笑存之耳。七年之病，求三年之艾；苟爲不畜，終身不得。今民國十六年矣，試追想當民國元年之時，曾有陳十五年之計，而聞者笑以爲迂者乎？而今則忽忽十六年矣。玩時愒日，使萬事皆隳壞於冥漠之中，其何能淑，載胥及溺，此則可以痛哭流涕者也。

原刊《光華大學周刊》第一卷第五、六兩期，一九二七年出版

考　試　論

　　此篇係民國十三年所撰，與見在情形，少有不合，然要足供談考試權參考
也。思勉自識。

　　自海通以來，中國之外交，既已情見勢絀。於是論者以國勢之不振，歸咎
於人才之缺乏；而人才之缺乏，則科舉之制實爲之；於是有廢科舉，設學校之
議；而考試二字，遂爲世大厲。其實科舉與教育，本非一談；考試與科舉，亦截
然兩事。近人言吾國教育史者，每將科舉牽入其中；而一言考試，即以爲與復
科舉無異，皆不察事實之過耳。

　　曷言乎科舉與教育，本非一談也？案吾國古者之學校，可分二種：一所以
教貴族，一所以教平民。其所以教貴族者，又分二級：曰大學，曰小學。《王
制》：“天子曰辟雍，諸侯曰泮宮。”此言大學之異名。又曰：“小學在公宮南之
左，大學在郊。”説者謂諸侯之國，小學在内，大學在外；天子之國則反是。此
言大學與小學之異地也。小學之所教者何事不可知，度不過灑掃應對之類。
《尚書大傳》：“古之帝王，必立大學小學。使王太子、王子、羣后之子，以至公卿大夫元士之適子，十有
三年，始入小學，見小節焉，踐小義焉；年二十入大學，見大節焉，踐大義焉。故入小學，知父子之道，長
幼之序。入大學，知君臣之儀，上下之位。”蓋古小學之所教，不過日用尋常之禮節爾。故子游譏子夏
之門人小子，灑掃應對進退則可，本之則無也。至大學，則春秋教以禮樂，冬夏教以詩書。
古之所謂詩書禮樂者，究爲何物？學之究有何用？今日亦殊不可考。據後人
所推測，則古之所謂學者，除聲樂外蓋無他事。俞氏正燮《癸巳存稿》云：“虞命教胄子，
止屬典樂。周成均之教，大司成，小司成，樂胥。皆主樂。子路曰：何必讀書，然後爲學？古者背文爲
誦，冬讀書，爲春誦夏弦地，亦請樂書。通檢三代以上書，樂之外無可謂學。内則學義，亦止如此，漢人
所造《王制》、《學記》，亦止如此。”又古之用人，率以世官。其學問皆由父子相傳，初未
聞得之於學。更觀古者，清廟辟雍，合居一處。則所謂學者，究爲何物，亦恍
然可推。蓋民之初生，必篤於教。古者生活程度尚低，通國之内，只有房屋一
所，名曰明堂。天子之居處在是，祭祀在是，講學聽政亦於是。故明堂者，實
合後世之宫禁、宗廟、學校、朝廷等等而一之者也。後世生計程度漸高，房屋

日多，此諸事者，乃悉自明堂之中，分析而出。説本阮氏元。見《揅經室集·明堂論》。
然前此之遺制，固猶有存焉者。所謂春秋教以禮樂，冬夏教以詩書者，禮則祭
祀時所行之禮，樂則祭祀時所作之樂，詩者，樂之歌詞，書則教中之古典耳。
夫至春秋戰國之世，所謂禮樂者，誠未必盡如是。如孔門之詩書禮樂是也。然帶此
等性質，蓋猶不少？當時學校之政，誠未必盡舉；即舉焉，貴游子弟，亦未必盡
入；然即入焉，其所學者，亦不過習於登降揖讓之儀，長於微言諷諭之際耳。
至於當世之務，則學校中固未必以是爲教，而得之必由於世官。古代世官之
制，所以不能驟廢；而王官之學，所以能衍爲九流，實由於此。至於平民教育，
則何休述其制，謂一里八十户，八家共一巷，中里爲校室。選其耆老有高德
者，名曰父老。十月事訖，父老教於校室云云。《公羊》宣十五年注。此蓋粗教之以
當時社會所謂平民者應守之道，尚不能比於後世之村塾。故孟子告梁惠王、
滕文公，皆以制民之産與庠序之教並言；而子游謂小人學道則易使也。當時
鄉學中人，據《王制》所言，亦可升入國學，與王太子等同受教育；並亦可以入
官；然恐已雜托古改制之詞。語其實，則用之特止於鄉吏；超擢至卿大夫以上
者，實爲鳳毛麟角。此證以古書所載之事實而可明者也。俞氏正燮《癸巳類稿》云：
"周時卿大夫三年比於鄉，考其德行道藝而興賢者能者。出使長之，用爲伍長也。入使治之，用爲鄉吏
也。其用之止此。《王制》推而廣之，升諸司馬曰進士，焉止矣。諸侯貢士於王，以爲士，焉止矣。大夫
以上皆世族，不在選舉也。《荀子·王制》云：王公大人之子孫，不能禮義，則歸之於庶人。庶人之子
孫，積文學，正身行，則歸之卿相士大夫。徒設此義，不能行也。"夫科舉者，實即今日之文官
考試，由之恒可以得官。今貴族之登庸，既不由是；平民即入學校，亦未必可
以得官；則學校與科舉，本非一談，昭然明矣。

　　曷言乎科舉與考試，本爲兩事也？科舉者，舉官之法。其在後世，率多以
考試行之。遂若二者之關係，固結而不可分。其實追溯其原，則兩者渺不相
涉。古代用人，盡以貴族世官，既如前述。其有登庸人才之意者，厥惟諸侯貢
士之一途。案科舉所取之才，誠爲無用。然歷來選舉有登庸人才之意者，仍以科目爲最。且科目出
身之人，在仕途中僅十之一二耳。並此去之，則以學問取士之途絕矣。故歷代欲停廢科舉，或減少名
額，明於治體之臣，恒力爭之也。《射義》："古者天子之制：諸侯歲貢士於天子，天子
試之於射宫，其容體比於禮，其節比於樂，而中多者，得與於祭。其容體不比
於禮，其節不比於樂，而中少者，不得與於祭。"《白虎通義》："諸侯貢士於天
子，進賢勸善也。"此等制度，古代果有與否？有之而常行與否？姑措不論。六
經固多孔子改制之談，亦必有前代制度爲據；不能皆憑空捏造，繆謂古人有此也。而後世州郡察
舉之制，則實導源於是。《漢書·董仲舒傳》：仲舒對策，謂"長吏多出於郎中、

中郎、吏二千石子弟,選郎吏又以富資,未必賢也。臣愚以爲使諸列侯、郡守、二千石,各擇其吏民之賢者,歲貢各二人。以給宿衞,且以觀大臣之能。"此說實本於《射義》。羣經所載制度,今人多以非信史抹殺之。姑無論改制之談,亦必有事實爲據也;即謂其全不足據,然儒家之說,多爲後世制度之原,固亦不容不措心矣。《漢書》謂"州郡舉茂材孝廉,實自仲舒發之。"夫州郡察舉,則後世科舉之所本也。蓋漢代舉士,凡分二途:其一則天子特標其科名,詔內外臣工薦舉者,此爲後世制科之先聲。又其一,則州郡以人口爲比例,察舉秀孝,則遞嬗而成後世之鄉舉。其在後世,制科鄉舉兩途,皆有考試,而原其朔,則皆無之。按漢策賢良,始於孝文之於晁錯。其後相沿,賢良皆由親策。惟孝昭年幼未即政。故但詔有司問以民所疾苦。然所問者,鹽鐵、均輸、榷酤,皆當時大事,令建議之臣,與之反覆詰難,講究罷行之宜。至漢武之於董仲舒,意有未盡,則再策之,三策之。晉武帝之於摯虞、阮種猶然。蓋誠以其人爲賢良,故詔以當世之務,猶有師其臣之意;非防其冒濫應舉,而以是考核之也。可參看《文獻通考》卷三十三按語。制科非常行之事,姑勿論。今請一論漢時州郡察舉之制,何以漸變而爲隋唐後之科舉,亦可見考試之興,出於事勢之相迫而不容已也。按漢代詔諸侯王郡守選舉,始於高帝十一年。詔有"有而弗言覺免"之言。武帝元朔元年,又以闔郡不薦一人,詔議不舉者罪。則此時之願應選者蓋甚少。然及世祖元年,已有"方今選舉,賢佞朱紫錯用"之言。見《續漢書·百官志注》。至章帝建初元年,則謂"茂才孝廉,歲以百數。既非能顯,而當授之以政,甚無謂。"和帝永元九年,則謂"郡國舉主,不加簡擇。先帝明敕所在,令試之以職,乃得充選,其德行尤異,不須經職者,別署狀上。而宣佈以來,出入九年,二千石曾不承奉,恣心從好,司隸刺史,訖無糾察。"樊儵上言:"郡國舉孝廉,率取年少能報恩者。耆宿大賢,多見廢棄。"又田歆爲河南尹,外甥王諶名知人。歆謂之曰:"今當舉六孝廉,多得貴戚書命,不宜相違。欲自用一名士,以報國家,爾助我求之。"見《後漢書·种暠傳》。當時選舉之濁亂,至於如是,其不得不加以考試,以杜冒濫,固勢有必然者矣。考試之制,發自左雄。雄始請孝廉年不滿四十,不得察舉。皆先詣公府,諸生試家法,文吏課箋奏。此實爲郡國舉士,朝廷復加以考試,然後用之之始。史稱"濫舉獲罪,選政爲肅",則當時考試之法之出於不獲已,蓋可見矣。魏晉以後,九品中正之法行,官人者惟以門閥。選舉之法又大壞。及隋唐時,遂廢之,而代以後世之所謂科舉。夫隋唐時之科舉,原即漢時之州郡察舉也。所異者,前此之選舉,權操於舉之之人。士實有被舉之具,而舉不之及,在懷挾此具者,固無如何。而自唐以來,則士可懷牒自列。夫士而懷牒自列,州縣誠無必舉之之責也,然亦既懷牒自列矣,則終不得不試之;亦既合而試之,則終不得不於其中舉出若干人。故就懷牒自列之人言之，誠未必其必獲舉。然合其全體言之，則長官之選舉，遂不能高下從心。此實人人有服官之權之所以克現於實；而亦操選舉之權者，所以受一大限制也。夫操選舉之權者，既以士之懷牒自列限制之，而不能高下從心；而願應舉者，則又必以官吏考試之，而不容即以其自列之言爲信。兩方面皆有權利，皆有制限，此即隨唐後之科舉，所以異於漢時州郡察舉之制者也。蓋在古者，平民貴族之階級，截然畫分。貴族常操治人之權，平民甘居受治之列，初無不平之心。至於後世，則此項階級，逐漸泯滅。人人皆可爲治人之人。亦人人皆可爲治於人之人。然居治人之位者，權力必較優，而所獲亦必較厚。則固爲事所不能免。夫權力較優，而所獲較厚，則人不免有幸得之情；而操選舉之權者，亦不免以是私其所親，或挾以爲市。其不得不有法焉，以限制應選之人之冒濫；又不得不有法焉，以防選舉者之徇私；固勢所必然，而理無可易者矣。世之論者，率多混科舉與考試爲一事。因科舉之有弊，遂並考試而不敢言。殊不知科舉之弊，在於所試之非其物，而不由於考試。唐時科目甚多。常行者爲明經進士，進士試詩賦，其浮華無實，人人知之。帖經者，責人以默寫經文，墨義者，責人以熟誦疏注；其制皆見《文獻通考》。蓋古人以經爲學問之本；而其治經，則又以習熟經文及先儒成說爲要；故有此可笑之制也。宋王安石始以諸科不爲人所重，盡廢之而但存進士。其試進士，則去詩賦而用經義。而其所謂經義者，則又廢帖經墨義而用大義。自當日之人論之，固易無用爲有用矣。然語其實際，則經義之無用，猶之詩賦也。然唐宋試士，不過人專一經；多則責以兼經耳。安石變法，猶沿此制。南宋後復變安石之法，詩賦經義，亦分兩科。其事固人之所能爲也。至明清兩代，則既試四書五經文，又須試詔誥表或詩，又加之以策間。幾合前此各科之所試者，而責之於一人之身。其事已非復人之所能，於是不得不專重四書文，而盡捨其餘。而其所謂四書文者，則限以代古人立言，用排比之體，更爲支離滅裂，於是應舉者之所學，遂不知所云矣。然此固所試者之非其物，而非考試之咎也。在當日學校中，亦以此等文試之，又得因此而謂學校可廢耶？考試之法，惟有一弊，必不可免者，即應試者之所學，但求其足以應試而止，他皆不問。王安石變法之後，所以嘆“本欲變學究爲秀才，不圖變秀才爲學究”也。然使所試者爲有用之事，則應試者終必畧有所知。較諸今日，即由教之者試之之毫無責成，則終勝矣。苟去其所試之物，而保留考試之制，夫固未嘗不可行，且行之而必有利者也。

　　凡爲政之道，必不能廢督責。督責者，法家之術也。法家之術，論者率以爲刻薄寡恩，行之必至於亂天下。其實事之獲理者，恒陰由之而不自知。魏武帝、諸葛亮等，皆行法家之術以致治者也。今人中，嚴幾道、章太炎、章行嚴等，亦時有主張法家之論；而嚴氏主之尤力。見《學衡》雜志所載嚴氏與熊純如諸書。蓋天下可無政治則已；亦既有之，則既有治人與治於人之分，即不能無治人之術。法家之言，治人之術也。法家之精義甚多，而其最要者，莫過於臣主異利一語。夫臣主異利者，非如世俗所云，欲爲一姓一人，保其產業，而爲之設制防其下之法也。以意逆志，繹其義而勿泥其辭，則所謂臣主異利云者，謂治者與受治者，利益恒有衝突；更申言之，則私人之利益，與公衆之利益，恒有衝突；故公衆不能不有所藉手焉以制裁之。所謂臣者，則但圖自己利益之人；所謂主者，則代表公衆利益之人云爾。其在昔者，被選舉之人，必由官吏考試之，以杜其冒濫；而操選舉權之人，又必令被選舉者自列，以限制其高下從心，則根據於此原理者也。今日受教育者，所處之地位，較恒人爲優；所獲之利益，亦視恒人爲厚；有以異於昔乎？無以異於昔乎？吾嘗問一師範生："今爲小學教員至清苦，公何樂而習師範？"對曰："在鄉間作店夥，月入至多不過四元，寒暑不得息，宵分乃得寢矣。作小學教員，凡入最少亦得六元；夜間可早休息，寒暑尚皆有假也。"其地位既較優矣，其利益既較厚矣，則人不能無倖得之情；而操予奪之權者，亦遂不能保其皆大公無私；即謂其不作私弊，然師徒終歲同處一堂；與學生父兄，亦易接近；欲責其破除情面，豈不甚難。胡適之謂國立八校，無一人以不及格留級者，實爲今日教育家之恥。然由今之道，無變今之俗，欲其不如是，恐不可得也。夫立法不貴苟難，而貴使人人可守。昔時關防回避諸制，亦皆具有深意也。有以異於昔乎？無以異於昔乎？夫人情不甚相遠也；即謂相遠，而在同一境地之中，其相去亦必不能大甚。今日之社會，人之地位，不能無高下，人之利益，不能無厚薄；有以異與昔乎？無以異於昔乎？苟其無之，禁防之術，如之何弗施？

　　故今日之事，有亟宜假考試以救其弊者二：一議員選舉，一學校成績考查是也。選舉之弊，在今日幾於人人能言之。由今之道，無變今之俗，而謂能得代表國利，代表民福之人，吾誰欺？欺天乎？故論者或謂選舉之先，宜加以考試，試而及格，然後聽人民就其中選舉焉。此誠救時之良策；仿行外國之制者，所宜盡斟酌損益之道者也。猶有謂必制不可行者，非墨守外國制度，則全不察今日之情實者耳。惟振興教育之舉，其一部分，是否可兼用考試，以代今日之設立學校？而既設學校之後，是否仍宜有考試之法，以督責辦理學校之人？則知此理者尚少，不得不一縱論之。

　　凡學問之範圍，恒自小而漸擴於大。方其範圍尚小時，一國中通此學問之人尚少。欲求通此學問者，必於此少數之人；即亦必於一定之地。及其範圍既大，則通此學問之人，隨處有之。即求此學問之地，所在皆是。吾國歷代，惟西漢一朝，學問之重心，其在大學；至東漢以後即不然；職是故也。漢代古文之學，始終未立學官。然東京末造，古學大盛，魏晉而後，今學傳授之緒竟絶。即可見當時十四博士及三萬生徒之不克負荷矣。夫公家設立學校，招致生徒，而延師以教之，乃教育之一法耳；不得謂教育必當如是也。今日學者所當求之學問，可大別爲二：一吾國所固有者。一傳自外國者。吾國固有之學問，固到處有能通曉之人。即傳自外國之學問，其程度淺近者，海內亦已不乏通曉之士。惟欲求高深，則在今日，人才尚少，羅致極難；而書籍儀器等，所費亦極巨；非承學之士所能致，亦非今日興學風氣未盛時，私家設學者之所能任；不得不由公家為之設校耳。至於吾國固有之學術，及傳自外國之學術，其程度屬於普通者，公家即不設校，而但懸一格以試之，亦不慮人之不能自奮也。此則雖以考試代學校，而振興教育之目的，亦不慮其不能達者也。

難者曰："以考試代學校，姑無論其可不可也；即曰可焉，而由公家遍設學校，豈不更善？子之必主以考試代學校者，何也？"應之曰：致治之道，莫要於執簡以馭繁。夫今日之教育，所以大異於昔者？曰：今以教民，昔以教士而已。蓋閉關自守之世，不求民之智，而君主專制之世，且深慮民之智。其意以為治人者宜學，而治於人者則不必學也。故其所謂教育者，專施之於作官之人，而今則欲胥全國之民而教之，此其根本不同之處也。夫如是，則今日應受教育之人，其數實十百千萬於古而未有已。而言教育者，遂有兩難題生焉：一曰設校不多，不能普及。二曰設校雖多，而腐敗不堪，實與未設者等。夫以中國之大，苟人民不知自謀，一一恃司教育之政者為之遍設學校，其事既有所不給矣；況乎既設校之後，又欲一一監察之，使不至有名無實耶？吾謂中國而不言教育，言教育而不求其善則已。苟其不然，則必不能全恃行政之力，而必有待於人民之自謀。人民自謀之術維何？一曰捐貲以興學者之多；二曰延師以教其子弟者之多；三曰藉授徒以謀糊口者之多而已。而是三者，則皆可藉考試以致之者也。蓋天下之事，莫要於是非黑白之彰著。是非黑白既彰，則人思自奮。夫中國人，固最好令其子弟入學，亦最好捐資興學者也。觀於向者各地方皆有書院，及義塾私塾之林立可知。今者捐資興學，固不乏其人，然較之往昔，則尚不逮。私家之延師以教其子弟，及私人之藉授徒以糊口者，亦日見減少。是何也？則是非黑白之不章為之也。蓋自學校設立以來，更無監察之人；學生成績之良否，則決諸教者之一言而已矣。夫人之情，莫不自私。彼既自教之而自試之，安得不回護其短？其所謂成績者，安足以見信於人？今有人焉，欲求其庖人之精於烹調也，於其治饌之時，不惜自臨視之；及其食之既成，則不自食，而即使庖人嘗焉，而憑其言，以決其善否；則其庖人所具之饌，焉有不善者乎？今之督察學校者，於其辦事之時，時時派員查察之，謂之視學；獨於學生之成績，則一聽教之者之品評，則何以異是？教育家日日標榜其成績，而世之人顧目笑存之，曷足怪哉？夫學校之成績，而不為世之所信，則興論不視立學為有益社會之舉，肯捐資以設學者自寡矣。又今之求人才者,自必於學校。然學校畢業之士,則以教者自教之而自試之故,不免有名無實。挾有畢業文憑者,其才遂未必可用。論者不知教育之未盡善也,乃以學爲無益。夫以學爲無益,則肯延師以教其子弟者自少;而藉授徒以糊口者,亦不能立足矣。故今日之急務,在使人曉然知興學及求學之益;而欲使人曉然知興學及求學之益,則考試其善術也。夫以中國之大,而欲由公家遍立學校,勢必非行政官吏之力所能及,必不能無委諸地方自治團體。夫今日之地方自治團體,果何如乎?特報紙無敢直言,而人民亦無能揭發其覆者耳。果使舉地方教育之事,一以委之,則款項經其手者,必至不可究詰;而其所謂學校者,則懸一匾額,招致其私昵者爲校員,而其餘則一切不問耳。此非吾之讕言,固徵諸事實而可見者也。地方自治如此,若恃官吏,其敷衍因循,有名無實,更不待言。人民將不見興學之益,而徒以負擔教育經費爲怨矣。誠以考試之制調劑之。每一地方,雖由公家設立若干校,然考試必另派員。學子之自修於家者,亦得與學校生徒,一體應試。則私人之延師以教其子弟,及恃授徒以糊口者必日多。彼其所費雖較巨,然自用諸其子弟,則雖費而不怨。彼自爲其子弟擇師,不慮其不盡心也。所慮者,不能分別師長之良否耳,而公家以考試明示之。其師之教育而善,則其學生應試,及格者必多。其師之教育而不善,則其學生應試,及格者必少。爲子弟擇師者,既不慮無所適從;藉授徒以糊口者,自不敢懈於教誨。公家所立之學校,以其學生,與自修於家者一體應試故,短長以比較而自見,溺職者將無所逃其罪;私家之興學者,亦以得所觀感,而益自奮勵;一切將不待監督而自善矣。夫如是,國家之於教員,但分別善惡,以盡指導之責,而其餘則悉聽人民自謀,此則真所謂德莫克拉西也。若如今日之所爲,人民並不知教育之益,一切以政治之力强迫之;而其所謂教育者,又皆有名無實,自欺欺人;此則專制之餘習而已,何民治之足云?

以上所言,爲程度較低之教育,到處能得師資者言之也。至於高等教育,不能隨地得師;而一切設置,亦非私人之力所及者,在今日自不能不藉公家之力,爲之設立學校。然由主持教育行政者,另行派員考試;而必不可即以考試之權,委諸平日教之之人,則仍爲最要之義,不容假借。何者?凡行政之道,必不能廢督責。學校既由公家設立,即不能謂非政治;而考試學生,則正所以督責教員也。夫學校貢舉之法,莫備於明。明代非無學校也,然特儲才以待科舉。郡縣學生,初無入仕之途,國學生雖可入仕,亦遠不如由科舉得官者之尊顯。知平時教之者之言,必不可信,故寧另行派員考試,決之以一日之長短也。生員入學之試,初由巡按御史、布按兩司及府州縣官,後乃特設提學。不以考取學生之權，畀之教之之教官也。提學在任三歲，兩試諸生，不以考核學生成績之權，畀之教官也。各省主考，初於儒官儒士內聘用；繼由布按兩司，會同巡按御史，就現任教官中推舉，終乃悉派京官。知人之情每好徇私，防之不得不嚴也。蓋吾國考試之制，愈古愈寬，愈至後世愈嚴密，至有明而大備。以其法之備也，故任事之吏，不能舞弊於其中；而舉國之民，乃得自奮於其下。彼其所得人才之無用，則以其所求者固爲無用之學耳。假使持是具也，以求有用之學於人，吾知亦必能得其所欲。若如今日，即由教之者試之，吾恐明清兩代，真能作八股之士，且將寥寥矣。然則法家督責之術，乃正所以孕育德謨克拉西也。

　　章君行嚴，嘗演說於廣州，謂“科舉之制，能起天下之寒畯，而畀之與席豐履厚者同等之機會。一舉以廢之，實爲過當”。斯言也，亦可深長思者也。昔時科舉所試之文，與治事所用之學，久判然爲兩途。故能弋獲科舉者，惟在宦途較人多佔便宜。此因科舉之制，本爲舉官之途而然。至其任事於社會，則其升沈榮辱，仍一視其人之學識才技以爲衡，何者？得科舉者，惟嫺於應舉之文，他事初未必長，人人知之。抑科舉之制，限於名額，即以應舉之文論，亦未必得舉者必長，而不得舉者必短，亦人人知之也。今之設立學校，則固明詔天下曰：“吾之所教，爲切於實用之學。畢業於某種某級學校者，則可任某種某級之事；而不然者，則不能矣。”夫使畢業於學校者，誠皆名實相副，則士之自修於家，而其程度與學校畢業相等者，已不易見用於世。況夫畢業於學校之士，實或不副其名，而徒以處境較豐，能在學校中肄業若干年，遂獲挾其畢業文憑，以浮沈於世；使自修之士，雖有才而莫能與之競；其不平孰甚？或謂：“試用之始，雖或以資格論，而及其久用之，則必取其能勝任者。濫竽充數者，不患其不淘汰；果有才能者，亦不患其不見用也。”不知人之才學，非一望可知；必試之稍久而後見。彼資格不逮者，且不獲見試於世，而何得積久以見其所長耶？科舉時代之讀書，初無一定程式。千金而延名師於家，固讀書；挾書匍匐，竊聽於他家書塾之外，且致爲其所逐者，亦讀書也。凌曉樓先生事，見《安吳四種》。及其合而試之，但問其程度如何，不問其何從學之也。今也不然。不問其程度如何，而但以在校年月淺深爲斷。夫能畢業於今中等以上學校者，必其有中人以上之產也。然則使中產以下之人，何途以自奮？夫人能勤苦於學問，及其學之既成，則能切實任事者，大抵出於中下之家。至於膏粱紈綺之子，則殊無望。今舉國所重，莫如留學生，尤莫如西洋留學生。留學西洋，固非中產以上不能；雖有官費，亦多爲較有勢力者所佔。然則今日之教育，其毀壞人才多矣。世皆責留學生不能大有益於世，而烏知其派遣之非其道耶？

　　難者曰：“子訾今日之學校，學生之成績，即由教之者試之爲不公；而力主另行派員考試。夫向者之科舉，其關防可謂嚴密矣，然真才之見遺者，比比皆是也。”應之曰：科舉所以舉官，實即今日之文官考試。官缺有定，則科場取中之額，自不能無定。既有定額，真才自不能無見遺。今日之考試，則但取證明某人果有何種學問，已達何種程度耳。有此學問之人有若干；即中式之人有若干，絕不必限以名額。既無名額之限，有才者自不患其見遺矣。且公家設立學校，而發一畢業文憑與人，是不啻明告社會曰：此人之某種學問，已達某種程度也。而其試之乃即由於教之者。以人之情論，固不能無私，而國家絕不別籌核實之方，而即以其言爲信。是則司教育行政者，與學校中任事之人，扶同以欺社會耳。烏乎！可難者又曰：“科舉所以爲流俗所歆羨，以其取中有定額，而得之者有限也。今既無定額，則人人可以得之。得之者多，即歆羨之情澹矣。”應之曰：科舉所以舉官；今日之考試，則用以證明人之學業。既各有可貴之道，即不患無歆羨之情。且科舉有定額，有才者自無皆得之理，不得者可諉之於命。今既去名額之限，則人人可以得之；人人可以得之而不能得，即足以暴露其程度之不及；此實足以爲恥，承學者將益自奮矣。難者曰：“考試之法，徒能知其知識耳。此法苟行，世之言教育者將徒注重智識一端，道德體格，皆所不問；不如現在學校之三育俱備也。”應之曰：子以爲今學校文憑所記之操行運動分數，果足以表見學生德育體育之成績耶？以法家之義衡之，凡任事者自道之言，一字亦不足信。今日學校之文憑，只可視爲廢紙耳。此則并其知識之試驗而亦豁免之，非能表示其德育體育之成績也。且體格固未嘗不可試驗也，所不能者德育耳。此在今日，實爲無可如何之事。不能因德育之無可試驗，遂並智育體育，而亦置諸不問也。難者曰：“考試之所憑者，則一日之短長耳，安足爲信？”應之曰：以法家之義爲衡，任其事者自道之言，既全不足信，則考試猶有一日之短長；今日即由教者試之之制，乃並一日之短長而亦不能知耳。此亦不足爲難也。難者曰：“學校辦理之善否，自有輿論監察之。十目所視，十手所指，其爲嚴密，豈不遠愈於政治之督責？而焉用此法家束濕之術爲？”應之曰：輿論者，不負責任之辭也。雖其無心，猶多盲目，況其可以造作乎？吾見世之虛譽隆洽者，多交私養望之徒，而困阨不得志者，多悃愊無華之士矣。善夫！莊生之言曰：“爲之仁義以矯之，則併仁義而竊之。”此固人智之不齊，無可如何之事。然自法家“不采虛譽，但責功效”之義明，而世之竊其實併竊其名者，其技亦少窮矣。且輿論又易遷之物也。九品官人，人人知爲弊制。然其始創，蓋亦因漢末之重鄉評。故陳壽居喪，使女奴丸藥，至於沈滯累年。謝靈運因愛幸會稽郡吏，贈之以詩，坐廢不預榮伍。雖或失之過拘，一時固未嘗無彰癉之效。然及重鄉評之俗既改，而九品中正之制仍存，則任愛憎，快恩讎之情勝，攝勢畏禍之弊作，終至上品無寒門，下品無貴族矣。然則輿論即使公正而足憚，猶不可恃以爲安，況夫今日之輿論，又決無是非，而初不爲人之所忌者耶？難者曰："子之言則辯矣。然一以法家之義爲準，將舉世無可信之人。辦理學校之人，固不可信矣，另派考試之員，又安見其必可信？"應之曰：吾固言之矣。致治之道，莫要乎執簡以馭繁。專司考試之員，其人數固較辦理學校者爲少；且其事特在一時耳。尚不能得可信之人，且監察之使之無弊；而謂舉全國之辦理學校者，乃能一一得人，且皆監察之使之無弊，不又欺人之談乎？

要而言之，民治之所以不昌，非獨一君主爲之害，阻礙之物正多。阻礙之物爲誰？凡口言公益，而實便私圖者，一切皆是。今君主雖去，而此等阻礙之物猶存，且因政治之廢弛，而跋扈益甚。爲國者一方面當防閑政府，使不復如昔日之專恣；一方面又當督責政府，屬行綜核名實之政，將此等阻礙之物，逐漸鏟除；然後真民治乃有實現之日。否則安用此中國主人公之虛號爲？且必阻礙之物，逐漸鏟除，而後真民治乃得句芒於其下。若一任僥幸之士，藉口民意，自便私圖，則王政必順民情，數千年來之政府，又何人不以之爲口實哉？信斯言也。則今後法家之術，應用之處正多也。

此題關涉太大，倉卒成之，殊覺未能盡意。撰成後，又見《華國月刊》第七期但君《改革學制私議》，其所論列，有與鄙見相合者，亦有與鄙見異者。涉想所及，並記於下。

但君斥今日之教育爲營業，而欲復國家養士之規。予謂教育之成營業，在今日已成爲無可如何之事。但營業不當由官爲之耳。蓋古者求學與謀生，截然兩事。至後世則不然。此非必後不逮前。以進化之理言之，亦可謂古不知重學問，故學問者無處謀生；後世漸知重學問，故學問可爲謀生之具也。然天下人知謀生者多，愛學問者少。彼既以謀生故而求學問，則其從師，猶爲工商者之從人習業；師則授之以謀生之具耳。安得不以市道相交？今日學校教師，誠多不學無德之徒，豈無一二志潔行芳，非公正不發憤者？曾無益於學風，何也？舉世滔滔，有箝口結舌已耳。使其不然，則早被擠排以去，且目爲怪物矣。更不然，強恬不捨，亦孰令聽之？一世之風氣如此，而何術已挽之哉？若曰：國家隆儒右文，待碩學以厚禮；於後起之俊秀者，則厚糈以養之，足以歆動一世也。則今後政府之財力，將不逮一巨賈，以實利則不給；以空名，人孰重之？故欲求人人砥礪德行，愛好學問；其從師也，真為德行道藝而來；而師之教其弟子也，亦誠以樂育後進為事；非至公産實行之後，男有分，女有歸，學問道德，與謀生全然離開不可。若在今日，則求學問者，十之八九，皆為謀生，固事之無可如何也。夫鳥獸不可與同羣，因天下之無道，而益勵其操者，當世豈曰無人？然其數實少而又少。此等人，必名世之大儒，乃能教育之。夫名世之大儒，固不世出；固不可强求；即少數志節之士，亦非能求則得之者也。故吾謂今後之言教育，不如直截爽快，將道德二字勾銷。明詔天下：吾之所求者，為應世之學與技耳。何者？應世之學與技，有形可見；考核之法易施，督責之術可用。一將道德及真學問牽入，則考核之道窮，而督責之術廢，則其事必至於大壞，如太炎所謂積弊不可爬梳者也。故吾謂以教育為營業，為藉學問以謀生者必至之符，此為社會組織之罪，非國家行政者之罪，亦非今日為師若弟子者之罪。夫生必有待於謀，而學問技術之事。<small>此言應世之學問技術。</small>世又不能不用，則人自將藉學問技術以謀生；而學問技術，亦即藉人之恃以謀生而長存，而益進。故所惡者，為無學問技術者，冒充有學問技術；使有學問技術之士，不獲見用，而事益敗壞耳。斯弊也，官立學校，最易致之。而用考試之法，則必可大減，吾所以主張考試者以此。至於養成少數志節之士，本兼善之心，以移易天下，則其事當待命世之儒為之，非今日之國家所能為，亦不當以之責今日之國家也。

　　但君謂治法政者，不讀九通、明清會典奏議、諸史刑法志、唐明清律，則不知政化、律例、創始、因革及積弊之由來，與夫歷代政治風俗偏重、變法得失不同之故。治經濟學者，不讀九通、諸史平準、食貨、國用、錢幣之記載，則不知物價及度量衡變遷、錢幣得失、賦稅利弊、歷代工稅、用民力不用民力之別。不讀公私地志，則不知出産之盈虛、賦稅之厚薄、地方之利病。治歷史者，不讀正史，則不能精熟一代之事，而於古今不能貫穿。不讀《通鑑記事本末》，則不能貫古今之大勢云云。此皆高才博學之事，豈能期諸人人？須知天下人才，只有此數。此其人非可養而成。昔之言養士者，誤即在此。夫責人以所不能為之事，則人將併其所能為者亦不為。昔之養士者，欲舉所養之士，使悉成非常之才；其事既非夫人所能，其效遂非操券可責。而為士者，遂至竊其名而遺其實，并常人之所能為者而亦不能焉。夫君子之律己也，不以常人自待；而其治天下也，則但求人之能為常人。何者，其效可期，其實易責也。故今後公家之於士，無論設學以教之，懸格以試之，皆當但求其能達普通程度而止。

過此以往,非可設制度以求。待夫政治清明,生計寬裕;考試之法,行之稍久,是非黑白彰著,無實之士,不復能竊其名。好善之家,自能設立學校、圖書館、試驗所等,以培養人才;真有志者,不患無就學之所也。若必待國家養之,則必爲叢弊之淵,而效不可睹,如但君所云矣。故拙著於較高之學問,雖主由公家立校,而初不期其有功。蓋兩漢皆視學校極重。至東漢末造,章句漸疏,浮華相尚,浸至釀成黨錮之禍,似學校之無益矣。然東漢時私家教育大盛,大師著錄,至千萬人,則兩漢官立學校提唱之功也。宋慶曆之際,大學亦嘗興盛矣。至南宋以後,亦成巨患。然此後講學之風大盛,書院之設益多,則亦北宋之流風餘韻也。故吾雖謂今日講求高深學術,宜由官立學,而初不期其有功;但期其能署事提唱,使私家講學之風漸盛而已。事固有其弊在此,而其效亦在彼者;失馬得馬,禍福相乘,未易執一端以蔽其功罪也。歷史成例,往往非一時所能逃。以人心不能驟變,生於其心者既同,發於其事者亦必同也。故吾謂今後學校之隆替,仍將一如往時。公家立學,但能藉此提唱而已,不能責其有功也。申言之,則官立學校之功,至私立學校大興,而自己受淘汰之日乃見。其責任亦至此而止。

但君謂入學畢業考試,皆當由政府派員,監臨扃試監試讀卷糊名錄朱磨勘之法,一如科場故事。吾謂此中手續太繁處,或可稍事減省,而大意則必不可失。蓋畢業由政府另行派員考試,則有無成績,不以其自己所言爲準,乃得謂之可信。入學亦由政府派員考試,則學生程度,已與人以俱見,畢業時成績不善,不得藉口於學生程度本來不及也。夫如是,則教者之功罪可明,乃可施之以賞罰。明時嘗以學生鄉試中式之多寡,定教官之殿最矣。夫鄉試取中,既有定額,則此法爲不通,故其後卒不能行。如吾所主之考試,既去名額,惟論其及格與否,則據此以定教者之賞罰,乃至公之法也。賞罰之典,宜遍及於各教員,而不得專於校長。某科學業不及格者,即罪某科教員。某科成績善者,賞亦如之。如是,校長教員,各有專責;而校長任用教員之權可去。凡校長教員,皆宜有一定之資格。其任用,由教育部主之。不可分畀各省,以防緒多而弊生。資格之初定,以考試行之。既定之後,一切任用,皆照定章,教育部亦不得出入。惟任職之後,仍宜由教育部派員,隔兩三年則一試之。考試學生之成績,所以覘其任職之勤惰;而考試其人,則所以覘其學問之進退,二者各有用意也。校長既無任用教員之權,又宜去其管理學校經費之權。凡員役薪俸工食等,均由管理財政機關,直接發給本人。建造學舍,購置書籍儀器等事,雖可由校中任事之員規畫,而經手辦理,必由校外之機關任之。校中任事者辦公之費，酌中定額，亦直接發給各辦公之人，此外即不得再立辦公費名目。必其實難預定，且極瑣碎者，乃得名之曰雜費，發給校中，由會計管理。會計亦由他機關派員充之。半年一任，不得聯任。亦不受校長及他教職員節制。如是則校長教職員等，皆可用有道德學問之人，不至如今日，非兼長世務者不能爲也。其用之既依定法，非法即不能撤換更調。如是，學生知其來也，以正當之途，非由運動情面，則愛敬之情生；知其攻而去之之不易，則不敢以自便私圖，動輒凌犯師長。師弟有互訟者，必徹底查究。罪之所在，校長教職員革職，學生開除外，仍宜按法律坐罪。如此，則是非明白，綱紀肅立；官立學校，猶不敢望其有功，然庶不致爲積弊之藪，如太炎所云不可爬梳者，乃可徐以俟私家教育之興替矣。今日教育敗壞之本，一言以蔽之，在其事爲行政，而督責之術不施。而世之論者，乃益欲聽其自由，崇其虛禮，如改校長之委任爲聘用之類。而去督責之術，南轅北轍，偏其反面，以是求治，不亦遠乎？或謂：“如此束縛馳驟，有志節之士，皆將望望然去之。”此誠然，然任法求治者，本不期得上才，雖不能得上才，而亦能使下駟絕跡。絕長補短，較諸毀法爲治者，所得由多也。況夫吾論官立學校，本不期其有功也。

　　今日用人，太無定法。故鑽營奔競，結黨把持之事，隨處皆是。此弊不除，管葛無以爲治。留學生雖學於國外，而證明其學業程度，亦當由國家以考試行之；不得謂本國學校畢業文憑不可信，外國學校畢業文憑即可信也。爲治之道，貴絕私譽。今日各種學生中，虛譽以留學生爲最盛。凡曾留學外洋者，社會必多重視之。故其人雖無實學，亦得藉頭銜以欺世。若由國家嚴行考試，甄別優劣，則遊而不學，甚至挾資以買畢業文憑者，必將累試不第，則私譽破而公是非明矣。氛霧四塞，必得迅雷疾用以震蕩之，乃有清明之象。今日是非，淆亂極矣！何謂有德？何謂有才？孰爲有學？一以其冒恥自陳，及其私黨之所言者爲準耳。此各處皆如是，然最負名譽者爲學生；學生中最負重名者爲留學生；留學生之私譽一破，則其餘朋黨所立之私譽，一切破矣。射人先射馬，禽賊先禽王，此之謂也。

　　法家之議，舉世莫知，舉世訾之，然其可以致治，則事實昭彰，不可掩也。吾鄉賦稅，率由鄉民自行議定完納日期；及期，則交給按田產派充之地保；盡舊曆除夕，完納於官。鄉民及期而稅不完者，罰之重，數十倍於其所納之稅。地保於舊曆除夕破曉以前，不能以稅已交官之據，歸報其鄉人者，罰之重亦如之。鄉民無論如何貧苦，地保上下城鄉，無論如何困難，無敢稍通緩者。自吾大父之所睹記，迄於今，幾百年矣，常如是也。此法家所謂罰重而必，則可徒設者耶？儒家謂任德可致刑錯，徒聞其語；若法家之所主張，則吾見其事矣。昔年某省教育廳，常議全省學校，皆由廳派員考試。議既布，各校震動，教職員之任事皆加勤。已而有某校長者，有寵於督軍，訟言"本校學生，決不受試"。教育廳慚其令之不行於貴近也，自廢其議。事雖不行，然另行派員考試，必足以督策辦學之人，則固已有徵矣。

原刊光華大學《光華期刊》第二期，一九二八年一月一日出版

訂　戴

　　戴東原作《原善》、《孟子字義疏證》，以攻宋儒。近人亟稱之，謂其足救宋儒之失，而創一新哲學也。予謂戴氏之説，足正宋學末流之弊耳。至其攻宋學之言則多誤。宋學末流之弊，亦有創始之人，有以召之者，戴氏又不足以知之也。宋學之弊，在於拘守古人之制度。制度不虛存，必有其所依之時與地。而各時各地，人心不同。行諸此時此地，而犁然有當於人心者，未必其行諸彼時彼地，而仍有當於人心也。欲求其有當於人心，則其制不可不改。是以五帝不襲禮，三王不沿樂。此猶夏葛而冬裘，其所行異，其所以求當同也。宋之世，去古亦遠矣。民情風俗，既大異於古矣。古代之制，安能行之而當於人心乎？宋儒不察，執古之制，以爲天經地義，以爲無論何時何地，此制皆當於理。畧加改變，實與未改者等，而欲以施之當時。夫古之社會，其不平等固甚。宋時社會之等級，既不若古之嚴矣，在下者之尊其上，而自視以爲不足與之并，亦不若古之甚矣，宋儒執古之制而行之，遂使等級之焰復熾，與人心格不相入。戴氏之言曰："今之治人者，視古聖賢體民之情，遂民之欲，多出於鄙細隱曲，不屑措諸意，而及其責以理也，不難舉曠世之高節，著於義而罪之。尊者以理責卑，長者以理責幼，貴者以理責賤，雖失謂之順；卑者、幼者、賤者以理争之，雖得謂之逆。於是下之人，不能以天下之同情，天下所同欲，達之於上。上以理責其下，而在下之罪，人人不勝指數，人死於法，猶有憐之者。死於理，其誰憐之？"夫使尊者、長者、貴者，威權益增；而卑者、幼者、賤者，無以自處，是誠宋學之弊，勢有所必至。由其尊古制，重等級，有以使之然也。東原又謂："今處斷一事，責詰一人，莫不曰理者。於是負其氣，挾其勢位，加以口給者理伸，力弱，氣慴，口不能辭者理屈。"此則由人類本有强弱之殊，理特具所借口耳。不能以此爲提倡理者之罪也。至於以理責天下之人，則非創宋學者之所爲，而爲宋學末流之失。戴氏又謂"理欲之説行，則讒説誣辭，得刻議君子而罪之，使君子無完行。"夫以宋儒克己之嚴，毫厘不容有歉，因推此以繩君子而失之嚴，事誠有之。至於小人，則宋儒曷嘗謂

436

其欲可不遂，而不爲之謀養生送死之道哉？橫渠見餓莩，輒咨嗟，對案不食者經日。嘗以爲欲致太平，必正經界。欲與學者買田一方試之，未果而卒。程子提倡社會，朱子推行社會。凡宋儒講求農田、水利、賦役之法，勒有成書，欲行之當世者，蓋數十百家。其老未嘗行，其書亦不盡傳，然其事不可誣也。鄉曲陋儒，抱《性理大全》，佟然自謂已足，不復知世間有相生相養之道；徒欲以曠世之高節，責之人民，此乃宋學末流之失，安可以咎宋學乎？宋儒所謂理者，即天然至善之名，戴氏所謂必然之則也。戴氏稱人之所能爲者爲“自然”，出於血氣。其所當止者爲“必然”，出於心知，與宋儒稱人之所能爲而不必當者爲氣質、爲欲，所當善者爲義理、爲性，有以異乎？無以異乎？夫特異其名而已。戴氏則曰：“吾所謂欲者，出於血氣。所謂理義者，出於心知。血氣心知，皆天之所以與我，是一本也。宋儒謂理出於天，附著湊泊於形體。形體者氣質，適足爲性之累。是二之也。”夫宋儒曷嘗謂氣質非出於天哉？謂“義理氣質，同出於天，則氣質不應爲義理之累。宋儒謂氣質爲義理之累，是二之也。”然則戴氏所謂血氣者，任其自然，遂不足爲心知之累歟？謂任血氣之自然，不足爲心知之累，則戴氏所謂“耳目鼻口之欲，必以限制之命節之”之説，爲不可通矣。謂性必限之以命；而聲色臭味當然之則，必以心爲之君，則宋儒之説，戴氏實未有以易之也。若曰：“民之秉彝，好是懿德。心知之自然能好懿德，猶耳目鼻口之自然能好聲色臭味。以是見義理之具於吾心，與宋儒謂義理之性原於理，而理出於天者不同。”則宋儒固亦未嘗不謂理懸於吾心也，特本之於天耳。即戴氏謂義理之性，天然具於吾之心知，而摧厥由來，亦不能謂其不本之於天也。戴氏謂：“飲食能爲身之養者，以其所資以養之氣，與所受之氣同。問學之於德性亦然”是也。安得謂宋儒“更增一本”乎？

　　戴氏曰：“宋儒所謂理，即老氏所謂真宰，釋氏所謂真空也。老釋自私其身，欲使其身離形體而長存。乃就一身分爲二，而以神識爲本。推而上之，遂以神爲有天地之本。以無形無跡者爲有，而視有形有跡者爲幻。宋儒以理當其無形無跡者，而以氣當其形體。故曰心性之郛廓。”老氏、釋氏是否自私其身？是否歧神與形而二之？今不暇及。宋儒之辟釋氏也，曰：“釋氏本心，吾儒本天。”其所謂理，與老、釋之所謂神識非同物，則彰彰明矣。宋儒蓋病老釋以萬物爲虛，獨吾心所知見者爲實，則一切皆無定理，猖狂妄行，無所不可，故欲以理正之。宋儒所謂理者，乃事物天然之則，即戴氏所謂“有物必有則”，而其所謂義理之性，則吾心之明，能得此天然之則者，即戴氏所謂“能知不易之則之神明”也。安得視爲虛而無薄之物乎？

　　戴氏謂“老、釋內其神而外形體。舉凡血氣之欲，悉起於有形體以後，而神至虛靜，無欲無爲。宋儒沿其説。故於民之飢寒愁怨、飲食男女，常情隱曲之感。咸視爲人欲之甚輕。古之言理也，就人之情欲求之，使之無疵。今之言理也，離人之情欲求之，使之忍而不顧。故用之治人，則禍其人。夫人之生也，莫病於無以遂其生。欲遂其生，亦遂人之生，仁也。欲遂其生，至於戕人之生而不顧，不仁也。不仁實始於欲遂其生之心。無此欲，必無不仁矣。然使無此欲，則於天下之人，生道窮促，亦將漠然視之。己不必遂其生，而遂人之生，無是情也。故欲不可無，節之而已。謂欲有邪正則可，以理爲正，以欲爲邪，則不可也。”此爲戴氏主意所在，自比於孟子不得已而言者。吾聞朱子之言曰：“飲食，天理也。要求美味，人欲也。”則朱子所謂天理，亦即欲之出於正者。與戴氏謂“欲其物，理其則”同。未嘗謂凡欲皆不當於理也。人之好生，乃其天然不自己之情。自有人類以來，未有能外之者也。世固有殺身以成仁，亦有殺以止殺者。彼以爲不殺其身，不殺殺之可以止殺之人，則於生道爲有害。其事雖出於殺，其心仍以求夫生也。自有人類以來，未有以死爲可歆，生爲可厭者。戴氏以爲宋學者不欲遂其生爲慮，可謂杞人憂天之墜矣。若謂欲遂人之生者，先不能無自遂其生之心，則又有説。世無不肯捨其身而可以救人者，蓋小我之與大我，其利害時有不同。於斯時也，而無捨己救人之心，亦如恒人，徒存一欲遂其生之念，則終必至於戕人之生而不顧。此成仁之所以必出於殺身；而行菩薩行者，所以必委身以飼餓虎也。彼行菩薩行者，寧不知論各當其分之義，固不當食肉以自養，亦不必委身以飼虎哉？不有純於仁之心，固無以行止於義之事。彼行止於義者，其心固純於仁。所以止於義者，以所能行之仁，止於如此；不如此，則轉將成爲不仁；故不得已而止於此，而非其心之遂盡於此也。心之量，苟適如其分而已，及其行之，未有能盡乎其分者。而戴氏所謂戕人之生以遂其生之禍作矣。故以純乎理責恒人，宋儒未嘗有此；其有之，則宋學末流之失也。至於以純乎理自繩其身，則凡學問，未有不當如此者。抑天下之人，使皆進於高節則不能。誘掖天下之人，使同進於高節，則固講學問者，所當同具之志願。而非至天下之人，真能同進於高節，天下亦決無真太平之望也。

　　戴氏謂“老、釋以其所謂真宰、真空者爲已足，故主去情欲勿害之，而不必問學以擴充之。宋儒之説，猶夫老釋之説，故亦主靜。以水之清喻性。以其受汙濁喻氣質。宋儒所謂氣質，即老、釋所謂情欲也。水澄之則清，故主靜，而易其説爲主敬存理”云云。主靜之説，發自周子。其説曰：“立天之道，曰陰與陽。立地之道，曰柔與剛。立人之道，曰仁與義。"又曰："聖人定之以中正仁義而主靜，立人極焉。"蓋以人之所行，不越仁義。而二者名異而實同。義所以行仁，而仁則所以爲義立之體。無義固無以行仁，無仁亦無所謂義。當仁而仁，正其所以爲義；當義而義，亦所以全夫仁，所謂中也。止於中而不過，則所謂靜也。何以能靜，必有持守之方焉，則程子所謂主敬也。主敬而事物至當不易之則_{宋儒所謂理}。存焉矣。宋儒所謂靜，非寂然不動之謂也。戴氏之說，實屬誤會。

戴氏謂："宋儒詳於論敬，而畧於論學。"此亦宋學末流之失。若程、朱，則"涵養須用敬，進學在致知"，兩端固并重也。抑進學亦必心明而後能之，故反身自勘之學，終不能不稍重於內。戴氏曰："聖人之言，無非使人求其至當，以見之行。求其至當，即先務於知也。凡去私不求去蔽，重行不先重知，非聖學也。"此說與程、朱初無以異。又曰："聞見不可不廣，而務在能明於心，一事豁然，使無餘蘊。更一事而亦如是。久之，心知之明，進於聖知，則雖未學之事，豈足以窮其知哉？"此說亦與朱子一旦豁然貫通之說同。蓋天下事物，窮之不可勝窮，論明與蔽者，終不得不反之於心也。然與戴氏力主事物在吾心之外；謂心知之資於事物以益其明，猶血氣之資於飲食以益其養者，則未免自相矛盾矣。

戴氏謂："心之能悅懿德，猶耳目鼻口之能悅聲色臭味。接於我之血氣，辨之而悅之者，必其尤美者也。接於我之心知，辨之而悅之者，必其至是者也。"夫口之同嗜易牙，目之皆姣子都，耳之皆聰師曠，亦以大致言之耳。鴟梟嗜鼠，即且甘帶，人心之異，有不翅其若是者矣。謂義理之尤美者，必能爲人所悅，其然，豈其然乎？乃戴氏又曰："理也者，情之不爽失者也。凡有所施於人，反躬而靜思之，人以此施於我，能受之乎？凡有所責於人，反躬而靜思之，人以此責於我，能盡之乎？以我絜之人則理明。"故曰："去私莫如強恕。"夫人心之不同，如其面焉。固有此視爲不能受，彼視爲無難受；此視爲不能盡，彼視爲無難盡者矣。若曰："公則一，私則萬殊，人心不同如其面，只是私心。"則非待諸私欲盡去之後不可，因非凡人所能持以爲是非之準也。凡人而度其所能受以施諸人，度其所能盡以責諸人，適見其一人一義，十人十義，樊然淆亂而已矣。戴氏曰："心之所同然，始謂之理，謂之義。未至於同然者，存乎其人之意見，非理也，非義也。凡一人以爲然，天下萬世皆曰：是不可易也。此之謂同然。"此說安能見之於實？如戴氏之所云，亦適見其自謂義理，而終成其爲意見而已矣。

原刊《光華期刊》第三期，一九二八年五月出版

再致光華大學行政會書

敬啓者：鄙人於十六年四月間，曾上書貴會，請將本校學生軍，推行校外，並在法華鎮提倡社倉，以爲將來對外作戰之備。現貴會議員，雖多更易，然原書曾刊載本校周刊第一卷第五、六兩期，想知其説者尚衆。今日此議，推行尤易，敢舉大畧，爲貴會陳之。

本校從前之學生軍，係學生自行組織，參與者僅自願練習之人，本學期則由學校定爲課程，人人必習，能者愈多，推行校外，自益便易。推行之法，宜由本校商同軍事教練，將普通人初步可學之事，編爲課程。由本校學生願任此事者，擔任教練，招近地人民之願學者學焉。提倡之法，可以暫止於是。所教者宜極簡易，來去宜極自由，不可定出嚴密之規則，使人望風生畏。蓋領導民衆之所爲，宜以領導爲限。過此以往，則聽人民自爲，則流弊少而成功大，否則效亦反之。蘇文忠請存𣲖河北弓箭社之議，司馬温公論保甲之弊，固可資借鑒也。蘇氏之言曰：今河朔西路被邊州軍，自澶淵講和以來，百姓自相團結爲弓箭社，不論家業高下，户出一人，又自相推擇家資武藝衆所服者，爲社頭社副録事，謂之頭目。帶弓而鋤，佩劍而樵，出入山阪，飲食長技，與北虜同。私立賞罰，嚴於官府，分番巡邏，鋪屋相望，若透漏北賊，及本土强盜不獲，其當番人皆有重罰。遇其警急，擊鼓集衆，頃刻可致千人，器甲鞍馬，常若寇至。蓋親戚墳墓所在，人自爲戰，虜甚畏之。司馬氏之言曰：一丁教閲，一丁供送，雖云五日一教，而保正長以泥塗除草爲名，日聚教場，得賂則縱，不則留之。又曰：事既草創，調發無法，比户騷然，不遺一家。又巡檢指使，按行鄉村，往來如織，保正保長，依倚弄權，坐索供給，多責賂遺，小不副意，妄加鞭撻，蠶食行伍，不知紀極。中下之民，罄家所有，侵肌削骨，無以供億云云。

招收女生，本校言之已久，而迄未能行，豈不以宿舍之闕乏哉！鄙意今宜招募大學生，有願居鄉間者，以十人爲一隊，人數既定，則向鄉間租地或買地，造茅屋若干間，以爲此等徙居鄉間之大學生之宿舍。自此宿舍，造路以通本校，而將現在之大學生宿舍，漸次空出，以爲招收女生之備焉。此等宿舍，必須星羅棋布於鄉間，而不容聚居於一處，且必用土墻茅屋，而不容爲耐久堅固之建築，其理甚長，請得而畧言之。以今日中國處境之窘，遲早總不免與陵我者一戰。即無戰爭，亦不可無戰備，惟能戰乃能不戰屈人也。語曰：兵有利鈍，戰無百勝。以今日戰事規模之大，中國疆域之廣，一朝啓釁，斷無全綫可以處處得勝之理。就軍畧言，必有棄而不顧之地，乃能併力以制勝於要害之處。然暫棄不顧之地，必遭敵兵之蹂躪，室廬器用，所損既多，恢復不易。抑當暫棄不顧之地，人民爲所役使，器物爲所借用，轉足增益敵軍之兵力，是借寇兵而賫盜糧，甚非計也。故今後作戰，沿邊沿海之地，至少須有五百里，可以暫時棄置，而於我仍無大損，於敵仍無大益者，勝算乃覺易操。夫以國民生長食息之地，驟棄數百里不顧，而欲其於敵無益，於我無損，其事豈易言哉，其道有二焉。一可徙之物，悉徙之行，二不可徙之物，悉毀壞之，勿以資敵而已。然則我國民在此等區域之內，其室廬器用，必極簡易，俾遷徙便利，即毀之亦所損不多，且必有極便於遷徙之路可知也。遷徙惟居室最難，土墻茅屋，冬暖夏涼，空氣流通，本於衛生最合，雖不如瓦屋之堅固，然建造修葺，爲費皆廉，較之瓦屋，仍無多費。設欲棄之，毀其墻，撤其屋較易，事定歸來，重建亦不難也。或謂戰時棄地，乃儻來之事，安得豫以此爲慮，而節嗇國民日用居處以防之。殊不知以我國今日處境之窘，爲國民者，本應節嗇其日用飲食，使平時之消耗，一切變爲禦敵之具而後可。且我國今日，正在整理土地之際，房屋易於拆毀重建，實於整理爲尤便也。社倉之設，愈分愈妙，清代晏斯盛嘗欲令一堡百家置一倉。方觀承行社倉於直隸，先相度地勢，就衆村環拱之處而置倉焉。其於各村相距，極遠者不過三四十里，近者乃十餘里，此法最可採。鄉間形勢，本合若干村，則有其湊集之地，今姑名爲集，合若干集，則又有其湊集之地，今姑名爲鎮。今宜於各村皆修一煤屑路，以通於集，各集皆修一煤屑路，以通於鎮。自鎮更修路，則可連於國道縣道，無往弗屆矣。路綫當就水道兩旁，合鄉民之力，歲浚水道使之深，浚出之泥，即以培路，則水益深而路益高，水深則畜洩有資，路高則冲毀不易，而年年加工，則初築時不必甚堅，而後亦不虞其毀壞。初築時不必甚堅，則工程省而興舉易矣。路之寬初可不拘，後宜逐漸加闊，自村至集之路，除兩旁人行道外，中間至少須可行運貨摩托車一輛，自集至鎮之道路倍之。如是，則各種車輛，皆可通行。人民之自置車輛必多，雖婦人孺子，亦可漸嫻駕駛，一朝有事，皆國家之用也。社倉之積，戰時可由國家借爲軍糧，前書已言之，即謂國家糧儲充足，不必借貸，亦可將就近倉儲，運赴前敵，而由國家續運他處之穀，或指明他處之穀以爲償。斯時也，婦人孺子駕一摩托車，皆國家運餉之員。乘一自行車，即軍中斥堠之隊也。即以平時論，亦百物流通，公私饒衍矣。此實百年之至計也。

《記》曰：無曠土，無游民。歐洲大戰之時，與於戰事之國，以糧食之艱難，庭園之中，道路之旁，靡不種植，雖小學生，亦能灌溉刈穫，可謂知斯義矣。中國若圖與人作戰，此等習慣，養之亦不可以不豫也。今日江南，號稱人滿，若論寸土必闢，其實相差尚遠，此事亦宜本校提倡之，校中之地，十年之內，不擬建築者宜種樹。一年之內不擬建築者宜種菜若雜糧，種樹必擇其易成有用者，十年則可伐爲材。利近，則雖淺慮者，亦知歆慕矣。如是，招鄉民觀之，告以寸土不棄之法及其利，則效爲之者必多，積之，皆國家社會之大利也。平時養成勤苦纖悉之習，一旦有事，驅之爲國家效力不難矣。

古之教者，黨有庠，術有序，國有學，皆行禮觀化之地，其於人民，關係實深。故曰：强不犯弱，衆不暴寡，此由大學來者也。又曰君子如欲化民成俗，其必由學乎？我國今行大學區，制原於法。法之大學區，於一區中，有關民生計之國事，靡不詳加計劃，學以致用，固宜如是也。或謂學校宜研究學術，不以世務關懷，此固一理。然人之性，能遺棄世務，潛心學理者少。思有所作爲，以自效於當世者多。術性不同，未可强之使出一軌。因材而篤，實爲施教之方，不可爲一偏之論所惑也。

一九二七、一九二八年的兩封致光華大學行政會書原刊《小雅》第一期，改名爲《一個足食足兵的計劃》。前言云：此兩書，一在十六年四月，一在十七年十二月，書中所言情形，與今日已有不同，然其原理之可採則一，抑各地方、各團體，皆可師其意而行之，不獨光華，並不獨學校也。書中計劃，眼光遠大而切近易行，無錫錢君賓四，嘆爲西京賈晁之論，良非過譽。前書曾在本校周刊發表，校外見者尚少，後書則從未刊布，特揭載之，以與留心時事者共商榷焉。

大 學 雜 談

《年刊》將出版，主其事者，屬予撰文，以述大學教員之生活。予覺其無甚足述。近數年來，大學之設則多矣，誇稱之者曰最高學府；居大學者，或亦以最高學府自居矣。譽之者或亦以爲學術人才之淵藪焉，毀之者則曰：是有名無實者也。譽者果得其實乎？毀者果不失其真乎？難言之矣。要以今日大學之多，無論其實如何，國中聚徒講學者，究以大學爲最高，則事實也。然則大學於中國之前途，功罪必有所尸矣。感想所及，率然述之，成若干條，以實篇幅，有意未盡，俟諸異日。

古之所謂大學者，與社會關係極密。《文王世子》曰：“行一物而三善皆得者，惟世子而已，其齒於學之謂也。故世子齒於學。國人觀之曰：‘將君我而與我齒讓，何也？’曰：‘有父在則禮然。’然而衆知父子之道矣。其二曰：‘將君我而與我齒讓，何也？’曰：‘有君在則禮然。’然而衆著於君臣之義也。其三曰：‘將君我而與我齒讓，何也？’曰：‘長長也。’然而衆知長幼之節矣。”蓋古之所謂禮樂者，皆行之於衆屬耳目之地，故有感化之效。非如後世，君興臣貴，揖讓俯仰於廟堂之上，人民曾莫之見，莫之聞也。古之禮樂，所以確有實用。後世之禮樂，所以徒爲粉飾升平之具以此。大學尤爲衆所觀禮之地。漢世天子幸學，則冠帶搢紳之人，圜橋門而觀聽者，以億萬計，猶存此風。故其感化之力爲尤大。故曰：“鄉里有齒，而老窮不遺，强不犯弱，衆不暴寡。此由大學來者也。”(《祭義》)《樂記》陳治亂之數曰：“强者脅弱，衆者暴寡，知者詐愚，勇者苦怯，疾病不養，老幼孤獨，不得其所，此大亂之道也。”以斯言爲治亂之準，則三代而下，號稱治平如漢唐、富强如今日之歐美，皆不可謂之不亂矣。夫三代而下之治，所以終不如三代以上者，以其國大，而官治之力有所不及，民治之義又不昌，則一切求苟安，聽其自然之推遷而已。此治化之所以荒陋也。今日欲脫荒陋而進文明，厥惟民治是賴。然民治非聚集鄉董村長三數輩，愚夫愚婦數十百人，所能善其事也。賈生曰：“移風易俗，使天下回心而鄉道，類非俗吏之所能爲也。”而况於今之鄉董村長乎？聚群聾不能成一聰，聚群盲不能成一明，集愚夫愚婦數十百輩，又何事之可爲哉！夫俗吏鄉職及愚民，何以無能爲？以其無學也。鄉者階級之世，以爲治人者須學，治於人者不須學。故民有士農工商之分，士須學，農工商不須學。雖以官祿之勸，志爲士者甚多，然鄉之所謂士者，其學固不可以謂學。而況乎全國之爲士者，究甚少也。今則不然，學校之所謂學者，皆可以謂之學矣。衆皆知不必治人者然後須學，則爲學者日多矣。故今日大學之設，幾於各省有之。而江蘇一省，上海一隅，則其尤多者也。此而可以無所影響於社會乎？則何以雪學無實用之譏，處士虛聲之誚矣。

或曰：“學所以求明理，明理而用自具焉。學也者，無所爲而爲之者也。深嗜篤好之士，發憤忘食，樂以忘憂，則以學終其身焉。彼亦不自知其何所爲而爲之也，非有所蘄也。不徒不以利其身，並不蘄其利世焉。此真爲學者也。爲學而以實用爲的，則所志在用耳，非在學也，不可以謂之學也。且爲學而學者，若無用，而其用之弘，有不可測者焉。爲用而學者，若有用，而其學未有造於遠大者也。學不深入，則爲用不弘。中國鄉者言學問必貴有用，此其所以淺薄也。”誠哉其然也。然此説也，予昔者信之甚篤焉，而今則疑焉。何則？予見夫今之學而無用者，非果爲學而學。高尚其志，而不屑語於實用，無暇計及實用也。皆以是爲敲門磚，苟足以敲門，斯止矣。今之敲門，固不必皆有實用。非其學高於僅足實用者，而後足以敲門也。乃其學尚不必足以實用，而已足以敲門已。於是志在敲門者，乃相率不逮乎實用之度而自畫焉。而以學問之高，在明理而不在實用。自文其無用，不亦亂乎？且學問之動機有二：有出於愛好學問，情不能自已，莫知其故而爲之者。此固可謂高尚矣。有出於悲憫衆生，誓求學問以救之者，其爲學之初意，雖主於致用，亦不得謂之卑陋也。今日之世界，果何如世界哉！豈但中國人在水深火熱之中而已。雖號爲富强之國，其民，亦未嘗不在水深火熱之中也。少數豪富之輩，執掌權勢之徒，彼自鳴其得意。自大人觀之，則陷溺其心，雍蔽其面，冥行而不知摘埴者也。其可悲憫愈甚，其待振救，與饑寒疾困，受壓制不得自由之人同。此而可不發大心一振救之乎。少數恬淡之士，或則愛好學問，而不以世務嬰其心。此等人原不當貴，抑不足貴。然須知此等人極少，不待救也。不必諄諄告之曰：學問不當求實用，不當爲身謀，並不必爲世謀。彼亦自不求致用，不爲身謀，不爲世謀。若尋常人，則其學問，大抵爲利祿來者也，或則爲衣食計者也。此而不殷殷勸誘，勖之以悲憫衆生，求學問以振救衆生，轉移其利己之念以利人。而口告以學不當求實用，是爲藥不對證。彼未能愛好學問，而忘其自利之心。先攫此語爲口頭禪，以掩其學不求用之實矣。是授以自文之計也，是賊之也。謂予不信，請看今日所謂學者，是如此否？

以知識論，今之大學畢業生，不過鄉者二十左右，所謂"初出書房門"之人。今之大學教員，則鄉者三十左右，能處教讀館之人耳。其所學不同，其學問所到之程度則一也。若一爲大學畢業生，一爲大學教員，遂以有學問自居，則無恥矣。

曾國藩之稱羅澤南曰："不憂門庭多故，而憂所學不能拔俗入聖；不恥生事之艱，而恥於無術以濟天下。"凡今之爲大學生者，人人皆當有此志。

今日大學中，他種學問吾不知，若以所謂國學者言之，則實爲可笑。少時嘗讀人書院課藝，驚其博洽。問焉曰："子之學，不亦博乎？雖乾嘉老輩，何以尚焉？"其人笑而不答。固問之，乃曰："此應試之文，非著述之文。"問曰："應試之文，與著述之文何以異？"曰："著述之文，必皆心得，以爲心得而著之。他日，見有言之者矣，則自毀其稿，唯恐不速。應試之文，則鈔撮成説而已。"今之作千萬言論文者，皆昔之應試者類也。若其鈔撮果備，猶不失爲好類書，可以備其檢，而又不能然。

且人之爲學，所難者在見人之所不見。同一書也，甲讀之而見有某種材料焉，乙讀之，熟視若無睹也。初讀之，茫然無所得。復觀之，則得新義甚多。此一關其人之天資，一視其人之學力。爲學之功，全在煉成此等眼光，乃可以自有所得。而此等眼光，由日積月累而成，如長日加益而不自知。其所得者，亦由銖積寸累。未有一讀書，即能貫串古今者也。故昔之用功者，祇作劄記，不作論文，有終身作劄記，而未能成有條理系統之論文者。非不知有條理系統之足貴，其功誠不易就也。今也不然，纔入大學，其或未入大學，而已作甚大長題目之論文矣。而其所謂論文者，或隨意鈔撮，略無門徑。或則由教師示以材料在某書某卷，使之鈔撮，此則高等之鈔胥耳。有此精力日力，何不寫晉帖唐碑，較有益於書法。

此等論文既多，青年學子，心力之妄費者乃無限。今人最喜講周秦諸子，然於近人論周秦諸子之作，搜閱甚勤，而於周秦諸子之原書，則並未寓目。即寓目，亦寓目而已，並未了解者甚多也。此其一端，餘可類推。因唯讀今人議論，而於原書始終並不熟看，故於議論之是非得失，茫然不能判別。著書問世之徒，其荒陋舛繆，遂至不可思議。今試節錄今年四月十五日某報所載之演辭，以資一笑。原文曰：

……陽湖派的文學，專門故意弄得晦寒難懂，有人稱爲文選派。有宋代范宗師做的兩篇文章，可以代表這派文學的性質。……近來如章太炎、劉申叔先生，這一輩人的文章，也是屬於這派的。

不知記述者之誤乎，抑演講者之辭也。載諸新聞中，尚屬可恕。而該報則赫然載之□□①欄也。數年前，或鈔石達開詩數首，侈然曰：太平天國文學之盛，除某一時代外，無與比倫。去年，有駁予釋隋時之流求爲今臺灣者，謂隋之流求，即日本縣爲沖繩之流求。予即荒陋，何至並日本縣爲沖繩之流求而不知乎？其所駁多此類。而寒假歸里，遇一青年，尚殷殷以予所言彼所駁究孰是孰非，予亦祇可笑而不答而已。

又有一等人，似非全無所知，而實與全無所知等者。從前東南大學考試新生，有國學常識，題中有一條，問何謂永明體。其餘所問，亦多此類。此等人不是曾否略一考查今日中學之功課，謂其全然不知，似不應聾瞽至此。然則自矜其博而已，自矜其博，便是陋也。

凡此所云，非欲歷詆時人以爲快，見得吾儕不可不引以爲戒而已。

教會在中國辦教育事業頗多，其辦大學頗早。然教會所辦之教育，至今爲人所齒冷。何也？曰：外人之傳教，始終未與中國文化融洽也。凡一國，必有其固有之文化。外來之文化，而較固有之文化爲高，其人一時雖深閉固拒，稍歷時日，必能捨其固有者而從之。如中國今日，於西人物質科學是。或雖不能高出其上，而程度相等，亦必能相視而笑，莫逆於心，如國人昔之於佛教，今於西人之精神科學是。若其輸入數百年，徒靠外表之事業，而其教之本身，始終未有何等長處，能爲人所認識，則安能强人以信從，則今之基督教是已。基督教行與歐土，既二千年，安得一無長處。即謂其教本無所長，然此二千年中，經仁人學士之附益，其教理亦必有可觀者。吾於基督教理，雖未研究，然以理度之，固可信其如是也。然今輸入之基督，其高於舊行之儒、釋、道三教者究何在？誠使人無以爲對。教士中或不乏深明教理之人，然其傳諸人者，淺薄已甚，則事實昭彰，不可掩也。職是故，信其教者，十之九皆別有所圖，而其意初不在教。間有千百中之一二，篤信其教者，則其人必至愚極陋之徒。何則？今日較高之文化，隨處可見，而其人瞠目無睹，猶信教士所傳極淺薄之理，爲至德要道，則其人之愚可知。此等人雖自信甚深，而在社會，曾不能發生效力。職是故，中國所謂基督教會者，大抵以信教而別有所圖之人組織之。此等人，既以別有所圖而信教，則其性質近於嗜利可知。又中國嚮者，上流社

---

① 原稿缺字。

會之人，不甚信教。一以其時風氣，排斥西教甚烈，入教有干清議。一則其人於中國文化，漸染較深，淺薄之教義，不足使其信從也。故入教者，十之八九，多非上流人士。其於中國文化，漸染不深。中國舊文化，講道德，重交誼，以嗜利爲戒。雖實際未必能不嗜利，然於講道德重交誼兩者，亦必維持一最小之限度，乃足列於士君子之林，否則至多爲商賈之流耳。今之信教者，既多非士君子社會中人，其行爲，自不能與士君子相合。於是衆者鄙之，不以其人爲足列於士君子之林。夫欲行教，必有高節懿行，高出於士君子之上，能爲士大夫所師法而後可。今其人且不足厠於士大夫之列，而望其教爲士大夫所信從，不亦難乎？語曰："君子之德風，小人之德草，草上之風必偃。"此非以勢位言。全國中自有道德智識優秀之人，爲群流所歸仰。一種道理，而爲此等人所信仰，自能風行全國。即或一時摧折，而其根底總在，苟遇雨露，即能滋長發榮。若徒得多數愚民之信仰，雖看似人多勢衆，一遇到摧折，則其亡也忽焉。此文化所以爲立國之根底也。今信仰基督教者，其最大多數，既非真上流社會中人，而又多不出於藏心，而別有所爲。欲其教之盛，得乎？職是故，學於教會所立之學校者，其優秀者，不過由此而得科學上之智識與技能耳。精神方面，與教會了無干涉。教會中人，自謂多立學校，可以推廣宗教。不知祇以推廣科學耳。若其精神方面，而亦與教會發生關係，則其人已與中國社會，格格不相入矣。故教會之教育，於其宗教，直可謂無絲毫效果也。

西人之行近方，中國人之行近圓。語曰方正，亦曰圓滑。方者不必正，而究近於正；圓者不皆滑，而究近於滑。中國公務之多腐敗以此。此實中國所當猛省也。惟中國人之最高者，能以道德自律。其道德又多推勘入微，非若遠西人生哲學，終不離乎務外之見，則亦非西人所及。其講交情，雖或以此至於背公而黨私，然以私人相互之間言之，亦得互相扶助之意。此亦短中之長。今之所謂洋奴者，其道德，皆商業道德，根本上係爲利益起見。交情既已不顧，而又未能如西人之方正。以中國之圓滑，行西人之嗜利，安得不爲人所鄙棄乎？

原刊一九二八年《光華年刊》

謝俠遜《象棋秘訣》序①

　　理有窮乎？無窮乎？曰無窮而有窮。理有固然，則事有必至，所謂數也，故可窮也。宇宙之理，合之則如是一，析之則其條理之繁頤，若恒河中所有沙。夫以析之至繁，而人之所知至狹，此其所以窮之而不可勝窮也。伊古以來，哲人桀士自謂所知甚真，而措之於事，卒不免於乖剌。職是之故，然人之所知雖狹，而其所爲成否，終小有可券，不至於冥行而擿埴者，仍惟此至狹之知是賴，此學問之事所以可貴也。奕之爲數，小數也。其理固與一切事物同，圍棋三百六十道，象棋三十二子，錯綜變化，巧歷不能言其紀，所謂不可窮者也。起手之著法，終局之勝負，皆有定則，不可變渝，則理之有定，昭然予人以共見者也。且人之知何自始哉：必始於至簡，由是以推之繁。惟至簡者之所知不訛，則稍繁者之所推可信。遠西形名之學皆然，奕之道猶是也。圍棋之飛角侵邊，象棋之得先奪先，所以示起手之著法者也。圍棋之官子，象棋之殘局，所以決終局之勝負者也。由此推之中局，雖變化多端，著法難以遽定，然其得失，亦稍有可言者矣。此猶人之本其所知以應事，雖或乖剌，終不至於冥行而擿埴也。獨是圍棋，自昔以爲士夫游藝，聰明才智之士，從事者衆，譜之刊行者亦多，起手終局著法皆畧備，象棋則習以爲樵夫牧豎之戲，才智之士，留意者較寡，譜之刊印者既少，而其佚亡亦多，起手著法通行於世者，惟《橘中秘》、《梅花譜》兩書，雖粗引其端而未極其變，殘局之法，惟《橘中秘》所錄，頗有由簡推繁，足爲公式之意。其餘皆鬥一日之巧，供江湖賣藝者謀口實耳。雖奇譎可喜，於斯藝之進而益上，固無裨也。平陽謝子以名士夫酷好象藝，逾三十年，一時名手，莫能相尚，本其所學，撰爲《象棋秘訣》，於起手著法殘局勝負，一一極其變，而著其所以然，本諸前人者，則言之益明，衍之益詳，出所獨

─────────────

　　①　此篇序文先生的手稿爲《象棋要訣序》，在《象棋大全》一書内改稱爲《象棋秘訣序》。

448

得者，則得未曾有，而予人以共信。所謂至簡之所知不訛，斯至繁之所推可信者非邪？斯藝之日精，可立而俟矣。謝子誠有功於象藝哉。民國十七年二月武進呂思勉序。

原刊謝俠遜編《象棋大全》，大成書店一九二八年出版

鄉政改良芻議

一、鄉設初級法庭議

古之聽訟，有與今大異者。《周官·大司徒》：凡萬民之不服教而有獄訟者，與有地治者聽而斷之。其附於刑者歸於士。注曰：有地治者，謂鄉州及治都鄙者也。《王制》曰：成獄辭，史以獄之成告正，正聽之。注曰：正，於周爲鄉師之屬。《周官》之制，萬二千五百家爲鄉，則萬二千五百家，有一聽訟之官矣。後世之縣，實古之國，鄉官聽訟之制既廢，赴訴者必於縣令，猶古無聽訟之官，而赴訴必於國君也。聽訟繁，則勢不能徧理；相去遠，則更役藉獄訟以魚肉人民。而官弗能禁。爲官者無如何，乃戒民毋訟。若曰：訟必破家，與訟而破家，無寧不訟而相讓焉。於戲，是自承其聽斷之不明，辦理之迂緩，不能爲人民保障權利也。是自承其不能約束胥役，使無擾民也。不其惡與。然此非官之咎也。以羈旅之身，臨百里之地，欲爲民理獄訟，一一皆得其平，其勢固不可得也。《周官》鄭注曰：爭罪曰獄，爭財曰訟。此刑事民事之分最古者也。訟可相忍無赴訴矣，獄則如何，亦將憚擾累而毋訴之官與？而世之私和人命者多矣。然即訟，亦不可不告之官也。不告之官，必由親族長老，爲之平亭。親族不能無所私，鄉有很戾者，雖長老亦畏焉。調處則不得其平，乃使強者多，弱者少。乃曰：強者之必多，弱者之必少。勢也，無可如何者也。使強者弱者，均必不能相安，無寧使強者多，弱者少，猶可各安其生焉。然則弱肉強食，事勢固然，而何貴有爲之平亭者與，公理何時明於世哉！今日民事率許和解，貴調息，此亦社會程度未及，公理未信也。將來此等皆應由官秉公處斷，不許人民各行其私。且聽詔者，非徒平兩造之爭，亦所以教萬民也。何也？禁一勇者不得侵怯，而勇者不侵怯之義彰矣。禁一知者不得詐愚，而知不詐愚之理明矣。國家之有法律，非徒以保障人民之權利，亦所以增益其德行也。故曰：大畏民志，此謂知本。然則司法之官，亦教官也。夫司教者，必其知足以教民者也。古者俗樸而治國之道簡，鄉州都鄙之老皆知之。故足以聽訟。後世法令如牛毛，世恒以此語爲詬病，其實不然，所以如此者，一由世事之繁複，一亦由治斯學者剖析日精也。雖專門名家，有老死不能盡其辭，通其意者。而謂鄉曲之士足知之乎？行政官之不兼司法，非徒慮其藉以虐民，非徒曰日有不暇給，亦其知有所不逮也。而況於鄉州都鄙之老乎？法律知識，必求其普及於齊民，然不能人人而教之，雖如明太祖，蘄民讀大誥，許以犯罪減等，猶亡益也。然則普及法律知識如之何？曰：莫如寓之於聽訟。民間有一事出，官之判斷，悉根乎法，又能將其所以然之故，委曲曉諭，使兩造洞然於胸，並使凡觀者傳聞者，皆洞然於胸焉，則此一事之法律，民知其大要矣。日斷一事，年斷三百六十有六事，皆如此，則民之知法律者多矣。今司法官所轄地大，其去民遠，故其所斷事，人罕知之。或知其大較，亦傳僞多多失實。若鄉設一初級法庭，則其所斷，民無不知之者，此普及法律知識之良圖也。鄉設初級法庭，實當務之急也。或曰：如費財多何。曰：鄉者民有爭訟，請親族長老平亭，能無所費與？苟善理財，此等皆可化爲租稅，而歸於公，以設初級法庭，綽綽然有其餘裕也。或曰：鄉者司法惟一縣令，胥役之擾民，則既如此矣。鄉鄉設之，不能無用吏役也。約束吏役，雖廉吏猶難之，其擾民不大甚與。曰：縣令去民遠，勢不相及，故胥役可以擾民。今鄉而設之，其所治小，去民近。所治小，故約束胥役易；去民近，故民之畏胥役不甚也。古之聽訟，蓋無不在衆屬耳目之地者。《王制》曰：大司寇聽訟於棘木之下。棘木在外朝，固人人所可至，惟男女之陰訟，乃聽訟之於喪國之社耳。故其決斷當否，人人知之，而兩造之曲直，官亦可覘輿情而知之，不必其執環而觀者而訊之也。衆皆環而觀之焉，則其情自可知也。孟子曰：國人皆曰可殺，然後殺之。《王制》曰：疑獄，氾與衆共之，衆疑，赦之。由此道也。後世司法之官少，去民遠，聽訟雖許衆觀，惟城市之民，乃能鵠立縣廷，鄉人不能也。故法益繁，民益願，知法律者蓋寡，有事，依其積習處斷而已。法律不必盡依公理，究愈於積習，故法律之用益廣，公理益伸。且法律所以不能盡依公理者，以民知公理者寡，遲俗大甚，勢不能行，乃不得委曲遷就焉。故理法學者剖析如牛毛，而民猶執其粗略之俗以斷事；理法學者誦全世界最新之說，而民猶守其千年之舊習。若人身之有老廢物也。法一而俗不齊，人人守法，則所守者一；所守者一，則寡爭，人率其俗。是非善惡之相違，若水流濕而火就燥也，則爭益繁，故言治者必貴風同而道一。欲風同而道一，必自人人守法始。然則刑期無刑，必自普及法律知識始。欲普及法律知識，必使錐刀之末，皆訟之官，皆斷以法。昔之所謂無訟者，抑民詘而不求信，求信而不於官，是禁民訟也，是使民不得訟也，非無訟也。

二、改任鄉政局長議

國必有本，治必有基。國之本惟何？民是已。治之基惟何？事無不舉是已。

今試行中國之鄉邑，問其戶口，共有幾何，不可知也。室廬不葺，道路荒蕪，盜賊劫掠而莫能禦，宵小潛伏而莫能察。以言乎教育，則學齡兒童，有若干人不可知，成年而失學者有若干人，又不可知。以言乎風俗，則抽頭聚賭，開燈私吸者，公正人士，熟視而無如何，員警且藉以牟利焉。以言乎法律，則舉國莫知爲何物，强淩弱，衆暴寡，到處皆然。人命大半私和，而夫虐妻，父母虐其子女，舅姑虐其子婦者無論已。以言乎生計，則農服先疇，工守舊法，商循已事，新法可採，舊業將敗，悉茫然也。以言乎衛生，則居處衣食，舉不潔清，疫癘時起，莫能防治，傳染輒數百千里，死者至數千萬人，恬不爲怪也。此等境界，可謂天下之至苦，亦極天下可哀者已，而其人民莫能自振，國家日言振民，亦卒束手無策者，何也？

蓋凡事必有其行之之機關，亦必有其行之之人。有人而無其機關，則徒善不足以爲政。有其機關而無其人，則徒決不能以自行矣。古者大國百里，次國七十里，小國五十里，曾不及今之一縣，而有群卿大夫士以治之。田畝則計口而授，室廬則度地以居，商賈定慮以通有無，<small>管子言百乘之國，一日定慮，二日定載，三日出境，五日而反。百乘之制輕重，無過五日。千乘萬乘之國，視此有差。</small>古之商賈，計國饒乏，以謀平準，非如後世，徒自爲牟利也。工官度用以造械器，<small>孟子言萬室之國，一人陶，則可乎明古者工官，度民用之多少，以造械器也。</small>凡屬人民之事，無不詳加規劃，井井有條，非如後世，一任其理勢之自然也。故三皇五帝，以至於周，人口之庶，生利之法，遠不逮今。而貴族之虐取，爭戰之頻仍，交通之艱阻，尤非今日之比，而其治化，猶蒸蒸日上焉。立乎周秦之間，追溯羲農之世，其相去，不可以道里機計。嬴秦而降，政體既更，專制之主，但求保其大位，傳之子孫，於是不求所以安天下，而但蘄與天下爲安；不計所以治天下，而但冀天下之不亂。古者鄉遂設治之密，漢世三老嗇夫徼之職，猶存遺意。而自魏晉以後，則廢墜於無形矣。漢世郡縣之佐，皆用本地方人，猶能熟悉情弊，有所興革，而自隋以後，則盡易以他郡人矣。縣官高居於上，閭閻情狀，本難週知，加以必用遠方之人，又使久於其任，遂至形同瞽曠，一任吏胥衙役之播弄。其位，乃古國君之位，其所處之境，所操以爲治之具，則雖使再有季路復生，無以善其後也。孔子曰：孟公綽，爲趙魏老則優，不可以爲滕薛大夫。孟子言滕絕長補短，方五十里，其大夫所治，不及今之一鄉矣。而孔子重之如此，知牧民之事，非可易言也。後世自縣官以下，三老嗇夫等職，一切無有，則是百里之國，有君而無卿大夫士也，其何以爲治？

蓋今之所謂縣者，在西周以前爲一國。春秋戰國之世，則爲軍區。秦漢之縣，皆沿自春秋戰國之世。春秋戰國時之縣，大則國滅小國爲之。楚縣尹稱公，其所治之地，誠古公侯之國也。古者國各有兵，滅國之後，因仍不廢。故邊啓疆謂晉十家九縣，長轂九百，其餘四十縣，遺守四千。而楚靈大城陳蔡葉不羹，賦皆千乘，欲以威北方之諸侯也。本可以衛民，而不可以治民；可以提衆事之綱，而不可以治事。今之縣令，位甚卑，權甚小，財甚窘，而事極繁，責極重，佐之者又無其人，固不足以善事。然即高其位，大其權，寬其財，多其佐之之人，而責之以凡一縣之事，其勢亦不克舉。何者？地太廣，人太多，事太繁，本非一令及十數佐理之人所能治也。且如農業，必濬其溝渠，修其堤堰，相其種播之種，計其耕墾之具；方播種，則貸以資本，勸其工力；及收穫，則謹其畜藏，便其輸運；然後可以興盛，此豈一手一足之功乎？故古者三十里則有一田畯主之，國君則春省耕而補不起，秋省斂而助不給而已。此則今之縣分所能爲也。然徒省耕省斂，遂足以興農業乎？必不然矣。故今者，必使鄉自治而縣祇監督之，纖悉之務，盡歸於鄉，必其涉及數鄉者，乃由縣爲之規劃，分其事而總其成，而後可以爲治。

夫如是，則地方自治重矣。然自治廢弛已久，民習見土豪劣紳之把持，且以爲義當如此。即強奪其所把持者而還之民，民亦不自舉。民既不克自舉，勢必仍入土豪劣紳之手。即其初之奪之，亦徒有其名耳。故今者，必有智識較高，權力較大之人，以沿一鄉之事，而後可以破土豪劣紳把持之局，而領導人民以行自治，則捨改鄉鎮局長之選舉，由中央以考試任用，無他策矣。鄉者鄉鎮之治，未爲法律所明定，雖有有志之士，欲謀鄉里之公益，恒苦於手無斧柯，是爲無治法。今日鄉鎮局長由人民選舉，必不能得才德之士，且不免爲土豪劣紳，添一護符，是爲無治人矣。苟由中央嚴定資格，而以考試錄其人，則其智識必高；智識高，則於一鄉之事，應興應革者，皆可瞭然於心，不至如向者之安於簡陋，視爲固然；亦不至爲不便改革之淫辭巧説所惑也。由中央任命，則權力大，土豪劣紳不敢與抗，即抗亦有以勝之，不至如向者地方公事，悉成把持者牟利之具也。夫然後利可以興，弊可以除，民乃有欣欣向榮之望，民乃凡事皆可以人力整頓也，乃不至如向者一切束手，因任理勢之自然，民乃知磨其才能，增益其智識，皆有所用之。而其效可立見也，則將爭自奮礪，而其有智識才能者，自亦爲人所欽仰，將畀之以重任，咨之以大謀，而況鄉鎮局長。又從而激厲之，教導之，拂拭之乎？不過十年，民智必大開，民德必日進，民才必日劭，事事可以自治，鄉鎮局長且不勞而理矣。此則訓政之實也。

今宜定法，凡鄉鎮局長，皆有中央以考試任之。畢業於國內外法政大學者得與試，爲之佐者，當有一定資格。經考試任用准此，必嚴其應試之資格者，如是乃習之有素，不至於僥幸於一時也。既嚴其資格，仍必試之而用之者，以今國內外學校，畢業試驗，皆不能甚嚴，挾文憑而枵然無所有者甚多也，所以試之者必稍難，考試乃不致徒有其名也。考官由中央派遣，試題亦由中央命之，臨時電傳，收卷畢，即日郵遞中央，由中央另行派人閱看。考官除監試外無所與，則不待嚴爲關防，而弊自絕。鄉鎮局長之祿，視其地生計程度定之，計生活必須之物，依其月平，給以錢幣，大約什上農夫之所獲。爲之佐者，任之以至於什之，年勞深者遞加。鄉鎮局長，不宜去鄉過遠，亦不宜即任本鄉，當以去鄉二百里至五百里爲限，則不患情形之熟習，亦不慮親戚故舊之掣肘矣。任職與否，縣令察之，宜詳爲條格，列舉實跡。且如教育，計若干月，當籌得經費幾何，則當擴充教育，至於如何。應籌得之款而不能籌得，推擴張之租限，而有所虧欠，必歷述其所以然之故，過不在鄉鎮局者勿問，而不然者罰。又如道路，若干月之中，能籌得之款項幾何，則應修造幾何，而籌之款而不能籌得，應修造之路而不能修造，必歷述其所以然，過不在鄉鎮局者勿問，而不然者有罰。他皆傲此。鄉鎮局長，以三年爲一任，三任皆克舉其職，得考陞縣令。不樂爲縣令者給縣令俸居原職。縣長三任無過得陞任監察院內政部官，以縣令秩居鄉鎮局長職滿三任者亦如之。已任監察院內政部官若縣令，願任鄉鎮局長者聽之。祿秩從其優者。然則人益重鄉鎮局長，而鄉鎮局長，得此資深望重，學歷中外者以居之，自亦足以重其官。人民益訴慕景仰，樂從其教令，土豪劣紳，將聞風斂跡，不敢嘗試。事無不舉，地無不治，民無不樂其生而勸於善，治有其基，國本固也。此非獨法古昔，外國行政區域，本無若吾國之大者，數萬人則盡爲一縣而治之矣。吾國疆域大，人口衆，所以搏結而提挈之者，或當有異於人，而理之之法，不能異也。

今之論者，亦知人民之不能遽自治也，而曰訓政。亦知爲治之基，必在纖悉之民事也，維欲使國民黨員，從事於勸農築路等事，命之曰下層工作。殊不知工作必有程限，必有職權，非可但週歷田間，緩頰說諭也。今之責黨員以此等事者，既不爲劃定其所當從事之地，又不爲明定其辦事之權，又不爲籌定其辦事之款，而徒曰與縣令而已。然則其人有何事可辦，將使之出入風議於縣署乎？且欲舉民事，必有實跡不能徒恃口舌，其人必有權任，其事必有考成。此非行政官吏莫能爲，本非可責之黨員也。今之少年，學成而無事可作，於是競於空想，而高談異論，乃風行於一世。高談異論，固亦有至理。人人自安於卑近，將社會永無進化之望。然將來之蘄向要，目前之腳步尤要。人人能爲高談異論，而人人不能作目前之事，勢必議論日多，向方益迷，情感愈激，遂至水火。今日之蜩螗沸羹，此亦其一因也。其實天下人好作實事者多，好騖空想者少。今日之競騖空想，乃無事可作，迫之使然也。所以離事可作者，則以向者之爲治，有其顚而無其基。故中央患人滿，省政府患人滿，縣政府患人滿，而人之樂作事者，仍無事可作也。鄉政舉，則只患人才之不足於用，而不患其多。樂從事於政治者，皆不患無所藉手，以自靖獻矣。此亦今日所以安人心而使少年漸趨於正規之一道也。

原刊光華大學政治學社編：《政治學刊》第一期，
一九二九年十月十日出版

《小雅》發刊辭

治亂之原安在乎？曰：在人。人人思治，國雖亂，罔不治。人人思亂，國雖治，罔不亂。所謂民之所欲，天必從之也。人藏其心，不可測度也，而言爲心聲，情不可掩。故古有輶軒之使，采詩於四方。冬，民居邑，男女有所怨恨，相從而歌，饑者歌其食，勞者歌其事。大師採之，比其音律，以聞於天子。故曰：王者不出牖户，盡知民之所苦；不下堂而知四方。以社會之中，言論自由之地至少，民之有所怨恨者，或見壓抑不獲言，或蠢愚不能自言，惟托諸歌謡，則情見乎辭，有宣其隱於不自知者，此誦詩者所以達於從政也。然則聞其言而知其心者，詎必於其所言之物哉？亦於其情而已。有憂時之心，高世之志者，其言必悱惻而芬芳。溺於物，好勇疾貧之徒，其言必矜奮而亢厲，湛没而不能反。其所言者猶是也，觀其所以言，而其情不可掩矣。今之文誥，非不堂皇，然聞者知其不情，不情，是以詐相與也。人以詐相與，罔不亂。今之爲文辭者，其辭非不軼麗，然特捃扯古人而已，則以知其無所自得，是與世浮沉之徒也。世多浮沉没溺之徒，亦罔不亂，而叫囂謾罵，褻押污穢，雜市井鄙倍之語以爲美，效異俗侏離之言以爲異者，不必論矣。惟古於辭，必尚爾雅，所謂爾雅，豈搜奇字摭故書之謂？固有發於其心者，而其言從之。詩可以興，小雅怨悱而不亂，蓋謂此也。同人肄業光華，所得至淺。竊願本爾雅之旨，竭一得之愚，就有道而正焉。並世弘達，幸辱教之。

原刊《小雅》創刊號，一九三〇年出版

456

所謂鐵路附屬地者

此次中日爭點，在於撤兵與談判之先後。然日本即如我意，先行撤兵，亦僅撤至所謂鐵路附屬地者耳，仍我之土地也。鐵路附屬地之情形，國人或不甚瞭瞭，去歲九月申報，載有瀋陽通信，述之頗詳。今錄如下，以供抗日者之參考焉。

原文云：今日南滿鐵路之干綫，乃日本以暴力繼承俄國有期租用我國之一路綫，其使用地之主權，固仍操之於我，即其使用地內之司法行政員警等權，根據條約，亦未嘗喪失也。惟自日本繼承以後，非法侵權，無所忌憚。而我方亦噤若寒蟬，聽其所爲。浸淫既久，不惟司法行政員警等權不復容我置啄，即鐵路用地，亦任意向界外侵佔。又奉安鐵路，本係中國直接准其購地敷設，最初即置有我國員警，司法行政之權，亦未嘗讓予。乃日人竟將奉安路變爲南滿路之支綫，以同一支設施，統稱之曰南滿鐵路，所有兩路之鐵路用地，巧立名目，稱之曰附屬地，以實行其統治權。復逐年肆意侵佔，以擴張其統治范圍，迄於今日，蜿蜒南滿之鐵路，達一千九百四十餘里。南滿干綫一二一七里，安奉綫五〇七里，其他支綫二二〇里。鐵路用地，達三十五萬二千餘畝，大逞其統治之威權，置公法約章於不顧。更於沿綫各地，築砲臺，佈電網，種種防禦，不一而足。我方官民，亦祇目爲禁地，視爲畏途，未聞有主張據理抗爭，亟圖抵禦者。茲特就已往條約之根據，及日方公表之侵佔統計，對於鐵路用地之由來，及其歷來之侵佔情形，附述於後。國人不少關心東北國土者，希予以注意，而亟謀抵制也。

鐵路用地之由來，日人南滿鐵路之建築，既繼承於俄，則其所應享之權利，當然以俄得自中國者爲限。在條約上之根據，亦當然以中俄間關於該路所訂之條約爲準則。查中俄間所訂關於南滿鐵路之條約，即清光緒二十四年之東省鐵路枝路合同。此合同之所規定，除該枝路之特殊事項外，大體原則仍以光緒二十二年所訂之東省鐵路公司合同爲依據。該合同第六條云：“凡該公司建造經理防護鐵路所必需地，又於鐵路附近，開採沙土石塊石灰等項所需之地，若係官地，由中國政府給與，不納地價；若係民地，按照時價，或一次繳清，或按年向地主納租。由該公司自行籌款付給。由該公司一手經理。准其建造各種房屋工程，並設立電綫，自行經理，專爲鐵路之用。"其規定鐵路用地之取得，與其處理之許可權，極爲明顯。又據該合同第五條云："凡該鐵路所用之人，皆由中國政府設法保護，所有鐵路地段命盜詞訟等事，由地方官照約辦理。"是鐵路租用地内之司法權行政權，均歸中國地方官辦理。彰彰明甚。惟當俄人築路之始，鐵路用地内，祇許中俄人居住，不許第三國人侵入，即已暗中伸張其行政權。其後我國爲抵制計，乃於光緒三十一年之中日東三省善後條約，開放商埠十六處，多在各鐵路之重要地點，意在將此等地方，完全開放，以免日俄之單獨把持。乃日俄均藉口東鐵合同第六條中，一手經理之語。按照法文，係照有統治全權解釋，實則該條文意，一手經理，乃指建造房屋與電綫而言，與統治權固風馬牛不相及也。乃雙方爭持，久未能決。迨民國七年以後，始將中東路之司法行政員警權，完全收回。而與該約同一根據之南滿鐵路，則竟成例外，仍實行其所謂附屬地之統治權。近數年來，更變本加屬，毫無顧忌，彼所謂附屬地之界綫，既不時擅自擴大，即路綫兩旁之用地，亦屢屢移轉其界石，國際間非法之舉動，蓋未有甚於此者。

　　鐵路用地之侵佔，今之南滿鐵路，包括安奉鐵路在内。俄人建築南滿枝路時，佔用地究則若干，已無從查考。日人建築安奉路則購地之數，有案可稽。清末以來，日人積極經營此兩路綫，不遺餘力，沿路之地，恒被侵佔。析言之，可分爲路綫所佔地，車站所佔地兩類。（一）路綫所佔地。查各綫繼續增築雙軌，兩旁界石，不時向外移動。事實具在，無可諱言。據日方關東廳要覽記載，路綫兩旁佔地，平均約六十二米。南滿干綫，最廣處四百二十六米餘，最狹處四十二米餘。安奉綫最廣處三十六米餘，最狹處十六米餘。以平均六十二米計，長亘一千九百餘里之路綫，已佔有十一萬三千餘畝之廣大面積。此兩路綫最初之廣狹，雖無確數可指，但路軌寬度，不滿五米，充其量平均不過三十餘米已耳。以此推算，則二十年來，沿綫侵佔之土地，最少亦在六萬餘畝以上。（二）車站所佔地。更大足驚人，據南滿鐵路公司表列，其主要各車站所佔之面積，殆均逐年增加。計自民國十四至十八五年間，增加最多者，首推南滿綫之鞍山由五百四十一萬二千餘坪，增至八百五十七萬八千坪，增多三百十六萬六千餘坪，合我國一萬七千餘畝。次則南滿枝綫之撫順，由一千三百八十四萬二千餘坪，增至一千九百五十三萬餘坪，增多一百六十八萬七千餘坪,合我國九千一百餘畝。次則安奉綫之安東,由一百三十五萬三千餘坪,增至二百七十七萬八千餘坪,增多一百四十二萬四千餘坪,合我國七千六百餘畝。次則南滿綫之瀋陽,由一百八十二萬四千餘坪,增至三百十五萬七千餘坪,增多一百三十三萬三千餘坪,合我國七千二百餘畝。此外如南滿綫之熊岳、蓋平、大石橋、海城、遼陽、煙臺、蘇家屯、開原、大榆樹、氾家屯、榆樹臺等處,安奉縣之吳家屯、劉家河子等處,此五年間,亦均擴張,不過多少不同耳。茲爲閱者明瞭南滿鐵路各車站佔地之面積,及侵佔之狀況起見。將十六、十八年,表列統計數目作簡單之比較,臚列於下,按表中十六年數目,係根據滿鐵公司"關於滿鐵附屬地諸表"。一十八年數目,係根據"滿鐵沿綫諸機關及設施一覽表"。均係日人之自白也。

	十六年	十八年
南滿綫各站	五三四四四二六五	五八三九一三四六
安東綫各站	四九八〇一〇七	七〇七九九六八
合計	五八四二四三七二	六五四七一三一四

	增加坪數	合我國畝數
南滿綫各站	五〇一六八二〇	二六九九三
安東綫各站	三五〇五二四五	一八八六〇
合計	八五二二〇六五	四五八五三

以上爲《申報》所載瀋陽通信原文。安東省枝路合同,定於光緒二十四年五月初七日,凡七款,首款言明:"此枝路應悉照光緒二十二年八月初二日中國政府與華俄銀行所訂合同之名章程辦理。"則日本所謂南滿鐵路附屬地者,條約上無根據可知。南滿路且然,安奉路不必論矣。日人誣我者蔑視條約,實則日人行動,蔑視條約者,不知凡幾。除根據五號二十一條件之條約,我已宣言廢棄外,其餘條約,我正應根據約文,調查事實,與之嚴重交涉,或提交公斷也。

原刊光華大學抗日救國會宣傳部編:《抗日旬刊》

第四期,一九三一年出版

來皖後兩點感想

　　我先世本安徽人，但是遷徙到江蘇，業已數百年。前此雖然在安徽經過，但都是經過而已，住居在安徽，現在還算第一次。

　　我只能算初到安徽。我初到安徽，卻有一種感想。感想是什麼？便是我覺得安徽是接受北方文化最早的區域。誰都知道中國的文化，是起於黃河流域的。但是文化的起源，雖在黃河流域，後來發揚光大，卻靠着長江流域。這亦是誰都承認的事實。長江流域很廣大，豈能同時接受北方的文化？

　　長江上流的蜀，是到戰國時，才爲秦所滅的，其前此開闢的事跡，見於《華陽國志》的，殊屬荒渺不經。東川的巴，據漢朝人說，漢世的巴渝舞，原出於板循蠻。而板循蠻的歌舞，便是《尚書》家所謂武王伐紂，前歌後舞的兵。此說應屬可信。但其事已在周初了。再東，從南陽到江陵，便是《詩》家所謂周南的區域。此區域在周初，能接受北方的文化，是無可疑的。再追溯上去，《尚書大傳》說，漢南諸侯，歸湯者四十國，該也是這一個地區，但其事也在商初了。更東，便是所謂洞庭彭蠡之間，是古代三苗國。三苗的國君姓姜，和神農是同族，這可算是長江中流，漸染中國文化最早的一個證據。然而三苗的首長是蚩尤，在黃帝時，便和漢族戰爭的，到舜禹時仍勞中國的討伐。三苗的國君雖姓姜，三苗的人民是九黎，黎即後世之俚，漢時亦作里，見於《後漢書·南蠻傳》注。當時三苗之族，迷信很深，又淫爲劓刵椓黥等酷刑，見於《國語》和《尚書》，全與漢族政化相反，所以有勞漢族的討伐。大約姜姓之族移居長江中流，未能同化異族，而反爲異族所同化。後來長江中流，開闢於楚，然而楚之初封，並不在長江流域，實在今河南境内丹、淅二水之間。後來逐漸遷移，乃達於現在的江陵。這一段考據，見於宋于庭先生的《過庭錄》，甚爲精確。《史記·楚世家》說熊渠立長子爲句亶王，中子爲鄂王，少子爲越章王，皆在江上楚蠻之地。鄂是現在的武昌，正當洞庭彭蠡之間，當係三苗舊壤，仍稱爲楚蠻之地，可見神農一族的文化，在長江流域，絕無遺留了。返觀長江下流，則

《左氏春秋》說，禹會諸侯於塗山，塗山是現在懷遠縣。這一會，尚散見於他種古書，該不是荒渺之說。夏少康的庶子，封於會稽，是現在浙江的紹興縣，少康所以封庶子於此，因禹葬於會稽，封之以奉禹祀。夏少康的庶子傳二十餘世而至允常，這二十餘世，雖然名號無徵，然而世數可考。古代諸侯卿大夫的世系，出於《世本》，《世本》係周官小史所職，乃確實可據的史料，斷不能如近人古史辨一派之說，疑爲虛構。然則禹崩於會稽，葬於會稽，也是確實的。當時禹的行踪，已從現在的皖北，直達浙東了。當時這一帶地方，對於禹，絕無反抗之跡，和三苗大不相同，這便是長江下流接受北方的文化，早於長江中流的證據。

我最初懷疑這問題，是因小時讀《孟子》，見舜卒於鳴條之說；稍長讀《禮記》，又見舜葬於蒼梧之說；更長讀《史記》，又見舜崩於蒼梧之野，葬於江南九疑之說；三說不同，是以懷疑。葬於蒼梧，葬於九疑，相去尚近；九疑自可認爲在蒼梧區域之內，可以勿論；若鳴條，就相去很遠了。鳴條我們雖不能確知其處，然而和南巢總是相近的。南巢是現在的巢縣，無甚可疑，則鳴條也應在安徽境內，大抵在於皖北。舜的葬處，如何從皖北直說到湘桂邊界上呢？這就大有可疑了。我們以別種史事來參證，則當時洞庭彭蠡之間的三苗，是和北方反對的。舜雖曾分北三苗，恐未易通過其境。再者，春秋時，楚地尚不到湖南，顧震滄《春秋大事表》有此論，考核甚精。然則舜即能通過三苗，亦未必能到湖南，何況湘桂邊境？可爲漢族古代與湖南有關係的證據的，只有象封於有庳一事。有庳舊說在今湖南的道縣。何以有此一說？是固其地有象的祠堂。凡地方所祀之神，往往附會名人，而實則毫無根據。此在今日，尚係如此，何況古代？道縣的祠，是否象祠？即係象祠，是否因象封於此，此都大有可疑。以其他史跡證之，只可說有庳之在道縣，絕不可信。但是現在道縣，在漢代一個不知誰何的祠堂，何以會附會到象身上去？亦必有個理由，不能置諸不問。我以爲象的傳說，是因舜的傳說而生。明白了舜的傳說，何以會到蒼梧九疑，那就象的傳說，何以會到道縣，可以不煩言而解了。大凡人愈有名，愈易爲人所附會。我們看湖南廣西開闢的歷史，斷不能承認舜到過此處。那麼，舜葬於蒼梧九疑之說，只能認爲附會或傳訛。但何以有此附會，致此傳訛呢？我因此想到衡山。衡山，照普通之說，是在湖南衡陽。然在漢代，實有兩說。一說在衡陽，一說即今安徽之霍山。此事亦一考據問題。我以爲古代山名，所苞甚廣。實和現今所謂山脈相當。衡山即橫山，亦即縱斷山脈。我們現在說起山來，都囿於現在人所謂山的觀念。說衡山既可在湖南，又可在安徽，人皆將以爲笑柄。若説衡山之脈，從湖南綿亘到安徽，那就毫不足奇了。然則衡山究在湖南，抑在安徽，所以議論紛紛，盈廷聚訟的，不過是古今言語不同的問題。古人粗而後人精，古人於某山某山之外，没有山脈二字之名，以致有此誤會罷了。明白這一層道理，則湖南安徽之山，均可有衡山之稱，實乃毫無足怪。但話雖如此，古代的衡山，決不能没有一個主峰。這裏所謂主峰，並不是地理學上所謂主峰的意思，乃指古代南巡守祀天之處。大約現在綿亘於湘、贛、皖、浙諸省之境，爲長江和粵江、閩江之分水嶺的，在古代通可稱爲衡山，這是廣義的衡山。其中之一峰，爲天子南巡守祀天之處，亦可但稱爲衡山，此爲狹義之衡山。從狹義的衡山，附會傳訛到廣義的衡山上，自然是極易的事。古代南巡守所至，證以史跡，與其説是現在湖南境内的衡山，自不如説是現在安徽境内的衡山。竊疑禹會諸侯於塗山，南巡守至於會稽，舜也有這一類事，所以巡守之禮，詳載於《尚書》之《堯典》上。此説如確，則舜必曾到過安徽的霍山。安徽的霍山，古代固稱爲衡山，而此外可稱衡山之山尚多。

　　古人傳述一事，大抵不甚精確。因爲舜曾到過衡山，便不管舜所到的，是衡山山脈中的那一處，而凡其山有衡山之名之地，便都附會爲舜曾到過。指其地不知誰何的遺跡，爲舜的遺跡，這是極可能的事。舜葬於蒼梧九疑之説，恐是如此來的。既可附會蒼梧九疑地方不知何人之墓爲舜陵，自可附會道縣地方不知何人之祠爲象祠，因而就説道縣是有庳，展轉傳訛，都自有其蛛絲馬跡了。我們試看後來成湯破桀於鳴條，放桀於南巢，周初淮夷、徐戎，響應武庚及三監，皖北一帶，都與舊王室一致，反抗新朝。亦可見蘇皖兩省和北方的政治中心關係的密切。

　　説到此，則長江下流，爲全流域中接受北方文化最早之地，而淮水流域，又爲其媒介，似無疑義。交通之發達，文化之傳播，本應先平坦之區，而後崎嶇之地，以地理上的條件論，也是當然的。然則以開化的早晚，傳播文化的功績而論，安徽人在歷史上，也頗足自豪了。

　　這是以往的事。講到現在，卻是如何呢？我們常聽人説，武昌居天下上游。又聽人説，喪亂之際，起於長淮流域者，必爲天下雄。不錯，歷史上的兵事行動，都足以證明此等説法之不錯。但是傳播文化，又是如何呢？慚愧，我們讀歷史，只見許多史學家，臚舉以往的戰事，來證明各地方形勢之優劣；卻不見臚舉文化事項，來證明各地方形勢之優劣。這是造成史料的人的恥辱，還是利用史料的人的恥辱？我説，這可以説，兩者互有之。不能多造傳播文明，增進人類幸福之事，以發揮地理的特性，卻多造成爭奪相殺，增加人類苦痛之事，以發揮地理的特性，這確是人類的恥辱。但是人類之利用地理，雖不盡善，地理條件的優越，是不因之而改的。我們現在，果能翻然改圖，多造有益之事，居天下上游的武昌，必爲天下雄的長淮流域……固依然與我以便於利用的條件，與戰爭時代，毫無以異。

然則安徽人在歷史上，已盡了傳播文化的責任。在今日，更應負起這責任。

我更有一種感想。我覺得，人類最大的缺陷，就是不能利用理性。在生物進化上，靈長二字，是人類所無愧的。這並非誇大之詞，事實確係如此，人類所以能如此，就是靠着理性。但是人類，較之其他動物，固然很有進步，而人類所希望達到的境界，則還不及千百分之一。人類的進化，所以去期望如此之遠，是因爲人類的活動，大半是盲目的。假若人類的行爲，能事事經過考慮，其效果決不如此之小。自然，人類的行爲，有一部分是先思而後行的。不過瞎撞的總居多數。因此進步不快。甚至有進兩步退三步的時候。我們如果希望今後得到更多的進步，以更少的勞力得更大的效果，那麼，只有遵從我們的理性。人人運用理性，目前自不可能，我們只希望有少數人，能運用理性，去研究決定進行的方向及方法。大多數人依著指導進行。一面進行，一面研究，一面改善。縱然不能無錯誤，但既非盲人瞎馬，終會收事半功倍之效。然則這個運用理性的責任，應當讓什麼人，什麼機關，擔負起來呢？我們可不假思索的回答，就是學校。這句話，不是我們現在才説，古人早已説過了。歷來有許多人，喜歡崇拜古人，動輒曰："人心不古，世風日下"等等的話。初看起來，似乎與進化的道理相違背；可是細想起來，也有道理。社會的進化是畸形的，有許多事情固然今勝於古；有許多事情卻是古勝於今。大抵在物質方面，今勝於古的多；至於社會組織，則確有古勝於今之處。這並非我們的聰明才力或道德，不及古人，實因古代的社會小，容易受理性支配，後世的社會卻不然，如龐然大物，莫之能舉，所以只得聽其自然。大抵要改造社會，決非少數人所能肩其責任，以少數人肩其責任，必至於舉鼎絕臏，本來的目的未達，反生出種種禍害。所以我常説，能改造社會的，只有社會。這句話的意思，是説要改造社會，必須社會全體，至少大多數人，有此願望，能夠瞭解。然而現在的社會，是盲目的，因襲的，我們如何能使人人有改革的志願，瞭解改革的意義呢？這個便是教育。教育不但施於少數人，要使其影響擴大而及於全社會。所以古人不大説教育，而多説教化。教化便是看出當時社會的需要，決定其進行的方向與方法，而擴大宣傳，使大家瞭解其意義，而願意遵行的。古代的學校，確能負起這責任，亦曾收幾分效果。試舉一事爲證，古人的性質是剛強的，大抵最好爭鬥，所以最要緊的，就是叫他知道尊崇秩序，愛親敬長。古代學校所行的鄉飲酒禮、射禮，便是這種意思。我們只看現在中國民俗的柔和，便是古人此等教化的成績。所以《禮記》上説，强不犯弱，衆不暴寡，此由大學來者也。古代學校所施教化的好壞，可以不論；而學校確可爲施教化即可看出其時的需要，研究決定其進行之方向及方法，擴大宣揚，使人人瞭解意義，而願意遵行。的一個機關，則確無疑義。此等責任，我以爲一切學校，都應負起。而在歷史上曾經負過傳播文化責任的安徽，其大學，便更有負起這責任的可能，亦更有負起這責任的責任。

原刊《安大周刊》第八十七期，一九三二年五月二十七日出版

馬先之《左氏纂讀》跋

文有矜練之美，有疏散之美。矜練之美，以《左氏春秋》爲極；疏散之美，以《太史公書》爲極。論者率以班、馬并稱，其實矜練之美，班書尚非《左氏》之倫也。

各國文學之發達，韵文率先於散文，吾國亦然。先秦古書，有句法簡短而整齊，而協韵者，韵文時代之作也。句法參差，合於口語者，散文時代之作也。散文之興蓋在東遷以後。先秦古書中之韵文，蓋前此口耳相傳授，至此而筆之於書。其散文，則此時代之人所自爲也。

散文興於東周而極盛於先漢。西京末葉，文學之風尚稍變，遂開東漢以後駢文之先河。駢散之轉變，一言蔽之曰，求文字之矜練而已。東周、西漢之文自今日觀之，誠天下之至美，然在當日，固人人所能爲。文不近口語，則不能達意，過近於口語，則又病其冗漫。行文者少加裁剪，又於所用之詞加以選擇，循此趨向，進而不已，而魏晉以後之文體成焉。侵淫至於齊梁，遂乃專務塗澤，駢文之繁蕪害意，遂爲論者所深譏。然此實末流之失，溯其初興，夫固談修辭者所不廢也。

文字之美，不外陰陽剛柔二端。口語之發揚者，過則毗於陽，節之以矜練，則有流麗婀娜之姿。其隱約者，過則毗於陰，振之以矜練，則有端莊剛健之致。故爲文者，駢散貴於兼濟，而不可以偏無。《樂記》曰："陽而不散，陰而不密，剛氣不怒，柔氣不懾，四暢交於中，而發作於外。"姚姬傳《答魯絜非書》，可謂深探文學之原而絜其要，語其實，則不外此數語而已。

明乎此，而《左氏》之文之所以美，乃可得而言焉。漢以前人之傳古書，所重在於大義，事實辭句，小有出入，弗較也。《左氏》不傳《春秋》，漢博士舊有此說。近世論者，謂《左氏》、《國語》，實爲一書，以其分國編纂，則謂之《國語》，以其著書之人名之，則謂之《左氏春秋》。劉歆易國別以編年，目爲春秋之傳者謬也。愚案《左氏》果爲《春秋》之傳與否，其緊要關鍵，實在其書與《春秋》有無關係。《漢書·歆傳》云：“初《左氏》傳多古字古言，學者傳訓詁而已，及歆治《左氏》，引傳文以解經，轉相發明，由是章句義理備焉。”夫傳本解經，何待歆引？曰引以解，則其本不解經明矣。然則今《左氏》之凡例及其釋經之處，實皆歆之所爲。然歆在當日，初不自諱，若曰：“《左氏》備《春秋》之本事，其意本以翼經，特發明經義處未備，而吾爲補之云爾。”然則此書本分國編纂，至歆乃易爲編年，在歆當日，亦或不自諱；而攻擊歆者，亦未嘗以爲口實；則以古人所爭不在此也。夫删移其書之篇章而重纂之，而爲之者初不自諱，攻之者亦不據爲罪案，則於其書之解句，有所損益更定，其視爲不足校計，抑又可知。故今日《左氏》之文字，必非左丘之舊，而有經西漢時潤飾之處，殆無疑也。

文字之由散趨駢，西京末造，揚子雲輩爲前驅。以此曹多讀古書，則覺當時之口語爲不雅，而思所以潤飾之；又能多識古字，則於用字選詞，亦必多所抉擇也。劉歆者，揚雄之友，亦能多讀古書，多識古字，觀其《移讓太常博士》之辭，其風格亦於子雲爲近。古書經其潤飾，亦能稍趨妍麗，畧帶西京末造之風，蓋亦無可疑者。大凡古書文字，多深厚典雅，而或病其佶屈。後世文字，較爲生動平易，而氣體則近於卑。惟以古書爲底本，由後人加以潤飾，則能集兩者之長而去其短。晚出之《古文尚書》，人人知爲魏、晉後物，然其文字之雅健，實能跨越東京，即以此故。然則《左氏》之樸而華，安而健，備陽剛陰柔之美，而幾於無所偏畸，殆亦以其本爲古書，而又經西漢末人之潤飾邪？嘗以此意語亡友同邑劉君脊生，後又以語宜興潘君伯彦。二君皆深於文，精於考古，而皆不以予言爲河漢。知駭俗之論不必非，真理所存，好古深思者，固皆能以知其意也。

然則欲明《春秋》之義，斷不容捨《公羊》而他求，而《左氏》之文，則自爲江河不廢。大凡一種文字，登峰造極者，必有其獨異之精神面貌。《左氏》之精神面貌，則世所謂《左》、《國》風格者也。初學之士，求通文學門徑，必於各種文字之精神面貌，均能體認而後可。《左氏》不容不深研審矣。然歷來選本，便於初學之研求蓋寡。馬君此編，以賞會文學爲主，而以通知史事副之。惟於史事識其原流，則於文學益易探其奥突。初學研求《左氏》，善本蓋無逾此。翻閱既竟，輒書所見以告讀者。

原刊馬厚文《左傳纂讀》，華社（光華附中）一九三三年二月出版

半 部 小 説

又是一度六三了！六三從五卅而生。五卅是群眾運動，六三亦是群眾運動。

群眾運動，到底是好的？是壞的？是有用？是無用？

稱頌他的人，説是好的，是有用的，集合多數人，力量多麼偉大？群眾運動所幹的事，少數人如何幹得來？

呪咀他的人，説是壞的，不但無益，而且有害。爲什麼呢？因爲群眾運動，大概有口號而無目的。——即使有之，也是少數操縱的人的目的；他只能隱在幕後，和大多數人公開所喊的口號，大不相同。目的且無，更何有於辦法？所以多爲少數人所操縱，所利用，假使無人操縱利用，便隨五分鐘的熱度而消亡。若其有之，則祇成爲少數人的工具。熱心而"無所爲而爲之"的人士，便都退處於無權，其名猶是，其實已非了。群眾運動，所唱的大都是高調，複雜的理論，隱曲的內容，是無從同他説起的，假如有個迂闊的人，同他説了，不遭他們唾罵，便反給他拾了去，更做他們攻擊的工具。群眾運動的本意，是要援助所攻擊的人，促其改善。但其結果，往往因相互疾惡的感情，各自防衛的手段，弄得真處於敵對的地位。所以群眾運動，不徒不能爲前綫的後援，及至於擾亂後方，破壞自己的陣容，爲敵人造機會。

這兩種話，誰是誰非？我説都對的，都有相當的理由，且都可以舉出事實證據。

但是要遏抑群眾運動，使公眾之事，多數人都置諸不問，一任少數人的自由處置，無論其不可能，即使能之，亦終不足以自立於今之世。因爲今之世，不論何事，都要有全體赴敵的氣慨，若始終只是少數人主持，這少數人，無論如何優越，所成就者，終是有限。固然，一駿馬可日行千里，合十駑馬，仍不能於一日之間，趕上千里；然而一駿馬究不能負十駑馬所負之物而馳。而況公事爲少數人所專，慣了，多數的人，便忘了自己的責任，並忘了自己的地位。遂可以走入對方，爲虎作倀。自古亡國敗家之際，內奸總是車載斗量，雖不是一個原因所致,而這所說,總是一個重要的原因。

然則群衆運動,不能不要,而亦確是有益;然而群衆運動之弊多利少又如此,這事如何辦呢?

我說:這是由於群衆運動的落伍,而誤其方向。今後要用群衆運動,必須改良其方法,而更易其目標。

關於現代學術,略有認識的人,大概都知道:近幾百年來,物質科學,進步得很快,而社會科學,則比較的遲慢。他在枝枝節節之處,並不是沒有進步,然而沒有能改變人對於社會的根本觀念。我們關於社會上的事情,並沒真用冷靜的頭腦,加以考察,發見出處置的方法來。不過沿襲幾千年來的舊觀念,遇事叫跳而已。叫跳的止息,並不是問題的解決,只是我們一鼓作氣,再而衰,三而竭,隨着五分鐘熱度之低落而消沈。

即如現在,"兄弟鬩於牆,外禦其侮"這兩句話,差不多人人會講的。充斥於報章、雜誌、會場、講臺的,雖不必就是這兩句話,而也無非是這兩句話的精神,和這兩句話的觀念。這兩句話,是萬不能明目張膽,予以否認的。不然,在群衆拳足所及的地方,你會死於拳足交加之下。即爲拳足所不及,亦且千夫所指,無疾而死。所以掉皮的人,總是內懷鬩牆之心,外飾禦侮之貌,善誦這兩句詩者,倒也無如之何。如此,牆仍不免於鬩,侮終莫之能禦,而國事已不可問矣! 不過大家天天念這兩句詩而已矣。

須知這兩句是三千年前的古詩。在三千年前,便是句教訓,而不是件事實。凡教訓,大概與事實不合的。其大多數,且決不會變爲事實。何也? 若事實本是如此,或者極易如此,就用不著這條教訓了。

我們關於社會的態度,該與古人不同。要講處置的方法,先得明白所要處置的東西。所以實狀的描繪,重於感情上的希望和教訓。我們所知道的:凡恩愛,固以切近之人爲深;凡讎怨也以切近之人爲烈。凡爭利,必近利乃可爭;凡避害,惟近害必須避。所以內爭不解決,絕無法解決外患的。這並非中國人的性質,特別自私自利。不顧大局,外國人也是如此,不但文明進化的人爲然,野蠻落伍的民族,也是如此。所以無色之人,自相殘殺,不惜引侏儒爲良友;亦未嘗不歡迎我國所運往的工人。所以五單于分裂,而呼韓入朝;所以兩可汗相夷,而啓民附塞。所以秦檜,我們雖然罵他通敵,而達賴也要南霖。昔者二次革命之時,吳稚暉曾作文登於報章,題曰:"可以止矣。"其內容若曰:"袁世凱,假使盡撤長江兵備,西而討藏,北而征蒙,南方民黨,難道好意思說:我要打上北方來。"由今觀之,殊不其然。我只記得章太炎挽孫中山的聯語

“孫郎使天下三分，當魏德萌芽，江表幾曾忘襲許”而已。

這是鐵一般的事實。至少，自大同降爲小康之後，東海西海，南海北海，心同理同；千世而遇一大聖人，或大奸雄，知其能者，猶旦暮也。非此所謂鐵的紀律者，雖名爲鐵，而有時鬆軟如綿也。

所以詞嚴義正的責備内爭，瘏口嘵音的請求息爭，都是緣木求魚之事。使此等手段而能有效，則孔子成春秋而亂臣賊子真懼，自漢以後，便不該有莽卓其人；而墨子上説下教，裂裳裹足，河山以東疆國六，淮泗之間小國十餘，早合秦組成聯盟了。太史公説：“夷齊槁卧，湯武不以其故廢王。”這才是真漂亮的話。所以詞嚴義正的責備内爭，瘏口嘵音的請求息爭，都只是緣木求魚之事。我們今日，或者以爲非此不可；或者以爲明知無效，苦無別法。將來進化之後，自我們的子孫觀之，只是一場大笑話而已。

馮庸先生説：“今日的局勢，好似南宋。”夫南宋，何以無轟轟烈烈的群衆運動？當時的群衆，亦何嘗没有意識？“當年天水江山弱，敵國猶聞購表章。”是何等慷慨？“三分天下二分亡，猶有河山寸寸量，縱使一丘添一畝，也應不似舊封疆。”對於苛捐雜税，持如此婉而多諷的態度，較之今日所謂惟一幽默的雜誌，幽默的程度何如？讀此之後，再讀今日的新詩，頗覺其傖父氣否？秦檜岳飛，誰是誰非，今也不必管他，岳飛沈冤之至，身後已享大名；秦檜遺臭萬年，生前亦獲厚實，所苦者，南宋的老百姓，金源之後，繼以蒙兀，死於鐵蹄，陷爲俘虜者，不知其幾千萬而已。然後這只算南宋的人民自作自受，何以故？以其不能爲群衆運動故。南宋的人民，群衆運動的壯烈，幾乎不弱於有明，何以説他無群衆運動？以其有運動而無方法——無運動故。

我昨夜做夢，夢見一位南宋人，和他説起當年遺事，他歎息流涕，説：“莫怪岳鵬舉，也莫怪秦會之，只是我們老百姓錯了而已。”我問他爲什麽？他説：“當二聖北狩之後，康王南渡之初，河南北，京東西，固然忠義如毛。便汾絳慈隰，秦鳳熙河，也還正軍不少。都是相互猜忌，觀望不前，甚至同室操戈，自相殘殺。我們當日，只知道責備他們内爭，籲請他們息爭，誰知責備是無用的，籲請更是無益。到今日想起來，悔不參加内爭。”我説：“這又奇了。已經内爭得夠了，如何再好參加呢？”他説：“先生，你有所不知。就苦於軍人相鬥，忠義相爭，老百姓總是袖手旁觀，所以爭得個不歇。須知爭鬥團體之中，須加入希望息爭的分子。那就爭鬥的時間，可以縮短。説你們現在的話，這不是擴大爭鬥的局勢，而是促進戡亂的過程。”我説：“你的話是對了。但是當時雖没有槍，他們是有刀階級，你們是無刀階級，如何能加入戰爭呢？”他説：“我們就誤於此。我們當日，總以爲要我們無刀的團結起來，才能把他們有刀的打倒。無刀的團結起來，這見解固然很對，要赤手空拳，去打他們的刀槍弓箭，就沒有這回事了。所以其結果，只得取責備和呼籲的兩種方法，却徒然喊破嗓子，浪費筆墨而已。"正說間，兩個人遠遠地走來。他指給我看道："我們當日，就上這班人的當。"

兩個人走到面前。我此時，正坐在地下講話，忙立起來招呼，請教尊姓大名。那兩人各給我一張名片，一是陳東，一是歐陽澈。我吃了一驚，正要肅然起敬，陳東、歐陽澈把我略一估量，又看一看和我談話的人，只是個農夫野老，似乎有點鄙夷不屑的樣子，便問我道："看你的樣子，似乎還像個讀書人。你是個什麼出身？"我笑道："我只是個學究出身。"陳東、歐陽澈都點一點頭，彼此唱個喏，陳東、歐陽澈就去了。我再坐下，和這農夫野老樣子的人講話。

我問他："方才兩位，都是一代名人，正是領道你們的。你怎說上了他的當呢？"他說："先生，你有所不知。當年曾有一件事，有一個人提議，說：我們對於那些軍人忠義，單是責備他們爭鬥，呼籲他們息爭，是無效的。我們既是無刀，也斷不能打倒他們有刀的人，好在他們的刀，原是我們給他的。他們本該聽我們的話。我們本可以使用他們。所以我們對於他們，不該持一樣的態度。我們該分別調查，明白他們的好壞。誰好的，我們就加以輔助。誰壞的，我們就加以妨害。我們既沒有刀，怎樣輔助他們，妨害他們呢？那法子也多得很呢。譬如他們要籌餉，是好的，我們就竭力供應。是壞的，我們就儘量的消極對付。他自然可用兵力壓迫，甚而至於搶劫。那盡我們的力量，可以或者逃避，使其求無所得；或者把地方上的實情，告訴好的一面，招致他來。諸如此類，方法是說不盡的。總之，盡我們的力量，利用有刀階級，打倒有刀階級。就一時看來，固然也難見大效。然而總算起來，各事的平定，一定可以加快得多。靖內的過程縮短，攘外的事情，就可以提早著手了。我們當日聽了很以爲然，便籌商如何著手，這提議的人說：我們先要設法調查各方的內容，可是我們都是鄉下種地的人，往哪裏調查去。結果，便公推代表，去見剛才那兩位一班的人。想請他們擔任調查的事。誰知他們大不以爲然，發了許多議論。其議論，我也記不得許多。總而言之，是議論風發而已。代表回來，我們再聚議。原提議的人說：這一番議論，是靠不住的。衆人問他，爲什麼靠不住呢？他說：這叫做言不由衷。人家又問他：怎樣叫言不由衷呢？他說：乾脆些說，這班人，只是想鬧名氣，得勢力；直接爲名，間接爲利。唱高調，罵政府，是人人聽得進的，名氣就大了，政府自然也怕他，好處就來了，辛辛苦苦，到處調查內容,跑了幾千里路,做了一年半年事情,也沒人知道,是這班人肯幹的麼?言未已,有一人起而斥責道:你只是個老明經,他們一班,都是名進士,難道反不及你的識見?這話一出,眾人都附和。原提案的人,啞口無言了。我們的運動方向,就此沒有改變。到今朝事實最雄辯,到底是老明經給我們當上,還是我們上了名進士的當,就不問可知了。"

我的夢如此。這或者都是夢話,然而我的夢是如此。

原署名:勉,原刊《光華半月刊》第十期,

一九三三年六月出版

健康之身體基於靜謐之精神

西諺曰：強壯之精神，宿於健康之身體。斯語也，三十年來，幾於人能道之矣。吾今欲一反之曰：健康之身體，基於靜謐之精神。

予之有此見解，起於昔客遼寧時。予之居瀋陽也，嘗往游東陵清太祖陵。及北陵。清太宗陵。北陵距城近，往返不四十里。東陵少遠，亦近五十里耳。以一日之間，步行往返。翌日，頗覺其疲。而與予同往返之小學生，年約十一二齡者，乃若無其事焉。此南方，城市中之兒童所不能也。予頗異之。默念，北人豈果強於南人邪？察其體格，無以異也。其操練，亦未嘗勤於南方人。謂其日常生活，與南人不同邪？其所食者高粱，不如稻麥之滋養也。其所睡者熱炕，能使人早熟，早熟則早衰。不如南人之客北者，遂熾炭於爐，而仍睡床榻。而南人居南，雖隆冬鮮熾火者，更無論矣。衣服則彼此無異。然則彼之強於我者，果何故哉？吾思之，吾重思之，乃恍然曰：是不在體魄而在精神。

大抵人之強弱，與神經關係最大。神經安定，則志氣清明。以道德言，則能發強剛毅。足以有為，足以有守。富貴不能淫，貧賤不能移，威武不能屈之大丈夫，國有道不變塞焉，國無道至死不變之君子，未聞有日在聲色貨利中者也。故孔子曰：棖也欲，焉得剛也。智識亦然。神謀能謀，謀於野則獲，謀於邑則否。山林枯槁之士，所以一出而為驚天動地之人。諸葛公惟能淡泊寧靜，故能受命驅馳，鞠躬盡瘁。罰五十以上，皆親覽焉。工械技巧，亦物究其極，其能勤細物而無遺，正以其能遺萬物而不以自累也。惟體力亦然，聲色貨利之場，又豈有孟賁、烏獲乎。昔者七國之兵，莫強於秦，是以四世有勝，卒併天下。非應、穰之盡勝於原、嘗、春、陵，而項燕、李牧，不格白起、王翦也。秦人捐甲徒禍而趨敵，山東之士，被甲蒙胄而會戰。且秦人，其生民也狹陋，其使民也酷烈。商君之法，無功賞者，雖富無所紛華，而非戰陳亦無功賞。是以其民皆勇於公戰，以繳利於上。而三晉之民，試之中程，則復其身，利其田宅。十年而筋力衰，勇氣沮，非復選鋒，二十年而不可用矣。然則秦之民舉國皆強，三晉則惟選士耳。三晉如此，齊楚更不足論矣。其不格宜矣。然秦民之強，豈徒商君之法令爲之哉。李斯諫逐客之書，刊舉淫樂侈靡之事，皆來自東諸侯之邦，出於秦者無一焉。商君語趙良曰：吾大營冀闕，如魯衛矣。然則秦之望魯衛，猶今陝甘之望江浙。亦若日本北海道之望巴黎、紐約克邪？《金史‧兵志》曰：金興，戰勝攻取，用兵如神。何以然？以其部落隊伍，技皆銳兵也。何以部隊落伍，皆爲銳兵？以其地狹產薄，惟事力耕，以足衣食也。惟契丹亦然。史稱其部族安於舊風，狃習勞事，用能征伐四方，爲其國之楨幹。遼瀋城市之民，雖亦稍華，非鄉僻比乎。然而日出而作，日入而息。吾居瀋陽逆旅中，未及亥初，求食於市而不可得。使逆旅中人爲晚餐，辭以無火，不能炊矣。過其西城雖亦熟食遍市，殷施成列，然出入其間者，非軍人，則政客，人民無有焉。小兒索食，以十文市餅一枚與之，其硬如鐵。亦有蘇州之稻香邨，天津之某某店，平民鮮或過而問焉。飲食如此，其他游樂之事可知。是以其養生雖不如南人之備，而其神志安定，足以有爲，足以有守。城市之民如此，鄉邨抑又可知。是以三省淪陷以來，民之冒死與敵抗者，雖歷凍餓，猶能支持也。豈仍然哉？心惟天君，有體從令。心定則時然後言，時然後動，時然後息。營養消耗，皆得其宜。夫惡得而不強？心旌搖搖，不克自主，逐物若不及，則舉飲食之所攝取，衣服居處之所調護者，悉供消耗而猶若不足。平時如此，有事之時，望其自振，難矣！運動家最忌飲食無節，起居不時。即身以相維，以爲之主，眼前之實證也。

小時讀鄭板橋家書，今猶憶之。板橋與其弟書曰：士大夫之宦達者，必延師於家，以教其子弟。單寒之士，則附讀他家學塾而已。凡附讀者多成，延師者鮮就。非不幸也，勤力者成，淫靡怠惰者敗。天道固然。予謂殊不必言天道。予戚某君，嘗並延通中西學之師，以教其子弟。可謂愛之厚，期之深矣。然其子弟，一無所就。予嘗過其家而默察之，而知其無成之故焉。其家賓客紛紜，飲食遊戲之事，雜沓交至。子弟身居學塾，一心以爲有鴻鵠將至，視而不見，聽而不聞。爲之師者，其若之何？夫學問者，藏焉修焉，息焉游焉，是以有得。今也，身在塾中，心馳塾外。一聞放學之令，則爭先恐後而馳，並不甚了了之書，而一切置諸腦後矣。若是者，安望其有得於心。夫學問之事，似私也，而其機實起於至公。必有悲天憫人之衷，乃思求淑世淑身之術。悲天憫人之衷，何自起乎？其惟佛陀，身居王子之尊，受宮室車馬衣服飲食之養，而睹四大則念無常，終捨諸位而修苦行。若夫恒人，則入焉而與之俱化而已矣。清夜捫心，豈無瞿然惕然之候，然而旦晝之所爲，有牿亡之矣。牿之反復，則其夜氣不足以存。田獵馳騁，令人心發狂。況其蠱之之事，百出而未已。而其柔靡不振，惟圖目前之安樂，又迥非田獵馳騁，尚須冒險難，陵寒暑，耐饑渴者比乎。要得不厭厭無氣引，惟聖罔念作狂，惟狂克念作聖。夫狂夫非生而狂也，所居或使得之然。煖客貂鼠裘，悲管逐清瑟。勸客馳蹄羹，霜橙壓香橘。古人詠燭淚之詞云：歡場但覺春如海，便滴盡有誰來管。當此時也，又孰肯啟門到中衢小立，一觀路上凍死之骨乎？然而無言不讎，無法不報，此等民族，未有不爲異族所宰制，所役使，所屠割者。明之亡也，侯朝宗嘗志宗室某將軍之墓而志慨焉。此文亦予幼時所讀，今已不能舉其辭。姑述其意，則言其地自封藩而後，大爲繁盛，見者以爲金陵、廣陵所不及。下文有最沉痛者二十三字，今猶能記之曰：以故遭大亂，都邑邱墟，宗子士大夫庶姓之人，莫能自強者。此“莫能自強”四字，試細思之，最可痛也。

此篇爲予二月二十七日在本校紀念週會講演之時，自謂與今之青年，頗有關係。年刊索文，姑記之以塞責。引用壯悔堂文處，適無其書，未能檢舉其時爲歉。二十二年三月三十日，思勉自識。

原刊一九三三年《光華年刊》

文　質

聽張校長之演講，①欽其語語中的，兹更引伸之。

“文”之爲義甚廣，非徒指文字也，文果善乎惡乎？當視其分量而定。此實凡物皆然，酒可醉人，然無飲一滴即醉者；砒能殺人，然醫師亦用爲藥，故昔人言物無善惡，惟有過不及也。文質彬彬，然後君子，如其不能，與其文勝，毋寧質勝。吾國之弊即在“文勝”。歷代南北之爭，北常勝於南，今則反之；長江流域居民之反抗性，較黄河流域者爲强；珠江流域者，又較長江流域者爲强，而接其人，則愈北愈文，愈南愈質也，即其一證。

中國文勝，可以其言證之；如練兵，則曰：“以壯軍容”，建築則曰：“以壯觀瞻”，皆重外表，即“文勝”之過也。文字必言之有物，語言亦然，但“理實亦必氣空”，“理實”言之有物也；“氣空”則能以流暢出之之謂也。氣空由於嫻熟。

士不可以見不廣；傳云：“獨學而無友，則孤陋而寡聞。”今之士，於發表欲過强，不思就正於人，而急於發表，致刊物流行，往往有極可笑者。虛心爲學，不恥下問，則自知天地之大，與夫立言之不易矣。

原載《光華大學半月刊》第二卷第八期，一九三四年四月出版

---

① 　光華大學張壽鏞校長的演講，題爲《作文三戒》。

施聯玉《説文部首淺釋》跋

　　讀書匪難，妙悟爲難。吾國之有文字，蓋數千萬年，今人所知較完備者，則籀斯以降耳。讀史者於秦漢後事，類能娓娓言之，東西周已莫能質，至於姒子炎黄子孫之世，而若存若亡矣。然而演進之迹，後必承前，不知其朔，於其後起之事，固終莫能明。此肆力考古者，所以必馳心於荒渺之域邪！籀斯之異，人人知之，而能言其所以然者卒鮮。此篇乃因其稱名叙次之異而得間，可謂妙悟。讀此然後知文字元始及其演進之理，古小學之家，固代有傳述，未嘗數典而忘其祖，而秦相等改制篆文，亦自有其條貫也。此篇所著，雖僅粗引其端，而皆足以自圓其説。詳證博採，自成一家，跋予望之已。民國二十三年二月二十二日讀竟謹識。同邑吕思勉拜手

　　　　　　　　　　原刊施聯玉《説文部首淺釋》，
　　　　　　　　武進世界大東書局，一九三四年四月出版

與人論《新元史》《元史新編》書

來教懷疑於魏、柯兩家之書，孰爲適用？此不足疑也。正史之在今日，已不盡供恒人閱讀之資，而特以備專家取材之用。供恒人閱讀者病其繁，而供專家取材者求其備。二者自唐以後，其勢已不可得兼。古代史料少，治史者見解亦粗，事之有關係無關係，則以意去取而已矣。故其所成之書，不能甚繁，一朝開創之後，所修前代之史，即可供凡人之閱讀。後世情形既異，則史材恒苦其多。編纂時割棄之則有所不忍，盡存之則繁不可讀。論史裁者，所以斤斤爭議於繁簡之間，而卒無善策，即由於此（論者或不自知，然實係此種情勢迫之於後也）。於斯時也，保存材料之書，與供恒人閱讀之書，本宜析爲兩事。然此理直至章實齋出，而見之始瑩。前此作史者，率皆裝回於二者之間，此其下筆時之所以甚苦。然與其過而廢之，毋寧過而存之，人人皆有此想，此又正史之所以不期其繁而日趨於繁。然後來專研史學之家，所以有所取資者，則正受此漸趨於繁之賜也。柯書之長，即在其備。元史改作，久有其人。訂補之家，尤屬不少。所據之書，或多或寡，所立之説，或是或非。治此史於今日，不徒病舊史之蕪，亦且苦史以外之材料過多，而不易網羅，史以外之衆説紛紜，而難於去取。柯書於此，采撫既勤，折衷亦慎。得此，則舊史之所遺，後人之所訂，不啻具備於二百數十卷之中，此其所以似繁而實簡也。魏書體例雖新，所載失之太簡。且皆百年前舊説，不徒洪文卿以後，藉資西史者，一無所有，即史材之存於域內者，采撫亦多未備。舍柯書而讀魏書，其餘諸書豈容不及？則求簡而反繁矣。僕之得讀柯書，尚係初出時，假諸邑前輩屠敬山先生者。涉獵粗竟，先生問僕："意謂如何"？僕未敢對，還以問諸先生。先生云："此書之長，即在其搜採之博，使治此史者，可省許多精力耳。"竊喜其所見之同。先生又問："柯書既奉明令，列於學官，則正史中唐、五代、元，皆有兩種並列，學人日力，或苦不給，既有所興，能有所替否？"僕對："正史相綫縺者，實尚不止此數。史漢同異，詞句爲多，即宋、齊、梁、陳、魏、北齊、周、隋之書之於南、北史亦然，且本有此缺而以彼補之者。但得善校勘者，據其一,而以他一之異同備註於下,則其一可省矣。新舊唐、五代,事實同異太多,即其同者,辭句亦皆大異,斷宜并存。若舊元史,則其所有者,殆不能出新史以外,得其新,舊者殆可廢也。"先生亦以爲然。此事忽逾十年,而先生亦久歸道山矣,述之愴然。

原刊一九三四年十月二十一日《申報》"開明版二十五史特刊"

《秦代初平南越考》之商榷

國史中所記四裔之事，近人研究，往往借資於外人，如馮君承鈞所譯諸書是也。觀其所考證，誠有勝於吾儕所自爲者，蓋域外地理，外國史家恒較中國爲熟，一也；文字語言亦然，二也；他種科學，足爲研究之助者，彼亦多所通曉，三也；山岩屋壁之藏，以及掘地所得，彼所根據，實較吾儕爲多，四也；其考證多用科學方法，搜輯備而抉擇精，五也；然亦間有所短，如鄂盧梭之《秦代初平南越》考，據《淮南子》，定始皇之用兵南越，即在其初平六國之時，而不知淮南此文，全不足據，蓋古代文字用少，事多本於口傳，古人又輕事重言，於事實不求審諦，故其傳述，往往去事實甚遠。此固不獨淮南爲然。求若存若亡之事，於文獻無徵之年，此等材料，誠不能捨而不用，然其用之，則非十分謹慎不可，此則凡治古史者，皆不可以不知此義也。余於此事，舊有札記數則，所據材料，畧與鄂盧梭同，而其論斷，適與相反，今亦不復重作，即將原文比而錄之，以就正於史學家焉。

一

《秦始皇本紀》，"三十三年，發諸嘗逋亡人、贅婿、賈人，畧取陸梁地，爲桂林、象郡、南海，以適遣戍"。"三十四年，適治獄吏不直者，築長城及南越地。"《六國表》畧同。其所戍所築，皆即所畧取之地，非中國與陸梁間之通道也，而《集解》引徐廣曰："五十萬人守五嶺。"疏矣。

徐廣之言，蓋本於《淮南子》。《淮南子·人間訓》曰："秦皇利越之犀角、象齒、翡翠、珠璣，乃使尉屠睢發卒五十萬，爲五軍。一軍塞鐔城之嶺，一軍守九疑之塞，一軍處番禺之都，一軍守南野之界，一軍結餘干之水，三年不解甲弛弩，使監禄無以轉餉。又以卒鑿渠而通糧道，以與越人戰，殺西嘔君譯吁宋，而越人皆入叢薄中，與禽獸處，莫肯爲秦虜。相置桀駿以爲將。而夜攻秦

人，大破之，殺尉屠睢。伏屍流血數十萬，乃發謫戍以備之。"案此事亦見淮南
王《諫伐閩越書》，《漢書‧嚴助傳》。而無發卒五十萬之語。《漢書‧嚴安傳》載安
上書，則謂秦使尉屠睢將樓船之士，南攻百越，既敗，乃使尉佗將卒以戍越，
《淮南王傳》伍被諫王之辭，又謂秦使尉佗逾五嶺攻百越，尉佗知中國勞極，止
王不來。今按尉佗本傳，佗在秦時，僅爲龍川令，及任囂病且死，召佗，被佗
書，行南海尉事，佗乃因以自王，安得有將兵攻越戍越之事？更安得當秦始皇
時，即止王不來乎？發卒與謫發大異，且暑地遣戍，同在一年，即適築亦在其
明年，安得有所謂三年不解甲弛弩者乎？古載籍少，《史記》又非民間所有，稱
説行事，率多傳聞不審之辭。淮南諫書，自言聞諸長老，明非信史。嚴安、伍
被之辭，蓋亦其類，徐廣不察，率爾援據，且謬以淮南所言發卒之數，爲《史記》
所云謫戍之數，亦疏矣。

　　淮南王諫伐閩越之辭曰："不習南方地形者，多以越爲人衆兵强，能難邊
城，淮南全國之時，多爲邊吏；臣窮聞之，與中國異。限以高山，人跡所絶，車
道不通，天地所以隔内外也。其入中國，必下領水，領水之山峭峻，漂石破舟，
不可以大船載食糧下也。越人欲爲變，必先田餘干界中，積食糧，乃入伐材治
船，邊城守候誠謹，越人有入伐材者，輒收捕，焚其積粟，雖百越，奈邊城何。"
此雖言閩越，南越亦無以異，即有喪敗，安用發大兵爲備乎？兵有利鈍，戰無
百勝，當時用兵南越，天時地利皆非所宜，偏師喪敗，事所可有，然以大體言
之，則三郡之開，闢地萬里，越人固未嘗敢以一矢相加遺，安用局促守五嶺乎？
使一敗而至於據嶺以守，則三郡之不屬秦久矣，何以陳勝既起，任囂猶能挈南
海以授趙佗，而佗既行尉事，南海猶多秦吏，而待佗稍以法誅之邪？見佗本傳。
《陳餘傳》載武臣等説諸縣豪傑之辭，謂秦南有五嶺之戍，蓋漢通南越，嶺道有
五，故爲此辭者云爾，非必武臣當時語本如此。《趙佗傳》言佗檄橫浦、陽山、
湟溪絶道聚兵以守，則似秦與南越往來，惟有三道耳。

　　漢武帝之通夜郎也，拜唐蒙爲中郎將，將二千人，食重萬餘人。《史記‧西南
夷傳》。王莽之擊益州也，發天水、隴西騎士，巴蜀犍爲吏民十萬人，轉輸者合二
十萬。猶以軍糧前後不相及，致士卒饑疫三歲餘，死者數萬。見《漢書‧西南夷傳》。知當時南
方道路艱阻，運餉者恒倍蓰於士卒。始皇若發五十萬人以攻越，疲於道路者，
不將逾百萬乎？又淮南諫書，言"自漢初定已來，七十二年，吳越人相攻擊者，
不可勝數"，而《史記‧東越列傳》載：閩越圍東甌，東甌告急天子，天子問太尉
田蚡，蚡對亦曰："越人相攻擊固其常。"《漢書‧高帝紀》十一年詔亦曰："粤人
之俗，好相攻擊"，知當時越人，尚分散爲衆小部落，此其所以有百越之稱也，

安用發大兵攻之，彼亦豈能聚大兵來攻，而待發大兵以守乎？

秦所遣謫戍之數，雖不可考，然必不能甚多。故任囂告趙佗，謂頗有中國人相輔，而陸賈說佗，亦謂"王之衆數十萬，皆蠻夷也"。《史記·陸賈列傳》。《漢書·兩粤傳》載佗報文帝書，言"西有西甌，其衆半嬴，南面稱王。東有閩粤，其衆數千人，亦稱王。西北有長沙，其半蠻夷，亦稱王"。嬴當作羸。《史記》作其西甌駱裸國。師古曰"羸，謂劣弱也"。竟未一考《史記》，疏矣。"其衆數千人"，《史記》作"千人衆"，東甌之降也，其衆四萬餘。《史記·漢興以來將相名臣表》，建元三年，東甌王廣武侯望率其屬四萬餘人來降，處廬江郡。閩越強於東甌，衆不得較東甌爲少，知佗於西甌、閩粤、長沙，皆以中國之衆，與蠻夷分別言之，陸生所謂衆數十萬者，必不包中國人矣。漢高帝之王尉佗也，詔曰："前時秦徙中縣之民南方三郡，使與百粤雜處，會天下誅秦，南海尉佗，居南方，長治之，甚有文理，中縣人以故不耗減。"《漢書·高帝本紀》十一年。則佗自王后，中國人在南方者，初無所損；而陸生不之及者，其數微，不足計也。知秦時所謫，其數必不能多矣。

《史記》所謂築越地者，蓋謂築城郭宮室也。中縣民初至，必不能處深山林叢，其勢固不能不築宮室以居，城郭以守。然則秦人之徙中縣民，其意雖欲使與越雜處以化之，實仍自爲聚落，故其數不耗減易知也。長沙開闢最久，蓋猶不免焉，而閩越無論矣。故尉佗於此，並以中國人與蠻夷分言之也。

漢人引秦事以譏切當世者甚多，而皆莫如晁錯之審。錯之論守備邊塞也，曰："臣聞秦時，北攻胡、貉，築塞河上；南攻揚粤，置戍卒焉。夫胡、貉之地，積陰之處也，木皮三寸，冰厚六尺，食肉而飲酪。其人密理，鳥獸毳毛，其性能寒。揚粤之地，少陰多陽，其人疏理，鳥獸希毛，其性能暑。秦之戍卒不能其水土，戍者死於邊，輸者僨於道，秦民見行，如往棄市，因以謫發之，名曰謫戍。先發吏有謫及贅婿、賈人，後以嘗有市籍者，又後以大父母、父母嘗有市籍者，後入閭，取其左。"此即《史記》所謂發諸嘗逋亡人、贅婿、賈人，適治獄吏不直者也。然錯之言曰："臣聞古之徙遠方以實廣虛也，相其陰陽之和，嘗其水泉之味，審其土地之宜，觀其草木之饒，然後營邑立城，制里割宅，通田作之道，正阡陌之界。先爲築室，家有一堂二內。門戶之閉，置器物焉。民至有所居，作有所用，此民所以輕去故鄉，而勸之新邑也。"秦之徙民，其慮之雖不能如是之備，然其適築越地，蓋猶存此意焉。錯又言：人情非有匹敵，則不能久安其處，故亡夫若妻者，欲縣官買予之。今案伍被言，尉佗止王南越，使人上書，求女無夫家者三萬人，以爲士卒衣補，秦始皇帝可其萬五千人。被言不諦，説已見前，然傳聞之辭，雖不盡實，亦不能全屬子虚，果若所言，則秦之徙民，得古之遺意者多矣。其迫而徙之雖虐，而既徙之後，固未嘗不深慮之而力衛之也。此其所以三郡之地，能永爲中國之土歟。

當時居越中者，中國人雖少，而越人之數，則初非寡弱。尉佗報文帝書，自稱帶甲百萬有餘。今案《漢書・地理志》，漢所開九郡，除珠崖、儋耳外，其餘七郡，口數餘百三十萬，而珠崖、儋耳，户亦二萬三千餘，見於《賈捐之傳》。然則百萬雖虚辭，而淮南王謂越甲卒不下數十萬。吳王濞遺諸侯書，謂"寡人素事南越三十餘年，其王君不辭分其卒以隨寡人，可得三十餘萬"。《史記・吳王濞列傳》。則非誇飾之語矣。唐蒙謂夜郎所有精兵，可得十餘萬，案《漢志》，犍爲郡口四十八萬九千，牂牁郡口十五萬三千，則其辭亦不虚。《史記・西南夷列傳》謂滇小邑，又謂滇王其衆數萬人。又《建元以來侯者年表》，"湘成侯監居翁，以南越桂林監。聞漢兵破番禺，諭甌駱兵四十餘萬降侯。"知南方文化程度雖低，生齒數實不弱，蓋由氣暖而地腴使然。秦所徙中縣民，區區介居其間，而能化之以漸，使即華風，而未嘗自同於劗髮文身之俗，亦可謂難矣。抑秦之所以使之者，固自有其道，而後人過秦之論，有不盡可信者歟。

二

《史記・南越尉佗列傳》："秦時已併天下，畧定揚越，置桂林、南海、象郡，以謫徙民，與越雜處十三歲。"《集解》引徐廣曰："秦併天下，至二世元年十三年，併天下八歲，乃平越地。至二世元年六年耳。"案此所謂畧定揚越者，乃指秦滅楚後平江南之地言之。即秦所置會稽郡地，而非桂林、南海、象郡之地也。《楚世家》及《六國表》，皆謂秦始皇二十三年，王翦擊破楚軍，殺項燕。二十四年，虜其王負芻。而《秦始皇本紀》則云：二十三年，王翦虜荆王，秦王遊至郢陳。荆將項燕立昌平君，爲荆王，反秦於淮南。二十四年，王翦、蒙武攻荆，破荆軍，昌平君死。項燕遂自殺。二十五年，王翦遂定荆江南地，降越君，置會稽郡。其記負芻之虜，早於《表》及《世家》一年。而立昌平君及定江南地事，則《表》及《世家》無之。今案表既記負芻於始皇二十四年見虜，而於二十五年，又云秦滅楚，蓋指昌平君之亡；而《王翦傳》亦謂翦殺項燕後歲餘，乃虜荆王，與《表》及《世家》合。則《秦本紀》之記事，實誤移上一年，如此，則王翦定江南地，降越君，當在二十六年，正秦併天下之歲。至二世元年，正十三年也。會稽與桂林、南海、象郡之置，雖相距八年，然兩者同爲揚越之地，事實相因，故史原其始而言之耳。

項燕之死，《項羽本紀》亦與《六國表》及《世家》同，而《始皇本紀》獨相違異，未知孰是。案軍中奏報，往往不實。竊疑《表》及《世家》，均沿戰後奏報之辭，當時謂燕已死，而不知其實生。《始皇本紀》獨記立昌平君事，乃遂删此語也。至《項羽本紀》則因燕與蕲戰敗而死，與爲蕲所戮無異，乃遂粗言之。古人多如此。然昌平君之反，則固當確有其事，《表》及《世家》皆謂考烈王二十二年，徙都壽春，命曰郢。此即《本紀》秦王遊至郢陳之郢。《世家》云，王翦、蒙武遂破楚國，虜楚王，滅楚，名爲楚郡。楚國亦指壽春言之，蓋即其地以立郡治。《本紀》記江南之定，在昌平君死後一年。《王翦傳》亦云，竟平荆地爲郡縣，因南征百越之君。則知平荆地與征百越，自屬兩事。蓋虜負芻之時，秦人雖破壽春，兵力實尚僅及淮北也。然則昌平君所據，必爲淮南無疑。徐廣曰，淮一作江，作江者恐非矣。

《尉佗傳》云：“自尉佗初王后，五世，九十三歲而國亡焉。”初王，謂佗自立爲南越武王，別於漢十一年遣陸賈立佗爲南越王言之也。其時在高帝五年，距二世元年，又七年矣。

三

世之言越裳氏者，多以爲在今越南之地，此爲王莽所誤也。賈捐之棄珠崖之時曰：“武丁、成王，殷周之大仁也，然地東不過江、黄，西不過氐、羌，南不過蠻荆，北不過朔方。是以頌聲并作，視聽之類，咸樂其生，越裳氏重九譯而獻。以至乎秦，興兵遠攻，貪外虛内，務欲廣地，不慮其害，然其地南不過閩越，北不過太原。”《漢書》本傳。尋賈氏之言，越裳必尚較閩越爲近，若謂在今後印度半島，未免不近情理矣。

以越裳在今越南之地者，蓋本於《後漢書》。《後漢書·南蠻傳》曰：“交阯之南，有越裳國。周公居攝六年，制禮作樂，天下和平。越裳以三象重譯而獻白雉。曰：道路悠遠，山川岨深，音使不通，故重譯而朝。成王以歸周公。公曰：德不加焉，則君子不饗其質，政不施焉，則君子不臣其人。吾何以獲此賜也？其使請曰：吾受命吾國之黄耇曰：久矣，天之無烈風雷雨，意者中國有聖人乎。有則盍往朝之。周公歸之於王。”《注》曰：“事見《尚書大傳》。”古人引用，多不盡仍原文，此事散見古書甚多。陳恭甫《尚書大傳輯校》輯之甚備。《後書》而外，咸無“交阯之南”四字，知非伏生原文矣。《後漢書》上文曰：“禮記稱南方曰蠻，雕題交阯，其俗男女同川而浴，故曰交阯。其西有啖人國，生首子，輒解而食之，謂之宜弟。味旨則以遺其君。君喜而賞其父。娶妻美，則讓其兄。今烏滸人是也。"引《禮記·王制》，雜以《注》文。其啖人之國，見《墨子·魯問篇》。辭句亦有異同，不知爲此辭者所據《墨子》與今本異，抑引用改易，然"今烏滸人也"六字，則必爲此辭者所加。"其西"二字，其必其所改，承上文"故曰交阯"言之也"交阯之南"四字，亦同一例。

《漢書·平帝紀》，元始元年，春，正月，越裳氏重譯獻白雉一，黑雉二。詔使三公以薦宗廟。羣臣奏言，大司馬莽功德比周公，賜號安漢公。及大師孔光等皆益封。此事亦見莽傳，但云"風益州令塞外蠻夷獻白雉"而已。知越裳之名，必莽妄被之也。《後漢書·光武紀》，建武十三年，日南徼外蠻夷獻白雉白兔。《章帝紀》元和元年，日南徼外蠻夷獻生犀白雉。亦皆無越裳之名。《論衡·恢國篇》亦云越裳，蓋東漢人已受其欺矣。

越裳之地，當不遠於魯，何也？曰：其事傅諸周公，一也；其所貢者爲白雉，而夏翟爲《禹貢》徐州之貢，二也；《周頌譜·正義》引《大傳》越裳作越常。陳恭甫謂舊本如此。竊疑《魯頌》"居常與許，復周公之宇"，常即越裳。越爲種族之名，常其邑名，以越冠裳，猶之《史記·楚世家》謂熊渠封少子爲越章王，而其地後亦稱故鄣耳。《左氏》越有常壽過，疑即此國人。《毛傳》謂常爲魯南鄙，其地當近海濱，故以無別風淮雨，佔中國之有聖人也。

"別風淮雨"見《文心雕龍》。陳恭甫疑彦和見誤本《大傳》，此恭甫誤也。別風即颮風，後人不知，乃易貝爲具。凡風皆有定向，惟別風不然，一若東南西北同時并作者。東與西相背，南與北相背，故曰別。名之曰具，義亦可通。但古無是語耳。《輯校》云："《御覽·天部》一本引作天之無烈風，東西南北來也。下六字當是注文誤入《傳》。"是矣，而不悟此六字正是別風之義。轉以彦和所見爲誤本，不亦千慮之一失乎？淮雨蓋彙雨之省，言雨四面而至，意與別風之東西南北來同也。

越裳，《漢書》之《注》引張晏曰："越不着衣裳，慕中國化，遣譯來，著衣裳，故曰越裳也"，附會可笑。師古曰："王充《論衡》作越嘗。此則不作衣裳之字明矣。"《魯頌》鄭《箋》云："常或作嘗。在薛之旁。六國時，齊有孟嘗君，邑於薛。"鄭《箋》果是，則其地距魯甚近；而《御覽》引《大傳》云重譯。《文選》應吉甫詩《注》引作重三譯。王元長文《注》引作重九譯，賈捐之亦云九譯，則仲任所謂語增者耳。抑三與九亦但言其多，非如後世文字之必爲實數，不能因此遂斷爲遠國也。

四

《史記·南越尉佗列傳》："秦時已併天下，暑定揚越。"《漢書》"揚越"作"揚粵"。

《集解》引張晏曰："揚州之南越也。顏師古亦曰：揚州之分，故曰揚粵。"案此恐非也。《楚世家》云："熊渠甚得江漢間民和，乃興兵伐庸、揚粵，至於鄂。"《索隱》云："有本作揚雩，音吁，地名也，今音越。譙周作揚越。"案雩、吁、粵同從於聲。古粵越恒相假借。《方言》曰："揚，雙也。燕、代、朝鮮、洌水之間曰盱，或謂之揚。"《釋言》曰："越，揚也。"《禮記·聘義》鄭《注》同，叩之其聲清越以揚句《注》。《樂記》《注》則曰揚越也。非謂黃鍾大呂弦歌干揚也句《注》。然則揚越仍係一語。重言之，乃所以博異語，猶華、夏本一語，而連言之耳。博異語見《禮記·內則》。"刲之刲之"《注》。不特此也，即吳、越二字，亦係一音之轉。吳，大也。《方言》十三。於，亦大也。《方言》一。《淮南子·原道》"於越生葛絺"。《注》"於，吳也"。《荀子·勸學》"於越夷貉之子"。《注》"於越，猶言吳越。"然則吳之與越，於越之於揚越，亦皆同言異字耳。《公羊》定公五年，"於越者，未能以其名通也；越者，能以其名通也"。《解詁》曰："越人自名於越，君子名之曰越。"蓋諸夏之與蠻夷，有單呼累呼之別耳。

又不特吳越也，即吳、虞亦爲一字。周之封虞仲與周章，非有二號，故《史記》分別言之曰："自大伯作吳，五世而武王克殷，封其後爲二，其一虞，在中國，其一吳，在蠻夷。十二世而晉滅中國之虞，中國之虞滅二世，而蠻夷之吳興。"此中虞、吳字，非并作虞，則并作吳，故須分別言之。若如今本，字形既有別異，尚何必如此措辭哉？《詩經·絲衣》"不吳不敖"，《史記·武帝本紀》引作"不虞不驁"。越字在古爲民族之名。大伯、仲雍之居南方，蓋即其所治之民以爲號，而封之者因之。既以之封周章，則又變爲國名，故其支派之受封於北方者，雖所君臨者非越民，而亦以吳爲號也。

《漢書·地理志》："大伯初封荊蠻，荊蠻歸之，號曰句吳。大伯卒，仲雍立，至曾孫周章，而武王克殷，因而封之。又封周章弟中於河北，是爲北吳。後世謂之虞。"案《吳越春秋》，虞仲作吳仲。《公羊》定公四年，晉士鞅、衛孔固帥師伐鮮虞。《釋文》：虞本作吳。《尚書大傳》曰："西方者，鮮方也。"《詩·瓠葉》"有兔斯首"。鄭《箋》曰："斯，白也。今俗語斯白之字作鮮，齊魯之間聲近斯。"然則西方之名，原於鮮白。鮮、西一字，鮮虞猶言西吳，疑本虞仲之後，爲晉所滅，支庶播遷，君臨白狄者，故《世本》謂鮮虞爲姬姓也。中山武公初立，事在趙獻侯十年。見《趙世家》及《六國表》。其時入戰國已久，然《春秋》昭公十二年，晉伐鮮虞志，谷皆責其伐同姓，則鮮虞之爲姬姓舊矣。非以武公立。武公，徐廣曰：定王之孫也。西周桓公之子。《索隱》以《世本》不言，疑爲無據。然徐廣於此，不得鑿空，蓋自有所據，而小司馬時已無考耳。竊疑西吳之胤，或先此而絕，而西周公之後，入承其緒也。

　　孟子曰："舜生於諸馮,遷於負夏,卒於鳴條,東夷之人也。"而《史記·五帝本紀》曰："舜冀州之人。"下文"舜耕歷山,漁雷澤,陶河濱,作什器於壽丘,就時於負夏",無一爲冀州之地者,竊疑此處遭後人竄亂,非《史記》原文也。《正義》云:越州餘姚縣。顧野王云:舜後支庶所封,舜姚姓,故曰餘姚。縣西七十里,有漢上虞故縣。《會稽舊記》云:舜,上虞人。去虞三十里有姚丘,即舜所生也。周處《風土記》云:"舜東夷之人,生姚丘。"《孝經援神契》云:"舜生於姚墟。"緯侯之言,當有古據;漢世縣名,亦必非無因。竊疑歷山即湯放桀之處,與鳴條地正相近。說者或云在河東,或云在濮州,或云在嬀州,均無當也。有虞氏之虞,亦即吳耳。《墨子·尚賢上》:"古者堯舉舜於服澤之湯。"孫仲容《閒詁》曰:"服澤,疑即負夏。"案孫說近之。然則負夏亦澤名,鄭云衛地恐非是。

　　名有原同而流異者。夷裔、華夏、虞吳、揚越,皆是也。揚越既爲一語,則揚州猶言越州,亦以民族之名爲州名耳。然既爲州名,即自有其疆理,不得謂越人所居之處,皆可稱爲揚州。《禹貢》所載,蓋實東周時境域,然猶不及今閩廣。故知以《南越傳》之揚越爲取義於揚州者必非。《貨殖列傳》曰:"合肥受南北潮,皮革鮑木輸會也。與閩中、於越雜俗。九疑、蒼梧以南至儋耳,與江南大同俗,而揚越多焉。"此揚越與於越,各有地分,截然不可相溷。蓋其語原雖同,而自春秋以後,於越遂爲封於會稽之越之專稱耳。《自序》:"漢既平中國,而佗能集揚越,以保南藩,納貢職",亦以揚越言之,不曰於越。按其地分,似自《禹貢》荆州而南者,皆稱揚越,而在揚州分者,顧不然也。

原刊《國學論衡》第四期,一九三四年十一月出版

怎樣讀中國歷史

　　小時讀康南海的《桂學答問》，就見他勸人讀全史。去年一九三三年。章太炎在上海各大學教職員聯合會演講，又有這樣的話："文化二字，涵義至廣，遽數之，不能終其物。方今國步艱難，欲求文化復興，非從切實方面言之，何能有所成功？歷史譬如一國之帳籍，爲國民者豈可不一披自國之帳籍乎？以中國幅員之大，歷年之久，不讀史書及諸地方志，何能知其梗概？史書文義平易，兩三點鐘之功，足閱兩卷有餘，一部二十四史，三千二百三十九卷，日讀兩卷，一日不脱，四年可了，有志之士，正須以此自勉。"

　　誠然，中國的正史材料是很豐富的，果能知其梗概，其識見自與常人有異，然康、章二氏之言，究係爲舊學畧有根底者言之。若其不然，則（一）正史除志以外，紀傳均以人爲單位，此法係沿襲《史記》。此體創自《史記》，實不能爲太史公咎，因其時本紀世家列傳材料各有來路，不能合併，且本紀世家與列傳亦不甚重複。而後世史事的範圍擴大了，一件較大的事，總要牽涉許多人，一事分屬諸篇，即已知大要的人，尚甚難於貫穿，何況初學？（二）即以志論，典章制度，前後相因，正史斷代爲書，不能窮其因果，即覺難於瞭解。況且正史又不都有志，那麼一種制度，從中間截去一節，更覺難於瞭解了。所以昔人入手，並不就讀正史。關於歷代大事，大抵是讀編年史的，亦或讀紀事本末。至於典章制度，則多讀《通考》及《通志》之《二十略》，此法自較逕讀正史爲切要。惟（三）現在讀史的眼光和前人不同了。前人所視爲重要的事，現在或覺其不甚重要，其所畧而不及的事，或轉渴望知道他。所以現在的需要和前人不同，不但是書的體裁，即編纂方法問題，實亦是書之內容，即其所記載的事實問題。

　　如此則但就舊日的書而權衡其輕重先後，實不足以應我們今日的需要了。然則中國歷史，當怎樣讀法呢？

　　現在人的眼光和前人不同之處，根本安在？一言以蔽之，曰：由於前人不知社會之重要。一切事，都是社會上的一種現象。研究學問的人，因爲社會上的現象太複雜了,而一個人的精力有限,乃把他分開來,各人研究一門,如此即成爲各種社會科學。然而,爲研究的方便,可以分開論,然而實際的社會,則是一個,所以各種現象仍是互相牽連的,實在只是一個社會的各種"相"。非瞭解各種"相",固然無從知道整個的社會;而非知道整個的社會,亦無從知道其各種"相",因而史學遂成爲各種社會科學的根柢,而其本身又待各種社會科學之輔助而後明。因史學有待於各種科學之輔助,史乃有專門,普通之分。專門的歷史,專就一種現象的陳跡加以研究;普通的歷史,則綜合專門研究所得的結果,以説明一地域、一時代間一定社會的真相。嚴格言之,專門的歷史還當分屬於各科學之中,惟普通的歷史乃是稱爲真正之歷史。因爲史學的對象,便是整個的過去的社會,但是專門的研究不充分,整個社會的情形亦即無從知道。而在今日,各方面的情形實尚多在茫昧之域,因此,專門及特殊問題的研究極爲重要,史家的精力耗費於此者不少。

以上所述爲現代史學界一般的情形。至於中國歷史,則材料雖多,迄未用科學的眼光加以整理,其紊亂而缺乏的情形,自較西歐諸國爲尤甚。所以(一) 删除無用的材料,(二) 增補有用的材料,(三) 不論什麼事情,都用科學的眼光加以解釋,實爲目前的急務。但這是專門研究家所有之事,而在專門研究之先,必須有一點史學上的常識,尤爲重要。

研究學問有一點和做工不同。做工的工具,是獨立有形之物,在未曾做工以前,可先練習使用。研究學問的工具則不然,他是無形之物,不能由教者具體的授與學者。雖亦可以畧爲指點,但只是初步的初步,其餘總是一面學,一面體會領悟而得的。善教的人,不過隨機加以指導。所以研究工具的練習,即是學問初步的研究。然則,工具愈良,做出來的成績固然愈好,亦惟前人所做的成績愈好,而其給與我們的工具乃愈良。前此的歷史,既不能盡合現在的需要,我們現在想藉此以得研究歷史的工具,豈不很爲吃虧? 然而天下事總是逐漸進步的,我們不能坐待已有良好的歷史,然後從事於研究,則前此的歷史雖明知其不合於我們的需要,而亦不能不藉以爲用,所以我們當研究之先,先有對舊日的史部作一鳥瞰之必要。

歷史有立定體例、負責編纂的,亦有僅搜集材料以備後人採用的。關於前者,其範圍恒較確定,所以駁雜無用的材料較少;彼所劃定的範圍内,限於事實上的可能搜輯必較完備,所採用的材料亦必較正確。後者則都反之。所以讀歷史,宜從負責編纂的書入手。其但搜輯材料以備後人來擇用的書,則宜俟我們已有採擇的能力,已定採擇的宗旨後才去讀。昔人所視爲重要的事項,固然今人未必盡視爲重要,然而需要的情形不能驟變,其中總仍有我們所視爲重要的,即仍爲今日所宜讀。然則昔時史家所視爲最重要的,是什麼呢?

關於此,我以爲最能代表昔時史家的意見的,當推馬端臨《文獻通考序》。他把歷史上的重要現象,概括爲(一)理亂興衰、(二)典章經制兩端,這確是昔時的正史此處所謂正史是指學者所認爲正史者而言,不指功令所定。所負責搜輯的。我們今日的需要,固然不盡於此,然這兩端,確仍爲今日所需要。把此項昔人所認爲重要而仍爲我們今日所需要的材料,先泛覽一過,知其大概,確是治中國歷史很要緊的功夫。

但是今日所需要,既不盡同於昔人所需要,則今日所研究,自不能以昔人所認爲重要者爲限,補充昔人所未備,又是治中國歷史很緊要的功夫。

固然研究的工具,是要隨着研究而獲得的,但是當研究之前,所謂初步的門徑,仍不可不署事探討,這又是一層功夫。

請本此眼光,以論讀中國歷史的具體方法:

關於第一個問題,正史暫可緩讀。歷代理亂興衰的大要,是應首先知道的。關於此,可讀《資治通鑑》、《續通鑑》、畢沅所編。《明紀》或《明通鑑》。此類編年史,最便於瞭解各時代的大勢。如慮其不能貫串,則將各種紀事本末置於手頭,隨時檢查亦可。但自《宋史紀事本末》以下,並非據《續通鑑》等所作,不能盡相符合而已。清代之史,可姑一讀蕭一山《清朝通史》,此書亦未出完,可再以近人所編中國近世史、近百年史等讀之。典章經制,可選讀《文獻通考》中下列十三門:(一)田賦,(二)錢幣,(三)戶口,(四)職役,(五)征榷,(六)市糴,(七)土貢,(八)國用,(九)選舉,(十)學校,(十一)職官,(十二)兵,(十三)刑。如能將《續通考》、《清通考》、劉錦藻《續清通考》,均按此門類讀完一遍最好。如其不然,則但讀《通考》,知道前代典章經制重要的門類,然後隨時求之亦可。此類史實,雖然所記的多屬政事,然而社會的情形,可因此而考見的頗多。只要有眼光,隨處可以悟入。若性喜研究這一類史實的人,則《通志·二十略》除六書、七音、草木、昆蟲、氏族,爲其所自創,爲前此正史之表及《通典》、《通考》所無外,餘皆互相出入,亦可一覽,以資互證。

歷史地理,自然該知道大署。此事在今日,其適用仍無逾於清初顧祖禹的《讀史方輿紀要》的。此書初學,亦可不必全讀。但讀其歷代州郡沿革,且可以商務《歷代疆域形勢一覽圖》對讀。此圖後附之說,亦係抄撮顧書而成,次讀其各省各府之總論,各縣可暫緩。

歷代的理亂興衰,以及典章經制,昔人所認爲最重要的,既已通知大署,在專研歷史的人，即可進讀正史。因爲正史所記，亦以此兩類事爲最多。先已通知大畧，就不怕其零碎而覺得茫無頭緒了。正史卷帙太繁，又無系統，非專門治史的人，依我説，不讀也罷。但四史是例外。此四書關涉的範圍極廣，並非專門治史的人也有用，讀了決不冤枉。至於專門治史的人，則其不可不讀，更無待於言了。工具以愈練習而愈佳良。初讀正史之時，原只能算一種練習。四史者，正史中爲用最廣，且文字優美，讀之極饒興趣，又係古書，整理起來，比後世的書畧難，借此以爲工具的練習，亦無不可的。既讀四史之後，專治國史的人，即可以進讀全史。全史卷帙浩繁，不可望而生畏，卷帙浩繁是不足懼的，倒是太簡的書不易讀，只要我們有讀法。讀法如何，在乎快，像畧地一般，先看一個大畧。這是曾滌生讀書之法。專門治史的人，正史最好能讀兩遍，如其不然，則將《宋書》、《齊書》、《梁書》、《陳書》、《魏書》、《北齊書》、《北周書》和《南史》、《北史》，分爲兩組；《新唐書》、《舊唐書》、《新五代史》、《舊五代史》亦分成兩組，第一遍只讀一組亦可。《宋書》、《齊書》、《梁書》、《陳書》、《魏書》、《北齊書》、《北周書》和《南史》、《北史》大體重複，《新唐書》、《舊唐書》、《新五代史》、《舊五代史》實在大不相同。正史包含的材料太多，斷不能各方面都精究，總只能取其所欲看。看第一遍的時候，最好將自己所要研究的用筆圈識；讀第二遍時再行校補。如此讀至兩遍，於專治國史的人受用無窮。正史的紀傳太零碎了，志則較有條理。喜歡研究典章經制的人，先把志讀得較熟，再看紀傳，亦是一法。因爲於其事實，大體先已明瞭，零碎有關涉的材料自然容易看見了。陳言夏的讀史即用此法。正史中無用的材料誠然很多，讀時卻不可跳過，因爲有用無用，因人的見解而不同。學問上的發明，正從人所不經意之處悟入，讀書所以忌讀節本。況且看似無用，其中仍包含有用的材料，或易一方面言之，即爲有用。如《五行志》專記怪異，似乎研究自然科學如天文、地質、生物、生理等人才有用，然而五行災異亦是一種學説，要明白學術宗教大要的人，豈能不讀？又如《律曆志》似更非常人所能解，然而度量衡的制度，古代紀年的推算，都在《漢書·律曆志》中；而如《明史·曆志》則包含西學輸入的事實，亦豈可以不讀？近來所出的正史選本，我真莫明其是據何標準，又有人説，正史可以依類刊行，如《食貨志》歸《食貨志》，《四裔傳》歸《四夷傳》之類，經人辯駁之後，則又説可將各類材料輯成類編，那更言之太容易了。

　　關於第二個問題。昔時史部的書不能專恃，必賴他部或近來新出之書補正的，莫如古史和四裔兩門。古史的初期本與史前時代銜接，這時候本無正確的歷史，只有荒渺的傳說，非有現代科學的知識，斷乎無從整理，所以宜先讀社會學的書。林惠祥所著《文化人類學》、陶孟和所譯《社會進化史》似頗適用。古史較晚的材料，多存於經子中。經子雖卷帙無多，然解釋頗難，合後人注疏考訂之書觀之，則卷帙並不算少，且頗沉悶。而經學又派別紛繁，如不通知，則觸處都成錯誤，所以因治古史而取材於經子，對經子的本身，仍有通知其源流派別之必要。關於此，拙撰《經子解題》，入手時似可備一覽。爲治古史而讀經子，第一步宜看陳立《白虎通義疏證》、陳壽祺《五經異義疏證》。前者是今文經説的結晶，而亦是古史的志。後者則今古文重要的異點，已具於是。讀此之後，再細讀《禮記·王制》一篇和《周官》全部的注疏，則於今古文派別已能通知，古代的典章經制亦可知其大要，并古代的社會情形亦可推知其大概了。大抵古代學問，多由口耳相傳，故其立説之異同，多由學派之歧異，往往衆説紛歧，實可按其派別分爲若干組。若能如此，則殘缺不全之説，得同派之相證而益明，而異派立説之不同，亦因此而易於折衷去取。派別之異，最顯而易見的，爲漢代之古今文經説，然其説實導自先秦，故此法不但可以治漢人的經説，並可以之治經之正文，不但可以治經，並可推之以治子。分別今古文之法，以廖季平先生爲最後而最精，其弟子蒙文通乃推之以治古史，其所撰《經學抉原》、《古史甄微》兩種必須一覽。其結論之可取與否，是另一問題，其方法則是治古史的人必須採取的。

編纂周以前歷史的人，自古即很多，但於今多佚。現存的書，以宋羅泌的《路史》所包含的材料爲最富，劉恕的《通鑑外紀》亦稱精詳。清代馬驌的《繹史》亦稱詳備，可備翻檢而助貫串。因其書係用紀事本末體。

外國有自有歷史的。從前中國和他們的交通不甚密切，所傳不免缺漏錯誤，此等在今日，不能不用他們自己的記載來補正，無待於言。亦有並無歷史，即靠中國歷史中的資料以構成他們的歷史的，其中又有兩種：一種是他們全無正式史籍的，如北族的大多數，和南洋諸國是。另一種是雖有而不足信，反不如中國所存的材料的，如朝鮮、日本、安南的古史是。此一部分中國歷史實爲世界之瑰寶，其材料雖舊，而研究的方法則新——不用新方法，簡直可以全無所得。這方面現代人的著作，也不可以不讀，此等著作以外國人的爲多，這是因爲設備和輔助的科學，都以外國的研究家較爲完全之故。譯刻者幾於只有商務一家，其目不能備舉，可自求而讀之。

關於學術史。昔時史部專著頗乏，可以學案補之。宋、元、明學案，大皆完備。如尚嫌零碎沈悶，拙撰《理學綱要》亦可備一覽。清代則有江藩《漢學

師承記》、梁任公《清代學術概論》。玄學史無佳者,近人所著哲學史於此都嫌
其略。經學史則皮錫瑞《經學歷史》頗爲簡要。佛學另係專門,如以史學眼光
讀之,則歐陽潮存所譯《原始佛教思想論》、蔣維喬《中國佛教史》、呂澂《印度
佛教史畧》、《西藏佛學原論》,似可依次一覽。先秦學術,近人著作甚多,但只
可供參證,其要還在自讀原書。

　　關於第三個問題。讀史的方法,亦宜參考現代人的著述。現代史學的意
義,既和前代不同,研究的方法當然隨之而異。生於現代,還抱着從前的舊見
解,就真是開倒車了。論現代史學和史學研究法的書,亦以商務所出爲最多,
其中强半是譯籍;自著的亦多係介紹外人之説。惟梁任公《中國歷史研究法》
及《補編》係自出心裁之作,對於史學的意義,自不如外國史學家得科學的輔
助者之晶瑩,而論具體的方法則較爲親切。商務所出論史學及歷史研究法之
書,大致都可看得,不再列舉其名,其中《歷史教學法》一種——美國約翰生·
亨利著,何炳松譯——雖歸入現代教學名著中,卻於初學歷史之人很有裨益,
因其言之甚爲詳明,所以特爲介紹。中國論史學的學問,當推劉知幾的《史
通》、章學誠的《文史通義》。此兩書前書大體承認昔人作史之體裁,但於其不
精密處加以矯正,讀此對於昔人評論史裁之言,可以易於瞭解,且可知自唐以
前史學的大概情形及唐代史學家的意見。章氏書則根本懷疑昔人的史裁,想
要另行創造,其思想頗與現在的新史學接近。其思力之沈鷙,實在很可欽佩。
這是中國史學史上很值得大書特書的事情。關於此兩部書,我很想用現代史
學的眼光加以批評比較,再追溯到作者的時代,而解釋其思想之所由來。前
者已成,名《史通評》,現由商務印行,大約不久可以出版。後者尚未著手,然
亦很想在最近把它完成。①

　　研究的方法必須試行之後,方能真知。抽象的理論,言者雖屬諄諄,聽者
終屬隔膜,無已,則看前人所製成的作品,反而覺得親切。昔人詩:"鴛鴦綉出
憑君看,不把金針度與人。"又有替他下轉語的説:"金針綫跡分明在,但把鴛
鴦仔細看。"這兩句詩也真覺親切而有味。此項作品,我以爲最好的有兩部:
(一)顧亭林先生的《日知録》卷八之十三。(二)趙甌北先生之《廿二史札
記》。前者貫串羣書,并及於身所經驗的事實。後者專就正史之中提要鈎玄
組織之,以發明湮晦的事實的真相,都爲現在治史學的好模範。

　　於此還有一言。目録之書,舊時亦隸史部。此類之書,似乎除專治目録

---

①　此處所説,係指呂先生後來著成的《文史通議評》。

學者外，只備檢查，無從閱讀；尤其是初學之人無從閱讀。但是舊時讀書有一種教法，學童在讀書之初，先令其將《四庫書目提要》閱讀一過，使其於學術全體作一鳥瞰，此項功夫我小時尚做過，但集部未能看完。自信不爲無益。《四庫書目提要》固然不足盡今日之學術，但於舊學的大概究尚能得十之八九，而此書亦並不難讀，如能當作消遣之書看，亦很有益的。

以上所論，都係極淺近之語，真所謂門徑之門徑，階梯之階梯。在方家看來，自然不值一笑，然而我以爲指示初學的人，不患其淺，但患其陋耳，若因其言之淺，恐人笑其陋而不敢說，則未免拘於門面矣。我的立說雖淺，自信初學的人，或可具體應用。大抵淺而不陋之言，雖淺亦非畧有工夫不能道，若乃實無功夫，卻要自顧門面，抄了一大篇書目，說了許多不着邊際的話，看似殫見洽聞，門徑高雅，而實則令人無從下手，此等習氣則吾知免矣。

原刊《出版周刊》第一〇二期，一九三四年十一月十日出版

評校《史通》序

《史通》行世，久無善本，《四庫提要》謂《永樂大典》亦無此書，可見其傳本之罕。何義門云，觀《玉海》所引《史通》，亦有訛字脫文。乃知宋時即甚少，則又無論明代矣。明世刻本有三：一陸儼齋，嘉靖十四年。一張元超，萬曆五年。一張慎吾。萬曆三十年。陸本最先出，《補注》、《因習》、《曲筆》、《鑒識》四篇，訛奪不可讀。慎吾言家有鈔本，宦轍所經，必先購求，復得二三鈔本，用校陸本，《曲筆篇》增四百餘字，《鑒識篇》增三百餘字，而去其自他篇羼入者六十餘字。《四庫提要》謂不知其所增益果據何本，然自是言是書者，皆以此本爲主云。李本寧、郭孔延之評釋，即其一也。王損仲因李、郭本而作訓詁，又以張元超本參校，增《曲筆篇》百十九字。《提要》謂卷端題識稱除增《因習》一篇及更定《直書》、《曲筆》二篇外，共校正一千一百四十二字，然以二本相校，將《曲筆篇》增入一百一十九字，其《因習》、《直書》二篇，並與郭本相同，無增入之語，不知何以云然也。清黃崑圃又因王書而補之，浦二田《通釋》署與黃氏同時，而成書前之一年，得黃書參校，故其書之成最後，今世通行者唯浦本，蓋以其書成最後，能奄有諸家之長，而去其短也。浦注採摭頗勤，而體例未善，評語間有可採，然十八皆陋儒評文之見也。涵芬樓藏張慎吾刻本，爲孫潛夫、顧千里所校，印入四部叢刊，司其事者爲無錫孫毓修，得江安傅氏所藏何義門校本及錄顧千里校本；又上元鄧氏所藏千里別一校本及不知姓名者一家，校勘記稱爲鄧本。據以作校勘記附於後。取與浦本相校，大體不如浦本，然間有勝之者，又有足正浦氏臆改之失者，刻本之舊而不必善者，固多如此。予嘗欲博求諸本，用相參校寫定，補正舊注之闕違而改其體例，商藏書家未能。十七年秋，講此書於上海光華大學，乃故以四部叢刊與浦本相較而寫定爲一本焉。改正舊注，亦苦未暇，而於諸篇之後，皆附評語，抉劉氏思想之所由來，揚榷其得失，並著其與今日之異同，特所以示諸生，非足語於述作，然視浦氏之評，則固有間矣。寫既竟，以今日是書善本之罕，姑刊以問世焉。《四庫提要》評浦書謂使評注釐爲二書，庶乎離離雙美。予之注未成而先以評行世，竊取是語以解嘲焉。

本文約寫於一九三四年

反對推行手頭字提倡制定草書

病中國文字,筆畫繁多,書寫不易,而欲改革之者,自昔久有其人,改革之法,因仍易而創造難,故欲以通行簡畫之字,代筆畫繁多之字者,自昔亦久有此議,然迄未見諸實行,近始有推行手頭字之舉,擇通行簡畫之字三百,製成鉛字,用以排印書籍,此為第一期推行之字,後此將逐漸增加。至印刷所用與手頭所書一律為止。推行緣起所言如此。夫其推行之法則善矣,然此等字應否推行,則殊費斟酌也。

蓋中國字書寫之難,由於作真而不作草,而不盡繫乎筆畫之繁簡,若論認識則切忌單字之增加。今所謂手頭字者,雖筆畫稍減,然仍係真書,則於書寫之難祛除有限;而此等字既已推行,舊有之字,仍不能廢,是無故增加許多單字也;其耗損學習者之精力,反甚巨矣。

曷言乎中國文字,書寫之難,由於作真而不作草也?文字書寫之難易,其原有二:一曰筆畫之繁簡。二曰筆畫形狀作成之難易。後者之關係,較前者尤巨,蓋筆畫之形狀既變,則數畫可併作一畫,不期其簡而自簡也。今之所謂手頭字者,雖畫數稍減,而其形狀仍屬真書,則於書寫之難,至多能祛其半。然書寫之難,既由於筆畫形狀之難成者多,由於畫數之繁者少,則推行手頭字,並不能祛其半矣。

曷言乎以認識論,切忌單字之增加也?文字所以代語言,本國之語言,為國民所固曉。除古代文字,不與語言合者外,苟能識其字,誦其音,即入於耳而可通。故本國人學本國文,名詞文法,皆非所苦,惟單字除強記外無他法,時過然後學,即勤苦而難成。職是故,文字演進自然之勢,於單字之可省者,必盡力省之,其顯而易見者有二:(一)兩義同音,本以兩形表之者,廢其一而以其兼攝兩義,六書中之假借是也。(二)本一字也,而其作法有兩,廢其一而存其一,向所謂厘正字體者,其意雖不主於此,而實與此理暗合,故能為舉國所遵從,前代紛然淆亂之別字,逐漸淘汰,歸於整齊易簡者,蓋已不知凡幾矣。

今之推行手頭字者，於每一字，皆爲別立一體，新字既行，舊字仍不能廢，是此等字推行若干，即國民須認識之單字，增加若干也。煩孰甚焉？主張推行者必曰：子爲少數學者言，吾爲大衆言也。爲少數學者計，固有之字，誠不能廢；爲大衆計，則何不可廢之有？殊不知大衆與學者，所用之字，雖或有不同，實無截然界限。主張推行手頭字者，能保大衆所讀之書，不引一句古書乎？若其不能，其所推行之字，至此便生窒礙，更籌救過之策，勢將求簡滋繁矣。主張推行者必曰：此等情形，極爲難遇，可以勿論也。然大衆之教育，固期其普及，并望其增高，而一國之文字，尤貴於統一而不宜分裂。今使所謂手頭字者，果已推行盡利；所謂大衆，果但識此等字而已足；其書寫之精力時間，誠可稍省，然稍高之書籍，便不能讀。專門學術與通俗教育，豈不相去愈遠？學者與大衆，不將益形隔礙耶？若曰：大衆可不識學者所用之字，學者則不可不識大衆所用之字，則學者之精力，獨不當爲謀節省乎？稍減正書之筆畫，所收之益幾何，而所招之不便，現在億度之，即已如此；其非今日所能預料者，恐尚在所不免也。利不十者不變法，豈可不深長思哉？

欲求中國文字，簡便適用，惟有制定草體而推行之一法，草書一推行，書寫之難，不期其解而自解；而於認識之難，亦無所增益，何也？真草平行，本爲文字之常軌，不能廢其一而專任其一也。之今所謂手頭字，其中即有若干草書，惟皆將其筆畫形狀，改同真書耳。曷言乎真草并行，爲文字之常軌也？斯理也，孟君心史，於十餘年前發之，其言曰："文字形體，所求者二：一曰閱看清晰，二曰書寫便易。求閱看清晰利於真，求書寫便易宜用草。故二體不可偏廢。"證以東西文字，莫不真草并行，可知斯言，實爲不謬。吾國文字，本亦如此，特因偏重美術，草書之變化太多，去真日遠，既非常人所能識，更非常人所能作，乃不得不捨草而獨任真，既已獨任真書矣，求書寫之便易者，乃不能變其筆畫之形狀，而惟求其筆畫之減少，遂成今日所謂手頭字者焉。真書之形體，因此滋繁；書寫之便易，仍不徹底，是乃文字演進中途所生之病態也。豈可不對證發藥，轉爲之推波助瀾乎？

吾國草書，所以不能應用，徒成美術者：（一）以其點畫之狼藉。（二）以其構造之無定則。真書中之偏旁，在草書中不能畫一。前者之弊，惟張芝以後之草書爲然，章草初不如此。然章草筆畫，仍嫌其煩，不能收簡易之效，行書所以不能代草書者亦以此，今日制定草書，必合舊有之行草各體而參酌之，大體以今通行之草書爲主，祛其偏旁之不畫一者。筆法參用行草，務求成之之易，但戒兩字牽連，亦勿過於狼藉，俾仍便於辨認，制定之後，亦宜用諸印刷。（一）小學國文讀本，宜於真書之旁，附以草體，習字帖所載之字，與讀本同，專用草書。（二）字典於真書之下，兼載草體，別編草體檢字，附於卷末。（三）書籍報章，爲求清晰起見，仍用真書印刷，其有美術性質者，亦可兼用草體，此皆爲推行起見，既已普遍，即可不拘矣。

書寫者必求簡易，求簡易，其筆畫之形狀，勢必漸趨流動，而結體亦因之而變焉。故行草一體，乃生於自然，成於積累，非人力所能爲，亦非人力所能遏也。今日求簡之徒，所以不能變其筆畫之形，徒求減其筆畫之數者，以其學力太淺，於文字不甚習熟，作書時，皆按其形狀，畫畫而爲之。惟以不似爲懼，安敢更求變化？此其所以轉將草體，改作真書也。今後大衆教育程度漸高，於文字日益習熟，其書寫時筆畫形狀，亦必漸生變化，必不肯以減其筆畫之數爲已足，故今日即不制定草書，草書亦將自生。聽其自生，則又不畫一矣。今即勿論此，亦將合固有之字，今日所推行之手頭字，共成三種形體，豈不更形繁雜？夫有手頭字，不能禁草書使不生，而有草書，則能祛手頭字使漸廢，孰繁孰簡？孰當從事推行？不待言而可決矣。

主張推行手頭字者，謂此等字，大家都如此寫，書本卻不如此印，因之識一字須認兩體，其實並不盡然。此次所擬推行之三百字，予即有不識者，並非人人皆須記此兩體也。又謂其較易識，較易寫，求易寫不如推行草書，説已具前；易識與否，似與筆畫繁簡無關。凡識字者，大抵觀其字之全形，非畫畫而計之，而後知爲某字也。至謂更能普及大衆，亦未必然。今之大衆，豈以於此諸字，僅能識所謂手頭體，而不識本來作法，以致不能讀書，而印刷品遂於彼無分哉？要之提倡推行手頭字者，其熱心固可佩，其辦法則未安；而真草兩體之并行，則鑒諸古今中外，而皆有其不易之理；故就鄙見所及，撰爲是篇，以就正於海內之士焉。二十四年二月二十六日草於上海光華大學。

中國文字之演進，看似不合理，實則有至理存乎其間。拙撰《字例略説》第八至第十三章，言之頗詳，今之欲改革文字者，如肯就已往之跡，加以研究，自可見文字之增減改易，皆有自然不得已之故，行乎其間；以一人一時之智力，強立條例，爲不易矣。思勉自記。①

原刊《光華大學半月刊》第三卷第六期，一九三五年三月十日出版

---

① 此段作者係自記，係刊於《江蘇教育》時所加。

文學批評之標準

孔子曰："道二，仁與不仁而已矣。"斯言也，實評判一切事物之標準也。

夫文之別亦多矣：有韻文焉，有無韻之文焉。韻文之中，詩與詞不同，詞與曲又異，此體制之別也。無韻之文，始而奇耦相生，繼乃析爲駢、散。同一駢文也，而齊、梁與漢、魏殊科；同一散文也，而唐、宋與周、秦異致；此時代之別也。至若匡、劉、賈、晁，神理攸殊；韓、杜、王、孟，性情各異，此則爲文者之個性，千差萬別，累百世而不相襲者也。自來治文學者，亦因其個性，而好尚各有不同。然文之美者，無間於其體制、時代，若作者之個性，而卒不得不同謂人爲美，是則此等不廢江河萬古流之文字，其中必有一同點存焉。同點惟何？美是已。美之質惟何？仁是已。

人生而有樂羣之性；故凡有利於其羣者，衆必同善之；善之，斯好之矣。有害於其羣者，必同不善之；不善之；斯惡之矣。好惡，美惡之原也；利害，好惡之本也；有利於羣抑有害於羣，則仁不仁之判也。

昔人論文之説，汗牛充棟，或則一時興到之言，或者偏端觸悟之語，多無當於論文之本原。近今論事，多取科學方法，分條析縷，探本窮源，善矣。然夷考其説，實亦就枝葉研討之辭爲多，而真能窮其本原者少，是則文學評論，就未能有一簡單直截之標準，使人人知此爲第一義諦；必有此，然後他事乃有可論，不則本實先撥，餘皆無所附麗矣。此條件誠不可不從事於探求也。此條件惟何？曰：仁是已。人之相處，恒以性情相感，其意欣然欲樂利我者，則接之而覺其可親，久與之處而無厭，離別焉而彌不能忘。不則若與商賈寇仇處，必有愀然不樂者矣。作品之能否成爲文學，以此性質的有無爲斷；文學美惡之程度，以此性質之多少爲衡。固非謂有此即可爲文，然無此者必不能成爲文學也。此文之本也，本立而後枝葉有所附；此文之質也，文之質具，而後文之文有所施。

論文之美者，莫如姚姬傳分爲陰陽剛柔二端之善。然文之美何以分此二端？姬傳未嘗言之也。蓋人之於人也，有其欣然欲樂利之無窮之心；而人之性質不同，其所處之地位亦異。處乎得爲之位，若其性質勇往直前者，則發爲事業，大有補於斯民。古來聖君、賢相、名將、良吏、師儒皆是。是爲積極之仁。處乎不得爲之位，若其性質狷介，不能與世同流者，則退然自處，但以所謂不合作者，減殺世界之共業，而冀世人之一悟焉，是爲消極之仁。凡高人隱士，無聞於時，無稱於後者屬之。兩者，其所以爲仁者不同，而其爲仁則一。以是性質發爲文章，則分爲陰陽、剛柔兩端。賈、晁之文，屬於前者，王、孟之詩，屬於後者，舉此一隅，餘可三反。

職是故，無性情而徒矜藻采者，必不足以爲文，一時或負盛名，不數十百年，而烟消火滅矣。昔之何蓮舫是其人。今之樊樊山、易實甫，不久當亦爲蓮舫之續也。徒事剽剥，類乎世俗所謂尖酸刻薄者，愈不足以爲文，吳敬梓之《儒林外史》，李伯元之《官場現形記》，外觀亦若相類，然《官場現形記》，必不能如《儒林外史》之歷久爲人愛誦，何也？一有悲天憫人之衷；一則視社會之惡濁，若秦人視越人之肥瘠，但爲過甚刻劃之辭，以博人嘲笑耳。夫俳優之辭，豈不能使人發笑？然而不可以爲文者，其性情不存焉。昔人論文，所以戒有小說氣者以此，以有小說氣，則必爲過甚描寫之辭；過甚描寫，則必有餘於性情之外；描寫溢於性情，是謂質餘於文。文質彬彬，然後君子。若其未能，與其文勝，毋寧質勝。惟文亦然。文之文有餘，不若文之質有餘。

自白話文盛行，而文士如鯽，以其工具易也。文之美，殊無間於白話文言。然今日之文學界，表面看似極盛，實則求其真足當文士之稱者，百不得一焉。無論以新文學自矜、舊文學自詡者皆然，以其本無性質；或雖有之，而所感慨者，不外乎一己之窮通；甚者飲食男女之欲，有所不足而已矣。昔人云：非公正不發憤。今之發憤者，則皆不公不正之甚者也。其動機，皆作《如意曲》、《來生福》者之動機而已矣。康南海、梁任公、章枚叔之文字，今日有之乎？

原刊《中國語文學研究》，一九三五年出版

禁　奢　議

一

經濟上的根本問題，到底是什麼？是生產？是分配？還是消費？現在的人，都説是分配，他們以爲從機器發明之後，生產問題，大體可算解決了，人類所以不覺其樂，轉覺其苦的，只是由於分配的不均。因爲：資本爲少數人所佔，乃借以剥削多數的勞動者。然其所生產出來的東西，還是要賣給大多數人的，大多數人都窮了，沒有購買的能力，生產遂形過剩。資本家大起恐慌，乃不得不求殖民地於國外。於是進步較遲之國，遂亦被其剥削；馴致因此引起戰爭。而世界大亂遂不可止。試問今日，爲什麼要如此盲目的生產？豈非以資本爲少數人所佔有之故？然則生產問題，還是一個分配問題；消費問題，更不必説了。分配問題而解決，人類豈不含餔鼓腹，如登春臺麼？

這話固然有理。然而生產力究竟達到怎樣一步，纔足以免人類於貧窮，這個界限，是很難定的。從前的生產方法，比起現代來，固然望塵莫及。然而後一時期的生產方法，總勝於前一時期。向使人類的慾望，而有一定的標準，則中古時代的生產方法，必足以免上古時代的貧窮；近古時代的生產方法，必足以免中古時代的貧窮；人類早已含餔鼓腹，如登春臺了，然而竟不能然。則因：

（一）人之慾望，隨時代而提高。在前一時代，望之而以爲滿足的，至既達其境，則又以爲不足。

（二）社會之等級不平。合全社會之生產力而言之，雖已足以免一定限度的貧窮，然多用以生產不相干之物，遂至必要之品，仍形其不足。

後之視今，亦猶今之視昔。所以非將兩種病根除掉了，即：

（一）使人類之慾望，不致隨生產力的進展，而爲無窮之提高；且其提高，恒超出於生產力進展之上。

（二）生産力進展了，不用以生産不必要之物。

則人類的慾望，終無滿足之時；而其苦痛，亦即永無免除之日。人爲什麼把有用的生産力，去生産無用之物呢？這仍由於慾望的不正當。向使人人可以食首山之薇，井上之李，豈有生産無益之物之事？所以兩個問題，還只是一個。

然則人類的心理，究竟能否改變呢？如其能之，則世界終有太平之望。否則巧取豪奪之事，總是不能免的。即使大革命而成功，亦是無益於事。因爲人類的心理，是一種自然力；而防範人類作惡之力，是一種有爲法。有爲法，總不能永遠和自然力相持的。

然則人類的心理，究竟能否改變呢？我敢斷言之曰能。持人類慾望，可以無限增高之説的，只是唯心論的謬見。其實人類的慾望，自有其物質上的根據，即生理的要求。——心理的要求，仍是生理的要求。——慾望因要求而有，亦即受此要求的制限。超過此限度的要求，只是不正當的社會制度所引起所養成的病態。

從前人的議論，太偏於唯心的，總以爲一切制度，都是人心所造成；而人心是一個自由的東西，可以憑空改良。人心一改良，則惡制度之根已拔，捨而去之，自然不費吹灰之力了，於是總想在惡制度之下，改良人心。其實人心並不是絕對自由之物，而且是很不自由的。除極少數人外，大多數人，在一定環境之下，總只能做出一定的事情來，環境不改良，大多數人的行爲，總是無從改良的。此其所以屢圖改革，而終無所成。現在則知道此中的關鍵了。所以所謂革命，就是要向惡制度進攻。這固然是真理。然而天下只有抽象的理論，而無抽象的事實。在理論上可以畫分開的事，在事實上，總是畫不開的。要把人心先改良了，大功完畢，然後去改良制度，固然沒有這一同事。要把制度先改良了，使人心在良制度之下，不待矯而自正，也是沒有這同事的。制度不改，人心就無從改良；人心不改，制度又無從改良；豈不陷於循環論的窮境麼？不，天下只有抽象的理論，而無離立的事實。從理論上言，似乎可把事情分爲若干件，先改良了甲、然後去措置乙。其實甲乙只是一事。甲改良得一分，則乙亦改良得一分；乙改良得一分，則甲亦改良得一分。因爲甲乙實在是一物而二面，而並非二物。所以有時注意於甲而遺乙，則甲之效不可得而見；及其注意於乙而遺甲也亦然。因爲兩方面本該同時進行的。然則專注重於人心，固然不對；專注重於制度，亦屬不合。在革命進行的程途中，我們對兩方面，實有分途進攻——亦即協力進攻的必要。

二

人類今日的惡心理，根本是什麼呢？那就是奢侈了。其所謂慾望者，不以生理上自然的要求爲限，而從受著惡制度的誘惑之境出發。於是疏食可飽，而必求食肉；食肉不已，更求山珍海錯；甚至本來無味之物，亦因其足饜奢侈之慾而求之。充其量，遂可竭天下農夫之力，而不足供其一飽。食之一事如此，衣、住、行等，可以類推。此等心理不除，則終必至於巧取豪奪而後已。因爲非此無以饜其慾。此即惡制度之根原，非抉而去之不可。如何抉去他呢？我們已知道：大多數人是不能在惡環境之下改良的了；非抉去其惡制度，則其心理無從改變的了。所以致此心理者爲誘惑，則絕去誘惑，即是抉此惡制度之根原；而其辦法，即爲禁奢。

奢侈之不可，從社會立場上看，本是很明白的事。向來所以不認爲罪惡，——超過一定的限度，雖亦認爲罪惡，在此限度之内，則不以爲罪惡，而且以爲是必要的，當然的。——只因其是私産制度的世界，亦即承認巧取豪奪的世界。——既已承認巧取豪奪，則享用的不平等，只是理論上當然的結果了。國家所謂禁奢之政，本已屬於最小限度；尚且不能實行。社會的互相勸戒，則只是勸戒而已。而且其所謂勸戒者，十之八九，又以勸人儲蓄爲目的。財産的終極價值，終在消費。儲蓄了而永不消費，還儲蓄他做什麼？然則以儲蓄的目的而戒奢，豈非以戒奢之名，行勸奢之實？這真滑稽之極了。戒者偏天下，即勸者偏天下，人如何不要競逐於利呢？今即不講此等理論，而積習之非空言所能挽也久矣。大多數人，既不能在惡制度之下自拔，但空言勸導何益？所以我們現在，不説戒奢，而要説禁奢。

禁奢之政，歷代有之。爲什麼不能實行呢？則因歷代都是階級之治。執掌政權的人，自己便是要奢侈的。儻使徹底的禁奢，——使大家享用，一律平等，——他們蟠踞高位，更爲何來？而禁奢的事，是不能畫分等級的。不行則已，要行就要徹底。有絲毫不平等，便是一種誘惑。所以禁奢的事，非辦到"並耕而食，饔飧而治"不可，在從前階級之治，固無望其實行。我們現在的政府，是革命的，自然無復階級的心理，而要代表全體人民真正的，——即其口不能言，或並不能自覺，而實在是他最大的、最後的希望。這曠世的偉業，古今中外的政府，所未能實行過的，我們便要希望其實行。

實行自然是要逐步的。把現社會的組織，一舉從根本推翻，未免犧牲太大。即使能夠成功，是否除此之外，別無途徑可取，我們也要考量；何況急激的手段，往往不能成功，徒受犧牲，旋又囘到舊路呢？現在多種政治，都取分區而行的手段，禁奢之政，似乎也該如此。

於此，我們的先民，替我們留下一個絕好的模範。請引《漢書》爲證。《漢書·翼奉傳》：

> ……上復延問以得失。奉以爲祭天地於雲陽、汾陰，及諸寢廟不以親疏迭毀，皆煩費違古制。又宮室苑囿，奢泰難供，以故民困國虛，亡累年之畜。所繇來久，不改其本，難以末正，乃上疏曰：臣聞昔者，盤庚改邑，以興殷道，聖人美之。竊聞漢德隆盛，在於孝文皇帝躬行節儉，外省繇役，其時未有甘泉、建章及上林中諸離宮館也。未央宮又無高門、武臺、麒麟、鳳皇、白虎、玉堂、金華之殿，獨有前殿、曲臺、漸臺、宣室、温室、承明耳。孝文欲作一臺，度用百金，重民之財，廢而不爲。其積土基，至今猶存。又下遺詔，不起山墳。故其時天下大和，百姓洽足，德流後嗣。如令處於當今，因此制度，必不能成功名。天道有常，王道亡常，亡常者所以應有常也。必有非常之主，然後能立非常之功。臣願陛下徙都於成周，……按成周之居，兼盤庚之德。……漢家郊兆、寢廟，祭祀之禮多不應古，臣奉誠難宣居而改作，故願陛下遷都正本。衆制皆定，亡復繕治宮館，不急之費，歲可餘一年之畜。……因天變而徙都，所謂與天下更始者也。

此疏中具體的事實，在今日，固然全無注意的價值。然細繹其原理，則正足以爲今日之法。即

（一）非禁奢無以爲治。

（二）非改制無以禁奢。

（三）推行新制，須擇適宜的境地。

三

然則今日的改革，可以知所務了。欲成非常之功，必有非常之舉。孫中山遺教，要定都南京，卻沒說要定都在現在的南京市。我們現在，該在南京區城裏，擇一未染舊都市習氣的地方，建立起一個新都來。在新都之中，以政治之力，強迫人實現合理的新生活。

怎樣是合理的新生活呢？現在的人心，根本上的毛病是貪欲。所以致其

貪欲者,則爲消費的自由。消費的所以自由,則因現在的分配,以交易行之;而其生產又毫無統制。只要有資力的人願意買的東西,總有人去生產,總有人去販賣。而個人的貪欲,和社會的誘惑,遂相引以至於無窮。儻使能控制生產,某種物品,認爲奢侈的,一律不准製造;或者控制販賣,某種物品,認爲奢侈的,一律不准貿遷;則社會奢侈之風,將不禁而自止。——因爲他雖欲奢侈而不得了。這正和禁煙當注重於禁運、禁種,而不必屑屑於禁吸,是一個道理。兩者之中,控制生產,自非一時所能行。因其搖動現社會的基礎太大了,怕要遇見很大的阻力。而且我們也本不願意用急激的手段,於過渡之際,給人以多大的苦痛。至於商業,則其性質是很流動的。甲地方不售之物,可以移至乙地方。一兩處地方,禁止銷售,斷不受很大的影響。新都市之中,商業的控制,是勢在必行,萬難讓步的。商業如何控制呢?完全之法,便是商業官營。

新都市之中,不准私人設立商店。一切物品,都由官發賣。官認爲不該用之物,在本區域之中,即絕對不許賣;在別一區域中買來的此項物品,在本區域中,雖不奪其所有,而亦不許公然使用。——除非你關起門來,在無人看見之處,衣被著珠玉錦繡。這不但首都如此,凡新建立,——憑空建立起來的都市或鄉村,都該如此。首都不過實行首善之義,示人以模範,而樹之風聲罷了。

固有的都市或鄉村,其行之自不能如此徹底。然亦宜定下方案,逐漸實行。其方案又是如何呢?我們今日,不有所謂模範縣的麼?既稱模範,即不容以政治上的改良爲已足,必須兼顧到社會的改良;至少須樹立社會改良的根本。要樹立社會改良的根本,商業是不能不控制的。在舊區域之中,自不能將一切商店,悉數勒停。然至少得由官管理。新都市中不准賣之物,在此等模範區域之中,亦不准賣。專賣此物之商店,非勒停不可。非專賣此物者,則但禁售此物,而店仍聽其開設。一處地方,有要改爲模範區的,必先期若干時,議定宣布,俾商人可以改業。如此實行之後,商店有折本而不能支持的,則由官代爲經營;仍承認其所存之成本,給與利息。——此爲顧慮財政起見。官家財力能及,自可發還成本,改爲官營。暫時承認其成本之店,至官家財力能及時,亦可隨時發還。——店員即由官錄用。不能容的,另行設法安插。不許售賣之物,亦即不許生產,在新建設的區域中自然不成問題;即在此等號稱模範的區域之中,亦要事同一律。向以生產此項物品爲業的,非改業或遷出不可。亦先若干時期宣布,俾得豫有準備。

如此實行起來，作奸犯科之事，自然是很多的。私製私售等等，必且什百倍蓰於現在的毒物。——因其範圍更廣泛了。——然而不能因此而顧慮不行。須知改革之際，總免不了犧牲，亦總免不了紊亂的。照我所計畫的法子，已是竭力顧慮，務求減小犧牲的了。實在無可避免的紊亂，我們又有何法可以避免？社會的情形，複雜到現在，斷無行之而衆皆順悦之事；就總不免有阻力。"法出而奸生，令下而詐起"，原只是阻力的一種。一遇阻力，便爾折回，天下將永無可成之事。只是細心、大膽、敏腕，逐漸設法排除；逢山開路，遇水叠橋，決不走回頭路；弊竇也就漸漸的消滅了。從來每變一法，必致物議沸騰，固多無意識之談，亦有確能舉出弊竇的。在反對改革者，便覺振振有詞；而主張改革者，亦即因之而色沮神喪了。其實我們於此，只當問：（一）舊時是否有弊，（二）是否必須改革，（三）改革時，此等弊竇，是可免的，不可免的？可免而不能免，只是辦理不善的問題，也用不著搖動根本的計畫。如其本不可免，那更不成問題了。天下那有一蹴而即臻於上理的事。"兩利相較取其重，兩害相較取其輕。"今日的毒物，誰敢保其無私製、私售？豈能因此而弛禁？到底公然弛禁，和不能禁絕私製、私售，孰爲合理呢？"子貢欲去告朔之餼羊。子曰：賜也，爾愛其羊，我愛其禮。"天下有因隄防衝破了一處，而即徵工將全隄毀壞？敵人攻陷我一壘，而即下令將全綫撤退的麼？

四

新都市逐漸建設，舊都市逐漸改爲模範區——鄉村的建設和改良，自更容易——人類的生活，就逐漸的被矯正了。我相信：這並不是中國一國的問題，然而以實際論，即一中國，新都市之能建設舊都市之能改造者幾何？不但受財力的制限。人，總是懶惰的，總是想因循於惡習慣的。"俟河之清，人壽幾何？"難道我們專坐待這歲月遙遙不可知之成功，而不多其途以趨事赴功麼？未能改造的地方，又何説而坐視之而不爲之所呢？不，我們革命的精神，正和救災拯溺一般，巴不得愈快愈好。但是行之要有次序的。"欲速則不達"，或且反致顛仆。所以不得不取穩紮穩打的手段；不能畫一急進之策，在全國同時實行。然而程度較淺的改革，在舊區域中，自然也是可有的。於此，則我以爲急待施行者，凡有三事：

其（一）關於婚喪等禮節上的費用，該定一個限度。——個人平日的消費，勢不能戶立之監，這是無可如何的事。至於婚喪等禮節，則是要公開舉行的。衆目昭彰，逾分者豈容諱飾。必須立一限度，大家不准逾越。而這限度，標準要極低的。必須極窮的人，亦能擔負。斷不可分定幾級，任人自擇。如此，大家必然勉就其高的，就和不定無異了。有逾越的，必須懲罰。無論如何，不能寬恕。此等事，爲之者本以求榮。及受懲罰，則求榮而反以得辱。懲罰過一兩個人後，自然不待禁而自止了。富者誘惑於前，貧者追逐於後，在經濟上稍有計算的人，總還不敢十分放手。不過事情雖不敢做，心上總懷着豔羨、怨望；豔羨則貪求之本，怨望爲爭鬥之原；在心理上，替社會伏下一個禍根罷了；物質上一時所受影響還小。至於婚喪等禮節上的消耗，俗話所謂爲"撑場面"起見的，則雖極窮的人，亦不得不變産，舉債，追隨於富者之後。貧民疾苦之狀，此爲最深；富者誘惑之罪，此爲最大。若能將他禁止，貧民的受惠，就已不淺；而社會的風紀，亦算矯正了一大端了。

其(二)一地方准許消耗的物品，須定一個最高的限度，不准踰越。——地方上的生活程度，只穀喫素，在新區域或模範區域中，就要禁設屠肆。只穀穿布而禁設綢肆亦同。在舊區域中，固然辦不到如此，然而宴會只准以幾元一席爲限，超過此數的筵席，飯館中不准賣；絲毛織品，以幾角一尺者爲限，超過此數的，綢莊中不准賣；則是必須辦到的。此雖非根本辦法，亦算急則治標，去其太甚。尤其在中國今日，外貨充斥，專用誘惑手段，吸收我們金錢的時候。我們在條約上，負有准許外人通商的義務；我們在事實上，關稅未能完全自主；我們自認國民生活程度低下，不能使用高貴的物品，而自行禁止，這是外人不能干涉的。我們不禁低價的洋布，我們可以禁高價的呢絨，我們不排斥强盜牌卷煙；却可禁止綠錫包。請你改造廉價之物來傾銷罷？價廉質次之品，或者我們也會做製的。

其(三)供人娛樂的營業，亦宜設立制限。——現在最荒謬之舉，是戲園、跳舞場、屋頂花園、以及其餘規模較小，名目較舊，而性質則相同，即專以供人娛樂爲目的的事情，逐步推廣，而多藉口於振興市面。此等導人以消耗之事，而可以振興市面爲口實，真是滑稽之極。此等事，不但消耗物資，亦且刺激人之精神，而頹廢其體力。損害國民的健康，敗壞地方的風紀，害莫甚焉。得其利者，只是少數靠此爲生的人，——管理和奔走服役的人。投資的人，多數並不躬親其事。此等事業而被禁止，其資本，仍可投向正當之途，——此等執役於娛樂場所的人，本是所謂"惡少年"，"羣不逞之徒"。此等營業被禁止之後，他們的大多數，固然還是要做他們的"惡少年""羣不逞之徒"的；然即有此場所以豢養之，而他們的行爲，亦未可謂之不惡；且亦未必以是爲止，而思逆取順守；倒不如立相當的制限，使其失所憑依；其中惡習不深的人，或者還有改邪歸正的機會。固然，娛樂也是人生的一個方面。然而過偏於此方面，即其娛樂的性質，本屬高尚，亦不妥當；何況此等娛樂，高尚呢？還是卑劣呢？禁絕雖然不能，限制不可不設。如在某種地方，絕對不許設立此等娛樂場所；某種地方，雖許設立，而要以幾家爲限；舊有者已達此數，即不准再增；超過此數，並須用抽籤等法，勒令關閉；又如某種娛樂，只許按時節舉行幾天之類；都是。

此三者，都非高遠難行之事，只要政府有相當力量，便可執行。輿論有相當的程度，即無阻力。而此等淺近易明之理，要鼓吹而成爲一種輿論，亦正不難。政府若并此力而無之，也不如退避賢路了。

凡作事，眼光須看得極遠，腳步須踏得極實。革命家激烈的議論，我們所以不敢贊同，即因其腳步不穩；目的未達，先已傾仆受傷；受傷之後，目的仍不得達；豈不白受犧牲，反生周折？然而不穩的腳步，雖可反對；高遠的目光，仍宜時時提嘶警覺，不可忘却，否則因求腳步之穩，而將本來目的拋荒，就成爲不革命的了。中山先生的三民主義，是含有世界性的；是要把全世界人的生活，都導之入於正軌的。並非中國一國的問題；更非把資本主義打倒，就算了事。——即能打倒，善後的問題正多；何況"由今之道，無變今之俗"，能否打倒，還很是難說呢？要實現合理的生活，在經濟上，必須有一徹底解決的辦法。經濟上澈底解決的辦法，我以爲生產、分配、消費三問題，是拆不開的。——因爲三者原是一事——消費而入於正當之途，自然人沒有不正當的慾望；無益之物，自然沒有人去生產他；到這時代，還要霸占著生產機關何用？這話自然離現在尚遠；現在要達到正常的生活，自非專從消費一方面著力，所能奏功。然消費亦是其中的一方面，不容不著力。而且在這一方面著力，正是釜底抽薪的辦法。至於運用政治權力，則是矯正不正當的消費的較有效的一種手段。我們固不當專恃此手段。然而政治本是代表多數人民的真意的，本是爲此而設的，我們既有此工具，即不該舍而不用。

五

此篇議論，最受有經驗的實際政治家反對的，當在不易實行的一點。社會的惡勢力強，政治之力，不能勝過他，強欲推行，勢必非徒無益。這一層，我也承認。但是現在世界，已不容我們不革命了。不革命即無以求生存，則革命終不可免。革命既不可免，事情總是爲難的；總是要和惡勢力肉搏奮鬥，然後能達到目的的。"治天下不如安天下,安天下不如與天下安。"這兩句成語,在但求維持現狀的政治下,我亦承認其有很多的真理。然而我們的現狀,無可維持,我們即迫於不能不革命。要革命,總是爲難的。欲求和平之誕生,必不能免分娩之痛苦。將來醫學進步之後,分娩能否全無痛苦不可知,至少目前是不能。豈能待醫學進步,然後分娩? 在這一點,是祇能希望政治家勉爲其難的。還有以干涉人的消費爲不當的,則這種人頭腦太舊,無可與語。奢侈既是經濟社會的病象,爲什麼不當干涉? 病可以不治麼? 富人是誘惑的,窮人是被誘惑的,其間有原因結果的關係。爲什麼不從富人治起? 治病當拘守對症療法,反對原因療法的麼? 爲此説者,祇是狃於階級心理。階級心理之言,則吾聞之矣。"就算我是誘惑,誰使他被誘惑來?"然則販煙的人可以説:"我販我的,誰使你買?"開賭的人可以説:"我開我的,誰令你來?"然則吸煙賭博該禁,販煙開賭不該禁了。階級心理必又説:"販煙之意,在於有人買;開賭之意,在於有人來,至於奢侈,則我自奢侈我的,與人何涉? 何嘗意在誘惑人?"然則你真是衣錦夜行的麼? 你一切奢侈之事,都是祕密做的麼? 所謂誘惑,本不過彼此相形,你奢侈的行爲,是否能全不與人相形? 這有事實可見,事實最雄辯,你行之之時,是否絶無與人相形的意思? 這個在道德上,要請你撫心自問;在學術上,則承認一定限度之内,人和人推知的能力是有的。因而我的議論是確的,不待你的自承。

再卑之無甚高論,就連抱著階級心理的人都聽得進的話,也是有的。我不妨再説幾句。

既未能達於無治之域,官吏總是要的;有官吏,總是要望其廉潔的;這是大家可以無異議的話。現在的官吏,却是怎樣呢? 其大多數,豈不口稱代表國家的意思,而其實總是自營麼? ——這不但中國如此,外國亦然。不但今日如此,古代亦然。現今流行的議論,動輒説列強如何;昔時流行的議論,動輒説古人如何;只是思想上所建立的偶象;把和現實相反的情形,都附著到他身上。——大之則居田園,長子孫;小之亦積穀防饑,欲爲垂老免饑寒之計;這是人人認爲最切己的事,要置在第一位的。既如此,國事自然不能不置在第二位了。這是無可如何的事。我們的社會組織,未能使公益私益,完全一致,官吏貪污的根源,是無法除去的。但是天下事,不能一蹴即臻於上理。目前救濟之策,是不能不講的。所謂目前救濟之策,便是整飭官方;而整飭官方,和禁奢也大有關係。有許多人,未嘗無良心,亦未嘗不畏法;他本不願貪污,但費用的浩大,實迫之以不得不然之勢。舊式的礦業,是最黑暗不過的。

礦工所做的事情太苦,待遇又菲薄;其中還有種種黑暗的事情。稍有身家的人,都不肯去做;生性善良之輩,也不能去做。於是不得不用種種招致之法,——甚至有攔路刼人的。——既招去之後,自然不肯放他出來。然此等苦工,工人到稍有積蓄之後,總是要想離去的。强力迫脅,總是拙策。——也不能絕對不用。——於是又想出個軟法子來。其最重要的,便是誘賭。常賭是没有不輸的。不但無積蓄,而且還要欠債。欠了債,自然不能自由;牛馬般的生活,就永無脱離之日了,——昔湖北有某礦工,自礦中出,必面無人色,久乃復,其妻哀之,謂其“喫人飯,做牛活”,力勸其棄去。某礦工從之。已而益貧,其妻自縊死。——現今的社會上人,很有一部分,有這般苦處。貪官污吏,固然有一部分,是無覺悟,有野心,想發大財,反而陷入饑寒之淵的。其大多數,實皆起自寒素;本無多大的慾望;生活程度,也不很高。假使身居官場之中,仍能保持其寒素的生活,必可略有餘蓄。任職數十年,國家即不給以養老金,亦可退休林下了。須知無覺悟,有野心的人,總是少數。其最大多數,總是揀著穩路走的。其所希望,不過至於居田園,長子孫而止;更低的,亦不過求免垂老的饑寒。如此,何苦作奸犯科,冒身敗名裂的危險? 然而既難瓦全,就不免寧爲玉碎,這也是衆人同具的心理。迫之使目前都不能維持,將來更不必説,又怎能使其不走入貪污之路呢? 迫之者誰? 天下甚大之事,其原必起於至微。社會風俗的形成,原不過個人日常生活的堆積。少數人不合理的生活,似乎不成問題;及其積累,就要發生驚人的結果了。人,往往是物質的奴隸。尤其在不正常的社會中,種種方面,都能摧毁人高尚純潔的精神,而使之沈溺於物質之欲。一人借此爲消遣,衆人從而效尤;長官以此爲好尚,僚屬迫於趨奉。始猶視爲偶爾,久遂習爲故常;初但以之應酬,後遂不能自拔,無形漸染之中,把官場中的生活程度提高。習於此種生活之人,遂有欲罷不能之苦——所以“以官爲家”,在歷史上,很早就成爲士大夫階級中嚴重的問題——此與舊時礦阬中誘人以賭,而使之不能脱離者何異? 不必説安民治國,並不必説顯親揚名;反諸大之則居田園,長子孫,小之則求免饑寒的初念,卻爲誰來? 晨鐘響了,大多數的常人聽見麽? 然而他們並非不知道,更非願意如此,不過刼於習俗,無可如何罷了? 習俗的改革,固非全恃政治之力,所能奏功;然而政治也是其中的一種,不能舍而不用。況且雷霆一震,萬象昭蘇,這種力量,在現在社會,還祇政治有之。政治像大砲般,最適宜於轟毁障礙物;在其掩護之下,使各種軍隊,協力齊進。雖然祇能變易事之外形,到底也能變易事之外形;而一種制度的撤廢,和其外形之毁壞,是很有關係的。所以我認爲在今日，實有以國力禁奢的必要。假使我們今日，新都而改建了；在新都之中，找不到一家較大的飯莊；找不到一個可逛的窰子；戲園、跳舞場、俱樂部……一切無有。固然不敢保其絕無私設，然而規模總是很小的，容不下多少人的。首都的生活情形，豈不爲之一變？居於其間的人，精神豈不爲之一振？於此而欲整飭官方，豈非下令於流水之原呢？"神諶能謀，謀於野則獲，謀於邑則否。"一個人工作的效率，和其頭腦的清新與否，實在大有關係。辦公時間以外即休息，和一出辦公廳，即沈溺飲食徵逐之場的人，其辦公的效率，決不可以同年而語。——從來偉大的人物，多來自田間，起於貧賤困辱之中，而大都市和膏粱酣豢之家，決產生不出大人物，此亦其中之一因。以上所言，不專指官場、今日中流以上的社會，情形實在都是如此，在中國，士和官，原是分不開的。所以劃除貪官污吏，和劃除土豪劣紳，理無二致，亦事無二致。

　　畫定區域，在此區域之中，禁止不正當的行爲，以矯正人類的生活，這種思想並不是我所獨有的；如近來提倡新村的人，即可說是最富於此種思想。特彼專靠人民的自動，其收效遲；我借政府的力量來推行，其收效或者較速。至於改良社會，不能專恃此一策，那自然是無待於言的，我原只說是一策而已。

原刊《文化建設》第一卷第七期，一九三五年四月出版

十年來之中國

此題所苞甚廣，然各專門問題，既各有人撰述，則所指者政治耳。十年中之政治現象，已繁頤非短篇所能盡。抑徒述其外形，而不知其內容，則十年來事，人人所知，何待辭費？而事之真相，必歷數十百年而後見，又非身丁其時之人所能悉也。正欲捉筆，又以著書被訟，入都待質，寄居逆旅中，書籍報章，一無所有，並欲檢查綱要而不可得，乃爲此空洞之文以塞責。道家者流，出於史官，歷記成敗禍福存亡古今之道。今讀其書，無一語及史事者，得毋善《易》者不言《易》，善史者不言史耶？老子曰："雖有駟馬，先以拱璧，不如坐進此道，"援古人之言，亦聊以自解也。二十四年五月，思勉自識。

《易》曰："窮則變，變則通"。此言何謂也？曰：大化之遷流，無時或息者也。而人之情，恒欲蹈常習故以自安。大而國家制度，小而日常行習，無不如是。夫自然之化，無一息之停，而人顧以蹈常習故者當之，其不能適合，無待再計矣。一朝一夕之間，其弊不易見也；積之久而弊乃著。然人恒狃於所習；既習矣，則雖明知其非而不能去，甚且不知其非，此爲世事紛擾之第一原因。

語曰："毒蛇螫手，壯士斷腕"。此言雖小，可以喻大。人孰不知生命之重於一腕？然而保全生命之情，與夫不忍一時楚痛之念，二者交戰於中，苟非壯士，未有能當機立決者。況夫人之天君一也，心欲斷腕，腕必不能與抗，而集人而成國家社會，則異於是。彼國家社會之細胞，固人人自有意志，自能行動者也。爲之天君者，苟力弱而無以制之，則人異議，家異動，反於全體利益之舉，將日出而不窮矣，此爲世事紛擾之第二原因。

抑一國家社會中，個個之細胞，其力量非相等也。有強有力者焉；有弱無力者焉；有處於重要之地位，其禍福足以及於全體者焉；有焉能爲有，焉能爲無者焉。其強有力而處於重要之地位者，往往能自成一階級。此階級之爲臧爲否，則國家社會禍福之所係。而此階級之成立，則又有其因緣，而非偶爾涌見者也。必知此，乃可與論古；亦必知此，乃可以言今。中國社會之中心階級，果何自來乎？斯言也，必溯諸極遠之世，乃能明之。其在隆古，神州大陸之上，蓋有若干獨立之農業社會。此等社會，内部之組織，極爲安和。個人與全體之利害，殆相一致，所謂大同也。其後各部落互相接觸，不能皆康樂和親，在自由平等之下，互相結合，於是有攻伐之事；於是有征服者被征服者之分。征服者治人，被征服者治於人，其初執政者與作戰者合一。（故士仕一字。）其後公理漸張，經濟之權力，超出乎武力之上，政治與軍事，乃分而爲兩。平時之治理，率由文吏司之，必至國事變動之際，（不論其爲内憂外患。）而後武人乃得勢焉。此爲自大同降入小康以後通常之現象。

孔子曰："惟上智與下愚不移"。斯言也，在應用之範圍中，固不易之論也。大抵天下之人，可以分爲三品：

（一）上知，以他人之利害，爲自己之利害。

（二）中材，以自己之利害爲利害，惟非至自己之利害與他人之利害不相容時，亦絶不害人。

（三）下愚，甚焉者以他人之害爲己利，稍善者亦不恤害人以有利。職是故，其行動常侵入他人之範圍，而有損於人。

第一第三等人，常居少數，固不待言。然第二等人，絶無能力，故權常操於第一第三兩等人之手。第三等人雖居少數，然能迫脅第二等人，使之從己，故其數可以甚多。惟常不能顧全第二等人之利益，故第二等人終必叛之。而第三等人與第三等之間，亦不能團結，終必至於自相殘賊而後已。非如第一等人，本以第二等之利害爲利害，終爲其所歸向也。天下由亂入治之機，實賴於是。

然事實不能如理論之純。當由亂入治時，決非有若干第一等人，能自集合爲一團，而招徠多數第二等人，以與第三等人對抗也。使貪使詐之事，必皆在所不免，故當蜩螗沸羹之日，克奏戡定之烈者，必爲文武兼資之人。何謂文武兼資，謂一方面明於政治，能有所設施，以保全第二等人之利益；又一方面，有堅強之意志，敏捷之手腕，能披堅執鋭以克敵，並能駕馭自己所用桀驁不馴之徒者也。如其不然，缺於武者則爲蕭銑，缺於文者爲項借，歷代開國之主，看似武人位於大君，然同時群雄並起，何一不長於征戰，而卒之有成者惟一人。歷代嗣世之君，不乏願治之主，卒以徒能守文，終不克光復大業，其故即由於此。

然則國家之蜩螗沸羹，未知所定者，無他，第一種勢力未獲伸張，第三種勢力未克消滅，而大多數之第二等人，未有其遂其生耳。以《易》理言之，則小人之道未消，君子之道未長也。

十年來之史事，乃蜩螗沸羹之局，將趨於安定者也。故必先知前此擾亂之原，及其擾亂之狀，乃能知此十年來史事之性質。

前此擾亂之原，果安在乎？

曰：中國今日，非不能變也。非不能變而自適於環境也。有爲之梗，使不得便者，此即中國興盛之敵也。爲之梗使不得變者誰乎？

以軍事論，中國之兵，非不能與外國之兵敵也。然舊式之軍械，究不足敵新式之軍械。效忠於個人，或徒廁身軍隊之中，小之關餉以自存，大之劫略以自肥者，究不能與有訓練有主義之軍隊敵。誰實使軍隊專隸屬於己，以抗拒中央，剝削下民，使舉國之膏血，盡消耗於淫靡宴樂之途，更無餘款以購新式軍械者，則中國興盛之梗也。

以政治言，歐洲昔日之富強，不過代議。蘇俄今日之興盛，亦不過黨治。然議員之選舉，醜態百出，議案之通過，閣員之通過，無不以賄成。舊國會如是，新國會如是，新新國會亦如是。豈無一二束身自好，公爾忘私之士，然大多之用心，則途之人知之矣。袁世凱欲行帝制，而有人爲之鼓吹；軍閥欲立省憲，而有人爲之制定；凡此推波助瀾，固無一非中國興盛之梗也。

以經濟言，舊式之生產，誠不能與新式抗。以今日入超之巨，四海困窮，誠爲必不能免之事。然使（一）外貨之輸入，減少若干；（二）舊有之生產，少破壞若干；（三）新式之生產，多振奮若干；困窮之程度，不亦將比例而減乎？（一）誰實躬行奢侈，以爲民望，使外貨之輸入增加者？（二）誰實剝削人民，使舊式生產，益形破壞者？（三）誰實作姦犯科，立公司則吞沒股款，營官業則監守自盜？使新式之事業，毫無成效者，此則中國興盛之梗也。

以學術言，中國今日之科學，固不能與歐美日本度長絜大，然實事求是，悉心研究，固未嘗不可以孟晉。抑且進一步即得一步之用，初不待與人並駕齊驅而其效始見。抑不必研究有得，但能從事研究，則其心思必入細，其立身必公正，國家社會受賜已多矣。然（一）真有學藝之士不見用，一無所知者，反昂首而騰驤焉。（二）即果有學藝之士，亦非交私養望，不足以自達，或並不足以自安。（三）抑且得絲毫之利益，即可以枉其所信仰而爲人用。（四）抑且無絲毫之心得，即可以大言不慚，自欺欺人。（五）明知真是非之終不可泯，大多數人之終不易欺，即（A）借勢力鉗制人口；（B）或結朋黨以淆亂是非。遂使後生小子，不復知有天地日月，以爲經國之大業，不過如此，可挾輕心以掉之。或則挺而走險，甘爲犧牲；或則頹廢自甘，趣過歲月而已。誰實爲之，此則中國興盛之梗也。

　　故今之醫國者，曰其病在此，其病在彼，已皆屬徒然。即使所診果確，而無藥以治之，亦與未診等耳。曰此方有效，曰彼方有效，悉成戲論，即其藥果有效，而無法使病人服之，亦與無藥等耳。本非不治之症，並非難治之症，徒以有人焉，沮延醫，沮服藥，且日迫病人，爲不衛生之事，而病狀遂至於此。去此人焉，而病之治過半矣。

　　沮延醫，沮服藥，且日迫病者，使爲不衛生之事者誰乎？曰：吾固言之矣，操中國政治之權者有二：在平世爲文史，在亂世爲武人。

　　自大同之治雲遙，而世不能無治者與被治者。狃於小康之治者，恒以此爲天然不可無之等級。但得所謂治者，悉爲愛國愛民之士，則郅治可以坐臻。且信此爲可致之事，而不知被治者人也，治者亦人也。無論何一階級中，上知總是少數。欲從此階級中拔出如許上材，以當治理之任，究竟可能與否，已屬疑問。即使實有此數，亦萬萬無法將其悉行拔出，以舊日之語言之，治國家者，斷無法使君子皆在朝，在朝皆君子也。職是故，爲治之道，必不能廢督責。欲行督責之術，爲中央政府者，必有相當之權力。此權力苟被破壞，必經相當之時日，乃能恢復，而尤忌在上者亦爲不正之人。如是，則欲利用在下者以行不正之事，勢必明知其不正而亦用之，久且忘其不正矣。如是，不正之人，乃如鳥之歸林，獸之走壙。其在今世，已握權者，爲官僚，爲議員；未握權者，爲政客，爲橫議之士。而此曹又各有其黨徒，若供奔走之士，而豺狼狐狸，乃遍於天下。

　　恃強凌弱之社會，本不可以一朝居。故苟有法律，對於殺傷人者，無不科之以罪，況於結黨而以殺人爲事者乎？結黨而以殺人爲事者，是爲軍隊。國家之設軍隊，固曰以殺人之人，及國外欲來殺我之人者也。然上知既居少數，中材即視利害爲轉移，殺人之器既入其手，殺人之人而既結合爲一體，彼乃不殺殺人之人，而躬自爲殺人之人。不殺外人之欲殺我者，而轉助外人以殺同群之人，則如何？此則惟恃爲之首領者，有以制之。將之不可無將，與兵之不可無將，其理固同，然將將有難焉者。何則？兵已皆中庸之人，將則其翹然特異者也。其欲望較難滿足，其不肯爲人下亦較甚。故從來定天下者，功臣之處置，最成爲問題。不徒蕭銑，李密猶不免也。元嘉草草，封狼居胥意，贏得倉皇北顧，寧不知自壞長城，由來已久？雖然，豈得已哉？

　　或曰：子之言亦多矣，全係對人問題，何也？曰：從古以來，由治入亂，本皆人爲之。撥亂反正，亦只是治人耳。曷嘗見物能抗人，使之不能爲治乎？世有不受鋤之土，不受治之鐵邪？

故今者，國家治亂之機，不必問諸人也。可以默觀而自得之。如何爲由亂入治？

（一）曰割據一方之勢力，日漸鏟除。

（二）曰在朝之大吏，漸有所嚴畏。

（三）曰地方之官吏，漸入於軌道。狥法營私之事，有所憚而不敢爲。

（四）曰土豪劣紳若駔儈，國家之力漸能加以裁制。

（五）曰縱橫捭闔之士，漸無活動之餘地。

（六）曰朋黨之士，不能拔茅彙征，獨立營職者，漸見昇擢。

（七）曰抹殺良心之言論，漸不能肆其簧鼓。

大綱既舉，細目自張，日月一出，燭火皆息。夫如是，乃可以言打倒帝國主義。否則不徒不足以言打倒，且恐爲之倀者之日出而未有已也。何則？中人以下，莫不欲自利。利惟近者爲易爭，害惟近者當先避，使其自利之志而獲遂行。逐步走去，終必至於不忍言者也。

夫如是，乃可以言振興中國。非謂害一去而利即興，然興利終必有相當之機會。否則進行一步，而阻力橫生，倒退且十步矣。

本此以觀十年來之中國史事，則有可樂觀者，亦有尚未容樂觀者。其可樂觀者，我國民當忻幸於革命以來，千回百折，業已有此成績。其未容樂觀者，則革命尚未成功，同志仍須努力也。

可樂觀者何事乎？曰：

（一）自十四年東江肅清，而滇桂軍討定，而吳、孫敗北，而張氏出關，而閻、馮亦不克逞，而兩越亦僅自守，而中央軍入川、入黔、入滇，是割據之勢力，逐漸消除。

（二）漸不聞政客之活動。即或活動，亦必隱匿於他家旗幟之下，而不容自樹一幟。

（三）考試制度，漸次推行，可以破壞朋黨及私譽。

未可樂觀者何事乎？曰：

（一）在政治界，尚闕實事求是之風，未能盡以責實效代採虛聲。

（二）只聞哀矜惻怛，扶助小民，而未聞風行雷厲，摧抑豪強。其實政治最宜於爲消極的工作，即謂不僅以消極的工作爲限。而消極的工作，效必十百倍於積極的工作。即不論此，而消極的工作，至少當在積極的工作之先。

（三）在輿論界，不由衷之言，仍有相當之勢力。純出善意之言，未獲積極的扶植。

　　世治當崇儒，時危則用法，此爲自小康之世以降，千古不祧之治術。漢宣帝曰："漢家自有治法，以王霸雜之"。王指儒，霸指法也。儒術以寬民，法家之言，以馭吏也。夫豈獨嚴於公卿郡國，而寬於郎署哉？雖出入諷議，而督責毋廢，獨道之容，固深鑒之矣。然漢宣帝非真知治術者也。法家之言，統名之則曰法，析言之曰法曰術。韓子《定法》之篇，言之詳矣。宣帝所謂儒法雜用，則釋法而任術耳。夫釋法則民不煩，任術則下不欺，下不欺而民不煩也。君子信而後勞其民，然後其民可徐用也。語曰："欲速則不達。"

　　本此以觀治亂之機，豈待一一舉其事以實之哉？《春秋》曰："定、哀多微辭，"主人習其讀而問其傳，則未知己之有罪焉爾！

寫於一九三五年五月

論民族主義之真際

　　中國民族之盛衰，當以漢魏之際爲界限，自漢以前，爲漢族征服異族之世，自晉以後，則轉爲異族所征服矣。五胡、沙陀、遼、金、元、清不必説。隋唐，論者皆以爲漢族盛强之世，其實兩朝先世，皆出代北，其所自言之胄系，殊不可究詰，究係漢族與否，殊有可疑也。民族固不論種族，然自劉、石創亂，至於南北朝之末，幾三百年，漢族迄不能自振，何哉？武力不足也，十六國之敝，拓跋魏乘之。拓跋魏既敝，爾朱氏繼之，爾朱氏之兵力，在當時，可謂天下莫强焉，然卒無所就者，其性質太粗獷，於治中國之法，無所知也。高齊、宇文周繼之，以北族之獷悍，兼漢人之謀畧，遂皆克捷北方。然則是時，北族之闕於謀，漢族之闕於武，皆不足以集大業，必兩者兼之而後可也。是則兩者之文化，皆有所偏闕也。夫隋唐則高齊、宇文周之類耳，然則漢族武力之不足自立，由來久矣。

　　隋、唐、元、清之世，武功非不赫然可觀，論史者亦每以之自誇，然此顔之厚也。漢族之武力，果真充足，則五胡爲南朝所掃蕩久矣，何俟高齊、宇文周、隋、唐等，參雜南北之文化者哉？漢族有兵甲財賦而不能自用，必待兼北族之文化者，乃能用之，此即漢族武力不競之明證。古來亡國敗家，本非謂其人舉不足用，特皆不能自用，而必待異族用之耳。然則隋、唐、元、清之武功，在中國，固仍有其可以自誇之處，要不得不引爲警惕也。

　　論史者率以漢、唐并稱，其實二代之情迴異。漢世征伐，用中國兵時多，用外兵時極少，唐則幾於無役不用蕃兵；蕃將著名者尤多。府兵衰而邊兵盛，邊兵中實多雜蕃兵。安禄山一舉手，而天下幾亡其半，其後奏勘定之力者，李光弼蕃將，郭子儀固漢人，然其有賴於回紇兵者實大。唐中葉後藩鎮之患，安史餘孽，實開其端；安史餘孽所以不能鏟除，僕固懷恩之養癰，實詒之患；坐視懷恩之養癰而無如何，則此當時中國之兵力，實不足以制客軍也。肅代戡亂，深藉回紇之跡，兩《唐書》均不甚可考，然合前後事跡觀之，則固可以微窺矣。

517

漢族武力之衰，亦可悲矣。五代以後，更不足論也。

民族之性質，或優於文，或優於武。昔之所遇者，武力雖盛，文化實遠遜於我，故一時雖爲所征服，而終不得不與我同化。今之所遇者，則不然矣。我民族之前途，果何如乎？能不懼哉？

中國民族所最缺乏者爲武德，遠觀史乘，更驗以今日之事，似無足疑。然則民族武德，必如何方可振起耶？夫必識病乃能用藥，欲知振起民族武德之方，必不可不知民族武德衰頹之所由，審矣。抑文明民族，見陵於野蠻民族，非獨中國也。印度之於西亞，希臘之於馬其頓，羅馬之於日耳曼，數者如出一轍。然則武力之不競，乃文明民族之通病，非中國獨然也。欲求中國武力不競之原因，又非先求文明民族武力不競之原因不可矣。

論者多謂文明民族，好鬥之心，健鬥之力，遠非野蠻民族之比，是以每戰輒北。其言似是，而實不然。何者？果如所言，則必文明民族，真不能敵野蠻民族而後可，然考諸歷史，殊非事實也。五胡亂華之世，北方爭鬥，蓋罕用漢族爲兵；即有之，亦不視爲精銳。此非東晉後始然，後漢以來，久啓其端矣。此蓋由異族性質強武，故中國亦好用之，如張宗昌等之喜用白俄人也。然當高齊之初，高敖曹所將漢人，即視鮮卑並無遜色。而如東晉之末，宋武帝北伐之師；蕭梁之世，陳慶之送元顥北還之衆；其強悍善鬥，雖野蠻民族視之，猶愧弗及焉。此外如元兵之強，而完顏彝能屢勝之；清初起時之銳，而袁崇煥能屢卻之，此等事不勝枚舉，故謂文明民族戰鬥之力，不逮野蠻民族，乃從其勝負既定之後，辜較成敗而爲之辭，而非就每次爭戰，詳察其實而得此說也。夫其說既係事後辜較之談，則安知其勝負之原因，不別有在，而在兩軍之戰鬥力邪？夫就文明民族與野蠻民族全體衡之，其好鬥之心，與健鬥之力，誠皆非野蠻民族之敵。然以中國之大，豈待舉國尚武，而後足與蠻夷敵哉？賈生謂匈奴之衆，不過漢一大縣。《史記》謂匈奴自左右賢王至當戶，大者萬餘騎，小者數千人；凡二十四長，立號曰萬騎，則匈奴甲騎，尚不足二十四萬。老弱同於壯丁，婦女同於男子，亦不過百萬耳。此豈待以舉國之衆敵之哉？蘇軾謂全趙可以制匈奴，信不誣矣。夫必待舉國之衆，強悍善戰，而後足與野蠻民族敵，則文明民族，因其生事教化殊異，誠不免爲一難題；若一兩縣尚武之衆，而謂中國無之，豈情實乎？況乎人之性質，可以訓練而成，舉全國之兵，悉訓練之而臻於強悍，自非旦夕間事，若謂數十百萬之衆，不能訓練以躋於有成，則非情實也。況乎五方風俗之不齊，又有不待訓練，本已強悍者耶？然則謂文明民族之不敵野蠻民族，由其人民之性質之柔弱者，非也。至於財力器械之不敵，則皆與遠西接觸後事，昔日之無此情形，更不俟論。然則中國不敵夷狄，其原因果安在哉？

孟子曰："城非不高也，池非不深也，兵革非不堅利也，米粟非不多也，委而去之，是地利不如人和也。"文明民族之不敵野蠻民族，此蓋爲其真原因。古來第一漢奸，當推中行説。中行説論漢與匈奴之長短曰：匈奴"約束輕，易行也；君臣簡易，一國之政，猶一身也"；漢則"禮儀之敝，上下交怨"。伊古以來，爲此等説者，不知凡幾；至於明清之際，亭林蒿目世變，痛心宗國之淪亡，而其論中國外夷强弱之原因，猶無以易此説也。然古來持此等議論者，皆以爲中國重滯，外夷徑捷；中國重滯，由於文繁，外夷徑捷，由於法簡；歸其原於政治之得失而已，而不知有分數，則使衆如使寡；使衆如使寡，則用大猶用小也；而"小敵之堅，大敵之禽"，"十則圍之，五則攻之"，衆且大者之勢，率非寡弱者所能與也。然則中國之不敵外夷，尚不在其政治之徑捷與重滯，而別有所在矣。嗟夫！此孟子所謂天時地利不如人和者耶？夫以中國之文明，用中國之衆且大，謂其不能有分數，使之如寡小者，不可得也。抑觀歷代之法令，雖不足以云徑捷，然使如其實而行之，雖稍重滯，謂政事軍事，必致於敗壞決裂，不可收拾者，無是理也。所以敗壞決裂，不可收拾者，皆名實不符，核其名猶是，而按其實則非，有以致之耳。所以名實不符者，則由社會之積弊已深，私人之利益，與公衆相反者衆也。今請舉實事以明之。當日俄戰争之際，日本有所謂"代耕"之俗焉。一夫出征，則其所荒棄之田，其鄰里代爲之耕；而凡征人之妻子，有所求於市，市人或廉其價；有疾，醫者或不取費，爲之療治；其事殊，其意一也。中國有之乎？夫士之臨陳而屢北，非果畏瘖痍，怯白刃也，其十八九，蓋亦由其後顧而不能無憂矣。管夷吾有老母在，則三戰而三北，古之人已然矣。然則如日本之士，與中國之士，使之陷陣卻敵，奮不顧身，孰爲有後顧憂，孰無之乎？人孰不好生而惡死，然所謂生者，非徒魁然七尺之軀，偷息於天地間云爾，固貴有生人之趣。今使戰敗而歸，父母不以爲子，妻不以爲夫，友朋不之齒，其生人之趣安在？安得不輕死傷，重降北？而如其興論久背公黨私，雖爲降虜，爲敵間諜，甚者且爲之先驅，苟其當貴利達，父母妻子，宗族交游，引爲光寵如故也，洪承疇、吳三桂之徒，安得不接跡於世哉？況也奪伯氏邑而無怨言，徒廖立而致其垂泣，管葛之用心與持法，其不可多得也久矣。世固有慷慨之士，本願效忠於國，其才亦有可用，徒以扼於權奸，不獲申理，遂不恤反顏事仇者，宋末之劉整、夏貴是也。其罪固通於天，然遏抑之者，亦寧能不分負其責哉？此等事悉數難終，要皆文明社會多，而野蠻社會少；文明社會有之,或冤沉海底;野蠻社會,必較易平反。故文明之人,非生而怯之,其社會固束縛之,馳驟之,使之不得不怯;甚至迫害之,使不得不從敵。野蠻社會之人則皆反是,故文明人之見陵於野蠻人,非不幸也。優勝劣敗,理有固然。論者或以文明人之見陵於野蠻人,而嘆福善禍淫之不足信,而不知此正福善禍淫之最可信者。何則? 文明人雖文明,其社會組織固惡,野蠻人雖野蠻,其社會組織固善也。惟社會組織雖善,文明程度太低,則亦不足戰勝。歷代野蠻人所以受制於文明人者以此。然至其文明漸進,而足以與文明人為敵,則文明人之厄運遂至。如鮮卑,其初屢見破於中國與匈奴,然至精金良鐵,多漏出塞,而鮮卑有其器,漢人逋逃,為之謀生,而鮮卑有其法;檀石槐遂兼匈奴,擾漢邊,中國任名將,發大兵,三道出塞,一時敗績矣。然則今日之黃白人,雖若天子嬌子乎? 至於利器悉為黑人之所有,以黑人健全社會之組織,用白人之利器,今之所謂文明人者,能否久居人上,或不免為蒙古盛強時之中國人與西域人,猶未可知也。夫以今日之白人,其勢力誠如驕陽當天,未知時日之曷喪,然世事之變遷,寧可逆料,當唐天子稱天可汗,盡服從北夷狄,安知望建河畔一小部落曰蒙兀者,乃能創建跨據歐亞之大業哉?

　　故民族強弱,究極言之,實與治化隆汙,息息相關;而治化之隆汙,其本原實在社會組織;徒求之於政事之理亂,抑其末焉者也。此等究極之談,目前言之,誠若迂闊而遠於務。然如現在普通人之見解,以為只須訓練人民,使之健鬥;又或標榜一二民族英雄,資其矜式;使盡提倡民族主義之能事,則可謂膚淺之至。從古以來,人民無以一人之力與異族鬥者,皆合若干人為一團,以與異族鬥。合若干人為一團以與異族鬥,則此一團中人之和,與夫一團中人人之勇相較,而和之用,實為較大。何則? 惟一團中人相與和,乃能致一團中人人之勇;否則雖有勇夫,不過仗劍死敵,以求其一心之安,於國事初無絲毫裨益;其下焉者,或不免反顏事仇也。夫欲徹底改善社會組織,自非旦夕間事,然居今日而言提倡民族主義,亦不宜專從粗淺處着眼。羣之和重於一夫之勇,雖不能徹底改革,亦不可不有事焉。具體言之,則如今日能訓練人民,使之皆可為戰士,固屬要著。然如何籌劃,乃可使出征之士,較少後顧之慮;乃可使為國宣勞者,可為公眾所愛慕;袖手旁觀若臨陣奔北之士,可為公眾所不齒;此等風氣之造成,較諸授人民以行陣擊刺之技,實尤要也。言不能悉,舉一端,他可類推。

　　昔時讀史者,多注重於個人之行為,故多崇拜英雄,今日之眼光,則異於是。何者? 知事之成敗,其原因複雜萬端;成者不必有功,敗者不必有罪;謀勝者不必智，戰敗者不必怯也。生物界之情形，大抵中材多，極強極弱者少，惟人亦然。故無時無地無英雄，亦無時無地無庸劣之士。羣之盛衰，非判之於有材無材，乃判之於有才者能否居於有所作爲之地位，庸劣者能否退處不能爲害之地位耳。所謂君子道長，小人道消；君子道消，小人道長；言消息而不言有無，其意可深長思也。此義，言教與學者，皆不可不知。

原刊《教與學》第一卷第四期，一九三五年十月一日出版

陳志良《奄城訪古記》跋

奄城在吾邑南。夙知其有古城，然未嘗往游也。民國二十四年，江君上悟言其地多古物，乃偕錢君志烔及女翼仁往游焉。以不閑考古之學，無所得。衛君聚賢，當世績學士也。嘗再往蒐考，而陳君志良實與之俱，以其所得，筆之於書，曰《奄城訪古記》，以視予。予嘉二君用力之勤，暨其闡發南方古文化之志之篤也，乃書其後曰：文明肇啓，必在江海之交，埃及之有尼羅河，印度之有恒河、辛頭河是也。西方南方然，東方何獨不然。古者有巢氏治琅邪南，遂人氏出暘谷，分九河；宓犧氏之後，有任、宿、須句、顓臾，而大庭氏之庫在魯，實太古文明肇始東方之證。黃帝邑於涿鹿之阿，堯居晉陽，虞、夏因之，契封於商，棄即有邰，乃稍稍西北入，故古之言地運者，曰作事者必於東南，收功實者恒於西北也。大河之濱，地平夷，便往來，利馳突；又其土性疏，勤治溝洫，則便灌溉；不則憂旱乾水溢，故其民日強力；江海之交，火耕水耨，魚鱉饒給，民稍皆窳媮生；治化遂轉後北方。然稽其朔，則東南實文明所自肇，不可誣也。考古家言，民之用器，始於石，進於銅，更進於鐵。易言黃帝、堯、舜，弦木爲弧，剡木爲矢，而蚩尤氏實始制兵。《左氏》曰："鄭伯朝於楚，楚子賜之金，既而悔之。與之盟，曰：無以鑄兵。"而吳、越之士，亦輕死好用劍，干將、莫邪之利聞天下。鹽鐵之利，詳於《管子書》。知黃帝、堯、舜之族，僅能斬木爲兵，用銅鐵實始東南。東南與西北，文化之優劣可見矣。東周之世，言禮義之邦者，必曰鄒、魯。魯之閑禮義也，説者曰"猶秉周禮"，非也。周重適長，宗法莫嚴焉。而魯一生一及，自桓公以前皆然，實類殷之篤母弟。蓋伯禽之封，以商奄遺民，率其俗也。唯吳闔閭之先亦然，蓋太伯居句吳，亦率其俗也。吳俗類有殷者，其西北爲奄，密邇奄者，又有留，有蒲姑。奄在魯，蒲姑在齊，太公是因。留在河、汴間，鄭東遷乃野焉。其後或在豐沛，漢高祖所自出也。劉氏之先，以豢龍事虞、夏，亦濱江海狎水族者之所爲也。周公之踐奄也，殺其身，執其家，潴其宮。而邾婁定公之時，有弑其父者，公瞿然失席曰：寡人嘗學斷斯獄矣。臣弑君，凡在官者殺無赦；子弒父，凡在官者殺無赦。殺其人，壞其室，汙其宮而潴焉，然則周公伯禽之所行，皆東夷之法也。誰謂鄒、魯文教，由秉周禮哉？周之制作，乃在周公平東方之後，而其故何有焉？曷怪吳之率殷俗乎？東方之國，徐、奄爲大。徐雖敗於魯，其後有駒王者，嘗西討濟於河。駒王蓋即偃王也？偃王行仁義，朝者三十六國，將乘周穆王之好游，復東方之王業焉。秦之先造父，實御穆王東歸，致楚師以敗徐。然秦實徐同姓。楚之先，亦與徐同類。故《大戴記》述季連，《博物志》述徐偃王，皆坼副而生，與玄鳥之生商相類，知其先皆東南之族也，而忘受辛、飛廉、祿父之大恥，助姬姓以亡其宗國，亦可仇忿矣。然而昭王南征，舟卒覆於漢；而赧王頓首獻邑，國盡入於秦；天道固好還哉！傳曰：禹西羌之人。西羌之本，出自三苗；三苗姜姓，姜羌本一名也。越之亡也，其族或爲王，或爲君，濱於江南海上，服朝於楚，楚莊王之後蹻，義循牂牁江西王滇。而桀之子曰獯粥，妻桀之衆妾，以走朔野，其後爲匈奴。堯命義仲宅嵎夷，嵎夷亦作鬱夷，鬱遲即委遲，然則倭奴即嵎夷，浮海而東者也。逷稽東方之文明，無不始於河海之交，其後乃被西南北三方，與埃及、印度無二致。地運之説，固不盡誣哉？書闕有間矣。周、秦以來之事，所存録者，蓋千百之十一也。而況於夏、殷以前，不藉考古之所得，以彌其闕，曷以知隆古開化之跡哉？二君之所搜考者，其庶幾乎？十一月二十四日，武進呂思勉。

原刊《光華大學月刊》第四卷第四期，
一九三五年十一月二十五日出版。
原題爲《〈奄城訪古記〉序》

貨 幣 問 題

　　現當政府管理通貨之際，捨銀而用紙，或不免啓人疑慮，所以貨幣問題很
值得我們去研究。

　　貨幣有伸縮力，從他種幣材進化到專用金屬，理由固然很多，而伸縮性之
大亦其一。若紙，則伸縮性更大矣。

　　貨幣之爲人所信，乃以其能易物，非以爲金銀，此層道理今已人人明白。
然昔時多不明白者。胡漢民先生嘗謂，我國貨幣史有可以自豪者，即迷信硬
幣不如西洋人之深，見多年前之《建設雜誌》。此層今無暇深論。然貨幣漲
跌，見於數量之多少而不繫於幣材則由此可明。

　　中國金屬貨幣古來祇有銅錢。漢以前銅價貴，其時銅錢實祇適於大宗貿
易，其零星貿易大都用粟，故《孟子》載許行不罷自爲之物皆“以粟易之”。《詩
經》亦言“握粟出”。《鹽鐵論·散不足》篇言“負粟而往，易肉而歸”。於此可
有一有趣味之考據。秦始皇有天下，錢重半兩，即十有二銖，較漢武帝後通行
之五銖錢，其重量爲五與十二之比，而漢初行榆莢錢，遠較五銖錢爲輕。《史
記·平準書》言漢初米至石萬錢，較之《貨殖列傳》所言最高穀價石八十錢，高
出十二倍半，較之漢宣帝時之穀石五錢，則二百倍矣，豈不駭人聽聞？所以如
此，疑漢朝毀大錢改小錢，不得人民信用，亦其一因也。於此可見貨幣跌價，
即金屬亦可有駭人聽聞之現象，不繫其爲硬幣抑爲紙幣也。

　　再談貨幣的歷史。則可云進化自然之趨勢，本係由用銅進於用紙，而橫
被惡勢力阻礙，以至退化而用銀，生出許多糾紛。中國古非無金銀，然不用爲
貨幣者，貨幣爲量物價之尺，可有一而不可有二，銀之本身亦自有價值，欲維
持銀幣與銅幣之比價，其事頗難，故莫如用紙。用紙非用紙也，用紙用銅幣之
代表也。如是則銅幣值低，齎重之幣悉除，而無維持兩種材料不同之比價之
煩便熟甚焉。故經濟上之趨勢自然向這一條路走。宋時之交子遂應運而興，
使國家能善用之，中國之錢制早已大爲進步，而惜乎其爲濫發政策所壞也。

　　紙幣既不可復用，銅錢又驅逐淨盡，乃不得不用銀。其用銀也，以代銅

錢，非以銅錢不便而兼用銀銅也，故古時銀皆作成挺，而後世變成碎銀。清順、康、雍、乾四世，鑄錢頗多，但仍不夠使用，以鑄錢費大，朝廷屢下諭願人民兼用銀，然人民終信銅錢，以習慣上視銅錢爲正式貨幣，銀僅爲其代用品，慮其價格變動，致受損失也，此非政府之力所能強人信。縱使當時捨銀而以紙幣代表銅錢，一切問題即解決矣。何也，紙本身無價值，以代表錢若干，人即視爲錢若干，而銀則不能然也。

總之，貨幣問題之治亂與政府關係最大，與其爲硬幣抑紙幣關係轉小。

原刊《光華附中半月刊》第四卷第三期，

一九三五年十二月一日出版

叢書與類書

叢書與類書，名目甚多，無講述之必要。今所欲言者，叢書與類書之編輯，可表示研究學問之兩種趨向耳。

我國類書，發源極早。最初一部名《皇覽》，成於三國時。此外卷帙較巨而現存者，如唐《藝文類聚》、《意林》，宋《太平御覽》、《太平廣記》，明《永樂大典》，清《圖書集成》等。佚亡者更難枚舉。類書之作，其所表示之趨向，爲分科收集材料，古時學術本不分科，其後研究進步，始知分科；世由簡單漸趨繁複。學術所以須分科者，以宇宙之大，現象之多，吾人研究，僅能專於一小部分，而一小部之材料，有時仍不能盡窺；則不得不從事搜集。學術之對象，本存乎空間，不存乎紙上。然亦有須求助於紙上者：（一）就時間言，過去之事，已無痕跡可尋，如歷史是也。（二）就空間言，其物雖在，而直接觀察困難，且不經濟，如地理是也。材料之見於紙上者，皆漫無統緒，則須爲之分科。其大同小異，重複矛盾者，則又須刪除斠正。此類書之所以作也。

叢書之刊，乃集各種不同之書而合印之，本無多大意義。世人所以重視叢書者，以其中有精本、孤本、校本、輯本。蓋注意其精，而非注意其叢也。叢書明以前所刻，其精本不足稱，不過中有孤本、舊本。故亦爲人所重耳。此僅刊印上事。至清人所刻，則足以表示其校勘考據之學風。其中輯本尤爲可貴。如《尚書大傳》清人輯本，與固有之通行本，判然不同；《竹書紀年》則與明人僞物截然殊科矣。總之，古書真相湮沒，而使之煥然復明。此等成績，皆存於清人所刻叢書中也。

無論何種學風，時代相近，則關係密切。清代學風，自易爲吾人所承襲。然考據之學，有其利亦有其弊；實事求是，其利也。眼光局促，思想拘滯，其弊也。學問固貴證實，亦須重理想。古之大發明家，往往先得其理，而後求事實以證之。亦有未能搜集證據，留待後人者。凡研究學術，不循他人之途轍，變更方向自有發明，爲上乘。此時勢所造，非可強求。循時會之所趨，聯接多數事實,發明精確定理者,爲中乘。若僅以普通眼光,搜集普通材料,求得普通結論者,則下乘矣。此恒人所能也。同一談考據,亦有其上下之分,斯賓塞治社會學,其證據皆請助手搜集。斯賓塞中乘也,其助手則下乘也。近日之學風,頗視此等下乘工作爲上乘,誤會研究學問不過如此,則誤矣!章太炎氏二十年前演講,曾謂:中國學術壞於考據,拘泥事實,心思太不空靈,學術進步受其阻礙。此説,予當時不甚謂然。今日思之,確有至理。一切學問,有證據者未必盡是;無證據者,未必盡非。非無證據,乃其證據猝不可得耳。此等處,心思要靈,眼光要遠,方能辨別是非,開拓境界。

清人求真之精神固不可無,然處今日學術方向變換之時代,類書之編印,實尤爲必要。將一切舊書抖散,照現在研究之門類編成大類書,實足使治學者省去一部分精力,而給以不少方便。特非私人之力所及耳!編類書幾乎可以説是各種學問都需要,而以此駕馭舊書,爲前此學術算一筆總賬,尤其切要。因前此學術,在性質上確可與現今劃一時期也。惟集眾編輯,僅能得普通眼光所能見之材料。至於必專門家之眼光,隨研究隨發見者,則不在其內耳。然僅將所有材料儘量搜輯,用普通人之眼光分別部居,治學者之受賜已不少矣!

原刊《光華大學半月刊》第四卷第五期,一九三五年十二月十日出版

論中國户口册籍之法

《東方雜志》二十五卷第四册，載有《千五百年前敦煌户口册與中國史籍户口比率》一文。爲英人齋爾士所撰，吾國王庸譯。原文所據，係得自敦煌石室西涼李暠建初十二年户籍殘紙。凡十户，完具者九。口數都三十六。户適得四口。齋爾士因此推論：吾國歷代户口比率，嘗在户四口弱至五口强之間。獨趙宋則最多不足三口，最少且不及二户三口。據《文獻通考》"乾德元年，令諸州歲奏男夫，二十爲丁，六十爲老，女口不豫"之文，謂宋世口數，但指男子。元豐三年畢仲衍《中書備對》，各路口數，皆丁口并列。其數：户一千四百八十五萬二千六百八十四，口三千三百三十萬三千八百八十九，丁一千七百八十四萬六千八百七十三。以千七百萬之丁，而人口總數，僅得三千三百萬，未免太少；若謂口數僅指男子，則人口總數，可假定爲六千六百萬。户口比率，仍近一與四矣。王氏盛稱之，謂吾國學者於此未能注意，即李微之、馬貴與亦未計及，直待數百年後，發之英人，豈不異哉？予謂宋世常行之法，李、馬二氏，無容不知。歷代公家計帳，不合情理者甚多，如清乾隆四十年上諭謂：從前歷辦民數册：應城一縣，每歲只報滋生八口，應山、襄陽等縣，只報二十餘口及五六七口，且歲歲滋生之數，一律相同。此豈可以情理論邪？正不容强執事理，以求解釋。齋爾士之見，亦適成其爲外人之見而已。此事不足深論。予顧因此，而欲一論歷代户口册籍之法焉。

吾國古代户口之籍，蓋僅藏於州間；其登諸天府者，則僅取與國用有關，此徵諸禮而可知者也。何以知其然也。《禮記‧內則》：子生三月，父名之。遂告宰名。宰書曰：某年某月某日某生，而藏之。宰告閭史。閭史書爲二，其一藏諸閭府，其一獻諸州史。州史獻諸州伯。州伯命書而藏諸州府。是一人之生，州閭之府，咸有其名籍也。此制僅士夫之家如此，抑全國之民皆然？僅男子之生如此，抑女子之生亦然？頗難質言。案《周官》："媒氏，掌萬民之判。凡男女，自成名以上，皆書年、月、日、名焉。仲春之月，令會男女。"會男女即合男女，見《禮記・禮運》、《管子・幼官》。古人民嫁娶，法令頗加主持，故《孟子》以"內無怨女，外無曠夫"爲仁政。《梁惠王》下。《墨子》亦謂聖王之法，丈夫年二十，毋敢不處家；女子年十五，毋敢不事人也。《節用上》。此必舉國之男女，非徒貴族之男女。則書名州閭者，必不僅士夫之家，亦必不限於男子矣，可知矣。媒氏之"成名"，鄭即援《內則》子生三月父名之爲釋，於禮固無不合也。此所謂全國民籍，藏於州閭者也。《周官》專司民數之官，實爲司民。其職曰："掌登萬民之數。自生齒以上，皆書於版。辨其國中與其都鄙及其郊野。異其男女。歲登下其死生。及三年大比，以萬民之數詔司寇。司寇及孟冬祀司民之日，獻其數於王。王拜受之，登於天府。內史、司會、冢宰貳之，以贊王治。"此所登，亦近全國人口總數。然其意，則不爲清查人口，而爲會稽穀食，故不以成名之月，而以生齒之時。小司寇之職曰："及大比，登民數。自生齒以上，登於天府。內史、司會、冢宰貳之，以制國用。孟冬祀司民，獻民數於王，王拜受之。以圖國用而進退之。"意尤明白可見。《賈子》曰："受計之禮，主所親拜者二：聞生民之數則拜之，聞登穀則拜之。"《禮篇》。尤可見二者之相關也。小司徒之職，"掌建邦之教法，以稽國中及四郊都鄙之夫家九比之數，乃頒比法於六鄉之大夫。使各登其鄉之衆寡、六畜、車輦。大比以起軍旅，以作田役，以比追胥，以令貢賦。"故以已昏配者爲限。大比之政，凡鄉遂之官，皆有責焉。無不言夫家者。鄉師云："以時稽其夫家衆寡。"鄉大夫云："以歲時登其夫家之衆寡。"族師云："校登其族之夫家衆寡。"縣師云："辨其夫家人民田萊之數。"遂人云："以歲時登其夫家之衆寡。"遂師同。遂大夫云："以歲時稽其夫家之衆寡。"鄭長云："以時校登其夫家，比其衆寡。"惟閭師但云"掌國中及四郊之人民六畜之數"，鄙師云"以時數其衆庶"，皆無夫家之文。然此諸官所職，皆係一事，特其文有詳略，則無可疑也。此猶後世之役籍。役固國用之大端也。故曰：自州閭之府以外，戶口之籍，皆其與國用有關者也。

漢世民數，蓋在計簿。計簿之式，今不可知。《司民注》曰："版，今戶籍也。"漢治最近古。鄭君之言，或不僅取以相況。《史記・秦始皇本紀》後附《秦紀》：獻公十年，"爲戶籍相伍。"什伍即州閭之制，此即《內則》所載書名州閭之法。蓋秦至是始有之。又始皇十六年，"南陽假守騰，初令男子書年。"蓋獻公雖創戶籍，所書仍不能如《內則》所言之精詳，故騰又更其法。《漢書・高帝紀》：五年，五月，詔曰："民前或相聚保山澤，不書名數。今天下已定，令各歸其縣，復故爵田宅。"師古曰："名數，謂戶籍也。"此籍之詳者，亦當在鄉亭，其都數當上之郡縣耳。是時尚無紙，戶籍稱版，可知不書以縑帛，斷不能悉致諸郡縣之廷也。漢法多沿自秦，觀秦有戶籍之晚，知其制必不能大異於古，則漢法亦必無以大異於古。賈生所言，雖古禮，或仍爲當世之典，亦未可知。則其登諸計簿者，亦必非全國人口總數，而僅取與穀食有關，亦可推測而得矣。

媒氏主牉合，司民會口實，其所登，自不容限於男子。大比之法，主爲兵役，而亦不遺女子者，古兵役固不獨在男也。《商君書·兵守》，有"壯男爲一軍，壯女爲一軍，男女之老弱者爲一軍"之文。《墨子·備城門》諸篇，亦有以丁女充軍之説。齊將下晉，男女以班。《左氏》襄公二十五年。楚圍漢王於滎陽，漢軍絕食，乃夜出女子東門，二千餘人，被甲。女子可調集，可編制，其非無名籍審矣。漢惠帝六年，"令民女子年十五以上，至三十不嫁五算。"《注》引《漢律》："賈人與奴婢倍算。"則口賦亦不異男女，女子不容無籍可知。降逮後世，戶調之式，均田之令，租庸調之法，田皆男女并授，更不必論矣。《通考》乾德六年之令，當別是一事，與奏報民數無關。齊爾士引《宣化府志》及《畿輔通志》大名宋代戶口比率，與《通考》所載不同。宣化一比五又七五。大名一比三又六六。而《畿輔通志》霸州比率，則又相近。一比一又三五。可見歷代官中册籍，悠繆不可究詰者甚多。正不容强執情理，以相摟也。

古代民數，當較後世爲得實，讀史者蓋無異辭。而《周官》職方所載九州男女比率，乃殊不可信。揚州二男五女、荆州一男二女、豫州二男三女、青州二男二女、兗州二男三女、雍州三男二女、幽州一男三女、冀州五男三女、并州二男三女。予謂古代受計，必不能徧及九州。《周官》小司徒："三年大比，則受邦國之比要。"邦國二字，當作縣内諸侯解。書言邦國者多如此，非謂九州萬國也。《周官》之説，疑雜陰陽數術之談，非據册籍會稽而得也。或謂古人言數，皆不舉畸零，故其説若不可通如此。此亦可備一説。

原刊《光華大學半月刊》第四卷第五期，一九三五年出版

姚舜欽《秦漢哲學史》序

學術之興替，豈不以其時哉？世稱東周之時，百家並起，神州學術，於斯爲盛；漢武表章六藝，相切劘相駁詰之風絶，學術因之衰落焉；此不審情實之談也。凡有思想，能遠觀上古，深察當時，創立一説，以闡發宇宙之奥秘；策厲人群，使之上進者，其人或代不一覯；苟其有之，必非時主之好尚所能囿也。彼因官禄之勸，而遂奔走恐後者何人？而豈足以語於是哉？漢室儒學之獨勝，非人主之好尚爲之，時勢實使之然也，先秦學術，盡於九流。九流之中，縱橫家僅以一節自效，一統之世，無所用之；墨家以哀矜惻怛之心，行動生薄死之事，乃兇荒札喪之變禮，非平世所當務，抑非治人者所能堪；爲神農之言者，欲使其君與民並耕而食，饔飧而治；黄老之徒，則慨慕夫鷄鳴狗犬相聞，老死不相往來之境；皆欲輓世運使逆行，理雖高而勢則格。惟儒與名法一主以德化民，一主操術以督責其下，皆言治所必資，陰陽之家，在漢世徒鶩於改正朔易服飾之末，然鄒子之言曰："政教文質者，所以雲救也，當時則用，過則舍之，"其意亦類於儒家之通三統。史遷論鄒衍，謂其文具難施，度其言治制必甚詳，惜無傳於後耳，漢宣帝曰："漢家自有制度，以王霸雜之，"王指儒，霸指法也，蕭曹之無爲，文景之恭儉，李耳墨翟之遺意也。雖賈生，亦嘗草具改正朔易服色之事，其意故曰："法制度，定官名，興禮樂，爲一王法，"豈徒雍容於廟堂之上，侈環橋之觀聽哉？然則先秦之學，周於世用者，漢人皆已取其意而用之矣。又獨隆儒者，平世之治，固當以教化爲本。夫爲學者，不能不專攻以致其精，及其用之也，不能無兼攬以成其大，諸子之學，譬諸水火，相滅相生；貴兼收並蓄，而不可以相無，莊周久言之；而雜家亦久行之矣。道家言"群臣並至，使個自明；"儒者亦曰："學無當於五官，五官弗得不至；"安得謂漢世學術，不逮先秦乎？姚子舜欽，好學深思，心知其意，著爲是書，於秦漢人之哲學，一一窮其原委，辨其異同。可以釋世論之惑，而學術進化之迹，亦自此而益明矣。循誦既終，欣嘆無已。民國二十四年九月二十一日同邑呂思勉序

原刊姚舜欽《秦漢哲學史》，商務印書館一九三六年一月出版

中國文化東南早於西北說

中國民族之由來，昔人無道及者，此無怪其然也。蓋古之人率以其國爲天下；又開化較晚之族，其古事，率有鄰近之族，爲之記載，足資考證，而中國又無之，此民族由來一問題，所以無從發生也。自世界大通，歐人東來，震於中國立國之古，文化之偉，競思研究其起原，而中國人亦知本國以外，尚有極大之土地，於是中國民族，究爲土著，抑自外來，如其土著，本居國內之何所，如自外來，來自國外之何方？此等問題，相繼而起矣。

中國人對此問題，既素不措意，則著手之初，不能不以外人之論爲憑藉，亦勢使然也。薈萃外人之論，加以研究者，前推蔣智由之《中國人種考》，刊載《新民叢報》中，後上海亦有單行本。後有何炳松之《中華民族起原新神話》，見《東方雜志》第二十六卷第二期。而國人對此之議論，則署見繆鳳林《中國民族由來論》。《史學雜志》第二卷第二三四期。要皆就古史記載，曲加附會，其爲不合，無俟深論。近十餘年，掘地之業，稍見發達，則又有據之以立說者。夫以中國幅員之廣大，民族之錯雜，文化之悠久，發掘之業，方在萌芽，遽欲據以立論，似亦未免早計。然窺豹一斑，善用之，未始不可以測其全體。抑書籍所載，雖遠較民族起原爲晚，然執筆者之所記，本不限於執筆之時，而後一期之情形，亦有足據以推測其前一期者。然則書籍固未可專恃，亦非遂不足用也。

近數年來，對於中國民族由來問題，著有專書者，爲曾君松友。書名《中國原始社會之探究》，在商務印書館《史地小叢書》中。其論頗受瑞典考古學家安特生氏（J. G. Andersson）之影響。案近年發掘成績，當分人類遺骸及器物兩端論之。人類遺骸，最大之發見爲北京人。先是民國紀元前九年，德國古生物學家施羅瑟氏（Max Schlosser）曾在北平得一臼齒，臆爲原人之遺，爲文艷稱其事。謂人類元始，或可於中國求之；以此臼齒買自藥肆，來歷不明，科學家不之重也。民國十至十二年間，澳洲古生物學家茲丹斯基氏（Dr. O. Zdansky）在河北房山縣周口店得化石，寄交瑞典阿不薩拉（Uppsala）大學韋滿教授（Wirnan）。十五年，施氏又得前臼齒及臼齒各一，研究結果，斷爲人類之遺。是年，瑞典皇太子來華，世界考古學會會長也，北京學術團體開會歡迎，安特生氏即席公佈此齒名北京齒（Peking Tooth），而名生是齒者曰北京人（Pekingman）。明年，步林博士（Dr. B. B. Bohlin）又得下臼齒一，協和醫學院解剖學教授步達生博士（Dr. Davidson Black）加以研究，亦斷爲人齒，而名生是齒者曰北京種中國猿人（Sinanthropus Pekinensiso）。是歲，北平地質調查所續行發掘。明年，楊君鍾健、裴君文中又得數齒，及不完之牙牀二，及數頭骨。又明年，裴君又得頭骨一，及齒十餘。於是所謂北京人者，遂爲科學家所共仞而無疑義矣。以上據繆鳳林《中國民族由來論》。然是否中國人之祖，羌無左證也。故言中國人之遺骸者，不得不求之於仰韶村及沙鍋屯。仰韶村，地屬河南澠池縣，沙鍋屯，地屬遼寧錦縣，與河南安陽之小屯，山東歷城之城子崖，山西之夏縣，察哈爾之萬泉，暨甘肅之臨夏、導河。寧定、民勤，鎮番。青海之貴德及青海沿岸，同爲近來發掘事業之最著名者，畧見衛聚賢《中國考古小史》中。商務印書館本。仰韶、甘、青，皆得陶器甚多。安特生氏以其與安諾、Anau，在俄屬土耳其斯坦阿思嘉巴 Askabad 附近。蘇薩 Susa，波斯舊都，在西南境，近海。陶器相似，斷言中國民族，來自新疆，曾氏益暢其説，謂古代中亞，氣候温暖，宜於生存，後直冰期，爲冰所掩没，居人乃向外移，西南行者，經小亞細亞入非洲，西行者入歐洲，東北行者入外蒙古西伯利亞及美洲，南行者入印度及南洋羣島，東南行者入中國臺灣及日本。冰期既逝，中亞氣候漸復其舊，遠出者或復歸，或遂散播，此爲舊石器之高期；久之，還歸者復四出，或向北歐，或由里海至兩河間，或入非洲，或走蒙古西伯利亞、北美。其走巴勒哈什湖、伊犁河畔者，則中國民族也。此時西北山嶺，氣候宜人，草木暢茂，禽獸繁殖，人以田獵爲業。迨入塔里木河流域而知漁，時當新石器之初期，及其中期，乃達甘、青、寧夏之境，至末期，則向綏遠、陝西，東至山西、河南，西南入川邊，此時漸事農牧，其文化中心在甘肅。及石銅兼用之世，則進入湖北、安徽、山東，而其文化中心在河南，故在甘、青境所發掘者，可分爲新石器及紫銅器兩期，仰韶村、沙鍋屯畧同，而小屯、殷墟，則入於銅器時期也。曾君謂中國有無始石器時代未明。舊石器，西北及外蒙，皆有發見，然與中國民族無涉。言中國民族者，當自新石器時代爲始。案安特生氏，初以仰韶彩陶，與歐洲新石器時代彩陶相似，與安諾彩陶尤酷似，而疑兩者同出一原，質之德國考古學家施米特氏（H. Schmidt），嘗在安諾研究者。施氏不以爲然。顧安特生氏不捨所見，及其考古甘肅，又謂其陶器益似安諾、蘇薩，因此斷言中國民族，當新石器時代，居於新疆，深受西方文化影響。及其進於農耕，文明遂大發達，久之，乃道南北兩山間，而入黃河之谷焉。此曾氏之論所本也。顧安氏之見，頗有不以爲然者，繆鳳林氏、金兆梓氏皆然。金氏所著論，曰《中國人種及文化由來》。見《東方雜志》二十六卷二十四號。其説曰斯坦因（Sir Aurel Stein）考古新疆，得漢、唐時物甚多，而漢以前中國古物，絶無所有，以此斷中國民族西來之謬。且謂自漢以前，中國與西域無交通。又彩陶之術，起自巴比侖，據西方史家考索，巴比侖彩陶遺址，約在西曆紀元前三千五百年，在小亞細亞者，則在二千五百年至二千年之間，在希臘者，在二千年至一千年之間，然則自巴比侖傳至小亞細亞及希臘，爲時逾一千至三千年，中國河南、甘肅皆無銅器，度其爲時，必在西曆紀元前二千五百年以上，何以其傳播反速？抑安諾、蘇薩皆有銅器，範金之術，何以不與彩陶之技并傳乎？夫文化苟自西來，則必愈東而愈薄，安特生氏固云，甘肅陶器，彩繪圖案，皆勝河南，然又云，陶質之薄而堅，及其設色琢磨，皆在河南之下，因此不敢斷兩者之相同，而謂河南之陶，別爲一系，然則必謂其技來自西方，不已誣乎。抑且中國文化，果受西方影響甚深，則種族之間，亦必有關係，何以仰韶、沙鍋屯之人骨，據步達生氏之研究，又謂其與今日之華北人相同乎？此皆金、繆二氏之言，不能謂其無理者也。日本濱田耕作云，安特生云，原中國人在新石器時代，自土耳其斯坦入中國西北境，經甘肅至河南。珂羅掘倫（Bernhard Karlgren）瑞典言語學家。則謂中國民族，久已先入中國，兩者當以珂氏説爲善。此文化實至新石器末期，乃與西方人同時侵入，然不久即爲土著所同化。又安特生氏謂彩陶文化，在西元前三千年左右，亦太早，其末期實當在周末也。見所著《東亞文化之黎明》，汪馥泉譯，黎明書局本。

　　近來美國人類學家多謂三百萬年以前，北極一帶，氣候甚暖，哺乳動物，皆生於是。其後氣候稍變，動物亦南遷，此時中亞之地，尚屬低平，爲半熱帶森林所掩蔽。其時已有猿類，大抵棲息林中，後須彌山今譯喜瑪拉雅。隆起，中亞氣候又變，林木漸稀，於是猿類仍依榛莽，人類遂入平地，人猿之分，實由於此。夫動物既由北而南，則原人當奠居中亞之先，或亦先至蒙古；邇來美國亞洲探險隊，三至蒙古，謂世界大動物，皆原於是，遂有疑中國人來自蒙古者焉。此説陸君懋德主之。見所著《中國文化史》，刊載於《學衡雜志》第四十一期。然在蒙古，雖有極古時代之器物，且各時代器物皆有，而人類遺骸，迄無所得。而北京人年代之古，實足與爪哇猿人相當。爪哇猿人。Pithecanthropus 爲民國紀元前二十一、二十年間，荷蘭軍醫杜波瓦（Fugen Dubois）在爪哇中部突林尼 Trinil 地方所發見，考其骨骼，已能直立，然尚未能語言，蓋介於人與猿之間，故名之曰猿人焉。其時代，當在洪積世初期，距今約百萬年。又有所謂皮爾當猿人（Piltdownman or Eoanthropus），以發見於英蘇塞（Sussex）之皮爾當地方得名，則其時代較晚。北京猿人，介於兩者之間，距今約七十萬年，見曾松友《中國原始社會之探究》。則此說亦未可遽定也。亦繆君說。濱田耕作云：一八八六年以來，薩文珂甫氏（Savenkov）、德倍伊氏（DeBay）即在葉尼塞河上流，發見類於歐洲自摩斯梯期（Mousterian）至奧利納克期（Aurignaocian）之舊石器。納爾遜氏（NilsC. Nelson）亦於戈壁中發見摩斯梯期石器及類於亞休爾期（Acheulean）石器之物。然是否漢族之祖，亦難斷言。

　　中國民族元始果自何來，目下固尚難斷定，惟就現在所知言之，則予頗贊成衛君聚賢有史以前由南而北之說。見衛君《吳越史地研究會成立記》。其實文化之由南而北，尚不限於有史以前，觀下文可知。蓋人類開化，必於氣候温暖、物産饒足之區。西洋文化，埃及最早，次之者爲巴比侖，繼乃傳入波斯，又繼之以叙利亞、希臘、迦太基，則其明證。故謂中國文化，西北山嶺之區反早於東南江海之會，無是理也。此事就有史以前及有史以後之遺跡求之，其消息皆可徵窺焉。日本濱田耕作云：當西曆紀元前數世紀至後一世紀之間，所謂斯基脱（Scythians）文化者方盛於西方。斯基脱文化，亦稱斯基脱西伯利亞文化，其北爲高加索山及黑海北之草原，屬青銅器時代。前乎此者，有新石器時代，其彩陶與甘、青所發見者頗相似。後伊蘭文化北來，成希臘人所謂基姆梅利人時代。Cimmerians 又後乃成斯基脱 Scythians 時代。西元前二世紀，薩爾馬的人 Sarmatians 據其地，亦斯基脱人同族。斯基脱藝術於繪畫動物殊長。或謂商、周銅器中所繪龍蛇饕餮，與此同原於伊蘭，其説殊不足據。而大洋洲所刻木器，轉與中國所畫動物相類，此實中國藝術獨自發達者也。又山東、遼寧石器中，有所謂有孔石斧者，陝西亦有之。而朝鮮、日本及太平洋沿岸，亦有有孔石厨刀。又中國所獨有之鬲，亦見於遼東。仰韶鬲甚多，而甘、青前三期無鬲，鼎亦少。至第四期乃有鬲，五六期則多矣。足徵製鬲之法，自東南而西北也。民國十八年，貔子窩碧流河濱得彩陶，與安特生所見絕不同，亦爲石器時代遺跡。濱田耕作謂此時代可上推至西元前數千年云。此等石器，亦見於朝鮮平安南道。可見濱海之區，自有其文化也。以上據《東亞文化之黎明》。不特此也。民國十九年，南京古物保存所在棲霞山西北甘夏鎮發掘，得石器及陶片；其後二十四年，在武進之奄城，金山之戚家墩；二十五年，在吳縣石湖旁兩古城，衛氏稱爲吳城、越城。平湖之乍浦，海鹽之澉浦，杭縣之古蕩及紹興；均得有陶片。杭縣及紹興、餘杭、吳興等縣，又有新石器時代之石器。古蕩尤多。此項陶片，文理皆成幾何形，與河域所見絕異，轉與貔子窩香港所得相類。河域陶器，皆爲條文及席文，絕不如此幾何形之美，此有史以前，中國文化，南高於北之鐵證。抑此項陶片，河域不見，惟安陽之殷墟獨有之。殷墟人像，又有文身者。河南各發掘之所，皆無銅器，殷墟獨有。此又可見殷墟之文化，受諸東南，實有史以前及有史之初期，文化自東南而西北之鐵證也。以上據衛聚賢《中國考古小史》、《吳越史地研究會成立記》及其在杭縣之講演。案冶金之術，古代本南優於北，蚩尤尸造兵之名，九黎之酋長也。春秋時，鄭伯朝於楚，楚子賜之金，既而悔之，與之盟，曰：無以鑄兵。《漢書·地理志》言吳越之士，輕死好用劍。干將莫邪等有名之兵器，皆出南方，北方則有寓兵於農之策。寓兵於農者，以農器代兵器，見《六韜·農器篇》，蓋緣兵器難得之故。大抵河域之人，長於用鐵，江域之人，長於用銅。古以銅爲兵器，鐵爲農器。江域之人，所以長於用銅者，自緣其文化早開之故。河域之人之長於用鐵，則以江域地肥，火耕水耨，河域較瘠，非深耕易耨不可也。河域開化，晚於江域，而後來轉凌駕其上，疑其原因正在於此。

　　以上所言，皆有史以前事。而史籍所記，亦有足徵者。近世史家，論古代文化者，率以爲北優於南。惟蒙君文通撰《古史甄微》，頗知東南文化之悠久，今約舉其說，並參以鄙見，以見有史之初期，固與史前時代發掘所得之結果，足相印證焉。案古代帝皇，最早者爲盤古，此人人所知，其實盤古即《後漢書·南蠻傳》中之槃瓠，乃苗族先祖，而《三五曆》等所傳天地開闢，盤古生其中，及其死又以一身化爲萬有之說，則印度人稱梵天之辭，吾族襲取之，而附會於盤古者。此事甚長，當別論。故盤古並非漢族古史中人物，據之殊不足考漢族之古初。次於盤古者爲三皇，三皇之義，取於天地人。儒家雅言，實爲燧人、伏羲、神農，予別有考。緯侯有人皇出暘谷分九河之說，足徵其在東方。此人皇，注家以爲燧人，當有所本。與燧人併稱者爲有巢氏，治石樓山，在琅邪南，見《遁甲開山記》，說亦當有所據。伏羲之後，爲任、宿、須句、顓臾，皆在今山東。而神農氏之都在魯，則明見《左氏》，更無足疑矣。黃帝與蚩尤戰於涿鹿之野，涿鹿，或說在上谷，或說在涿郡，疑皆以後世地名言之，若論古據，則《世本》在彭城之說，似可存參。其後堯作遊成陽，舜漁雷澤，孟子言舜生於諸馮，遷於負夏，卒於鳴條，爲東夷之人。而今浙江之地，舜之傳說故跡尤多，雖不審諦，附會亦必有其由。竊疑古者文明之地，本在東南，堯遭洪水之災，乃稍徙而西北，故堯舜皆都晉陽，禹亦因之。其後雖失冀方，夏都仍在陽城也。《漢書·郊祀志》云：三代之居，皆在河洛之間，故嵩高爲中岳，而四岳各如其方。然則以陽城爲天下之中，乃自夏以來，前此天下之中，實爲泰岱。故《爾雅·釋地》，有中有岱嶽之說。又云，距齊州以南戴日爲丹穴，北戴斗極爲空同，東至日所出爲大平，西至日所入爲大蒙。齊固有中訓。齊州，蓋即《禹貢》之青州，在九州中實位東北。然《堯典》有肇十有二州之文，十有二州者，北有幽并，東北有營，假使西方不如《禹貢》之恢廓，則青州固天下之中也。古之王者，因名山以升中於天，升中於天而鳳皇降，龜龍假，符瑞見則臻乎大山。仲尼夷吾之所知者，七十有二家，其不得而數者萬數也。人死者魂神必歸於岱山。見《後漢書·烏桓傳》。然則泰山者，萬物之所以成始而成終也，非古文化之中心，而能有是乎。且中國古俗，如食之主於植物也，衣之有卉服黃衣黃冠。及其制之寬博也，貨幣之廣用貝也，皆足徵其起於東南江海之會焉。故曰，中國文化，始於東南也。

原刊《光華大學半月刊》第五卷第一期，
一九三六年十月十七日出版，呂思勉講，呂翼仁記

吃飯的革命

　　這一種計畫，是我於九月二十五日，在校務會議提出的。因其說頗長，當時曾爲講演式的說明。朱副校長公謹、廖中學主任茂如都很贊成，其餘諸位議員，亦皆以爲然。惟朱、廖二先生說，這種理由，須先行向大衆說明，看贊成的人多不多，方好決定辦不辦。屬我爲文，在半月刊登載。廖先生並替這一篇文字，擬了一個標題，是《吃飯哲學》，我現在改爲《吃飯的革命》。因爲我自愧哲學的知識，很爲淺薄。而我們無論何時何事，都應當懷抱革命的志願，擬具革命的方案，而且奮勇去實行。《宋史·張方平傳》說："守東都日，富弼自亳移汝，遇見之。曰：人固難知也。方平曰：謂王安石乎？亦豈難知者。方平頃知皇祐貢舉，或稱其文學。辟以考校，既入院，凡院中之事，皆欲紛更。方平惡其人，檄使出，自是未嘗與語也，弼有愧色。蓋弼素亦善安石云。"《宋史》這一段話，是詆毁王安石的，而無意中正寫出一個有革命精神的賢相。昔人說，獅子搏兔，亦用全力，是獅子之愚。我說，正惟到處肯用全力，所以成其爲獅子，否則是懶眠的豬了。以下是我當時的話。

　　今年學生多了，學校的飯堂，既不足以容。合校門內外的飯店，亦仍患人滿。上次九月十八。廖先生曾提議在校中添設一廚房。我的意思，添設廚房，不該再照老樣子，而當帶一點公廚的性質。

　　我的計畫，大略如此。

　　（一）注意於衛生。我們的食堂，要有嚴密的防護，使蚊蠅絕跡，其餘洗菜、做菜、洗滌碗箸等事，一切均要極合衛生，不必細說。

　　（二）注意於訓練。中國人的吃飯，太講究。第一，一定要吃熱的，於是菜非現做不可。既油，又有湯，斷無法像日本人的便當，帶在身邊吃了。這種習慣，於行軍旅行等，殊不相宜。我們要設廚房，就可不必拘定從前的老樣子。要想出種種吃法來，其中多少可以帶點訓練的意思。至於吃得舒服不舒服，那不過是一個習慣，吃飯並非照現在這種吃法不可，否則吃了就會不舒服。

　　（三）可以改變食物的材料。南方人慣吃稻，北方人慣吃麥，下等人慣吃雜糧,這不過是個習慣。習慣是受經濟狀況決定的,其根源不過如此。經濟固然是最重要的條件,我們不能不受它支配。但是我們現在的吃法,是否最適合於現在的經濟狀況呢?那恐亦未必然。古之種穀者,不得種一穀,以備災害。我們現在上中流社會,非吃稻麥不可。於是稻麥歉收,民食就成爲問題了。假使我們現在,能多用幾種穀類做主食品,稻麥的歉收,就比較的不成問題。而種植主食品的面積,也就可以擴大了。稻麥在各種穀類中,營養價值,自然最高。但是否非如我們現在的專吃稻麥不可,這也很成爲問題。這是舉其一端,其他一切,都是如此。現在有一種人,總説中國的食品,遠勝於外國,誠然,這話也含有一部分真理,並非全然拘於習慣之言。但是中國的食物的勝於外國,怕祇在調味方面,至於營養方面,是否確較外國爲勝,怕就很成問題了。總而言之,從前的事,是件件受習慣支配,習慣固然有合理的部分,總不能全然合理的,所以一切事情,都大有研究改良的餘地。

以上所説,是我所認爲最重要的三個原則。至於具體的辦法,則我以爲我們要:

(一)造一所清潔的食堂和廚房,其中最要之義,是要有嚴密的障蔽,使蚊蠅不得入内。

(二)我們洗滌碗箸,是要用煮沸的方法。凡用過的碗箸,先放在清水中略滌,次即投入特製的釜中,加以煮沸。再放入沸水中滌一過,取出任其自乾,而不必用布揩拭。——因爲布反或不潔,揩拭的人的手,也容或不潔。

(三)我們的吃飯,是每天祇有幾種菜。譬如今天所吃的是(A) 牛肉。(B) 豬肉。(C) 雞卵。(D) 青菜。(E) 豆腐。那就祇有這五種。或者這五種原料所配合而成的菜,不但原料限定,就做法也是一定的。今天祇有豬肉青菜的合製品,就沒有豬肉豆腐的合製品了。如此,菜可以預先做成,免得臨時做起來。

(四)如前文所述,碗箸要用煮沸取潔,而不用現在洗滌的方法,那是要用特製的煮沸器的。我嘗見現在吃稻米飯的人,而爲之感歎。現在吃稻米飯的人,是先將米放在釜中煮熟了,然後取出來,放在飯筒裏。要吃時,再一碗一碗盛出來,在五口八口之家,這自然是個好法子。但是到數十百人,甚而至於數百千人合食,這是否還是好法子呢?我們可否照廣東人,將米放在碗裏,加之以水,放在特製的釜中蒸熟,取出來就吃,省得一次次的搬弄呢!凡此等器具,都可設法特製,隨經驗而改良。總而言之,應用的器具,和一切事務的佈置,都要注意打破從前人人分食、家家自炊的方法,而創造出一個大衆合食的規模來。

如此說來，我們這一個廚房，在建造房屋、創置器具方面，所費頗大。即投下的資本甚多，學校雖不以賺錢爲目的，亦不能爲吃飯問題，經常補助，或時時支出特別經費。所以廚房的本身，還要計畫收支適合。而我們的飯價，勢不能賣得很貴，最好還得較現在普通吃飯爲廉。對於這一個問題，我們如何解決呢？我以爲計畫和節省兩件事，是互相連帶的，天下斷無無計畫的節省，亦斷無有計劃而不能節省的。現在飯店中最大的支出，爲做菜的司務。此等人非較厚的工資，不能顧用，而其人多有習氣。——所謂習氣，乃係（一）由專業養成了固定的心思，（二）又由社會壓迫，減少了對於工作的興趣，於是凡事都祇肯敷衍塞責。要敷衍塞責，那最好是照老樣子做。你要勸他改一個樣兒試試，他無論如何也不肯了。現在社會上一切事情，都祇會蹈常習故，隔了數十數百年，還是毫無改變，其大原因實在於此。——所以現社會的組織，實在是阻滯進步的。——這正不獨做菜司務爲然。然而，我們設立理想廚房，而把做菜司務請得來，那就中堅分子，業已腐化，更無改良之望了。所以我們做菜，最好不要請做菜司務，如前文第（三）條所説，因所做飯菜，種類很少，而我們做菜的人可少，再因不請做菜司務，而做菜的人工資可廉。照下文所説，我們理想食堂的設置，意在乎提倡公廚，實在是替社會服務的性質，並不是什麽庖丁。如有志願服務社會的人，肯犧牲勞力報酬，以辦此事，那就更好了。規模既立，成法可守，自可褰裳去之。犧牲也不過一年半載，並不是終身從之的。總之，現在辦事情而希望改良，希望以理智征服習慣，總得中流社會中人，肯挺身而出才好。單靠勞力者，進步一定緩慢的。因爲他們是用慣力，而心思不大用的，自然比較呆滯，想不出方法來，就有人想好方法，也要難於瞭解些。碗箸以煮沸取潔，特製煮沸的器具，固然要錢，洗滌碗箸的人工，卻可以省。假如我們吃稻米飯，是一碗一碗蒸熟，而不是一總在釜著煮，煮熟了，再一筒一筒，一碗一碗的盛出來。蒸飯的器具，固然要特製，打飯的人工，又可以省了。這數端，原是偶然想著，或者未必能行，然而此類改良的計畫，可以有許多。每一個計畫，都和節省連帶，那我們的飯價，不但不會較普通飯價爲貴，還可較普通飯價爲廉，推行愈廣，——依我的計畫，這種食堂，也可聽校外人來吃飯，廚房可任他們來參觀，以收改良社會之效。——計畫愈精，則其廉愈甚。

依我的意思，學校大可撥出一筆經費來，試辦這樣一個廚房，如其欣欣向榮，學校固有的廚房，就可消滅，將其固定資本，設法轉變，併入新廚房中。如此，我們的資本就更充足。學校附近的飯店，雖不能強迫他們關門，勢將陸續關閉，加入我們這食堂的人更多，我們的實力，亦愈雄厚。現在的飯店，究有多少顧客，是並無一定的，所以他們不得不負擔一種危險。我們若能採取合作之意，凡來吃飯者，均預付飯錢，在一定時間內，不得退出。如此，則柴米油鹽，——都可蠆買，都可擇較有利的時候買。甚而至於可以自己種菜，自己養雞，自己製醬，——規模愈大，經濟的程度，也愈增加了。

我所以竭力提倡，設立新式廚房，並不是單替一個學校計算，而是想借此提倡公廚，使其漸次普及於社會。我總覺得現在社會進化最大的障礙，是家族制度。現在有一種沉溺於封建制度的人，總說家族制度是好的，中國家族制度，較歐美爲完固，就是中國社會組織，勝於歐美之處。還有一種資本主義的走狗，專替資本主義作辯護，凡資本主義現行的制度，他們都說是好的，他們偏有自然科學做根據，譬如說一夫一妻的制度，是人性之本然。許多較高等的動物，已有雌雄爲一定期間或較長期間的同居，以養育幼兒的現象了。這是於教和養都很有利益的。所以家庭制度，是業已替人類社會，效過很大的勞。而今後，還將永遠替人類社會效勞。而且因爲這種組織，是根於人類的人性的，所以其形式雖有異同，其本質依然不變。他們偏有證據，説家庭制度，是在不論什麼時代都存在的，而且都是社會組織有力的支柱。他們不肯承認所謂人性，總是在社會組織中養成的。偏要說有玄虛不可捉摸的人性，以規定社會組織。孟子説：人之所以異於禽獸者幾希，庶民去之，君子存之。我認爲人類的行爲，有許多所以和動物相像，那是人類的力量，還未能戰勝環境，所以未能實現其異於禽獸之性。人類的力量，擴而愈大，則其戰勝環境的成績愈優，而其所實現的異於禽獸之性即愈多。且如教，在高等動物，大概都是限於家庭之中的，到人類，就可以易子而教，而且有學校和師傅徒弟等制度。養，在動物中，責任更是專於母的，到高等動物，父才略負些責任。人類則有托兒所幼稚園等組織了。——生物學上的父母不必一定是社會學上的父母。所謂不獨親其親，不獨子其子。——這正是人之所以異於禽獸者。大概人在生物學方面，是和動物同受制於天然的。譬如嬰兒要吃母乳，無法代以他物，母即無法轉移其責任於他人。至於在社會學方面，則人和動物大異，而且因其進化而其異愈甚。所以人和動物，是有同有異的，説人之所以異於禽獸者幾希，這話最爲真確。我們蔽於人類的自尊心，説人和動物絕對相異，那自然是歪曲著的説法。卻是抹殺了人類和動物的異點，有許多關於社會組織的事，硬説人亦祇能和動物一樣，其爲歪曲，正復相同。指導人類，向著這一條路上走，那真是將所謂幾希者去之了。人類組織，從氏族進而爲部落，從部落進而爲國家，至今日，有許多方面，實已超越國界，這是進化的。同時，因氏族組織崩潰，而家族組織，漸次抬頭，這實在是退化的。宗族百口，九世同居，人無不知爲氏族的遺跡。昔人以爲美談，今人則以爲詬病了。其實從此等組織，分化而爲五口八口之家，也是有利有弊的。此等組織，往往帶有自給自足的意味，所以和社會相倚賴之程度不深。而且因其實力較强，社會也不容易干涉他。所以此等組織，能使個個基於血族關係而結合的集團，分爭角立，而不易融化爲一，這是其弊。——兩大姓的械鬥，便是其證據。——然而人類的分裂，在氏族時代，實不如家族時代之甚。且如宗族百口，便可包含八口之家十二個半人，五口之家二十個。如此，從宗族百口，變爲八口五口之家，就分裂更甚十二倍或二十倍了，其彼此相互之間，分爭角立的程度，自亦隨之而增加其倍數。所以從氏族進化到家族，可以説於打倒封建勢力是有利的，同時私產制度的病態，亦更形深刻。

卑之無甚高論。且以八口之家而論，每家必有一個人做飯。如此，每百人，便有十二半人做飯。如其行合食之制，豈有每百人要十二個半人做飯的？衹這一端，勞力的浪費，已是可驚了。

以具體問題而論。婦女解放，兒童教養，都是大家認爲切不可緩的，然而不能提倡公廚，再休談婦女解放，兒童教養，也休想改良。我從前每在蘇州騎驢，有時也騎馬，現在回到内地去，也時時要坐人力車。往往驢馬和車，和三四歲的小孩，相去不能以寸，倘若撞著了，輕則有傷夷之慮，重或有性命之憂。這班小孩，都是流浪在街上，没有人照顧的，卻也難怪他的家族，男子各有職業，婦女一天要做三次飯，再加之以别種雜事，也忙得精疲力盡了。凡人，終日忙於雜事，更無餘暇以從事於思考，其精神往往淪於遲鈍。對於各種刺激，感應都不鋭敏。流浪在街上的兒童，固多無人照管的，有母姐監視於旁者，實亦不少。然而碰撞之將及，亦不能使其子弟迅速趨避。有時竟呆若木雞，一若未睹，可憐他們的精力，業已罄盡，腦筋業已麻木了。倘使行公廚之制，難道里社之間，騰挪不出一兩個老成練達的婦女來，使之盡保姆的責任麽？各親其親，而終至於不能親其親，各子其子，而終至於不能子其子。人，何苦畫著這鴻溝以自限，以自害呢？

堯舜帥天下以仁，而民從之；桀紂帥天下以暴，而民從之。其所令，反其所好，而民不從。是故以身教者從，以言教者訟。教育豈是什麼口中説説的？貴能改良生活，在什麼環境之下，養成怎麼樣的人，所以生活就是最大的教育。現在的國家社會，豈不要求其分子以公共之心，然而件件事都以家族爲限，在一家之外，便患難不相同，災害不相恤了。然則社會的組織，使之同利害的，不過五口八口，分爭角立的尖鋭，至於如此。公共之心，能存於此環境之下者幾何？我們的改革，是有軟性的，有硬性的。我們希望從軟性而至於硬性，——進化到相當的程度，一舉而完成革命。——我們現在，祇能從事於提倡公廚，希望將來，有能夠禁絕私廚的一日。飲食是人類最原始的活動，是最普遍存在的。《禮記》說，飲食男女，人之大慾存焉。天下有無性慾的人，無無食慾的人。因爲性慾祇關係將來的生命，食慾是關係現在的生命的。無將來生命的人，現在當然還可存在，缺乏維持現在生命的活動的人，就當然不能存在了。所以飲食是最原始的活動，也是最普遍的活動。飲食而分出等級，是最和人之所以群居和一之道相背的。朱門酒肉臭，路有凍死骨，榮枯咫尺異，惆悵難再述。祇在咫尺之間，如何不短視的，祇有一貫杜陵野老呢？我在少壯時候，原不過是個高陽酒徒，還記得辛亥這一年，同著一個愛喝酒的朋友，追涼痛飲，往往至於夜分。後來革命事起，又同一個朋友，跑到蘇州，一頓早餐，兩個人喝掉一斤高粱酒，吃掉一大碗紅燒羊肉，一大碗紅燒青魚，十六個山東饅頭，至日晡乃罷。我在上海，足有二十年了。從前酒樓飯館中，也時常有我的足跡，杯盤狼籍，意興甚豪。近來每過酒樓飯館的門前，我就覺得心痛，量減杯中，雪添頭上，甚矣吾衰矣，或者是老之將至，意興頹唐，然而門以內說不盡酒池肉林，一看門以外，就見得鳩形鵠面、衣衫襤褸、營養不良的人了。彤廷所分帛，本自寒女出。驕奢的人，所浪費的物資，是從那裏來的，禁奢雖勢不能行，難道是理有不可。公理終有戰勝之日，一時勢不能行之事，如何不預爲之備呢？

雖然現在祇是一個預備的時代，或者並我們之所預備而亦不能成。然而成不成，並不以佔空間的物質爲限，心理上的狀態，也是一樣的，或者其力量，還更強於空間的物質。假如我們學校裏提倡公廚而失敗了，不過是公廚的大門關閉，食堂中闃其無人，執事者星散，器具或委置無用，或者變賣了。然而受這一件事的影響的，直接間接，奚翅二三千人。此如種子散佈在土中，一時看不見什麼，達到相當的時期，終有勃然而興之一日。孟子說：君子創業垂統，爲可繼也。若夫成功，則天也。君如彼何哉？強爲善而已矣，夫以滕之褊小，截長補短，方五十里也，豈足以自存於齊楚之間。然而孟子以堯舜之道，責難其君者，豈真望其爲東周。孟子曰：有王者起，必來取法，是爲王者師也。夫至於爲王者師，而其法大行於上下，則孟子之志已達。而滕文公亦可以無憾矣。事業本身之成敗，何足計乎？

原刊《光華大學半月刊》第五卷第二期，

一九三六年十一月七日出版

中學歷史教學實際問題

予於中學教學，所知甚淺，經驗亦不多。龔霽光先生以是題見委，實非予所能及也。固辭不獲，不敢方命，謹就近日憶想所及，率爾陳述，惟深於史學及教育學者是正焉！

少入私塾，初解讀書時，塾師使讀《通鑑輯覽》、《水道提綱》、《讀史方輿紀要》。每苦《提綱》頭緒之紛繁；而於《輯覽》言歷代之治亂興亡者，則頗覺津津有味；於《紀要》，亦僅能讀各省各府之總論，各縣之分紀，實苦之不能終卷也。當時之見解，謂歷史乃盡人所能學，地理則專門名家，非性相近者不能治。質諸同輩，亦多以爲然。其後從事學校教授，瀏覽言教授法諸書，則以歷史爲最難科目，地理爲次難科目。心竊怪之。經歷稍久，乃知其情。蓋地理兼綜自然社會兩科，說明人事，皆求其原於自然。自然定則，看似幽深複雜，實則一定不易。以有定之自然，說無定之人事，理自易明。歷史則所載皆爲人事，以人事說人事，譬爲泛舟中流，更無碇泊之處，無一可爲依傍者，自覺其瞭解較難矣。

夫治歷史者，非如項羽所謂書足以記名姓，徒能多識往事而已。信如是，其於知識何益？今日愚陋之徒，因有一物不知，亦有能讀《三國演義》、《說唐》、《岳傳》，能舉曹操、諸葛亮、唐太宗、武則天、岳飛、兀术之名氏者，其知識相去又幾何？又何煩靡此精力日力，多記陳死人之行事乎？治歷史非治文學，非爲多識往事，以饜其好奇之心。治歷史者，將深觀往事而知今日情勢之所由成。知今日情勢之所由成，則可以臆測將來，晷定步趨之準則，此凡治史學者皆無異辭者也。然治史者無不以是爲蘄向，而能得其真際者卒鮮，何哉？社會現象，繁賾已甚，人莫能攬其全，往往執所見識，欲以解釋一切，如昔之論治者，舉國勢盛衰，民生利病，一蔽之以政事得失是也。由今言之，可謂能得其實乎？謂曰："一攝一切。"若舉偏端而可釋全體，是一端可攝一切也，無有是處。

夫歷史者，説明全社會者也，惟全社會能説明全社會，故昔之偏舉一端，欲以涵蓋全史者，無有是處。而在今日，則歷史與社會兩學，實相附麗。歷史所以陳其數，社會所以明其義也。明乎此，則研治史學，若探驪而得珠；而教授史學之要義，亦不外乎是矣。

論者亦知中國之治化，何以停滯不進乎？數千年來，哲人學士，殫心焦思，欲以其道移易天下者，不可謂少也。志士仁人，忘身犯難，欲拯民於水火者，又不可謂少也。然竭其智力，僅偷一時之小安，或致一隅於粗理，終不能有裨大局者，何也？則其所由者非其道也。所由者何以非其道？則以社會組織，時有遷變，而一切文物制度隨之。昔日之人，昧於此義，誤執一時之組織，爲天經地義，而强欲維持之；因舉此時之文物制度，而一切皆欲維持之。藏舟於壑，夜半，有力者負之走矣，必欲爲之屬禁以守之，是則儒家所謂逆天而行，釋氏所謂有爲之法，效不可見，轉致紛紛矣。天下本無事，庸人自擾之，此之謂也。然其所以致此愚昧者何也？曰：世界之有人類也舊矣，人類之有歷史，則數千年耳；其較審諦者，又不及其半也。如人然，行年五十，而四十九年之事，胥忘之矣，安得不狂易喪心乎？夫中國人之所誦法者，周道也。唐、虞、夏、殷，徒知其名號而已，況於炎、黃以上？周代之社會，自有其成因，不知夏殷以前之事者，不能知也。周代之社會，亦久成過去，不知其所由成，自亦不知其所由變，乃誤以社會之革故鼎新爲病態，欲逆挽之而使復於其故；已往之文物制度，勢不可以復行者，乃欲一切保守之；其已亡失者，則欲復建立之；如之何其可行也？歷代通人才士之多，無踰於宋；志士仁人，深求治化之所以敝，欲爲正本清源之計者，亦無逾於宋；然其所言多不可行，不徒未獲其益，轉爲革新之障，實由是也。心理學家言：人之思慮行動，實其下意識所主持，惟社會亦然。論者皆謂中國之大不逮西方者，爲自然科學，至社會科學，則爲吾所固有，其相需初不若是之亟；此非知言之選也。中國今日，所需求於西方者，社會科學，實爲最亟，自然科學顧次之。何也？人與人之關係不正，雖有制馭自然之知識技藝若械器，固無所用之也。人之性格，所以陶冶而成之者，實在十歲以前。八九歲時事，人則都不諦記矣。四五歲以前，則幾於全忘之矣。青年入世，經歷未深，險阻艱難，所嘗甚淺，民之情僞，未之知也，而顧囂囂然以爲天下事無不可爲，舉武輒躓，亦固其所。戊戌以來，屢變而終不得其當，實由是也。人類當榛狉之世，歷史百無一存，此猶人之不能自記其小時事，勢之無可如何者也。近世西人，遍歷世界，遇野蠻人之風俗使異於己者，始未嘗不色然驚。久之，加以研究，乃知其中自有至理，而自己社會之所由成,亦可借鑒於他人而知之矣。此猶人之忘其初者,觀於兒童而知之也。而西方社會近世之進化,又爲我所未逮,正如我方弱冠,彼已壯年。故西方今日之社會知識實非我所能及,非天之降才爾殊,其所憑藉者則然也。夫同一事也,觀者之知識不同,則其所得之義理,亦區以別矣。中國自西晉以降,兵力大衰,以致累爲北族所苦。此其故,徒考兵制,不能知也。求諸風俗,似得其本矣;然風俗何以有强弱,徒考之於行事,猶不能知也。若以社會學之眼光觀之,則曉然可喻矣。蓋在戰國之世,本來舉國皆兵,降逮漢初,猶循此制。武帝以後,征戍日繁,途路既遥,行役彌苦,秉政者欲恤其民,乃多用謫發。其後異族懾服,附塞以居或居塞内者日多,又併以之充征戍。於是執戈之任,始移於賤民,後移於異族,良人漸視爲畏途矣。五胡亂華,多使其本族若他異族人事戰守,漢族事農耕,非凡蠻酋,皆有深慮,實習東京以降之故事也。漢族之於武事,則愈不習而愈視爲畏途矣。此所以民風弱而無力隨之也。

　　科舉之世士多一物不知,論世者久以爲詬病。推厥所由,莫不曰:上之所求爲無用之學,致毁壞人才也。上何以求無用之學?曰:欲以牢籠天下士,使無所知而不吾叛也。此則非其實矣。歷代之立學校,設貢舉科目。其意在於求人才彰彰也。然而終成毁壞人才之制者何也?以社會學之眼光觀之,則又曉然可喻矣。科目之所求,實爲其時學者之所習;學人之風尚,則社會組織爲之也。蓋自漢武表章六經,設科射策,勸以官禄,求利禄者爭趨焉。氣類既廣,相爲標揭,厚利之外,更獲高名。於是四姓小侯,大臣子弟,莫不欲執經譽舍。四方求名利之士,亦爭走集京師。漢末大學生徒之衆,冠絶古今,實由於此。其中浮華之士固多,豈無一二潛心典籍者,則所謂有閑階級之學,勢不得不流於煩碎;而貴遊子弟,華采相矜,兼亦以是娱其心意。故自漢魏以降,治經之瑣屑不知大體,與夫崇尚文藝之風,皆是時之社會組織有以致之也。唐代進士之浮華,魏之三祖以降,崇尚文辭之風爲之也;明經之固陋,漢魏以降,治經流於瑣屑,不得不專責記誦之法致之也。於制度乎何與?而風俗之升降,又豈無因而偶然者哉?此特舉其二端,他實難窮更僕。明乎此義,舉一反三,則一切事皆有所由,而其所由然者,道又通而爲一。振衣挈領,若綱在網,史事無一非有用者,而亦不患其難記矣。故曰:能明乎社會學,則研治史學,若探驪而得珠;而教授史學之道,亦不外是也。

　　故今日之教授歷史,竟不妨以社會學爲之經,而歷史轉若爲其緯,引社會學以解釋歷史,同時即以歷史證明社會學之公例,兩者如輔車之相依也。難者必曰:學問之道,貴乎客觀。所貴乎史學者,謂其能究事實以明真理,不使人囿於成見也。如子之説，必至舉歷史而爲今之社會學家言作注脚，失史學之本意矣。此言過高，不中情實。即事實以研求公例，以破除成見，糾正前人，此乃成學所有事。大學生徒，尚未足語此，況中學以下乎？所謂普通教育者，亦舉前人成説，擇其最切要者，而授之於生徒，使其於今日社會，粗能瞭解；處世做人不至茫無把握，苟欲從事研求，亦可署有依據耳。此所以使前人所得，有以裨益後人，而後人不必從頭做起，實乃教育之要義；非謂錮其耳目，於前人所得之外，不許自行研究也。今日要務，在使人人具革命思想。所謂革命思想，非可以空言灌注也，必先使之深知現在社會之惡劣，而又曉然於其惡劣之由，然後能具革命之志願，並能瞭解革命之計畫。夫如是，革命之業，進行乃較易，而亦易於成功；不致如今日少數蔽於私利者，出死力以反抗革命，大多數無利害關係者，亦從而助之，使最少數從事革命者，勢孤力弱，無從措手也。能牖啓革命之義，指示革命之法者，莫如社會學。故自小學以至大學，皆當以是爲必修科；以是爲知識之主，而他科皆若爲之輔助焉。天君泰然，百體從令，大本既立，知識技藝，不慮其無所用之，亦不慮其用之不得當矣。人之首務，時曰做人，他事皆可商量。然做人之道，實極難言。教育家莫不欲使人爲善而不爲惡，然何以使之爲善而不爲惡，則今之教育家，實無其術也。由今之道，無變今之俗。深明教育之家，與夫流俗之父兄，所以詔勉其子弟者，實無以異耳。何則？今之教育家，所以教育其弟子者，不過曰：由吾之道則利，背吾之道則不利耳。萬語千言，説到底總不外乎爲利。或以他説文飾之，揭其幕則仍是爲利。此乃今人所謂商業道德，一旦利與義不相容，則棄義如敝屣矣。此古人所以羞商賈之行也。然不得謂弟子之應背其師，傳習者固當得其意而弗泥其跡也。故由今之道，無變今之俗，而欲興起人之道德，無有是處。其所以無有是處者，謂道德教育，在於陶冶人之感情，使之慕爲善而不肯爲惡。今日一切自知識入之科學，無論如何，總只能爲人剖陳利害，使其於利害之辨愈明，趨逐之術益工耳。此乃其本質如是，無可改良。陶冶人之感情，使之慕爲善而不肯爲惡者，惟宗教尚署有此作用。今日傷時之士，所以或欲昌明佛教，至集僧尼以事祈禱；或欲推崇孔教，至主學校誦讀經書；並有欽慕基督教，而惜中國之無之，而欲傳布之者，殊不知四序之運，成功者退，已落之華，未有能復傳之於枝幹者也。夫無論佛教孔教基督教，在今日皆不能復盛者，其故何也？曰：宗教有其魂，亦有其魄。克己利人，此宗教之魂也。如何克己，必有其條件焉；何以利人，必有其萬象焉；此則宗教之魄也。神亡形在，固不成人，無形魄，神靈又何所依附？且如孔教，其克己利人之精神，予何間然焉？然其所欲利者，民生於三，事如爲一，其所以自克者，服勤至死，致喪三年，方喪三年，心喪三年也。放而行之，在今日爲有價值乎？以是爲教，聰明才知之士，肯吾從乎？孔教如此，佛與基督，可以類推。故今日已頹敗之宗教，非其魂亡也，其魄敝而魂亦不能自振焉。欲蘇其魂，必易其魄。何以爲之魄？夫目前之所需者，社會革命也。以全社會爲吾所利之萬象；審乎吾所以利社會之道而力行之，以是爲自克之方。必如是，乃使世界入光明之路；必如是，乃能使人生獲有目的，而不至覺其空虛而無意味也。此乃人人之所當務，故曰：自小學以至大學，皆當以是爲必修科也。或曰：如是，世界各國之學校，何以鮮行之者？曰：今之世界各國，大多數皆不革命之國也。豈足法耶？

　　乃者學校之有黨義，實於予說有合。然其效曾不可睹者，則教者之未得其道也。教育之道，貴起人之知信，而不可責之以迷信，知信迷信，繫乎其所持之態度，不繫乎其所研究之萬象也。以迷信之心理，推行破除迷信之說，則破除迷信之說，即一偶像耳，學說無孤立者，必參稽互證而後明。此乃至淺之理，從來無懷疑者。向者之尊孔子，可謂至矣，子史之書，背於孔子之道者多有，然皆許其羽翼六經，未嘗欲拉雜摧燒之也。惟宋學末流，極空疏頑固，心理幾入於病態者，乃欲舉其所謂異端者而統之耳。故教授黨義者，宜博考一切社會學說以爲三民主義之羽翼。夫如是，則三民主義益昌。乃其固蔽者，於他派之說，幾於禁不許習；其淺陋者，則己亦茫無所知也。如此，教授黨義，又何取焉？則誠不如設爲公民科之爲愈矣。

原刊《江蘇教育》第六卷第一二期合刊，一九三七年二月出版

研究歷史的感想

　　諸位！今天到這裏來演講很覺慚愧，因爲自己對於歷史沒有什麼研究。貴校史地學會，辦得很有成績，出版的刊物，也很有價值，今天沒有什麼預備，僅隨便和諸位談談我對於研究歷史的感想，不對的地方，尚請指教。

　　我對於歷史，從小就很喜歡，讀了很多年，覺得有幾種感想：中國史的材料，非常繁瑣，中國舊書分經、史、子、集，汗牛充棟，單看一種，已經需要很多的時間；若沒有正確的科學方法，實難希望有所成就。現在的觀點，是與從前不同，史部中許多材料，在過去是必需的，現在已覺得沒有多大意義，一方面擷精擷華的删去繁蕪，一方面又加入其他的實物如金文、甲骨之類的史料，精確性已較從前增加，不過這種工作仍然太繁，個人精力有限，所以有人主張每人研究一門，或每門中的一件事，結果當然比較有成績，加以科學的幫助，研究方法比從前進步，所以古代不明白的，現在已弄得很清楚了。

　　專門史研究的結果，祇有一小部分的事蹟，是非常精確的。然而這種專門研究，常把事物孤立起來了，不能把許多事物相互關連起來。歷史的價值，在於了解普通的現象，僅知道某一時代的某一事情，或某一事發展的縱的經過，而把它脫離當時的社會背景，那是毫無意義的。我們應該明白當時社會的各方面，例如我們住在上海已多年了，對於上海的了解，不能用某一事份來代表全體，須知道上海社會的各方面，像各界的生活狀況，工商業的現象，外國人的勢力等等，如你僅知道某一方面，這仍舊不能算是已了解上海的。研究歷史也是一樣，僅僅專門研究一方面，那是不夠的，必須還要注意到各方面的歷史事跡的發展。

　　現在有人以爲研究一門也不容易得到很好的成績，況且近代對於歷史的研究，尚不大發達，所以有人主張等到各種專門問題研究已有結果了，再把它綜合起來。可是這也僅可作是一種理由，我們能不能等這樣一個時代，這是絕大的問題。世界上有許多事，是不能有所謂“等一等”。好像住房子，我們不能因好的沒有造成，暫時等一年半年，這是不可能的。在新房子未完工前，簡陋一點的茅草屋，也是必要的。研究歷史也是這樣。我們要研究一個專門問題，須先了解全體的現象，明了整個的情形，也就是須先具有普遍的歷史知識，然後對於各個問題的相互關係，方才有法子了解，否則仍是沒有方法研究。

我們想要知道歷史普通的事實，也是一件難事，中國史書這樣的多，不知道從何讀起。研究的人，往往因見解不同，取材的標準，自然有很大的差異。清代以前的人，對於材料的選擇，祇知道模仿古代。因此形成一種填表式的情形。所以中國雖有許多歷史書，仍是非常雜亂，沒有系統，閱讀的人，仍苦得不到一個概念。於是現在有許多人專門提出研究方法。如果專門討論這個問題，對於研究歷史祇是在第一步有相當幫助，實際心得的獲得，尚須各人的努力如何。我們僅記著歷史上零碎片段的事實，最多成功一個書櫥。況且我們人總要死的，用這種方法研究歷史，也不很對。古人說讀書好像串銅錢，片段的知識，即如一個個的散錢，欲想知識弄得有條理，須用繩將所有銅錢串起來。可是繩總有方法向人家求得，而整理知識的方法，就很難求得，每個人用了絕大的精力時間，纔有相當的把握。這種把握就是讀歷史的見解。我們現在不能用中小學的讀歷史方法來研究的，那時因所讀的教科書很單純，自然不會感到困難，我們現在要讀的太多，如果各人不自用一種標準去評量，簡直無從讀起。不過這種標準盡可因各人不同，甲認爲有意義的，乙未必附議，總之我們自己總得有個主意。

古人對於這問題，有人主張讀幾門，有人主張專一門。不過這種見解，他們自己至少對於歷史已有相當的程度，假使自己對於歷史毫無概念，將如何去研究呢？將怎樣去讀書呢？如果有人說這個問題別人不能代爲解決，須得自己去想法，這實在也對不起所問的人，總應該有一個比較圓滿或勉強可以幫助別人的方法，於是有人從歷史的應用問題去做標準。但是歷史究竟有什麼用處？古人說是"前車之鑒"，使你現在所做的事情，有一個努力的方向，可是仔細想一想，也不很對，世界上除了極愚笨的人以外，絕沒有死板的模仿古人的，因社會的現象時時刻刻在那裏改變，世界上絕無二件完全相同的事，也沒有重演的歷史，所以說歷史是"前車之鑒"也是錯誤的。

有人以爲人在社會上做事，好像演員在舞臺上做戲。當然，演員與舞臺有密切的關係。許多人批評中國舊劇在未做前大打鑼鼓，震耳欲聾，太不合理；他們不了解中國戲從前是在鄉下做的，地曠人衆，不買票，完全是爲公衆的娛樂，要使別人知道什麼地方演戲，自然非敲鑼打鼓不可，把這種情形拿到上海舞臺上來，自然是不適當了。我們人做事也是這樣，歷史上漢代韓信用

"背水陣",結果打退了敵人,若照兵法上説,這實在是很大的問題,他告訴別人用這種方法的原因,因爲軍隊都是烏合之衆,並不能真心爲己作戰。所以祇好"驅市人而戰之",把他們置諸死地而後生。可是明朝平倭寇的大將戚繼光在他的《練兵紀實》中,不主驅市人而戰,行險徼幸;卻主苦心操演,後來纔成精兵,抵禦倭寇,邊境粗安。他們二人結果雖都告成功,可是所用的方法完全不同,這原因由於他們所處的社會根本不同。韓信的時代,人民皆兵,自然可以"驅市人而戰之",戚繼光的時候,邊兵多爲專家,假使不訓練人民,叫他們怎樣去打仗呢? 所以他們研究歷史的事蹟,須瞭解當時的社會現象,離開了社會,往往會使許多事實毫無意義,并且無法解決。

我們對於社會的特殊事情,像共産黨與國民黨的關係,中國與日本的關係,現在的了解,常不及將來的人明白,可是一般的社會事情,以當時的人了解得最清楚。況且歷史上的現象,都是大同小異的,如中國的教徒爲吃飯,西洋的教徒也爲吃飯,但他們的人生觀絶不相同。我們研究歷史的注意點,就是要發現他的小異。如從前没有摩托車、梅毒、天痘,從前的外交家爲什麼不會用現在的方法,就是因社會的景象完全改變了,我們研究歷史就應該注意這方面,所謂"得閒而入"就是這個意思。我們應該要處處留意二個問題的小異,這才是正確的方法。

今天所講的話,比較是抽象的,因爲時間的限制,不能用實例來證明,不對的地方。請諸位指教。

本文原係呂先生在大夏大學的演講,由呂變文記録,
原刊一九三七年四月出版的大夏大學
史地學會雙月刊《新史地》

論 吳 越 文 化 [①]

　　辱書論吳越古代文化，此事求之傳記，可徵者甚少，必發掘之業益盛，乃能明之，今僅能言其崖略而已。蓋民之資生，莫急於衣食居處。居寒地者多食鳥獸之肉，居熱地者多食草木之實。中國古代，二者兼有，究以食草木之實者爲多。耕稼之業，實自兹而起。皮服與卉服并行，卉服亦必較盛，故農夫皆黃衣黃冠，續麻蓋由此發明。蠶桑古稱盛於北，其原起亦必在南。以《易》言黃帝、堯、舜垂衣裳，其時固猶在東南，未遷西北也。南方巢居，北方穴居，而言宮室者必曰上棟下宇，不聞以陶復陶穴自居，則亦以南方之居高明，革北方之處卑闇也。更進言之，生計之舒，必藉通功易事。《史記》謂自大皥以來，則有錢矣，固億說不足據；《說文·貝部》，云"古者貨貝而寶龜，周而有泉，至秦廢貝行錢"，說較可信。泉幣至周始有，則殷以前皆用貝矣。此實隆古民族起自海濱之鐵證也。《說苑》云："子路鼓瑟，有北鄙之聲。孔子曰：先王之制音也，奏中聲，爲中節，流入於南，不歸於北。"《脩文》。禮樂爲化民之具，二者相爲表裏，樂主南則禮可知。《楚辭·天問》一篇，備攝宗教哲學之義，先秦諸子言宇宙論者，曾莫能加。是則道德學術，亦皆原於南也。

　　古代文化，蓋初植於揚州，西漸於荆、梁，而大盛於徐、兗。何以言？古言出治，必始人皇。人皇者，遂人也。天皇、地皇，乃後來附會之說，余別有考。遂人始知用火，實進化之大原也。《春秋緯》言遂人出暘谷，分九河，絕無他證，恐據萬物始於東方之義億言之，"九河"并恐係"九州"之誤。繼遂人者伏羲，其後有任、宿、須句、顓臾；繼伏羲者神農，即大庭，魯有大庭氏之庫，則地皆確實可徵矣。《禮運》言後聖有作，脩火之利，范金合土；《御覽·皇王部》引《古史考》，謂遂人鑽燧出火，教人熟食，鑄金作刃；觀後來冶鑄之業，南盛於北，則遂人當在揚州。抑古代帝王，功德在民，有實跡可指者，遂人而外，莫如有巢。《韓

---

　　①　本文原題《與衛聚賢論吳越文化書》。

子·五蠹》，即以二者并言。《莊子·盜跖》，無遂人之名，所謂"知生之民"，即指遂人也。有巢氏地亦無考。《遁甲開山圖》謂在琅邪，然此書全不足信。巢居必依茂林，疑亦當在揚州矣。然則華族初興，實在江海之會，羲、農乃其分枝北出者耳。此北出之枝派，文明反盛於其故鄉，則以古代徐、兗，下隰宜農之故。夫下隰之地，非脩溝洫無以事耕耘；而苟事耕耘，亦不慮其無刈穫。水功勤則人治脩，刈穫豐則資生厚，而文明大啓矣。此隆古開化之情形，可以追想者也。

黃帝崛興，實爲史事一大變。黃帝誅蚩尤於涿鹿，而身仍處於涿鹿之阿。涿鹿所在，舊說有三：一上谷，二涿郡，三彭城也。余初信涿郡之說，以史言黃帝遷徙往來無常處，又其戰也，教熊羆貔貅貙虎，類於游牧人之爲。阪泉、涿鹿之戰，實河北游牧之族，擾河南耕稼之民也。由今思之，殊不其然。遷徙往來無常處，特言其武功之盛，非謂其爲行國；不然，何又邑於涿鹿之阿乎？教熊羆貔貅貙虎，正足徵其尚在南方。《孟子》言堯時水患曰："獸蹄鳥跡之道，交於中國。"《滕文公》上。其言紂之罪狀曰："園囿汙池，沛澤多而禽獸至。"計周公之功曰："驅虎豹犀象而遠之。"《滕文公》下。而《周書·世俘》，言武王狩禽，貓虎熊羆，多至千百。則自商奄至江南仍爲禽獸逼人之地，蓋水患甚而農業荒也。洪水之患，爲古代文明自東南轉入西北之一大關鍵。其事似始於炎、黃之際。《管子》言黃帝之王，燒山林，破增藪，焚沛澤，正與《孟子》言"益烈山澤而焚之"同。《滕文公》上。《周書》言阪泉氏徙居獨鹿。《史記集解》。阪泉者，神農之末世；獨鹿即涿鹿，蓋蚩尤之居，其地實在彭城。蚩尤既滅，則黃帝居之，而使其子弟分治神農氏故地。

史言青陽降居江水，昌意降居若水，是也。江水、若水，後人以今四川之長江、雅礱江釋之，此實大誤。《湯誥》曰："東爲江，北爲濟，西爲河，南爲淮。"《史記·殷本紀》引。則古以江在東方，青陽之所居可知。《呂覽·古樂》言顓頊生自若水，實處空桑。空桑者，《左氏》昭公二十九年，蔡墨言少昊氏有四叔，世不失職，遂濟窮桑；定公四年，祝鮀謂伯禽封於少皞之虛；則杜《注》謂窮桑地在魯北者，不誤。王菉友云："蓋𠭖本作𡘙。若字蓋亦作𡙈，即𡘙之重文；加口者，如㚔字之象根形。"《釋例》。此說甚精。古謂日出榑桑，若水蓋亦桑水之誤，其當在東方不疑也。然則蜀山即涿鹿之山，昌意蓋取蚩尤氏女，故《大荒北經》、《風俗通義》，咸以顓頊爲黎苗之先。然昌意雖與蜀山昏媾，而姬、姜二姓之爭，則仍未已。傳記言顓頊共工之爭則是。《祭法》曰："共工氏之霸九州也，其子曰后土，能平九州。"《管子》曰："共工氏之王，水處十之七，陸處十之三，乘天勢以隘制天下"，《揆度》。則共工在當時，實爲姜姓一強國。《淮南》言

"共工振滔洪水，以薄空桑"，其所爭者，正神農氏故地也。自顓頊至堯，緜歷年歲，卒見流於幽州。蓋姜姓喪敗之餘，終不敵姬姓方張之燄。然姬姓雖克定共工，而兗州之地，卒亦不可復處。傳記言禹之治水，時愈晚則愈侈。遂至謂江、淮、河、濟，罔不施功，實則非是。禹之自言曰："予決九川，距四海，濬畎澮距川。"《皋陶謨》九者數之究，九川特言其多。四海者，中國之外。中國無定境，則四海亦無定在。濬畎澮距川，則孔子所謂盡力乎溝洫者也。后土與禹，治水不可謂不力，然終不能澹沈災。華族之居兗州者，乃稍稍西北徙。堯都究在何處，今難質言，舜之傳說甚多，孟子謂爲東夷之人，實最可信。舜在東，則堯不得在西。後世謂堯都晉陽，或謂都平陽，蓋以叔虞封於河汾，因唐之舊云爾；此或堯之後裔，必非堯身處於是也。武王謂有夏之居，自洛汭延於伊汭，則西遷之業，實至禹而告成，華族文化，自此寖盛於西北矣。然徐、兗之間，遺徽未沫，故夏甫衰而殷又自東方起。湯居亳，亳之所在，異說紛如，王靜安謂即《左氏》莊公十一年公子御說奔亳之亳，最爲近之。蓋古事傳於後者，率經春秋戰國時人之手，必據其時之地名，以述古事也。仲丁遷於隞，或曰在河北，或曰敖倉，未知孰是，要在亳西北；河亶甲居相；祖乙遷邢；盤庚渡河南，復成湯之故居；武乙復徙河北；蓋始終向西北進。而東南之地，據前所引《周書》、《孟子》，仍爲曠廢之區，蓋水患後迄未能興復也。周初之奄，中葉之徐偃王，雖聲勢甚張，卒不能與周敵，蓋以此。然齊、楚未興以前，徐、兗之地，固東南之名區，而西北之勁敵也。當茲雍、豫、徐、兗，紛紜變化之時，華族之留居荊、揚者，以火耕水耨，漁獵山伐，飲食還給，不憂凍餓，稍流於些窳偷生，治化遂落後，轉藉北遷之族，南歸爲之反哺焉。楚自荊山開拓至郢，泰伯、無余之後入於吳則是也。文化之傳播豈不異哉！職是故，南方所傳古史，實仍與北方無異。讀《離騷》、《天問》及伍子胥諫夫差之辭可知。舜生姚上，爲後世之上虞；耕歷山在餘姚；漁雷澤在具區；避堯子在百官橋；大禹陵在山陰；巫咸冢在常熟；泰伯城在無錫；皆是物也。謂夏、殷、周之後，有播遷至是者，而其史蹟隨之以傳則可；謂其人本居是，事即在是，則實不可。故謂吳、越古代文化，傳記可考者甚少也。然則遂無可考乎？曰：是亦不然。蓋無可考者，其氏族部落若國家之行事；而有可考者，則其民間開化之跡也。且如冶鑄之技，械器之所由利，耕作之所資，亦戰鬭之所賴也。蚩尤尸作兵之名，固非黃帝之族弦木爲弧、剡木爲矢者所能逮，其遺跡之在南方者，則如《水經·漸江水注》曰："石帆山西連會稽，東帶若邪溪，《吳越春秋》所謂歐冶涸以成五劍。谿水下注太湖，湖水自東亦注江通海，其東有銅牛山。"又如《資水注》，謂益陽有井數百口,皆古人采金沙處。可見南方阮冶夙興。此并非蚩尤之所教,必其民族久閑於是,蚩尤乃因以作兵也。《漸江水注》又謂秦望山南有樵峴,峴裏有大城,越王無餘之舊都。此未必然,然古代南方,久有都邑,則可知矣。《廬江水注》言西天子障,猶有宮殿故基,可想見障名所由得。《述異記》言廬山上有康王谷,顛有一城,號爲釗城,傳云周康王之城。城中每得古器大鼎弓弩之屬。傅諸康王非是,然亦必古代南方名國,聲明名物頗盛者也。此等皆并國名而不傳,無論繫世行事矣。南方史跡之難知,實由簡策之傳太少。然南方固非無文字。《廬江水注》言:"廬山之南,有上霄石。上霄之南,又有大禹刻石。"此實南方古國銘刻,正如登封、泰岱之有刻石。將來此等物發見較多,必可補史籍之闕。然此等物不必皆在地表;即在地表,亦必深山窮谷,大費搜尋;此則仍待勇於考古如公者,努力爲之,而非徒鑽研故紙如僕者,所能爲役矣。謹再拜。

《路史》謂:凡以陵名者,皆古帝王墓,零陵、竟陵、江陵之屬是矣。此不必盡然,亦不必盡不然。今日發掘古墓之事,亦北盛而南微。然南方史迹,傳者既少,其相需實更殷。古墓中容或藏有簡策,汲冢即其一證。今若確知古墓所在而發掘之,或可得有記載,以補簡策之闕。此其爲物,自遠較石器陶器爲後,然亦各有其用也。又白。

原刊《江蘇研究》第三卷第五、六期,一九三七年六月三十日出版

八・一三戰時滬常往來見聞[①]

這一次滬戰作後，我是以八月二十一日晚，趁火車自上海回武進；十月九日，趁汽車自武進來上海的。亂離中的往來，自有種種異於平時之處，不必細述，但其中有兩事，令人回憶而不能忘的。

其(一) 當上海戰事起後，我用種種方法，想回武進，都不能達目的。至二十一日十五時，乃得友朋以電話相告，謂“是日十八時，有滬京通車，自上海西站開出，可以往趁。”前此我已到西站白跑過一趟了，是日，仍鼓足勇氣，與姚舜欽、陳養浩、吴國光（即吴士駿）等先生同至西站，時僅十七時許，然已擁擠不堪。四人中，吴先生軀幹最偉，力亦最大，乃公請其買票。久之而後得，及既上車，乃其空異常。我們逆憶是日的車，必然擁擠異常，所以都買了二等票。至此，我乃巡歷全車。則三等之空，有甚於二等。原來是日滬京通車，知之者鮮，車站擁擠，皆買票赴杭縣之人，而此次之滬京通車，却掛有卧車一節，頭等車一節，二等車三節，三等車六節，是以其空如此。此時車輛配置，自無從逆計乘客之多寡，且亦不能但顧乘客之多寡，此自非調度車輛者之咎。然車過嘉興時，兩旁月臺上，難民麕集，多數係能買票之人，急欲歸鄉，而車外人殷殷詢問：“此車是否到蘇州？是否到鎮江？”……這明明是到蘇州，到鎮江……的車，而車中無一人能負責答覆，路警且誑以“這車不是到蘇州鎮江的……，”這真使我詫異極了。車上的執事人員，所以不能援難民登車，依我測度：大約其中買票的固然有人，不買的亦必不乏，分别買票與否，以定登車與否，勢必召亂，是以受命不爲，在受命者不能自由，在出令者無從豫度，這自然無可歸咎。然而當時車中之情形，盡容兩月臺之難民，人人有座位，尚可有餘，更無論濟之以立也。假使當時地方辦事人員，能先分别(一) 難民之有資者若干人，無資者若干人，(二) 到某地者若干人，到某地……者若干人，豫行計劃，至客車至站時，則視其擁擠與空閒之程度，以定遣送之緩急先後，由地

① 此文原缺標題，現標題係編者所加。

方救濟團體負責，與火車交涉，必無不可辦到之理。然而露冷風清，不見有一負責照料之人士，徒見難民若干，男婦老幼夾雜，咨嗟躑躅於月臺之上，無路可走而已。這不能不使我懷疑於地方究竟有無（A）行政官吏，（B）負責人士，（C）救濟團體了。難道非常時期之工作，仍不脫納交要譽之私，交私養望之實，抑盡於簿書期會之間邪？

其（二）我自武進來的時候，携一妻一女（本校畢業生呂翼仁）並與姚舜欽先生之夫人，及其兩女公子，一公子同行。初九日十四時半，自武進趁京滬汽車，十七時到無錫，在無錫住一夜。十日晨，往趁汽車，照定章是日十四時可到上海。然因天雨，自嘉善以往路壞，車只能到嘉善為止。因嘉善無熟人，無錫則有；嘉善退回武進難，無錫則易；決在錫暫留一日，以觀進止，乃退票仍住旅館。是行也，在汽車站無意中遇立達學院教員宜興馮君達夫舊友也。同退入無錫城內。飯後，余與馮君及餘女翼仁，同至汽車站打聽消息。打聽後，決定到嘉善再行設法。次日，一行八人，到車站買票到嘉善。到嘉善後，車試開上海，居然到達。當（A）十日晨退票不行，（B）午後探聽消息，（C）十一日晨又商略進止時，均蒙站長殷勤指示。此站長我素昧平生，十日午後，曾請教其尊姓，渠似說姓錢，但我並未聽真確，不敢決其不誤。我舊勞於外，於今三十年已，所見交通機關人員，惡劣者多，善良者少，即善良者，亦多以法律論則無疵，以道德論則未敢輕許，獨此站長，（甲）耐勞，如乘客上下時，親自殷勤照料。（乙）耐煩，親見許多人問其麻煩，無不和顏悅色，仔細說明。（丙）事理通達。（丁）指揮周到而敏捷。此皆於其處事時見之。若今日社會上、政治上作事之人，人人如此，事不足辦也。子曰：“吾之於人也，誰毀誰譽？如有所譽者，其有所試矣”，孟子曰：“宰我子貢有若，污不至阿其所好”。流俗之士，循名而不貴實，則以為古今人不相及，責其實，吾豈出宰我、子貢、有若下哉？而豈妄有所譽也？況馮達夫、呂翼仁皆所目擊也。若使凡任職者，不論公私，皆如此站長，則事無不舉，而民族之復興，豈待問哉？此今日社會真正之進步，可為樂觀者也。念六年十月十七夜於愚園路儉德坊十七號。

原刊一九三七年出版的光華大學刊物

陳登原《歷史之重演》叙

惠施曰"萬物畢同畢異"，此知道者之言也。驗諸並世然，徵諸異世，亦無不然。昔之人，昧於時勢之殊，嘗以爲今古之事雖異，而其所憑藉之境，則無不同；遂致執古方以藥今病。近世西人東來，我國交涉之敗績失據，職是故也。今之人，則又昧於其同，以爲古今之事，無一相類者。古今之事苟無一相類，復用讀史何爲？夫變與不變，非二事也。夏葛而冬裘，渴飲而飢食，其異也，正其所以爲同。故言《易》者，必兼"變易"、"不易"二義焉。陳君此書，繁證博引，所以正今人之失者，可謂至矣。天下之事理無窮，深入乎此，則不能無所忽忘乎彼。是以人之見，恒不能無所偏。生於其心，害於其事；作始也簡，將畢也鉅；其弊有不可逆睹者。是以君子慎焉！凡能逆一時之風氣，補其偏而救其弊者，大率皆豪傑之士也；此老子所謂復衆人之所過者也。是書其庶幾乎？循覽再三，欣嘆無已。民國二十五年十二月十四日，武進呂思勉拜序。

原刊陳登原著《歷史之重演》，商務印書館一九三七年出版

民族英雄蓋吳的故事

　　民族和種族，外行的人，往往並爲一談。其實種族是論生理上的同異的，如膚色、骨格等，民族則論文化上的同異。種族的同異，一望可知，然苟文化相同，自能融洽無間，由婚姻的互通，而終至消滅其異點。文化不同的，則往往互相齟齬，非經大打一番，不能成爲相識。這可見文化實在是人類離合最重要的條件了。

　　中國是世界上第一個大民族。凡大民族，總是合諸小民族而成的，而其所以能爲異民族所歸仰，則全靠其文化的優越。讀歷史的人，都祇注意於異民族和我民族互相爭鬥的事情，而不知其在平和中互相融合的更多。且有幫助漢族，反抗壓迫民的。這實在是被壓迫的民族可以互相聯合的先例。

　　五胡亂華，爲中國受異族壓迫之始。其事起於公元五〇三年前趙的自立，而終於五八一年宇文周之亡，前後凡二百七十八年。以兩漢時漢族的強盛，何以會受異族的壓迫至於如此之久呢？其最大的原因，是由於中國人的不肯當兵。中國自戰國以後，所行的本是全國皆兵之制。秦漢時，在制度上還是如此。但是從漢武帝以後，因爲用兵多了，實際上就都用謫發（把有罪的人，調出去當兵）。後來又兼用異族和奴隸。如此一來，中國的平民，就不大當兵了。異族當兵，而漢族從事於生產事業，在西晉以後，差不多習爲故常。因此，兵權不在漢人手裏，掌握北方政權的異族，縱有衰亂的時候，中國人亦坐視機會的逸去而不能乘，以致受異族的統治，幾達三百年之久。

　　在這時候，漢族有一種武力，是大可利用的，而惜乎這時候的政府，不知利用，這便是所謂小民。原來當兵戈擾攘之際，各地方的良民，往往有聚集自衛的。普通有兩種方法：一種是堡塢，一種是山澤。堡塢是人造的障壁，保衛之力不強，非較強大的集團，不能恃以自固。山澤則地勢既險，交通又多阻礙，亂時良民依以避難的尤多。我們讀歷史，祇要肯稍微留心，便覺的每直戰亂時候，此等集團，非常之多，而尤多的，是從後漢末年到南北朝時代。此時避居山中的華人，多和異族雜處，所以在南方的被稱爲山越，在北方的被稱爲

559

山胡。稱呼雖然如此，實際大多數都是中國人。他們內部的秩序，非常良好。一百個人中的九十九個，讀陶淵明的《桃花源詩序》，俗稱《桃花源記》。都認爲寓言。其實祇要把《經世文編》第二十三卷喬光烈的《招墾里記》翻出來一看，便知道淵明所言，全係實事了。此等集團，不徒在離亂之中，仍維持其平和勤奮的生活，爲社會保存不少元氣，而且還一方面進行其同化善良的異族，抵抗橫暴的異族的工作。祇要看五胡亂華時代，北方山民和堡塢之多，便可知道了。

五胡之中，要算鮮卑拓跋氏最爲殘暴。他們本是起於北荒，豪無所知的。他的酋長猗盧，會用嚴刑峻法。"諸部民多以違命得罪。凡後期者，皆舉部戮之。或有室家相攜而赴死所，人問何之？答曰：當往就誅。"《魏書·序紀》。其殘暴如此。猗盧死後，兄子鬱律立，要想侵盜中原。然而其下的民衆都是愛好平和的，鬱律遂因內亂爲人所殺。至道武帝珪，卒乘後燕的不振，侵入中原。到太武帝燾，就把北方都吞併去了。他的侵略中國，所用的全是殘酷的手段。當道武帝攻後燕時，"大疫，人馬牛多死，……羣下咸思還北。帝知其意，因謂之曰：斯固天命，將若之何？四海之人，皆可與爲國，在吾所以撫之耳，何恤乎無民？華臣乃不敢復言"。《魏書·本紀》。道武帝之意，就是表示如要回軍，便不恤大加殺戮，這是他對待本國人的手段。到既據中國之後，又以此等手段，施之於中國，驅中國人以殺中國人。《宋書·柳元景傳》記他有一次和拓跋魏打仗，打勝了，"虜兵之面縛者多河內人。元景詰之曰……汝等怨王澤不浹，歸命無所，今並爲虜盡力，便是本無善心……皆曰：虐虜見驅，後出赤族，以騎蹙步，未戰先死；此親將軍所見，非敢背中國也。"這是拓跋氏驅中國人殺中國人的記錄，對於徵調稍後至的，便要滅族，更無論反抗他不肯應徵了。作戰之時，又以中國人爲步兵，爲前驅，而他們自己的馬兵，却在後監督。有作戰不力，或意圖反正的，便都把他處死。其強迫作戰的方法如此，至於行軍時的殘虐，更書不勝書。所以從他入據中原以來，反抗絡繹不絕。

一時無暇多講，單說這時代有一個民族英雄蓋吳。他是北地盧水胡人。北地，是今甘肅寧夏相接之地，從慶陽附近到靈武附近。胡字本來是匈奴的專名，但到後來，漸用以稱一切北方的異族，再後來，更專用以稱西域的白種人，而匈奴人反不甚稱胡了。這是由於匈奴人和中國同種，形貌上無甚區別，西域來的白種人，則形貌不同，一時不易混合之故。然而同種的匈奴、鮮卑，反和中國人爭奪相殺，異種的西域人反能助中國人以抵抗壓迫，這可見親疏和種族無關了。

蓋吳的反抗拓跋魏，事在公元四四五年，即宋文帝元嘉二十二年，魏太武帝太平真君六年,正直拓跋氏初併北方之後。是年三月,有郝溫反魏於杏城,_{在今陜西中部縣境}。殺守將。縣吏蓋鮮,率宗族攻溫,溫棄城走,自殺。家族都爲魏所殺。蓋鮮,想是蓋吳的宗族附魏的,而到九月裏,蓋吳居然起兵於杏城,反魏。

蓋吳起兵後,魏長安鎮副將元紇攻之,爲其所殺。《魏書》説:"吳黨遂盛,民皆渡渭奔南山。"於是魏太武帝詔發勅勒騎兵赴長安。又詔將軍叔孫拔乘傳前往統帶,並遣秦雍兩州的兵,駐紮渭北。十一月,蓋吳遣其部落酋帥白廣平西攻。《魏書》説:"新平、安定諸夷酋,皆聚衆應之。"白亦是西域姓,新平是現在陜西的邠縣,安定是甘肅的涇川縣,這都是異族不服拓跋氏的。於是拓跋氏汧城_{今陜西汧陽縣}。的守將被殺。蓋吳遂分兵,東攻到現在陜西的大荔縣,西攻到長安,後爲魏兵所敗。然而河東蜀薛永宗,却於此時起兵應吳。

古代的蜀,就是漢魏時所謂賨,亦就是現在所謂猺,是一個民族之名。此族人的戰鬥,是素稱勇敢的。東晉時,有一部分移徙入今河東境,保據山西省之西南部,歷時甚久。割據北方的人,都當他是一種特別勢力。其首領姓薛。在宋魏時,號稱勇將的薛安都,便是此族人。薛永宗兵既起,魏遣秦州刺史周鹿觀攻之,不勝。於是發三支大兵:元處真、慕容嵩以二萬騎攻薛永宗,乙拔以三萬騎攻蓋吳,寇提以一萬騎攻白廣平。

民間的武力没有正式軍隊接應,自然經不起大兵的圍攻。所以明年_{公元四四六年}。正月裏,魏太武帝親到軍前,薛永宗遂被圍。永宗出戰不勝,衆潰。永宗族無男女少長,皆赴邠水死。蓋吳退走北地。魏太武帝自到長安,又進至盩厔。_{今陜西盩厔縣}。其地有耿青、孫溫兩個營壘,都和蓋吳通謀的,爲魏人所打平。魏兵又進到陳倉,_{今陜西寶雞縣,散關在其南}。把害守將的散關氏誅滅。太武帝自此東遷。乙拔等大破蓋吳於杏城,吳棄馬遁走。一場抗魏的風波,似乎要平息了。

而邊岡、梁會,又以此時據上邽抗魏。_{上邽,今甘肅天水縣}。後來雖爲魏所敗,蓋吳却乘此機會,再起於杏城。《魏書》説:他"假署山民,衆旅復振"。可見是時保據山澤的人民,附和他的不少了。於是魏再發大兵,遣永昌王仁、高涼王那督北道諸軍_{即乙拔的兵}。同攻之。這是四月裏的事。到六月裏,魏又發兵攻長安以南諸山,以防他逃走。直至八月裏,蓋吳爲其下所殺。白廣平亦爲高涼王所破,亂事才算略定。

蓋吳的起兵抗魏,雖首尾不過一年,然而魏兵調動的,前後不下一二十萬。《宋書·索虜傳》説:"燾遣軍屢敗,乃自率大衆攻之。"又説:"燾攻吳,大小數十戰，不能克。"以當時調兵之多，征戰之久觀之，這兩句話怕是實情。倘使蓋吳反魏時，南方有大兵接應，情勢就大不相同了。惜乎當時宋朝祇送印一百二十一紐與吳，不曾有實力援助。吳會遣使兩次上表，第一次説："伏願陛下，給一旅之衆，北臨河陝，賜臣威儀，兼給戎械。"第二次説："伏願特遣偏師，賜垂拯接。"宋文帝雖詔雍梁遣軍界上，以相援接，始終未能實行。

蓋吳之衆，《宋書·索虜傳》雖説有十餘萬，然這不過是虛名響應，並非真個聚集在一處作戰，所以當時他和魏的對抗，至少是一以當十。一個蓋吳如此，當時北方的堡壘山澤，何止數百？儻使南朝有正式的軍隊，攻戰於前，而這許多民兵響應於内，情形就大不相同了。惜乎南朝始終不能進取。這許多民兵，經過長時間之後，遂爲拓跋魏各個擊破，或以軟化而被招降。這根本的毛病，是在國家的武力與人民的武力不能合一。蓋吳雖然賣志以終，然而他一番壯烈的舉動，真無愧爲民族英雄了。

原刊《青年週報》第一期，一九三八年三月十二日出版

宦　學　篇

古以宦學連稱，亦以仕學並舉。《禮記》言"宦學事師，非禮不親。"《禮記·曲禮》。《論語》言"仕而優則學，學而優則仕"《子張》。是也。宦者學習，仕者任事，《史記·留侯世家》言"良年少，未宦事韓"。事即仕也。然宦學二者，又自殊途，學於學庠，宦於官署，所學各不相干。古學校不能謂無其物，然迄未聞有一人焉卒業於學校，進身於仕途，或則出其在校所學以致用者，由此。蓋古之學校，其初實神教之府。春秋教以禮樂，禮者，事神之儀；樂者，娛神之樂。冬夏教以詩書，詩者，樂之歌辭；書者，教中故籍也。故太學、清廟、明堂，異名同物。出征執有罪，反釋奠於學，非文事武事相干，釋奠於明堂之神也。尊師重道，執醬而饋，執爵而酳，北面請益而弗臣，非知重學問，尊教中之老宿也。然則古學校中，初無致用之學，所有者，則幽深玄遠之哲學耳。《禮記·學記》曰："君子如欲化民成俗，其必由學乎？"又曰："古之王者，建國君民，教學爲先。"又曰："君子以大德不官，大道不器。"此即《漢志》所稱道家爲君人南面之學，其說略存於《老子》、《管子》書中，皆哲學與神教相雜者也。墨子最重實用，而辯學之剖析微芒者反存於《墨經》中，以其學出於史角，史角明於效廟之禮故也。切於實用之學，則從官署之中，孕育而出。《漢志》所推九流之學，出於王官是也。九流之家，固多兼通古之神教哲學，然特以此潤飾其任事之術，其緣起固判然不同，任職官署之人，尤未必通知九流之學，觀九流爲私家之學，寖且爲始皇所禁，而令欲學法令者以吏爲師可知也。秦始皇曰："吾前收天下書不中用者盡去之，悉召文學方術士甚衆，欲以興太平，方士欲練以求奇藥。"興太平指文學士言，此博士之流，始皇所與共圖天下者，然特謨議於廟堂之上而已。奉行法令者，不求其有所知也。降逮漢初猶是如此。

行法者貴能通知法意，尤貴能得法外意。能知法意，則奉行可以盡善；能得法外意，則並可知法之弊而籌改革之方矣。欲通知法意，非深通其所事之科之學不可；欲能得法外意，則必兼通他科之學；故宦學合一，實學術之一進化，亦政治之一進化也。宦學之合一，其自漢置博士弟子許其入官始乎？史稱公卿大夫士吏，多文學彬彬之士，即美其非僅通當代法令而已也。中國歷代選舉之途甚多，政府之所最重者，爲學校、科舉兩途，所可惜者，學校之所肄，科舉之所試，皆非當官之所務。致學校科舉出身之人，其習於事，反不如異途，而亦並不能通知其意耳。

　　昔日之教育，皆所以教治人之人者也。而學校之所肄，科舉之所試，皆非當官之所務，何邪？此其故，一當求之法制之沿革，一則由於事實之遷流也。漢世博士弟子，其所學者，原不如法吏之切於用；然漢世去古近，儒家之學，可逕措之於事者，尚不乏焉，經義折獄，即其一端也。是時法次甚簡，折獄根據習慣若條理者頗多，經義亦習慣若條理之一端，非違法也。降逮後世，社會情形，去古愈遠，通經漸不能致用，而考試之法，則猶沿漢代諸生試家法之舊焉，後漢左雄所創。是爲唐時之明經。當時高才博學，足以經國理民者，本有秀才科可應，以其大難，能應者寡，後不復舉，而俗尚舞章，進士遂爲舉世所重焉。其科始創於隋，試詩賦，蓋煬帝好浮華爲之。然度煬帝初意，亦非謂工詩賦者可以經國理民，非如漢靈帝之鴻都，集玩弄之臣，則如唐玄宗之翰林，求書記之選耳；而後遂以辨官才使膺民社，則法制之流失也。歷代法制，變遷而失初意者，固多如此。又儒術盛行之世，尊之者，信爲包羅事理，囊括古今，通於是者，即可以應付一切；而欲應付一切者，亦皆不可不通於是，此則學校科舉之偏重經義，始於宋，盛於元，而大成於明者之所由來也。一時代必有一時代所特尊之學，原不足追古人，惟通於其理者，亦必留於事而後可以應用。而向者學校、科舉所求，於能通其理外，事遂一無所習；而其所謂理者，亦實非其理，至自此出身之人，成爲一物不知之士，此又法制之流失，寖失其初意也。

　　清季有老於仕途者，嘗語人曰：“官非予之所能爲，衙門之所爲也。”人問其說，答曰：“須策書之事，則有幕友焉；循例而行之事，則有吏胥焉。予何爲哉，坐嘯畫諾而已矣！設無幕友吏胥，予固不能辦其事也。”聞者笑其尸位，其實無足笑也。當官而行，不能不據法令；法令至繁，非專門肄習者，不能深悉。向者親民之官莫如州縣，幕友則有刑名、錢穀之司，不能相攝；吏則如六部之分科焉，非好爲之，不得已也，所可詫者，則官之一無所知耳。論者深惡官場辦事，循名而不責實，一切集矢於吏，清季遂欲一舉而盡去之。豈不知循名而不責實，乃社會風氣，彼此以文法相誅，而不以真誠相之咎，非行政事者之失。苟政事而不循文法，民益將無所措手足，何則？今日如此者，明日可以如彼，甲地如此者，乙地可以如彼也。故鄉者幕友吏胥，各專其職，其事實不容已，亦不可非。所不足者，彼幕友吏胥皆無學問，又或父子相繼，或師友交私，朋比把持，使才智之士，無途以自奮，亦且明知其作姦犯科，欲去之而不得耳。

今者用人之法一變。凡事皆用學校出身之人，此爲選法之又一進化。蓋出身學校，則不徒習於其事，亦必明於其理。又學校之所肄者，必不止一科，專門之教，先以普通，正科之外，又有輔助，則其人可以多所通曉，而眼光不爲一事所拘，合於吾所謂通知法意，並能得法外之意者矣。然一機關之中，必有所特有之事，若其辦事之法，與他機關不同者，學校之所教，僅能得其大致，不能並其纖悉者而盡教之也，則必入其機關而後能肄習焉。故明世之監生歷事、進士觀政，實爲良法，惜乎其實之不克舉也。今之論者，每咎學校之所學，不能致用，而辦事者亦以切於日用自矜，此乃淺之乎視學校者。果但以實用而已，則曷不招若干人，教以粗淺辦事之法，如商肆之招學徒乎！故今者學校畢業生，出而任事，仍須別受訓練，或事肄習，初不足爲學校之恥。所可恥者，轉在畢業學校於學仍無所知耳。故學校以求其理，機關以習其事，二者並施諸一人，然後其人爲可用，與昔之徒習於事即可致用者不同。此學術與政治之進化，而求其理與習其事，比分於兩種機關中求之，此又分工之道然也，皆不足以爲病。凡用人之地，求學生之優於學者，寬其練習之歲月，而使之習於事焉。學校則務求其學生之優於學，使其出而任事，與尋常人之僅習於事者不同，則作人之與用人，兩得之矣。

昔宋蘇軾嘗以京東西、河北、河東、陝西五路，爲自古豪杰之場，其人不能治聲律，讀經義，以與吳楚閩蜀之人爭得失於毫釐之間，而願其君特爲五路之士，別開仕進之門。夫人之善於某，不善於某，亦視其教之何如耳。蘇氏所謂長於聲律經義之吳楚閩蜀，其在先世，非樸塞無文，欲求學問，必游京雒者邪？故今之教育選舉，無所謂某地之人宜於其事，某地之人不宜某學也，一概施之可矣。獨至淪陷區域，則吾謂於普通教育選舉之法以外，不可不別籌教之、取之之方。今者雖考試，應試者大都出身學校之人，法令即或不拘，其實非出身學校者仍寡，蓋重視學校之風氣使之然也。必先歷學校，然後得應試，以防其襲取於一朝，雖以學校教之，又必甄別之以試驗，以防其有名無實，此蓋自宋世范仲淹以來之所力求。至明，立學校儲才以待科舉之法，然後大成者，襲其遺規，豈不甚善。然明雖立此法，學校實徒有其名，何邪？蓋一種學問之初興也，能之者不多，所被之區亦不廣，欲求其學者，不得不走千里，就其人之所在而師之。如漢世文翁、尹珍等身求學，或遣人就學，不得不赴京師是也。及其既已廣布，則不然也。明世，四書五經之書，程朱之説，蓋雖鄉僻之地，亦有能知之者，何必求之國家所設之學官也。此其所以博士倚席，朋徒怠散，雖有學校之官,僅存釋奠之禮,而人亦徒以爲孔子之廟也。今之學術,有來自異域者,或非負笈海外,不能致其精,況於鄉僻之地?此學校之所以爲亟。然學有必求諸通都大邑者,有不然者,大率專精深造,以圖書儀器之不備,切磋啓發之無人,鄉僻之地,較難爲力。顧亦有不盡然者,況於中學以下之所教邪?今者淪陷之區,雖僅沿鐵路及江河城邑,然皆向者文教之所萃也,學子之所走集也,安得敵人不於此設立其所謂學校?安保我國無志節若失職飢寒之士不爲所用?又安保欲就學者困於無門,不暫入其中邪?然志節皎然之士,留滯淪陷區之學問足以啓迪後生,且激勵其志節者,必不乏也。苦在淪陷區中,不能公然立校,若私家教授,則法令又不許其生徒與學校畢業者等耳。然今者淪陷區域,我國豈能設立學校哉?不能設立學校,而聽其民之失散,不可也。使其人雖有才智,而別無可以自效之途,尤不可也。蘇氏不云乎,夫惟忠孝禮義之士,雖不得志,不失爲君子。若德不足而才有餘者,困於無門,則無所不至矣。雖今者民族主義益昌,士之北走胡、南走越者,必非前世之比,然亦安保遂無其人乎?縱謂無其人,而使之失教而無以自奮,亦終非國家之所宜出也。故予謂今者,凡淪陷之地,或時陷時復之地,宜變通學校選舉之法,其人能應試驗,與學校畢業生徒相等者,即視同學校畢業生,能應他種試驗者,雖無學校畢業資格,皆許之。惟曾入敵所立學校,應敵設試驗,若任僞職者不得與,雖故有資格者,亦皆奪之。如是,則敵不能以奴隸教育蠱誘吾民,而我國志節之士,於艱辛蒙難之中,盡其牖啓後進之職者必多,而凡民之心,亦愈得所維係矣。

此法不徒可施之淪陷之區也,即普施之於全國,亦有益而無損,何則?求學問者既不必於學校,則得學問於學校之外者,國家本不宜歧視也。不寧惟是,凡用人者,必求其忠誠而寡欲。何謂忠誠?凡事省視爲真,不視爲僞,因之其辦事也,必求實際,不飾虛文是矣。何謂寡欲?不爲紛華靡麗所惑是矣。不爲紛華靡麗所惑,則儉,儉則易生活,不易以賄敗。不爲紛華靡麗所惑,則彊力,彊力,然後可以趨事趨功也。故曰:棖也欲,焉得剛。《論語·公冶長》。此二者,求之鄉僻之地,貧苦之士,耕農之民易;求之都會之地,商賈仕宦之家難。今日能任較要之職者,必中學畢業之士,高級中學已非中人子弟不易畢業,大學尤甚焉,學於國外尤甚焉。其所畢業之學校愈高,其任之愈重,其學識技藝,較之受教育淺者,豈無一日之長,然其人之質,以視鄉僻之地,貧苦之家,則有難言之者矣。求大木者必於深山窮谷,不於大都之郊,求士者豈不然哉?求之於驕奢淫靡之邦,浮夸巧僞之地,然後嚴保任以防其賄,竣督責以懲其惰,不亦勞而少功乎？近數十年來,社會風氣之頹唐,國家官方之根壞,原因雖多,所用之士,多出通都大邑之地,商賈仕宦之家,蓋其一端也。起白屋而致青雲,爲國家盡搜遺舉佚之功,即爲社會嚴去腐生新之用,此不得不令人追思向者之科舉,有優於今日之學校者在也。

今日考試之法,亦宜加以改革,凡考試,有欲覘其才識志氣者,有欲覘其辦事之技者,平時之所學,既以明理爲重,事則待其躬臨辦事之地而後習焉,則試題亦宜此覘其才識志氣者爲主。今日各種試題,大之文官考試,小之學校畢業,多偏責其記憶,甚者非熟誦其文,即不能對,此唐人試帖經墨義之法。焚香看進士,瞑目待明經,昔日早譏其無所取材矣。故試題宜以理爲主。然理亦不能離事而明。今日所試科目,視昔爲繁,一一記憶大要,已屬不易。嘗見中學生徒,預備畢業試驗者矣,舉數年之所學,而悉溫習之於一時,幾於廢寢忘食,究其所得,數學背誦公式,歷史、地理強記人名地名而已,於學識乎何益？況強記之,亦未有不歷時而忘者也。謂宜參取朱子貢舉之議,各科之學,許其分年應試,一科及格,即給證書,至所應試之科皆備,然後許其與某級學校畢業程度相當焉。如是,不徒便於肄習,亦且便於求師,何則？師不能各科之學皆通,鄉僻之地,不能各科之師皆備。如是,則亦可分年分地以求之也。即學校畢業試驗,亦祇當與平時考試同。不宜舉數年所習,悉責之於一旦,以理既明於前,不慮其昧於後,事則未有能歷久記憶者也。若云,每一科之學,必有一經肄業,即能永久記憶,不勞溫習者在,則其程度大淺,又何取乎其試之邪？

原刊《中國青年》第一卷第六期,一九三九年出版

論南北民氣之强弱

"歷史上早已形成了北弱南强之局，我國民今後偉業的泉源大部是南方的。"

天下的事理無窮，人，往往只就所知道的一兩方面，加以解釋。倘使這一兩方面是重要的因素，其解自然是近乎情理的，如其不然，就不免要陷於謬誤了。

"中國的形勢，是北强南弱，只有北方能征服南方，沒有南方能征服北方的。"這是讀史的人，向來的一個誤解。這種誤解，是頗爲普遍的。張作霖在將出關以前，還曾把這話向外國新聞記者說過，甚至現在僞組織中人，也有持此論調的。此等誤解，近數十年來，早已爲事實所打破，原不慮其搖惑人心。然在學術上，仍不能不辭而辟之，以一正其繆，使人知道歷史事實的真相。

醸成這個誤解的第一個原因是：説漢族是起於黃河流域的，進而征服長江流域。這個誤謬觀點的所以構成，是由於史前史的知識，太形缺乏，對於古史的解釋，又多錯誤之故。據近年的研究，漢族實在是起於東南，進於西北的。這個考證太長了，不是此處所能説明。然對於古史的新説畧經涉獵的人，諒都能信其不謬了。[①]

中國的古史，是到周朝才畧爲清楚些的，周朝是起於西北的，後來的秦朝亦然，所以《史記》的《六國表》上，就有"作事者必於東南，收功實者常於西北"之説。然而周朝以前的殷朝，實在是從東向西的，周朝，據近人錢賓四穆。的考證，也是起於山西，後來才遷入陝西的，見其所著《周初地理考》中，其説頗爲精確。然則周秦之興，在地理上並不一致。春秋時，晉楚齊秦，并稱大國，晉楚争霸尤久。人們的意見，都覺得晉國較楚國更强。此乃由於記載春秋時事最詳，而又附麗於《春秋》，具有特別權威的《左氏》，其材料大部分爲晉史之

---

① 原編者按云：呂先生有關於古史的札記多篇，考釋古史的真相，異常精闢，將來當在本刊中次第發表，以饗讀者。

故。實則晉有文公，楚有莊王，晉有厲公、悼公，楚亦有靈王。楚靈王的聲勢，實非晉文公、悼公所及，在春秋時，齊桓公之外，恐無足與之比倫的；不過因其不終，史家多說他的壞話，後人遂覺他無足稱述罷了。吳闔閭夫差，越句踐的强盛，是橫絶一時的。戰國時，則楚有悼王，魏有惠王，齊有威、宣、湣王，其聲勢亦畧相等。秦國的獨强，只是最後數十年之事。秦之强，其原因：（一）由其地廣人稀，故能招徠三晉之人事耕，而使其人民多盡力於戰陳。（二）則由其開化較晚，風氣較爲樸實，試觀李斯《諫逐客書》，列舉當時淫佚之事，秦國竟無一焉可知。然則秦之强，其原因與其說在地理上，毋寧說在經濟上，況且秦并天下，只有十五年，而反動即起，六國俱立，直到漢高祖即帝位之後，大局才漸穩定。然則古代封建之局，亦可以說到楚漢之際，然後結束的。楚漢都是起於南方的，所以我們可以說秦并六國，亦可以說楚滅秦。有人說"秦劉項轉戰，所用的未必都是豐沛江東的子弟"，這個固然，然亦豈是秦卒？有人又說："漢高祖據關中，卒成帝業，這個仍和秦滅六國一樣。"然而，彭城一敗，蕭何所發的關中人民，已經是老弱未傳者了，以後還有什麼壯丁，可以補充兵力？高祖和項羽相持，還不是一面在山東收兵，一面靠韓信、張耳等，替他在河北補充的麼？所以劉項之相爭，只是南人既定北方之後，再在北方相爭，既無所謂東西之分，更無所謂南北之異。至於南人既定北方，又要在北方相爭，則因當時政治的重心，在於北方之故。政治的重心所以在北方，則因北方之經濟，較南方爲發達之故。北方經濟之所以發達，則因南方受天惠較厚，可以火耕水耨，飯稻羹魚，而北方天產較乏，非勤稼穡，不得生活，又遭洪水之災，非治溝洫，不能事農業之故。這只是社會經濟發達到某一階段時的現象，何嘗有什麼地理上不可移易的原因，支配着人呢？到後世，經濟的重心，逐漸轉移於南方，自然政治的重心，也隨之而轉移。所以從表面上看起來，似乎是北强南弱，而從其深處觀之，則實在是南强北弱。

怎樣說後世的形勢，實在是南强北弱呢？我們試看歷代的事實，則（一）三國分立，而吳蜀卒亡於魏晉；（二）東晉和宋齊梁陳，相承近三百年，始終未能恢復北方，卒仍爲北朝所并；（三）隋末擾亂起於南方的羣雄，決不足與起於北方者相抗；（四）五代十國的分裂，南方亦卒并於北；（五）以後便是遼金元清，相繼侵入的悲劇了；（六）而近代根據西南的，如明之桂王，以及太平天國，亦莫不終於滅亡：由此觀之，北强南弱，似乎是鐵案如山了，怎能說是南强北弱呢？殊不知以上所說的事實，並非在地理上南方不敵北方，乃是歷史上的某一時期，文明民族不敵野蠻民族，何以言之？

緣邊風氣强而内地弱，漢世實已開其端，《漢書・地理志》述各地方的風氣，是燕趙的北邊，自隴以西北，以及吳楚之地較强，而其餘之地較弱。當時政治的重心在北，每當變亂之際，南方的人恒處於較穩定的局勢中，所以剽悍的楚越人，顯其身手的機會較少；北方則不然；光武的定天下，是得力於先定河北，而其能戡定河北，則是得力於漁陽、上谷之助的。後漢末之擾亂，雖係曹操所定，而其首起發難的是涼州兵。涼州是羌胡雜居的區域，上谷漁陽，則是烏桓雜居的區域，所以外夷强而中國弱，漢世已開其端。至晉初，中國政治分崩，遂成五胡亂華之局。五胡亂華之世，割據的異族，總是以其本族人或他異族人爲兵的。除石虎伐燕，苻堅伐晉等，所用兵數太多，異族不能給外，很少徵用漢人，即或參用漢人，亦多視爲次等的軍隊。試看《高敖曹傳》，説在當時只有他所將的漢兵，足以與鮮卑人爭强可知。三百年之中，兵力始終在異族手裏，這是漢人恢復之所以艱難。隋唐之世，在政治上，漢族雖然恢復其地位，武力的强弱實在並未改觀。隋朝所承襲的，是宇文周的遺業，宇文周的兵力，是來自代北的，根本上和拓跋氏、爾朱氏、高齊一樣。唐起關中，卒併羣雄，還可以説是承襲着這個餘蔭。唐朝的武功，雖説和漢朝相仿，而且征服之地，還較漢朝爲廣，其實際是大不相同的。漢朝的征匈奴，伐大宛，定朝鮮，平兩越，十次中有九次是調中國兵去打。唐朝則多用蕃兵，而且還重用蕃將。天寶時，卒因尾大不掉，釀成安史之亂。削平安史之亂戰鬥力最强的李光弼，也是蕃將，而且這一次亂事的戡定，是深得回紇兵之力的。不過新舊《唐書》的記載，都有些不實不盡，後人無從知其詳細的真相罷了。不然，爲什麼後來回紇會驕橫到如此，而一個僕固懷恩，唐朝竟無如之何？而要聽其縱容安史的降將，致殆將來無窮之患呢？肅代以後，藩鎮遍於全國，中央的威令自此不行，防禦草寇的力量，總該充足的了，然而黃巢橫行，竟非沙陀兵不能平，遂令沙陀人據河東，以梁太祖之强，一傳而卒爲所滅，五代的君主，竟有三代是沙陀人；而沙陀又非契丹之敵，燕雲十六州的割讓，自五代迄於北宋，終竟不能恢復。此後女真的長驅中原，蒙古的窮兵崖山，滿洲的遠踰高黎貢，華夷强弱的情形，更不必論了。我們試仔細分析，自五胡亂華以後，南北的强弱，哪一次不含有民族强弱的因素在内，何嘗是什麼地理上的原因呢？

爲什麼漢族屢次失敗在異族手裏？這是我們的敵國，常嘲笑我們的。他們這一次，所以敢於興兵内犯，而且估定了我們要屈服，怕還懷挾着這種成見；而他們以區區三島，始終未給異民族侵入，怕也是他們所以自豪的。其實文明人不敵野蠻人，乃是歷史發達到某一階段必然的結果。希臘之敗於馬其頓，羅馬之敗於日爾曼,印度之被西亞各民族蹂躪,以及匈奴、突厥、蒙古之能耀威於歐洲,理由均無二致。三島之所以未被異族侵入,正因其為三島之故。假使移而置之大陸之上,怕其結果也是和朝鮮一樣的。人總只是人,置之某種環境之下,總不免發生某種情形的。成功者非必由於自力,不該是僥幸自誇;失敗者未必終於失敗,民族的前途長着呢!"大器晚成",正不必看着易盈的小器而自餒!

文明民族,為什麼會被野蠻民族征服呢?我説,這是文明之病,顧炎武先生的《日知録》裏,有《外國風俗》一條,歷引由余對秦穆公之言,下至遼金之事,斷言野蠻民族之所以強,由於風俗誠樸,政治簡易。其實二者還是一事,惟其風俗誠樸,所以政治能够簡易,風俗誠樸而政治簡易,則當作戰之時,以後方言,野蠻民族自然事事切實,文明民族就不免徒有其名,不但不足以抗敵,甚至借此以擾民,轉有破壞抗敵陣綫之慮。從前方言,降敵背叛,以至希圖保存實力,坐觀成敗,奉令不前,不戰而退,甚至為虎作倀等事。野蠻民族中也不易發生;即或有之,因其全體的堅強,亦不易發生影響。如此,野蠻民族怎得不勝利,文明民族,怎得不失敗呢?試把古今中外的歷史虛心研究,人口的衆多,物力的豐富,器械的精利,軍事學識的充足,野蠻民族何一足與文明民族相敵?其勝負的原因,安得不歸之於社會組織上呢?然則文明民族,應每遇野蠻民族無不敗北,何以又有時能征服野蠻民族呢?須知國家民族的盛強,精神物質兩條件不可缺一,社會組織雖良好,而物質條件太差了,也不能免於暫時的敗北的,所以野蠻民族,必須物質條件發達到某一程度,才足與文明民族相抗衡。譬如,女真在亡遼之後,其器械實在尚非中國之敵。所以宋兵每到危急時,多以神臂弓卻敵,而吳玠告胡世將,自述和金兵作戰的經驗,就是利用弓箭和他相持。然而金朝此時的物質條件,亦已達到足以和宋兵相抗的程度,所以能够薦食上國。若在景祖之世,本國尚無甲冑,須以重價購之於鄰國時,就不敢顯然與遼為敵了。所以,在物質條件發達到足以與文明民族相抗,而其社會組織,尚未傳染文明人的病態,或雖傳染,而未至破裂或轉為文明人所乘的程度時,野蠻人可以無敵天下。及其文明病一發生,野蠻人也就開始没落了。中國民族號稱能同化異族人,其實這也不是我們有什麼天賦的特殊能力,也不過是社會進化必然的途徑。現代的物質條件,又與前代不同,斷非真正的野蠻人所能把握得住。至於現代的侵畧者,則其内部矛盾的深刻,轉在被侵畧者之上,如何再能有從前野蠻民族的幸運呢?這是遼金元清的已事,不能再見於今世的原因。

"城濮之兆,其報在邲",驚天動地的事業,其原因往往在千百年以前,當其作用未顯現時，人人往往視若無物，然而果不離因，斷不能說後來的偉業，與前此的伏流無關的，我說在中國歷史上，早就成了北弱南強之局，其理由即在於此。須知從表面上看南方的漸次抬頭，只是：（一）明太祖起兵於長江流域而驅逐胡元；（二）歷代漢族與異族的相持，都只能利用長江流域，而到明末，則能根據西南；（三）太平天國起於粵江流域，而能震蕩中原；（四）現代的革命，亦起於西南，始而推翻滿清，繼而打倒北洋軍閥，總計起來，不過六百年左右，較之前文所述北方征服南方的歷史，要短得多了；而且在這六百年之中，南方仍有敗於北方之事。所以頑固的歷史家，很容易把這些事情，認爲例外。其實，這六百年來的現象，也斷不能視爲偶然的；細加勘察，則知此四役者，其形勢雖各不同，而實有一共同的因素在內，此因素惟何？曰：民族之自信力與自負心。自信力是自覺其優強，斷不會被異族所屈服；自負心是自覺其優良，斷不肯與異族相同化。這兩種力量正是一民族之所以成其爲一民族。勝負兵家之常事，只要這兩種心理存在，表面上無論如何失敗，總只是長期戰爭中的小挫，而其戰爭尚未終了；若是這兩種心理一喪失，這民族的命運就完了。質而言之，這民族就是滅亡了，而兩種心理的存亡，就是兩個民族文化高低的尺度，相遇之下，高者自然會存在，低者自然會消失的。斷非人爲的教育，欺詐的宣傳，所能轉移。所以，（一）歷來的異族被我們同化；（二）我們看似失敗，實甚堅凝；（三）每到危急存亡之秋，便有偉大的力量發揮出來，其原因即在於此。此等文化，即非短時期所能形成，更需要長時期的培養。其根據地，雖非限於南方，然自五胡亂華以來，實以南方爲重要的根據地，所以我說：在歷史上早已形成了北弱南強之局，因爲我國民今後的偉業，其源泉大部分在南方的。

一事的因果關係，要經歷很長的時間，才能够看得出來，這正和天文上的歲差一樣。歲差自漢以前，無人知道，自晉虞喜之後，才逐漸發現。這並非前人的能力，不及後人，乃是被觀察的客觀材料，尚未完全發現之故。我們現在對於史事的知識，有時能突過前人，其原因亦在於此。再者，人之所以異於動物，乃因其不僅能適應環境，而且能改造環境之故。社會愈進步，則其控制環境的力量愈強，而自然所能達到人的影響即愈弱。控制環境之力愈強，則人與人的聯繫愈密，社會控制個人之力，亦隨之而愈強。所以解釋史事，終當以社會爲親緣，而地理等僅居其次，這也是不可不知道的。

原刊《中美日報》堡壘副刊，一九三八年出版

五四運動的價值何在

　　五四運動的價值何在？在於推翻舊來的權威，教人以一切重行估計。人本是有惰性的，凡事一經先入爲主，就不肯再去想了。明明前人的方法，不足以解決今日的問題，甚或並不能解決其當時的問題，然而前人既經這麼説了，後人就再不肯就事實去觀察，推求，而總以爲要解決問題，最好是就用前人所説的方法。明明這種方法，屢試之而無效了，他們却不肯承認，只説這個方法，向來實未能行，或雖行之而有所未盡。試舉一個例：把人分做治者、被治者兩個階級，把治者階級，造成理想中的士大夫，仗其力來治理國家；這是儒家傳統的思想，向來大多數人，視爲治平天下惟一的方法。這條路明明是絶路。因爲在生物學上，上智與下愚，同屬變態，變態總是少數。階級之治之下的官吏，是非得中人以上不可的。從生物學上看，中人以上的數量，遠少於治者的數量。所以儒家的賢人政治，根本是一條絶路。這個從科學上説，從經驗上説，都是無可懷疑的。我曾把這一層道理，説給許多讀書人聽。他們亦無以反駁我，但仍承認儒家的賢人政治，是治國平天下的惟一方法，這個並非他們並此而想不通，不過有先入者爲之主，就不肯再想了，此等不肯再想的文化，我名之爲"無所用心的文化"，無所用心的文化，是最要不得的。無所用心的文化，其原因亦有多端，而傳統的權威，亦是其中之一。

　　五四運動於此，雖説不上摧陷擴清，至少亦有搖動它的功勞。這便是五四運動的價值。

原刊《吕思勉先生編年事輯》，上海書店一九九二年十月出版

史 學 雜 論

　　《兼明月刊》將出版，其主事者屬予撰文，啓示初學讀史之法，殊覺無從説起。無已，姑就意想所及，拉雜書之，如所積遂多，當再刪正序次也。二十八年四月十二日，誠之自識。

　　小時讀康南海《桂學答問》，嘗見其勸人讀正史，謂既不難讀，卷帙實亦無多，不過數年，可以竣事。倘能畢此，則所見者廣，海涵地負，何所不能乎？當時讀書之精神，爲之一壯。及近年，復見章太炎在上海各大學教職員聯合會之講演稿，二十二年五月。謂正史大概每小時可讀一卷。史乘之精要者，不過三四千卷，三年之間，可以竣事。其言與南海如出一轍。太炎弟子諸君祖耿，復詳記太炎之言曰："史書文義平易，每日以三點鐘之功，足閲兩卷有餘。二十四史三千二百三十九卷，日讀兩卷，四年可了。即不全閲，先讀四史，繼以正、續《通鑒》、《明通鑒》。三書合計，不過千卷，一日兩卷，五百日可了。不到十七個月，紀事之書畢矣。欲知典章制度，有《通考》在。三通考除去冗散，不過四五百卷。一日兩卷，二百餘日可了，爲時僅須八月。地理書本不多，《元和郡縣志》、《元豐九域志》、明清《一統志》大致已具。顧氏《讀史方輿紀要》，最爲精審，不可不讀，合計不盈五百卷。半年内外可畢。《歷代名臣奏議》，都六百卷。文字流暢，易於閲讀。一日兩卷，不過十月。他如《郡國利病書》、《清史稿》等，需時要亦無多。總計記事之書，需時年半；典章之書，需時八月；地理之書，需時半年；奏議之書，需時十月。以三年半程功，即可通貫，諸君何憚而不爲此乎？"則其言彌詳，而其程功彌易矣。然爲今人言，又有稍異於此者。蓋昔之讀書者，大抵從四子五經入手，早則成童，遲則弱冠，文義必已通曉。以讀古書，並無扞格。所苦者不讀耳。故二君以易讀之説進，且逆料其成功頗速。若今之學者，則少時所讀，率皆淺俗之文。即或間讀古文，亦必擇其甚淺者。所讀既少，致力又復不深。苟非天才卓絶，愛好文藝者，雖屬大學畢業之年，於故書雅記，尚多格格不入，讀之既苦其難，遂爾束置高閣，閣置既久，則時過後學，益復無從問津矣。此今之學者，所以於國故多疏，有如章君所歟：《綱鑑易知錄》在昔學者鄙爲兔園册子，今則能讀者已爲通人也。夫其讀之既苦其難，則其程功必不如二君所言之易矣。然不講學問則已，苟講學問，元書必不可不讀，必不能僅讀學校敎師之講義，及書局所編之書爲已足也。舊時私塾，有禁例焉，曰：不可以塾師之文授學生。且丁寧之曰：無論不佳，佳亦不可。昔嘗不解所謂，由今思之，乃恍然矣。語曰：取法乎上，僅得其中，取法乎中，不免爲下。再生不獲，再醮必薄，學者所習，與其師同，知倖於師者，成就自可不讓其師，若惟其師之所爲是肄，則雖知過其師，其所成就，或有不逮其師者矣。學者之讀書，猶受敎於著書之人也。所求敎者，必爲第一流人，是爲取法乎上。第一流人，古今有限，安得吾所師者而適逢其人？即逢其人矣，其敎我也，以我爲初學也，必釋其難通者，而取其易知者焉。如是，日聞其人之言，無不相說以解也，而豈知其高深之論，吾實未嘗有聞焉乎。若夫著述之業則不然。彼方罄其孤懷閎識，而欲以傳諸其人，故必多精深微眇之論。此又今日書局編纂之書所由不可與名人著述同年而語也。今之言敎育者曰：“學問之道，深矣，博矣，吾所授者，能得幾何？抑豈足道？然擷其精要，以授生徒，使以廑少之功，獲知一學之要，此敎授之所以爲貴。”斯固然也。然以施諸但求常識之人則有功，若以施諸研求學問之人則不足。何也？此固不足以爲學問也。故欲講學問，元書必不可以不讀也。史部元書，如康、章二君所言者，要矣，其指示程功之途，亦可謂切矣。然今學校生徒，既因國文程度少差，讀書較難，而其程功不如二君所億計之易，則其入手之方，必有較二君所言更簡者，乃覺其便於遵循。於此，吾以爲有四種書，尤爲切要焉。首宜讀正、續《通鑑》、《明通鑑》，蓋歷朝之治亂興亡，必先知其大概，然後他事乃可進求也。次則三《通考》，宜讀田賦、錢幣、戶口、職役、征榷、市糴、國用、學校、選舉、職官、兵、刑十二門，餘從緩。此所以知典制之大綱，而民生之情形，亦可窺其大略焉。次則《方輿紀要》，注意其論述形勢處，山川及都邑遺址等可勿深考，如是則甚易讀，以所當注意者，皆在省府之下，縣以下但須流覽也。次則四史。正史材料大割裂，不易讀。所可貴者，材料多，較諸雜史等又較可信也。然非略有門徑之人，實不能讀，強讀之亦無益。惟四史關涉甚多，即非專治史學之人亦宜讀，欲治史者，則正可於此求讀正史之門徑也。故此四者，讀之宜較精，此四類書既畢，讀史自可略有門徑，不至茫無頭緒矣。凡國文程度已高，能讀故書雅記者，讀此等書，固毫不費力。即不然者，於此等書，但能切實閱讀，亦正可裨益國文。欲求國文程度之高，本非選讀若干篇集部之文，所能有濟也。初學讀書如略地，務求其速，不厭其粗，不能省記，皆不爲害。如此,則即國文程度較差者從事於此,亦必無甚爲難也。

寫於一九三九年四月十二日,原刊《兼明月刊》創刊號,

一九三九年五月十五日出版

《後漢書·襄楷傳》正誤

　　《後漢書·襄楷傳》：延熹九年，楷自家詣闕上疏。有云："臣前上琅邪宮崇受于吉神書，不合明聽。"十餘日，復上書曰："前者宮崇所獻神書，專以奉天地順五行爲本，亦有興國廣嗣之術，其文易曉，參同經典；而順帝不行，故國胤不興，孝冲、孝質，頻世短祚。"《傳》云："初順帝時，琅邪宮崇詣闕上其師于吉於曲陽泉水上所得神書百七十卷，皆縹白素朱介，青首朱目，號《太平清領書》，其言以陰陽五行爲宗，而多巫覡雜語。有司奏崇所上妖妄不經，乃收藏之。後張角頗有其書焉。"其文頗相矛盾。楷云"臣前上琅邪宮崇受于吉神書"，當是楷自上之，何得又云宮崇獻神書而順帝不行邪？疏云其文參同經典，而《傳》謂其多巫覡雜語，亦又不讎。楷前疏臣前上云云十六字，語氣未完，與上下文皆不銜接。後疏前者宮崇云云五十二字，書删之，於文氣亦無所闕。蓋昔人作史，於成文每多删並，當時必有僞爲楷文，稱揚于吉神書者，范氏不察，誤合之於楷疏也。

　　于吉爲孫策所殺，見《三國·吴志·孫策傳》注引《江表傳》。《後書·襄楷傳》注亦引之，而其文不全。注又引《志林》曰："初順帝時，琅邪宮崇詣闕，上師于吉所得神書於曲陽泉水上，白素朱介，號《太平清領道》，凡百餘卷。順帝至建安中，五六十歲，于吉是時，近已百年，年在耄悼，禮不加刑。又天子巡狩，問百年者，就而見之，敬齒以親愛，聖王之至教也。吉罪不及死，而暴加酷刑，是乃謬誅，非所以爲美也。"記于吉書與《後書》略同，而卷數互異，知當時造作此等說者甚多。自稱百歲，乃方士誣罔之辭，吉安能授宮崇於五六十歲之前，又惑吴人於五六十歲之後？古書卷帙率少，又縑帛價貴，無論其爲百餘卷，抑百七十卷，皆不易造作。然則吉以是書授宮崇，崇以是書上順帝，恐皆子虚烏有之談也。《後書》注曰：神書，即今道家《太平經》也。其經以甲、乙、丙、丁、戊、己、庚、辛、壬、癸爲部，每部一十七卷，恐即造作是書者，妄託之於宮崇、于吉，並附會之於襄楷耳。于吉之死，《三國》注又引《搜神記》，與《江表傳》大相逕庭。又《江表傳》記策語謂："昔南陽張津爲交州刺史，捨前聖典訓，廢漢家法律，常著絳帕頭，鼓琴燒香，讀邪俗道書。云以助化，卒爲南夷所殺。”而《志林》推考桓王前亡，張津後死。裴氏案太康八年。廣州大中正王範上《交廣二州春秋》，亦謂建安六年，張津猶爲江州牧。孫策死於建安五年。足見此等記載之不足憑矣。范書雜采此等説，又安可信邪？

襄楷事迹，亦見《三國·魏志·武帝紀》注引《九州春秋》，云“陳蕃子逸，與術士平原襄楷會於冀州刺史王芬坐。楷曰：天文不利宦者，黃門常待，當族滅矣。逸喜。芬曰：‘若然者，芬願驅除。’於是與許攸等結謀，欲因靈帝北巡行廢立”。據其所記，則楷仍《後書》所稱善天文陰陽之術者耳。楷兩疏皆端人正士之言，陳蕃舉其方正，鄉里宗之；中平中，與荀爽、鄭玄俱以博士徵，豈信于吉神書者邪？

《楷傳》言楷疏上，“即召詔尚書問狀。楷曰：臣聞古者，本無宦官。武帝末，春秋高，數游後宮，始置之耳。後稍見任。至於順帝，遂益繁熾。今階下爵之，十倍於前。至今無繼嗣者，豈獨好之而使之然乎？尚書上其對，詔下有司處正。尚書承旨奏曰：宦者之官，非近世所置，漢初張澤爲大謁者，佐絳侯誅諸呂，孝文使趙談參乘，而子孫昌盛。楷不正辭理，指陳要務，而析言破律，違背經藝，假借星宿，僞託神靈，造合私意，誣上罔事。請下司隸，奏楷罪法，收送洛陽獄。帝以楷言雖激切，然皆天文恒象之數，故不誅。猶司寇論刑”。案《漢書·成帝紀》：“建始四年春，罷中書宦官。”注引臣瓚曰：“漢初中人有謁者令，孝武加中謁者令爲中書謁者令，置僕射。宣帝時，任中書官弘恭爲令，石顯爲僕射。元帝即位數年，恭死，顯代爲中書令，專權用事，至成帝乃罷其官。”《百官公卿表》記成帝建始四年，更名中書謁者令爲中謁者令，而不記武帝加中謁者令爲中書謁者令之事。然《蕭望之傳》言：“望之以爲中書政本，宜以賢明之選。自武帝游宴後庭，故用宦者，非國舊制。”則讚言確有所據。武帝所用，乃中書宦官，而非宦官始自武帝。宦官實自古所有，楷不應並此不知。且宮崇之書，順帝時有司既奏其妖妄不經矣，楷果嘗上其書，豈得云所言皆天文恒象之數邪？《楷傳》之不足信，愈可見矣。

原刊《正風》第一期，一九三九年六月出版

論 基 本 國 文

　　光華大學從設立以來，就有基本國文一科，究竟怎樣的國文，才可稱爲
"基本"呢？

　　古人有言：要搖動一棵樹，枝枝而搖之則勞而不遍，抱其幹而搖之，則各
枝一時俱動了。一種學問，必有其基本部分，從此入手，則用力少而成功多。
古人這句話，就是現在經濟學上所謂以最少的勞費，得最大的效果。各種學問都是如此，國文
何獨不然。所以研究國文，亦必有基本部分，研究之時，應當從此入手，這是
毫無疑義的，常識可明，不待費詞。但是國文之中哪一部分是基本，這話就難
説了。

　　研究國文，爲什麼要把他分做許多部分，而判定其孰爲基本呢？這是由
於國文的本身，異常複雜之故。國文的本身，爲什麼會複雜呢？這是由於其
爲"堆積"之故。從前金世宗是熱心提倡女真文的，他兼用漢文和女真文開科取士，覺得女真文總
不如漢文的精深。他就問他的臣下，這是什麼理由？有一個人回答説，這是由於女真文行用日淺之
故，倘使假以時日，自然會逐漸精深的，就合於這個道理。文字是代表語言的，語言是代表
意思的。人的意思，是隨着時代而變遷的，意思變，當然語言不得不變，語言
變，當然代表語言之文字亦不得不變，這亦是當然易明的道理。但是新的既
興，舊者爲什麼不廢呢？這又因爲社會的文化非常複雜，新者既興，舊者仍自
有其效用之故。人之所以異於別種動物，根本就是靠語言，因爲有語言，所以
這個人所會的，可以教給別個人，前人所會的，可以傳給後來的人，不必人人
從頭做起，所以其所成就者大。但是單有了語言，還是不够，因爲其所達到的
空間，和所佔據的時間太少了。試將我們現在所有的書，和我們所能記得的
書比較，便可明白此中的道理。記憶力是有限度的，我們能正確記得的，加上
我們所能模糊記得的，便是我們記憶力的限度，超出這限度以外，就是靠文字
替我們保存下來，尚使没有文字，這一部分就要先亡，或者雖不先亡，而大減
其正確性。古書所以多不正確，即由其本爲口傳之故。文字是有形的，固定的，靠着它

固定，所以能將許多東西替我們正確保存下來，而不至走樣。然亦因其固定，所以其所保存的，仍是異時代人的語言，而不能轉變爲今人的語言，這種異時代的知識和材料，既是有用的，而又不能不用異時代的語言保存下來，於是異時代的語言，在現代就仍有其用了。

國文的種類，雖極複雜，然從其理論上言之，則可把它分做三種：（甲）與語言相合的；（乙）有一部分與語言不合的；（丙）介乎二者之間的。所謂合不合，是要兼（一）詞類，（二）語法，（三）説話的順序言之。在文字中謂之字法、句法、篇法。舉一個例：如桌子板凳，直説桌子板凳，就是甲種；改作几席，就是乙種。又如説没有知道這件事，是甲種；説未<small>没有。</small>之<small>這件事。</small>知，<small>知道。</small>就是乙種。這是就字法、句法立論，篇法較爲難見，然就古人的文章，仔細推敲，設想這一篇話，改用口説，或者用白話文寫出來，其次序應否變更，也是很容易悟入的。丙種文字，並不是説某一部分同於甲種，某一部分同於乙種，尚使如此，那就仍是甲種乙種了。丙種文字的特色，就在於它可彼可此，譬如桌子板凳，説桌子板凳，固然可以，説几席亦無不可，全在因事制宜。試再舉一個例：譬如我們現在做普通文字，説敬老之禮，《禮記》裏的"謀於長者，必操几杖以從之"；"侍坐於所尊，敬毋餘席"是没有什麼不可以引用的。當這情形之下，決不能把几席改作桌子板凳。然若甲乙兩人，隔着桌子門口，甲提起板凳來，撞傷了乙，那就決不能把桌子板凳，改成几席了。做甲種文字，引用古書，雖無不可，然以口語文體論，至少應用之後，是應得再加以解釋的，未免累贅。若乙種文，桌子板凳，就絕對不能用。所以文字的應用，以乙種爲最廣，這是社會上的事實，向來如此的，而事實之所以如此，正非無故而然。

然則基本國文，豈不就是丙種麼？這又不然，照前文所講，很容易見得丙種文字，就是甲乙兩種之和，其自身是本無其物的。要學文字，只能就甲乙兩種中，擇定其一，簡而言之，就是單學語體文，還是連不與現行語言相合的文章也要學。

仔細想起來，上文所説的甲乙兩種文字，也只是理論上的分類，事實上，很難畫定界限的，因爲現代人的語言，也是各自不同。古書上的名詞和句法，不見之於普通人口中的，仍可出諸文人學士之口。我們不能説普通人所説的，是現代人的語言，文人學士所説即非現代人的語言，因爲他明明是現代人。然則現代人的語言，也顯分兩種，一種是範圍較狹的，我們假定，以"人人能説，人人能聽得懂"，做他的界限，亦即以此爲甲種文字界限，則出於此界綫之外的，就不能不承認其侵入乙種文的範圍了。研究學術的人，當然不能認此所定甲種文之範圍內之語言，爲已足於用，則其使用，勢必侵入乙種的範圍，使用既須及於乙種，當然學習亦不能不及於乙種了。而且嚴格言之，甲種文字，既經識字，既會説話，本是無須學得的，所以所謂國文的基本部分，必須於乙種文中求之。

但是乙種文字複雜已極，我們究取其哪一部分，作爲基本呢？説到此處，即不能不畧有文學史的眼光。從來淺見的人，每以爲元始的文章，必是和語言合一的，到後來漸漸分離，其實不然，文字的原起，並非代表語言，實與語言同表物象，實係人之意象。這是小學上的話，現在不能深論，然其説據，實甚確鑿，無可懷疑的。文字既非代表口中的一一音，當然用文字寫成的文章亦非代表口中的一篇話。所以各國文學發達的次序，韻文都早於無韻文。因爲文學史的初期，并沒有照人類口中的言語記録下來的文字。我國現存的先秦古書，其中都顯然包含兩種文字：（一）是句子簡短整齊而有韻的，（二）是句子較長，參差不齊，而無韻的。後一種分明是只依據語言，而其發達的時代較後，據現存的書看起來，其發達大約起於東西周之間，而極盛於前漢的中葉，到前漢的末葉，文章又漸漸的改觀了。爲什麼改觀呢？這是由於言文本無絶對的合一，其理由是説話快，寫文章慢，聽話的時間短，看文章的時間長；所以一個人説出來的話，和寫出來的文章，本不會一致的，而在應用上，照説出來的話，一個個字的寫在紙上給人家看，人家必覺得不清楚，甚而至於看不懂，把一篇寫出來的文章，一句一句念給人家聽，人家也一定覺得不痛快，甚而至於聽不懂的。其所以然，（一）因語言的句子冗長，而文字簡短；（二）由語言每多重複，而文字較爲簡凈之故。即由説話快，寫文章慢，聽話快，看文章慢之故。因爲説話既快，倘使句子又短，聽的人就來不及瞭解了。文章有形跡而語言過而不留，聽到後文，須回想前文之際，文章可以復看，語言則不能。所以説的人不得不再行提及，甚或屢屢提及，此等語法，在文字中，即所謂復筆。然較語言則遠少。所以文字語言，原始本非合一，即到後來，文字從不代表語言而進化到代表語言之後，仍不是完全一致的，既非完全一致，自然要分途發達了。

分途發達之際，文字向哪一方面走呢？那自然向美的方面走，何謂美？各時代的標準是不一致的。在當時，則以（一）句法簡短整齊；（二）用字美麗者爲美。循此之趨勢而前進，勢必至於字眼典故，愈用愈多。漢、魏、晉、宋、齊、梁之文，愈後而其浮靡愈甚者，即由於此。此時代之所謂文，已全與口語不合，達意述事都不適用，即言情亦不真切。言情尚可勉強，達意述事，是不能一日而廢的；漢魏文字已不自由，晉宋尤苦扞格，到齊梁則竟不能用了。起而彌其缺憾的，乃有所謂筆。筆是不禁俗語俗字，在原則上亦不用詞藻，但其語調仍近於文，與口語不合，故在應用上，仍覺不便。

凡事都是動蕩不定的，而亦總有趨中性，正像時鐘上的擺，向兩面推動，達於極度，則又回過頭來，文章之自質樸而趨華美，自華美而後返於質樸亦然。南北朝末年，文章華靡極了，自然要有反動，當這時代，可走的路有二：（一）徑用口語；（二）以未浮靡時之文爲法。（二）又分爲（A）徑説古人的話，（B）用古人説話之法，來説今人之話兩端。（一）本最痛快最質樸，但前所言甲種之文，既不够用，而是時文字，又非通國人所使用，而實爲一部分人所使用，這一部分人，正是所謂有閑階級，他們既不喜歡極度的質樸，而且既有餘閑，亦不要以前所述之甲種文字爲基本，所以這條路是走不通的。（二）中（B）本最合理，但改革初期的人，卻竟想不到，於是競走（A）路，如蘇綽的擬《大誥》，乃是一極端的例。唐初的古文，還多是澀體，亦由於此。直到唐中葉，韓柳輩出，才專走（B）路，用不浮靡時代説話之法以説話，其所説的話，自然不致浮靡，而所説的話，自然以之達意述事而便，以之言情而真了。改革的運動，至此乃告成功。此項文字，是廢棄西漢末年以來的風尚，而以東周至西漢中葉之文字爲法，其時代較早，所以被稱爲"古文"，然文學是堆積的，新者既興，舊者不廢，所以自漢魏至齊梁之體，依然與之并行，人遂稱此種文字爲駢文，而稱新興的文體爲散文。散文既興，駢文就只佔文學裏的一小部分，普通應用，全以散文爲主了。練習國文，無疑的當以此爲主。

但是所謂散文，包括（一）自東周至西漢，（二）自漢中葉至今的文字，其數量，也是非常之多的。我們又揀出哪一部分，作爲學習的基本呢？於此，又有一個問題，我們常聽見人説："學校裏的國文成績不如私塾"，這句話，固然由於守舊的人，故意把學校裏的國文成績壓低，把私塾的國文成績抬高，然平心而論，亦不能不承認其含有幾分真實性；詳言之，則學校國文的成績劣於私塾是事實，不過其優劣之相去，不如此等人所言之甚而已。

學校的國文成績，爲什麼會劣於私塾呢？最易得的答案，是練習時間的少。單就國文一科而論，這自然是事實，但是各科的成績，是相貫并通的，決不能説別種科目的學習，於國文毫無裨益，若合各種科目而論，學校的肄習時間，斷不會較私塾爲少，所以以文字的高古而論，學校學生是應當遜於私塾學生的，因其所讀者多非古書，以識力的充足，理路的清楚而論，學校學生成績該在私塾學生之上，因其所肄習者多而且真實，然而並不能然。學校裏的國文成績，其内容的貧窶，思想的浮淺和雜亂，形式上則並非不古而實係不通，是無可諱言的。這究竟是什麼原故呢？我以爲其最大的原因，是由於現在的風氣，作事浮而不實；次之則現在的學習國文，講授所佔的時間太多，自習所佔的時間太少，再次之，則由於現在的教授國文，不得其法。前兩端係另一問題，現在且論第三端。

最爲荒謬之論，是把所謂應用文和美術文分開，須知天下只有可分清楚的理論，沒有可分清楚的事實。文章是變相的説話，文章做得好，就是話説得好，天下有哪一種説話，能完全和實用離開的？又有哪一種話，完全不須説得好的？所以把應用文和美術文分開，根本是沒有懂得文學。所以無論何種文學，苟其是好的，一定是有美的性質，其美的程度的高下，即以所含美的成分的多少爲衡，絕不與其文字的内容相涉。這是第一步要明白的道理。所謂美者，其條件果如何呢？具體言之，則其條件有二，一爲勢力之深厚，一爲音調之和諧。何謂勢力？凡説話，都是要刺激起人的想象的，刺激人的力量而强，則謂之勢力深厚，刺激人的力量而弱，則謂之勢力淺薄。何謂音調？音調就是説話的調兒，文章雖與説話分離，然在根本上始終是一種説話，所以亦必有其調兒。我們通常閲看文字，自己以爲没有念，其實無不默誦的；不過其聲至微，連自己也不覺得罷了。惟其如此，所以寫在紙上的文章，不能没有調兒，如其没有，則大之可以不通，即使人不知其意，小之亦可以不順，使人欲瞭解其意非常困難，而且多少有些扞格，此係音調所需的最小限度。若擴而充之，則文章的美術性，要以音調一端爲最高尚。凡研究文字，而欲瞭解其美的，若於音調方面，不能瞭解，總不算得真懂；若在這一方面，能有正確的瞭解，別一方面斷無不瞭解之理。因爲這是文學最精微而又最難瞭解的一方面。文章之美，在於勢力音調兩端，這亦是從理論上分析之論，事實上，斷不能將一篇文字，分開了，專領畧其勢力方面或音調方面的，事實上之所謂美，乃是勢力音調……的總和。合此諸總和的具體相而言之，則曰神氣。這裏所用的神氣兩字，並無深意，就和俗話中所用的神氣兩字一般，即合諸條件所成之具體相。此相固係合諸條件而成，然斷非此諸條件之總和。譬如一個人的相，固係合其五官、四肢、言語、舉止等而成。然我們認識一個人，斷非就此諸端，而一一加以辨認，乃係看此諸端所合成的總相。所以一個熟人，遠遠走來，五官四肢，尚未辨別得清楚，我們早已認識他是誰了。因爲所看的只是他的神氣。文章神氣的認識，其義亦係如此。這看似極模糊，實則極正確，而以認識而論，亦是較難的。文字的好壞，亦即判之於此。正如一個人品格的高低，判之於其風度一般。

文章是有個性的，天下斷没有兩個人的個性是相同的，因亦没有兩個人的語言是相同的。文章就是語言，自然各個人的文章神氣各不相同了。神氣有好的，有壞的，有顯著的，有隱晦的。大抵好的文章，其神氣總是特別顯著，這是各事都如此。譬如不會寫字，筆筆描畫的人，往往所寫的字，極其相像，幾於不能辨別，書家決沒有如此的。文章亦然，文章的批評究竟有公道呢？還是沒有公道？我說，短時期之內是沒有，長時期之內是有的。批評之權，本該操之內行之手，但在短時期之內，往往內行的人，並未開口；或雖開口，而未爲人所重視；甚至爲他種不正的勢力所壓。所以作品並無價值，而譽滿一時的人很多，此事今古皆然。但在較長時間之內，內行的人，不會始終不開口，苟無別種勢力相壓，自必爲人所重視，而時異勢殊，不正當的勢力，也總要消散的。所以文章的好壞，歷久必有定論。這種歷久受人重視的文章，昔人稱爲名家、大家，而名家、大家，二者又畧有區別。名家是神氣極好，然尚不免模仿他人，未能自成一格的；大家則不然。一個大家，必有一個大家特別的面目，毫不與人雷同。所以大家是個性極顯著的，名家則未免模仿。名家既係模仿大家，其面目當然可與大家相像。同學一個大家的名家，彼此亦可相像。其實要學名家，徑學其所自出的大家好了，即在諸名家之中，亦任擇一人皆可學，不必專於一家。大家則不然，他的神氣既是獨特的，再無人與之相像；其由模仿而得到的，則總不如他的完全，也總不如他的顯著；要學文章的人，自以從此致力爲宜，所以大家遂成爲研究的中心。學文章與學科學不同，學科學入手所肄習的材料，必取最新之説，學文章則必取這幾個大家，即所謂家弦戶誦之文，向來肄習國文，即係如此。雖然向來教授國文的人未必都好，然其所取的材料，確是不錯的。近來國文的選材，則漫無標準，從最古的書，甚至於現代人的作品，而文體亦各種都備。推其意（一）在取人的齊備，以爲可以見得各家的作風，（二）在取體制的齊備，以爲各種文章，都可以有些懂，（三）在取其內容，以爲於教育上有價值。其實各科各有目的，根本不應因副作用而犧牲主旨。至於文章的體制，則各有淵源，非多讀古書，明於義例，斷難真實瞭解；斷非每種體制，各看一兩篇，即可明白。至於作家，則與其將研究之功分散於許多人，不如集中於少數人，由前文所言，已經很可明白了。所以肄習國文，所取的材料，非大爲改變不可。

然則在先秦西漢，以及唐以後的文章中，該揀出哪一部分來，以爲研究的基本呢？案文章有各種樣子，又有兩種原因：一種是體裁，一種是個性。何謂體裁？如《卦辭》《爻辭》，是《易》獨有的文體；後人所謂"訓詁體"，是《書經》獨有的文體；所謂"春秋筆法"，是《春秋》獨有的文體。此種差異的起原，乃由古代執筆記事的人，彼此各不相謀，所以各自有其特殊的體制。此種特殊的文體，是各適於其所要記的事，後世倘仍有此等需要，其體制自相沿不廢，如其無之，亦即廢而不用。譬如《易經》卦、爻辭的體制，除了揚子云等要作《太玄》以擬《易》的人，再沒有人去模仿他了。又如《詩經》，後世更無人仿之以作詩，卻仿之以作箴銘等韻文，則因某方面的需要，已經消滅，而某方面仍存在之故。在後世就不然了。文化廣被，各種文章的體制，執筆的人，都是看見過的；而其所作的文章，關涉的範圍亦廣，非如古代的卜人、筮人，只要作繇辭；記事的史官，只要作《春秋》一類的文辭；記言的史官，只要作《尚書》一類的文辭。於是文辭的體制，不復足為其形式同異的標準，而其判然不同的，乃在於作者的個性，古代的文字，內容實甚簡單，所以發揮不出個性來，到後來，內容漸漸豐富，個性即因之顯著了。此與說一兩句平庸刻板的話，看不出其人的神氣，為一小時的講演，則講演者個性畢露，正是一理。從東周以後就漸漸入於這種境界了。現在所流傳，從東周至西漢的文章，既非純粹口語，亦非與口語相離甚遠的文言，大抵如今淺近文言，或文言化的白話。避去極俗的話，在當時謂之"爾雅"，此亦文字漸與前人之文接近，而與當時人的口語相離的一種原因。此等文字，較經意着力的，很能顯出個性；其隨筆抒寫，簡單而不甚經意的，則各人的面貌相同。此在現代亦然，如任何文學家，使作尋常應用之文，亦與尋常人同。如劉子政《諫起昌陵疏》、《諫外家封事》，都有其特殊的面目，和他家的文章，不能相混。而《新序》、《說苑》、《列女傳》，則和他人的文章，並無區別，即其最好的例。古人之文，不必自作，大抵直錄前人之辭，此亦多數古書，面目雷同的一大原因。如《新序》、《說苑》、《列女傳》多有與《韓詩外傳》相同的，可見其文既非韓嬰所作，亦非劉向所作。我們的研究，自然是要集中於幾種在體制上、在神氣上，都有其特殊的樣子的，在先秦西漢時期，為幾部重要的經、子和《史》、《漢》。西漢時代諸大家的作品，大抵包括此兩書中，而司馬遷、班固，亦各自為一大家。自唐以後，則普通以韓、柳、歐、三蘇、曾、王為八大家之說，我以為頗可採取的。八大家之說，始於茅鹿門。茅鹿門固然不是我們所能十分滿意的人，然在唐宋諸作家之中，獨提出此八家，則大致尚算不錯。試看後來，姚姬傳的《古文辭類纂》，稱為最佳的選本，然所選的唐以後的文章，百分之九十幾，亦是此八家的作品，即可明白。

　　以上說了一大篇話，在理論方面，似乎還是有一個立腳點的，但是此等議論，究竟是為哪一種人而發的呢？因研究國文的人很多，其目的，明明是彼此不同的。我以為研究國文的人，大致可分為下列三種：（一）但求畧識幾個字，免於文盲的；（二）用國文為工具，以求他種學問的；（三）求為文學家的。除第一種人外，（二）（三）兩種，我所說的研究方法，都可適用。因為這兩種人，其研究的方法，到後來才有分歧，其初步是一樣的，此即我所謂基本部分。

爲什麼(二)(三)兩種人,同要下這一步工夫呢？ 其理由,請再加以申説。

　　文學作品與非文學作品的區別,在用現代語爲工具的時候,較易明白,在用非現代語爲工具的時候,卻是較難明白的。許多人因爲不明白這個區別之故,以致誤用功力,或其性質本不宜爲文學家而枉用工夫；或其性質雖可以爲文學家,而誤走路徑；這個實在冤枉；而在文學批評上,也覺得漫無標準。所以我現在要把它説個明白。

　　文學作品與非文學作品,當以"雅""俗"爲界限。在雅的範圍内,無論其美的程度如何,總可認爲文學作品的,如其未能免俗,則即有好處,亦不得不屏諸文學範圍之外,此即舊文學所謂"謹嚴"。謹嚴兩字,在現代的批評家,或者是不贊成的,然我以爲欲求美,先求純粹。世界上没有將許多醜惡之物,夾雜在一塊而可以爲美的。 所謂謹嚴,即係將有累於美之物,嚴格排除之謂。所以無論新舊文學,謹嚴兩個字的藩籬,是不能破壞的,尤其是古典主義的文學,因爲在内容之外,其所使用的工具,即語言,亦有一種雅俗的區別,而此種雅俗的區別,亦頗爲難辨之故。然而何謂雅呢？ 所謂雅,即向來的文學家,公認爲可以使用的語言,此亦當兼字法、句法、篇法三者而言之。有等字眼,有等句子,有等説話的順序,爲文學家所公認爲不能使用的,則即入於俗之範圍,作文學作品時,即不許使用,可用與不可用的標準,固然大體以古不古爲主,然古實非其第一標準,因爲並非凡古即可用,而新者亦在時時創造。文以達意爲主,所以合於實際與否,總是第一個條件。古典主義的文學,對於用語及語法的取捨,只是在可古的時候,必求其古,至於於事實有礙時,亦不能不捨舊而謀新了。此所以非凡古即可用,而新者亦不能不時時創造。所以古典主義的文學,雖然富於崇古的精神,然其所用爲去取標準的雅,與古實非一物,不過二者符合之時甚多罷了。二者所以多相符合,亦有其由。因爲中國疆域廣大,各地方風氣不同,在古代,語言本不甚統一,看《方言》一書,即可知此乃各地方的語言,所用的辭類的不統一。而其時的文章,與語言頗爲接近,倘使下筆之時,各率其俗而言之,難免別地方的人,看了不能瞭解,所以盡力使用普通的語言,屏除其方俗所獨有者,此即漢人所謂"爾雅"。其後因交通不便,各地方風氣,仍不能齊一,此等需要,依然存在,文人下筆的時候,仍必力求人之易解。(一) 語言不甚統一,而寫在紙上的語言,是久已統一了的,欲求人人共喻,莫如借向來寫在紙上的、別人已經用過的語言而用之；(二) 且若干語言,能引起粗鄙的想象,及至口中已不使用,或雖仍存在,而讀音與語音歧異,不復能知其爲一語時,此等粗鄙的想象,亦即不復存在。此其選擇的標準,所以雖非求古,而多與古符合之由,然二者究非一物,所以俗語亦在時時引進,並隨時創造新詞,不過此二者,亦必有其一定的法度罷了。所以古典主義的文學,所謂雅言的形成,要遵照下列的條件:(一)在可古的範圍內,儘量求其古;(二)事實上有妨礙時,則依一定的法則引進俗語,自造新詞。其原理:(一)爲保持寫在紙上的語言的統一,(二)爲求文章之富於美的性質。在此兩種原理指導之下,進行其前兩條所說的任務。能依此規則,使用此文學家所公認的語言的,則其文可以入於雅的範圍,而得承認其爲文學作品。

人,不是個個可以成文學家的,更不是個個可以成古典主義文學家的,因爲他所使用的語言,和現代人口中所用的語言不同。這雖不是外國話,然亦不能不承認他是一種時間上相異的語言,當然較之時間上的現行語,是要難懂一點的,要成爲古典主義的文學家,非於文學家的氣質以外,再加上一種"異時間的語學"上的天才不可,所以非人人所能成,並非凡文學家所能成,能成此等文學家與否,各人可以自知,即讀書達到一定程度,對雅俗的區別,能否有真知灼見,如其能之,此人即有可成古典主義文學家的資格,有志於此者,可以用功。如其不能,即無此等性質,可以不必致力於此,因爲用違其長,終於無成。即能小有成就,亦是事倍功半,很不值得的。

要想成爲古典主義的文學家,或研究高深學問而與中國舊籍關係很深的,我所說的研究法,可以適用,是無庸懷疑的。至於並不想成古典主義的文學家,而其所研究的學問,亦和中國舊籍無甚關係;此等人,是否值得花這番工夫呢?論者便不能無疑,但我以爲還是有必要的。其理由如下:

(一)事實上並無純粹的語體文,即前所云甲種文的存在,現在所謂語體文,都是文白夾雜的,詞類、成語、句法、篇法以及行文的一切習慣,從文言中來的很多。這個不但現在如此,即將來亦必如此,因爲語體文的內容,不能以現在口中所有者爲限,勢必侵入前所謂乙種文的範圍,內容既相干涉,語言自不能分離,所以全不瞭解文言,語體文亦勢難真懂,而且詞、句、順序及習慣等,都係相承而變,有許多地方,語體文的所以然,即在於文言之中,懂了文言,對於語體亦更易瞭解。

(二)以美術方面論,文言語體,本不是絕對分離的。文言文的漸變,未嘗不採取口語的抒柚,同理,作語體文的,自亦可將文言的美點,融化於白話之中。

(三)以實用論,文言文有一優點,即辭簡單而意反確定。語體文有時辭冗贅而意轉不免遊移。此點,作較謹嚴的語體文的,不能不求其文言化,而欲語體文之能文言化,其人必須能畧通文言。

　　(四)古書文義有艱深的,後人並不以之爲法,普通所取法的,都是很平易的。從前曾有人説:"《論語》、《孟子》,較之現行文言的教科書,難解之處究安在?"這句話,不能不承認它有相當的正確性,所以以文言文爲難學,有時只是耳食之談。

　　(五)凡文學能引起學習的興趣的,必是很富於美術性的。在這一點上,家弦户誦的古書,較近人所作淺薄無味的文字,其價值之高下,不可以道里計。

　　凡學問,皆貴先難而後獲,文學尤甚。因爲較後的語文,其根原,都在較早時期的語文之内,所以學文言文的,順流而下易,沿流溯源難。苟非受教育時間極短之人,先讀古書,反覺事半功倍,試觀通語體文者,未必個個能通文言文;通文言文者,則無不能通語體文,從未聞另要學習,即其鐵證。所以我所説的研究方法,實在是前所説的第二、第三兩種人,共同必由的途徑。

　　所以在學校未興以前,研究國文的人,所採取的材料,大致並不算錯,但其教授的方法,則是不大高明的。這一點,在他們所評選的文章中即可看出。

　　從前的文章選本,亦不是全没有好的,如姚姬傳所選《古文辭類纂》、曾滌生所選《經史百家雜鈔》之類都是。但此等並不能開示初學,因爲無注而其評亦極少,其評又非爲初學説法。至於供給初學用的,如《古文觀止》,即好一點的如《古文翼》等類,大都是看不得的,我也不是一筆抹殺,説其中全無好處,然其中有許多壞處,確足以使人誤入歧途的。

　　從前人的評文,爲什麽會有這種毛病呢? 這可以歸咎於科舉。科舉實在就是現在的文官考試,因爲官有定額,科舉取中的人,亦不得不有定額,定額少而應舉的人多,在幾篇文字之中,憑你高才博學,也不會有特異於人之處的。士子爲求録取起見,乃將其文章做得怪怪奇奇,希冀引人注目,考官因各卷程度,大畧相等,無法決定去取,乃將題目加難,希望不合格的卷子加多。作始也簡,將畢也巨,到後來,題目遂至不通。題目而至於不通,則本無文章可做,然又非做不可,就生出許多非法之法來了。此等弊病,固由來已久,然至明清之世,八股文之體出而更甚,現在試舉兩個實例:(一)所謂大題,如以《論語》的學而全篇命題,此篇共有十六章,就該有十六個道理,然做八股文,是不許分做十六項説的,必須將十六項合成一氣,而又不能依據事理,按這十六章公共的道理立説,而必須顧及這十六章的字面等等,試問此等文字,果何從做起呢?(二)所謂小題,有截上、截下、截上下、截搭等種種名目。譬如我從前應考時所做的一個題目,叫做"必先",乃將《孟子》"故天之將降大任於斯人也，必先苦其心志，勞其筋骨，餓其體膚，空乏其身，行拂亂其所爲，所以動心忍性，增益其所不能。"上下文都截去，而只剩"必先"兩字，此即所謂截上下題。因其實無意義，亦謂之虛題。虛題本來無話可說，然即實題，也有無話可說的，如以一個人名命題之類，此等題目，稱爲枯窘題，即無話可說之謂。無話可說，而强要說話，就不得不生出許多非法之法來了。科舉的本意，原想藉所考的文章，以看出應考人的學識，但到後來，往往做應舉的文章，另成爲一件事，並無學問的人，經過一定的學習，也可以做得出來。真有學問的人，如其未經學習，反而無從做起，所以科舉時代，所謂科舉之士，大都固陋不堪，本其所見以論文，自然要有許多荒謬之論了。

他們最大的弊病，在於不真實。不真實之病，起於（一）做無話可說的題目，而硬要尋話說；（二）本來有話可說的，亦不肯依據道理，如實說述，而硬要更尋新奇的話。於是不得不無中生有，不得不有意歪曲，所以從前學做八股文的人，是終日在想法子造謠言，說謊話的，八股文做得好的人，也有能切實說理的，然此乃學問已成後的事，初學時總不免此弊。而且無論如何學問好的人，要做無話可說的題目，也總不免於瞎扯。這不但破壞文體，而且還壞人心術。他們所批評的文章，就可想而知了。譬如《史記菁華録》，在從前，也算一部有名的選本，其中如《項羽本紀》，記項羽潰圍南出時，"至陰陵，迷失道，問一田父，田父詒曰左。左，乃陷大澤中。"後來項王要東渡烏江，"烏江亭長檥船待。"他說這一個田父一個亭長，都是漢人有意所設，此乃作《三國演義》、《水滸傳》等人的見解，以之說平話則動聽，如何可以論文？如何可以論史？更可笑的，《滑稽列傳》說優孟"爲孫叔敖衣冠，抵掌讀語，歲餘，像孫叔敖，楚王左右不能別也。莊王置酒，優孟前爲壽，莊王大驚，以爲孫叔敖復生，欲以爲相，優孟曰請歸與婦計之，三日而爲相，莊王許之，三日後，優孟復來，王曰：婦言謂何？孟曰：婦言慎無爲，楚相不足爲也。如孫叔敖之爲楚相，盡忠爲廉以治楚，楚王得以霸，今死，其子無立錐之地，貧困，負薪以自飲食，必如孫叔敖，不如自殺。因歌曰：山居耕田苦，難以得食，起而爲吏，身貪鄙者餘財，不顧恥辱，身死家室富，又恐受賕枉法爲姦觸大罪，身死而家滅，貪吏安可爲也。念爲廉吏奉法守職，竟死不取爲非，廉吏安可爲也？楚相孫叔敖，持廉至死，方今妻子窮困，負薪而食，不足爲也。於是莊王謝優孟，乃召孫叔敖子，封之寢丘四百户以奉其祀。"此中莊王大驚之莊王，乃優人所扮，並非真正的莊王。小學生細心讀書的，亦可以懂得。乃作《史記菁華録》的人，在"欲以爲相"下批四個字道："必無其事。"他的意思以爲是太史公有意求奇，乃妄造這一段故實的。照他們的意思，只要做得成文章,做出來的文章,而合乎他們的所謂好,造謠、撒謊是無所不可的。這真是天下的奇談,也是天下的笑話。這固然是極端的例,然昔人對於文字的批評,坐此弊的,正是不少。譬如明知不合理,連自己也知道其不合理的話,卻有意歪曲着説,然而昔時的批評家,仍可稱之曰翻案文章,加以贊美,諸如此類,不勝枚舉。現在八股久已廢了,然懷抱此等見解的人,卻還沒有全過去,後一批的人,則其衣鉢,多所受之於此一批人,所以現在所謂懂得古典主義的文學家的批評,多數還不免此弊,不可不引以爲戒。

現行的供給初學看的選本,都是明清兩代八股法既興後之作,其中雖不無可取之處,然此等弊病,是觸處都是的,初學很多爲其所誤,程度高的人,倒又無須此等書了,所以其物幾可廢棄。

真正給初學者看的批評,該遵守下列的條件。

(一)根據文章本身的條理,加以剖析,説明其好處,若有疵累,亦不隱諱,尤其是古今異宜之處,須要儘量指陳。

(二)文字的内容,有非短時間參考所能得的,必須爲簡要切實的説明,以讀者能瞭解此文之内容爲度。如王介甫、蘇子瞻均有上皇帝書,其内容,關涉宋代政治制度處都很多,斷非短時間參考所能得。然對於此項制度,而無相當的瞭解,對於這兩篇文章,亦就不會明白了。

(三)文章的内容如此,形式方面亦然,訓詁、名物及語法等,有非短時間參考所能明瞭的,務必爲之説明。如字法、句法的不同,有時涉及古書全體的義例問題,即其一例。

(四)較高深的問題,如源流、體制等,可察看學者的程度,能懂者告之,不能者不必。偶有過高之論,爲學者所不能懂,亦無妨。因爲目前雖不懂,將來總是可以懂得的。在此等情形之下,最要者爲不懂則置之,徐俟其自悟,切戒穿鑿求通,一穿鑿,就入於歧途了。尤其緊要的是高深之理,雖可出以通俗之辭,使人易悟,然仍以不失真相爲主。過求通俗以致失其真相,是最要不得的。

以上所論,是講解批評文字的正軌,固然平淡無奇,然能夠合此標準的,也已經不多了。

至於自己用功,不外乎看、讀、作三項。此中看讀自然較作爲要。因爲必先經過看讀,方才能作。看、讀,實在還是一事。我們看書時,雖然自己不覺得在念,其實是無不默念的,前文已説過了。看與念,只有程度上的差別,並無性質上的差別。所不同者,則普通所謂讀,乃是將一篇文章,反覆念多少遍,看則不過走馬看花而已,一則分量少而用力深,一則用力淺而所涉廣,此二者之中,看實尤要於讀,因爲要求悟入,總是利於從多中撈摸的。現在有一種人,在看、讀二者中更重視"看",這是拘泥於從前的教法,而不知變通。從前的教法,讀四書五經的,大致是六歲到十五歲的孩子。他們對於經書,根本看不懂,教者既欲其應科舉,而必教之以四書五經,又因考試功令,本是不准携帶書籍的,題目出處,不能不知,於是四書五經,非將本文熟讀不可,不能以看過明白爲已足;加以此時的學生,年齡幼稚,能力有限,不但自己不能多看書,即分量較多的書講給他們聽,亦苦難於領受;指定一段書,使其反覆熟讀,卻是比較可能的。以此熟讀遂爲舊時惟一的教法。現在的情形,不是如此,這是顯而易見的,我也不是説現在學習文章,全然不要熟讀,然初不必如昔日之拘,而且遠不如多看的重要。還有一層,教師選授的文章,和學生熟讀的文章,可以不必一致的。因爲文章各有心得,教師有心得,講得最好的,不一定是學生所最喜歡的。講授本不過舉隅。天下的文章,哪裏講得盡? 所以舉示學生的範圍宜較廣,聽其於一定的範圍內活動。所謂熟讀,並不要照昔時私塾的樣子,讀得能够背誦,不過對自己所愛好的文章,特別多讀幾遍,時時加以諷咏而已。其篇目亦無一定,不過大致宜在古今第一流作品之中。而人的好惡,雖若不齊,實亦大同小異,聽其自擇,自亦不會軼出此較寬的範圍的。至於作,則最要之義,爲待其自動,看讀得多了,自然有一種勃不可遏之境。在這時候,雖欲使之不作而不可得。教者只須迎機畧加指正就够。我們的説話,固然是一句一句逐漸學會的,然而都是到會説了,不能不説的時候,才説出來的,從沒有人當我們還沒有會説話的時候,强迫着我們説,如其在這時候而强迫着説,只會把話説壞了,決不會收速成之效的。從前教國文的人,每以令學生"早開業"爲戒,其原理就在乎此。

原刊《清明》第一卷第五、六期,一九三九年□、十月出版

青年時代的回憶

幾行衰草迷煙柳，一片斜陽下酒樓，又是深秋時候。

這使我回憶起青年時代的情景來了。一個小小的鎮市，鎮的西盡頭，有兩間破舊的樓屋。這樓其實不高，因其在鎮的盡頭，更無遮蔽了，望出去，却覺得空曠。樓屋既舊，屋中桌椅等的陳舊破敗，更不必說。然而鎮上祇有這一個酒家，沽些村醪，亦略有些下酒物，如豆、花生之類。要吃熱菜，却沒有了，除非是到外面小飯店去叫。愛喝酒的人，約幾個朋友，到那裏去高談闊論，猜拳行令，每人喝上兩三斤酒，固然是好的。假使醉翁之意不在酒，獨自踱得去，靠着窗櫺，揀個座兒，眺望那霜稻登場野色寬的情景，亦無不可。鎮上可以眺遠的建築，除此之外，再沒有了。如此行來，倒也自得其樂。如有知己的朋友，約一兩個去，談談說說，自然更好。到暮色蒼茫，大家就各自散了，或者獨自回去。因爲窗外再沒有什麼可以眺望了。除非有月色或雪景。然而鄉下的市面是早的，久留於外，攪擾著人家不安，自己也覺得無謂。

家裏，自然也有親戚朋友來。來了，也留人家吃飯，酒不過數行，菜不過數簋。比平時吃晚飯，時間略爲延長些。飯罷，回家的略坐告辭，留宿的，談談，也就道了安置。長夜之飲，是我在青年時代，沒有看見過的。

逢時過節，大家都空著遊玩，自然是比較熱鬧些。趁這機會做小買賣的也多，自然看見的東西，比平時要多些。然亦總不過如此，無甚可以刺激得起興趣的。如今想起來，最使人愛戀不忘的，倒是那木刻而用套版印的圖畫。我那時最愛看的，是戰爭的事情，如關公溫酒斬華雄、李元霸三椎擊走裴元慶、虯蠟廟等。此項圖畫，小的祇有現在連環圖畫這麼大。一張紙，長約尺許，寬倍之。均分做十六格或二十格，每格各畫一件故事。大的，却比方桌面還大些，祇畫著一件事。人物都奕奕有神，遠較今日連環圖畫爲精。

這時候的人，見聞是很窒塞的。還記得甲午戰時，有些人根本不知道日本在哪裏，祇約略知道在東方罷了。我家裏算是有書的，便翻些出來看。還有親戚朋友來借看。我還記得：翻出來的三種書，一種是《海防論》，一種是

《海國圖志》,一種是《瀛環志略》。那自然《瀛環志略》是最新的了,然而在《瀛環志略》中,還找不出德意志的名字。於是有人憑空揣測,說德意志一定就是荷蘭。因爲在傳說中,德意志很強,而在《瀛環志略》中看,荷蘭國雖小,也頗強盛的,那自然是他併吞他國後改名的了。那時候,還有人說:日本的國土這兩個字,見佛家經論中。土字讀去聲,如杜。現在的人口中還有這句話,下筆却不會寫了,便把它寫作度字,度字是有可解的。比朝鮮小。因爲那時候,有一種箑扇上畫著中國地圖,也連帶畫著朝鮮、日本。畫到日本時,大約因爲扇面有限,就把他縮小了。這時候的人,真是除科舉之學以外,什麼也不知道的。他們所相信的是些什麼話?我現在試舉幾句做例。那時候,中國戰敗了,把臺灣割給日本。劉永福據著臺南抵抗,內地夥傳他的戰績,真是無奇不有。有的說:劉永福知道日本的馬隊要來了,派幾百個人,一人肩著一根竹竿去抵抗。吩咐他:見日本兵,便把竹竿拋在地下跑回來。那些人遵令行事,日本兵的馬,跑到竹竿上,都滑跌了,馬上的兵,都跌下來。劉永福却早在旁邊埋伏了兵,一擁而出,把日本兵都打死了。又一次,日本兵在水邊上,劉永福傳令,收集了幾百頂箬帽,把他浮在水面上,日本兵看見了,以爲中國懂得水性的兵,泅水來攻了,一齊發槍射擊。到槍彈放完了,劉永福的伏兵却出來,把日本又打得大敗。有人說:劉永福奇謀妙算如此,政府爲什麼不早用他做大將呢?有人說:政府本來徵求過他的意見的,劉永福要和各外國同時開仗,把他們一齊趕掉。政府認爲這事太大了,所以不敢。有人說:以劉永福之才,就和各國同時開仗,怕什麼?不過國運是難說的,萬一打得正得手,劉永福倒病死了,那就成爲不可收拾之局了。又有人說:劉永福算得什麼?聽說他的計策,都是一個白髮的軍師,替他出的呢。後來劉永福內渡了,又有人說:就是這位軍師,替他定下計策脫身的。因爲仰觀天象,知道氣數如此,臺灣終於不能守,不必枉害生靈。所以定下計策,自己先走三天,却留下一個錦囊妙計給劉永福,叫他三天之後,依計而行。果然神不知,鬼不覺走脫了。不但自己不曾被害,就是軍隊也都依計遣散,絲毫沒有損傷。到日本兵進去,已經都是空營了。還有人說:日本兵到中國來,根本不知道地理的,都是李鴻章,把地圖送給他。這些話,現在說起來,好像是造作出來,以博一笑的。然而我敢說:這都是我在小時候,親見親聞的事實。這時候我正住在一個偏僻的地方,大約那地方太偏僻了,所以如此罷?然而說這些話的人,都並非下層社會中人,有幾個,還是讀書明理的士子呢。

他們爲什麼會相信這些話?還要津津有味地傳述?假使他們肯想一想:

這話是怎樣傳得來的？譬如臺灣之事，北京之事，是那一個人，在那裏目見耳聞？又經過什麼人，把這消息帶給向我説述的人的？他就立刻可以發見這話的靠不住。然而他們從不肯這麼想。假使當時，有人對他們這麼説，他們也一定不肯信的。這並不是他們識不足以及此。有許多時候，他們推論一件事情的信否，比這要複雜得多呢。可見他們並非不能推想，而是不願推想。爲什麼不願推想呢？以一件事要推想，多麼費力？像聽説書一樣聽聽，不但不難了解，其話還饒有趣味，何等快活？正做著自己騙自己的好夢，誰願有人喚醒他呢？千萬年來，爲什麼有許多利害切身之事，人們都不明白其所以然？爲什麼明明公衆之事，却會給一兩個人把持了？爲什麼極無理由的話，也會騙得許多人？大概都是人們這種脾氣所造成的罷。教育家最大的讎敵是什麼？該就是人們的這種性質了。然而我們講新教育，講了幾十年，似乎對於人們的這種性質，並沒有能改變。不但不能改變被教育者的思想，連教育本身，也是這樣的。我曾遇見一個大學生，偶然談起經濟學來，他就滔滔不絶的，講給我聽，却都是些高小或者初中教科書裏已有的話頭。有一次，遇見一個中學教員。他是教會學校出身的，談起教會中所辦某事業來，他倒説得出：這個教會，向外國某地方，募得款項若干；又向中國某大官、某富人，募得款項若干。他説：爲什麼外國人的能力這麼大？中國人爲什麼總沒有這般能力？我説：這有什麼稀奇，外國的經濟程度，本和中國不同。到外國去募捐，和在中國募捐，成績也自然不同了。譬如一個人在通都大邑募捐，一個人在窮鄉僻壤募捐，其成績如何得同，這和人的能力，有什麼關係？若説他們在中國，亦能募得多數捐款，那是由於以他們的資格到中國來，所交結的，都是達官富人，中國人要辦事的，所交結的人，就不然了，這和能力有什麼相干？我所説的話，自以爲明白易解了。他却表示驚疑之色。我想：要把人的能力大小，和他的辦事成績好壞分開，這件事費心太多了。他已是三十多歲的人，向來沒用慣這種心思，再要他走這條生路，未免太吃力了，不談了罷，就把別的話岔開去了。

這一類事，我遇見很多。所以我總懷疑於現在的所謂普及教育，推廣教育，哪裏來這許多教育者呢？不錯，學工業的人，是會得做工；學商業的人，是會得記帳的。然而，這似乎是技術。技術在從前，似乎祇算得手藝一類的事，並不算得教育。固然，從前的所謂教育，是一文不值了。然而並不是從前所認爲不足以算作教育的事，因此就可以昇格而算作教育。一個人所藏的銀子，夾雜了鉛，並不是鉛因此就可以算做銀子的。這怕不僅是中國一國的問題罷？王光濟君所譯《中國教育的出路》説："美德兩國，推行職業教育，不遺餘力。結果，立即發見：驅全國國民盡成機械。任何德國人，若無人在旁，加以指揮，即不能動彈。渠爲一完美之工人，但非一男子、人、鄰人、丈夫、社交者或父親。"見本刊第一期。我們知道：人與自然的關係，固然密切，人與人的關係，也是同樣密切的。人與自然的關係，不妨假手於人。我們天天點電燈、趁電車，有幾個人，曾研究過電學來？人與人的關係却不然。我們要做一個鄰人、丈夫、父親，不能鄰人、媳婦、子女和我們説話，我們却説：這我不能回答，要請倫理學專家代庖。然則我們從前，把人和人的關係，認爲首要，認爲人人所必須有的知識，而人和物的關係次之，這見解，其實並没有錯。不過從前所認爲人對於人的道理，有一大部分是錯的。至少在今日，此等道理，非徒無益，而又有害罷了。這話牽涉得太廣了，現在不能談下去，祇得就此截斷了。我還覺得：我小時候所處的那種優閑的境地，比現在都市里繁忙的情形，要好得多。那時候的大多數人，固然糊裏糊塗的，把這優閑的歲月，在糊塗中送去了，而這是當時的文化，使之如此。假使在這種優閑的環境中，推動人力，一定比在繁忙中的環境好些。我有一個同鄉，到上海來，借住在某甲家中一個多月。這個同鄉，頗爲貧窮，在上海時，因爲資斧乏絶，把一件什麼東西當了。回去時，没有能夠收贖。有一次，我在上海要回去，這同鄉知道了，寫信給某甲，托他把東西贖了出來，又寫信給我，托的臨行時到某甲家中去取了，代他帶回。窮人是没有什麼奢侈品可當的，所當的，都是急於要用的東西。我在火車開行之前約一點鐘，到了某甲之家，談起這事情來，某甲却挖耳搔思，無可爲計。原來某甲、某甲之妻、某甲之姊，都打了半夜牌，把這事情，忘在九霄雲外了。這時候，離火車開行，已不過點把鐘，要去取贖了來，交給我帶回去，已經來不及了。某甲並非無職業的人，也是要按時辦公的，尚且如此，何況没有職業的人呢？我後來看見某甲，規勸他，他怫然道：我娛樂在不辦公的時間，有什麼要緊？這話驟聽似乎很有理由，然而不辦公的時間，是安靜休息的，或者是徵逐取樂的，影響於辦公時的精神，怕不在小罷？不記得戰前某報，説某縣法院中的人員，每逢星期六，就要星馳電掣而至上海，星期日盡情取樂一天，到晚間或者星期一早晨才趕回，以致頭昏腦暈，把公務積壓得不少麼？我在學校中教授多年，總覺得生長在都市中的學生，其思想，較之來自鄉僻之區的爲浮淺。這不是天之降才爾殊，乃是多年習慣於不用，其心思窒塞了。我總覺得：將來文化的方向改變了，該來一個都市廓清運動。都市廓清運動怎樣呢？其第一義，在把現今都市，斫而小之，最大的聚居區域，不得超過若干人，這是第一義。這一點辦到，其餘一切事情，就都好繼此而進行了。這話離現在還遠著呢，祇是一種遐想罷了。切近些，現在許多教育機關和文化機關的内移，固然是件好事。我却希望，沿江沿海這種浮淺的風氣，不要跟著遷移去。去了，希望偉大誠樸的内地，能夠矯正他、制裁他。再切近些，希望現在孤島的人們，使自己的身心安靜。

原刊《青年半月刊》第一卷第二期，

一九三九年十月三十日出版

張芝聯《歷史理論引論》案語

案：此篇謂各時代之歷史，各有其重要之因素，其説是也。但各時代重要之因素又有其共同之因素；如近代士習之陋，科舉制度實爲之；科舉制度之弊，則與專制政體有關係。以科舉制度説士習之陋，則覺其親切而有味，略去科舉制度而徑以專制政體説明士習之陋，則如談遺傳者，忽其父祖而徑稱高曾，必不能見其真相矣。現今談經濟史觀者，多説其牽强附會以此。以彼輩於史實所知太少，與經濟現象只有間接關係之事，彼輩皆欲以經濟現象直接説明之也。要之，最高原理爲甲，由甲生乙，由乙生丙，必不能略去乙而徑以甲説明丙，然乙及與丙同生於甲之現象，仍受統馭於甲，亦不可不知。如此層層推上去，較高之原理自可逐漸建立也。又此篇謂歷史事實有許多因素細微到看不到，此言最可注意。讀書與觀察現社會之事實，二者交相爲用，而後者之力量實遠强於前者。我們對於學問的見解，大概觀察現社會所得，而後以書籍證明之。斷無於某項原理茫然不知，而能得之於書籍者也。職是故，人在未治某種學問以前，即可知其能治此學問與否。其法維何？先就某學問所研究之事實與之縱談。其人能瞭解，有興味者，即能治此學問之人，如不然者則不能也。事物因果之理難逃，史籍記載所及有限，故某項因素雖找不到，仍可信其存在。如固執必願在書中找證據，因古書不記騎馬遂謂古人無馬，止以駕車，則嘖矣。毛西河駁之曰：六經中無髯字，將謂漢以後人始生髯耶？語雖謔，實至理也。

原刊《文哲》第一卷第八期，一九三九年十一月一日出版

一個合理的習字方法

　　約在十年前，有一個青年，因爲不會寫字，自己很覺得不便，要想練習而不得其法，在《新聞報》的《快活林》中，求人指教。我因此把《快活林》留心看了兩三個星期，未見有人答復他。在當時，頗想把我的意見，貢獻一點給他，後因事冗，忽忽未果。這件事，至今想起來，還覺得有些怊悵。

　　字，到底有練習的必要麼？

　　中年以上的人或老輩，都說有。他們說：現在的青年，字實在寫得太壞了。的確，這話是不能不承認的。但是字爲什麼一定要寫得好呢？他們都說不出什麼來，不過覺得習慣上不該如此之壞而已。而現在的青年，所學的學科，如此之多，斷不能像從前的青年，專心盡力的習字，這個原因，再不能爲老輩所原諒，有種青年說：字是用不着練習的。他們的理由：以爲中國的字，是落伍之物，非改用新文字不可。這話姑勿論其當否。就算她是得當，而文字是不能聚變的，在現在以及未來，舊文字總還不能廢而不用。既要用，就要寫；既要寫，如何能不練習呢？又有等人說：字，只要寫在紙上，人家看了認得就夠了，何必要求其美？既不求其美，何必要練習呢？這話也似是而非。字雖不求其美，然（一）自己便於書寫，（二）他人便於閱看，這兩個條件，是不能缺少的。要達到這兩個目的，也不能不練習。但是在現在，從前習字的方法，亦決行不通。所以現在，字不是要不要練習的問題，而是該怎樣練習，就是用何種方法練習的問題。

　　從前的練習方法，爲什麼不適用呢？我想一因其費時太多；二則因其練習的結果，一種是真的練好了的，然其事係專門技術，非盡人所能爲，一種則其實沒有練好。前者是專門名家的書家。後者是科舉的餘孽，以寫大卷白摺的館閣體爲好字的。現在教人寫字的，大致不外乎這兩種人。其真知今日的需要，爲之立一法以求達其目的的，可謂絕無，現在一般學校中，教人習字，固然以適用於今日爲目的，然而所用的方法，亦不外乎此等陳舊的方法而已。用此等陳舊的方法，而要想達現在的目的，豈不是南轅北轍？

現在的習字方法當如何？

（一）求練習時間的減少，以節省精力和日力。

（二）求書寫的容易。——其中包括（A）寫起來不費力，能多寫；（B）而仍能快；（C）仍能使人易於認識這三個條件。

（三）寫字雖爲實用起見，然亦須使人看了不起不快之感。而這一個條件，和使人易識，是有頗密切的關係的。因爲斷無糊塗、奇怪、看了不易認識的字，而會使人起快感的。所以應用的字，和美術的字，並不能截然分開。這正和應用的文章，亦須要一定限度的美一樣。

合於這三個條件的習字方法，當如何呢？請陳鄙見如下：

（一）爲求書寫容易起見，要練習行書，而不要練習真書。孟心史先生有言：字必須有真草兩體並行，因爲書寫要求其省力，求其快，閱看要求其清楚。的確，世界上較爲發達的文字，都是二體並行的。可見需要相迫，各民族自能不謀而合，創造出同一的文化。現在人都說：中國文字書寫的煩難，由於其筆劃的繁多，其實不然。中國字書寫之難，乃由其用真體而不用草體。西文書寫起來，如果個個用真體，其煩難何嘗減於中國字？而中國字，無論如何繁重，在草書裏，很少超過五劃的。又何嘗難於西文？惜乎中國字，雖因進化自然的趨勢，而發展出草體來，後來卻受美術之累，而不能行用了。爲什麼受了美術之累，而至於不能行用呢？因爲應用之字，字體貴乎劃一，而美術貴乎變化。中國的字，因爲書寫求其美觀，所以後人（甲）或者改良前人不美之處；（乙）或者多造一種美的式樣出來；（丙）又或者寫字的人，各有其個性，而各有其所喜寫的式樣；於是字體就紛歧了。在今日，要求書寫的便利，自以制定草體，使之劃一爲最宜。但此事目前恐非私人所能爲，即勿論此，亦非旦夕所能奏效。所以爲目前應用計，仍以練習行書爲最宜。行書有兩種：一種是以真書爲本，而略加流走的，謂之真行。一種是以草書爲主，而略加凝重的，謂之行草。練習又以行草爲宜。因爲其書寫較真行便利得多。至於說不會真書，必不會寫行書，練習必須從真書入手，則純粹是瞎說，請問其理由在那裏呢？

（二）爲求其清楚使人易於認識，而且能保有最小限度之美起見，必須有所模仿，因爲要達到上項目的，亦必有其方法。此種方法，自然自得之難，而借徑昔人較易，此理甚明，無庸更加說明。

（三）爲要節省精力和日力起見，我所主張的惟一方法曰摹。我的此法，是從曾文正公的習字法中蛻化而出的。少時讀《曾文正公家書》，見其教子弟習字之法有兩種：一種是把所習的帖，放在旁邊或前面，自己脫空照着他寫，謂之臨。一種是用薄的紙，復在帖上，像兒童寫影本一般，一筆筆照着他寫，謂之摹。他説兒童寫影本，肯用心的，一兩個月，所寫的字，無不和其所影的字畢肖。因此，他説習古人之字而肯摹，要像古人的字，要容易些。我看這部書時，還没有臨帖。後來臨帖了，苦不能像，姑照他的話試試，果然不差：一兩個月，有些像了。而且給我發見摹除易像之外，還有一種作用，那便是省力。摹較之臨爲省力，此理亦是易明的，無待説明。因精力可以節省之故，時間亦隨之而節省。爲什麼呢？因爲我們有許多零碎工夫，可以利用，然只能用之於輕便的工作，而不能用之於緊張的工作。摹還可以省力，所以在心不甚安的時候，或工作疲乏之餘，摹還可以行，而臨則不能。而且摹不但不費力，有時還可以轉移其勞動於别一方面，引起相對的趣味，藉調節以爲休息。如奔跑之後，影寫一二百字便是。

我因此想，倘使將筆、墨、影寫的紙，所影的帖，都放在一處，有暇有興的時候，便隨意影寫若干，興盡無暇即止；如此者，其人即不再有一種習字的功課。積三四年，其字亦必能達到普遍應用的程度。真要講究書法的，自然不能以摹爲已足。只求普通應用的人，就摹而不臨也够了。我自以爲這是一個發明。慚愧，我連這個都未能試行。然而我却借他人，總算試驗過一次了。有一個青年，書法極劣。我便把此法教他。他所影寫的，係董香光的行書。這個人用力頗勤，在一個暑假中，曾日寫五百字，過此以往，亦不過隨意書寫，然不及三月，其字即焕然改觀。後來亦能替人家寫扇子、對子、條幅等了。而此人的天資，亦僅中等。因此實驗，我敢斷言字要達到普通應用的目的，並不要費多大的精力及日力，即不列爲專課，亦能達其目的。我此言決非欺人。而且還有一句話。照我這方法寫時，並不必用心，只要隨筆書寫，就可以了。因爲寫字是技術，根本是要養成筋肉的反應，並不是臨時用心去指揮手的。要是熟練了，寫字盡可不用心，也還是這樣。若不熟練，你臨時再用心，手也不會聽心的指揮。

關於執筆，我還要説一句話。我們如要寫美術字，執筆是大須研究的。必須遵守一定的法子，不能隨意。雖然其法子亦有好幾種，其途頗狹。至於寫應用之字，則其途甚寬。只須遵守“勿使腕之内側即靠近拇指的一面着案”的一條件而已足。爲什麼腕之内側，不可着案呢？因爲其姿勢，較使腕之外側着案爲不自然。書寫較慢，且易疲勞，因不能多寫。現在寫西文的人，其執筆之法，腕之内側，即較近桌面。我頗疑心西洋人有“書記痙攣病”，而中國人無之，或與其執筆之法，頗有關係。有人說：寫橫行字，尤其寫西文，非如此不可。這亦是爲習慣所蔽，我寫西文，就並不如此。執筆和寫中國字一樣，並不見得慢，也無甚不便。

原刊《知識與趣味》第一卷第六期，
一九三九年十二月二十一日出版

唐宋暨以前之中日交際

日本與中國之交際，前後不同：自漢至唐，以國家之往還爲主，宋以後，則以人民之往還爲主矣。而國家之往還，亦前後不同：南北朝以前，日本甘心臣服中國，隋以後始欲以敵國自居，然中國迄未嘗以敵國之禮待之，日人亦無如何也。

漢、魏時中日交際已見《卑彌呼》條。晉泰始初，日本又重譯入貢，其後與北朝無交涉，與南朝則往還頗繁，具見《宋書·夷蠻傳》、《南史·夷貊傳》。倭王及世子之名，可考者凡五，據近代史家所考，則倭王讚爲仁德天皇，讚弟珍爲反正天皇，倭王濟爲允恭天皇，濟世子興爲安康天皇，興弟武爲雄略天皇。其時日本表文，恒自稱使持節、都督倭百濟新羅任那秦韓慕韓即馬韓諸軍事、安東大將軍、倭國王。中國但去百濟二字，餘即如其所稱以授之。蓋百濟、日本，同受封於中國，不當使日本督百濟也。木官泰彥《中日交通史》謂《日本書紀》，實係鈔錄中國史，而於《宋書》中所載倭事，悉屏不錄，蓋以稱臣奉表爲辱國之事故。唐代詔書，日史不載，亦係此意。案源光國所作《大日本史》，青山延光所作《日史紀事本末》。亦均謂通使始隋，於南北朝前事皆不載。然亦謂此事爲掌書記之漢人所爲，其王室初不之知，終未免辭遁矣。

蘇因高之來，挾日出處天子致書日没處天子之書，是爲彼欲與我亢禮之始。貞觀四年，日本始通使於唐，唐使新州刺史高表仁此從《舊唐書》，與日本史合，《新唐書》作高仁表送之，至都，與爭禮不平，不肯宣天子詔，可見日人之倨傲。《日本國志·鄰交志》謂新舊《唐書》，不載日人一表，桓武天皇延曆二十三年，唐德宗貞元二年，葛野麻呂使唐，遇風，飄至福州長谿縣，州吏訝其無國書，入船檢察，葛野麻呂命學僧空海致書觀察使云："竹符銅契，本防姦僞。誠實無詐，何事文契？敝邑使人，已無詐託，信物亦不用璽印，建中以前，舊典如此。今以無國書見責，事與昔乖，願顧鄰誼。"黃氏謂："據此，則當時使臣皆不齎表文，蓋不臣則我所不受，稱臣則彼所不甘；而彼國有所需求，不能停使，故爲此權宜之策耳。"又日本孝謙天皇天平勝寶二年,唐玄宗天寶九年也,遣藤原清河等於唐,既至,正月朔,玄宗受諸蕃使朝賀於含元殿,叙新羅使東,班在大食上;清河等西,班在吐蕃下,日本留學生阿部仲麻吕以爲不宜班後新羅,爲之請,將軍吳懷寶,乃引清河與新羅使易位。黃氏謂:"其在中國列之於新羅、大食之下,未嘗待以鄰交;而其在日本,遣使則不齎表文,迎客則不居臣禮,以小事大則有之,以臣事君則未也。"黃氏之書,意欲藥當時中國自大之病,故多鍼砭之辭。其謂日人未嘗肯臣中國,固係實情;然中國不以鄰敵之禮待之,日亦未能顯拒,則亦不可不知也。小野妹子即蘇因高。之來也,隋使裴世清送之。《中日交通史》云:"妹子歸,奏稱煬帝報書,在百濟見掠,本居宣長馭戎慨言曰:"隋帝之書,甚爲倨傲,故妹子僞稱被掠,不以上聞。"至裴世清所齎之書,則載於《日本書紀》,首云"皇帝問倭皇",下又有"知皇介居海表,撫寧民庶,境內安樂,風俗融和"等語,而《經籍後傳記》則云:"其書曰皇帝問倭王。聖德太子惡其黜天子之號爲王,不賞其使。"木宮泰彥謂《書紀》改王爲皇,其說是也。日本之遣使於唐,自舒明天皇二年始,貞觀四年。而終於仁明天皇承和五年,唐文宗開成三年。尋常以爲終於宇多天皇寬平六年,即唐昭宗乾寧元年,然是年使實未行。前後二百有八年,遣使者十九。唐惟代宗大曆十四年,曾遣中使趙寶英送其使歸國,溺於海。其僚屬孫興進,秦衍期以明年至日。日史亦謂有國書。黃氏謂寶英乃中使,有無國書,已有可疑,即有之,亦不當在僚屬手。宋徽宗政和六年,中國商人齎牒至日。牒云:"矧爾東夷之長,實惟日本之邦。曩脩方貢,歸順明時,隔闊彌年,久闕來王之義;遭逢熙旦,宜敦事大之誠。"日本鳥羽天皇下百官議,置不答。菅原在良之議曰:"推古天皇十六年,隋煬帝書曰皇帝問倭皇;天智天皇十年,大唐郭務悰來聘,書曰大唐帝敬問日本天皇;天武天皇元年,郭務悰來,書函題曰大唐皇帝敬問倭王,又大唐皇帝勅日本國衛尉寺少卿大分書曰:皇帝敬致書於日本國王;古式如此。"隋煬帝書辭之不實,説已見前,黃氏云:"考郭務悰乃劉仁軌所遣使,當時以係私使,不令入京,而此云有國書,疑失實。"予案唐與日本書函往來,宜有定式,不應忽稱日本,忽稱倭;忽稱天皇,忽稱王,忽稱國王。《唐書》云:"日本,古倭奴也。"又云:"後稍習夏音,惡倭名,更號日本。使者自言國近日所出,以爲名。或云:日本乃小國,爲倭所并,故冒其號,使者不以情,故疑焉。"《唐書》此語,繫咸亨元年遣使賀平高麗後,則自咸亨以前,猶以倭之名自通,天智十年,猶在咸亨之前,安得有問日本天皇語? 則在良之議,信否又甚可疑矣。唐開元二十四年賜日本勅書云:"勅日本國王主明樂美御德。"黃氏云:主,《唐書》作王,當從《文苑英華》;衛,《文苑英華》作御,當從《唐書》。黃氏謂此六字實日本天皇二字譯音，蓋中國問其國王之名，而日使詭辭以對。然則安敢以天皇二字，自通於唐？而唐勅書亦安得有敬問日本天皇之語歟？且日於當時，亦未聞拒唐勅書不受也。又宋神宗時，日僧成壽弟子歸國，神宗託致日皇御筆文書金泥《法華經》及錦，日人以書中有迴賜日本國之語，會議當受與否，歷三年不決，然終以書物爲報。亦見《中日交通史》。此則其不願稱臣於我；然亦我以上邦自居，彼未能堅拒之明徵也。宋朝與日本往還，惟神宗、徽宗二次，此外日史所謂大宋牒文狀，皆明州刺史書，日亦以太宰府之名報之。然南宋乾道八年，明州刺史贈方物，牒文有賜日本國王語，日人大譁，平清盛不顧衆議，卒作報書，則日本武人之甘心屈節，由來已舊，正不必獨咎後來之足利氏也。明太祖洪武元年，使至日本、安南、占城、高麗告建國；二年，又使至日本責以倭寇事，皆爲日人所拒；三年，使趙秩往，日人乃遣使偕來。《明史》謂日奉表稱臣，則《明史》之誤。然中國當是時，必不必得一日本之稱臣爲榮，《明史》亦未必致誤。諉爲僧人所爲，則又以南北朝對我之稱臣，諉諸漢人掌書記者之故智也。豈有此等事而執筆者敢擅專之理歟？足利義留受封於明，其子義持不以爲然，後遂與明絕，然其初立時，明人封冊之，義持亦遣使謝恩也。

原刊《兼明月刊》創刊號，一九三九年出版

新 年 與 青 年

"分明昨夜燈猶在，忽被人呼作去年。"_{張船山詩}。一樣的一個日子，一經定爲節日，人心上就覺得有些不同，這是什麼原故呢？

諸位總還有讀過《論語》的，《論語》上有一句："顔淵問爲邦。"爲邦就是治國，孔子在積極方面，答復他四句，第一句是"行夏之時"。所謂行夏之時，就是把舊曆的正月，定爲正月，算作一年的開始。這個在曆法上謂之建寅。古代的曆法，還有把舊曆的十一月算正月的，謂之建子；把十二月算正月的，謂之建丑；都是孔子所不取的。後世遵從孔子的遺教，漢武帝太初元年，定以建寅之月爲正月，其時還在西曆紀元前一百零四年，下距民國紀元二千零十五年了，把那個月定做正月，究竟有什麼關係？孔子要看得如此鄭重呢？

人們做事情，總要把他分做若干段落。到一個段落告終，又一個段落開始，就要把舊的事情，結束一番；新的事情，預備一番；其間則休息幾天。如此，做起新的事情來，才會有精神，有計劃；而當這新舊交界之間，就覺得有一番新氣象。這種段落，有的純出於人爲，有的則是自然所規定的；大抵一切事情，都可由人隨意制定，祇有農業，不能不受季節的支配。中國很早就是個農業國。全國中大多數人，都是以農爲業，而政治上，社會上一切事務，也是要隨着農業的季節而進行的。在農業上，把舊的事情，一切結束完畢，再將新的事情，略行預備，而於其間休息若干天，這在建丑、建寅兩個月之間，最爲相宜，所以孔子要主張行夏之時。《禮記》裏有一篇《月令》，《呂氏春秋》裏有十二篇《十二紀》，《淮南子》裏有一篇《時則訓》。這三種書，大同小異，其根源就是一個。他的内容是（一）規定某月當行某項政令，（二）又規定某月不可行某項政令，仿佛學校裏的校曆一般。我們現在將學校裏規定一學年中行政事項一張的表，稱爲校曆，則這三種書，可以稱爲政曆；學校裏，倘使不照校曆行政，當春秋溫和之日，放起假來；冬夏寒暑之時，反而開學，豈非很不適宜？那麼，一國的行政而凌亂失序，其貽害就更大了_{如當農時而築城郭、宫室；修理堤防，通達溝澮，不在雨季之類}。所以孔子要主張"行夏之時"，而"行夏之時"這一句話，其内容所包括者甚廣。然則從前人們，所以每到新年，總覺得有一番欣欣向榮的新氣象，並不是什麼無意識的舉動，貪著新年好玩，因爲在做事情的段落上，是需要一個結束，一個預備，和中間若干天的休息，而這段落的定在這時候，是確有其理由的。

孤島拘囚，轉瞬兩年了。在這四面氛圍，而中間仍保留著現代都市氣味的孤島上，再也看不見舊時的所謂年景。老實説：在工商社會裏，年和節，是沒有多大意義的。因爲人們休息不到幾天。而且在工商社會裏的人，是真正赤貧的。什麼叫做赤貧呢？赤就是精光的意思，就是一點都沒有了。在辭類中，也説是一貧如洗。真正把人們的東西搜括得精光的，不是天災，也不是人們所看著驚心動魄的人禍。這些，都不能把人們的所有搜括得精光的。真正把人們的所有搜括得精光的，是商業。你如不信，請你留心觀察。我們走到遠離都市的鄉下人家，看得他很苦，可是他家裏，總拿得出一些東西來，什麼糕啊！餅啊！團子啊！爲過年而做的菜啊！甚而至於家釀的酒啊！這是我們在舊式的村鎮上，或者小城市裏，訪問親戚時，所常常吃到的。在大城市或大都會裏，你試去訪問一個中等的薪給者之家。他家裏有什麼東西呢？要是檢查比較起來，一定不如一個鄉農家裏的豐富。這些都到什麼地方去了呢？不是天災把他消滅了，也不是有形的人禍把他搶去的，倒是有著極和藹的面目的交換，把你所有的，都搜括去了。你不見現在的市廛上，五光十色，充滿了劣貨麼？誰覺得他有前綫上血飛肉搏的可怕？誰知道他的可怕反甚於血飛肉搏，而人們所以往往要血飛肉搏，正是爲著交換上的有利呢？交換的起原，難道是如此的嗎？作始也簡，將畢也巨，人們做一件事情，往往不察實情，祇是照著老樣子做，事情的内容，早已改變了，而做法還是一樣，到後來，就要控制不住這件事情，而這件事情，反像怒濤一般，把人們卷入其中，莫能自主了。一切制度，都是人爲著控制事情而設立的，到後來，人反被制度控制了，就是爲此。我曾説：家族制度，交換制度，是現社會的秩序的兩根支柱。倘使把這兩根支柱拉倒，現社會的面目，就全變了。家族制度，此篇中無暇論列。交換制度，看上文所説，可以略見一斑："撥亂世，反之正，莫近於《春秋》。"《太史公自序》中語。我勸現代的青年，不可不找一部現代的《春秋》來，仔細研究研究。

還記得我在兒童時代，每遇新年，總是歡天喜地的。穿新衣啊！吃啊！玩啊！在隔年，祇恨新年到來得遲；開了年，又恨新年過去得快。絲毫不知道愁苦。在青年時代，也還保存著這種豪興，那時候，看見家裏的大人，遇到年節，不以爲樂，反有點厭倦的意思，全然不能瞭解。到成年之後，家計上身，就漸漸踏上前輩的舊路了。做糕團啊！做過年的菜啊！到親戚家裏去賀年啊！送禮物啊！給小孩子壓歲錢啊！給傭人賞錢啊！在在須錢，而且事事費力，總而言之，就是"勞民傷財"四個字。如此幾個年過來，自己也不免覺得有些厭倦了。難道過年的初意，是這樣的嗎？我們的老祖宗，都是鄉下人。我們現在過年過節的風俗，都還是農村上帶來的，農村上的生活，遠不如普通城市裏的緊張，更無論大都會了。那時候，我們有的是工夫，有的是精力，親戚朋友，得暇正要去看看他們呢，正盼望著他們來呢。交際酬酢之間，真意多而虛文少，何至以酬應爲苦！農家所有的東西，還沒給商人搜括淨盡。家裏有的是材料，娘們有的是工夫和精力，趁這歲晚餘閒，做些菜，做些點心，何妨大家樂一樂。在這種風俗，照新說法也可以喚做制度，創始的時候，原是和環境很適合的。到我們遷居城市之中，甚而至於現代的大都會之中，就面目全非了，新環境不能適用於舊制度，正和身體長大了，不能再著小時候的衣服一般。然而人，爲什麼拘守著舊制度，反做了制度的奴隸，以致自尋煩惱呢？因此想起來，我們的老祖宗，住在農村上，喝没有自來水——那時候，原用不著自來水的。農村倘使靠近大河，臨流而汲，原很清潔，如其不然，鑿井而飲，因爲居人的稀少，井泉來源，也不會污穢的。走没有馬路，那時候，原用不著馬路的，因爲没有摩托卡，也没有馬車，獨輪小車，舊式的街道，也盡夠走了。然則一切事物，我們現在覺得不適宜的，當其起原的時候，都是很適宜的，病祇在於我們的守舊而不知變。我們爲什麼不知道審察環境，以定辦法，而凡事祇會照著老樣子做呢？我們幾時才能以理智駕馭事物，而不做事物的奴隸呢？這是一個文化的大轉變。其責任，就都在青年身上。

在過年的時節，有的是玩。玩的事是些什麼，列舉是列舉不盡的，我們祇能總括的就其性質上說。《孟子》上有一句"博奕好飲酒"。我想這正可以代表玩的分類：

玩 ｛ 爭勝負的 ｛ 博 — 憑命運的
　　　　　　　 奕 — 憑計畫的
　　　不爭勝負的——飲酒

博奕飲酒，雖然是玩的事，可是做正事的性質，也不外乎此。我們做事，有些事，成敗是無從預料的，祇是盡人事以待天命，這是博的一類。有些是多少可以人力控制的，多算勝，少算不勝，這是奕的一類。淺而言之，似乎奕遠優於博。然而世界上的事，不能以人力控制的居多。即能以人力控制的，其可控制的成分，亦遠不如奕。倘使我們做事，件件都要計出萬全而後動，那就無一事可做了。然而在能以人力控制的範圍中，我們總還要謀定而後動。所以我們作事，該用下棋的手段，又要有賭博的精神。賭博的精神，是被世界上的人看作最壞的精神的。我現在加以提倡，一定要引起人們的誤會。然而賭博的精神，本不是壞的。壞的是賭博的事業。賭博的事業，是借此奪取財物的，所以爲人們所鄙視。誰使你將可寶貴的、值得歌頌的賭博精神，用之於奪取財物呢？真正的賭博精神，不計一己的成敗，毅然決然，和强大的勢力鬥爭，這真是可寶貴的，值得歌頌的。把這種精神，用之於奪取財物，正和有當兵本領的人，不當兵而做强盜；有優裕武力的國，不用之於義戰，而用之於侵略一樣。

　　現在所過的是新曆的年，新曆雖然頒行了已經二十八年，人民過新曆的年，總還不如過舊曆年來得起勁而有興味。這是無怪其然的。因爲中國是個農業國，在農業上，把舊的事情做一個結束，新的事情做一個預備，其時節，在新曆的歲尾年頭，確不如舊曆的歲尾年頭爲適宜。且如商人，做了一年賣買，總要把帳目結束一下，然後可算告一段落。内地大多數的商店，雖然開設在城市，其衆多的主顧，實在農村。各小城鎮商店的結帳，要在農村收穫，把穀糶出了以後。各大都會商店的結帳，又在各小城鎮的商店結帳以後。如此，也非到舊曆的歲尾年頭不可了。所以四民之中，真正不受季節的支配的，祇有士和工兩種人。然而這兩種人，在全國中是少數。舊式的工人，都兼營農業。人是社會動物，看了大多數人，都在什麽時候結束舊事情，預備新事情，休息若干天，把這個時節算做辦事情的一個段落，自會受其影響而不自知的。這也有益而無損。在未行新曆之前，學校每於舊曆的歲尾年頭，放年假。新曆頒行以後，覺得名實不符了；在國民政府統一以後，且爲法令所干涉，於是改其名曰寒假。有些地方，還有寒假其名，年假其實；有些地方，則真正把寒假和年假分開，舊曆的歲尾年頭在開學了，然而仍爲人情所不樂。即教育家，也有說："舊時的年假，使鄉村人家在城市中讀書的孩子，在這時候，回去看看他們的父母親，練習社交的禮節，知道些社會上的風俗，是有極大的意義的。"曆法的改革在於去掉三年一閏的不整齊；在於和世界各國可以從同，便於記憶，省得計算，我也贊成。但是政令上所定的歲首，根本上用不到强迫人民視爲辦事的一個段落。相傳中國古代，建正之法，本有三種：一種是建子，據説是周朝所行。一種是建丑，據説是商朝所行。一種是建寅，據説是夏朝所行。然而《周書》的周月解，有這麽幾句話："亦越我周王，至伐於商。改正異械，以垂三統，至於敬授民時，巡狩祭享，猶自夏焉。"通三統，不過是後來的學説。儒家認爲夏商周各有其治法，應循環迭用的，即夏尚忠，繼之以殷尚質，再繼之以周尚文，而仍返於夏尚忠。

所以依儒家之說：一代的王者，當封前兩朝的王者之後以大國，使之保存其治法，以備更迭取用，二王之後，仍得行前代的正朔的。事實上，大約在古代，夏商周三個部族，是各有其曆法的。後來三個民族漸次相同化。因爲建子、建丑，不如建寅的適宜。於是在國家的典禮上，雖然多帶守舊的性質，不能驟變，而在民間的習慣上，則這一點，漸次和夏族同化了。於此，可見國家所定的歲首，能和社會作事的段落相合固好，即使不然，也不要緊。正不必強迫人民，定要把這個時候，作爲新舊交替的界限。況且古代，國家的地方小，全國的氣候，比較一律。民間作事的段落，其時間，自然也可以劃一了。後世疆域廣大，各地方的氣候不同，作事的段落，就根本不能一致，當此情形之下，自沒有強行整齊的必要。所以我的意思：國家所建的正，和人民所過的年節，在古代可合而爲一，在後世必須分而爲二。這是世事由簡單而趨複雜，不得不然的。十年以前，強迫學校每當舊曆的年關不許放假；商店在舊曆的年關不許停業；人民在舊曆的年關不許放爆竹、行祝賀等；根本是不必要的干涉。我在當時曾經說：把年節公然和歲首分開，定在新曆的二月一日，就容易推行了。曾把此意叩問過二十多個大學生，沒有一個以爲然的，而他們也並說不出什麼理由來。廖季平先生的見解自然是近於守舊的，晚年的議論，且入於荒怪，自不能解決現代問題，然而他有一個議論，說：“全地球的曆法，應當依氣候帶而分爲好幾種，不當用一種。”這種思想，却甚合理。這一議論，說他做什麼呢？難道在今日，還有工夫來爭年節該定在什麼時候麼？不是的，我說這一番話，是表示一個人的見解要宏通。一件事，關涉的方面多著呢！內容複雜得很呢！一個人那裏能盡知？所以在平時，要盡力研求；在臨事之時，要虛心訪問，容納他人的意見。如此，纔可以博聞而寡過。在政令干涉人民用舊曆之時，有一個手持曆本，在火車站上叫買的小販，歎息說：“現在老法的曆本被禁，連販賣曆本的生意也難做了。”旁邊一個人問他：“你看還是老法曆本好？還是新法曆本好？”販賣曆本的人說：“自然是老法曆本好。”旁邊一個少年，怒目而視道：“爲什麼老法曆本好？你怎會知道？”眼光盯牢這販賣的人久久。這個少年的意思，是真誠的，然其愚可憫了。他竟認爲禁絕舊曆，推行新曆，對於國家社會，真有很大的關係。一個人懷挾著這種意見，固然不要緊。然而社會上這種淺慮的人多了，就要生出許多無謂的紛擾來，無謂的紛擾多，該集中精力辦的事，反因之而鬆懈了，所以凡事不可不虛心，不可太任氣，偶因新年，回憶所及，述之以爲今日之青年告。

原刊《青年半月刊》第一卷第六期，一九四〇年一月一日出版

倉儲與昏鈔倒換庫

　　倉儲因賑濟而設者有三，最早者爲常平倉。其理見於《管子書》及《漢書·食貨志》所載李悝之説。以穀物秋收時價賤，至翌年青黃不接時則價貴，價賤時恒爲商人所收買，至價貴時出賣，故生之者與食之者俱受其弊，惟商人獨贏。主張當秋收時由官收買，以稍提其價，至價貴時則按平價出賣。如是，商人不能牟非分之利，生之者與食之者交受其益，而公家仍有微贏，以平價必較收入時之價畧昂也。故不待別籌經費，而其事即可永久維持。此説在戰國時曾行與否無可考。至漢宣帝五鳳四年，耿壽昌立常平倉而始行之。其時，下距民國紀元，既一千九百六十五年矣。此法以理言之，無可訾議。然古代糧食之買賣較少，而官家所挾銅積甚多，古之銅，乃所以製兵器，奢侈者則以鑄寶鼎等，故其物咸藏於公家。其後民稍樂用錢，公家乃出所藏以資鼓鑄，故其力甚厚。後世鑄幣之材，咸散在民間，則其情形大異矣。賈生論國法治本之策曰收銅勿令布，此漢距古近，故可爲是畫耳。若在後世，銅可得而盡收邪。故能收操縱之效，至後世，糧食之市場愈廣，而官家之資本益微，則其效不可睹矣。當商業未興之時，物之藏於民家者恒多，商業愈盛則愈少。此觀於今日之都會及鄉邨而可知。故耕九餘三之制，後世必不能行，每逢荒歉之年，農民尤受其累。隋文帝時，長孫平乃建義倉之策，令民於收穫之月，隨意捐輸，於當社立倉存儲，荒歉即以充賑濟。必以社爲範圍者，使民易見其利，且可自行管理，意至善也。然來源僅恃樂輸，其力太薄。又民或不能自行管理，而移之於縣，則全失初意矣。故其事未久而廢。惟常平以爲法令所定，饎朔猶存。然爲力既薄，其惠僅及於城市游手之民而已。深山窮谷，胼手胝足之民，蓋有飢死而莫之恤者，是則可嘆也。抑常平錢穀，平時死藏不用，坐視豪富之家，邀倍稱之息，復何爲哉？鄉使農民皆得以微利貸資糧，以奉耕耘，剝削既輕，生計自裕，雖有凶荒，將見不待賑施，而亦自能温飽矣。與其治之於既病之後，孰若治之於未病之先？此王安石所以立青苗之法，令以常平錢穀，方春貸之於農民也，然其效非旦夕可期，況其事且格不能行邪？此農民

610

之所以困頓如故也。朱子出，乃兼綜長孫平與王安石之意而立社倉，其以社爲範圍與義倉同，而其可充借貸則與青苗法同。集兩法之長而去其短，宜乎言倉儲者，皆以此法爲最善，而謀積貯者，亦惟此法是遵也。

然有不可不知者：常平、青苗，皆與剝削種穀食穀之人爭，義倉社倉，則坐視剝削之人而無如之何，徒使受剝削者，更自謀免死之道而已矣。猶坐視人涸江河之水弗能障，而徒教魚相濡以沫也。其非治本之策可知也。不哀多何以益寡？非稱物何以平施？食爲民天，即微論大中至正之規，亦當爲去泰去甚之計，其不能不師古人常平青苗之意，而爲窮變通久之謀審矣。青苗之法，今之農民銀行實繼之，今姑勿論。論師常平之意，而可以變通盡利者。

語曰："作始也簡，將畢也巨。"商業之初興，夫固人人所同利也。何也？人非通工易事無以爲生，而買者欲求賣者，賣者欲求買者皆甚難。非有商人以居其間焉不可。故商業之初興，誠能使生之者與食之者，爲之者與用之者，各得所欲；且較之競相交易，爲節勞而省費也。然以買者賣者之不易相接也，居其間者，遂得以肆其挾持而牟大利焉。其買也，以生之者與爲之者不得不賣爲度，而必不肯多出一文之價。其賣也，以食之者與用之者猶能購買爲度，而必不肯少收一文之價。如是，則生之者與食之者，爲之者與用之者俱瘠，而居其間者獨肥矣。此近世大工業興起以前，商人之所以恒富；而鄉之言治者，所以深惡而欲裁抑之也，非偏也，哀多益寡，稱物平施之道固然。生之者與食之者，爲之者與用之者，豈不疾首而痛心？公家豈以是爲當正？亦曰：勢渙而不能與爭，力薄而無如之何耳。衆民之資，散之則見其少，合之則見其多；公家之力，無資財以供其用，則覺其薄，有資財以利其行，則覺其厚，故當今之務，在於公家使生之者、爲之者、食之者、用之者協力以裁抑居間者。其策惟何？當新穀將登之時，公家印行穀券，售之民。或一元焉，或五元焉，或十元焉，析之必至於其微，使凡薄有餘貲，而能少儲糧食者皆可買，即集是資以買新穀，則常平之糴本驟增矣。商人之借糴賤糶貴以牟利者，固將弗能與爭，況公家又可以政令之力自輔也？今歲上海穀貴，好義者集資以買洋米，而穀價果暫平，此亦其小試而效可見者。惜其惠僅及於大工廠大商家，而未及於齊民。齊民之資力雖微，合之，殆非若干大工廠大商家所及；且其有待於振救亦愈甚也。合齊民之資，以舉常平之實，以理以勢咸宜。

抑古人之欲裁正其價者，非徒穀也。《漢書·食貨志》《注》引《樂語》曰："天子取諸侯之土，以立五均，則市無二價，四民常均，彊者不得困弱，富者不得要貧，則公家有餘，恩及小民矣。"此天子指邦畿千里之君，諸侯指其畿內之小侯。蓋大國之君，於其四封之内，擇要會之地，立市以售百物，使其價常平，商賈不得牟厚利，猶其平穀價之意也。此説亦詳於《管子書》。今不暇具引，細讀《輕重》諸篇可知。桑弘羊行均輸，王莽立司市，猶知此義，然公家之力，控馭食物尚不足，安能更及百物？其不克舉其實，固無待再計矣。然非遂無術也。語曰：「工欲善其事，必先利其器。」又曰：「爲高必因丘陵，爲下必因川澤。」今固有平物價之器，若山陵川澤之可因者矣，曷爲久熟視而無所睹邪？

　　交易愈盛，則錢幣之用愈弘。幣有子母，用楮則有新舊，皆須相易。金源之世，嘗有昏鈔倒換庫之設矣，即在州縣署中。人民憚與官交易，又一縣僅有一庫，則於事弗給，故仍不足以便民。至近世，而營兑換之事者漸多，且有專以是爲業者焉，又三百年來，菸之流行愈廣，至近數十年，卷菸出而亦盛，窮鄉僻壤，無不有營是業者。而兩者遂合爲一，所謂烟兑店是也。烟兑店之散佈，幾於無遠弗届矣。公家立市以謀控馭物價，固亦宜無遠弗届，則莫如即烟兑店而改爲官營之良。自亡清之季至於民國改用紙幣之年，銀幣之成色屢易。幣不一則觀聽不齊，市肆異用，故新幣行，舊幣非收回改鑄不可。然此非公家之力所及也。乃每改幣必少減其成色，藉惡幣驅逐良幣之原則，引舊幣自歸於消滅焉，其策果效。試問搜集舊幣，使之消滅者誰也？近日輔幣缺乏，中央銀行首次發出五十萬，民間幾於未見，果何往邪？巧於立説者曰：市民喜其新奇而藏之。詰以所藏何能如是之多？則曰，租界居民三百五十萬，七人而藏一分，則輔幣不可見矣。烏呼！何其言之如簧邪？吾不知食不飽、衣不暖之徒，生趣索然，何心藏分幣以爲玩？飽矣，暖矣，有餘間以事玩好矣，吾又不知其所好適在分幣者，凡有幾人。當紙幣初出時，何種不新奇可玩？即硬幣亦何獨不然？主輔幣之新發，奚止一次？何以昔不聞人之藏之，而獨於今之分幣愛好之甚也？夫今之收藏輔幣者，豈曰絕無其人？然其數實至微，而即此極少之人，亦正以分幣之不可見，乃收藏之以爲玩或備用耳。然則匿而不出者，分幣少之果，而非分幣少之因也。乃以壅塞弗通之罪，蔽之三百五十萬之市民。烏呼！何其言之如簧邪？抑何其顏之厚也？然則分幣之必有所往可知矣。其何往吾姑勿問，而使之往者誰也？《詩》曰：「不自爲政，卒勞百姓。」曷怪三百五十萬之市民，有所觖望於發行之銀行邪？

　　今有其物遍佈於民間，可藉以謀生民之樂利至便，而縱任之，則其乘機剝削人民，所及亦至廣者，改歸官營，誰曰不宜？且此非奪民業也，按其本，給以股票，其當得之利，猶如故也，或且更穩固也。所不能更得者，不當得之利耳，此則一家哭何如一路哭邪？亦非使受庸於其間者失業也，畧加訓練，其人固皆可用，其工資且可增加。特必調至他處，而不容即在其故肆，以其循行舊徑太熟也，然亦可給以路途之費，不使其有所損也。作始也簡，將畢也巨。烟兌所及之普，蓋不下於鹽鐵，寡取之而其利已不貲矣。且其遍佈於民間，於推銷貨物尤便。凡製造之家，欲論國營之烟兌店銷售者，不妨立一章程，薄取其利，使較托私家代售者爲有贏。如是，則托代售者必大集。以國營烟兌店始者，將以國營百貨店終，至於百貨皆歸國營，則欲賣者可皆賣諸國家，欲買者亦惟有求諸國家。國家之買也，可悉如其成本之多寡，而不復論其貨與量。其賣也，可使遠近大小若一。上田之所入，三倍於下田，則買上田之穀石十元者，買下田之穀石三十元。飲紹興酒者，在紹興與西藏新疆同價，何也？總計凡紹興酒之運費，而均攤之以定售價，全國一律，不以地而異也。如是行之若干時，則人無牟利之心，生之者、爲之者皆爲大衆效勞，而太平大同之盛可幾矣。

原署名：程芸，原刊《美商青年半月刊》第一卷第七期合刊，

一九四〇年一月一日出版

四史中的穀價

上海米價超過四十元，大家唤着生活難了。確實，生活是艱難的。然而生活之難，並不自今日始。我們的歷史，雖只短短幾千年；社會上的情況，變化無方，不能用古事來作比方的，雖然很多；然目前情況，能搜得過去相類的事情，以資比較的，亦還不少。不過歷史是有進化性的，不可誤以爲古事全和現在的相同；更不可誤以爲現在的事情和其變遷的結果，一定會和古代的事情，走上同一路徑罷了。我的留意於物價，是從前清末年濫鑄銅圓的時候起的。那時候，社會上的工資、物價，還大部分用銅錢計算。銅元一濫發，價格跌落，物價就比例上升，做生意的人，以銀兩或銀圓買進，而以銅元賣出，因銅元價格的繼續跌落，往往至於虧本。尤其是靠工資生活的人，收入的是銅幣，而物價則因大商店的進本，多是銀兩或銀圓，按照成本，批給小商店；小商店再批給零賣商；各按成本，換成錢碼賣出，就較原價高出好幾成。轉瞬而加倍，不多時就三倍、四倍。繼續上升，更無限制。於是一班靠工資生活的人，就幾乎不能生活了。我看到這種現象，開始感到幣價的漲跌，影響人民生活極大，就想搜集材料，以研究歷代的幣價。貨幣是和一切貨物，處於相對的地位，要研究幣價的高低，非搜集一切物價的記錄不可。這在歷史上，材料頗形缺乏。其中只有穀價，記載比較多些。我於是以穀價爲標準，衡量歷代的幣價。因此，對於歷代的穀價，也知道了一些。這種問題，關涉的方面很廣，計算的方法又多。個人搜集的力量有限，我又不是研究經濟學的人，自然所搜集的材料，去完備甚遠；研究的方法，更説不上精密。然以我歷年所搜輯的資料，倘使整理排比，畧附説明，已可寫成兩厚册。惜乎現在都在淪陷區的破屋中。書籠被人打開，拋棄滿地，經一個不甚識字的人，替我胡亂拾起來，胡亂裝在箱子裏，借一家人家兩間屋子堆着。我的書籍、稿本，總算起來，存留的，還有五分之二。然所存留的是什麽？所亡失的是什麽？全然不可知了。此項稿本，是在古書上搜輯而成的，倘使亡失，倒還不足深惜。倒是歷年來在報紙上搜輯所得的;以及聞諸故老,未曾見於記載的,或者不易再得,或竟無法再得,幾乎是無可恢復的損失了。現在要我談起穀價和幣價來,我只能據記憶所及,約畧翻檢書籍,説一個大概,是很不精密的。而手頭又只有一部四史。據此而談,其材料自然更形貧乏了。但是,這雖説不上知識,趣味或者還有一些。主編的先生屬我爲新年號作文,就把這寫出一節,以供大眾的消遣罷。

歷史上穀價可考的,起於戰國之世。《史記·貨殖列傳》述計然的話,計然,據説是越王勾踐時人,還是范蠡的老師,則其時可算在春秋之末。但這種説法,大抵是戰國時人所托,未必真是計然講的,説穀價每石二十個銅錢,則穀的生産者農民受害。九十個銅錢,則農民以外的消費者受害。貴不過八十,賤不過三十,則生産者和消費者,都得其利。《漢書·食貨志》載李悝的話,説農民一家五口,種一百畝田,每畝收粟一石半,共得一百五十石。除去什一之税十五石,還剩一百三十五石。吃,一個人一月一石半,五人全年,合計九十石。還剩四十五石,每石賣錢三十,共得錢一千三百五十文。古人最重祭祀,地方上的公共祭典,如社祭等,再加上家裏的祭祀,共計費錢三百文。還剩一千零五十文。衣服,每人每年通扯三百文,五個人就要一千五百,已經不夠四百五十文了。而疾病、死亡以及田税以外的賦税,還不在内。李悝説:這是農民所以困苦而不樂意種田的原因。李悝説穀價,以每石三十文計算,也和計然相合。當時已有糧食商人。看《管子·輕重》諸篇可知。大概起碼的米價,爲農民所得,自此以上,則都是販賣囤塌的人的利益了。每石賣錢八十,已經超過最低的價格一倍又三分之二,而計然還認爲正常,至少還是可以容忍的價格。可見當時的糧食商,對於生産者和消費者的剥削,已經很深了。一個月吃一石半,就是一天吃五升,照現在的量算起來,無論何人,都沒有這般大的肚子。所以要知道古代穀的消費量,先要知道古代的權量。古代的權量,也是一個考據問題,現在不暇細講,我只用楊寬先生考證的結果,則秦漢時的量,當近代的量的五分之一。在秦漢時,斛是量法,不是權法。十升爲斗,十斗爲斛。一百二十斤爲石。石的多少,恰好和斛相等,所以十斗之數,也有稱爲斛的,也有稱爲石的。一天吃五升,就是現在的一升。而把穀打成糙米,又要打個六折,見《後漢書·伏湛傳》注引《九章算術》。然則古代食米五升,等於現在一升。若食穀一升,則僅得現代的六合。在壯年勞力的人,並不能飽。李悝計算農家的食糧,以每人每日五升爲率,大約因五口之家,是以一夫上父母,下妻子爲標準的。父母是老年人,子是小孩,妻是女人,其食量,都比壯年男子要少些,所以勉強够吃,全換了壯年男子，便不行了。《漢書·趙充國傳》：充國計畫屯田以禦西羌，請留兵一萬零二百八十一人，每月要穀二萬七千三百六十斛，則一個人一天，要吃八升八合多。《三國志·管寧傳》注引《魏畧》，當時有兩個窮人，一個喚做焦先，一個喚做扈累，都由官給口糧養活，每人每天五升。焦先因不夠吃，有時只好替人做工。又引《魏氏春秋》：有一個人，綽號喚做寒貧的，也由官給一天五升的口糧養活，則因不能做工，而有時要向人討飯。《莊子·天下篇》也說，五升之飯，先生吃不飽，弟子也是要餓肚子的。這是莊子述宋鈃、尹文的話。宋鈃、尹文都是墨家。墨家的自奉，是極薄的，所以他們自述所需，一天只要五升米的飯。都是五升穀吃不很飽的證據。然則李悝計算農家的食糧，以每天每人五升爲率，雖有老弱婦女和壯年男子通扯，也是一個很低的生活標準了。官發口糧，以每人每日五升爲率，大概就是依據通行的最低生活標準而定的。照此計算：則《史記》、《漢書》上的一石穀，等於現在的二斗。其價爲三十文，則現在的一石穀，在當時值錢一百五十文。把穀舂成糙米，打一個六折，則穀一石，等於糙米六斗，糙米一斗之價，當得二十五文，一石之價，等於二百五十文了。計然、李悝認爲每石三十文爲穀的低價。《後漢書·明帝紀》永平十二年，粟斛三十；又《劉虞傳》載虞爲幽州牧時，穀石三十；都認爲豐登的現象。則自戰國至漢末，穀價的標準，迄未大變。

穀價的昂貴，見於記載的，最早爲漢高祖二年。《漢書》本紀說"米斛萬錢"，《食貨志》說"米至石萬錢"，《貨殖列傳》說"米石至萬"，三說符合。然《食貨志》又說"漢興米石五千"，則僅得萬錢的一半。這是由於古人對於數字的觀念不甚確，所以好舉成數，超過五千，就說一萬。然漢初的米價，曾貴至五千以上，則無疑了。此後見於《食貨志》的有元帝初元二年，齊地飢，穀石三百餘。又《馮章世傳》：元帝永光二年，京師穀石二百餘，邊郡四百，關東五百。又說：王莽末年，洛陽以東，米石二千。《王莽傳》載田況的話相同。《後漢書·范升傳》，載升在王莽時，對王莽手下的大司空說：當時穀賈，斛至數千。《後漢書·光武紀》建武二年，說王莽末，"黃金一斤，易粟一斛"。《第五倫傳》注引《東觀記》，則說"米石萬錢"。漢時黃金一斤，值銅錢一萬，二說相合。則王莽的末年，穀價和漢高祖初年相仿了。《張暉傳》說章帝建初年間，南陽大餓，米石千餘。《安帝紀》永初二年《注》引《古今注》，說當時州郡大飢，米石二千。《龐參傳》說，永初四年，因羌亂更甚，且連年年景不好，穀石萬餘。《西羌傳》亦說永初年間，湟中諸縣，漢時的湟水，就是現在青海的大通河。湟中，就是大通河流域。粟石萬錢。《虞詡傳》注引《續漢書》說：他做武都現在甘肅的成縣。太守，初到任時，穀石千錢。三年之後，每石僅八十錢。《循吏第五倫傳》說，他做張掖現在甘肅的張掖縣。太守的時候，歲飢，穀石數千。《西南夷傳》說，景毅做益州現在雲南的晉寧縣。太守，初到任時，米斛萬錢，不多幾年，就每斛數十文了。見於前後《漢書》的穀價如此。大約在漢末董卓擾亂以前，穀價最高不過每石萬錢。《後漢書·董卓傳》上，才說董卓擾亂時，穀石數萬，《三國志·董卓傳》，則說穀一斛至數十萬。案《後漢書》又說李傕、郭汜專政時，穀一斛五十萬。《獻帝紀》興平元年，亦有此語。興平元年，爲董卓死的後年，正是李傕、郭汜霸據京城之時，則穀斛數十萬，自係董卓死後的事。《三國志》把董卓擾亂，和李傕、郭汜的擾亂，看做一件事，在這一時期中，就穀價最貴時立說，就不免"辭不別白"，不如《後漢書》的完了。讀書所以要取各種書籍，互相校對呀！《三國志·魏武帝紀》說：興平元年，穀一斛五十餘萬錢。這是指當時兗州之地，即現在山東的西南部而言，和長安情形，恰相仿佛。超過漢初和莽末，又有好幾十倍。可見後漢末年兵禍的慘酷。

以上都是說穀貴的情形。至於穀價的賤，則無過於前漢宣帝時，《食貨志》說穀石五錢，《本紀》記其事於元康四年，只得李悝所說的下價六分之一。現在的一石穀，在當時僅值二十五個銅錢。無怪農民要叫苦了。我國歷代都有常平倉，當秋收穀價低廉時，由官收買其一部分，以提高其價格，到明年青黃不接時，則照平價出賣，以壓低穀價，使商人不能操縱市場而牟大利，而生產者和消費者都受到保護。常平倉就是創立於此時的。在公家一方面，則因出賣時的價格，仍較收買時畧昂，本身仍畧有餘利，只要開辦時投下一筆資本，以後即無須續籌經費維持。論其立法之意，實可稱法良意美。但在古代，穀物的市場還小，公家的資本相形之下，覺得雄厚，則可收控制之效。到後世，穀物的賣買愈盛，則公家的資本，相形之下，愈覺微薄。收買一些，發賣一些，市場之中，全不覺得有這麼一回事。就不過充平糶之用，聊以救濟貧民，全不能盡控制市價的責任了。

宣帝時穀石五錢，可謂極賤。然《趙充國傳》說張掖以東，粟石百餘，亦在宣帝時候。這可見交通不便，各地方的米穀，受不能互相流通之害，可見交通便利是使各地方的物價，趨於平均的一個有力的因素。又可見歷史上所說穀貴，穀賤，都是指一隅之地而言之，並非全國普遍的現象了。

講穀價既畢，即可因此而推論到漢人的財產。歷史上有一個很有名的故事，就是所謂漢文帝惜中人十家之產。事情是這樣的：《漢書·文帝紀》說，有一天，文帝想要造一個臺，召匠人估計，說是"值百金"。文帝說："百金，中人十家之産也",就此不要造了。然則漢時,一個中人之家的産業,其估價爲十金。漢朝的黄金,是以斤計算的,黄金一斤,等於銅錢一萬。則中人之産的估價,等於銅錢十萬,以穀石三十計,等於穀三千三百三十三石有餘。以當時的穀一石,等於現在的兩斗計算,則等於現在的穀六百六十六石有餘了。漢朝本有訾選之法。"訾"就是現在家資的"資"字。訾選,是計算一個人的家産,滿到若干,才能够用他做公務員。其意,是以爲有家産的人要廉潔些。《漢書·景帝紀》後元二年的詔書,述當時所行之法,是訾算十以上乃得官。景帝把他改做訾算四。《注》引服虔之説,説十算就是十萬。《哀帝紀》綏和二年,受水災的地方,百姓訾産不滿十萬的,都免除其租賦。《平帝紀》元始二年同。《揚雄傳》載他自序的話,説"家産不過十金"。《後漢書·梁統傳》説:統的曾祖父橋以家訾十萬徙茂陵。漢武帝的墳,在今陝西興平縣東北。初置邑,後來設茂陵縣。漢朝盆帝的陵,都要設置一個邑,移徙有家訾的人,住居其中的。都可見漢代計算財産,以錢十萬爲一個標準。出使匈奴,抗節不屈的蘇武,回國時,還有跟隨他出去的六個人,一同回來;漢朝賞賜每人銅錢十萬,就是賞賜他一個中人的家産。蘇武則賜錢百萬,等於中人家産的十倍,要算一個富翁了。漢朝的賞賜,要算厚的,但在通常情形之下,超過黄金百斤,或銅錢百萬的時候也很少。至於當時的富豪,則其家産盡有十倍百倍於平民的,做《白頭吟》的卓文君,她的父親,分給她的錢,就有一百萬。那她父親的家訾,一定有幾百萬了。王莽時,現在山東的日照縣地方,有位吕老太太,家資有好幾百萬。她的兒子在縣裏當公務員,給縣長枉殺了。吕老太太就散財交結了一班勇士,共入海島中爲海盜,攻破縣城,把縣長殺掉。此事見於《後漢書·劉盆子傳》。又《樊宏傳》説他的父親名字唤説重,借給人家的錢,就有幾百萬。則他的家資,一定要在千萬以上。《史記》的《魏其武安侯列傳》,説魏其侯的好朋友灌嬰,家資有幾千萬。灌嬰是漢時著名的豪傑。漢時所謂豪傑,實在就是現在上海所謂"白相人"、"老頭子"之流,其家産之多,至於如此。亦可見土豪、劣紳、江湖上人的勢力了。後漢時專權的外戚梁冀,管通報的門公,就因人家要送他門包,而積産千金。梁冀得罪後,抄没其家産,把他發賣,共合錢三十多萬了。這更可見得貪官汙吏的可怕了。漢朝有個文學家,唤做枚乘。枚乘的兒子枚皋,也是一個文學家。枚乘是淮陰人,枚皋是他客遊商丘時娶了妾所生的兒子。枚乘東歸時,枚皋的生母,不肯隨他同行。枚乘發怒,分給枚皋幾千個銅錢,讓他跟隨着他的生母過活。這是家産不滿十金的。在當時,要算够不上中人之家的資格了。

有家產的人，自然不能動用本錢，要靠利息過活。然則秦漢時的利率是如何的呢？據《史記·貨殖列傳》一切事業，利率都以什二計算。什二是十分之二，就是現在的週年二分利。那麼，家資十萬，利息每年可得兩萬個銅錢。農民五口之家，種田一百畝，收穀一百五十石，一石估計值三十個錢，共計四千五百個銅錢，不及他四分之一。所謂中人之家，其資產，就等於有田四百餘畝了。漢時所謂封君，對於他的人民，平均每戶可收稅錢二百。千戶的封君，一年可收錢二十萬。和存本錢千貫，用週年利息二分放出的人一樣。在當時就算做富豪。一貫是一千，千貫就是一百萬，所以當時的富豪，家產是中人之家的十倍。

當時的工資，現無可考。漢朝的人民，都有當兵的義務。據《漢書·昭帝紀》元鳳四年《注》引如淳說，漢朝的法律，人民從本鄉調到縣城裏去當兵的，本來以一個月爲期。但是事實上，有人不願去，也有窮人，回到本鄉，無事可做，願意住在縣裏當兵的。於是挨次當兵的人，就自己不去，而出錢雇他，留在縣中，代自己當兵。其雇資爲每月二千個銅錢，還有：全國個個人都有戍邊三日的義務。事實上不能人人到邊上去三日，已去的人，亦不能三天便回來。於是該去的人，每人出錢三百交給官，由官發給戍邊的人。已去的人，就在邊上留住一年。照前一說，受雇的人，年可得錢二萬四千，比農夫一家五口，種田百畝的，加出五倍有餘。照後一說，一年可得錢三萬六千，恰恰是八倍。如其工資都是如此，大家倒都願意做工，而不願意種田了。須知這種生活，是要離開本鄉的。姑勿論旅居跋涉之苦，即單就經濟而論，除去道途之費，及一身在外的開支，也一定不會比種田多的。所以還只有窮人肯去啊！依此推論起來，貧民在本地受雇的工資，也一定不會比自耕農的收入多。漢朝錢價貴，計算資產，古人雖然多用銅錢的數目字表示，實際上的收入，並不都用錢。所以前文所說的焦先，官給他一天五升口糧，就要叫他去掩埋死人，這就是出了口糧，雇他當差。而焦先因五升口糧不夠吃，還時時替人做工。《魏畧》上說他替人做工，"飽食而已，不取其直"。可見民間雇工，喫飯而外，還有工資的。假如照自耕農的收入計算：一年一百五十石，就是一個月十二石半，共得一千二百五十升，一天該得四斗多。除吃掉五升外，還得給他三斗多穀。如只照一家五口，天天喫飯的標準計算，則一個人每天吃五升，除做工的人，業經在雇主家喫飽外，還得給他兩斗穀。工資的升降，大約不出此兩數之間了。漢朝有一個嚴君平，歷史上稱爲高士。他在成都賣卜，每天賣到一百個錢，就不再賣了。事見《漢書·王貢兩龔鮑傳》。作史的人，是以他這種行爲爲清高，所以把他記下來的。讀史的人，亦都稱其清高。然他的所得，已經八倍於自耕農了。不花什麼氣力，而還得清高之名，到底是江湖遊士好做啊！

原刊《知識與趣味》第二卷第一期，一九四〇年一月四日出版